# BERLIN

## Sehenswürdigkeiten, Kultur, Szene, Ausflüge, Tipps

Susanne Kilimann, Rasso Knoller, Christian Nowak

3., aktualisierte Auflage 2017

Trescher Verlag Berlin
Reinhardtstr. 9
10117 Berlin
www.trescher-verlag.de

ISBN 978-3-89794-360-5

Herausgegeben von Detlev von Oppeln und
Bernd Schwenkros

Reihenentwurf und Gesamtgestaltung:
Bernd Chill
Lektorat: Sabine Fach
Stadtpläne und Karten: Carlos Borrell, Martin
Kapp/Johann Maria Just (S. 190, S. 374, vordere Umschlagklappe), Bernd Chill (S. 3)

Das Werk einschließlich seiner Teile ist urheberrechtlich geschützt. Jede Verwertung ist ohne Zustimmung des Verlages unzulässig. Dies gilt insbesondere für den Aushang, Vervielfältigungen, Übersetzungen, Nachahmungen, Mikroverfilmung und die Einspeicherung und Verarbeitung in elektronischen Systemen.
Verantwortlich für die Inhalte einzelner, namentlich gezeichneter Artikel sind die jeweiligen Autorinnen und Autoren.

Gedruckt auf chlorfrei gebleichtem Papier

*Titel: Spree mit Oberbaumbrücke (→ S. 283)*
*Vordere Klappe: Berliner Dom (→ S. 117)*
*Buchrückseite: Alexanderplatz, Fernsehturm und Weltzeituhr (→ S. 130)*

Alle Angaben in diesem Reiseführer wurden sorgfältig recherchiert und überprüft. Dennoch können Entwicklungen vor Ort dazu führen, dass einzelne Informationen nicht mehr aktuell sind. Gerne nehmen wir dazu Ihre Hinweise und Anregungen entgegen. Bitte schreiben Sie an:
**post@trescher-verlag.de**.

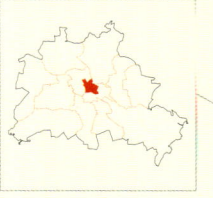

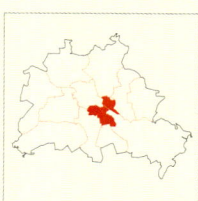

ANNÄHERUNG AN BERLIN

BERLINS MITTE

POTSDAMER PLATZ UND REGIERUNGSVIERTEL

TIERGARTEN UND CITY WEST

PRENZLAUER BERG UND WEDDING

FRIEDRICHSHAIN, KREUZBERG UND NEUKÖLLN

SCHÖNEBERG UND TEMPELHOF

AUSFLÜGE

BERLIN-INFORMATIONEN

ANHANG

| | |
|---|---|
| Vorwort | 13 |
| Hinweise zur Benutzung | 14 |
| Das Wichtigste in Kürze | 16 |
| Die wichtigsten Sehenswürdigkeiten | 18 |
| Ganz schön abgefahren – Orientierung in Berlin | 19 |

## Annäherung an Berlin 22

### Berlin im Überblick 24

### Geografie 25
| | |
|---|---|
| Klima | 26 |
| Flora und Fauna | 26 |

### Berlins Geschichte 30
| | |
|---|---|
| Berlin und Cölln – zwei Nachbarn an der Spree | 30 |
| Die Hohenzollern kommen | 31 |
| Es geht voran – die Ära des Großen Kurfürsten | 32 |
| Berlin wird königlich | 33 |
| Verschwendung war gestern: Berlin unter dem ›Soldatenkönig‹ | 34 |
| Kriege, Eroberungen und große Gedanken: Berlin unter Friedrich II. | 35 |
| Napoleon und jede Menge Reformen | 36 |
| Industrialisierung | 38 |
| Die Märzrevolution | 39 |
| Kaiserreich und Gründerjahre | 40 |
| Höhenflüge in Kunst und Wissenschaft | 41 |
| Der Erste Weltkrieg und das Ende der Monarchie | 42 |
| Weimarer Republik | 42 |
| Die Goldenen Zwanziger | 43 |
| Nazi-Diktatur und Zweiter Weltkrieg | 44 |
| Nachkriegszeit und Kalter Krieg | 47 |
| Mauerbau und Teilung | 49 |
| 1989 – die Mauer fällt | 53 |

# Inhalt

| | |
|---|---:|
| ► *Extra:* | |
| *Rheinsberger Straße 1* | 54 |
| Einheitsfragen | 56 |
| | |
| **Politik und Verwaltung** | 58 |
| Der ›Hauptstadtbeschluss‹ | 58 |
| Bundes- und Landesregierungen | 59 |
| Die Bezirksreform | 61 |
| | |
| **Wirtschaft** | 62 |
| | |
| **Architektur** | 64 |
| Bauwerke aus dem 17. und 18. Jahrhundert | 64 |
| Gründerzeit und klassische Moderne | 66 |
| Nationalsozialistische Monumentalbauten | 67 |
| Städtebau in Ost und West | 67 |
| Neue Architektur | 68 |
| | |
| **Die Berliner** | 70 |
| | |
| **Kulturhauptstadt Berlin** | 74 |
| Oper, Konzert und Theater | 75 |
| Musik | 76 |
| Film | 77 |
| ► *Extra: Streetart* | 80 |
| Museen und Galerien | 82 |
| Stadt des Designs | 83 |
| | |
| **Ausgehen** | 85 |
| Prenzlauer Berg | 85 |
| Mitte | 86 |
| Friedrichshain | 88 |
| ► *Extra: Berghain* | 89 |
| Kreuzberg | 91 |
| ► *Extra: Die Falckensteinstraße* | 92 |
| Treptow | 93 |
| Neukölln | 93 |
| Schöneberg | 94 |
| Tiergarten | 94 |
| Charlottenburg | 94 |
| Wilmersdorf | 95 |
| Wedding | 95 |

| | |
|---|---|
| **Einkaufen** | 97 |
| Flohmärkte | 98 |
| Wochenmärkte | 99 |

## Berlins Mitte 100

**Vom Brandenburger Tor zum**
**Alexanderplatz** 102
Brandenburger Tor 102
Pariser Platz 104
Unter den Linden 107
Berliner Dom 117
Museumsinsel 119
Zwischen Museumsinsel und
  Fernsehturm 125
Alexanderplatz 130

**Durch die historische Mitte** 133
Nikolaiviertel 133
Märkisches Museum 138
Breite Straße 138
Schloßplatz 141
Gendarmenmarkt 146
Südliche Friedrichstraße 150

**Spandauer Vorstadt** 152
Hackescher Markt 156
Hackesche Höfe 157
Durch die Straßen und Höfe
  der Spandauer Vorstadt 158
► *Extra: Der Rosenthaler*
  *Platz* 162
Oranienburger Straße 164
Chausseestraße 167
Brecht-Weigel-Haus 169
Dorotheenstädtischer Friedhof 169
Nördliche Friedrichstraße 170
► *Extra: Spreedreieck* 175

## Potsdamer Platz und
## Regierungsviertel 176

**Die Neue Mitte** 178
Potsdamer Platz 178
Denkmal für die ermordeten
  Juden Europas 183

## Inhalt

| | |
|---|---|
| **Durch das Regierungsviertel** | 185 |
| Neustart auf belastetem Grund | 185 |
| Hauptbahnhof | 186 |
| Bundeskanzleramt | 188 |
| Das Band des Bundes | 191 |
| Reichstagsgebäude | 197 |
| Rund um den Hamburger Bahnhof | 199 |
| | |
| **Tiergarten und City West** | 202 |
| | |
| **Rund um den Tiergarten** | 204 |
| Kulturforum | 206 |
| Die Potsdamer Straße | 211 |
| Tiergartenviertel | 212 |
| Bahnhof Zoologischer Garten | 215 |
| Zoologischer Garten | 216 |
| Straße des 17. Juni und nördlicher Tiergarten | 217 |
| | |
| **Die City West** | 223 |
| Wittenbergplatz und Tauentzienstraße | 224 |
| Kurfürstendamm | 227 |
| Kantstraße | 230 |
| Vom Ernst-Reuter-Platz zum Schloss Charlottenburg | 234 |
| Schloss Charlottenburg | 238 |
| Rund um das Olympiastadion | 242 |
| | |
| **Prenzlauer Berg und Wedding** | 246 |
| | |
| **Prenzlauer Berg** | 248 |
| Die Schönhauser Allee | 250 |
| Oderberger Straße | 253 |
| Mauerpark | 254 |
| Kastanienallee | 254 |
| Gethsemanekirche | 258 |
| Helmholtzplatz | 259 |
| Husemannstraße und Kollwitzplatz | 260 |

# Inhalt

| | |
|---|---|
| **Wedding** | 265 |
| Gedenkstätte Berliner Mauer | 266 |
| Gesundbrunnen | 268 |
| Soldiner Kiez | 272 |
| Zwischen Müllerstraße und Seestraße | 272 |
| **Friedrichshain, Kreuzberg und Neukölln** | 274 |
| **Friedrichshain** | 276 |
| Volkspark Friedrichshain | 277 |
| Karl-Marx-Allee | 278 |
| Simon-Dach-Straße | 283 |
| Boxhagener Platz | 283 |
| Rund um die Oberbaumbrücke | 283 |
| **Kreuzberg** | 286 |
| Rund um den Anhalter Bahnhof | 286 |
| Martin-Gropius-Bau | 287 |
| Topographie des Terrors | 288 |
| Haus am Checkpoint Charlie | 291 |
| Deutsches Technikmuseum | 291 |
| Jüdisches Museum | 292 |
| Berlinische Galerie | 293 |
| Rund um den Kreuzberg | 294 |
| Bergmannstraße | 296 |
| ► *Extra: Das Zentrum Kreuzberg am Kottbusser Tor* | 297 |
| Das östliche Kreuzberg – vom Moritzplatz zum Schlesischen Tor | 298 |
| ► *Extra: Die Prinzessinnengärten in Kreuzberg* | 302 |
| **Neukölln** | 303 |
| Böhmisches Dorf | 303 |
| Karl-Marx-Straße | 306 |
| Hasenheide | 307 |
| Kreuzkölln | 308 |
| Britz | 310 |

# Schöneberg und Tempelhof 312

## Schöneberg 314
Vom Nollendorf- zum Winterfeldtplatz 314
Viktoria-Luise-Platz 316
Bayerisches Viertel 317
Rathaus Schöneberg 317
Friedenau 319
Die ›Rote Insel‹ 322

## Tempelhof 324
Flughafen Tempelhof 324
Ufa-Fabrik 327
Ullsteinhaus 328
Der Tempelhofer Süden 328

# Ausflüge 330

## Spandau 332
Siemensstadt 332
Rund um die Zitadelle Spandau 332
Spandauer Altstadt 334
Spandauer Forst 335
Gatow und Kladow 336

## In den Norden Berlins 338
Tegel 338
► *Extra: Das Conny-Froboess-Feeling* 341
Märkisches Viertel 345
Lübars 346
Gartenstadt Frohnau 347
Pankow 348

## In den Osten Berlins 350
Jüdischer Friedhof Weißensee 350
Tierpark Friedrichsfelde 350
Gedenkstätte Hohenschönhausen 351

## Durch Treptow und Köpenick 353
Treptow 353
► *Extra: Mit der Fähre F11 über die Spree* 392

| | |
|---|---|
| Köpenick | 357 |
| Ausflug zum Müggelsee | 359 |
| ▶ Extra: Paddeln bei Erkner | 361 |

**In den Südwesten Berlins** 362
Dahlem 362
Grunewald 365
Wannsee 369

**Potsdam** 373
Geschichte 373
Schloss und Park Sanssouci 375
Neuer Garten 377
Pfingstberg 378
Kolonie Alexandrowka 379
Holländisches Viertel 379
Studio Babelsberg 380
Biosphäre Potsdam 381
Schlosspark Babelsberg 381

## Berlin-Informationen 382

Allgemeine Informationen 384
Anreise 384
Unterwegs in Berlin 387
Die schönsten Aussichtspunkte 392
Stadtführungen 393
Übernachten 394
Essen und Trinken 401
Clubs und Kneipen 414
Biergärten/Strandbars 421
Oper, Konzert und Theater 422
Veranstaltungen, Feste und Events 427
Einkaufen 430
Sport und Aktivitäten 439
▶ Extra: Das Union-Stadion in Köpenik 442
Sehenswürdigkeiten und Museen 443
Aktivitäten für Kinder 455
Potsdam-Informationen 456

Inhalt 11

## Essays

| | |
|---|---|
| Berliner Friedhöfe | 29 |
| Karl Friedrich Schinkel | 69 |
| Berlin liest | 84 |
| Kaffee Burger – wo (nicht nur) der russische Bär tanzt | 96 |
| Friedrich der Große unter den Linden | 112 |
| Der Berliner Bär | 140 |
| Die Litfaßsäule | 155 |
| Der Berliner Mauerweg | 190 |
| Mauerschicksale – die schwierige Suche nach der Wahrheit | 196 |
| Skulpturen und Mahnmale im Tiergarten | 205 |
| Die Berliner Philharmoniker | 210 |
| Vom Reitweg zum Boulevard – der Kurfürstendamm | 228 |
| Die Classic Remise – ein Traum für Oldtimerfans | 240 |
| Die Phantasien des Gerd Neuhaus | 245 |
| Die Würste aus der Hauptstadt – natürlich mit Curry | 257 |
| Berliner Unterwelten | 270 |
| Das Zeitungsviertel | 288 |
| Tempelhof und die Pioniere der Luftfahrt | 329 |
| Mythos AVUS | 368 |

## Anhang

| | |
|---|---|
| Die Autoren | 459 |
| Literatur | 460 |
| Register | 461 |
| Bildnachweis | 471 |

*Das Brandenburger Tor von Osten*

## Vorwort

»Ich steh auf Berlin«, bekannte die Rockgruppe Ideal mit ihrer Sängerin Annette Humpe schon Anfang der 1980er Jahre. Das scheint auch auf die Gäste aus aller Welt zuzutreffen – denn Jahr für Jahr kommen mehr Besucher in die deutsche Hauptstadt. Berlin ist eines der beliebtesten Reiseziele weltweit. In Europa locken nur London und Paris noch mehr Besucher an. Die Touristen zahlen in Berlin für ihr Hotelzimmer deutlich weniger als in anderen europäischen Hauptstädten, und in den Kneipen und Restaurants kann man es sich auch mit schmalerem Budget gutgehen lassen. Im Vergleich mit anderen Großstädten sind auch die Lebenshaltungskosten in Berlin immer noch recht moderat und locken nach wie vor diejenigen in die Stadt, die viel im Kopf, aber wenig im Geldbeutel haben. Und genau deswegen boomt die Kunstszene in der Hauptstadt: Maler, Tänzer, Sänger, Schauspieler und Schriftsteller aus aller Welt lassen sich gerne in Berlin nieder. Längst ist Berlin auch neue Heimat tausender junger Südeuropäer geworden, die der Wirtschaftskrise im eigenen Land den Rücken gekehrt und in Berlin zumindest irgendeinen Job und ein Zimmer in der WG gefunden haben.

In den Kneipen der Stadt treffen sich Neu- und Alt-Berliner und Touristen. Hier kann man die Nacht zum Tage machen, durch die Restaurants eine kulinarische Weltreise antreten und in den Clubs bis zur Bewusstlosigkeit abtanzen. Im Sommer chillt man lässig in den Strandbars entlang der Spree oder trinkt sein Bier im Biergarten unter schattigen Bäumen. Und man entdeckt an jeder Ecke Neues. Berlin erfindet sich ständig neu. Wo heute eine verwilderte Brachfläche liegt, kann morgen schon ein Freiluftcafé entstehen, eine leerstehende Wohnung wird zur Galerie, und dort, wo noch gestern der Kiezgrieche Gyros verkaufte, öffnet ein nobler Jazzclub seine Pforten.

Beständig sind dagegen Berlins einmalige Sehenswürdigkeiten. Ob Reichstag, Brandenburger Tor oder Museumsinsel – dass man sich auf geschichtsträchtigem Boden bewegt, spürt man überall. Und wem das alles zu viel wird, der kann sogar einen Strandurlaub verbringen – Badeseen gibt es in und um Berlin genug. Eigentlich perfekt: Berlin ist immer genau so, wie man es will. Egal, was man sucht, man findet es.

Dabei macht es die Hauptstadt ihren Bewohnern und Besuchern nicht immer leicht. Weil der neue Flughafen ein einziges Planungsdesaster ist, müssen sich Passagiere seit Jahren in den alten, überlasteten Aiports drängeln. Baustellen in der City scheinen Dauereinrichtungen zu sein, fast könnte man meinen, irgend eine Institution habe beschlossen, die Nerven der Allgemeinheit mit Bretterzäunen, Umleitungen, Staub und Lärm einem permanenten Stresstest zu unterziehen. Auch an die ruppige Art des Umgangs muss man sich erst gewöhnen. Echte Berliner sind vermutlich die Einzigen, die sogar stolz darauf sind, dass sie als herb und eher unfreundlich gelten. ›Herz mit Schnauze‹ nennt man das hier. Man braucht aber nicht lange, bis man versteht, dass sich unter der harten Schale ein weicher Kern verbirgt: Es gibt auch viele positive Attribute, die die Bewohner dieser Stadt für sich reklamieren können– an erster Stelle sind das Weltoffenheit und Toleranz. Viel Spaß in Berlin wünschen die Autoren dieses Buches: Susanne Kilimann, Rasso Knoller und Christian Nowak.

# Hinweise zur Benutzung

Das **Wichtigste in Kürze** (→ S.16) gibt einen Überblick über Anreisemöglichkeiten, Touristeninformationen, öffentliche Verkehrsmittel und die wichtigsten Sehenswürdigkeiten.

Die **Annäherung an Berlin** (→ S. 22) skizziert Geschichte, Politik, Wirtschaft, Kunst und Kultur, Architektur, Geologie und Geografie, Flora und Fauna, Berliner Nächte, Szenekieze und Shoppingmöglichkeiten.

Das Kapitel **Berlins Mitte** (→ S. 100) führt in die alte und neue Mitte der Stadt: Unter den Linden, Alexanderplatz, Nikolaiviertel, Spandauer Vorstadt, Potsdamer Platz, Reichstag und Regierungsviertel.

Das Kapitel **Tiergarten und City West** (→ S. 202) umfasst unter anderem das Kulturforum, den Bahnhof Zoo, den Kurfürstendamm, Schloss Charlottenburg und das Olympiastadion.

Im Anschluss geht es durch **Prenzlauer Berg und Wedding** (→ S. 246): Kulturbrauerei, Kollwitzplatz, Mauerpark, Mauergedenkstätte, Berliner Unterwelten.

**Friedrichshain, Kreuzberg und Neukölln** (→ S. 274) sind nicht nur Szene-Bezirke, sondern bieten auch viele Sehenswürdigkeiten und Museen: Karl-Marx-Allee, Oberbaumbrücke und Simon-Dach-Straße, Technikmuseum, Jüdisches Museum, Checkpoint Charlie, Bergmannstraße, Kottbusser Tor.

Geschichtsträchtige Orte, Subkultur und gutbürgerliche Wohnviertel etwas abseits des Zentrums bieten **Schöneberg und Tempelhof** (→ S. 312).

**Ausflüge** (→ S. 330) führen zu den schönsten und interessantesten Zielen in den Außenbezirken der Hauptstadt: nach Spandau, Tegel und Dahlem, an den Wannsee, nach Köpenick und zum Müggelsee sowie nach Potsdam.

Die **Berlin-Informationen** (→ S. 382) bieten Wissenswertes und konkrete Empfehlungen zu Einkehr und Übernachtung, zu Nah- und Fernverkehr, Museen, Veranstaltungen, Nachtleben

*Am Potsdamer Platz*

*Laden in der Oderberger Straße im Bezirk Prenzlauer Berg*

und Unternehmungen mit Kindern. Im Anschluss daran findet man ein **Info-Kapitel zu Potsdam** (→ S. 456).

## Extra

In diesem Buch finden sich zahlreiche Gastbeiträge von Journalisten, die täglich aus der Stadt berichten. Wir haben sie gebeten, für diese Beiträge einmal einen anderen, persönlichen Blick auf die Orte zu werfen, die ihnen am Herzen liegen.

## Stadtplan

Die **herausnehmbare Faltkarte** gibt einen Überblick über die Innenstadtbezirke Berlins. Wenn man sich überwiegend dort aufhält, ist der Kauf eines zusätzlichen Stadtplanes nicht nötig.

Zusätzliche **Detailkarten** befinden sich im Buch:
Unter den Linden → S. 103
Rund um den Alexanderplatz → S. 126
Rund um das Nikolaiviertel → S. 134
Schloßplatz und Gendarmenmarkt → S. 141
Hackescher Markt und Spandauer Vorstadt → S. 153
Potsdamer Platz → S. 179
Regierungsviertel → S. 186
Kulturforum → S. 206
Tiergarten, Bahnhof Zoo, Kurfürstendamm → S. 212
Prenzlauer Berg → S. 248
Wedding → S. 266
Friedrichshain, Simon-Dach-Straße → S. 282
Westliches Kreuzberg → S. 287
Kreuzberg, Viktoriapark und Bergmannstraße → S. 294
Kreuzberg, Vom Moritzplatz zum Schlesischen Tor → S. 299
›Kreuzkölln‹ → S. 309
Potsdam → S. 374

Die **Bezeichnungen für die Berliner Bezirke** orientieren sich an den nach wie vor im Sprachgebrauch üblichen Einteilungen vor der Bezirksreform und nicht an den heutigen korrekten Verwaltungsgrenzen (Übersicht in der vorderen Umschlagkarte).

# Das Wichtigste in Kürze

### Anreise
**Bahn**: Durch eine Vielzahl von ICE-, InterCity-, EuroCity- und InterRegio-Zügen ist Berlin mit Deutschland und Europa verbunden. Die meisten Züge halten am direkt im Regierungsviertel gelegenen Hauptbahnhof (→ S. 19). Weitere wichtige Bahnhöfe für Fernreisen oder Ausflüge ins Umland sind Ostbahnhof, Südkreuz, Gesundbrunnen und Spandau. Fahrplanauskünfte bei der Deutschen Bahn (www.bahn.de).

**Bus**: Der nationale und internationale Busverkehr nutzt den Zentralen Omnibusbahnhof in Charlottenburg, in der Nähe des Messegeländes. Fahrplanauskünfte unter www.iob-berlin.de.

**Flugzeug**: Berlin besitzt zwei Flughäfen, Schönefeld südöstlich der Stadt und Tegel im Nordwesten Berlins. Von beiden Flughäfen werden nationale und internationale Routen bedient. Von Schönefeld gelangt man mit dem Regionalexpress zum Alexanderplatz, mit dem Expressbus zum Südkreuz und mit dem Bus 171 bzw. X7 zur U-Bahn. Von Tegel fahren mehrere Busse ins Zentrum. Wann der neue Flughafen Berlin Brandenburg International (BBI) in Schönefeld an den Start geht, wissen noch nicht einmal die Bauherren: geplant war 2012, anvisiert ist jetzt 2017.

**Pkw**: Alle Autobahnen für den Fernverkehr leiten auf den Berliner Ring (A 10), von dem aus verschiedene Zubringer in die Stadt führen. In der Berliner Innenstadt (innerhalb des S-Bahn-Ringes) gilt die **Umweltzone**, in der ausschließlich Fahrzeuge mit grüner Plakette fahren dürfen (www.berlin.de/umweltzone).

### Information
**Berlin Tourist Info**
im Hauptbahnhof, Erdgeschoss/Eingang Europaplatz
www.visitberlin.de
tägl. 8–22 Uhr

**Berlin Tourist Info**
Flughafen Tegel, Terminal A, Gate 1
tgl. 8–21 Uhr

**Berlin Tourist Info**
im Brandenburger Tor
Pariser Platz/südliches Torhaus
April–Okt. tgl. 9.30–19, Nov.–März bis 18 Uhr

**Berlin Tourist Info**
Fernsehturm, Panoramastr. 1
April–Okt. 10–18, sonst bis 16 Uhr

*Reichstag und Regierungsgebäude*

*Das Bundeskanzleramt*

**Berlin Tourist Info**
Im Europa-Center, Tauentzienstr. 9–12
Mo–Sa 10–20 Uhr
**VisitBerlin Call Center**
Tel. 030/250025
Mo–Fr 9–19, Sa 10–18, So 10–14 Uhr

## Öffentliche Verkehrsmittel

Es gibt ein hervorragend ausgebautes und engmaschiges Netz aus S- und U-Bahnen, Bus- und Tramlinien. Tagsüber fahren Busse, S- und U-Bahnen mindestens im 10-Minuten-Takt, gegen 1 Uhr morgens setzen auf einigen Linien Nachtbusse und Nachtstraßenbahnen ein. In den Nächten von Freitag zu Samstag, von Samstag zu Sonntag sowie in den Nächten vor gesetzlichen Feiertagen fahren S- und U-Bahnen auf fast allen Strecken durchgehend. BVG-Kundentelefon unter 030/19449, S-Bahn-Kundentelefon unter 030/29743333, Fahrpläne unter www.bvg.de.
**Einzelfahrscheine**: 2,70 Euro, **Tagesticket** 7 Euro, **Tageskarte für bis zu 5 Personen** 17,30 Euro.

Legendär sind die **inoffiziellen Sightseeing-Linien**:
Mit den **Bussen 100** und **200** können viele Sehenswürdigkeiten zwischen Bahnhof Zoo und Alexanderplatz zum BVG-Tarif angefahren werden.
Die **Straßenbahnline M10** erschließt den Ostteil der Stadt zwischen Mauergedenkstätte und Oberbaumbrücke.
Die **Straßenbahn M1** fährt von Mitte über Prenzlauer Berg nach Pankow.
Auch der **Bus M29** ist empfehlenswert: Er verkehrt zwischen dem noblen Roseneck in Wilmersdorf und dem Neuköllner Hermannplatz, Berliner Flair ist garantiert.

## Telefonnummern

**Vorwahl Berlin**: 030
**Ärztlicher Bereitschaftsdienst**: 310031
**Zahnärztlicher Notdienst**: 23883578
**Sperr-Notruf Kreditkarten**: 116116

Ausführliche Hinweise in den **Berlin-Informationen** (ab → S. 384)

# Die wichtigsten Sehenswürdigkeiten

**Mitte**
Brandenburger Tor und Pariser Platz (→ S. 102), Berliner Dom (→ S. 117), Gendarmenmarkt (→ S. 146), Fernsehturm (→ S. 132). Bebelplatz mit St.-Hedwigs-Kathedrale (→ S. 113), Rotes Rathaus (→ S. 129), Nikolaiviertel (→ S. 133), Hackesche Höfe (→ S. 157), Dorotheenstädtischer Friedhof (→ S. 169), Deutsches Historisches Museum (→ S. 116), Unter den Linden (→ S. 107), Museumsinsel (→ S. 119), Reichstag (→ S. 197), Potsdamer Platz (→ S. 178), Neue Synagoge (→ S. 165), Denkmal für die ermordeten Juden Europas (→ S. 183)

**Tiergarten**
Siegessäule (→ S. 219), Museum für Fotografie (→ S. 215), Königliche Porzellan-Manufaktur (→ S. 218), Classic Remise (→ S. 240), Bauhaus-Archiv (→ S. 213), Kulturforum (→ S. 206), Hansaviertel (→ S. 220)

**Charlottenburg**
Schloss Charlottenburg (→ S. 238), Museum Berggruen (→ S. 241), Zoologischer Garten mit Aquarium (→ S. 216), KaDeWe (→ S. 224), Kaiser-Wilhelm-Gedächtniskirche (→ S. 224), Kranzler-Eck (→ S. 226), Kurfürstendamm (→ S. 227), Deutsche Oper (→ S. 236), Olympiastadion (→ S. 242), Gipsformerei (→ S. 242), Georg-Kolbe-Museum (→ S. 243)

**Prenzlauer Berg**
Kiez um den Kollwitzplatz (→ S. 260), Mauerpark (→ S. 254)

**Wedding**
Berliner Unterwelten (→ S. 270), Gedenkstätte Berliner Mauer (→ S. 266)

**Friedrichshain**
Ausgehviertel um die Simon-Dach-Straße (→ S. 281). East Side Gallery (→ S. 284), Karl-Marx-Allee (→ S. 278)

**Kreuzberg**
Jüdisches Museum (→ S.292), Topographie des Terrors (→ S. 288), Berlinische Galerie (→ S. 293), Bergmannstraße (→ S. 296)

**Dahlem**
Museen Dahlem (→ S. 363), Brücke-Museum (→ S. 364)

**Treptow**
Badeschiff in der Spree (→ S. 301), Treptower Park (→ S. 354)

**Ausflüge**
Pfaueninsel (→ S. 370), Grunewald (→ S. 365), Strandbad Wannsee (→ S. 369), Müggelsee (→ S. 359), Tegeler See (→ S. 342), Lübars (→ S. 346), Frohnau (→ S. 347), Alt-Kladow (→ S. 336), Spandauer Altstadt (→ S. 334), Zitadelle Spandau (→ S. 332)

**Potsdam**
Schloss Sanssouci (→ S. 375), Neuer Garten (→ S. 377), Holländisches Viertel (→ S. 379)

*Im Hauptbahnhof: Wohl dem, der weiß, wie er runter kommt*

# Ganz schön abgefahren – Orientierung in Berlin

Berlin hat ein sehr gut ausgebautes öffentliches Nahverkehrsnetz. Mit S- und U-Bahnen, Bussen und Straßenbahnen lässt sich jedes Ziel in der Stadt und an der Peripherie einigermaßen schnell und bequem erreichen. Im Prinzip jedenfalls. Unübersichtliche Stationen und mangelhafte Beschilderungen können Ortsunkundige allerdings auf eine harte Probe stellen.

## Orientierung im Hauptbahnhof

Für viele Stadtbesucher fängt die Herausforderung bereits am Berliner Hauptbahnhof an. Der rühmt sich zwar, ein in vielerlei Hinsicht ultramoderner Verkehrsknotenpunkt zu sein, stellt für ortsunkundige Reisende aber durch seine Dimensionen in Verbindung mit einem geradezu schnitzeljagdartigen Ausschilderungssystem eine gewisse Herausforderung dar.

*Dieses Symbol zeigt den Eingang zur S-Bahn*

### ► Regional- und Fernverkehr

Wer mit einem Zug des Regional- oder Fernverkehrs anreist, kommt am Berliner Hauptbahnhof entweder im unterirdischen **Tiefgeschoss** oder auf der glasüberdachten **Hochebene** an. Die beiden Ausgänge befinden sich naturgemäß im Erdgeschoss – und damit in der mittleren Etage des gläsernen Terminals. Die ist – egal ob man aus der Tiefe oder von oben kommt – über Treppen, Rolltreppen oder auch mit dem Aufzug zu erreichen.

Vor dem nördlichen **Ausgang am Europaplatz** befinden sich die Haltestellen diverser Buslinien, unter anderem eine Expressbuslinie zum Flughafen Tegel.

Der gegenüberliegende **Ausgang Washingtonplatz** ist der richtige, wenn man das Regierungsviertel und das Brandenburger Tor erreichen will.

Taxifahrer bieten vor beiden Bahnhofsausgängen ihre Dienste an.

### ► S-Bahn

Die S-Bahnen verkehren im Hauptbahnhof ausschließlich auf der oberirdischen Ost-West-Trasse, am Doppelbahnsteig Gleis 15/16.

Die S-Bahnen am **Gleis 15** fahren in östliche Richtung – und ganz gleich in welche S-Bahnlinie man hier steigt, den **Bahnhof Friedrichstraße**, den **Alexanderplatz**, den **Ostbahnhof** und die Station **Ostkreuz** steuern alle an, erst danach fächern sich die Linien auf. Die Fahrzeit vom Hauptbahnhof zum ›Alex‹ beträgt sechs Minuten, für die Strecke bis Ostkreuz braucht die Bahn 16 Minuten.

Die S-Bahnen am Hauptbahnhof **Gleis 16** fahren in westliche Richtung und halten am **Bahnhof Zoo**, den man nach sechs Minuten erreicht.

### ► U-Bahn

Der Zugang zur U-Bahn findet sich im Tiefgeschoss. Hier verkehrt die neue Linie U55 – das Einsteigen lohnt aller-

*Der Bahnhof Friedrichstraße: Oben fahren Züge in Ost-West-Richtung*

dings nur, wenn man zum Reichstag oder zum Brandenburger Tor möchte und sich den Fußweg sparen will. Am Brandenburger Tor ist Endstation der ultrakurzen ›Kanzlerlinie‹. Friedrichstraße, Zoo und Alexanderplatz sind wesentlich besser mit dem Untergrund vernetzt.

Wer mit den Strukturen des Hauptbahnhofs vertraut, gut zu Fuß und ohne schweres Gepäck unterwegs ist, kann den Übergang von ganz unten nach ganz oben oder umgekehrt in wenigen Minuten meistern. Alle anderen sollten eine **Viertelstunde Umsteigezeit** für den Hoch-Tief-Übergang einplanen. Denn vor den schmucken gläsernen Aufzügen gibt es zu Stoßzeiten längere Warteschlangen

### Bahnhof Friedrichstraße

An diesem viel kleineren Bahnhof halten die **S-Bahnen in Ost-West-Richtung** – also die Bahnen, die Ostkreuz, Alex, Hauptbahnhof und Zoologischer Garten verbinden (S3, S5, S7) – am **hochgelegenen Bahnsteig**. Die **S-Bahnen Richtung Norden und Süden** (S1, S2 und S25) fahren dagegen von der **unterirdischen Bahnhofsebene** ab. Will man zum Beispiel nach Schöneberg oder zum Potsdamer Platz, bietet sich ab Friedrichstraße die S1 mit Endstation Wannsee an. Etwas diffizil gestaltet sich auch der **Übergang von der S- zur U-Bahn-Station Friedrichstraße**. Der U-Bahneingang findet sich nämlich nicht im Bahnhof, sondern außerhalb des Gebäudes an der Friedrichstraße.

### Ringbahn

Das Grundgerüst des innerstädtischen Nahverkehrs ist die Ringbahn, eine S-Bahn-Anlage, die unter anderem die Stationen Westkreuz, Südkreuz und Ostkreuz verbindet. Auf ihrer 37 Kilometer langen Strecke umrundet sie in einer Stunde den gesamten Innenstadtbereich.

Der S-Bahn-Ring stammt noch aus Kaiserzeiten. Durch den Bau der Berliner Mauer wurde die Verbindung unterbrochen, und erst seit 2006 fahren die Bahnen nun wieder den ganzen Ring. Weil die S-Bahnen auf der gesamten Strecke oberirdisch fahren, ist Ringbahnfahren gleichzeitig eine Sightseeingtour für kleines Geld – und weil die Strecke so unterschiedliche Kieze wie Neukölln mit seinem hohen Migrantenanteil, den Bionade-Kosmos Prenzlauer Berg, das ehemalige Arbeiterquartier Moabit und das solide Wilmersdorf verbindet, ist die Bahn auch ein Panoptikum, in dem man nebenbei Mode-, Sprach- und andere Sozialstudien betreiben kann.

Die **S42** fährt den Rundkurs **im Uhrzeigersinn** (Pfeil auf der Zugzielanzeige rechts herum), die **S41 gegen den Uhrzeigersinn** (Pfeil auf der Zugzielanzeige links herum). Hat man sich mal vertan, lässt sich der Kurs an jeder Station ohne Treppensteigen ändern. Die Ringbahn in Gegenrichtung fährt jeweils auf der gegenüberliegenden Seite des gleichen Bahnsteigs ab.

### Berliner Flughäfen

Vom Flughafen **Tegel** zum Bahnhof Zoo fährt die Expressbuslinie X9 oder zum Hauptbahnhof der Expressbus TXL, die häufig beide zur Hauptverkehrszeit im Stau stehen. Eine Alternative ist der Bus 128 bis Kurt-Schuhmacher-Damm und von dort weiter mit der U6 Richtung Alt-Mariendorf ins Stadtzentrum. Es genügt jeweils ein normales Ticket für den Bereich AB (2,60 Euro).

Der **Flughafen Schönefeld** ist durch mehrere Regionalbahnen und die S-Bahn-Linie 9 mit dem Stadtzentrum verbunden (Achtung: ABC-Ticket nötig).

### Adressen in Berlin

Wer in Berlin erstmals eine neue Adresse, sei es mit dem Stadtplan, sei es mit dem Navi ansteuert, sollte im Hinterkopf haben, dass es etliche **Straßennamen mehrfach gibt**. Orte, die bis zur großen Gebietsreform von 1920 eigenständig waren, haben die Straßennamen beibehalten, als sie Teil von Groß-Berlin wurden.

Hat man sein Ziel dann so gut wie erreicht, kann immer noch die Berliner **Hufeisennummerierung** für Irritationen sorgen. Nach diesem System aus preußischen Tagen erhielt das erste Gebäude auf der rechten Straßenseite die Nummer eins, dann wurden die Häuser auf der rechten Seite bis zum Ende der Straße durchnummeriert. Linksseitig wurde die Nummerierung in entgegengesetzter Richtung bis zum Anfangspunkt fortgeführt. Das hat zur Folge, dass sich die niedrigsten und die höchsten Hausnummern in nächster Nachbarschaft finden. Das System wurde ab 1929 durch wechselseitige Nummerierung abgelöst, die bereits vorhandenen Hausnummern blieben aber bestehen. Berlin bietet eben Abwechslung – auch dort, wo man sie nicht unbedingt erwartet.

*Die Ringbahn – Bahnhof Schönhauser Allee*

Berlin! Hör' ich den Namen bloß,
da muss vergnügt ich lachen!
Wie kann man da für wenig Moos
den dicken Wilhelm machen!
Warum läßt man auf märk'schem Sand
gern alle Puppen tanzen?
Warum ist dort das Heimatland
der echten Berliner Pflanzen?
Ja, ja, ja, das macht die Berliner Luft...

Paul Lincke, Berliner Luft, 1899

# ANNÄHERUNG AN BERLIN

*Auf dem Karneval der Kulturen*

# Berlin im Überblick

*Das Berliner Wappen*

**Geografische Lage**: 52°31'12" nördlicher Breite, 13°24'36" östlicher Länge.
**Fläche**: 892 km².
**Flächennutzung**: Gebäude- und Freifläche 41,3 %, Betriebsfläche 0,7 %, Erholungsfläche 11,4 %, Verkehrsfläche 15,3 %, Landwirtschaftsfläche 4,7 %, Waldfläche 18,1 %, Wasserfläche 6,7 %, sonstige Fläche 1,9 %.
**Länge der Stadtgrenze**: 234 km.
**Größte Ost-West-Ausdehnung**: 45 km.
**Größte Nord-Süd-Ausdehnung**: 38 km.
**Höchste Punkte**: Arkenberge (122 m) Müggelberge (115 m), Teufelsberg (115 m).
**Höchstes Gebäude**: Fernsehturm (368 m).
**Längster Fluss im Stadtgebiet**: Spree (45 km).
**Größter See**: Müggelsee: 7,5 km².
**Einwohner**: 3,5 Mio (2015).
**Bevölkerungsdichte**: 3948 Einw./km².
**Ausländeranteil**: 14,9 %.
**Arbeitslosenquote**: 9,5% (2016).
**Hochschulen**: 4 Universitäten, 7 Fachhochschulen, 4 Kunsthochschulen und 28 private Hochschulen.
**Studierende**: 135 400.
**Politik**: Berlin war schon mehrmals die Hauptstadt deutscher Staaten. Zunächst Hauptstadt der Markgrafschaft und des Kurfürstentums Brandenburg, wurde die Stadt an der Spree später Hauptstadt des Königreichs Preußen und des Deutschen Reiches. Ost-Berlin war die Hauptstadt der Deutschen Demokratischen Republik. 1989 fiel die Mauer zwischen den beiden Stadthälften und seit 1991 ist Berlin die Hauptstadt Deutschlands. Der Regierende Bürgermeister, seit 2014 Michael Müller von der SPD, hat eine Doppelfunktion inne, da Berlin ein Stadtstaat ist. Er vertritt Berlin als Land der Bundesrepublik Deutschland, damit ist der Regierende Bürgermeister einem Ministerpräsidenten gleichgestellt, außerdem übt er die Funktion eines normalen Bürgermeisters aus, da Berlin gleichzeitig eine kreisfreie Stadt ist.
**Stadtwappen**: Das Landeswappen zeigt auf weißem oder silbernem Schild einen aufrecht schreitenden schwarzen Bären mit roter Zunge und roten Krallen. Auf dem Schild befindet sich eine goldene, fünfblätterige Laubkrone, deren Stirnreif als Mauerwerk mit einem geschlossenen Tor in der Mitte ausgestattet ist.
**Partnerstädte**: insgesamt 17: Brüssel, Budapest, Buenos Aires, Istanbul, Jakarta, London, Los Angeles, Madrid, Mexiko-Stadt, Moskau, Paris, Peking, Prag, Taschkent, Tokio, Warschau und Windhuk. Neben den offiziellen Städtepartnerschaften gibt es mit vielen weiteren Städten eine projektbezogene Zusammenarbeit.
**Telefonvorwahl**: 030.
**Autokennzeichen**: B.

# Geografie

Berlin, im Osten der Bundesrepublik gelegen, ist als Stadtstaat vom Bundesland Brandenburg umgeben, bis zur polnischen Grenze sind es nur rund 70 Kilometer. Die Stadt befindet sich in einer eiszeitlich geprägten Landschaft im Warschau-Berliner Urstromtal, das von den Hochebenen des Barnim im Norden und des Teltow im Süden eingerahmt wird. Entstanden ist dieses Urstromtal vor rund 18 000 Jahren während der Weichseleiszeit. Es verläuft etwa entlang einer Linie von Eisenhüttenstadt über Müllrose, Fürstenwalde, Berlin, Falkensee, nördlich von Nauen nach Friesack.

Der Talgrund besteht aus Sandschichten, diese können mehr als 20 Meter dick sein. Sie dienen als Grundwasserspeicher und ermöglichen zum Beispiel die Selbstversorgung Berlins mit Trinkwasser. Die Oberfläche des Urstromtals ist über weite Strecken eben, nur an wenigen Stellen gibt es inselartige Erhebungen, das bekannteste Beispiel sind die Müggelberge im Südosten Berlins.

Da das Eis während der Eiszeit jedoch viel weiter nach Süden vorstieß, bildeten sich durch die Schmelzwasser im Berliner Urstromtal zahlreiche Toteiskörper, die nach dem Abtauen Seen und Moore bildeten. Beispiele sind der Müggelsee und der Tegeler See.

Im Berliner Urstromtal, das am Ende der Eiszeit große Schmelzwasserströme abführte, fließen heute die vergleichsweise kleinen Flüsse Spree, Dahme und weiter westlich die Havel. Da die Havel in ihrem Verlauf aber einer glazialen Rinne folgt, quert sie lediglich das Urstromtal, ohne ihm über eine längere Strecke zu folgen. Der Flusslauf der Havel ähnelt oft einer Seenlandschaft, die größten Ausbuchtungen sind der Tegeler See und der Große Wannsee. An der westlichen Stadtgrenze, im Bezirk Spandau, mündet die Spree in die Havel, die den Westen Berlins in nord-südlicher Richtung durchfließt.

*Idylle am Wasser*

Urstromtäler waren im Mittelalter erhebliche Verkehrshindernisse, deshalb konzentrierten sich zu dieser Zeit Handelswege oft an ihren engsten Stellen. Denn hier waren die Täler leichter zu überqueren. So ist es nur logisch, dass das historische Zentrum Berlins an der schmalsten Stelle des von der Spree in ost-westlicher Richtung durchflossenen Urstromtals liegt.

## Klima

Die Stadt liegt im Übergangsbereich zwischen ozeanisch und kontinental geprägtem Klima. Während der Sommermonate erreichen die Tageshöchsttemperaturen im Mittel 22 bis 23 Grad Celsius, wobei sommerliche Hitzeperioden mit Temperaturen von über 30 Grad nicht ungewöhnlich sind. Im Winter liegen die Höchsttemperaturen im Schnitt 2 bis 3 Grad über dem Gefrierpunkt. Längere winterliche Frostperioden mit Schnee und Eis sind bei Ostwindlagen jedoch keine Seltenheit. Die Niederschläge verteilen sich gleichmäßig über das Jahr und weisen mit 580 Millimeter im Jahresdurchschnitt keine extremen Werte auf.

Mit einer Ausdehnung von gut 40 Kilometern in Ost-West-Richtung und kaum weniger in Nord-Süd-Richtung ist Berlin einerseits eine flächenmäßig große Stadt, zudem herrscht je nach Bebauungsdichte, Grün- und Wasserflächen manchmal ein Mikroklima. Das bedeutet: Wenn es im Süden schön ist, kann es in der Stadtmitte durchaus heftig regnen.

## Flora und Fauna

Wie kaum eine andere Millionenstadt ist Berlin mit mehr als 2500 öffentlichen Grünanlagen und Stadtplätzen eine ausgesprochen grüne Metropole. Rund 14 Prozent des Stadtgebiets machen diese Grünflächen aus, dazu gehören Wälder, Parks, Spielplätze, Kleingärten, Friedhöfe und, nicht zu vergessen, die rund 430 000 Straßenbäume. Alleen haben in Berlin eine lange Tradition. Schon 1647 ließ der Große Kurfürst zwischen seinem Schloss und seinem Jagdrevier, dem Großen Tiergarten, die Allee Unter den Linden anlegen. Selbst größere Felder gehören im Westen und Nordosten noch zum Berliner Stadtgebiet.

Beim Blick auf die Karte von Berlin fallen große grüne Flecken mit blauen Einsprenkelungen auf. Im Nordwesten sind es Spandauer und Tegeler Forst mit Tegeler See und Nieder Neuendorfer See, im Südwesten der Grunewald mit Havel und Großem Wannsee und im Südosten die Waldgebiete rund um den Müggelsee. Die beliebtesten innerstädtischen Parkanlagen sind der Große

*Ein riesiger Park mitten in der Stadt:*
*der Tiergarten*

Tiergarten im Herzen Berlins, Volkspark Rehberge, Volkspark Jungfernheide, Schlosspark Charlottenburg, Humboldthain, Volkspark Friedrichshain, Plänterwald, Hasenheide, Britzer Garten und Wuhlheide.

Die Oberste Berliner Naturschutzbehörde hat 17 Natur- und Landschaftsschutzgebiete – sogenannte Flora und Fauna Habitatgebiete (FFH) – ausgewiesen. Dazu zählen Pfaueninsel, Grunewald, Spandauer Forst, Tegeler Fließ, Falkenberger Rieselfelder, Wilhelmshagen-Woltersdorfer Dünenzug, Müggelspree, Zitadelle Spandau, Wasserwerk Tegel, Wasserwerk Friedrichshagen, Baumberge, Schlosspark Buch, Fließwiese Ruhleben, Fredersdorfer Mühlenfließ, Teufelsseemoor Köpenick und der Müggelsee. In diesen Schutzgebieten findet man noch Fledermäuse, Biber, Fischotter und seltene Froscharten.

Auch mit fünf Vogelschutzgebieten kann die bundesdeutsche Hauptstadt aufwarten – es sind der westliche Düppeler Forst, der Grunewald, der Spandauer Forst, das Tegeler Fließ und der Müggelspreebereich, wo man unter anderem noch Eisvögel, Kraniche und Bussarde antreffen kann. Anders als in den meisten deutschen Städten wurden in Berlin nach dem Zweiten Weltkrieg nicht alle Trümmerbrachen wieder bebaut. Im Todesstreifen entlang der Berliner Mauer und in den durch die Teilung der Stadt nicht mehr nutzbaren Bahnflächen konnten sich deshalb außerordentlich artenreiche Lebensräume bilden. Das Besondere an diesen Biotopen ist, dass an den warmen Stadtstandorten Arten leben, die sonst nur in Südeuropa vorkommen. Durch Wiederinbetriebnahme von Bahntrassen, Gewerbeansiedlung und Bebauung des einstigen Todesstreifens sind in den letzten Jahren allerdings viele der ökologisch wertvollen Brachen verloren gegangen.

Die Berliner Moore sind durch Grundwasserabsenkungen und Schadstoffeintrag stark gefährdet, sehenswert sind das Teufelsmoor in Köpenick und das Teufelsbruch in Spandau dennoch.

Fließgewässer mit weitgehend unverbauten Ufern hat das Umland reichlich zu bieten, in Berlin sind sie selten geworden. Anzutreffen sind sie noch im Tegeler Fließ in Lübars und Pankow, im Fredersdorfer Mühlenfließ in Köpenick und in Ansätzen im Rudower Fließ. Insbesondere das Tegeler Fließ ist mit seinen Erlenbruchresten, feuchten Wiesen und den nur in Lübars und Pankow vorkommenden Quellhängen eine schöne Rarität in Berlin.

Havel, Spree und Dahme mit ihren teils großen, seenartigen Erweiterungen besitzen heute an ihren Ufern nur noch selten Röhricht- und Auwaldvegetation. Ausnahmen sind die Ufer der Pfaueninsel sowie die des Nieder Neuendorfer Sees.

Von Gärtnerhand geschaffene Biotope haben natürlich auch ihren Wert. Dazu gehören der Schlosspark Charlottenburg wegen seiner artenreichen Pflanzenbestände sowie die alten Friedhöfe in Mitte, Friedrichshain und Prenzlauer Berg. In den Außenbezirken sind die als Landschaftspark gestaltete Pfaueninsel, der Glienicker Park und der Schlosspark Buch wegen ihres Bestandes an alten Bäumen sehenswert.

Zu einer Touristenattraktion haben sich auch die ›Gärten der Welt‹ in Marzahn entwickelt. Dort wurden unter anderem ein chinesischer Garten, ein italienischer Renaissancegarten und ein orientalischer Garten angelegt.

Oasen der innerstädtischen Ruhe sind auch viele Friedhöfe wie der Dorotheenstädtische und der Friedrichwerdersche Friedhof in Mitte (→ S. 169).

*Eingang zum Alten Garnisonfriedhof in der Kleinen Rosenthaler Straße*

# Berliner Friedhöfe

Neben den in diesem Buch ausführlicher beschriebenen Friedhöfen (→ S. 169, S. 252, und S. 350) gibt es in Berlin weitere sehenswerte Anlagen, die zum Bummeln und Ausruhen einladen und auf denen die Gräber so mancher Prominenter zu finden sind.

Eine kleine Oase der Ruhe inmitten der Großstadt ist der schon lange aufgelassene **Alte Garnisonfriedhof** (Kleine Rosenthaler Str. 3-7, Mitte), nur fünf Minuten vom belebten Hackeschen Markt entfernt. Charakteristisch für den Friedhof sind die gusseisernen Kreuze aus der ersten Hälfte des 19. Jahrhunderts. Neben vielen Generälen, wie dem berühmten Ludwig Adolf Wilhelm Freiherr von Lützow (1782-1834), liegt hier auch der romantische Dichter Friedrich de la Motte Fouqué (1777-1843) begraben. ▸ Karte D10.

Auf den **Friedhöfen am Halleschen Tor** (Mehringdammm 21, Kreuzberg) fanden unter anderem der Schriftsteller und Komponist E. T. A. Hoffmann (1776-1822), der Komponist Felix Mendelssohn-Bartholdy (1809-1847) und der Naturforscher und Dichter Adalbert von Chamisso (1781-1831) ihre letzte Ruhestätte. Ursprünglich befanden sich die bereits Anfang des 18. Jahrhunderts angelegten Friedhöfe vor den Toren Berlins. Obwohl im Zweiten Weltkrieg viele Gräber zerstört wurden, sind die Friedhöfe auch heute noch wegen ihrer beeindruckenden und manchmal pompösen Grabdenkmale besuchenswert. ▸ Karte G9.

Auf dem **Waldfriedhof** in Zehlendorf (Potsdamer Chaussee 75-77, Zehlendorf) liegen berühmte Politiker wie Walter Scheel, Otto Suhr, Willy Brandt und Ernst Reuter begraben. Die beiden letztgenannten ruhen Schulter an Schulter in zwei aneinander grenzenden Gräbern, deren Bescheidenheit in keiner Weise der historischen Bedeutung von Brandt und Reuter entspricht. Aber auch Künstler wie der unvergessene Wolfgang Neuss, Hildegard Knef und Günter Pfitzmann wurden auf dem Waldfriedhof bestattet.

Ebenfalls im Stadtteil Zehlendorf befindet sich der **Waldfriedhof Dahlem** (Hüttenweg, Zehlendorf). Hier fanden u.a. die Schriftsteller Erich Mühsam und Gottfried Benn sowie der expressionistische Maler Karl Schmidt-Rotluff ihre letzte Ruhestätte. Das Grab des 2005 verstorbenen Schauspielers Harald Juhnke hat sich inzwischen zur Pilgerstätte für seine immer noch zahlreichen Fans entwickelt. ▸ Karte L2.

Der **Alte St. Matthäus-Kirchhof Berlin** (Großgörschenstraße/Monumentenstraße, Schöneberg) ist der einzige Friedhof Berlins, auf dessen Gelände sich ein kleines Café befindet. Zahlreiche schöne Mausoleen unter alten Bäumen laden zum Spaziergang ein. Bekannte Persönlichkeiten, die hier ihre letzte Ruhe gefunden haben, sind unter vielen anderen die Gebrüder Jacob und Wilhelm Grimm, der Arzt Rudolf Virchow, der Philosoph Friedrich Wilhelm Schelling und der Komponist Max Bruch. Seit 2011 liegt auf dem Friedhof der 1996 mit 48 Jahren verstorbene Sänger Rio Reiser begraben. Er war zunächst auf seinem Privatanwesen in Schleswig-Holstein bestattet, nach dessen Verkauf aber umgebettet worden. ▸ Karte H8.

Der **Neue Friedhof Wannsee** (Lindenstraße 1-2, Steglitz-Zehlendorf) ist im Volksmund auch als Millionärsfriedhof bekannt. Der Grund dafür ist einfach: Seit 1887 wurden hier die reichen Villenbesitzer des noblen Vorortes bestattet. Und manche von ihnen wollten ihren Reichtum auch nach dem Ableben zeigen. Entsprechend pompös fallen auf diesem Friedhof die Grabmäler aus. Viel Berliner Prominenz liegt hier begraben, und auch echte Berühmtheiten wie der Physiker Herrmann von Helmholtz (1821-94) und der berühmte Arzt Ferdinand Sauerbruch (1875-1951).

# Berlins Geschichte

Im Jahre 2008 haben Archäologen bei Grabungen am Petriplatz in der Berliner Mitte einen Eichenbalken gefunden, den Handwerker vermutlich schon im Jahr 1183 beim Bauen verwendet haben. Berlin, meinen Wissenschaftler jetzt, muss also doch noch einige Jahrzehnte älter sein als bislang angenommen. Aufs Jahr genau lassen sich die ersten Siedlungsaktivitäten nicht datieren. Fest steht aber, dass sich gegen Ende des 12. Jahrhunderts Kaufleute, Handwerker und Fischer an einer alten Handelsstraße an der Spree ansiedeln. An einer verkehrsgünstigen Stelle, an der der Fluss besonders schmal und leicht zu queren ist, entstehen zu dieser Zeit gleich zwei Siedlungen in unmittelbarer Nachbarschaft. Die eine liegt auf einer kleinen, von Haupt- und Seitenarm der Spree umspülten Insel und nennt sich Cölln, die andere am gegenüberliegenden Ufer, also auf der rechten Spreeseite – sie nennt sich Berlin. Das Zentrum beider Siedlungen bildet jeweils eine Kirche. Die Cöllner bauen sich die Petrikirche (existiert heute nicht mehr). Das benachbarte Berlin wächst rund um die Nikolaikirche. Mit ihrer grünen Doppelspitze ist sie heute markantes Wahrzeichen und, nach Kriegszerstörung und Wiederaufbau, ältestes Bauwerk des historischen Stadtkerns.

## Berlin und Cölln – zwei Nachbarn an der Spree

Als offizielles Gründungsdatum Berlins gilt das Jahr 1237. Aus diesem Jahr stammt die erste Urkunde, in der Cölln, die Kaufmannssiedlung an der Spree, erwähnt wird. Berlins älteste Urkunde ist ein paar Jahre jünger. Sie wurde 1244 ausgestellt. Weil die benachbarten Siedlungen früh zusammenwuchsen und als Doppelstadt Berlin-Cölln gemeinsame Sache machten, wird das Datum der Cöllner Urkunde als offizielle Geburtsstunde Berlins gefeiert.

*Die Marienkirche stammt aus dem Jahr 1250*

Im Jahr 1307 schließen die Nachbarn an der Spree eine erste Union. Die hat den Zweck, die Rechte der jungen Städte gegenüber dem Landesherrn zu sichern und auszubauen. Landesherr ist der Markgraf von Brandenburg, der in der weit älteren Stadt Brandenburg an der Havel residiert. Durch ihren Zusammenschluss bilden Cölln und Berlin nach außen eine Einheit. Auf der Langen Brücke, die beide Orte verbindet, wird ein Rathaus errichtet, in dem sich zwölf Ratsherren aus Berlin und sechs aus Cölln an einen Tisch setzen, um die gemeinsamen Interessen ihrer Städte und deren Durchsetzung zu beraten. Auch eine erste gemeinsame Befestigungsanlage entsteht in dieser

Zeit. Sie umschließt ein etwa 70 Hektar großes Gelände, auf dem etwa 7000 Menschen leben. Im Inneren bleiben Berlin und Cölln aber eigenständig, Verwaltung und Haushaltsangelegenheiten regelt jede Stadt für sich.

## Die Hohenzollern kommen

Im 13. Jahrhundert, als sich die neuen Siedlungen an der Spree entfalten, herrschen die Askanier über die Mark Brandenburg. Dieses ostsächsische Fürstengeschlecht stirbt 1320 mit dem noch jungen Markgrafen Heinrich aus. Nach einem Intermezzo der Wittelsbacher macht der römisch-deutsche König Sigismund im Jahr 1411 den Burggrafen Friedrich VI. (1371–1440) von Nürnberg zum neuen Herrn über die sumpfig-sandige Mark Brandenburg. Mit Friedrich, einem Spross der schwäbischen Hohenzollernlinie, beginnt ein über 500 Jahre währendes Kapitel, in dem die Hohenzollern zunächst als Kurfürsten, später als Könige und schließlich als Kaiser die Geschicke Berlins, der Mark, des Königreich Preußens und zuletzt des deutschen Kaiserreichs bestimmen. Erst 1918, mit Flucht, Exil und Abdankung von Wilhelm II. nach dem Ersten Weltkrieg, wird diese Ära enden.

Problematisch gestaltet sich das Verhältnis zwischen den Bewohnern der aufstrebenden Doppelstadt und den Hohenzollernregenten spätestens seit den 1440er Jahren. Die reichen Kaufleute, die in den Städten das Sagen haben, fürchten um ihren Einfluss. Immer wieder kommt es zu wehrhaften Aufständen gegen den neuen Machthaber in Brandenburg. Sechs Jahre lang lässt Kurfürst Friedrich II., wie er sich nennt, seine Truppen gegen die aufbegehrenden Städter kämpfen. Dann erst kann er den Unruheherd an der Spree unterwerfen. Friedrich, der unter dem Beinamen ›Eisenzahn‹ in die Geschichtsbücher eingegangen ist, beschließt, im Zentrum der Aufmüpfigen Macht zu demonstrieren. Auf dem nördlichen Teil der Spreeinsel, zu dieser Zeit noch Cöllner Stadtgebiet, lässt er eine Burg errichten. Wie eine steinerne Drohgebärde schiebt sie sich zwischen die beiden Hälften der Doppelstadt. 1451 kann der Kurfürst sein neues Domizil beziehen. Gut drei Jahrzehnte später wird Berlin zum offiziellen kurfürstlichen Amtssitz erkoren. ›Eisenzahns‹ Burg wird im Laufe der Jahrhunderte immer wieder erweitert und umgebaut. Aus ihr wird das Stadtschloss der Hohenzollern, der architektonische Dreh- und Angelpunkt des alten Berlin, auf den sich alle nachfolgend errichteten wichtigen Bauten in der historischen Mitte beziehen.

*Kurfürst Friedrich II., genannt Eisenzahn*

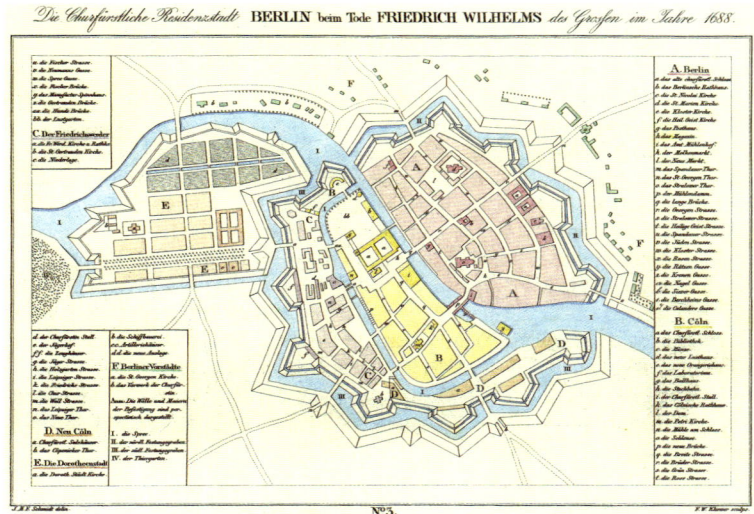

*Berlin-Cölln am Ende des 17. Jahrhunderts*

Die Einwohnerzahl in der kurfürstlichen Residenz steigt zu dieser Zeit zügig. Um 1600 leben bereits 12 000 Menschen in der Doppelstadt. Dennoch muss sie so manchen herben Rückschlag verkraften und mehrmals nach verheerenden Stadtbränden wieder aufgebaut werden. Im 16. und 17. Jahrhundert wird die Region zudem wiederholt von Pestepidemien heimgesucht. Hungersnöte und Verwüstungen während des Dreißigjährigen Kriegs (1618–1648) tun ein Übriges. Als nach drei kriegerischen Jahrzehnten endlich wieder Frieden herrscht, befinden sich Stadt und Umland in einem erbärmlichen Zustand. Die Bevölkerungszahl von Berlin-Cölln ist auf 6000 Bewohner geschrumpft.

## Es geht voran – die Ära des Großen Kurfürsten

1640 kommt Friedrich Wilhelm an die Macht. Er herrscht nicht nur über die Mark Brandenburg, ihm untersteht auch das Herzogtum Preußen, das durch verwandtschaftliche Beziehungsgeflechte in die Einflusssphäre der Hohenzollern gelangt ist. 48 Jahre lang wird der Mann, den die Nachwelt den ›Großen Kurfürsten‹ nennen wird, regieren. In dieser Zeit wird die gebeutelte Stadt erneuert, vergrößert und verschönt. Der Kurfürst lässt den grünen Lustgarten, eine Freifläche vis-à-vis vom Schloss, wiederherstellen und künstlerisch ausgestalten. Den Verbindungsweg zwischen dem Stadtschloss und dem damals noch weit vor den Toren der Stadt gelegenen Tiergarten, dem kurfürstlichen Jagdrevier, lässt Friedrich Wilhelm im großen Stil ausbauen und mit Nussbaum- und Lindenreihen säumen. Noch heute ist die Straße Unter den Linden neben dem wesentlich jüngeren Kurfürstendamm die bekannteste Prachtstraße Berlins.

Um sein rückständiges Land auf Zukunftskurs zu bringen, lässt der Herrscher der Mark Brandenburg in Frankreich verfolgte Protestanten anwerben. Friedrich Wilhelm sichert ihnen Religionsfreiheit und manch andere Privilegien zu. Rund 12 000 Glaubensflüchtlinge – die sogenannten Hugenotten – folgen dem Ruf an die Spree und bringen mit, was hier dringend benötigt wird: Bildung und handwerkliches Können. Unter den neuen französischen Siedlern sind tausende Tuchmacher, Weber, Wollspinner und andere Fachkräfte aus dem Textilgewerbe, und sie kennen sich mit dem modernen Manufakturwesen aus, Produktionstechniken, die im Berliner Raum zu dieser Zeit weitgehend unbekannt sind. Auch die 50 wohlhabenden jüdischen Familien aus Wien, die der Kurfürst mit einem Ansiedlungsprivileg an die Spree lockt, geben der Stadt am Ende des 17. Jahrhunderts neue wirtschaftliche und intellektuelle Impulse.

Die Zuwanderer siedeln sich vornehmlich in den Stadterweiterungen an, die in dieser Zeit an den Rändern von Berlin und Cölln angelegt werden. Südwestlich der Schlossanlage baut man die neue Siedlung Friedrichswerder und am Südrand von Cölln entsteht Neucölln. Eine neue Befestigungsanlage schließt die Erweiterungen ein. Doch während noch daran gearbeitet wird, ist auch dieser schützende Gürtel schon wieder zu eng. Nördlich von Unter den Linden wird in den 1670er Jahren die Dorotheenstadt angelegt. Als Friedrich Wilhelm 1688 stirbt, ist seine Residenzstadt bedeutend größer als bei seinem Amtsantritt, und die Bevölkerungszahl ist von 6000 auf nunmehr 20 000 Einwohner gestiegen.

## Berlin wird königlich

Nach dem Tod des Großen Kurfürsten übernimmt mit seinem Sohn Friedrich ein eher kleiner Mann mit großem Geltungsbedürfnis die Macht. Mit den Titeln ›Kurfürst der Mark Brandenburg‹ und ›Herzog von Preußen‹ will er sich nicht

*Unter den Linden im Jahre 1691*

bescheiden. Friedrich macht sich im Jahr 1701 durch Selbstkrönung in der Königsberger Schlosskirche zum ›König in Preußen‹ und wenig später gelingt es ihm auch, beim deutschen Kaiser durchzusetzen, dass Preußen, bis dato Herzogtum, als Königreich anerkannt wird. Somit kann Friedrich I. schon bald den Titel ›König von Preußen‹ führen. Friedrich hat den Ehrgeiz, seiner Residenzstadt mehr Glanz einzuhauchen. Während seiner Regentschaft entfaltet sich eine rege Bautätigkeit. Das Schloss wird großzügig neugestaltet, und in unmittelbarer Nachbarschaft zu seiner Residenz lässt der König das Zeughaus als repräsentatives Waffenarsenal errichten. Auch für den Bau von Schloss Charlottenburg muss die Staatskasse großzügige Mittel freigeben. Zudem werden die königlichen Baumeister damit beauftragt, südlich der Lindenachse ein neues Quartier anzulegen. Ganz modern, mit rasterförmigem Grundriss, entsteht eine Siedlung, für die der König keinen besseren Namen findet als seinen eigenen – die Friedrichstadt.

Im Jahr 1709 werden Berlin und Cölln sowie die städtischen Erweiterungen Friedrichswerder, Dorotheenstadt und Friedrichstadt zur Königsstadt Berlin zusammengefasst. Etwa 55 000 Menschen leben in dem Stadtgebilde, das nun nicht mehr von Ratsherren, sondern von königlichen Beamten verwaltet wird.

## Verschwendung war gestern – Berlin unter dem ›Soldatenkönig‹

Als Thronfolger Friedrich Wilhelm I. nach dem Tod des Vaters 1713 das Zepter übernimmt, ändert sich vieles in der Residenzstadt an der Spree, auch und vor allem der Regierungsstil. Der neue Mann auf dem Thron, der schon als Junge eine ausgeprägte Abneigung gegen die Prunksucht seines Vaters gehabt haben soll, sieht sich mit einer prekären Haushaltslage konfrontiert. Friedrich Wilhelm I. steuert entschieden dagegen. Er kürzt die Ausgaben für den Hof drastisch, entlässt Scharen von Höflingen, Günstlingen und Lakaien. Die Steuereinnahmen fließen jetzt vor allem in den Aufbau von Manufakturen und in den Ausbau der Armee. Der Regent, der sich selbst als ›Finanzminister und Feldmarschall des Königs‹ bezeichnet, führt 1717 die allgemeine Schulpflicht in Preußen ein und begründet die preußische Bürokratie, deren Markenzeichen eine penible Rechnungskontrolle ist.

Während sich der Vater mit Akademiegründungen um die Förderung von Kunst und Wissenschaft verdient gemacht hat, gehört die Leidenschaft des Sohnes dem Militär. Für seine Leibgarde lässt Friedrich Wilhelm I. in ganz Europa ›Lange Kerls‹ anwerben. Auch im Stadtbild schlägt sich das Faible des Königs fürs Militärische nieder. Den grünen Lustgarten lässt der ›Soldatenkönig‹ in einen Exerzierplatz umgestalten. Auch das ›Quarrée‹, der rechteckige Platz vor dem Brandenburger Tor (heute Pariser Platz), das ›Oktogon‹ (heute Leipziger Platz) und das ›Rondell‹ (heute Mehringplatz) werden eigens zum Zweck des Exerzierens angelegt.

Die alte Festungsanlage lässt Friedrich Wilhelm I. abreißen und stattdessen in den 1730er Jahren eine neue Mauer mit größerem Radius bauen. Diese Zoll- und Akzisemauer dient offiziell der Kontrolle des Warenflusses. Daneben hat sie aber eine zweite und mindestens genauso wichtige Funktion: Sie soll die Flucht der

*Friedrich I. gründete die Charité*

Soldaten verhindern, die sich dem militärischen Drill in der Residenzstadt durch Desertation entziehen wollen. Die neue Mauer ist 14,5 Kilometer lang, hat ein gutes Dutzend Tore und umschließt ein 1330 Hektar großes Areal, auf dem rund 80 000 Menschen leben. Der Verlauf dieser Zollmauer, die erst 1841 geschleift wird, lässt sich heute noch auf dem Stadtplan anhand einiger U-Bahnstationen ablesen, die in der Nähe der einstigen Stadttore entstanden sind – Brandenburger Tor, Oranienburger, Frankfurter, Schlesisches, Kottbusser und Hallesches Tor markieren die Lage der einstigen Ein- und Ausfallschleusen. Außerhalb der neuen Stadtmauer geht auf Geheiß des ›Soldatenkönigs‹ eine Institution an den Start, die noch heute internationales Ansehen genießt – das Krankenhaus ›Charité‹, die älteste medizinische Bildungseinrichtung Deutschlands.

## Kriege, Eroberungen und große Gedanken – Berlin unter Friedrich II.

1740, genau 100 Jahre nach dem Amtsantritt des Großen Kurfürsten, tritt wieder einer an, den die Nachwelt als ›Großen‹ bezeichnen wird – Friedrich II. Als Kind und Jugendlicher litt der spätere Regent unter dem militärischen Drill seines Vaters. Der musisch begabte junge Mann unternimmt sogar einen Fluchtversuch, um sich dem Einfluss des brutalen Vaters zu entziehen. Als er den Thron besteigt, schafft Friedrich II. umgehend die Folter in Preußen ab. Der neue Regent hat eine Vorliebe für Literatur und Philosophie – zumindest, wenn die Verfasser der großen Ideen aus dem französischen Kulturkreis kommen. Der Preußenkönig ist mit Voltaire und anderen Geistesgrößen seiner Zeit befreundet. Die großen Denker gehen an seinem Hof ein und aus. In dieser Zeit kommt auch Lessing nach Berlin. Die preußische Hauptstadt wird zu einem Zentrum der Aufklärung.

*Die Alte Bibliothek am Bebelplatz entstand unter Friedrich II.*

Durch seine Eroberungskriege treibt der Schöngeist auf dem Preußenthron aber auch den Aufstieg seines Königreiches in die Liga der europäischen Großmächte voran. Von Feldzügen und Regierungsgeschäften erholt er sich an seinem Lieblingsort, dem von seinem Lieblingsbaumeister Georg Wenzeslaus von Knobelsdorff erbauten Potsdamer Schloss Sanssouci. Aber auch in Berlin lässt Friedrich der Große eindrucksvolle Repräsentationsbauten errichten: Die Staatsoper Unter den Linden, die Alte Bibliothek am Bebelplatz, die dem Pantheon in Rom nachempfundene St.-Hedwigs-Kathedrale am selben Platz und die heutige Humboldt-Universität, ursprünglich als Palais für Friedrichs Bruder Heinrich gebaut. Bis heute sind diese Bauten Inbegriff von Preußens Glanz und Gloria.

## Napoleon und jede Menge Reformen

Am 27. Oktober 1806 marschieren Napoleon und seine Soldaten nach ihrem Triumph über Preußen durch das Brandenburger Tor in die Stadt und besetzen Berlin. Der Preußenkönig, inzwischen sitzt Friedrich Wilhelm III. auf dem Thron, ist vor Napoleons Truppen in den äußersten Zipfel seines Reiches, nach Ostpreußen, geflohen. Die verheerende Niederlage und die Schwäche des Königs verleihen den Modernisierern im Staat Auftrieb. Heinrich Friedrich Freiherr vom und zum Stein wird zum Staatsminister ernannt und leitet umfangreiche Reformen ein. Sowohl die Leibeigenschaft als auch die ›Erbuntertänigkeit‹ – die Verpflichtung der Bauern, zeitlebens für ihren Gutsherrn zu arbeiten – werden abgeschafft. Offiziell herrscht nun freie Berufswahl in Preußen. Auch die Verwaltung wird neu strukturiert. Die Reformer, zu denen neben vom Stein auch Karl August Fürst von Hardenberg gehört, wollen den Bürgersinn stärken und setzen sich für Selbstverwaltung der Provinzen, Kreise und Kommunen ein. Es werden fünf Ministerien eingerichtet. Innen-, Finanz-, Justiz-, Außen- und Kriegsminister unterstehen dem König, üben ihrerseits aber auch Einfluss auf den Monarchen aus.

Auch das Bildungssystem nehmen die Reformer ins Visier. Die neuen Leitlinien werden hauptsächlich vom Universalgelehrten Wilhelm von Humboldt erarbeitet. Humboldt schwebt ein humanistisches Bildungsideal vor, das eine enge Verbindung von Forschung und Lehre vorsieht und Bildung als freie Persönlichkeitsentfaltung des Individuums betrachtet. Humboldt gehört auch zu den Mitbegründern der ersten Berliner Universität, die mit den Fachbereichen Medizin, Jura, Philosophie und Theologie im Oktober 1810 den Lehrbetrieb aufnimmt.

Eine Neuordnung des Militärs wird auf Drängen der Reformer ebenfalls eingeleitet. Die schmerzlichen Erfahrungen von 1806 haben allzu deutlich gezeigt, dass die alte preußische Heeresorganisation nicht mehr auf der Höhe der Zeit ist. Nach durchgreifenden Veränderungen zeigen sich schon bald Erfolge. Während der Befreiungskriege von 1813 bis 1815 gelingt es Preußen, gemeinsam mit seinen Verbündeten Russland und Schweden, die französischen Truppen zurückzudrängen. 1815, mit der Schlacht bei Waterloo, ist Napoleon endgültig besiegt. In Berlin kann man sich nun wieder um die schönen Dinge des Lebens kümmern – um die Baukunst zum Beispiel. Baumeister Karl Friedrich Schinkel steht als ›Geheimer Oberbaurat‹ in königlichen Diensten und prägt die Stadt an der Spree in den folgenden Jahrzehnten wie kein anderer Architekt vor oder nach ihm. Unter seiner Regie entstehen die Neue Wache, die Schloßbrücke, das Schauspielhaus auf dem Gendarmenmarkt, das Alte Museum als erstes Bauwerk auf der Museumsinsel und etliches mehr.

*Napoleon zieht durchs Brandenburger Tor, Gemälde von Charles Meynier*

# Industrialisierung

Um 1800 beginnt das Industriezeitalter in Berlin, zunächst zaghaft. In den 1820er Jahren siedeln sich Eisengießereien und Maschinenbaubetriebe auf den freien Flächen im Norden, vor den Toren der alten Zollmauer an. An der Chausseestraße vor dem Oranienburger Tor baut August Borsig seine Maschinenbauanstalt. Ab 1838 verbindet eine Eisenbahnlinie Berlin mit Potsdam und sorgt für neue wirtschaftliche Impulse. Maschinen- und Waggonbaufabriken, Eisen- und Gussstahlwerke schießen jetzt quasi wie die Pilze aus dem Boden. 1851 legt Friedrich Schering ebenfalls in der Chausseestraße den Grundstein für seine Chemiefabrik. Zu Tausenden strömen Arbeitskräfte vom Land zu den neuen Produktionsstandorten, die unter anderem auf den freien Flächen im Osten vor dem Frankfurter und im Südosten vor dem Schlesischen Tor entstehen. In Moabit am Nordrand des Tiergartens siedeln sich ebenfalls schon früh zahlreiche Industrieunternehmen an. Moabit, die winzige Siedlung vor den Toren der Stadt, macht innerhalb weniger Jahrzehnte eine radikale Veränderung durch. Das Kirchenregister aus dem Jahr 1820 weist gerade einmal 247 Ortsbewohner aus. 1858 leben schon fast 10 000 Menschen in Moabit. In Berlin und seinen neu entstandenen Siedlungen werden zu dieser Zeit bereits rund 400 000 Bewohner gezählt.

Um Wohnraum für die aus allen Himmelsrichtungen herbeiströmenden Arbeitskräfte zu schaffen, werden schon in den 1820er Jahren in der Gartenstraße vor dem Hamburger Tor die ersten Mietskasernen gebaut. In der Luisenstadt (südlich des historischen Cölln, heute Teil von Kreuzberg), in der Spandauer Vorstadt, in Friedrichshain und im Prenzlauer Berg entstehen die typischen Gebäudekomplexe mit den engen Hinterhofbebauungen, in denen sich bald alle Facetten der sozialen Problematik des neuen Industriezeitalters manifestieren.

*Tor der Borsigwerke in Tegel*

*Der Platz westlich des Brandenburger Tors ist den Gefallenen der Märzrevolution gewidmet*

Erholung sollen die Industriearbeiter im Grünen finden. Als Gegenstück zum Tiergarten, der der Oberschicht vorbehalten ist, wird im Osten der Stadt der Volkspark Friedrichshain angelegt, der auch Kleinbürgern und Arbeitern offensteht. Nach dem neuen Park wird später der umliegende Stadtbezirk benannt.

## Die Märzrevolution

Soziale Not und die Ideen der französischen Revolution, die sich auch in den deutschen Staaten immer weiter ausbreiten, heizen das gesellschaftliche Klima in der Mitte des 19. Jahrhunderts an. Während Baumeister Schinkel, seine Schüler Ludwig Persius und Friedrich August Stüler und der geniale Gartenarchitekt Peter Joseph Lenné mit ihren italienisch anmutenden Bauwerken und Parks in Potsdam und Umgebung die Architekturträume des neuen Königs, Friedrich Wilhelm IV., verwirklichen, brodelt es gewaltig im politischen Berlin. Nichtadelige Schichten fordern demokratische Rechte ein – Wahlrecht, eine Verfassung, die Freiheit der Presse.

Im März 1848 kommt es zur gewaltsamen Konfrontation zwischen aufbegehrenden Bürgern und den königlichen Truppen. Der Platz vor dem Berliner Stadtschloss wird zum Schauplatz blutiger Kämpfe. Hunderte verlieren ihr Leben, und der König sieht sich gezwungen, den gefallenen Revolutionären die letzte Ehre zu erweisen. Auch zu politischen Zugeständnissen sieht sich Friedrich Wilhelm IV. gezwungen. Er gewährt Pressefreiheit und führt das Dreiklassenwahlrecht ein. Während bisher nur der Adel ein gewisses politisches Mitspracherecht hatte, ist nun ein Großteil der Männer in Preußen ab dem 25. Lebensjahr stimmberechtigt und entscheidet mit über die Zusammensetzung des Preußischen

*Das Reichstagsgebäude stammt aus dem Jahr 1894*

Landtags. Das Gewicht jeder einzelnen Wählerstimme ist abhängig von der Höhe der entrichteten Steuern, Empfänger von Armenfürsorge sind gänzlich vom Wahlrecht ausgeschlossen. In dieser Form wird das Wahlrecht bis 1918, dem Ende der Monarchie in Deutschland, weiterbestehen.

## Kaiserreich und Gründerjahre

1871, nach dem Sieg über Frankreich, schließen sich die deutschen Kleinstaaten zu einem Nationalstaat unter der Führung Preußens zusammen. Noch im französischen Versailles lässt sich der preußische König zum deutschen Kaiser Wilhelm I. krönen. Berlin wird Hauptstadt des Deutschen Reiches und erlebt einen beispiellosen Wirtschaftsaufschwung. Das Kapital, das durch die französischen Reparationszahlungen in die deutsche Hauptstadt fließt, zieht einen Boom von Gründungs- und Modernisierungsaktivitäten nach sich. In den Jahren nach der Reichsgründung wird die 1867 begonnene Ringbahn fertiggestellt, Berlin bekommt eine Kanalisation, 1879 wird die Technische Hochschule gegründet. Elektrische Erfindungen beflügeln den wirtschaftlichen Aufschwung, 1879 präsentiert Werner Siemens auf einer Ausstellung die erste elektrische Straßenbahn der Welt. Zwei Jahre später fährt ein solches Vehikel bereits durch den Vorort Lichterfelde. 1883 geht die Allgemeine Elektrizitätsgesellschaft AEG an den Start, 1884 werden die Berliner Elektrizitätswerke gegründet. Die ersten Telefone werden in den 1880er Jahren in Betrieb genommen, gleichzeitig wird die elektrische Straßenbeleuchtung eingeführt.

Die Zuwanderung erreicht neue Rekorde. 1877 überschreitet die Einwohnerzahl Berlins die Millionengrenze. Neben Arbeiterquartieren entstehen auch neue vornehme Wohngebiete mit der typischen Gründerzeitarchitektur, die vor bürgerlichem Selbstbewusstsein nur so strotzt. Der ›Neue Westen‹ – die Gegend rund um den Kurfürstendamm – wird zum bevorzugten Wohngebiet für Kaufleute, Industrielle und Bankiers. Bis Anfang der 1880er Jahre war der Kurfürstendamm lediglich ein befestigter Reitweg, der das Stadtgebiet mit dem Jagdschloss Grunewald verband und durch eher ländliche Gefilde führte. Ab 1882 wird er nach dem Vorbild der Champs-Elyseés in Paris zu einem Prachtboulevard ausgebaut.

1894 wird das Reichstagsgebäude fertiggestellt. Mehr als zwei Jahrzehnte lang hatten sich die Parlamentarier, die nach der Reichsgründung aus allen Landesteilen in Berlin zusammenkommen, mit provisorischen Tagungsstätten begnügen müssen. Langwierige Auseinandersetzungen über einen geeigneten Standort waren dem Reichstagsbau vorangegangen. Auch die architektonische Ausgestaltung war zähe Verhandlungssache. Alles musste mit dem Kaiser abgestimmt werden, und ›Seine Majestät‹ hegte keinerlei Sympathie für das Haus der gewählten Volksvertreter. Die Reichstagskuppel durfte auf kaiserliche Anordnung hin nicht höher aufragen als die Kuppel des Schlosses. Das Bauwerk, das nach den Entwürfen des Frankfurter Architekten Paul Wallot am östlichen Tiergartenrand entsteht, hält diese Auflage ein. Wilhelm II., der seit 1888 an der Spitze des Staates steht, missfällt das Ergebnis trotzdem. Für ihn ist der wuchtige Quader mit dem quadratischen Kuppelbau das ›Reichsaffenhaus‹ und der ›Gipfel der Geschmacklosigkeit‹.

## Höhenflüge in Kunst und Wissenschaft

Anfang des 20. Jahrhunderts hat Berlin bereits 1,9 Millionen Einwohner – die 23 Vororte noch gar nicht mitgerechnet. 1902 nimmt die erste Berliner U-Bahn zwischen den Stationen Warschauer Brücke und Knie (heute Ernst-Reuter-Platz) ihren Betrieb auf. Aber nicht nur das rasante Tempo des technischen Fortschritts wird zum Markenzeichen der Epoche. Die deutsche Hauptstadt gewinnt als wissenschaftliches und kulturelles Zentrum Deutschlands zunehmend an Profil und macht international von sich reden. Der Mediziner Robert Koch wird Professor am neu geschaffenen Institut für Hygiene der Berliner Universität, sein Kollege Rudolf Virchow forscht an der Charité, der Physiker Max Planck wird ebenfalls als Professor an die Spree berufen. Der Maler und Bildhauer Max Liebermann leitet die Berliner Sezession, eine Künstlergruppe, die sich königlicher Bevormundung widersetzt und für sich einen ganz neuen Kunstbegriff definiert. Der Regisseur Max Reinhardt inszeniert an mehreren Berliner Bühnen und gründet selbst einige Theater, die mit ihren expressiven Inszenierungen auch international für Aufsehen sorgen.

*Gedenktafel für Max Planck am Gebäude der Humboldt-Universität*

## Der Erste Weltkrieg und das Ende der Monarchie

1914 zieht Deutschland in den Ersten Weltkrieg. Während der vier Kriegsjahre wird die Versorgung der Millionenstadt immer schwieriger, das soziale Elend nimmt dramatische Ausmaße an. Im September 1918 gibt die deutsche Militärführung den Krieg verloren. Dennoch soll die Flotte zu einem weiteren Gefecht gegen die Briten auslaufen. Die kriegsmüden Matrosen meutern, und ihr Aufstand greift schnell auf andere Bevölkerungsgruppen über. In Berlin kommt es, wie in fast allen größeren deutschen Städten, zu gewaltsamen Konfrontationen zwischen revolutionären Gruppen, Polizei und Militär. Die Aufständischen fordern eine umfassende politische Neuordnung. Anfang November 1918 erreichen die revolutionären Unruhen einen neuen Höhepunkt. Weil auch weite Teile des Militärs nicht mehr hinter ihm stehen, rückt der Kaiser von seinem Vorhaben, die Revolution niederzuschlagen, ab. Wilhelm II. verlässt Berlin und flüchtet ins niederländische Exil. Am 28. November dankt er offiziell ab.

## Weimarer Republik

Am 9. November 1918 wird in Berlin gleich zweimal die Republik ausgerufen. Einmal durch den SPD-Abgeordneten Philipp Scheidemann, der sich von einem der Westbalkone des Reichstags an die Massen wendet. Kurz darauf ruft Karl Liebknecht, Sozialdemokrat vom linksrevolutionären Flügel der Partei, auf dem Balkon des Berliner Stadtschlosses die ›freie sozialistische Republik‹ aus. Im Januar 1919 wird eine Nationalversammlung gewählt, die der neuen Republik eine Verfassung geben soll. Am 24. Januar wird das Dreiklassenwahlrecht abgeschafft und durch ein allgemeines Wahlrecht für Männer und Frauen ersetzt.

*Das Stadtschloss um 1920*

Die Führer der radikalen Linken, Karl Liebknecht und Rosa Luxemburg, können die politische Neuordnung Deutschlands nicht mehr mitgestalten. Am 15. Januar 1919 werden beide von Freikorpsoffizieren verschleppt und ermordet.

Im Sommer 1919 kommen die Volksvertreter zusammen, um eine Verfassung für die erste deutsche Republik zu erarbeiten. Weil die politischen Unruhen in Berlin nicht enden wollen, weichen sie nach Weimar aus. Die Weimarer Verfassung sieht vor, dass der Reichstag für jeweils vier Jahre nach allgemeinem, gleichem und geheimem Wahlrecht gewählt wird. Ihm obliegt die Gesetzgebung und die Kontrolle der Exekutive. Die Reichsregierung ist auf das Vertrauen des Reichstags angewiesen. Starkes Gegengewicht zum Reichstag stellt der für jeweils sieben Jahre direkt durch das Volk gewählte Reichspräsident dar. Sein Amt wird mit weitreichenden Befugnissen versehen: So hat der Reichspräsident das Recht, den Reichstag aufzulösen.

In den ersten Jahren hat die junge Republik mit den unmittelbaren Folgen des Ersten Weltkrieges, mit Hyperinflation, Putschversuchen und politischen Morden zu kämpfen. Zwischen 1924 und 1929 erlebt sie Jahre relativer Stabilität. Die Weltwirtschaftskrise ab Ende 1929 und der Aufstieg der Nationalsozialisten bereiten der ersten deutschen Demokratie ein jähes Ende.

## Die Goldenen Zwanziger

Die Grenzen zwischen Berlin und seinen Vorstädten verschwimmen durch das ungebremste Wachstum der Metropole und ihrer Nachbarorte immer mehr. 1920 wird deshalb Groß-Berlin gegründet. Dabei werden die Städte Charlottenburg, Schöneberg, Wilmersdorf, Neukölln, Lichtenberg, Köpenick und Spandau eingemeindet. Zudem werden 29 Landgemeinden und 27 Gutsbezirke in die Verwaltungseinheit integriert. Groß-Berlin, eingeteilt in 20 Bezirke, hat jetzt 3,8 Millionen Einwohner und ist – nach London und New York – die drittgrößte Stadt der Welt. 1924 findet in Berlin die erste Funkausstellung statt, im gleichen Jahr beginnen die Bauarbeiten für den Flughafen Tempelhof.

In der Metropole an der Spree entfaltet sich das neue Lebensgefühl, das die Epoche zwischen den Weltkriegen prägt, stärker als irgendwo sonst in Deutschland. Die Gesellschaft befindet sich im Vergnügungsrausch – man will feiern, tanzen –, und sei es ein Tanz auf dem heißen Vulkan. Mit Bubikopf, Stirnband, Federboa und langen Perlenketten stürzen sich Frauen ins plötzlich erstaunlich freizügige Nachtleben. Zigaretten und lange Zigarettenspitzen gehören zu den Accessoires, mit denen die Damenwelt ihr neues Selbstverständnis unterstreicht.

Zum Zentrum für Nachtschwärmer wird der Neue Westen, wo es neben noblen Wohnhäusern jede Menge Cafés, Gaststätten, Bierlokale und Nachtbars gibt. Auch Kabaretts, Theater und die neuen Kinopaläste wie das Marmorhaus säumen den Kurfürstendamm und seine Seitenstraßen. Treffpunkt für Schriftsteller, Maler, Schauspieler und Journalisten sind das Café des Westens am Kurfürstendamm und das Romanische Café an der Kaiser-Wilhelm-Gedächtniskirche (heute steht an dieser Stelle das Europa-Center). Zu den Stammgästen, die sich hier allabendlich die Klinke in die Hand geben, gehören Max Liebermann, Alfred Döblin,

*Erinnerung an die Ermordung von Rosa Luxemburg am Landwehrkanal*

Bertolt Brecht, Otto Dix, George Grosz, Else Lasker-Schüler, Erich Kästner und Egon Erwin Kisch. Auch russische Exilanten, die vor den Bürgerkriegsunruhen nach der Oktoberrevolution geflohen sind, werden zu einer festen Größe in der Berliner Kulturszene dieser Zeit.

## Nazi-Diktatur und Zweiter Weltkrieg

Inflation, Massenarbeitslosigkeit, Streiks und Straßenkämpfe bestimmen Anfang der 1930er Jahre den Alltag in Deutschland. Allein in Berlin gibt es rund 600 000 Arbeitslose, deutschlandweit sind es sechs Millionen. Aus den Reichstagswahlen im Juli 1932 geht die NSDAP mit 37 Prozent der Stimmen erstmals als stärkste Partei hervor. NSDAP-Mann Hermann Göring lässt sich als Vertreter der stärksten Fraktion zum Reichstagspräsidenten wählen und bekleidet damit das dritthöchste Amt im Staat. Politische Ränkespiele führen dazu, dass es bereits im November 1932 Neuwahlen gibt. Es werden die letzten freien Reichstagswahlen sein. Diesmal kann die NSDAP 33 Prozent der Stimmen auf sich vereinen. Die SPD kommt auf 20 Prozent, die KPD fährt knapp 17 Prozent der Stimmen ein. Am 30. Januar 1933 wird Adolf Hitler von Reichspräsident Hindenburg zum Reichskanzler ernannt.

In der Nacht vom 27. auf den 28. Februar 1933 bricht ein Feuer im Reichstagsgebäude aus. Wie die Tat vonstatten ging und wer die Brandstifter waren, hat die Geschichtsforschung bis heute nicht eindeutig klären können. Für die Nazis ist der Reichstagsbrand 1933 zumindest ein willkommener Anlass, um die politische Opposition systematisch auszuschalten. Sie machen die linken Kräfte im Land für die Tat verantwortlich. Schon am 28. Februar erlässt Reichspräsident Hindenburg die ›Reichstagsbrandverordnung‹. Sie setzt die in der Weimarer

Verfassung verankerten Grundrechte außer Kraft. Damit können die Nazis ihre politischen Gegner auch ›ganz legal‹ verfolgen, und die Macht der NSDAP ist binnen kürzester Zeit fest im Staat verankert.

Am 5. März 1933 wird schon wieder neu gewählt. Es sind die letzten Reichstagswahlen, bei denen mehr als eine Partei um die Wählergunst wirbt. Frei sind die Wahlen aber schon deshalb nicht mehr, weil es während des Wahlkampfes zu Übergriffen auf Anhänger der linken Parteien durch NSDAP-Anhänger kommt und sich führende Politiker von SPD und KPD nach dem Reichstagsbrand bereits ›in Schutzhaft‹ befinden. Die Hitler-Partei kann im Verbund mit den Konservativen eine knappe Mehrheit erzielen. Am 13. März wird der Berliner Magistrat aufgelöst und ein NS-Stadtkommissar mit unbeschränkten Vollmachten eingesetzt. Am 1. April nimmt Goebbels ›Reichsministerium für Volksaufklärung und Propaganda‹ seine Arbeit auf. Schon wenige Tage später kommt es zum Boykott jüdischer Geschäfte. Am 10. Mai finden auf dem Opernplatz (heute Bebelplatz) und in vielen anderen Städten groß inszenierte Bücherverbrennungen statt, bei denen die Werke namhafter Autoren, deren Gedanken nicht ins Weltbild der Nazis passen, in Flammen aufgehen. 1935 werden die ›Nürnberger Gesetze‹ erlassen. Sie stellen sexuelle Beziehungen zwischen jüdischen und nichtjüdischen Menschen unter Strafe. Durch eine Reihe weiterer Gesetze werden dem jüdischen Teil der Bevölkerung in Berlin und in ganz Deutschland nach und nach sämtliche Bürgerrechte entzogen – bis hin zur systematischen Verfolgung und Ermordung.

1936 richtet Berlin olympische Sommerspiele aus. Das Großereignis gibt Hitler Gelegenheit, sich vor den Deutschen und vor der Weltöffentlichkeit selbstherrlich zu inszenieren. Der Selbstinszenierung des NS-Regimes dienen

*Das Olympiastadion 1936*

auch etliche neue, monumentale Bauten, mit denen Berlin in diesen Jahren überzogen wird. An der Wilhelmstraße entsteht das Reichsluftfahrtministerium (heute Bundesfinanzministerium) – ein monumentaler Baukomplex mit 2000 Büroräumen. Ganz in der Nähe haben die wichtigsten Kommandozentralen des nationalsozialistischen Verfolgungs- und Terrorapparats, Gestapo (Geheime Staatspolizei), SS (›Schutzstaffel‹) und Reichssicherheitshauptamt, ihren Sitz. Entlang der Voßstraße (Seitenstraße der Wilhelmstraße) wird ab 1935 nach Plänen von Hitlers Bauplaner Albert Speer eine neue Reichskanzlei gebaut. Der Diktator und sein Lieblingsarchitekt beschäftigen sich aber noch mit einem weit komplexeren Projekt. Bis 1950, so Hitlers Plan, soll Berlin mit gigantomanischen Gebäudekomplexen und Monumentalachsen zur Welthauptstadt ›Germania‹ umgestaltet werden (→ S. 185).

Am 9. November 1938, in der Reichspogromnacht, werden überall in Deutschland jüdische Geschäfte und Einrichtungen zerstört. Auch in Berlin gehen die meisten Synagogen und viele jüdische Geschäfte in Flammen auf. Am 1. September 1939 beginnt mit dem Angriff Deutschlands auf Polen der Zweite Weltkrieg. Der Terror gegen die jüdische Bevölkerung nimmt neue Ausmaße an. Ab Herbst 1941 werden tausende Berliner Juden vom Bahnhof Grunewald in die Vernichtungslager gebracht. Bis 1945 werden von hier aus mehrere zehntausend Menschen in Deportationszügen nach Auschwitz und in andere Konzentrationslager deportiert. Anfang 1942 kommen die führenden NS-Größen in einer Villa am Wannsee zusammen und legen fest, wie die Deportation und systematische Ausrottung der gesamten jüdischen Bevölkerung Europas durchzuführen ist.

Im Februar 1943 proklamiert Propagandaminister Goebbels den ›Totalen Krieg‹. Ab November ist auch die deutsche Hauptstadt massiven Bombenangriffen durch Briten und Amerikaner ausgesetzt. In Berlin konzentriert sich aber nicht nur die Macht des Hitler-Regimes. Berlin wird auch zum Zentrum des Widerstandes, der sich um Oberst Graf Schenk von Stauffenberg formiert.

*Das Mahnmal für sechs Millionen ermordete Juden*

Als Stauffenbergs Attentat auf Hitler in der ostpreußischen Wolfsschanze am 20. Juli 1944 scheitert, werden zahlreiche Mitverschwörer im ›Bendlerblock‹ am Landwehrkanal, dem Sitz des Oberkommandos von Wehrmacht und Marine, verhaftet und sofort erschossen oder zum Selbstmord gezwungen.

Am 16. April 1945 leitet die Sowjetarmee ihren Angriff auf Berlin und damit das Ende des NS-Regimes ein. Hitler und andere Nazi-Größen haben sich bereits seit Wochen im ›Führerbunker‹ nahe der Reichskanzlei verschanzt. Auch in dieser aussichtslosen Lage soll die Stadt noch verteidigt werden. Zahllose Soldaten und Zivilisten, die sich dem ›Führerbefehl‹ widersetzen, werden von Hitlers fanatischen Kommandos erschossen. In zähen und verlustreichen Straßenschlachten kämpfen sich die Soldaten der sowjetischen Armee ins Zentrum der deutschen Hauptstadt vor. Am 30. April können sie auf dem Reichstag die Rote Fahne hissen. Hitler begeht Selbstmord. Am 2. Mai strecken auch die letzten Wehrmachtsverbände der Stadt ihre Waffen. Am 8. Mai 1945 ist der Krieg für Deutschland offiziell vorbei. Im sowjetischen Hauptquartier in Berlin-Karlshorst wird die Generalkapitulation unterschrieben.

## Nachkriegszeit und Kalter Krieg

Am Ende des Zweiten Weltkrieges ist Berlin eine Trümmerlandschaft. Rund 600 000 Wohnungen sind zerstört, und die Einwohnerzahl hat sich von 4,3 Millionen im Jahr 1939 auf 2,8 Millionen dezimiert. Entsprechend der Vereinbarung der Alliierten wird die deutsche Hauptstadt in vier Sektoren aufgeteilt und gemeinsam von den Besatzungsmächten USA, Großbritannien, Frankreich und der Sowjetunion verwaltet. Im Juli kommen die alliierten Regierungschefs im Potsdamer Schloss Cecilienhof zusammen, um über das weitere Schicksal Deutschlands zu beraten. Schon bald kommt es durch die weltanschaulichen Gegensätze zwischen Ost und West zu neuen Konflikten. Bereits 1946 spricht man vom ›Kalten Krieg‹. In Berlin spaltet sich der sowjetische Sektor immer stärker vom Rest der Stadt ab. Auf Druck der sowjetischen Militärverwaltung schließen sich die linken Parteien SPD und KPD zur Sozialistischen Einheitspartei SED zusammen.

Im Juni 1948 kommt es unter anderem wegen der Streitigkeiten um die westdeutsche Währungsreform zur Blockade der Westsektoren. Der Straßen- und Schienengüterverkehr zwischen Helmstedt und Berlin wird von den Sowjets unter dem Vorwand technischer Probleme eingestellt, und somit ist der Westteil der Stadt von seinen Versorgungsadern abgeschnitten. Die sowjetische Blockade trifft die Westmächte vollkommen unvorbereitet. Doch schon einen Tag später wird die Luftbrücke organisiert. Elf Monate lang werden britische und amerikanische Flieger die Bewohner Westberlins vor allem mit Lebensmitteln, Kohle und Rohstoffen für die Berliner Wirtschaftsbetriebe versorgen. Mit seiner berühmt gewordenen Rede ›Völker der Welt, schaut auf diese Stadt‹ appelliert der Berliner Bürgermeister Ernst Reuter am 9. September 1948 vor dem ausgebrannten Reichstag an das Durchhaltevermögen der West-Berliner. Mit der sowjetischen Blockade endet auch die gemeinsame Verwaltung der Stadt. Wegen zunehmender Störungen durch SED-Anhänger verlegt der Magistrat seine Tagungen ins Rathaus Schöneberg im Westteil der Stadt. Im sowjetischen Sektor bildet sich

*Das Brandenburger Tor nach dem Krieg*

daraufhin ein eigener, von der SED dominierter Magistrat. Auch die Gründung der Freien Universität Berlin im Westberliner Stadtteil Dahlem ist eine Reaktion auf das ideologisch aufgeladene Auseinanderdriften von Ost und West in der Nachkriegsära.

Ab 1949 gibt es offiziell zwei deutsche Staaten. Am 23. Mai wird die Bundesrepublik gegründet. Bonn ist Regierungssitz und hat dabei den Status einer vorläufigen Hauptstadt. Berlin als Ganzes ist nach dem bundesdeutschen Grundgesetz Teil der Bundesrepublik. Bonn versucht, zumindest den Westteil der Stadt eng ans Bundesgebiet zu binden und unterstützt die Bastion des Westens mit beträchtlichen Subventionen. Am 7. Oktober wird die Deutsche Demokratische Republik gegründet. Ost-Berlin ist die Hauptstadt des sozialistischen Deutschlands – und die soll nach dem Willen der Staatsführung von dem steinernen Symbol der Preußenmonarchie befreit werden. Im September 1950 wird mit der Sprengung des Berliner Stadtschlosses begonnen. An anderer Stelle wird dagegen ehrgeizig aufgebaut. Die Stalinallee (ab 1961 Karl-Marx-Allee) wird ab Anfang der 50er Jahre zur ersten sozialistischen Straße Deutschlands ausgebaut. Am 16. Juni 1953 treten jedoch gerade an dieser Prestige-Baustelle Bauarbeiter in den Streik. Ihr Protest richtet sich gegen die ›Normerhöhung‹, mit der die Staatsführung die Arbeiter zu noch mehr Leistung bei gleichem Lohn zwingen will. Am 17. Juni weiten sich die Streiks zu einem landesweiten Volksaufstand aus, der von den sowjetischen Truppen niedergeschlagen wird. Mehrere hundert Menschen kommen dabei ums Leben, tausende werden verletzt. Die Bundesrepublik macht den 17. Juni ab 1954 zu ihrem Nationalfeiertag (bis 1990).

Im Westteil der Stadt wird ebenfalls im Eiltempo abgerissen, gebaut und neugestaltet. 1957 präsentiert die Stadt am Rand des Tiergartens die westlichen Vorstellungen vom urbanen Wohnen der Zukunft. Im Rahmen der Internationalen

Bauausstellung entsteht das Hansaviertel mit Gebäuden von Alvar Aalto, Le Corbusier, Oscar Niemeyer und anderen Architekten der Moderne. Das Schloss Bellevue im Tiergarten wird wiederaufgebaut und zum West-Berliner Amtssitz des Bundespräsidenten erkoren.

## Mauerbau und Teilung

Bereits 1952 lässt die DDR einen fünf Kilometer breiten, bewachten Sperrgürtel an der äußeren Stadtgrenze Westberlins errichten. Westberlinern wird somit die Einreise ins Umland – das gänzlich zum Territorium der DDR gehört – verboten. Innerhalb der Stadt dürfen die Sektorengrenzen aber noch in alle Richtungen überschritten werden. Tausende Berliner pendeln täglich zwischen Berlin-Ost und Berlin-West. Das ändert sich schlagartig mit dem Beginn des Mauerbaus am 13. August 1961. Hintergrund ist die andauernde Fluchtbewegung von Ost nach West. Staatliche Zwangsmaßnahmen wie die Zwangskollektivierung sind für immer mehr Ostdeutsche Anlass, der Heimat und damit dem sozialistischen Regime den Rücken zu kehren. Rund 3,5 Millionen Menschen flüchten zwischen 1945 und 1961 aus der sowjetischen Zone und dann aus der DDR. Allein 1961 kommen 200 000 DDR-Bürger über die offene Sektorengrenze nach West-Berlin. Entgegen den Aussagen des DDR-Staatsratsvorsitzenden Walter Ulbricht, der noch im Juni 1961 beteuert hatte, »niemand hat die Absicht, eine Mauer zu errichten«, riegeln Volksarmee und Polizei den Ostsektor in der Nacht zum 13. August zunächst mit Stacheldrahtrollen ab. Die provisorische Sperre wird zur Mauer mit scharf bewachtem Todesstreifen. Grenzsoldaten haben die Anweisung, auf Republikflüchtlinge scharf zu schießen. Noch im August 1961 wird der erste Ost-Berliner Flüchtling durch die Schüsse der DDR-Wachposten tödlich verletzt.

›Rosinenbomber‹ aus der Zeit der Luftbrücke im Technikmuseum

*Am ehemaligen Checkpoint Charlie*

Am innerstädtischen Grenzübergang Checkpoint Charlie (Friedrichstraße/ Ecke Zimmerstraße), der den Alliierten vorbehalten ist, kommt es am 28. Oktober 1961 nach Versuchen auf Ostseite, die Bewegungsfreiheit der West-Alliierten einzuschränken, zu militärischen Drohgebärden. Mitten in Berlin stehen sich sowjetische und amerikanische Panzer gegenüber. Der Kalte Krieg erreicht einen neuen Höhepunkt.

Im Januar 1963 besucht der sowjetische Partei- und Staatschef Nikita Chruschtschow Ost-Berlin. US-Präsident John F. Kennedy kommt im Juni desselben Jahres nach Berlin und versichert jubelnden West-Berlinern auf dem Balkon des Schöneberger Rathauses in seiner berühmten ›Ich-bin-ein-Berliner‹-Rede die Solidarität der USA. Kurz vor Weihnachten wird das erste Passierscheinabkommen zwischen Ost- und West-Berlin unterzeichnet. Damit dürfen West-Berliner während der Weihnachtszeit zu Verwandtschaftsbesuchen in den Ostteil der Stadt. Mehr als eine Million Menschen macht davon Gebrauch.

In den folgenden Jahren wird die Teilung allmählich Normalität. Auch im Westen geht man nicht davon aus, dass sich am Status quo in absehbarer Zeit etwas ändern lässt. Auf beiden Seiten der Mauer wird die städtebauliche Entwicklung – nach Erfordernissen, Möglichkeiten und ideologischen Zielvorgaben – vorangetrieben. Wichtige kulturelle Einrichtungen und Institutionen werden in dieser Zeit gedoppelt. Ost-Berlin eröffnet einen eigenen Zoo (Tierpark Berlin), denn der Zoologische Garten liegt jetzt für Ost-Berliner unerreichbar auf Westterritorium. Im Westteil werden eine neue Staatsbibliothek und die Neue Nationalgalerie errichtet, weil die ›Originale‹ im Osten ebenfalls außer Reichweite geraten sind. Beide Stadthälften bauen neue Flughäfen, und in Ost wie West entstehen neue Stadtrandsiedlungen – Mega-Quartiere für Zehntausende. Auch den Innenstädten Ost und West wird der Stempel der neuen Zeit aufgedrückt. Im Zentrum Ost, rund um den

Alexanderplatz und entlang der Leipziger Straße – auf dem Gebiet des historischen Cölln auf der Spreeinsel – erledigt die Abrissbirne, was die Weltkriegsbomben nicht geschafft haben. Historische Bausubstanz wird großflächig abgerissen und durch Hochhausblöcke im sozialistischen Einheitsstil ersetzt.

Im Westteil Berlins findet Flächen- und Kahlschlagsanierung ebenfalls statt, wenn auch unter anderen politischen Vorzeichen. Die Städteplaner wollen die Idealvorstellung einer ›autogerechten Stadt‹ verwirklichen. Bei der Autobahnplanung wird in Kauf genommen, dass gewachsene Kiezstrukturen durch die Betonschneisen zerschnitten werden. Ende der 1960er Jahre steht im östlichen Kreuzberg der Abriss von 16 000 unsanierten Altbau-Wohneinheiten an. In den unsanierten Häusern, die in der Nische an der Mauer und damit quasi am ›Ende der Welt‹ liegen, leben Menschen, die sich höhere Mieten anderswo in der Stadt nicht leisten können. Türkische Gastarbeiter, Studenten, Kriegsdienstverweigerer aus der Bundesrepublik – ein buntgemischtes Kiezpublikum richtet sich im Kreuzberger Biotop ein. Im Gegensatz zu den Bewohnern anderer Stadtbezirke nehmen die Kreuzberger die radikalen Abriss- und Sanierungspläne nicht einfach hin. In den 1970er Jahren kommt es zu Hausbesetzungen, Häuserkämpfen, Instandbesetzungen, die zum Teil mit Duldung der Eigentümer stattfinden. Mitte der 80er Jahre gehen die Stadtplaner allmählich zum neuen Konzept einer behutsamen Stadterneuerung über. Statt Altbauten abzureißen wird die noch vorhandene Substanz nun umfassend saniert.

Doch nicht nur die Pläne des Bausenats fordern den Widerstand jugendlicher West-Berliner heraus. Ab Mitte der 1960er Jahre prangert vor allem die akademische Jugend ehemalige NS-Parteigänger an, die ihre Karriere in den bundesdeutschen Institutionen fortsetzen. Auch gegen den Vietnamkrieg und die Expansionspolitik der USA richten sich die Proteste. Als am 11. April 1967 bei der Demonstration gegen den persischen Schah Reza Pahlewi der Student Benno Ohnesorg von einem Polizisten erschossen wird, radikalisiert sich die Bewegung,

*DDR-Moderne in der Leipziger Straße*

*Skulptur eines flüchtenden DDR-Soldaten in der Brunnenstraße 155*

und es kommt zu Studentenunruhen in vielen bundesdeutschen Städten. Die später als 68er-Bewegung bezeichnete Protestwelle führte zu Umbrüchen, die die bundesdeutsche Gesellschaft nachhaltig verändert haben.

1987 feiert Berlin seinen 750. Geburtstag. Alle Bemühungen für gemeinsame Festivitäten beider Stadthälften scheitern. Man feiert getrennt. In Ost-Berlin wird aus diesem Anlass das ›historische‹ Nikolaiviertel eingeweiht (→ S. 133). Die Straßenzüge um die älteste Kirche der Stadt wurden dafür mit Hilfe von Plattenbauelementen in historisierendem Stil nachgebildet. Das neue alte Quartier wird schon bald Ost-Berliner Touristenattraktion Nummer eins. Im Juni des Jubiläumsjahres besucht der amerikanische Präsident Ronald Reagan West-Berlin und hält seine berühmte Rede vor dem Brandenburger Tor, das zu dieser Zeit verwaist im unzugänglichen Mauer-Grenzstreifen liegt. Reagan appelliert an seinen sowjetischen Amtskollegen Michail Gorbatschow, »Mr. Gorbatschow, open this gate. Mr. Gorbatschow, tear down this wall«. Die Worte des Amerikaners klingen zu diesem Zeitpunkt für die Berliner wie eine realitätsferne Vision.

## 1989 – die Mauer fällt

Auf der anderen Seite der Mauer kann die Staatsführung Kritik an der politischen Situation und an den Lebensbedingungen lange Zeit mit Hilfe ihres Spitzel-Apparates der Staatssicherheit (Stasi) im Keim ersticken. Ende der 1980er gewinnt der Widerstand Konturen. Immer wieder gehen DDR-Bürger zu unangemeldeten Demonstrationen auf die Straße und fordern freie Wahlen, Meinungs- und Pressefreiheit. In den ersten Monaten des Jahres 1989 stellen mehr als 100000 DDR-Bürger einen Ausreiseantrag, um in die Bundesrepublik überzusiedeln und setzen damit die SED-Führung weiter unter Druck. Im Mai bekommt der ›Eiserne Vorhang‹ Löcher. Das ›sozialistische Bruderland‹ Ungarn öffnet seine Grenzen und ermöglicht dadurch tausenden DDR-Bürgern die Ausreise in den Westen. Am 7. Oktober 1989 begeht die DDR ihren 40. Jahrestag, zu dem auch der sowjetische Staatschef Gorbatschow nach Ost-Berlin kommt. Tausende Ost-Berliner versammeln sich zu Protesten, die von den Sicherheitskräften gewaltsam aufgelöst werden. Trotzdem beteiligen sich überall in der DDR immer mehr Menschen an den Bürgerrechtsdemonstrationen. Die SED-Führung steht derart unter Druck, dass sie am 9. November 1989 neue, großzügige Visaregelungen für Reisen in den Westen zusichert. Man rechnet mit einem Ansturm auf die Genehmigungsbehörden. Stattdessen strömen die Menschen zu den innerstädtischen Grenzübergängen. Unter dem Druck der Massen öffnen die Grenzsoldaten die Übergänge. Die Berliner Mauer fällt – nach 28 Jahren.

Im Winter 1989/90 sind vor allem am Checkpoint Charlie und am Potsdamer Platz unablässig Klopfgeräusche zu hören. Souvenirjäger zerstückeln die Berliner Mauer, und zahllose Händler machen noch Jahre später Mauerstückchen – pur oder von Plexiglas umschlossen – zu Geld. Derweil drängt es Ostdeutsche in die bunten Konsumtempel des Westens, und die Westler entdecken das historische Herz der Stadt – Museumsinsel, Dom, Staatsoper und Gendarmenmarkt hatten viele der nach dem Mauerbau Geborenen bis dahin noch nie in natura gesehen.

## Rheinsberger Straße 1 – der Stasi-Spielplatz hinter der Mauer

EXTRA

Die Fotos sind im Februar 1990 entstanden. Sie zeigen meine ein Jahr alte Tochter im Sperrgebiet an der Berliner Mauer. Sie und ich lebten damals in der Rheinsberger Straße 1, dem Eckhaus zur Strelitzer Straße. In diesen Monaten nach dem Mauerfall, als ich die Fotos machte, war plötzlich alles möglich. Sogar, dass ich mit meinem Kind in die einst verbotene Zone direkt an der Mauer ging, auf den Spielplatz, auf dem bis dahin nur die Kinder von Polizei- und Stasi-Mitarbeitern gespielt hatten.

Wir haben ihren Buddeleimer, Schippe und Förmchen eingepackt und sind die paar Meter rübergegangen von unserer Wohnung zur Mauer, zu der wir bis dahin immer Abstand halten mussten. Verlassen war es dort an diesem Tag, kalt und klar. Ich sah leere Wäscheleinen und die Fahrspuren der Grenztruppen, die hier plötzlich nicht mehr fuhren. Einen leeren Sandkasten, ein einfaches Klettergerüst. Als seien die Bewohner dieser verbotenen Zone weggegangen, als lebten hier keine Kinder mehr, die spielen und toben. Der Herbst 1989, die aufregende, auch beängstigende Zeit des Umbruchs, war mit diesem Gang zum Spielplatz definitiv vorbei.

1987 hatte ich die Wohnung im ersten Stock bezogen, links die beiden Fenster waren mein Zimmer, das winzige Kinderzimmer, die Küche und das Bad gingen zum Hof hinaus. Direkt an der Berliner Mauer zu wohnen, war nicht unbedingt die coolste Lage. Hier war ja das Ende der Welt, und entsprechend ruhiggestellt war die Gegend. Es gab so gut wie keine Geschäfte und Kneipen, dafür aber jede Menge Polizei. Blickte ich aus meinem Fenster auf die gegenüber liegenden Häuser, sah ich dort treue Staatsdiener vor ihren Fernsehern sitzen. Leute, die fast nie Besuch bekamen, weil ihr Hinterhof schon im Sperrgebiet lag, fast im Westen. Wer zu denen wollte, musste zwei Wochen zuvor einen Passierschein beantragen. Sie waren nicht zu beneiden.

Wenn es dunkel wurde, hörte ich die Hunde bellen, ab und zu tastete der gleißende Suchscheinwerfer vom Wachturm die umliegenden Fassaden ab. Wo der Turm stand, zog sich eine Mauer – die Mauer – quer über die Strelitzer Straße. Von dort aus wurden die Ost- und die Westberliner von den Grenzsoldaten beobachtet. Gleich 1990 wurde der Turm abgerissen, seit 2010 steht an seiner statt die elf Meter hohe Konstruktion aus Stahlwinkeln.

Im Herbst 1989 war es besonders gespenstisch, in der Rheinsberger Straße zu wohnen. In Leipzig demonstrierten schon die Menschen gegen ihre Staatsführung, in Ostberlin zeigte die kirchliche Opposition mutig Flagge, viele meiner Freunde waren ausgereist, es herrschte große Unruhe. In den Tagen und Nächten um den 7. Oktober herum, dem 40. Jahrestag der DDR-Gründung, standen plötzlich Armeefahrzeuge

*Im Sperrgebiet an der Rheinsberger Straße*

# Rheinsberger Straße 1

*An der Mauer 1990*

vor meinem Haus, Stoßstange an Stoßstange hinunter bis zur Brunnenstraße. Zum ersten Mal im Leben sah ich Soldaten mit schussbereiten Waffen und Schilden, wenn es dunkel wurde, hörte ich sie leise reden, rote Zigarettenkegel glimmten in der Nacht. Sie warteten auf ihren Einsatzbefehl. Erst später erfuhr ich, dass das Politbüro sich vorbereitet hatte auf Ausschreitungen, auf bürgerkriegsähnliche Zustände.

Ich hatte große Angst in diesen Tagen. Ich war allein in der Wohnung im ersten Stock, mein Kind war ein Jahr alt, ich hatte kein Telefon. Ich dachte darüber nach, ob eine Kugel mich treffen könnte, ob Marodierende meine Wohnungstür eintreten würden, und schob abends die Kohlenkiste davor. Lächerlich. Schließlich brachte ich meine Tochter zu meinen Eltern an den sicheren Stadtrand. Es sah definitiv nach Krieg aus. Er hat nicht stattgefunden.

Nach dem 9. November war alles verändert. Soldaten und Polizisten standen plötzlich lächelnd an den Übergängen nach Westberlin. Es war wie ein Wunder. Als ich das erste Mal von meinem Haus in der Rheinsberger rüber ging in den Wedding, warf hinter dem Mauerdurchbruch jemand von einer Lastwagenfläche herab drei Bananen in Hannas Kinderwagen. Ich war ärgerlich, gedemütigt, fast aggressiv. Ich wollte und brauchte keine Almosen.

Meine Tochter studiert heute Politik. Sie ist ein schönes, kluges, weltläufiges Mädchen geworden. Neulich sind wir zusammen durch Mitte gelaufen. Ich habe ihr den Kindergarten gezeigt, in dem sie war, auch das Haus in der Rheinsberger Straße 1, in dem wir gelebt haben. Ich zeigte auf unsere Fenster und erzählte von den Tagen im Oktober, als vor unsrer Tür fast der Krieg ausgebrochen wäre. Alles ist längst saniert, es gibt jetzt eine glänzende Klingeltafel aus Messing und einen Summer, damit nicht jeder ins Haus hineinkommt. Dort, wo meine Tochter an jenem kalten Tag durch den Mauerstreifen gewackelt ist, wo der Stasispielplatz und die leeren Wäscheleinen waren, stehen heute Townhouses, sehr smarte Behausungen für Leute, die es sich leisten, auf dem ehemaligen Todesstreifen zu wohnen.

*Anja Maier*

# Einheitsfragen

Am 18. März 1990 finden die ersten und einzigen freien Wahlen zur Volkskammer der DDR statt. Am 1. Juli tritt der Vertrag über die Wirtschafts-, Währungs- und Sozialunion in Kraft, und am 23. August beschließt die Volkskammer den Beitritt der DDR zur Bundesrepublik. Am 12. September unterzeichnen die vier Siegermächte des Zweiten Weltkriegs und die beiden deutschen Staaten den 2+4-Vertrag, der die bei Kriegsende verlorene Souveränität Deutschlands wieder herstellen soll. Am 3. Oktober 1990 wird mit einem Staatsakt in Berlin die Vereinigung der beiden deutschen Staaten vollzogen.

Regierungssitz ist anfangs noch Bonn. Am 20. Juni 1991 entscheidet der Bundestag, dass Regierung und Parlament vom Rhein an die Spree ziehen sollen (→ S. 58). Doch es dauert noch etwa ein Jahrzehnt, bis die Bundesbehörden umziehen können. Zunächst wird gebaut in Berlin. Vor allem die Stadtmitte ist bald kaum mehr wiederzuerkennen. Der Potsdamer Platz, in den Jahrzehnten der Teilung zur trostlosen Brache verkommen, wird für Jahre zur größten Baustelle Europas. Kurz vor der Jahrtausendwende wird die neue City mit dem spektakulären Sony Center eingeweiht. Unter der Regie des britischen Stararchitekten Norman Foster wird der Reichstag komplett entkernt und umgebaut. 1999 erkennt die UNESCO die Museumsinsel als Weltkulturerbe an. Im selben Jahr bezieht der Deutsche Bundestag seinen Sitz im Reichstagsgebäude, das mit seiner gläsernen Kuppel zum Besuchermagneten wird. Zwischen Reichstag und Spree werden weitere Regierungsgebäude aus dem Boden gestampft. Im Frühjahr 2001 zieht Gerhard Schröder als erster Bundeskanzler ins neue Kanzleramt ein.

2005 wird auf dem historisch belasteten Areal nahe der einstigen Reichskanzlei und dem ›Führerbunker‹ das Holocaust-Mahnmal zum Gedenken an die ermordeten Juden Europas eingeweiht. 2006, pünktlich zur Fußball-Weltmeisterschaft, geht der neue Hauptbahnhof an den Start. Im selben Jahr wird auch das Bode-Museum nach umfangreichen Restaurierungsarbeiten wieder eröffnet. 2008 bezieht die US-Botschaft ihr neues Domizil am Pariser Platz am Brandenburger Tor – damit schließt sich auch an der feinsten Adresse der Stadt die letzte Baulücke. Nach mehrjährigen Rekonstruktionsarbeiten wird 2009 das Neue Museum auf der Museumsinsel feierlich wiedereröffnet. 2010 wird der Kolonadenhof fertiggestellt, seit 2012 wird das Pergamonmuseum (bei laufendem Betrieb) saniert. Der berühmte Altar wird bis 2019 nicht zu sehen sein.

*Die Zeit der Teilung als Touristensouvenir*

*Der Abriss des Palastes der Republik wurde von Teilen der Bevölkerung als Bilderstürmerei empfunden*

Der Palast der Republik auf dem Schloßplatz, einst Kulturhaus und Sitz der DDR-Volkskammer, wird 2006 nach langjähriger Diskussion im Bundestag und trotz massiver Proteste nicht nur der Linkspartei zum Abriss freigegeben. Ende 2008 sind die letzten Betonreste des asbestbelasteten DDR-Wahrzeichens beseitigt. Stattdessen wird auf dem neuen, alten Schloßplatz die Residenz der Hohenzollern wieder aufgebaut – oder zumindest ihre äußere Hülle. Für das Innere des rekonstruierten Schlosses ist ein Nutzungskonzept als Kunst- und Wissenschaftszentrum vorgesehen. Nach einigen Verzögerungen legte Bundespräsident Joachim Gauck den Grundstein für das Berliner Schloss samt Humboldtforum, Mitte 2015 wurde das Richtfest gefeiert, bis Anfang 2018 sollen die Bauarbeiten soweit abgeschlossen sein, dass die Einrichtung der Ausstellungsflächen und der Umzug der Museen aus Dahlem beginnen kann. Damit liegt der Bau, eine seltene Berliner Ausnahme, voll im Zeitplan (→ S. 141).

*Modell des historischen Stadtschlosses in der Infobox an der Baustelle*

# Politik und Verwaltung

Zu Mauerzeiten hatte Westberlin einen Sonderstatus, wurde de facto aber wie ein Bundesland der Bundesrepublik Deutschland behandelt. Ostberlin war die Hauptstadt der DDR. Heute ist das wiedervereinigte Berlin zugleich Bundesland, kreisfreie Stadt und Hauptstadt der Bundesrepublik Deutschland.

## Der ›Hauptstadtbeschluss‹

Am 20. Juni 1991 konnte man die Spannung im Deutschen Bundestag förmlich knistern hören. Das Parlament, damals noch in der alten bundesdeutschen Hauptstadt Bonn, hatte sich die Abstimmung zum ›Hauptstadtbeschluss‹ auf die Agenda gesetzt. In der Rückschau führt der Begriff allerdings etwas in die Irre. Denn um die Frage, ob Berlin Hauptstadt des frisch vereinten Landes sein sollte, ging es gar nicht. Formell durfte die Stadt an der Spree diesen Titel bereits führen. Denn dass Deutschlands alte auch die neue Hauptstadt sein sollte, hatten Vertreter der Bundesrepublik und der sich auflösenden DDR bereits 1990 ausgehandelt und im Einigungsvertrag festgeschrieben. Der Hauptstadtbeschluss des Sommers 1991 drehte sich um die Frage, ob auch Regierung und Parlament ihren Sitz vom Rhein an die Spree verlegen sollten.

Die Berlinbefürworter sahen im Umzug der politischen Führung die logische Konsequenz der Ereignisse und einen für die Vollendung der Einheit unumgänglichen Schritt. Als ehemals geteilte Stadt symbolisiere Berlin die Wiedervereinigung besser als jeder andere Ort in Deutschland. Auch für die völlig erlahmte Wirtschaft auf dem Territorium der ehemaligen DDR würde der Umzug positive Impulse bringen, war eines der glühend verfochtenen Pro-Berlin-Argumente. Die alte Hauptstadt sei aber durch die deutsche Vergangenheit stark belastet, führten die Gegner des Berlinantrages ins Feld. Bonn dagegen stehe für den erfolgreichen demokratischen Neuanfang nach der Nazi-Diktatur. Gegen den Umzug führten die ›Berlin-Gegner‹ auch ganz praktische Gründe ins Feld. Tausende Bundesbedienstete hatten ihren Lebensmittelpunkt im beschaulichen Bonn. Ganz

*Strandbar an der Spree vor dem Kanzleramt*

*Das Bundesministerium für Finanzen in der Wilhelmstraße*

gleich ob jahrelanges Pendeln oder Umzug im großen Stil – beides würde den Steuerzahler extrem teuer zu stehen kommen. Elf Stunden dauerte die Debatte, die ebenso engagiert wie sachlich geführt wurde und als eine Sternstunde der deutschen Parlamentsgeschichte gilt.

Als die damalige Bundestagspräsidentin Rita Süssmuth am Ende des Tages das Abstimmungsergebnis bekannt gab, konnten die Befürworter des Berlinantrages ihren Erfolg feiern. Ihr Antrag war mit 338 zu 320 Stimmen angenommen worden. In Berlin knallten die Sektkorken. Aber längst nicht überall. Unter denen, die das alte West-Berlin als eine dem bundesdeutschen Alltag entrückte Nische gekannt und genossen hatten, löste die Entscheidung massives Unbehagen aus. In Berlin würde nichts so bleiben, wie es war. Auch das stand spätestens an diesem Abend fest. Für den Umzug – sprich den Bau neuer Wohngebäude und Hilfen bei der Wohnungssuche der Bundesmitarbeiter – wurden rund zehn Milliarden Euro ausgegeben. Die ausgediente Bundeshauptstadt wurde zudem durch üppige Investitionen in Kultur und Infrastruktur großzügig entschädigt und durfte einen Teil der Ministerien behalten.

## Bundes- und Landesregierungen

Durch den Hauptstadtbeschluss des Bundestages wurde Berlin auch Regierungs- und Parlamentssitz des vereinten Deutschlands. Die Politik in Berlin spielt sich deshalb auf Bundes-, Landes- und Bezirksebene ab. Für die Bundespolitik sind Bundesregierung, Bundestag und Bundesrat zuständig. Der Bundestag tagt im Reichstagsgebäude, der Bundesrat im ehemaligen Preußischen Herrenhaus in der Leipziger Straße, das neu erbaute Bundeskanzleramt befindet sich im Regierungsviertel. Im Gegensatz zu anderen Hauptstädten ist Berlin nicht der einzige

*Das Rote Rathaus*

Sitz von Ministerien und wichtigen Institutionen. Man wollte den Bonnern den Hauptstadtbeschluss etwas versüßen und stimmte zu, dass die Ministerien in jeder der beiden Städte entweder ihren Erst- oder Zweitsitz haben. Auch zwei Jahrzehnte nach der historischen Entscheidung haben noch sechs von 14 Ministerien, darunter Verteidigung, Gesundheit und Umwelt, ihren Hauptsitz in Bonn. Ein teures Vergnügen, denn unzählige Politiker und Beamte pendeln seitdem von Berlin nach Bonn und umgekehrt. Deshalb werden mit stetiger Regelmäßigkeit Forderungen laut, die im ›Bonn-Berlin-Gesetz‹ festgeschriebene Regelung zu kippen und sämtliche Regierungsinstitutionen an die Spree zu holen.

Das Land und die Stadt Berlin werden vom Senat von Berlin regiert, dem neben dem Regierenden Bürgermeister gegenwärtig acht Senatoren angehören. Der Regierende Bürgermeister entspricht auf Landesebene den Ministerpräsidenten anderer Bundesländer. Der Senat tagt im Roten Rathaus in Mitte. Das Abgeordnetenhaus besteht aus 149 Mitgliedern, für die Parteien gilt eine Fünf-Prozent-Klausel, eine Legislaturperiode dauert fünf Jahre. Das Abgeordnetenhaus wählt den Regierenden Bürgermeister, der die weiteren Senatsmitglieder ernennt. Von 2001–2014 war Klaus Wowereit (SPD) Regierender Bürgermeister von Berlin. Er regierte bis 2011 mit einer rot-roten Koalition aus SPD und Die Linke. Danach bildete er eine Große Koalition mit der CDU. Sein Nachfolger Michael Müller nahm nach der Abgeordnetenhauswahl vom September 2016 Koalitionsgespräche mit Grünen und Linken auf.

Trotz großer Bemühungen scheiterten 1996 die Landesregierungen von Berlin und Brandenburg in einer Volksabstimmung beim Versuch einer Länderfusion. Gründe für eine Zusammenlegung gäbe es viele – dagegen eigentlich keine außer einem unguten Bauchgefühl der Bürger. Die Länderfusion würde die Verwaltungskosten senken und den Wirtschaftsstandort Berlin stärken, was angesichts der schlechten bis desolaten Wirtschaftsdaten der beiden Kandidaten angebracht wäre. Trotz des gescheiterten Fusionsversuchs gibt es Kooperationen in den Bereichen Wirtschaftsförderung, Justiz und Polizei, Öffentlicher Nahverkehr, Bildung und Rundfunk. Größtes Infrastrukturprojekt beider Länder ist der Bau des neuen Großflughafens Berlin-Brandenburg International (BBI), das allerdings angesichts des Bau-Desasters kaum als Vorzeigprojekt dienen kann.

## Die Bezirksreform

Nach der Vereinigung von Ost- und Westberlin bestand die Stadt aus 23 Verwaltungsbezirken – allerdings nicht lange. Denn Anfang 2001 trat die Bezirksreform in Kraft, und aus 23 wurden 12. Im Vorfeld gab es heftige Diskussionen darüber, wer mit wem zusammengeht und wie die neuen Bezirke in Zukunft heißen sollen. Die ›innere Einheit von Ost und West‹ sollte mit dieser Reform vollzogen und natürlich auch Geld gespart werden, so erklärten es die Politiker.

Manche Bezirke wie Spandau, Neukölln und Reinickendorf durften allein bleiben, weil sie groß und bevölkerungsstark genug waren. Für sie blieb alles beim Alten, die Spandauer hat's besonders gefreut, denn sie trauern mehrheitlich immer noch der Eigenständigkeit nach und hätten sich mit einem Partner wohl ziemlich schwer getan. Neukölln ist mit seinen Problemen weiterhin allein, während das grüne Reinickendorf immer noch kaum Probleme hat. Die anderen wurden ziemlich durcheinandergewürfelt, und plötzlich gehörten Ost und West wirklich zusammen – und mussten miteinander auskommen. Wie im neuen Bezirk Mitte, den es vorher zwar auch schon vom Namen her gab, aber eben ohne die Westbezirke Wedding und Tiergarten.

Die Verordneten aus Pankow, Prenzlauer Berg und Weißensee taten sich mit der Namensgebung ihres neuen Großbezirks besonders schwer. Es wurde eine Jury aus Historikern, Politikern und Unabhängigen gebildet, die sechs mögliche Namen vorschlug: Barnim, Dritter Bezirk, Kollwitzbezirk, Nordost, Schönhausen und Spitze. Und auch der Ältestenrat der Bezirksverordnetenversammlung (BVV) hatte noch einen Vorschlag: Pankow-Prenzlauer Berg-Weißensee. Die BVV entschied sich schließlich mehrheitlich für Pankow. Doch schon bald waren die Bewohner vom Prenzlauer Berg beleidigt, weil ihr geliebter Bezirk von der Landkarte verschwunden und Prenzlauer Berg ›nur‹ noch ein Ortsteil ist.

Im praktischen Leben ist die große Bezirksreform allerdings immer noch nicht richtig angekommen, denn es ist eben doch nur eine Verwaltungsreform, von Politikern am grünen Tisch ersonnen, ein Kunstprodukt. So wird es wohl noch eine ganze Weile dauern, bis sich ein echter Weddinger mit der neuen Mitte Berlins und dem supermodernen Regierungsviertel identifiziert. Nur die Spandauer schauen sich das von ganz weit draußen an und zucken mit den Schultern, denn sie fühlen sich nach wie vor als die ›heimliche Hauptstadt des Havellandes‹, selbst wenn ihr Bezirk nach der Reform die wenigsten Einwohner hat.

Auch wenn viele sich bis heute noch nicht recht mit den verwaltungsverschlankenden Bündnissen anfreunden konnten, ist Berlin heute in folgende Bezirke gegliedert: Charlottenburg-Wilmersdorf, Friedrichshain-Kreuzberg, Lichtenberg, Marzahn-Hellersdorf, Mitte, Neukölln, Pankow, Reinickendorf, Spandau, Steglitz-Zehlendorf, Tempelhof-Schöneberg, Treptow-Köpenick.

# Wirtschaft

Die flotten Sprüche des ehemaligen Regierenden Bürgermeisters Klaus Wowereit sind legendär. »Berlin ist arm, aber sexy«, hat er schon vor Jahren über seine Heimatstadt gesagt. Arm ginge ja noch, aber hoffnungslos verschuldet wäre wohl zutreffender. Denn niemand hat einen Plan, wie die mittlerweile angehäuften 75 Milliarden – das sind für jeden Berliner Verbindlichkeiten von mehr als 21 000 Euro – jemals abgebaut werden können. Und der Schuldenberg wird auch in den nächsten Jahren weiter wachsen. Kein Wunder, dass die Zinszahlungen für diese gewaltige Summe mittlerweile eines der größten Haushaltsrisiken darstellen. Wenn es die nicht gäbe, würde es Berlin sogar relativ gut gehen. Denn 2006 konnten die Primärausgaben – also Ausgaben ohne Zinsen – erstmals seit der Wiedervereinigung durch die Primäreinnahmen – also Einnahmen ohne Kreditaufnahmen und Vermögensverkäufe – gedeckt werden. Die Rechnung ist allerdings nicht ganz realistisch, denn es gibt sie ja, die Altlasten, deshalb muss in jedem neuen Haushalt wieder der Rotstift angesetzt werden, und oft wird gestritten, wo am besten zu sparen ist.

Im September 2003 reichte Berlin in einem verzweifelten Versuch zur Konsolidierung des Haushalts Klage beim Bundesverfassungsgericht ein, um den Bund zur Zahlung von Sanierungshilfen zu verpflichten. Das Land befinde sich »seit längerem in einer extremen Haushaltsnotlage, aus der es sich aus eigener Kraft nicht befreien kann«, so die Argumentation des Berliner Senats. 2006 kam dann die Ablehnung der Klage mit der Begründung, dass Berlin noch nicht alle Potenziale für eine Konsolidierung aus eigener Kraft genutzt habe.

Seit der Wende und dem Wegfall der üppigen Subventionen für den Westteil der geteilten Stadt sind etliche Industriebetriebe abgewandert oder in die Insolvenz gegangen. In den vergangenen Jahren hat die Berliner Wirtschaft – wie viele ehemalige bundesdeutsche Industriestandorte – einen grundlegenden

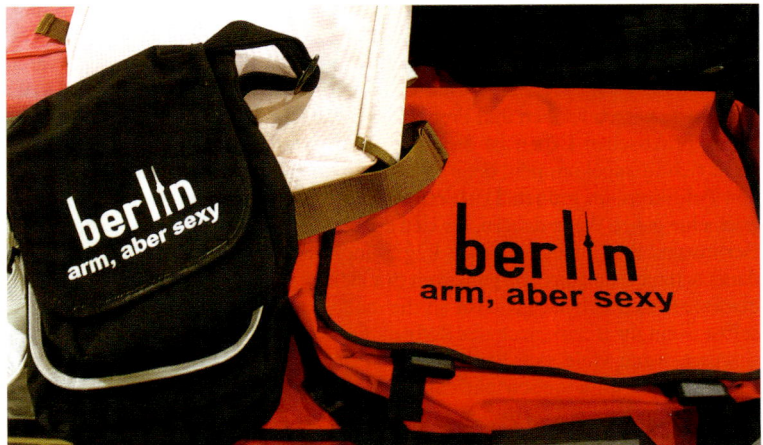

*Das legendäre Zitat des Regierenden Bürgermeisters*

*Ambulanter Friseursalon im Mauerpark*

Strukturwandel von der traditionellen Industriestadt zum zukunftsträchtigen Technologie- und Dienstleistungszentrum vollzogen. Zu den größten Arbeitgebern der Stadt gehören die Deutsche Bahn, die Charité-Universitätsmedizin und die Siemens AG.

Die Wirtschaft der Stadt tragen heute aber hauptsächlich kleine und mittlere Unternehmen. Positiv für Berlin ist, dass es hier viele Bildungseinrichtungen und Hochschulen gibt, und so will man versuchen, in Zukunft die Kooperation zwischen Wirtschaft und Wissenschaft noch weiter zu verstärken, wobei die Schwerpunkte auf der Bio- und Medizintechnik, der Informationstechnik sowie der Verkehrstechnik liegen sollen. Hierbei profitiert die Stadt ausnahmsweise auch mal von der jahrzehntelangen Teilung, denn sowohl Bundesregierung als auch DDR-Führung konzentrierten in Berlin viele Wissenschaftseinrichtungen.

Schon seit Jahren meldet Berlin einen Besucherrekord nach dem anderen. Im Jahr 2000 wurden rund fünf Millionen Besucher und 11,5 Millionen Übernachtungen gezählt, 2009 waren es bereits über acht Millionen Gäste mit knapp 19 Millionen Übernachtungen, und 2010 wurde dann erstmals bei den Übernachtungen die 20-Millionen-Grenze überschritten. 2015 verbrachten 12,3 Millionen Gäste über 30 Millionen Nächte in der Stadt. Also muss doch etwas dran sein an Wowereits Einschätzung: ›Sexy‹ finden die Besucher das arme Berlin offensichtlich allemal.

# Architektur

Die Nikolaikirche in Berlin-Mitte ist eines der ältesten erhalten gebliebenen Gebäude Berlins. Die dreischiffige Kirche wurde zwischen 1230 und 1250 erbaut und gehört heute zur Stiftung Stadtmuseum Berlin. Sie bildete mit dem Molkenmarkt den Kern der wachsenden Stadt Berlin, während auf der anderen Seite der Spree die Siedlung Cölln um die Petrikirche entstand. Neben der mächtigen Nikolaikirche in Mitte gibt es noch mehrere Dorfkirchen, die ebenfalls in dieser Zeit entstanden. Einige Kirchen auf dem heutigen Stadtgebiet, zum Beispiel die Dorfkirche von Marienfelde, sind zum Teil noch älter als die Nikolaikirche. Doch die kleinen Orte der Umgebung wurden erst 1920 durch Eingemeindung ein Teil der Stadt, deshalb zählen diese Bauwerke in der ›Berliner Zeitrechnung‹ nicht mit.

Prägender für das heutige Stadtbild Berlins sind aber spätere Perioden: Die Häuser der Gründerzeit während des späten 19. Jahrhunderts, die funktionale Moderne in den 20er Jahren des 20. Jahrhunderts, die monumentalen Bauten der Nationalsozialisten, die Architektur der Nachkriegszeit in Ost und West als Dokument der Teilung der Stadt und der Bauboom nach Wiedervereinigung und wiedererlangtem Hauptstadtstatus.

Preußische Architektur prägt die Museumsinsel. Viele herausragende Baumeister wie Karl Friedrich Schinkel, Carl Gotthard Langhans, Hans Georg Wenzeslaus von Knobelsdorff, Johann Arnold Nering oder Friedrich August Stüler haben an ihrem Bau mitgewirkt. Vollendet wurde das architektonische Ensemble der Museumsinsel allerdings erst mit der Eröffnung des Pergamonmuseums 1930. Nur neun Jahre später wurden mit Kriegsbeginn alle Museen geschlossen. Erst 2009 konnte das im Zweiten Weltkrieg schwer beschädigte Neue Museum nach umfangreicher Sanierung wieder hergestellt werden.

## Bauwerke aus dem 17. und 18. Jahrhundert

Ein gutes Stück vom Zentrum entfernt – damals noch im Dorf Lietzenburg weit vor den Toren der Stadt – entstand zwischen 1695 und 1699 als glanzvoller Höhepunkt barocker Architektur das Schloss Charlottenburg. Nur als Sommerresidenz der Gemahlin des Kurfürsten Friedrich III., Sophie Charlotte, geplant, entwickelte sich das Schloss, an dem über 100 Jahre immer wieder etwas an- und umgebaut wurde, schließlich zu einem prunkvollen Wahrzeichen der Stadt mit Kuppelturm, Ost- und Westflügel, Großer Orangerie, Schlosstheater und weitläufigem Park. Auch diesen Prachtbau der Hohenzollern haben mit Eosander von Göthe, Georg Wenzeslaus von Knobelsdorff und Carl Gotthard Langhans die großen Baumeister ihrer Zeit geprägt.

Nach dem Regierungsbeginn von Friedrich II. entstand ab 1741 unter der Leitung von Knobelsdorff das Forum Fridericianum am Bebelplatz. Ältestes Bauwerk des neuen Kulturzentrums war die heutige Staatsoper Unter den Linden. Direkt hinter der Oper erhebt sich die ab Mitte des 18. Jahrhunderts erbaute St. Hedwigs-Kathedrale mit ihrer gewaltigen Kuppel im Stil des römischen Pantheons. Der Platz ist von verschiedenen Baustilen vom Klassizismus über Barock bis zum Rokoko geprägt.

*Prachtbau der Hohenzollern: Schloss Charlottenburg*

# Gründerzeit und klassische Moderne

Seit der Mitte des 19. Jahrhunderts wuchs die Bevölkerung Berlins als Folge der Industrialisierung stark an. Neue Stadtquartiere entstanden, teils auf der grünen Wiese, ältere wie die Spandauer und Rosenthaler Vorstadt wurden einbezogen. Um den Bedarf nach Wohnraum zu befriedigen, entstand innerhalb des S-Bahn-Ringes die für Berlin typische ›Blockrandbebauung‹. Überwiegend private Wohnungsbaugesellschaften errichteten meist vier- bis sechsstöckige Wohnhäuser mit reich dekorierten Fassaden an den Vorderhäusern und verschachtelter, einfacher Hinterhofarchitektur. Die Fassadendekorationen lehnten sich an historische Stilformen an, weshalb die Architektur dieser Zeit auch Historismus genannt wird. In Charlottenburg und Wilmersdorf entstanden hauptsächlich gutbürgerliche Gründerzeitquartiere, eher proletarische Mietshäuser und Mietskasernen wurden in Kreuzberg, Neukölln, Prenzlauer Berg, Friedrichshain, Moabit und Wedding errichtet.

Die Zeit vom Ersten Weltkrieg bis zum Nationalsozialismus gilt im Städtebau als die Epoche der klassischen Moderne. In einer neuen Gesellschaft – die Monarchie und mit ihr das alte Klassensystem hatte man hinter sich gelassen – entstand eine neue Architektur für eine neue Stadt. Die Zeit der dunklen Hinterhöfe war vorbei, jetzt waren Licht, Luft und Sonne gefragt. So entstanden schlichte, funktionale, moderne, preisgünstige Wohnungen mit Balkonen und Bädern. Eines der schönsten avantgardistischen Gebäude aus dieser Zeit ist das Shellhaus im Bezirk Tiergarten. Zwischen 1930 und 1932 direkt am Landwehrkanal als Bürogebäude nach Plänen von Emil Fahrenkamp erbaut, fällt vor allem seine wellenförmige Fassade mit abgerundeten Ecken auf. Seit 1958 steht das Shellhaus unter Denkmalschutz.

*Gründerzeithäuser am Engelbecken in Kreuzberg*

Welch wichtigen Beitrag die Berliner Moderne zum Städtebau geliefert hat, verdeutlicht auch, dass 2008 sechs Wohnsiedlungen aus dieser Zeit von der UNESCO auf die Welterbeliste gesetzt wurden. Es sind dies die Gartenstadt Falkenberg in Treptow (1913–1915 erbaut von Bruno Taut), die Schillerpark-Siedlung in Wedding (1924–1930 erbaut von Bruno Taut und Franz Hoffmann), die Hufeisensiedlung in Britz (1925–1931, Bruno Taut und Martin Wagner), die Wohnstadt Carl Legien in Prenzlauer Berg (1928–1930, Bruno Taut und Franz Hilliger), die Weiße Stadt in Reinickendorf (1929–1931, Bruno Ahrens, Wilhelm Büning und Otto Rudolf Salvisberg) und die Siedlung Siemensstadt in Charlottenburg und Spandau (1929–1931, Otto Bartning, Fred Forbat, Walter Gropius, Hugo Häring, Paul Rudolf Henning und Hans Scharoun).

## Nationalsozialistische Monumentalbauten

Die Nationalsozialisten hatten auch in der Architektur Größenwahnsinniges vor, wollten Berlin zur ›Welthauptstadt Germania‹ machen. Dabei sollte auf die vorhandene Bebauung – sofern sie nicht dem NS-Ideal entsprach – keine Rücksicht genommen werden. Auch wenn die meisten Pläne Hitlers und seines Lieblingsarchitekten Albert Speer nie verwirklicht wurden, sind doch bis heute zahlreiche Gebäude aus dieser Zeit erhalten geblieben. Typisch für den monumentalen Stil, den die Nazis schätzten, sind der Flughafen Tempelhof mit dem zu jener Zeit größten zusammenhängenden Gebäude der Welt, das Olympiastadion mit damals Platz für mehr als 100 000 Menschen sowie das Reichsluftfahrtministerium – das heutige Bundesministerium der Finanzen – mit 2000 Büroräumen.

## Städtebau in Ost und West

Während direkt nach dem Zweiten Weltkrieg der Aufbau der weitgehend zerstörten Stadt Vorrang hatte und das politische Klima noch nicht vom Ost-West-Gegensatz geprägt war, führte die spätere Teilung der Stadt auch zu unterschiedlichen – weil meist politisch und damit ideologisch motivierten – Bauvorhaben. Während Architekten wie Scharoun und Mies van der Rohe in Westberlin Formen der Moderne weiterentwickelten, stand das Bauen in Ostberlin überwiegend im Zeichen sozialistischer Stadterneuerung. Dies führte zu einem anhaltenden städtebaulichen Wettstreit zwischen Ost und West. Im Osten wurde die Stalinallee (heute Karl-Marx-Allee) erbaut, ein Straßenzug mit rund 3000 Wohnungen im Zuckerbäckerstil nach Moskauer Vorbild. Die Wohnungen, die sich vom Strausberger Platz bis über das Frankfurter Tor in die Frankfurter Allee erstrecken, sollten der Welt die Überlegenheit des Sozialismus vor Augen führen. Der Westen Berlins wollte dem natürlich nicht nachstehen und entwarf die ›Stadt von Morgen‹. Im Rahmen der Internationalen Bauausstellung von 1957 entstand das Hansaviertel, dessen Architekten innovative Grundrisse für neue Wohnformen präsentierten. So lassen sich in einigen Wohnungen zum Beispiel die Wände verschieben und damit Zahl und Größe der Räume variieren. Neben Walter Gropius, Le Corbusier und Oscar Niemeyer lieferten vor allem die skandinavischen Architekten Arne Jacobsen, Alvar Aalto, Kay Fisker und Sten Samuelson wichtige Anstöße für eine neue Wohnkultur. Auch der Bau des imposanten Internationalen Congress-Centrums (ICC) im Westen nach Plänen von Ralf Schüler und des Staatsratsgebäudes von Roland Korn im Osten erklären sich aus dem politischen Klima.

Nach heutigem Geschmack nicht unbedingt schön, aber fest im Berliner Stadtbild verankert, sind die Großsiedlungen der 1960er und 70er Jahre mit ihren oft eng beieinander stehenden Hochhäusern. Allen gemeinsam ist ihre Lage am Stadtrand von Berlin. Walter Gropius plante die nach ihm benannte Gropiusstadt als Trabantenstadt mit mehr als 18000 Wohnungen im Bezirk Neukölln. Im nördlichen Bezirk Reinickendorf befindet sich das etwa gleich große Märkische Viertel. Die Ostberliner Großsiedlung Marzahn entstand in mehreren Bauabschnitten vom Ende der 1970er bis zum Ende der 1980er Jahre. Die überwiegend elfgeschossigen Plattenbauten sollten das Wohnungsproblem der DDR möglichst schnell und kostengünstig lösen.

## Neue Architektur

Der Mauerfall war nicht nur Befreiung und Vereinigung der Stadt. Er war auch der Startschuss für Spitzenarchitekten aus aller Welt. So wurden Renzo Piano, Helmut Jahn, Daniel Libeskind, Frank O. Gehry, Jean Nouvel, Aldo Rossi, Giorgio Grassi, I. M. Pei, Richard Rogers und Norman Foster in die Stadt geholt. Ihnen bot sich die einmalige Gelegenheit, das Zentrum einer Millionenstadt neu zu gestalten, in der Nähe historischer Gebäude neue Ideen umzusetzen oder – wie im Fall des Reichstags geschehen – Historisches durch Modernes zu ergänzen. Im Nachwende-Berlin hat man gewagt, ›groß‹ zu denken, was Berlin für Jahre zur größten Baustelle Europas werden ließ. Ob bei der Neugestaltung der Friedrichstraße und dem Pariser Platz am Brandenburger Tor, beim Bau des Regierungsviertels, dem des neuen Hauptbahnhofs und vor allem am Potsdamer Platz – überall wurde geklotzt, nirgends gekleckert. Inzwischen sind die Leerräume weitgehend gefüllt und die meisten Bauten sind von den Menschen angenommen worden.

Die Berliner zieren sich zwar noch ein wenig, den Potsdamer Platz als Ausgehmeile zu akzeptieren. Dafür steht er bei den Touristen ganz oben auf der Beliebtheitsskala. Sie finden die Mischung aus Läden, Restaurants, Kinos, Theatern und Hotels offenbar gelungen und schlendern Tag für Tag zu Tausenden über den Platz. Wie schmuck eine Verbindung zwischen Alt und Neu aussehen kann, hat man ebenfalls am Potsdamer Platz bewiesen. Dort stand der denkmalgeschützte Kaisersaal aus der Zeit Kaiser Wilhelm II. den hochfliegenden Planungen der Architekten buchstäblich im Wege. Deshalb wurde er kurzerhand ›reisefertig gemacht‹. Auf Luftkissen gelagert konnte man ihn dann in einer zweitägigen Aktion 75 Meter an den heutigen Standort verschieben.

Berlin ist aber nicht immer mutig, meist hält man an Vertrautem fest, zum Beispiel an der Traufhöhe von 22 Metern. Selbst im Herzen der Stadt wird selten höher gebaut – und manchmal entscheidet man sich nach jahrelanger Diskussion lieber fürs Kopieren als wirklich Neues zu wagen, was der umstrittene Wiederaufbau des historischen Schlosses beweist.

# Karl Friedrich Schinkel

Neue Wache, Lustgarten und Altes Museum, Schlossbrücke, Konzerthaus am Gendarmenmarkt – mit seinen Bauwerken veränderte Karl Friedrich Schinkel das Berliner Stadtbild so gründlich wie kein Baumeister vor oder nach ihm. Mit unbeirrbarem Sinn für wohlproportionierte Formen und unaufdringliche Schönheit hat er der noch recht provinziellen preußischen Hauptstadt in der ersten Hälfte des 19. Jahrhunderts ästhetische Konturen gegeben.

Schon die Lehrer am Grauen Kloster in Berlin attestieren dem Jungen ein ausgeprägtes Zeichentalent. Er freundet sich mit dem jungen Architekten Friedrich Gilly an, dessen Vater, David Gilly, Berliner Oberbaurat ist. Die Gillys nehmen den begabten jungen Mann unter ihre Fittiche, er darf bei David Gilly studieren. Und als Gilly junior, der das Amt des Vaters übernehmen soll, mit nicht einmal 30 Jahren stirbt, sind die Weichen für Schinkels Karriere gestellt. Doch bevor aus dem jungen Architekten der ›Oberbauassessor‹ und später der ›Geheime Oberbaurat‹ wird, bereist er Italien – zwei Jahre lang. In seinem Reisetagebuch beschwert sich der Mann aus dem Norden über Hitze und Ungeziefer, schwärmt aber von der Vollkommenheit römischer Baukunst. Auf seinem Skizzenblock hält er Grundrisse und komplette Stadtansichten fest. Die italienischen Impressionen werden sein späteres Schaffen nachhaltig beeinflussen.

1805 ist Schinkel zurück in Berlin, aber als die französischen Truppen Berlin besetzen, ist an große Bauprojekte nicht zu denken. Schinkel bringt italienische Landschaften in Öl auf Leinwand, arbeitet als Bühnenbildner, zeichnet Entwürfe für den ›Großen Stern‹ im Tiergarten. Als Napoleon geschlagen ist, bricht die große Zeit des Baumeisters an. 1817, mit 36 Jahren, bekommt er den Auftrag für die Neue Wache, sein erstes großes Projekt. Der Architekt in Staatsdiensten plant aber nicht nur für Berlin. Überall in Preußen entstehen Schlösser, Denkmäler und Kirchen nach seinen Entwürfen. So ist Schloss Babelsberg bei Potsdam ebenso ein Schinkelwerk wie der Leuchtturm von Kap Arkona auf Rügen. 1825 entwirft er die ›Normalkirche‹, den Prototypen eines schlichten, aber stilvollen Gotteshauses. Nach dieser Vorlage werden jahrzehntelang überall in den ländlichen Gegenden Preußens kostengünstig Kirchen errichtet .

Wenn Preußens Oberarchitekt nicht gerade in und an Berlin arbeitet, unternimmt er Dienstreisen, um überall im Lande Großbaustellen zu inspizieren. Die Pläne aller größeren, aus der Staatskasse finanzierten Bauvorhaben wandern ohnehin über seinen Schreibtisch, und oftmals bessert der Perfektionist die Entwürfe seiner Kollegen nach. Jahrzehnte des rastlosen Schaffens fordern schließlich ihren Tribut. 1840 erleidet der Workaholic einen Schlaganfall und stirbt ein Jahr später, ohne noch einmal aus dem Koma aufgewacht zu sein.

*Schinkeldenkmal am Schinkelplatz*

# Die Berliner

Flughafen Berlin-Schönefeld: Ein Besucher der Stadt hat sich, nach stundenlangem Flug, durch die Passkontrolle und den Zoll gequält und steht jetzt an der Bushaltestelle. Mit dem Bus soll es jetzt in die Innenstadt gehen. Er steigt ein, zückt einen frisch eingetauschten 50-Euro-Schein und möchte ein Ticket kaufen. »Ham set nich noch jröser?«, schnauzt ihn der Fahrer an, gefolgt von bösen, verständnislosen Blicken. Kein weiteres Wort. Es ist genug gesagt. 50 Euro hatte ihm der Gast der Stadt hingehalten, wo der Fahrschein doch nur drei Euro dreißig kostet. Würde fast 47 Euro Wechselgeld machen und das herauszugeben, wäre dann doch zu viel verlangt. Als der Fremde, der der deutschen Sprache nicht mächtig ist, und offenbar auch nichts vom Berliner Charakter weiß, zunächst stehen bleibt, weist ihm der Buslenker die Tür. »Na, nu jehn se mal wechseln.«

Offenbar hat der Schriftsteller Theodor Fontane (1819–1898), der vielleicht profundeste Kenner der Stadt, einen Vorfahren des besagten Busfahrers gekannt. Wie sonst hätte er schon 1878 schreiben können: »Mit der Ortseitelkeit hängt zusammen, daß auf den Fremden gar keine Rücksicht genommen wird. Überall in der Welt kommt man dem Fremden entgegen und macht seine Interessen zu den seinigen oder gibt sich wenigstens das ansehen davon. … Das kennt der Berliner nicht.«

In einer anderen Stadt hätte man den Fremden vielleicht auch zum Wechseln des großen Scheines weggeschickt, aber man hätte es vermutlich mit freundlicheren Worten getan. Dem Berliner aber sind übertriebene Freundlichkeit und die allzu häufige Verwendung der Worte ›bitte‹ und ›danke‹ fremd. Dazu nochmals Fontane: »Das Berliner Wesen, das einem auf der Straße und in der Kneipe, überhaupt im alltäglichen Leben entgegentritt, ist anfangs ungenießbar; Schärfe, Unverschämtheit, Lieblosigkeit bringen den Fremden um.« Immerhin, im selben Absatz schreibt er weiter: »Aber hinter diesen trostlosen Erscheinungen, die sich aufdrängen, gibt es wohltuende, die sich verbergen und die man kennenlernen muß, um nicht voll ungerechter Vorurteile uns wieder zu verlassen«.

Genauso ist es. Eine andere Busfahrt, eine andere Geschichte: Eine Mutter rennt mit ihrem Kind im Arm einem anfahrenden Bus hinterher, der Busfahrer stoppt noch einmal, lässt sie einsteigen, nur um dann der Frau an den Kopf zu werfen: »Det nächste mal, aber'n bisschen schneller, ick bin hier nach Fahrplan unterwegs.« Hart, aber doch herzlich – denn andernorts wäre die Frau zwar ohne Schelte davongekommen, vermutlich aber wäre der Bus auch ohne sie losgefahren.

*Das Leben in der Stadt kann anstrengend sein*

*Open-Air-Karaoke sonntags im Mauerpark*

Berlin ist die einzige Stadt, in der man stolz darauf ist, im Rufe der Unfreundlichkeit zu stehen. ›Berliner Schnauze‹ nennen das die Einheimischen selbstbewusst, und die Gäste begegnen ihr mit einer Mischung aus Respekt und Furcht. Viele erschreckt diese Schnoddrigkeit, mit der oft schonungslos direkt und erbarmungslos offen gesagt wird, was einem auf dem Herzen liegt oder nicht passt. Da hilft es nur, es den Berlinern gleichzutun. Theodor Fontane verrät auch wie. Wer ein richtiger Berliner werden wolle, müsse lernen, einen anderen anzurempeln und ihn dann mit den Worten: »Pass besser uff!« zurechtzuweisen.

Meyers Konversationslexikon schrieb schon 1890: Der Berliner ist »leicht aufbrausend, zum Streit geneigt, rechthaberisch und spottsüchtig.« Aber ähnlich wie Fontane verkennt auch das Lexikon nicht, dass sich unter der rauhen Schale ein weicher Kern versteckt. Denn dort heißt es weiter: »Von Natur ist der Berliner gutmütig, leicht gerührt, in hohem Grad wohltätig und unter Umständen großer Opfer fähig.«

Die von den Lexikonschreibern angesprochene Opferbereitschaft sollte viele Jahrzehnte später auf eine harte Probe gestellt werden. Erst im Zweiten Weltkrieg und dann zu Zeiten des Kalten Krieges, als die Mauerstadt West-Berlin isoliert und allein dastand, verloren die Berliner weder Humor noch Optimismus. Egal ob bei der Blockade von 1948/49, als die Sowjets alle Zufahrtswege zur Stadt sperrten und Berlin nur aus der Luft versorgt werden konnte, 1953 der Aufstand der Arbeiter im Ostteil der Stadt oder der Mauerbau im Jahre 1961 – egal, was das Schicksal ihnen auferlegte, immer behielten die Berliner ihren Überlebenswillen und wurden damit zu einem Vorbild für die ganze Welt.

*Einheimische oder Touristen?*

Wer erinnert sich nicht an die Rede des amerikanischen Präsidenten John F. Kennedy im Juni 1963, als der vor dem Schöneberger Rathaus einer jubelnden Menge entgegenrief: »Alle freien Menschen, wo immer sie leben mögen, sind Bürger dieser Stadt Westberlin, und deshalb bin ich als freier Mensch stolz darauf, sagen zu können: Ich bin ein Berliner.«

Bei Fontane hatte es einige Jahre gedauert, bis er mit Stolz sagen konnte, dass er Berliner sei, bis er sich vom harten Kritiker zum Fürsprecher der Stadt entwickelte. Wahrscheinlich darf man dem Dichter gar nicht böse sein, denn es braucht schon einige Zeit, bis man durch die raue Schale zum weichen Kern der Berliner durchdringt.

Und seit dem Zweiten Weltkrieg, in dem Berlin zum Teil bis heute nicht verheilte Wunden davongetragen hat, dauert es ohnehin eine Weile, bis man die herbe Schönheit der Stadt erkennt. Doch die Suche lohnt sich in beiden Fällen – sowohl bei der Stadt als auch ihren Bewohnern.

Doch zurück zu Fontane. Noch 1875 zeigte er sich in einem Brief an seine Frau Emilie pessimistisch, was die Entwicklungsmöglichkeiten Berlins angeht: »Oh, Berlin, wie weit ab bist du von einer wirklichen Hauptstadt des Deutschen Reiches! Du bist durch politische Verhältnisse über Nacht dazu geworden, aber nicht durch dich selbst. Wirst es nach dieser Seite hin, auch noch lange nicht werden. Vielleicht fehlen die Mittel, gewiß die Gesinnung.«

Auch 1990, nach der Wiedervereinigung der beiden deutschen Staaten wurde Berlin im Einigungsvertrag quasi über Nacht zur Hauptstadt des Landes, 1991 wurde dann mit knapper Bundestagsmehrheit beschlossen, dass auch der Parlaments- und Regierungssitz nach Berlin verlegt werden, und im Sommer 1999 wurde dieser Beschluss dann vollzogen. Die Mittel fehlen, heute ebenso wie zu Fontanes Zeiten, Berlin ist hoch verschuldet. Aber Geld ist schließlich nicht alles. Trotz des Schuldenberges zweifelt kaum jemand an, dass Berlin eine würdige Hauptstadt ist. Weltläufig und weltstädtisch gibt man sich, und mit der ihnen eigenen Toleranz haben die Berliner einen großen Anteil daran, dass ihre Heimatstadt viel mehr ist als nur die größte aller deutschen Städte. Multikulti ist nicht umsonst ein Wort, das man immer mit Berlin in Verbindung bringt. Es ist kaum ein Zufall, dass gerade hier die größte türkische Gemeinde außerhalb des Mutterlandes lebt. Insgesamt leben etwa 460 000 ausländische Bürger aus 190 Staaten in Berlin.

Dass der Berliner Christopher Street Day der größte schwul-lesbische Umzug der Republik ist, passt ebenso ins Bild wie die Tatsache, dass hier ein Bewerber für das Amt des Regierenden Bürgermeisters seine Kandidatur mit den Worten ankündigte: »Ich bin schwul, und das ist auch gut so.« Und es war auch hier, wo eben dieser Kandidat – nämlich Klaus Wowereit im Jahr 2001 – mit großer Mehrheit gewählt wurde.

Da bleibt nur zu hoffen, dass die heutigen Berlinbesucher schneller zu einem positiven Urteil über die Stadt kommen als einst Theodor Fontane, denn immerhin mussten 16 Jahre vergehen, bevor sich seine Aussage » … der Durchschnitts-Berliner ist unausstehlich …; er ist immer laut, eitel und zudringlich« in die folgende Lobeshymne verwandte: »Und dann diese wunderbaren Leute. Jeder ein Original, die vermickerten, die wie Kranke aussehen, ebenso wie die forschen und stattlichen.«

*Vor der Humboldtbox am Schloßplatz in Mitte*

# Kulturhauptstadt Berlin

Langweilig werden muss es keinem in Berlin. Wer die Stadtmagazine ›zitty‹ oder ›Tip‹ aufschlägt, findet dort für jeden Tag mehrere hundert Veranstaltungshinweise.

Bei rund 180 Museen und Sammlungen, 440 Galerien, 150 Theatern und freien Bühnen, 3 großen und einigen kleinen Opernhäusern, 8 Symphonieorchestern und 130 Kinos findet jeder Berliner und jeder Berlinbesucher etwas nach seinem Geschmack. Berlin profitiert als Kulturmetropole nicht nur von seinem Hauptstadtstatus, sondern auch von der Wiedervereinigung. Vor der Wende gab es quasi alles doppelt: Sowohl die DDR als auch die Bundesrepublik statteten Berlin mit allem aus, was man von einer Metropole erwarten kann. Mehr noch, die beiden deutschen Staaten lieferten sich einen kulturellen Wettkampf, bei dem der Osten – anders als auf vielen anderen Gebieten – mindestens gleichwertig war.

Niedrige Lebenshaltungskosten, verhältnismäßig günstige Mieten und viel freistehender Atelierraum locken Künstler aus aller Welt nach Berlin. Sie wiederum tragen dazu bei, dass die deutsche Hauptstadt inzwischen ein Big-Player in der Welt der Kunst ist.

Obwohl viel vom Sparen geredet wird und immer wieder Politiker – meist solche aus den westlichen Bundesländern – fordern, Berliner Opernhäuser und Theater zu schließen, hat sich Berlin – von Ausnahmen wie dem Schillertheater abgesehen– bisher seine kulturellen Trümpfe nicht aus der Hand nehmen lassen. Bislang versteht man in der Hauptstadt, dass Kultur auch Wirtschaftsfaktor sein kann.

*Die Volksbühne am Rosa-Luxemburg-Platz ist immer für eine Überraschung gut*

# Oper, Konzert und Theater

*Alle Adressen der Berliner Bühnen gibt es ab → S. 422 .*

Als Opernmetropole floriert die deutsche Hauptstadt wie keine andere Stadt Deutschlands. Sowohl die **Deutsche Oper** in Charlottenburg als auch die **Komische Oper** in der Behrenstraße im Stadtteil Mitte oder die von Daniel Barenboim künstlerisch geleitete **Staatsoper Unter den Linden** bieten Aufführungen von Weltformat (wegen der Renovierung der Staatsoper finden die Vorstellungen im Schillertheater in der Bismarckstraße statt). Zählt man das Programm der drei großen Opernhäuser zusammen, kommt man auf mehr als 80 verschiedene Operninszenierungen pro Jahr. Das Staatsballett steuert an die zehn Ballettpremieren bei.

Die 1882 gegründeten **Berliner Philharmoniker** führen Jahr für Jahr unzählige Sinfonie- und Kammerkonzerte auf. 2002 übernahm Sir Simon Rattle die Leitung des weltberühmten Orchesters. Er trat damit die Nachfolge solch namhafter Künstler wie Wilhelm Furtwängler, Herbert von Karajan, Sergiu Celibidache und Claudio Abbado an.

Die Theaterstadt Berlin hat schon immer Könner angezogen. Hier inszenierten und spielten die ganz Großen der deutschen Bühnenlandschaft: Bertolt Brecht, Max Reinhardt und Gustaf Gründgens. Und auch heute gehören die großen Stars zu den Ensembles oder regelmäßigen Gästen der Berliner Bühnen: Nina Hoss im Deutschen Theater, Fritzi Haberland im Maxim-Gorki-Theater oder Birgit Minichmayer und Martin Wuttke an der Volksbühne. Das Angebot der rund 150 Berliner Theater und Bühnen ist riesig und abwechslungsreich. Auf den Spielplänen stehen Inszenierungen von antiken Tragödien bis hin zum Theater der Gegenwart; provozierendes und eigensinniges Theater wie an der **Volksbühne** oder nachdenkliches wie im **Maxim-Gorki-Theater**. Beide Spielstätten wurden 2016 mit der Kritikerwertung ›Theater des Jahres‹ als beste deutschsprachige Bühnen gekürt. Klassisches bieten die Traditionsbühnen wie das **Deutsche Theater**, die **Schaubühne** oder das **Berliner Ensemble**. An letzterem hat Bertolt Brecht als Intendant Theatergeschichte geschrieben.

Doch nicht nur die großen Theater bestimmen die Szene in Berlin. Im Gegenteil: Den besonderen Reiz der Berliner Theaterszene macht gerade aus, dass Dutzende kleine **Privattheater** um die Gunst des Publikums buhlen. Manche davon bieten Geniales, andere bleiben im Amateurhaften stecken. An einem Abend wird man als Theaterbesucher vielleicht in einem Kellertheater verzaubert. Ein andermal verlässt man die Vorstellung mit Kopfschütteln und vielen Fragezeichen im Kopf. Spannend ist die Abenteuerreise durch die Theaterszene der Hauptstadt aber auf jeden Fall. Einen festen Platz unter den ›Alternativen‹ haben sich die **Neuköllner Oper** – in der, anders als der Name vermuten lässt, durchaus auch das gesprochene Wort bedient wird –, das **Hebbel am Ufer (HAU)** in Kreuzberg oder das Kinder- und Jugendtheater **Grips** in Moabit erspielt.

Im Karree zwischen Friedrichstraße, Unter den Linden und Hackeschem Markt liegen vier Traditionshäuser, die Freunde leichter Unterhaltung bedienen: Der **Quatsch Comedy Club**, das **Kabarett-Theater Distel**, der altehrwürdige

*Das Maxim-Gorki-Theater in Mitte*

**Friedrichstadtpalast** und das **Chamäleon**. Abend für Abend bieten die vier Bühnen Kabarett- und Comedy-Abende, Tanz, Revue und Varieté. Besonders der Friedrichstadtpalast hat in den vergangenen Jahren wieder an Schwung gewonnen: Dort, wo vor der Wende das Fernsehballett der DDR – mit den angeblich schönsten Beinen des Sozialismus – auftrat, hatte man lange Zeit den Anschluss verpasst und nur noch Altbackenes geboten. Irgendwann kamen nur noch Senioren auf Busausflug hierher – oder Touristen, deren Reiseführer nicht mehr auf dem neuesten Stand war. Das Ensemble spielte meist vor halbleerem Haus, und der Pleitegeier kreiste bereits über dem Gebäude. Inzwischen aber lohnt es sich wieder, in den Friedrichstadtpalast zu gehen. Das Programm hat deutlich an Fahrt zugelegt und spricht auch wieder ein jüngeres Publikum an.

Im **Tipi am Kanzleramt** und in der **Bar jeder Vernunft** in der Schaperstraße bietet man in alten Spiegelzelten Cabaret und Kleinkunst vom Allerbesten. Das **Theater des Westens** hat wie der Friedrichstadtpalast seine Krise überwunden und sich als Musicaltheater etabliert. Musicals – auf Massentauglichkeit gekämmt – werden auch im **Theater am Potsdamer Platz** gespielt. Gleich um die Ecke – im **Bluemax Theater** am Marlene-Dietrich Platz – tritt auch die Blue Man Group auf, eine der erfolgreichsten Produktionen in Berlin überhaupt.

## Musik

In Berlin gibt es keine Sperrstunde. Daher brauchen einheimische Partygänger und Musiktouristen aus aller Welt Durchhaltevermögen: In den Diskotheken, Bars und Clubs wird bis in die frühen Morgenstunden gefeiert (→ S. 414)!

In Berlin war schon immer viel los. Bereits in den 1920er Jahren waren hier die Nächte lang. Und selbst in Krisenzeiten wussten die Berliner zu feiern. Nach der Wiedervereinigung gab es jede Menge ungenutzte Räume, deren Eigentumsverhältnisse nicht geklärt waren. Die **Clubszene** eroberte sich diese neuen

Locations für spontane Partys. In die leerstehenden Gebäude im Ostteil der Stadt zogen House- und Techno-Clubs ein. Mittlerweile ist die Clubszene etabliert und damit zumindest für die Musiktouristen aus aller Welt auch überschaubarer. Illegale Clubs gibt es hier und da immer noch. Doch inzwischen müssen die Partygänger nicht mehr unbedingt auf Handzettel und Mund-zu-Mund-Propaganda achten, um die angesagten Clubs zu finden – ein Blick auf die Veranstaltungsseiten der Stadtmagazine genügt. Ob man dann reinkommt, ist allerdings eine andere Frage. Manche Clubs versuchen, sich durch eine strenge Türpolitik zu etwas Besonderem zu machen.

*Im Freien gibt es keine Einlasskontrolle*

Besonders berüchtigt ist der Türsteher im Berghain am Ostbahnhof. Seit das britische Magazin ›DJMag‹ den Club 2009 zum besten Club der Welt wählte, will dort jeder rein – darf es aber nicht.

Einfacher haben es da die Freunde von **Jazzmusik**. In den Musikclubs der Stadt ist jeder willkommen. Das A-Trane in der Bleibtreustraße in Charlottenburg ist eine Berliner Institution, in der auch schon Jazz-Größen wie Herbie Hancock und Diana Krall auftraten. Bekannt ist der Club aber wegen seiner Late Night Session am Samstag. Dann kommen nach Mitternacht Jazzmusiker aus der ganzen Stadt nach ihren Konzerten noch ins A-Trane und jammen gemeinsam. Wer A sagt, muss auch B sagen: Das b-flat in der Rosenthaler Straße im Stadtteil Mitte ist die Antwort des Ostens auf das A-Trane. Auch hier wird Jazz vom Allerfeinsten geboten. Und dann ist da noch das Quasimodo in der Kantstraße in Charlottenburg, einer der renommiertesten Livemusik-Clubs in Europa. In Berlin läuft er – eigentlich falsch – unter der Bezeichnung Jazzclub. Dieser Musikstil wird hier zwar auch gespielt, aber eben nicht nur. Funk, Soul, Latin, Blues, Rock und vieles andere mehr ist in dem 350 Zuhörer fassenden Kellerclub im Haus des Delphi-Kinos zu hören.

## Film

Auch Filmliebhaber kommen in Berlin auf ihre Kosten – und das schon lange: Bereits am 1. November 1895 veranstalteten die Brüder Max und Emil Skladanowsky im Berliner Varieté Wintergarten die erste öffentliche Filmvorführung Europas. Damit kamen sie den Gebrüdern Lumière mit ihrem ›Cinématographe‹ um Wochen zuvor.
Heute gibt sich niemand mehr mit ruckeligen Bildern zufrieden. In den 130 Kinos der Stadt wird vom Blockbuster aus Hollywood bis zum Autorenfilm aus Dänemark oder Südkorea die gesamte Bandbreite der Filmkunst abgespielt. Eine kleine Auswahl findet sich auf → S. 426.

*Opernübertragung im Sony Center*

Wer Filme in Originalversion sehen will, der sollte sein Ticket im **CineStar** im **Sony Center**, im **Arsenal**, im **Krokodil**, im **Odeon** oder im **Filmtheater Hackesche Höfe** lösen. Oder man verbindet den Kinobesuch mit einer kleinen Zeitreise: Dann sollte man das **International** in Mitte besuchen. Das offizielle Premierenhaus der DDR in der Karl-Marx-Allee hat viel von seinem alten Charme bewahrt und genießt heute Kultstatus. Im 1929 erbauten Kino **Babylon Mitte** am Rosa-Luxemburg-Platz (nicht verwechseln mit dem **Babylon** in Kreuzberg, in dem auch viele Originalversionen laufen) werden cineastische Raritäten gezeigt sowie in regelmäßigen Abständen Stummfilme mit Live-Begleitung an der Original Kino-Orgel.

Die **Astor Filmlounge** am Kurfürstendamm will sich seit neuestem als erstes ›Premiumkino‹ Deutschlands etablieren. Hier wird Kino zum Luxuserlebnis mit Begrüßungscocktail, Doorman und Parkservice fürs Fahrzeug.

Auch im Sommer, wenn es warm ist, geht man in Berlin ins Kino – unter freiem Himmel. Fast jeder Stadtteil hat sein eigenes **Freilichtkino.** Die bekanntesten sind die Kinos in der Hasenheide in Kreuzberg, im Volkspark Friedrichshain, am Weißen See und am Kulturforum in Sichtweite des Potsdamer Platzes.

Das größte Filmevent der Stadt ist jedes Jahr im Februar die **Berlinale**, wenn Regisseure aus aller Welt mit ihren Filmen um die Goldenen und Silbernen Bären wetteifern. Dann wird Berlin zum Wallfahrtsort für Cineasten. Manchmal spazieren dann auch die Megastars, die man sonst nur von der Leinwand kennt, über den roten Teppich.

Im Gegensatz zu den anderen großen Filmfestivals ist die Berlinale ein Festival für alle. Für jede Vorstellung sind auch Publikumskarten erhältlich – ungefähr die Hälfte der 400 000 Tickets gehen in den freien Verkauf. Doch Geduld muss man schon mitbringen, wenn man einen besonders beliebten Film sehen will. Die Favoriten sind schnell ausverkauft, und deswegen gehört Schlangestehen für richtige Fans mit zum Berlinale-Erlebnis.

Die Berlinale blickt inzwischen auf eine mehr als 60 Jahre lange Geschichte zurück. Eröffnet wurde sie 1951 mit Alfred Hitchcocks Thriller ›Rebecca‹. Seit dem Jahr 2000 finden alle Premiereveranstaltungen in den Kinos am Potsdamer Platz statt. Die Berlinale ist zwar das größte, aber nur eines von knapp 50 Filmfestivals in Berlin. Im Prinzip ist also jede Woche irgendwo in Berlin Festivalzeit.

In der deutschen Hauptstadt werden aber nicht nur Filme vorgeführt, hier werden sie auch gemacht. Tom Cruise drehte beispielsweise an Originalschauplätzen wie dem Bendlerblock seinen Stauffenberg-Thriller ›Operation Walküre‹. Der Regisseur Paul Greengrass ließ seinen Star Matt Damon in der ›Bourne‹-Trilogie über den Alexanderplatz und die Karl-Marx-Allee jagen, im Action-Thriller ›Unknown Identity‹ stürzen Liam Neeson und Diane Krueger in einem Taxi von der Oberbaumbrücke und Tom Tykwer jagte Franka Potente in ›Lola rennt‹ durch Berlin. Und wenn ein Regisseur trotz der faszinierenden Kulisse Berlins keinen passenden Drehort findet, weicht er einfach ins Studio Babelsberg in Potsdam aus: 2009 drehten dort beispielsweise Quentin Tarantino ›Inglourious Basterds‹ und Roman Polanski ›Der Ghostwriter‹.

*In den Hackeschen Höfen*

## Streetart – mit der U-Bahn zu den Graffiti

Was ist Streetart? Streetart ist Kunst in Straßen, auf Wänden, Schildern und Mauern, dem Wetter ausgesetzt, vergänglich, von der Kameralinse eingefangen, vom Malerpinsel überrollt, dem einen ein Denkanstoß, ein Ärgernis für die anderen – und in Berlin einfach nicht zu übersehen. Es lohnt sich, genauer hinzusehen, um den Zauber dieser – oftmals ungefragten – Aneignung des öffentlichen Raums für sich zu entdecken. Zum Beispiel, wenn man in der Bahn sitzt, und die großen Wandgemälde internationaler Künstler vorbeiziehen lässt. Diese sind ›gefragt‹ im Rahmen von Streetart-Ausstellungen und in Absprache mit dem Bezirk in den letzten Jahren entstanden (Back Jumps-Ausstellung im Bethanien). So sind sie nur der Vergänglichkeit durch das Wetter ausgesetzt und eignen sich für Entdeckertipps in einem Reiseführer.

U-Bahnhof Warschauer Straße (U1): Zuerst einen geeigneten Fensterplatz finden, wo die Scheiben nicht zu sehr zerkratzt sind. Nachdem die Bahn sich ruckelnd in Gang gesetzt hat, kann man rechter Hand einen Blick auf das letzte lange Stück Berliner Mauer werfen: Die ›East Side Gallery‹ (Mühlenstraße, zwischen Ostbahnhof und Warschauer Straße), deren Rückseite wieder zu einem bunten Streetart- und Graffitiparadies geworden ist.

Bald wird es noch bunter – beim Überqueren der Spree den Blick nach rechts wenden, wo an der einst weißen Brandwand (May-Ayim-Ufer Ecke Bevernstr.) eine große gemalte Hand mit ausgestrecktem Zeigefinger die darunter am Spreeufer stehende rote Kugel nach unten zu drücken scheint (vielleicht fährt die Kugel eben genau in diesem Augenblick herunter?! ...dafür muss zeitgleich ein Lastschiff vorbeifahren!). Dieses Bild von *Alaniz* wurde in schwindelnder Höhe vom Dach aus mit einfacher Wandfarbe und Farbrolle auf die Wand aufgetragen. Eingerahmt wird die Riesenhand von blau-roten und blau-grünen verschnörkelten Schriftzeichen, die von den sehr präsenten *Berlin Kidz* in riskanten Abseilaktionen von oben nach unten gesprüht wurden. Wer kann sie so schnell entziffern? Es wird noch weitere Gelegenheiten geben, sich darin zu üben. Ganz rechts an der Hauswand rinnen die bunten Farben eines sogenannten *Rainbowgraffitis* herunter und bringen noch mehr Farbe an die Hauswand. An solchen Beispielen sieht man die Vermischung von Graffiti- und Streetart-Kultur. Erstere zielt hauptsächlich auf die Verbreitung des Namens und die Virtuosität im Malen des Schriftzugs des ›Writers‹ ab; auch setzen manche Streetart-Künstler auf Wiedererkennung durch Masse, dennoch sind die von ihnen eingesetzten Techniken, Farben und Inhalte sehr viel variierter.

Am Fußende der Brücke, in der Kurve der Oberbaumstraße, erhascht man einen Blick auf ein Riesenkunstwerk von *Blu*: ein nackter Mensch, der besteht ja aus... lauter kleinen nackten Menschen. Hier erkennt man gut den Stil von *Blu*, der weltweit bekannt mit seinen Figuren-Animationen geworden ist (*Muto, Big Bang Big Boom*, siehe www.blublu.org). Kurz vor der Einfahrt in den nächsten Bahnhof erblickt man links eine haushohe Figur von den bekannten brasilianischen Zwillingsbrüdern *Os Gêmeos*, und rechts hoch oben den dachübergreifenden Schriftzug von *1UP*, eine weitere legendäre Kreuzberger Graffiti-Crew.

Kurze Verschnaufpause am nächsten Bahnhof, Schlesisches Tor. Auf dem Weg zum Görlitzer Bahnhof fährt man rechts am Lausitzer Platz mit seiner auffälligen roten Kirche vorbei. Nicht weniger auffällig ist der Spruch, der an der Ecke zur Skalitzer Straße die gesamte Länge eines Daches ausfüllt: ›ACAB‹ – ein alter Punkerslogan, der auf die revolutionäre Geschichte der Gegend Bezug nimmt und ausgesprochen lautet: ›All Cops Are Bastards‹ (Skalitzer Straße Ecke Lausitzer Platz).

Wenn der Zug aus dem Görlitzer Bahnhof rollt, kann man rechts einen Blick in die legendäre Oranienstraße werfen, die neben vielen kleinen Streetartschätzen ein großes Rollergemälde zu bieten hat: ›Love Art – Hate Cops‹. Die Rollergemälde sind so etwas wie eine Berliner Spezialität: Die Künstler bringen mittels Farbrollen und Wandfarbe vom Dach aus kopfüber ihre Bilder oder Sprüche an die Wand an! Die Ecke wird hauptsächlich eingenommen von den aufgehängten toten Tieren, die der belgische Künstler Roa in Kleinstarbeit mit einzelnen gesprühten Strichen angemalt hat. Am Haus daneben in der Manteuffelstraße werden immer wieder neue Poster angebracht, die auf aktuelle politische Themen Bezug nehmen oder zu Demonstrationen aufrufen.

*Ein Graffiti des Künstlers Blu*

Kurz vor der nächsten Station, Kottbusser Tor, ist an der Ecke Mariannenstraße ein riesiger Astronaut vom französischen Künstler *Victor Ash* an einer Brandwand zu sehen. Es sieht so aus, als ob der Astronaut mittels einer Schablone gesprüht wurde, aber er wurde freihändig gemalt. Geheimtipp: Bei Dunkelheit noch einmal daran vorbeifahren und staunen – durch die Beleuchtung und Beflaggung des Autohauses nebenan sieht es aus, als ob der Astronaut nach der im Wind flatternden Fahne greift.

Links und rechts sind in der Zwischenzeit einige verschnörkelte Schriftzüge der *Berlin Kidz* vorbeigezogen... schon geübter im Entziffern? Spätestens am Kottbusser Tor, wo so gut wie alle Hochhäuser bemalt sind, sollte dazu in aller Ruhe Gelegenheit sein.

Drei Stationen mit der U-Bahn und so viel zu sehen! Wer auf den Geschmack gekommen ist: aussteigen, losgehen, Augen öffnen – die Stadt hat noch viel mehr zu bieten!

**Entdeckertipps:** ›Neurotitan‹ Shop & Gallery (im Haus Schwarzenberg, Rosenthaler Straße 39, Mitte, nahe Hackescher Markt, www.neurotitan.de). In der Galerie ›Urban Spree‹ (Revaler Str. 99, Friedrichshain, www.urbanspree.com) gibt es immer wieder Ausstellungsstücke mit Streetart-Bezug zu sehen, sowie eine ausgesuchte Buchecke zum Thema. Streetart-Fotos und allerlei abgefahrene Berlinsouvenirs gibt's z.B. bei ›Bohei‹ (Weserstraße 43, Neukölln, www.bohei-shop.de). Vor allem in Kreuzberg, Friedrichshain und Neukölln kann man im Straßengewirr wilde und flüchtige Streetart entdecken gehen.

*Caro Eickhoff bestückt seit 2007 ihr Fotoblog Streetart (http://blogs.taz.de) und bietet seit 2011 Streetart-Führungen in Berlin (www.streetart-fuehrungen.de) an.*

*Das Alte Museum auf der Museumsinsel mit dem Lustgarten davor*

## Museen und Galerien

*Die Adressen der wichtigsten Museen gibt es ab → S. 433*

Tag für Tag warten in Berlin mehr als 180 Museen und rund 440 Galerien auf Besucher. Gezeigt werden Schätze der Weltkultur wie der Pergamonaltar oder die Büste der ägyptischen Königin Nofretete sowie alte und junge Meister von Giotto bis Caravaggio, von Breughel bis Caspar David Friedrich, von Max Liebermann bis Ernst Ludwig Kirchner, von Joseph Beuys bis hin zu den ›Jungen Wilden‹ wie Baselitz oder Haring.

Die Berliner **Museumsinsel** steht seit 1999 auf der Liste des UNESCO-Welterbes. Sie ist das größte Museumsensemble der Welt. Das Alte Museum, das Neue Museum, die Alte Nationalgalerie, das Bode-Museum und das Pergamonmuseum präsentieren über 6000 Jahre Kunst- und Kulturgeschichte.

Zeitgeschichte ist das Thema des **Deutschen Historischen Museums** Unter den Linden. Es stellt seine Sammlungen im barocken Zeughaus aus. Und natürlich wird in vielen Museen auch an die DDR-Zeit und die Mauer erinnert: Das unter anderem im **Dokumentationszentrum Berliner Mauer**, dem **Mauermuseum am Checkpoint Charlie**, der **Ausstellung ›Alltag in der DDR‹** in der Kulturbrauerei oder dem **DDR-Museum** in der Nähe des Berliner Doms.

Zu den Höhepunkten des Berliner Kunstkalenders gehören die beiden **Langen Nächte der Museen**, die **Lange Nacht der Opern und Theater** und das **Gallery Weekend** im Frühjahr. Bei den Langen Nächten sind die Museen bis spät in die Nacht geöffnet. Sie bieten Vorträge und Führungen und erlauben den Besuchern einen Blick hinter die Kulissen. Die Opern- und Theaterhäuser präsentieren einen Abriss ihres Schaffens und geben dem Publikum die Möglichkeit, mit Regisseuren und Schauspielern zu sprechen. Inzwischen sind diese Veranstaltungen Kult, und die Berliner pendeln an diesen Abenden mit Shuttlebussen von einer Veranstaltung zur anderen und von einem Museum zum nächsten.

## Stadt des Designs

Seit der deutschen Wiedervereinigung ist eine interessante Designlandschaft mit Agenturen, Ateliers, Showrooms, Messen und Verkaufsplattformen an der Spree entstanden. Das Zusammenwirken der unterschiedlichen Designdisziplinen – von Produkt- und Möbeldesign über Mode, Fotografie, Architektur und Kunst bis zum Kommunikations- und Grafikdesign – ist einzigartig. Dass die in Berlin lebenden Künstler auch international wahrgenommen werden, zeigt die von der UNESCO verliehene Auszeichnung als ›Stadt des Designs‹.

Eine der wichtigsten Galeriestraßen ist die **Auguststraße** im Stadtteil Mitte. Auf den ersten Blick würde man hier keine Galerien vermuten : Renovierte Altbauwohnungen neben Plattenbauten und Nachkriegszweckbauten, dazwischen Häuser, die schon lange auf die baustatische Intensivstation gehören. Aber auf knapp einem Kilometer gibt es mehr als 20 Galerien. Ob Fotos, Bilder oder Skulpturen, Werke von Nachwuchskünstlern oder Etablierten– in der Auguststraße gibt es in punkto Kunst nichts, was es nicht gibt. Im Haus mit der Nummer 69 befindet sich **KW – Kunstwerke**, das Institut für Kunst und Theorie. Auf dem Gelände einer ehemaligen Margarinefabrik entstanden hier ein Ausstellungszentrum, Wohnungen für Kunststipendiaten und ein Café. Soviel Kunst scheint ansteckend zu wirken, denn auch viele andere Geschäfte wetteifern, was die Einrichtung betrifft, mit den Galerien. Das Friseurstudio heißt hier Hairlounge und könnte jederzeit einen internationalen Designerpreis gewinnen.

Nach seiner Eröffnung im Jahr 2009 ist das **ÏMA-Design Village** in der Ritterstraße in Kreuzberg schnell als ›Mutter der Kreativen‹ – ›ïma‹ ist das hebräische Wort für ›Mutter‹ – zum festen Bestandteil der Berliner Designlandschaft geworden. In dem ehemaligen Industriebau aus dem Jahr 1896 haben Künstler und Designer ihre Heim- und Arbeitsstätte gefunden. Auf rund 10 000 Quadratmetern reihen sich Büros, Ateliers sowie Ausstellungs- und Verkaufsflächen aneinander. Im ›ÏMA-Café‹ können Besucher entspannt über das Gesehene diskutieren oder sich gleich für länger im ›ÏMA-Loft-Hotel‹ einmieten. Projekte wie das Ïma sind typisch für das Berlin des neuen Jahrtausends, wo sich überall in der Stadt Künstler zusammenschließen und gemeinsam an Projekten arbeiten.

Kunst braucht Nachwuchs, und auch dafür sorgt man in Berlin. Staatliche Kunsthochschulen, wie die renommierte **Universität der Künste** (UdK), bilden aus – und viele Studenten bleiben Berlin auch nach ihrem Abschluss treu.

*Im Hof der Kunstwerke, Auguststraße 69*

# Berlin liest

Lesen oder vorlesen lassen – das ist hier die Frage. Wer sich für die zweite Option entscheidet, findet in Berlin eine reiche Auswahl an Lesebühnen, Lesecafés, Literaturhäusern und Literaturforen.

Nicht verwunderlich ist, dass das **Literaturkaufhaus Dussmann** in der Friedrichstraße regelmäßig zu Lesungen einlädt. Da überrascht schon eher, dass dies auch **Karstadt am Hermannplatz** in Neukölln tut – vielleicht als Bollwerk der deutschen Sprache in dem Berliner Stadtteil mit den meisten türkischen Bewohnern?

Seit 1963 existiert am Sandwerder 5 am Wannsee das **Literarische Colloquium**. Hinter dem altbackenen Namen verbergen sich spannende Veranstaltungen, und deshalb lohnt sich die lange Fahrt mit der S-Bahn hinaus zu der alten Backsteinvilla von 1885 durchaus.

In der Fasanenstraße 23 in Charlottenburg liegt das **Literaturhaus Berlin**. In der wunderschönen Villa von 1889, einst Haus eines Korvettenkapitäns und später dann in schnellem Wechsel Café, Bordell und Diskothek, ist heute wieder ein Café beheimatet. Hierher kommen vor allem die betuchten Damen des Wilmersdorfer Geldadels, um bei einem Kännchen Kaffee ein gutes Buch zu lesen – während des Sommers auch gerne draußen im schönen Garten. Vielleicht haben die Damen dazu beigetragen, dass das Literaturhaus im Laufe der Zeit – völlig zu Unrecht – etwas den Ruf des Altbackenen erworben hat. Die Lesungen sind nämlich durchweg von höchster Qualität.

## Lesebühnen

Wer im Trend der Zeit liegen will, ist beim **Kantinenlesen** in der Kulturbrauerei im Prenzlauer Berg, Knaackstr. 79, gut aufgehoben. Dort treffen jeden Samstag die ›Stars‹ der verschiedenen Lesebühnen zu einem ›Best of‹ zusammen. Lesebühnenanfänger sollten hier ruhig mal reinhören, um dann dem eigenen Sieger in seiner Heimatlesebühne einen Besuch abzustatten.

Im Schlot, in der Chausseestr. 18, bittet sonntags um 13 Uhr eine illustre Auswahl an Autoren zum **Frühschoppen**. Wem es gefallen hat, der kann am gleichen Abend in der Jägerklause in der Grünberger Str. 1 in Friedrichshain bei der **Reformbühne Heim & Welt** zuhören. Hier wird in ironischem Ton manchmal über Gott und die Welt und dann wieder über die Frauen und Berlin philosophiert.

Die **Brauseboys** wurden von der FAZ als ›Volksausgabe von Harald Schmidt‹ gefeiert und von der Stadtzeitung Zitty für ihren ›ausgesprochen schrägen Blick auf den Alltag‹ gelobt. Den muss man wohl auch haben, wenn man sich in den Tiefen des Weddings – im Restaurant La Luz in den Osramhöfen, Oudenarder Strasse 16–20 –, einem der sozialen Brennpunkte Berlins, zum Lesen trifft.

Disco mit Texten oder Texte mit Disco veranstalten die **Surfpoeten**, immer mittwochs um 21 Uhr im Mauersegler in der Bernauer Straße 63–64.

**LSD – Liebe statt Drogen** in Form von ›Texten, Tänzen und Songs‹ gibt es dienstags ab 21.30 Uhr im Schokoladen, Ackerstr. 169, mitmachen ist ausdrücklich erwünscht.

*Nähere Informationen zu den Lesebühnen gibt es unter www.kantinenlesen.de*

# Ausgehen

*Genaue Adressen und konkrete Empfehlungen gibt es ab → S. 414*

Berlin schläft nie. Wer ausgehen und die Nacht zum Tage machen will, findet dazu in der Hauptstadt mehr als genügend Gelegenheiten. Wo man besonders gut ausgehen und feiern kann, verrät das folgende Kapitel.

## Prenzlauer Berg

Die Auswahl an Kneipen im Prenzlauer Berg ist riesig. Hier findet jeder etwas für seinen Geschmack – egal, ob einem der Sinn nach einem billigen Bier in gemütlicher Atmosphäre steht, nach einem gut gemixten Cocktail, einer Disco, einem Club oder nach einer Kneipe, in der man beim ›Public viewing‹ den Tatort oder Fußball gucken kann.

Als Ausgehgegend ist die Ecke um den **Kollwitzplatz** und die **Knaakstraße** am Wasserturm beliebt: Im Gagarin kann man bei russischem Bier gemütlich chillen, und im Anita Wronski, im Stil einer Studentenkneipe aus den 70ern gehalten, auch Kuchen essen. Wer hier unterwegs ist, wird aber leicht als Tourist er- oder verkannt – die ›echten‹ Berliner würden hier ›natürlich nie hingehen‹. Sie sind schon eher jenseits der Danziger Straße in Richtung **Helmholtzplatz** unterwegs. Rund um den Platz liegen eine ganze Reihe spannender Kneipen – wer in jedem Lokal am Platz nur eine Stunde verbringen wollte, bräuchte einen Tag, um seine Kneipenreise zu beenden.

Ganz unauffällig – und nur an einem winzigen Schild, das den Kopf des Dramatikers zeigt, zu erkennen – liegt Becketts Kopf in der Pappelallee 64. Hinter der schweren Eingangstür werden die besten Cocktails des Kiezes gemixt. Die Kneipe in der Lychener Straße 15 formuliert in ihrem Namen bereits die Frage vor, die man am Ende des Abends stellen will: ›Zu mir oder zu dir‹ heißt sie, wobei die coolen jungen Gäste eher zum Chillen und Abhängen kommen als zum ernsthaften Flirten.

An der Kreuzung Schönhauser Allee/Sredzkistraße liegt die **Kulturbrauerei**. In der alten Schultheiss-Brauerei sind gleich eine ganze Reihe von ›Partylocations‹ beheimatet – zum Beispiel der Frannz Club. Er ist der Nachfolger des Jugendclubs Franz aus DDR-Zeiten und bietet heute in (fast) täglichem Wechsel unterschiedlichstes Programm: Von Konzerten über Lesungen bis hin zum legendären ›Tanz im Frannz‹.

*Im Café Butter in der Pappelallee*

Beliebt ist die Kneipenszene in der **Kastanienallee** und der **Oderberger Straße**. Hier kann man sich einfach von Haus zu Haus durchtrinken und -essen – ein Lokal reiht sich ans andere. Für alteingesessene Kiezbewohner, oder solche, die es gerne wären, ist das Schwarz-Sauer in der Kastanienallee 13 der Anlaufpunkt. Der lange Tresen ist der ideale Platz, um bei dem einen oder anderen Bier über das Leben zu philosophieren. Etwas lästig für Nichtraucher: Ab 18 Uhr darf gequalmt werden.

## Mitte

Im benachbarten Stadtteil Mitte tummeln sich die Touristen am **Hackeschen Markt** und in der **Oranienburger Straße**. Abends suchen hier die Damen aus dem horizontalen Gewerbe – freundlich und unaufdringlich – nach Kunden, und trotzdem flanieren hier ungestört Familien mit Kindern und verliebte Paare Arm in Arm. Der Oranienburger Straße haftet so gar nichts Anrüchiges an, und die Kneipen und Restaurants an ihrem Rand haben mit Rotlichtmilieu nichts am Hut. Und macht eine Dame des Gewerbes mal eine Pause in einer Kneipe, wird sie vom Wirt wie jeder Restaurantgast behandelt. Auf die Oranienburger darf Berlin stolz sein, denn nirgendwo anders auf der Welt schafft man es, so entspannt mit dem Thema Prostitution umzugehen.

Im Sommer ist die Strandbar am **Monbijoupark** ein beliebter Treff. Zwar hat die Mutter aller Berliner Strandbars inzwischen keinen Sand mehr zu bieten, den Blick aufs Bode-Museum kann man ihr aber nicht wegnehmen. Das Speisenangebot ist überschaubar, aber die meisten kommen ohnehin hierher, um zu

*Vormittags im Gorki Park am Rosenthaler Platz in Mitte*

*Clärchen's Ballhaus – der Schriftzug von Otto Dix wird immer noch verwendet*

entspannen. Im Liegestuhl den Tag ausklingen lassen – was kann es Besseres geben. Wer hier neue Energien gesammelt hat, kann abends und am Wochenende auch tagsüber unter freiem Himmel ein paar Runden tanzen. Für Tänzer hat Mitte noch eine weitere kultige Location zu bieten: Clärchens Ballhaus in der **Auguststraße** lädt schon seit 1913 regelmäßig zum Tanzvergnügen. Nichttänzer kommen zumindest im Sommer ebenfalls auf ihre Kosten. Dann können sie draußen im pittoresken Garten sitzen und eine der guten Pizzen genießen. Gegenüber geht es im Strandbad Mitte (einem Café) gemütlicher zu.

Rund um den **Gendarmenmarkt** findet man einige hochpreisige Speiselokale. Das Vau (Jägerstr. 54) beispielsweise, in dem Kolja Kleeberg Sterneküche bietet, das Parioli im Hotel de Rome oder das Restaurant von Tim Raue in der Rudi-Dutschke-Straße 26 (die streng genommen bereits zu Kreuzberg gehört). Eine echte Kneipenszene existiert um den Gendarmenmarkt herum jedoch nicht. Freilich kann man in den vielen Touristencafés am Platz im Sommer in der Sonne sitzen und auf Deutschen und Französischen Dom schauen, mit dem Konzerthaus dazwischen. Die Aussicht bezahlt man hier aber mit – wer auf den Euro achten muss, der trinkt seinen Kaffee lieber an anderer Stelle.

Die Einheimischen sind meist in der Gegend um die **Tor-, Linien- und Auguststraße** unterwegs. Speziell die Torstraße sieht nicht wie die typische Weggehgegend aus. Doch entlang der viel befahrenen Hauptverkehrsader liegen einige der beliebtesten Kneipen in Mitte. Das Kaffee Burger (→ S. 96) in der Torstraße 60 ist zwar schon lange kein Geheimtipp mehr, aber trotzdem immer noch einen Besuch wert. Schräg gegenüber liegt die Eckkneipe W. Prassnik. Sie strahlt sympathischerweise so gar nichts Großstädtisches aus und wirkt, als sei sie aus der DDR direkt in die Gegenwart gebeamt worden.

*An der Ecke Niederbarnimstraße – Kino Intimes*

Auch in der **Volksbühne** kann man Partys feiern. Im Roten und Grünen Salon finden regelmäßig Konzerte, Lesungen und Tanzevents statt. Die Freunde des Tangos schwingen im Grünen Salon häufig das Tanzbein.

## Friedrichshain

Friedrichshain ist einer der bekanntesten Partybezirke der Stadt. Junge und sehr junge Partygänger sind hier bis spät in der Nacht unterwegs. Besonders beliebt ist die Gegend um die **Simon-Dach-Straße** und den **Boxhagener Platz**. Die Simon-Dach-Straße ist komplett überlaufen, und im Sommer kommt hier Malle-Feeling auf. Wer dem entgehen will, weicht lieber in die Kneipen in den Nebenstraßen aus oder spaziert über das **RAW-Gelände** in der Revaler Straße mit seinen alternativen Clubs, Bars und Kneipen..

Das **Berghain** am Wriezener Bahnhof ist der Club, in den jeder Technojünger will. Seit er von einem britischen Magazin zum besten Club weltweit gewählt wurde, stehen die Fans am Eingang Schlange. Gefeiert wird ab Freitagabend das ganze Wochenende hindurch rund um die Uhr. Zwei weitere wichtige Adressen der Friedrichshainer Clubszene sind das **Astra Kulturhaus** in der Revaler Straße sowie der **Fritzclub** im Postbahnhof, der vom Jugendradio Fritz organisiert wird.

Noch sind die **Strandbars an der Spree** entlang der Holzmarktstraße im Sommer ein Muss für jeden Partygänger. Wie lange die Gäste hier aber noch durchfeiern können, hängt von den Investoren ab, die auf den teuren Wassergrundstücken in naher Zukunft ihre Bauprojekte verwirklichen wollen.

Party wird am Wochenende auch in der **Straßenbahn M10** gefeiert – sie verbindet die beiden Szenebezirke Prenzlauer Berg und Friedrichshain und ist Freitag- und Samstagnacht voller Clubhopper, die zwischen den Locations pendeln. Manchmal bekommt man den Eindruck, dass die wirkliche Party in der Bahn abgeht und einige Fahrgäste die ganze Nacht mit der Straßenbahn hin- und herfahren.

# Berghain – immer weiter

An der Toilettenschlange. »Na, willste mit?«. Kurz nachgedacht. Zu einer kleinen Line sag ich nicht Nein. Rein in die kleine, ungemütliche Berghain-Toilette. Mit Glück ist das dann Koks, das in Berlin zurzeit um die 60 Euro pro Gramm kostet. Mit anderen Partydrogen kommt man billiger weg. Der Eintritt ins Berghain kostet meist zwischen acht und zwölf Euro, mehr muss man auch anderswo für eine gute Party nicht zahlen.

Das Berghain, eine ehrliche Techno-Hölle in der Wriezener Straße am Berliner Ostbahnhof. Die Musikanlage ist weltberühmt und die DJs oft auch, das Gebäude ein ehemaliges DDR-Heizkraftwerk aus den 50ern. Kunst, zwei Tanzflächen, ein Darkroom, im Sommer ein Garten und eine immer stärker werdende Hochkultur-Attitüde. Der martialisch aussehende Türsteher ist bei Tageslicht betrachtet auch noch ein berühmter Fotograf.

Der steht unten, an der Schlange. Und passt auf. Diskussionen mit ihm sind zwecklos. Gruppen angetrunkener männlicher Touristen haben es erfahrungsgemäß am schwersten. Gerade wurde wieder eine abgewiesen, wir sehen sie von oben abdampfen. Es ist sieben Uhr morgens und die Fenster in der Panorama-Bar, der oberen, melodischeren Tanzfläche, haben sich für einen kurzen Moment geöffnet. Die Partyfamily kreischt, als die Sonne ihre Power durch die Fensterläden knallen lässt. Und der Beat geht weiter, immer weiter. Schön dann die Stimmung am Sonntagnachmittag, jenseitig und verstrahlt.

Der Rapper Sido twitterte mal: »Ich war gestern das erste mal im berghain... Oder doch nich??? Ich weiss nich mehr... Hat mich jemand da gesehn???«. Einmal ist keinmal. Einen Versuch ist es wert. Danach kann man ja immer noch woanders hingehen.

*Julia Seeliger*

*Berghain – Bar im Hof*

*Buntes Berlin in der Oranienstraße*

# Kreuzberg

Kreuzberg hat ein ziemliches Auf und Ab hinter sich. Zu Mauerzeiten waren die ›Kreuzberger Nächte‹ bundesweit als ›lang‹ bekannt. Nach dem Mauerfall verlagerte sich die Szene bald in die Ostbezirke, nur um umso heftiger zurückzukehren. Die meisten Lokale und Kneipen findet man in der Oranien- und Bergmannstraße. Wer orientalisches Essen und lebendigen Trubel schätzt, der ist in der **Oranienstraße** richtig. Das SO 36, benannt nach der früheren Postleitzahl des Bezirks, hat die letzten Jahre immer wieder die Schlagzeilen bestimmt. Leider nicht nur wegen der guten Musik, die hier gespielt wird, sondern vor allem wegen des Streits mit den Nachbarn und dem Bezirk über den Lärmschutz. Man drohte dem Club sogar mit der Schließung. Doch nachdem dicke Lärmschutzwände eingezogen wurden, darf jetzt weiter gefeiert werden – Kreuzbergs Legende lebt! Andere Legenden auf dieser Straße mussten aber bereits Boutiquen und Touristenrestaurants weichen.

Ein Klassiker ganz anderer Art ist **Möbel Olfe** in der Dresdener Straße. Hier treffen sich die Kiezgrößen auf ein billiges Bier und auf ein paar Gläser Wodka. Für Stammkunden gibt es sogar ein Rabattbüchlein – so dass sich Vieltrinker mit Freibier oder einem Möbel-Olfe-T-Shirt belohnen lassen können.

Die **Bergmannstraße** ist sicher die touristischste Straße in Kreuzberg. Doch das aus gutem Grund: Hier gibt es einige gute Restaurants und unzählige gemütliche Kneipen. Auch in den Seitenstraßen lässt sich so manche Entdeckung machen. Im Trubel der Straße übersieht man leicht das Felix Austria (Bergmannstr. 26), das gute österreichische Küche bietet. Jedes Jahr am letzten Juniwochenende findet das inzwischen überregional bekannte Bergmannstraßenfest statt, das seinen zahlreichen Besuchern Konzerte, Theater und Kuninarisches bietet.

In den Restaurants am **Paul-Lincke-Ufer** kann man schön draußen sitzen und mit Blick auf den Landwehrkanal gemütlich sein Bier trinken. Oder man geht eine Ecke weiter und genießt im Türkischen Biergarten in der Ratiborstraße die perfekt gelungene Symbiose zwischen deutscher und türkischer Kultur.

Im **Wrangelkiez** am Görlitzer Park liegen viele gemütliche Kneipen, in denen bis vor kurzem fast nur Einheimische das Glas hoben. Jetzt wurde die Gegend auch von Touristen entdeckt – und schon hat die alternative Szene des Kiezes einen typisch deutschen Abwehrreflex entwickelt: Auf Handzetteln, Plakaten und T-Shirts mit entsprechenden Aufdrucken protestiert man gegen die im Kiez entstehenden Billighotels und vor allem gegen die Umwandlung von preiswertem Wohnraum in Ferienappartments. Doch keine Angst: Auch in Kreuzberg freut sich die Mehrheit der Bewohner über die Besucher. Nur zeigt sich hier verstärkt ein typisches Berliner Problem: Überall soll es cool und lässig zugehen, ist man stolz auf seine Kreativität und seine innovativen Ideen. Doch wenn das ›Kiezfremde‹ einzieht, fühlt man sich in seiner kleinstädtischen Welt schnell bedroht.

Gleich hinter der **Oberbaumbrücke** kann der Kneipengänger eine kleine Wanderung beginnen, die ihn über das San Remo Upflamör in der Falckensteinstraße 46 zum Chalet in der Schlesischen Straße (gute Pizzen und schöner Biergarten) bis zum Freischwimmer (Am Schlesischen Tor 2) führt. Dort sitzt man entspannt am Wasser und schaut den Möwen zu, während man auf sein Essen wartet. Geduld muss man hier mitbringen, denn im Freischwimmer ist es immer voll.

## Die Falckensteinstraße – Symbol für Gentrifizierung

Sobald im Frühjahr die Sonne rauskommt, wird die Falckensteinstraße zum öffentlichen Wohnzimmer. Die Stühle und Tische der Restaurants stehen dann auf dem Bürgersteig dicht an dicht. Die roten Luftballons am Laden des türkischstämmigen Eisverkäufers wackeln hin und her, die Schlange davor reicht oft bis auf die Fahrbahn. Gegenüber wird Steinofen-Pizza und Bionade verkauft. An warmen Sommertagen tummeln sich auf der Straße Partygänger und Frauen mit Kopftüchern, Dealer aus dem Görlitzer Park und Familien, Ökos und Freaks, Berliner und Touristen.

Es ist genau diese Mischung von Menschen, die Kreuzberg ausmacht. Da verwundert es nicht, dass die Falckensteinstraße längst kein Geheimtipp mehr ist. Vom Trubel profitiert vor allem die Gastronomie. Zum Beispiel ›Las Primas‹, ein nettes Restaurant an der Ecke Wrangelstraße, das von lesbischen Spanierinnen geleitet wird. Der Inder an der Ecke zur Schlesischen Straße brummt. Auch einige austauschbare vietnamesische und mexikanische Restaurants versuchen hier inzwischen ihr Glück. Angesichts der vielen Besucher aus dem Ausland gibt es die Speisekarte in manchen Cafés nur noch auf Englisch. Selbst die Clubszene ist in der Gegend gut vertreten. Am nördlichen Ende der Falckensteinstraße Richtung Oberbaumbrücke befindet sich mit dem Watergate eine Institutionen des Berliner Nachtlebens, das vormittags oft noch Besucher ausspuckt. Das Lido, ein bekannter Veranstaltungsort für Rock-, Indie-, und Elektrokonzerte, ist gleich um die Ecke in der benachbarten Cuvrystraße.

Man kann sagen: Der Kiez blüht auf. Man kann die Entwicklung aber auch skeptischer beurteilen, wie es manche Kreuzberger tun. Für sie ist die Falckensteinstraße inzwischen zum Symbol für die Aufwertung der Gegend geworden. Studien haben ergeben, dass vor allem Besserverdienende in den Stadtteil ziehen. Die Mieten steigen. Im Kiez um die Wrangelstraße mussten die Anwohner 1993 im Schnitt nur ein Fünftel ihres Einkommens für die Wohnkosten ausgeben. Heute ist es mehr als ein Drittel.

Noch gibt es viele der alten Läden, die auch schon schlechtere Zeiten gesehen haben. Den Kaiser's-Supermarkt an der Ecke Wrangelstraße, vor dem sich oft die Obdachlosen treffen. Die Retrokneipe ›Konrad Tönz‹, in der es sich wunderbar versacken lässt. Andere mussten schließen: Ein Bestattungsunternehmen räumte bereits das Feld. Auch ein Malerfachgeschäft machte dicht.

Als der alteingesessene türkische Gemüseladen Bizim Bakkal um die Ecke in der Wrangelstraße im Frühjahr 2015 die Kündigung für seine Räume erhielt, solidarisierten sich viele Nachbarn mit dem Inhaber, sie veranstalteten Sit-ins auf der Straße, protestierten mit Musik gegen die Verdrängung. Was kaum jemand zu hoffen gewagt hatte, trat ein: Der Eigentümer nahm die Kündigung zurück. Am Ende war das vor allem ein symbolischer Erfolg. Der Gemüseladen schloss ein halbes Jahr später trotzdem, der Inhaber hatte gesundheitliche Probleme.

Die Initiative ›Bizim Kiez‹ existiert weiter. Es gibt für sie genug zu tun: Immer wieder erreichen Nachbarn Kündigungen oder Mieterhöhungen, die sie nicht bezahlen können. Die Gentrifizierung – Aufwertung eines Stadtteils und Verdrängung der ärmeren Bevölkerung – ist das große politische Thema rund um die Falckensteinstraße. Und wird es wohl noch eine Weile bleiben.

*Antje Lang-Lendorff*

## Treptow

Wer im Freischwimmer keinen Platz mehr findet, kann es auf der anderen Seite des kleinen Stichkanals im **Club der Visionäre** versuchen. Allerdings hat man mit der Wasserseite auch den Bezirk gewechselt. Denn im Club der Visionäre trinkt man sein Bier bereits in Treptow. Zur Ausgeh-Location hat sich dort in den letzten Jahren gleich um die Ecke das Badeschiff entwickelt. Der alte, zu einem Swimmingpool in der Spree umgebaute Frachtkahn ist tagsüber ein Freibad und abends eine Bar. Hier ist das Publikum ziemlich jung. Das daneben liegende Restaurantschiff MS Hoppetosse (ein ehemaliger Kohledampfer) kann gegenwärtig leider nur für private Veranstaltungen gemietet werden. Gleich nebenan liegt die **Arena**, ein wichtiger Konzertveranstaltungsort, dessen Zukunft samt Badeschiff und Hoppetosse immer mal gefährdet ist (www.arena-berlin.de).

## Neukölln

Neukölln hat schwer aufgeholt. Bis vor kurzem schaffte es der Bezirk allenfalls wegen pöbelnder Jugendlicher und hoher Arbeitslosigkeit in die Schlagzeilen. Oder wenn der Bezirksbürgermeister Buschkowsky im Fernsehen zu der Problematik der ›Mitbürger mit Migrationshintergrund‹ befragt wurde. Jetzt ist Neukölln aber auch Partybezirk – zumindest ein Teil davon.

Die **Ankerklause**, den Klassiker mit Blick hinüber zum Paul-Lincke-Ufer, gibt es allerdings schon lange. Hier ist es immer voll, es wird immer viel getrunken, und der Flirtfaktor ist immer hoch. Ideal für Leute, die mit dem Nachbarn an der Bar ins Gespräch kommen wollen.

Der **Reuterkiez** ist das Gebiet, das sich unmittelbar ans Maybachufer anschließt und das neue Ausgehviertel Neuköllns. Angefangen hat es mit dem Freien Neukölln in der Pannierstraße 54, einer eher schlicht eingerichteten Studentenkneipe, die mittlerweile geschlossen ist – der Mietvertrag wurde nicht

*Am Winterfeldtplatz in Schöneberg*

verlängert.. Heute reiht sich in der Gegend um die Weserstraße eine Kneipe an die andere. Und schon kommen die Probleme. Speziell in Neukölln schimpft man lautstark gegen Gentrifizierung. Doch je attraktiver der Bezirk wird, desto mehr Menschen zieht er an und desto interessanter wird er auch für Investoren. Doch noch feiert man relativ entspannt und günstig im Kiez. Das Freie Neukölln allerdings ist zu einem der ersten Opfer der Gentrifizierungswelle geworden. Die Kneipiers konnten die steigenden Mieten nicht mehr bezahlen und mussten aufgeben.

Abseits des Reuterkiezes und mitten im ›echten‹ Neukölln liegt das Café Rix an der Karl-Marx-Straße. Eigentlich würde man das Haus mit seiner Wiener-Kaffeehaus-Atmosphäre eher im gediegenen Charlottenburg erwarten. Doch das Rix zieht hier schon seit Jahrzehnten die Gäste an.

## Schöneberg

Schöneberg gilt als Zentrum der Schwulen- und Lesbenbewegung. Aber auch für Heteros gibt es hier genügend spannende Kneipen und Clubs. Besonders viele Lokale liegen in der **Eisenacher Straße** auf Höhe der gleichnamigen U-Bahnstation (U7), der **Akazienstraße**, der **Motz- und Goltzstraße** und rund um den **Winterfeldtplatz** – zum Beispiel das Green Door in der Winterfeldtstraße 50. Die Cocktailbar hat sich mit ihren Drinks über die Bezirksgrenzen hinaus einen legendären Ruf erworben. Schwellenangst sollte man aber keine haben – wer rein will, muss erst einmal klingeln. Oder das Stagger Lee in der Nollendorfstraße 27. In der Bar, die nach einem Revolverhelden des Wilden Westens benannt ist, ist Cowboyfeeling angesagt. Ganz stilecht betritt man die Bar deswegen auch durch eine Schwingtür, bevor man sich dann in eines der tiefen Sofas fallen lässt und bei der Bardame einen Cocktail bestellt.

## Tiergarten

Eine wirkliche Ausgehgegend hat der Bezirk Tiergarten nicht zu bieten – trotzdem aber viele nette Kneipen und Bars. Allerdings entdeckt man die oft in Gegenden, in denen man sie nicht unbedingt erwarten würde. Die bekanntesten Bars des Bezirks sind die Victoria Bar in der Potsdamer Straße 102, Ben Beckers Kneipe Trompete am Lützowplatz und gleich daneben die Bar am Lützowplatz mit dem längsten Tresen Berlins.

Man muss es nicht mögen – aber niemand kommt darum herum, es zu erwähnen: Das Kumpelnest 3000 in der Lützowstraße 23 – ein ehemaliges Bordell – ist der Treffpunkt all derer, die auch nachts um drei noch nicht nach Hause gehen wollen.

## Charlottenburg

Charlottenburgs Ausgehmeile liegt im Bereich um den **Savignyplatz** und die **Bleibtreustraße**. Hier im alten Westen sind vor allem Kneipenbummler der Generation 40 plus unterwegs. In der Paris Bar in der Kantstraße 152 hat schon

*Am Savignyplatz in Charlottenburg trifft sich das gesetztere Publikum*

fast jeder Weltstar auf Berlinbesuch einmal gesessen. Das Gainsbourg gleich um die Ecke, direkt am Savingnyplatz, wird für seine exzellenten Cocktails gelobt (Jeanne-Mammsen-Bogen 576), und im Zwiebelfisch – ebenfalls am Savingnyplatz – diskutieren noch heute die Alt-68er hinter dicken Rauchschwaden über die Weltrevolution. Urberlinerisch geht es im Diener Tattersall in der Grolmannstraße 47 zu. Hier trifft sich eine spannende Mischung aus Promis und Kiezoriginalen, um bei handfestem Essen und Bier den Abend gemütlich ausklingen zu lassen.

Ein absoluter Klassiker ist das Schwarze Café in der Kantstraße 148, in dem man rund um die Uhr bewirtet wird. Egal, wann man kommt – die Küche ist immer geöffnet. Nur Dienstagmorgen ist das Schwarze Café für sieben Stunden geschlossen – irgendwann muss ja auch mal geputzt werden.

Die Bewohner des Viertels treffen sich auch gerne am westlichen **Stuttgarter Platz**, wo man in mehreren Kneipen und Restaurants im Sommer sehr schön draußen sitzen kann.

## Wilmersdorf

Wilmersdorf gilt in Berlin nicht gerade als Partyhochburg. Bei sehr jungen Partygängern sind aber die Kneipen in der **Pariser Straße** ein beliebter Treffpunkt. Das etwas ältere Publikum trifft sich beim Rum Trader, einer kleinen Bar in der Fasanenstraße 40. Dort kann man bei dezenter Hintergrundmusik und gut gemixten Cocktails entspannen.

## Wedding

Auch Wedding ist sicher keine der bevorzugten Ausgehgegenden der Stadt. Zumindest im Sommer hat man aber auch dort eine Top-Location zu bieten: Der Beach Mitte in der Nähe des Nordbahnhofs (Caroline-Michaelis–Straße 8) bringt Südseefeeling in den ehemaligen Arbeiterbezirk.

## Kaffee Burger – wo (nicht nur) der russische Bär tanzt

Wer nach Berlin kommt, kann sich den Flug nach Moskau getrost sparen. In der deutschen Hauptstadt hat sich in den letzten Jahren eine russische Kultur- und Kneipenszene entwickelt, die ihresgleichen sucht. Nur einen Steinwurf vom Alexanderplatz entfernt, steppt regelmäßig der russische Bär in der Russendisko im Kaffee Burger. Meistens geht es auf der Tanzfläche eng zu. Und auch im Winter, wenn draußen Minusgrade herrschen, kocht hier die Stimmung über. Der kleine Mann, der vorne die Platten auflegt, sieht mit seinem Kurzhaarschnitt und seiner eher biederen Kleidung so gar nicht nach einem Diskjockey aus – und er ist auch keiner. Es ist der Schriftsteller Wladimir Kaminer, der

*Eine Institution in Mitte*

wegen seiner Frau zum DJ wurde: Sie hatte von ihm gefordert, er solle sich doch auch mal für die Russenszene in Berlin engagieren. Vielleicht wollte er sie nicht allzu sehr erzürnen – denn er wird schon wissen, warum er in seinem Buch ›Russendisko‹ schreibt: »Im Zorn gleicht die russische Braut einem Tiger«.

Allerdings, und das sollten Kaminer-Fans wissen, legt der Meister immer seltener selbst die Platten auf. Der Stimmung tut das aber keinen Abbruch. Schweiß und Enge lassen schnell die Hemmungen verschwinden, und nach ein paar Gläsern Wodka spielen auch Sprachbarrieren keine Rolle mehr. Nicht umsonst wurde die Russendisko von einem Berliner Stadtmagazin als besonders erfolgversprechender Ort für einen nächtlichen Flirt empfohlen. Wer in der Russendisko abtanzen will, sollte sich jedoch rechtzeitig auf den Weg machen und spätestens um 22 Uhr im Lokal sein. Ansonsten findet man sich in einer langen Schlange auf der Straße wieder.

Mit dem Kaffee Burger und Wladimir Kaminer ist zusammengekommen, was zusammengehört – beide sind mittlerweile in Berlin Institutionen, die den Charme des Ostens versprühen. Das ›Burger‹ wirkt mit seiner verrauchten Tapete und der Einrichtung, die noch aus der DDR stammt, wie ein Relikt aus früheren Zeiten. Und Kaminer kultiviert geschickt sein Image als Vorzeigerusse der Hauptstadt.

Im Hauptberuf ist Wladimir Kaminer Schriftsteller, und so überrascht es nicht, dass er im Kaffee Burger ab und an Kurzgeschichten aus seiner neuesten Produktion zum Besten gibt. Außer Russendisko und Lesungen – nicht nur von Kaminer – bietet das Burger noch eine ganze Reihe kurioser Veranstaltungen. Egal, ob bei finnischem Rock, Datschadance oder Reformtanz – heiß her geht es hier immer.

**Tipp**: Russendisko gibt es auch als Buch – Wladimir Kaminer, Russendisko, Goldmann-Verlag. Auf einer CD, erschienen bei Trikont, hat Kaminer mit DJ Juri Gurzhy seine russischen Lieblingshits zusammengestellt.

**Kaffee Burger**, Torstr. 60, Mitte, Tel. 28046495, www.kaffeeburger.de, www.russendisko.de, U2 Rosa-Luxemburg-Platz; ab 21 Uhr.

# Einkaufen

Berlin ist ein Paradies für Shopping-Freunde – durch seine schiere Größe allerdings manchmal ein etwas unübersichtliches (→ S. 430).
Die bekannteste Einkaufsmeile des Westens ist zweifelsohne der **Kurfürstendamm** samt seiner Nebenstraßen. Hier in der Nähe liegen unter anderem das KaDeWe – mit seiner berühmten Lebensmittelabteilung – und das Europa Center. Gegenüber der Gedächtniskirche zieht das frisch sanierte **Bikinihaus**, eine Perle der Sechzigerjahre-Architektur, als kleine, aber feine Shopping Mall viele Besucher an.
Oft gut und immer günstig kauft man in der Fußgängerzone in der **Wilmersdorfer Straße** ein. Vor allem Geschäfte im Niedrigpreissegment haben hier ihre Filialen. Zusätzlich Attraktion gewann die Wilmersdorfer Straße durch das 2007 eröffnete Einkaufszentrum ›Wilmersdorfer Arcaden‹.

Schicker sind die Läden in der **Kastanienallee** im Prenzlauer Berg und rund um den **Hackeschen Markt** in Mitte, zum Beispiel in der **Neuen Schönhauser Straße**. Der **Alexanderplatz** mit dem riesigen Einkaufszentrum Alexa, der Kaufhoffiliale und dem Einkaufspalast eines Mediamarktes hat in den zurückliegenden Jahren viel an Attraktivität für Kauflustige gewonnen.

Richtig edel shoppt man in der **Friedrichstraße**. In den Galeries Lafayette, dem Quartier 205 und dem Quartier 206 kauft man die teuersten Marken dieser Welt – Gold kann man hier wie andernorts Zigaretten einfach aus dem Automaten ziehen.

In Schöneberg gibt es viele kleine Läden im Bereich **Goltz- und Akazienstraße**. Wer dort nicht fündig wird, zieht weiter zum Einkaufszentrum in der Hauptstraße. Ebenfalls beliebt bei Shoppern ist die **Schlossstraße** in Steglitz.

*In der Neuen Schönhauser Straße*

Und in den **Potsdamer Platz Arkaden** sowie den **Schönhauser Allee Arkaden** kann man auch bei Regenwetter trockenen Fußes einen ausgiebigen Einkaufsbummel machen. Der jüngste Konsumtempel ist die protzige **Mall of Berlin** am Leipziger Platz.

## Flohmärkte

Flohmärkte stehen nicht nur bei Touristen hoch im Kurs, auch die Berliner scheinen auf der nie endenden Suche nach dem Schnäppchen zu sein (→ S. 436).

Der Klassiker der Berliner Flohmärkte liegt an der **Straße des 17. Juni** auf Höhe des S-Bahnhofs Tiergarten. Hier bieten vor allem professionelle Händler an, und unter den Käufern sind viele Touristen. Dies sorgt einerseits für ein großes Angebot, aber auch für relativ hohe Preise. Handeln ist zwar angesagt, ein wirkliches Schnäppchen macht man aber trotzdem nur selten. Der Flohmarkt am 17. Juni ist aber eine gute Adresse, wenn man Antiquitäten, Bilderrahmen oder Silberbesteck erstehen will.

Am **John-F.-Kennedy-Platz** in Schöneberg und am **Fehrbelliner Platz** in Charlottenburg liegen zwei traditionelle Flohmärkte im Westteil Berlins. Hier sind die Kiezbewohner, die nach Schnäppchen stöbern, meist unter sich.

Der **Flohmarkt am Mauerpark** in Prenzlauer Berg ist der Shooting Star der vergangenen Jahre. Er wird offenbar in allen Reiseführern dieser Welt genannt – entsprechend polyglott ist das Publikum, das hier sonntags auf Einkaufstour geht, und entsprechend überlaufen ist der Markt im Sommer. Inzwischen haben auch Profihändler den Markt entdeckt. Das entspannte Handeln ›nur so zum Spaß‹ ist seitdem verloren gegangen.

Nur zehn Fußminuten entfernt liegt der **Flohmarkt am Arkonaplatz**. Jeden Sonntag von 10 bis 16 Uhr werden hier Waren angeboten. Auf Verkäuferseite findet man sowohl Händler als auch Privatleute. Besonders bei Buch- und Schallplattensammlern sowie Ostalgikern, die auf der Jagd nach Souvenirs aus DDR-Zeiten sind, hat der Markt einen guten Ruf.

*Der Flohmarkt auf dem Arkonaplatz*

Neben dem Alten Museum liegt der **Kunstmarkt an der Museumsinsel**, der neben Büchern und Grafiken auch allerlei Schnickschnack bietet – zu ortsüblichen Preisen.

Weiter im Osten, in Friedrichshain, bauen die Händler am Samstagmorgen ihre Stände auf. Am **Boxhagener Platz** sind relativ wenige Profis unterwegs. Das junge Publikum stammt meist aus der Nachbarschaft. Man findet auch Stände mit Ökoprodukten frisch vom Bauern – und jeden Donnerstag an selber Stelle einen kompletten Biomarkt.

Ebenfalls zum Stadtteil Friedrichshain gehört der **Ostbahnhof**, hinter dem jeden Sonntag ein Antiquitätenmarkt stattfindet. Möbel, Kunst und Kunsthandwerk stehen zum Verkauf.

*Einkaufsgelegenheiten gibt es mehr als genug*

Auch Briefmarken, Münzen, antiquarische Bücher und Schallplatten werden angeboten. Vergebens sucht man dagegen typische Flohmarktware wie alte Kleider oder Krimskrams vom Dachboden.

Auch in den **Markthallen am Gleisdreieck** in Kreuzberg wird jedes Wochenende getrödelt. In dem ehemaligen Gebäude des alten Dresdner Bahnhofs von 1875 kann man gemütlich einkaufen, auch wenn es draußen regnet und stürmt.

Jeden dritten Sonntag im Monat findet am **Maybachufer** – dort, wo sonst dienstags und freitags die Stände des Türkenmarkts stehen – ein Flohmarkt statt.

Etwas außerhalb liegt der **Hallenträdelmarkt Treptow** in der Eichenstraße, in dem man zwar nicht besonders gemütlich bummeln kann, dafür aber relativ preisgünstig einkauft, vor allem Heimwerkerbedarf.

Ein beliebtes Wochenendziel für Berliner und Brandenburger gleichermaßen ist der außerhalb der Stadt gelegene Trödelmarkt direkt am **S-Bahnhof-Friedrichshagen**. Hier kann man die Shoppingtour mit einem Ausflug zum nahegelegenen Müggelsee (→ S. 359) verbinden.

## Wochenmärkte

Die beiden schönsten Wochenmärkte für frische Lebensmittel finden sich am **Kollwitz-** und **Winterfeldtplatz**. Hier kann man den Einkauf wunderbar mit einem Cafébesuch verbinden.

Weitere Lebensmittelmärkte, auf denen auch Bio-Produkte angeboten werden: Türkenmarkt am Maybachufer (Neukölln), Wochenmarkt Boxhagener Platz (Friedrichshain), Wochenmarkt Karl-August-Platz (Charlottenburg), Bauernmarkt Wittenbergplatz (Schöneberg), Wochenmarkt Preußenallee (Charlottenburg), Markt am Hackeschen Markt (Mitte), Wochenmarkt Breslauer Platz (Schöneberg/Friedenau). (→ S. 436)

Die Residenz!
Gu'n Tag, du Metropole!
Da ist auch schon der Alexanderplatz ...
Verstatte, daß ich mich das Schneuztuch hole,
das Herz schlägt stürmisch unterm Busenlatz.
Die gute Spree mit dem geduldigen Rücken,
der Ruderklubs und der Mamsells Entzücken –
ich seh dich still und mächtig dreckig ziehn ...
Berlin!

*Kurt Tucholsky, Auf Urlaub, 1917*

# BERLINS MITTE

*Spree, Marienkirche, Fernsehturm, Dom und Rotes Rathaus*

# Vom Brandenburger Tor zum Alexanderplatz

Am Brandenburger Tor beginnt mit Unter den Linden die wahrscheinlich geschichtsträchtigste Straße Deutschlands. So viel wie der nur 1,3 Kilometer lange Prachtboulevard im Zentrum Berlins hat wohl keine andere deutsche Straße erlebt, und nirgends dürften die Sehenswürdigkeiten so eng gedrängt liegen wie hier. Wer die Besichtigung von Unter den Linden ernst nimmt, kann hier gut einen ganzen Tag verbringen, ohne deswegen alles gesehen zu haben.

## Brandenburger Tor

An der Nahtstelle zwischen Ost und West gelegen, war das Brandenburger Tor jahrzehntelang ein Symbol der Trennung der Stadt, denn Mauer und Todesstreifen verwehrten den Zugang. Von Westen führt die Straße des 17. Juni schnurgerade von der Siegessäule durch den Tiergarten auf das Tor zu, wo sie am Platz des 18. März endet. Von Osten kommt man ebenso gradlinig auf dem Prachtboulevard Unter den Linden zum Brandenburger Tor, hier bildet der Pariser Platz den Abschluss.

*Die Quadriga entstand nach Plänen von Johann Gottfried Schadow*

Das einzige erhalten gebliebene Stadttor Berlins und eines der wichtigsten Wahrzeichen der Stadt wurde von 1788 bis 1791 von Carl Gotthard Langhans nach dem Vorbild der Propyläen der Akropolis errichtet. Es ist ein 26 Meter hoher, 65,5 Meter breiter und 11 Meter tiefer klassizistischer Sandsteinbau mit fünf Durchfahrten, von denen die mittlere etwas breiter als die anderen ist. Auf beiden Seiten bilden jeweils sechs 15 Meter hohe dorische Säulen den Blickfang. Nach dem Abriss der Stadtmauer wurden 1868 von dem Schinkel-Schüler Johann Heinrich Strack die beiden flankierenden Säulenhallen angefügt. 1793 wurde das Brandenburger Tor mit der ›Quadriga‹ nach Plänen von Johann Gottfried Schadow gekrönt. Anfangs lenkte die Friedenskönigin Eirene ihren mit vier Pferden bespannten Wagen in Richtung Stadtmitte. Nachdem sie ein von einem Eichenkranz umschlossenes Kreuz, das vom preußischen Adler gekrönt war, als Trophäe in die Hand bekommen hatte, wurde sie zur Siegesgöttin Viktoria. 1806 entführte Napoleon sie nach Paris, doch schon 1814 kehrte sie wieder auf das Brandenburger Tor zurück. Im Zweiten Weltkrieg wurde das Tor schwer beschädigt und die Quadriga bis auf einen Pferdekopf zerstört, der heute im Märkischen Museum zu sehen ist. Nach Gipsabdrücken konnte aber eine neue Quadriga gefertigt werden, die 1958 auf ihren alten Platz gehievt wurde.

In der Nacht vom 9. November 1989 gingen die Bilder vom Tor und von jubelnden Menschen um die Welt. Am 12. Dezember 1989 konnte das Brandenburger Tor schließlich wiedereröffnet werden. Im nördlichen Torhaus wurde 1994 ein schmuckloser Raum der Stille

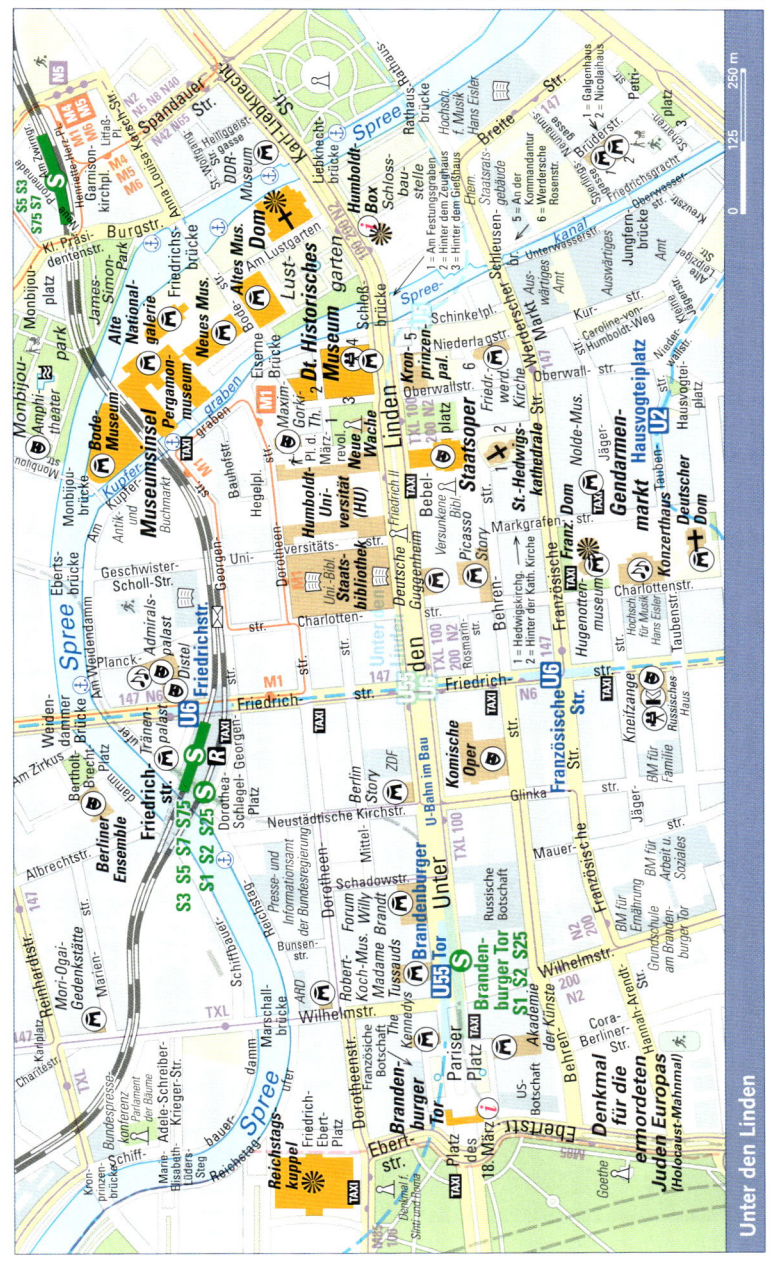

eröffnet, den pro Jahr etwa 70 000 Menschen für einige stille Minuten nutzen. Nach Verhüllung und Grundsanierung erfolgte 2002 die feierliche Enthüllung des Berliner Wahrzeichens. Im Jahr 2008 wurde das neue Botschaftsgebäude der USA auf dem Pariser Platz direkt vor dem Brandenburger Tor eröffnet. Zuvor hatte es eine jahrelange Kontroverse zwischen den Amerikanern und dem Berliner Senat gegeben. Die erhöhten Sicherheitsvorstellungen der USA standen in krassem Widerspruch zu den Interessen Berlins, den Platz dauerhaft frei zugänglich zu halten. Schließlich wurde ein Kompromiss gefunden und so können sich heute wieder alle vor dem Tor tummeln – Berliner, Touristen mit Selfiestick, Rikschafahrer Stadtführer mit großen roten Schirmen, Droschkenkutscher, Demonstranten usw..

■ **Mauergedenkstätte Brandenburger Tor**

Berlins jüngste U-Bahnlinie führt vom Hauptbahnhof zum Brandenburger Tor. Die auch ›Kanzler-U-Bahn‹ genannte Linie U55 wurde 2009 eröffnet und ist nur 1,8 Kilometer lang. Das Bemerkenswerte an der Minilinie ist, dass der Bahnhof Brandenburger Tor gleichzeitig als Mauergedenkstätte fungiert. Unübersehbar auf großen Plakaten über den Rolltreppen kann man berühmte Zitate zum Mauerbau lesen: »Niemand hat die Absicht, eine Mauer zu errichten« von Walter Ulbricht oder »Schießen Sie nicht auf ihre eigenen Landsleute« von Willy Brandt. Außerdem gibt es ein Luftbild mit den wichtigsten historischen Orten während der Teilung Berlins, Bilder zur Geschichte des Brandenburger Tors sowie einen Film über die DDR-Grenzanlagen.

## Pariser Platz

Vor der Wiedervereinigung stand das Brandenburger Tor inmitten einer weiten Brache. Die Mauer verlief auf der Westseite vor dem Tor, auf DDR-Seite war der Zugang weiträumig abgesperrt. Schon bald nach der Wende begann man den Platz neu zu bebauen. Mit Fertigstellung der amerikanischen Botschaft im Jahre 2008 wurde die letzte Baulücke geschlossen.

Nach historischen Vorbildern sind die beiden direkt an das Brandenburger Tor

▲ *Der Pariser Platz, rechts neben dem Brandenburger Tor liegt das Liebermann-Haus*

grenzenden Häuser wiedererbaut worden – das auf der nördlichen Seite gelegene Haus Liebermann und das südlich gelegene Haus Sommer. An das Haus Liebermann schließt das Palais am Pariser Platz an, das als Wohn- und Geschäftshaus genutzt wird. Dann folgen die Dresdner Bank, die französische Botschaft und die AGB-Immobiliengesellschaft. Auf der anderen Seite des Pariser Platzes liegt das Haus Sommer, das von der Commerzbank genutzt wird. Angrenzend die Botschaft der USA, dann folgt das Gebäude der DG-Bank. Den Pariser Platz komplettieren auf dieser Seite der gelungene Neubau der Akademie der Künste und das Traditionshotel Adlon. Die Akademie der Künste wirkt mit ihrer gläsernen Fassade und fünf oberirdischen Etagen leicht und luftig. Im Innern lohnt neben den Ausstellungen auch ein Blick auf die dynamische Architektur mit schrägen Treppen und Galerien.

■ **Haus Liebermann**

»Wenn Sie nach Berlin hineinkommen gleich links«, so hat der Maler Max Liebermann einst seine Adresse angegeben. Das Haus Liebermann wurde 1844 von August Stüler, einem Schinkel-Schüler, erbaut. König Friedrich Wilhelm IV. hatte damals insofern auf den Bauplan Einfluss genommen, als er untersagte, dass das Gebäude das benachbarte Brandenburger Tor überragte. Der Maler Max Liebermann zog erst 1884 in das Stadtpalais ein und lebte dort bis zu seinem Tod 1935. Im Krieg wurde das Haus Liebermann durch einen Bombenangriff völlig zerstört und nach dem Mauerfall in Anlehnung an das historische Vorbild wieder aufgebaut. Allerdings fügte man damals ein Geschoss mehr an, als das Originalgebäude hatte – trotzdem wurde der königliche Wunsch noch immer respektiert. Auch heute sind das Haus Liebermann – und das Haus Sommer auf der anderen Seite – niedriger als das Brandenburger Tor. Im Erdgeschoss und im ersten Obergeschoss des Hauses Liebermann finden wechselnde Ausstellungen statt.

In unmittelbarer Nachbarschaft des Hauses Liebermann liegen das Restaurant Tucher, die Berliner Zentrale der Commerzbank und die **Französische Botschaft**. Das heutige Botschaftsgebäude wurde 2001/2002 an derselben Stelle erbaut, an der sich schon zwischen 1871 und 1945 die französische Botschaft befand.

An der Nordostecke des Pariser Platzes liegt das **Kennedy-Museum**. Es erinnert mit Fotos und persönlichen Gegenständen an den amerikanischen Präsidenten John F. Kennedy, der durch seine legendäre Rede vor dem Schöneberger Rathaus am 26. Juni 1963 der Held aller Berliner wurde. Deswegen ist der Notizzettel, auf dem sich Kennedy den entscheidenden Satz notierte, auch das wichtigste Exponat der Ausstellung. Damit es mit der Aussprache einigermaßen klappte, stand auf dem Zettel in fastphonetischer Umschrift: »Ish bin ein Bearleener«. Obwohl das Leben von John F. Kennedy den Großteil der Ausstellung ausmacht, wird auch die Geschichte des übrigen Kennedy-Clans beleuchtet (→ S. 446).

■ **Akademie der Künste**

An der Südostecke des Potsdamer Platzes befindet sich das **Haus der Akademie der Künste**, erbaut von Günter Behnisch, der auch den alten Bundestag in Bonn geplant hat. Sein Entwurf mit den großen Glasflächen war aber von Anfang an sehr umstritten. Behnisch musste nach Vorgaben des Senats – der um den Gesamteindruck des Platzes

*Eingang zur Akademie der Künste*

fürchtete – deswegen auch mehrmals nachbessern.

1696 wurde die Akademie der Künste von Kurfürst Friedrich III. gegründet. Damals war sie aber noch ein reines Lehrinstitut, und ab und an holte sich der Kurfürst dort auch Rat, wenn er Künstler für seine eigenen Bauvorhaben auswählte. Später wurde die Akademie aber zur wichtigsten Vertretung deutscher Künstler und ihre Mitglieder nahmen – oft kontrovers – zu gesellschaftlichen Themen Stellung. Besonders aktiv war die Akademie der Künste in der Weimarer Republik. Nur logisch, dass eine solche Institution zwangsläufig mit den Nationalsozialisten in Konflikt geraten musste. Unmittelbar nach ihrem Machtantritt im Jahr 1933 schlossen sie alle jüdischen Künstler und solche, die sich kritisch zu den Nationalsozialisten stellten, aus. Teilweise wurden führende Mitglieder auch in die Emigration getrieben. Andere, wie der Maler Max Liebermann, von 1920 bis 1932 selbst Präsident der Akademie, erklärten ihren Austritt.

Nach dem Krieg gründeten dann beide deutsche Staaten jeweils eine eigene Akademie der Künste. Nach der Wiedervereinigung wurden 1993 die beiden Akademien zusammengeschlossen und erhielten am Pariser Platz – dort wo auch die erste Akademie der Künste ihren Sitz hatte – ein neues Haus. Allerdings lief der Zusammenschluss nicht ganz konfliktfrei ab. Neben vielen persönlichen Eifersüchteleien drehte sich der Streit vor allem um die Frage, ob Mitglieder der Ostakademie, die dem DDR-System gedient hatten, auch Aufnahme in die neue gemeinsame Akademie der Künste finden sollten.

■ **DZ-Bank**

Auch der Architekt des Gebäudes rechts neben der Akademie wurde vom Senat an die Kandare genommen. Das **Haus der DZ-Bank** (ehemals DG-Bank) wurde nach Plänen des berühmten amerikanischen Architekten Frank O. Gehry errichtet, der für seinen spektakulären Baustil bekannt ist: Zu seinen bekanntesten Bauwerken gehören das Guggenheim-Museum in Bilbao, das ›Tanzende Haus‹ in Prag oder die Walt-Disney-Concert-Hall in Los Angeles. In Deutschland hat er den in sich gedrehten Gehry-Tower in Hannover geplant. Allen Gehry-Gebäuden ist gemeinsam, dass senkrechte Außenwände eigentlich nicht vorkommen. Bei dem Berliner Bauvorhaben musste er sich aber den Senatsvorgaben beugen und sich eine strenge Zurückhaltung auferlegen. Seine Kreativität lebte Gehry deswegen im Innern des Gebäudes aus. Beispielsweise hat er dort einen viergeschossigen Konferenzsaal als Skulptur errichtet.

Die **US-Botschaft**, die mit ihrer Querseite südlich den Pariser Platz abschließt, wurde am 4. Juli 2008 von dem ehemaligen amerikanischen Präsidenten George Bush senior eingeweiht. Der Baubeginn des Großvorhabens hatte sich mehrmals verzögert, da die amerikanischen Sicherheitsanforderungen für den Bau so enorm waren, dass der Pariser Platz für die Öffentlichkeit hätte gesperrt werden müssen. Das konnte verhindert werden, doch dafür wurde die Botschaft wie eine Festung gesichert und sieht von außen auch wie eine solche aus.

Unmittelbar links ans Brandenburger Tor schließt sich das **Haus Sommer** an, das ebenso wie das Haus Liebermann unter Anlehnung an das historische Vorbild von dem Berliner Architekten Josef Paul Kleihues rekonstruiert wurde.

### ■ Hotel Adlon

Das Hotel Adlon war und ist die feinste Hoteladresse in Berlin. Es eröffnete im Oktober 1907 seine Pforten. Vom ersten Tag an strömten die Reichen der damaligen Zeit in das Hotel, das nicht nur für die Gäste der Stadt, sondern auch für deren High-Society zum wichtigen Treffpunkt wurde. Kaiser Wilhelm II. war hier öfter zu sehen als im Stadtschloss, seiner eigentlichen Residenz. Seinen Gästen – so wird zitiert – hat er geraten: »Kinder, geht doch lieber ins Adlon. Bei mir im Schloss ist es kalt und es zieht und im Bad läuft das heiße Wasser nicht.« Einige Adelige verkauften gar ihre Winterpalais in Berlin, um sich im Gegenzug eine der Suiten im Hotel leisten zu können. Wer etwas auf sich hielt, residierte im Adlon, deshalb klingt die Gästeliste auch wie ein ›Who is Who‹ des vergangenen Jahrhunderts: Albert Einstein, Marlene Dietrich, Greta Garbo, Charlie Chaplin, Zar Nikolaus II., Thomas Mann, Thomas Alva Edison, Enrico Caruso. Die Nazigrößen mochten das Hotel nicht besonders, und deswegen galt das Adlon während der Hitlerdiktatur lange Zeit als die ›Schweiz in Deutschland‹, wo Nazigegner sich relativ unbehelligt treffen konnten. Bis wenige Tage vor Kriegsende blieb das Haus, das damals als Hospital diente, nahezu unbeschädigt. Aber im Mai 1945 holten sich die Flammen doch noch den größten Teil des Hotels, das bis auf einen Seitenflügel niederbrannte. Zu DDR-Zeiten richtete man zunächst erneut ein Hotel ein, danach wurde das ›Rest-Adlon‹ ein Lehrlingswohnheim, und schließlich wurde es gänzlich abgerissen, um einem Wohngebäude Platz zu machen. Die Wende verhinderte aber diese Baupläne, und so konnte der Kempinski-Konzern auf dem alten Adlon-Grundstück in der Nähe des Brandenburger Tores in den 1990er Jahren den Wiederaufbau in Angriff nehmen. Am 23. August 1997 eröffnete schließlich der damalige Bundespräsident Roman Herzog das neue Adlon – und seit diesem Tag lebt die schon tot geglaubte Legende weiter.

Unmittelbar hinter dem Hotel Adlon liegt die **Britische Botschaft** an der Wilhelmstraße, die zwischen 1998 und 2000 nach Plänen von Michael Wilford erbaut wurde. Die Poller, die die Durchfahrt durch die Straße behindern, wurden übrigens erst nach dem Anschlag

*Das Hotel Adlon*

auf das World Trade Center am 11. September 2001 angebracht, als das Bedrohungspotential auch für britische Auslandsvertretungen wuchs. Seitdem wird auch diese Botschaft rund um die Uhr bewacht.

## Unter den Linden

Die bekannteste deutsche Prachtstraße ist derzeit wegen Erweiterungen im U-Bahn-Netz eine größten und der nervigsten Baustellen der Stadt. Am Anfang war Unter den Linden nur ein sandiger Reitweg, den Kurfürst Johann Georg im Jahr 1573 hatte anlegen lassen, damit man vom Berliner Stadtschloss bequem in das Jagdrevier am Tiergarten kommen konnte. Johann Georg ist in den Geschichtsbüchern aber nicht nur als ›Gründervater‹ vermerkt, sondern auch als Landesfürst, der die Juden massiv verfolgte und gewaltsam unterdrückte. Nach Ende des Dreißigjährigen Krieges im Jahr 1648 waren Schloss und Tiergarten verwüstet. Kurfürst Friedrich Wilhelm ließ nun eine Allee aus je 1000 Nuss- und Lindenbäumen anlegen. Die Nussbäume haben nicht lange durchgehalten, aber die Linden gaben dem späteren Boulevard den Namen. Noch war die Allee aber nichts anderes als ein staubiger Weg, an dessen Rand noch lange einfache Bauernhöfe standen, und erst nach und nach wurden die Prachtbauten errichtet, die wir heute kennen. Wie fast ganz Berlin lag auch der Prachtboulevard der Stadt nach dem Zweiten Weltkrieg in Trümmern. Doch der Wiederaufbau und die Neubepflanzung begannen schon in den 1950er Jahren. Im östlichen Teil nahe der Schlossbrücke wurde viel von der ursprünglichen Bausubstanz wiederhergestellt, doch weiter westlich in Richtung des Brandenburger Tors entstanden einige recht gesichtslose Neubauten.

Für den Spaziergang Unter den Linden in Richtung Alexanderplatz benutzt man am besten den Bürgersteig auf der Nordseite (gegenüber dem Hotel Adlon), denn auf dieser Seite liegen die meisten Sehenswürdigkeiten. Wer aber alles ganz genau sehen will, wird trotzdem ab und zu die Straßenseite wechseln müssen.

Unmittelbar nach dem Schnellcafé Starbucks erreicht man die **Berliner Vertretung des Europäischen Parlaments** (Nordseite, Unter den Linden 78). Interessant ist sie nur für diejenigen, die sich während ihres Berlinbesuchs gleichzeitig auch noch über die Europäische Union informieren wollen. In den Räumen im Erdgeschoss kann man sich nämlich mit kostenlosem Informationsmaterial eindecken.

Nebenan, vor dem Wachsmuseum von **Madame Tussauds** (Nordseite, Unter den Linden 74), bilden sich zumindest am Wochenende oft lange Besucherschlangen vor dem Eingang. Viele Touristen wollen hier ihren ›wächsernen‹ Stars ganz nahe sein. George Clooney lässt sich hier ebenso geduldig von seinen Fans umarmen und fotografieren wie Lady Gaga oder Johnny Depp. Vor allen Figuren darf man sich fotografieren lassen und sogar umarmen darf man die Stars. Nur zum wächsernen Adolf Hitler muss man Abstand halten. Der hatte schon wenige Minuten nach der Eröffnung des Museums im Juli 2008 seinen Kopf verloren, als ihn ein Demonstrant mit einem gezielten Fußtritt enthauptet hatte. Der arbeitslose Altenpfleger, der mit seiner Tat gegen den Nationalsozialismus und gegen die Art, wie Hitler in der Ausstellung dargestellt wurde, demonstrierte, wurde von einem Berliner Gericht zu einer Geldstrafe von 900 Euro verurteilt. Immerhin: Die Ausstellungsmacher zogen insofern Konse-

*Das Berlin-Museum*

quenzen, als sie Hitler nun anders zeigten. Während er vor dem Attentat mit entschlossenem Blick am Schreibtisch saß, wird er jetzt als gebrochener Mann gezeigt, der kurz vor Kriegsende im Bunker sitzt.

Wer die Schlange am Eingang umgehen will, kann online zum stattlichen Preis von 23 Euro ein VIP-Ticket kaufen, mit dem man an den Wartenden vorbeispazieren darf. Nachmittagstickets (ab 16 Uhr) für die Hälfte des normalen Preises von 21 Euro gibt es ebenfalls online (→ S. 446)

Einige Schritte weiter im **Forum Willy Brandt** (Nordseite, Unter den Linden 62–68) ist der Eintritt kostenlos. Trotz des Namens befasst sich aber nur ein kleiner Teil der Ausstellung mit dem Leben des ehemaligen deutschen Bundeskanzlers. Das Hauptaugenmerk liegt auf der Aufarbeitung der DDR-Geschichte.

Passenderweise liegt fast genau gegenüber auf der anderen Straßenseite die **Botschaft der Russischen Föderation** (Südseite, Unter den Linden 63–65). Sie wurde zwischen 1949 bis 1951 im stalinistischen Zuckerbäckerstil als sowjetische Botschaft erbaut. 1970 bis 1971 wurde in den Räumen der Botschaft über das Viermächteabkommen zu Westberlin verhandelt.

Das **Café Einstein** (Nordseite, Unter den Linden 42) ist ein beliebter Treffpunkt für die Wichtigen aus Wirtschaft und Politik.

Gleich nebenan kommt man zur **Berlin Story** und dem **Berlin Museum** (Nordseite, Unter den Linden 40). Vorne werden hier nahezu alle verfügbaren Berlinbücher und etliche Berlinsouvenirs verkauft, hinten erhält man im Berlin Museum einen kurzen Einblick in die Geschichte der Stadt. Der Audioguide, den es in zehn Sprachen gibt, ist im Eintrittspreis inbegriffen.

Auf der anderen Seite der Straße sieht man schon den Ticketvorverkauf für die **Komische Oper** (Unter den Linden 41). Das Opernhaus selbst liegt einige Schritte entfernt von Unter den Linden in der Behrenstraße 55–57.

Das **ZDF** hat seit 2000 sein **Hauptstadtstudio** im historischen **Zollernhof** (Nordseite, Unter den Linden 36–38). Im ZDF-Café (Selbstbedienung) im ruhigen Innenhof kann man sich vom hektischen Treiben auf der Straße erholen. Und außerdem entdeckt man vielleicht sogar den einen oder anderen Moderatoren, der hier seinen Cappuccino schlürft. Bevor das ZDF hier einzog, befand sich in dem Gebäude von 1949 bis 1990 der Sitz des Zentralrats der FDJ, der Freien Deutschen Jugend (→ S. 448).

Am Niveahaus vorbei (hier kann man die Cremes mit dem blau-weißen Logo kaufen) kommt man zu den **Kaiserhöfen** (Nordseite, Unter den Linden 26–30). In den ruhigen Innenhöfen liegen unter anderem eine Filiale der italienischen Restaurantkette Vapiano und die Verkaufsräume eines Auktionshauses.

Weiter geht es über die Friedrichstraße (→ S. 150), die den Boulevard hier kreuzt, zur **Mercedes Benz Gallery** und dem Restaurant Daimlers Unter den Linden (Nordseite, Unter den Linden 14). Nein, das ist kein normales Autohaus für die Karossen mit dem Stern. Hier geht alles noch ein bisschen edler zu. Der Autohersteller zeigt seine neuesten Modelle und auf Hochglanz polierte Klassiker wie in einem Museum.

Und falls man Hunger bekommt: Im ›Daimlers Unter den Linden‹ speist man elegant zwischen den noblen Fahrzeugen. Legt man die Preise der Konkurrenz in der Nachbarschaft zugrunde, wird man hier sogar recht günstig satt.

Die **Staatsbibliothek** (Nordseite, Unter den Linden 8) ist mit 170 Meter Länge und 107 Meter Breite das größte Gebäude der Prachtstraße. Es wurde zwischen 1903 und 1914 von Hofbaumeister Ernst von Ihne als Königliche Bibliothek errichtet. Ihnes bekanntestes Werk ist das Bode-Museum auf der Berliner Museumsinsel. Im Zweiten Weltkrieg war der große Kuppelsaal der Staatsbibliothek zerstört worden. Seit dem Jahr 2000 wird das Gebäude saniert und mit Neubauten ergänzt. Mit zehn Millionen Bänden ist sie die größte wissenschaftliche Bibliothek im deutschen Sprachraum. Hier wird u.a. die Handschrift des Textes der deutschen Nationalhymne von Hoffmann von Fallersleben aufbewahrt. Es finden regelmäßig Besichtigungsführungen statt (→S. 447).

Auf der Südseite (Unter den Linden 13–15) unterhält die **Deutsche Bank** eine **Kunsthalle**. Sie wurde im Frühjahr 2013 als Nachfolgerin des Deutschen Guggenheim-Museums eröffnet und soll Forum für Gegenwartskunst und eine ›jüngere‹ Kunstplattform sein, als es die Guggenheim-Dependance gewesen ist (→ S. 444).

Jetzt lohnt es sich, ein paar Meter auf der Südseite von Unter den Linden weiterzugehen. In der Mitte zwischen den beiden Fahrbahnen steht das **Reiterdenkmal von Friedrich II.** – ›dem Großen‹. Das monumentale Standbild ist 13,50 Meter hoch und zeigt den Herrscher im Krönungsmantel auf seinem Lieblingspferd Condé.

*Unter den Linden – eine der ewigen Baustellen der Stadt*

## Friedrich der Große unter den den Linden

*Friedrich der Große reitet wieder unter den Linden*

Das Standbild Friedrichs des Großen wurde zwischen 1840 und 1851 von Christian Daniel Rauch gefertigt, einem der bedeutendsten Bildhauer des deutschen Klassizismus. Die Statue zählt zu seinen Meisterwerken.

Genauso bemerkenswert wie der künstlerische Wert des Denkmals ist auch seine Geschichte. Im Zweiten Weltkrieg war die Statue zum Schutz gegen Luftangriffe eingemauert worden. Als man sie nach dem Krieg wieder freilegte, wurde sie zunächst nicht von Kunstfreunden, sondern von Wertstoffsammlern beachtet, die sich mit Hammer und Meißel Stücke der Bronze herausschlugen. Ohnehin war der Alte Fritz zu DDR-Zeiten zunächst nicht sehr gelitten. Unmittelbar nach dem Krieg war Preußen für die neugegründete sozialistische DDR ein Sinnbild des Militarismus, mit dem man nichts zu tun haben wollte. Deswegen wurde 1950 das Stadtschloss gesprengt, und auch das Standbild des Königs musste weg. Zunächst wurde es nach Potsdam gebracht und dort in einem Schuppen einer Baufirma gelagert. Zehn Jahre später wollten dann die Hardliner in der Partei das Denkmal einschmelzen lassen.

Doch innerhalb der SED gab es auch einige Funktionäre mit Kunstsinn und Geschichtsverständnis. Mit viel Trickserei und in geheimen nächtlichen Aktionen schafften sie es, den König erneut verschwinden zu lassen. Gleichzeitig stellte die Schmelze ein Dokument aus, das bescheinigte, dass der ›Alte Fritz‹ eingeschmolzen worden sei. Doch dann tauchte er 1962 wieder in der Öffentlichkeit auf. Wie das Denkmal damals in das Hippodrom im Park von Schloss Charlottenhof in Potsdam kam, weiß man bis heute nicht. Auf jeden Fall nahmen weder die Presse noch die Politikprominenz vom mysteriösen Auftauchen des Standbildes Kenntnis. Und so stand der König jahrelang unbehelligt und weitgehend unbeachtet in einem Park in Potsdam.

In den 1980er Jahren änderte sich das Geschichtsverständnis in der DDR. Man besann sich auf die preußische Tradition und sah sich durchaus auch in deren Nachfolge. Auf persönlichen Befehl Honeckers wurde das Denkmal restauriert und schließlich Ende der 1980er Jahre wieder Unter den Linden aufgestellt. Und da steht es noch heute, sechs Meter östlich der Stelle, an der es 1851 aufgestellt worden war.

Die (Ost-)Berliner, die ja für ihre ›Schnauze‹ bekannt sind, dichteten schon kurz nachdem Friedrich der Große wieder unter den Linden reiten durfte: »Lieber Friedrich steig hernieder und regiere Preußen wieder. Lass in diesen schweren Zeiten lieber unsern Erich reiten.«

## ■ Bebelplatz

Vorbei an der **Juristischen Fakultät der Humboldt-Universität**, der ehemaligen Königlichen Bibliothek (Nordseite, Bebelplatz 1) – erbaut zwischen 1775 und 1780 –, erreicht man den Bebelplatz. Auf dem weiten Platz, der damals noch Opernplatz hieß, verbrannten von den Nazis aufgehetzte Studenten am 10. Mai 1933 die Bücher sozialistischer, kommunistischer und jüdischer Schriftsteller. 20 000 Bücher wurden damals unter dem Gejohle und begleitet von Joseph Goebbels höhnischen Kommentaren vor 70 000 fanatisierten Zuschauern ›den Flammen übergeben.‹

An diesen beschämenden Tag erinnert ein ganz besonderes Mahnmal auf dem Platz. Sie sehen es nicht? Kein Wunder, denn das **Denkmal ›Die versunkene Bibliothek‹** des israelischen Künstlers Micha Ullmann ist in den Boden eingelassen. Im hinteren Drittel des Platzes blickt man durch eine kleine Plexiglasscheibe in einen unterirdischen Raum und erkennt dort leere Bücherregale.

Die Nordseite des Bebelplatzes teilen sich das Hotel de Rome und die Sankt-Hedwigs-Kathedrale.

Das **Hotel de Rome** entstand zwischen 1887 und 1889 im Stil der italienischen Renaissance. Damals diente es als Bankgebäude und sollte entsprechend den Wünschen des Auftraggebers besonders ›protzig‹ aussehen. Zu DDR-Zeiten waren in dem Gebäude zunächst die Bezirksleitung der SED und dann die Staatsbank der DDR untergebracht. Im Oktober 2006 öffnete das vornehme Hotel de Rome hier seine Pforten. Die Bar auf der Dachterrasse (bei schönem Wetter 12–22 Uhr) ist nicht nur für Hotelgäste zugänglich: Von dort genießt man einen eindrucksvollen Blick über die Prachtbauten aus der Preußenzeit.

Die **St-Hedwigs-Kathedrale**, heute Sitz des katholischen Bischofs von Berlin, wurde von 1747 bis 1773 nach Plänen von Georg Wenzeslaus von Knobelsdorff erbaut. Aber auch Friedrich der Große soll seine Ideen zum Bau beigetragen haben. Vorbild für die Kuppel

*Die Staatsoper noch vor der Sanierung, im Hintergrund die Sankt-Hedwigs-Kathedrale*

*Die versunkene Bibliothek*

war das Pantheon in Rom. Das Grundstück für den Kirchenbau bekam die katholische Gemeinde, die noch kein eigenes Gotteshaus in der Stadt hatte, von Friedrich II. kostenlos zur Verfügung gestellt. Dies war als Beschwichtigung des katholischen schlesischen Adels gedacht, denn kurz zuvor hatte die Armee des Königs Schlesien überfallen und in zwei Kriegen erobert. Außerdem wollte Friedrich ein Zeichen der religiösen Toleranz setzen – im protestantischen Preußen sollten auch Katholiken ihren Platz finden. Bei einem Bombenangriff im Zweiten Weltkrieg wurde die Kirche 1943 bis auf die Grundmauern zerstört, zwischen 1952 und 1963 aber wieder aufgebaut. Das Gebäude bekam damals eine neue Kuppel aus Stahlbeton, der Innenraum wurde modernisiert und erweitert (→ S. 445).

An der Ostseite des Bebelplatzes erhebt sich das Gebäude der **Deutschen Staatsoper**, das zwischen 1741 und 1743 ebenfalls nach Plänen von Georg Wenzeslaus von Knobelsdorff erbaut wurde. Genau 100 Jahre nach ihrer Fertigstellung brannte die Oper in der Nacht vom 18. auf den 19. August 1843 bis auf die Grundmauern ab. Sie wurde umgehend wieder aufgebaut, und bereits ein Jahr später konnte ›Unter den Linden‹ wieder gespielt werden. Während des Zweiten Weltkriegs wurde die Oper zweimal durch Bombenangriffe völlig zerstört. Nach dem ersten Mal, 1941, baute man das Haus sofort wieder auf, der zweite Wiederaufbau erfolgte erst zu DDR-Zeiten in Anlehnung an das Knobelsdorff'sche Original. Die in die Jahre gekommene Oper wird seit 2010 umfassend saniert und soll im Herbst 2017 wieder eröffnet werden. Als Ausweichquartier dient bis dahin das Schillertheater in Charlottenburg (→ S. 236).

■ **Humboldt-Universität und Neue Wache**

Auf der Nordseite von Unter den Linden liegt das **Hauptgebäude der Humboldt-Universität**, mit den Statuen der beiden Humboldtbrüder Alexander und Wilhelm am Eingangstor. Die Denkmäler dahinter erinnern an die Physiker Hermann von Helmholtz und Max Planck und an den Altertumswissenschaftler und Träger des Literaturnobelpreises Theodor Mommsen.

In unmittelbarer Nachbarschaft erreicht man inmitten des sogenannten Kasta-

*Das Hauptgebäude der Humboldt-Universtät*

nienwäldchens die **Neue Wache** (Nordseite, Unter den Linden 4). Sie wurde von 1816 bis 1818 von Karl Friedrich Schinkel errichtet und ist seit 1993 die zentrale Gedenkstätte der Bundesrepublik Deutschland, in der an die Opfer von Krieg und Gewaltherrschaft erinnert wird. Im ansonsten leeren Innenraum befindet sich die von Hermann Haacke nachgestaltete Skulptur ›Mutter mit totem Sohn‹, die im Original von Käthe Kollwitz stammt. Dass die Kollwitz-Pietà in der Neuen Wache aufgestellt wurde, geht auf einen ausdrücklichen Wunsch des damaligen Bundeskanzlers Helmut Kohl zurück. Die Entscheidung löste aus unterschiedlichen Gründen heftige Diskussionen aus. Das politische Argument war, dass durch die Skulptur nicht an die in den Konzentrationslagern ermordeten Juden gedacht würde. Vom künstlerischen Standpunkt her schien es vielen widersinnig, eine Kollwitz-Skulptur zu kopieren und dabei vierfach zu vergrößern, anstatt ein aussagekräftiges neues Werk zu schaffen.

Die Neue Wache war zwischen 1816 und 1818 im Auftrag von König Friedrich Wilhelm II. als Wachhaus errichtet worden. Ab 1931 diente das Gebäude als Gedenkstätte für die Gefallenen des Ersten Weltkriegs. Damals befand sich im Innenraum ein etwa zwei Meter hoher Granitsockel mit einem Silberkranz des Bildhauers Ludwig Gies. Bemerkenswert ist dies deshalb, weil Gies' Kunst, die teils kubistische, teils spätexpressionistische Stilelemente aufgriff, bei den Nazis als entartet galt. Nach dem Zweiten Weltkrieg wurde Gies vor allem dadurch bekannt, dass er den Bundesadler schuf, der im Plenarsaal in Bonn hing. In dem für Gies so typischen Stil fehlte dem Wappenvogel jede Eleganz, und er wurde schon bald als ›Fette Henne‹ verspottet.

*Ein Schinkel-Bau: die Neue Wache*

Im Zweiten Weltkrieg wurde die Neue Wache zerstört, zu DDR Zeiten wieder aufgebaut und diente von 1960 bis zur Wiedervereinigung als ›Mahnmal für die Opfer des Faschismus und Militarismus‹. Damals brannte über den Urnen eines unbekannten Soldaten und eines unbekannten KZ-Häftlings die Ewige Flamme. Vor dem Gebäude patrouillierten zur Wachablösung Soldaten der Nationalen Volksarmee im Stechschritt.

### ■ Maxim-Gorki-Theater und Palais am Festungsgraben

Einige Schritte abseits von Unter den Linden – hinter der Neuen Wache – liegen das Maxim-Gorki-Theater und das Palais am Festungsgraben.

Das **Maxim-Gorki-Theater** wurde 1827 von dem Schinkel-Schüler Karl Theodor Ottmer im klassizistischen Stil errichtet; hier kommt vornehmlich Gegenwartstheater zur Aufführung, das sich kritisch mit den Entwicklungen in der Gesellschaft auseinandersetzt. 2016 wählten führende Theaterkritiker das Haus (und die Berliner Volksbühne) zum ›Theater des Jahres‹. »Weil es das Theater ist, das am frühesten wirklich konsequent mit seinem Spielplan, mit seinem Ensemble, mit seinen künstlerischen Mitarbeitern begriffen hat, dass wir in einer Einwanderungsgesellschaft leben«, sagte Franz Wille, Redakteur der Zeitschrift ›Theater heute‹ zur Begründung.

Das **Palais am Festungsgraben** war ab 1906 Amtssitz des preußischen Finanzministers und zu DDR-Zeiten das ›Zentrale Haus der Deutsch-Sowjetischen Freundschaft‹. Aus dieser Zeit stammte auch die Tadschikische Teestube im 1. Stock des Gebäudes – eines der bemerkenswertesten Lokale der Stadt. Die holzgeschnitzte Inneneinrichtung war ein Geschenk der sowjetischen Regierung an die DDR. Im Jahre 2012 zog die komplette Teestube ein paar hundert Meter weiter gen Norden und hat nun im Kunsthof in der Oranienburger Straße 27 ihren Sitz (→ S. 166, 402).

### ■ Prinzessinnenpalais und Kronprinzenpalais

Auf der Südseite von Unter den Linden kann man in der Schinkel-Klause im **Prinzessinnenpalais** einkehren. Das Palais wurde 1733 erbaut und 1811 erweitert. Seit dieser Erweiterung, die König Friedrich Wilhelm III. für seine Töchter hatte durchführen lassen, ist der Name Prinzessinnenpalais in Gebrauch. Aktueller Eigentümer ist Springer-Vorstandschef Mathias Döpfner. Wie Döpfner die hochkarätige Immobilien, die derzeit saniert und umgebaut wird, nutzen will, hat er der Öffentlichkeit noch nicht verraten.

Im benachbarten **Kronprinzenpalais** (Südseite, Unter den Linden 3), das ursprünglich 1856/57 erbaut, im Zweiten Weltkrieg zerstört und in Anlehnung an das Original 1968/69 wiedererrichtet wurde, finden heute Ausstellungen und andere Kulturevents statt. Einen wichtigen Platz in der deutschen Geschichte eroberte sich das Kronprinzenpalais am 31. August 1990. Denn hier wurde der Einigungsvertrag zwischen der Bundesrepublik und der DDR unterzeichnet.

Das letzte Haus auf der Südseite von Unter den Linden ist die **Kommandantur**. Nach der Zerstörung im Zweiten Weltkrieg klaffte hier noch bis 2003 eine Lücke. Erst dann wurde das Gebäude rekonstruiert und ist heute die Haupt-stadtrepräsentanz des Medienkonzerns Bertelsmann. Das Ursprungsgebäude war 1653 von dem Baumeister Johann Gregor Memhardt errichtet worden, der es auch selbst als Wohnhaus nutzte. 1799 zog dann die Stadtkommandantur ein, 1945 brannte das Gebäude in der Folge eines Fliegerangriffs nieder.

### ■ Deutsches Historisches Museum

Kurz vor der Schlossbrücke erreicht man das **Zeughaus** (Nordseite, Unter den Lin-

*Der moderne Anbau des Deutschen Historischen Museums*

den 2), eines der bedeutendsten Barockbauwerke der Stadt, dessen Fassade ein wenig an den Louvre in Paris erinnert. Zwischen 1695 und 1706 als Waffenlager errichtet, ist hier seit 1990 das Deutsche Historische Museum untergebracht (→ S. 444). Auf 8000 Quadratmetern Ausstellungsfläche sind 8000 Exponate zu sehen, die einen Einblick in die deutsche Geschichte geben. Daneben finden regelmäßig themenbezogene Sonderausstellungen statt. Ab 1998 wurde das Zeughaus renoviert und erweitert, Mitte 2006 wieder eröffnet.

Im **Neubau** des Museums, der vom chinesisch-amerikanischen Stararchitekten I. M. Pei geplant wurde, befinden sich Ausstellungsräume für Wechselausstellungen. Auch die Überdachung des Schlüterhofes mit einer Glas-Stahl-Konstruktion stammt von ihm.

Den **Schlüterhof** sollte man nicht schnell durchqueren, sondern sich in Ruhe die berühmten ›Masken der sterbenden Krieger‹ ansehen, die Andreas Schlüter 1696 geschaffen hat. Sie hatten damals schon erhebliche Diskussionen ausgelöst, denn eigentlich hatte der Künstler heldenhafte und nicht leidende Gesichter darstellen sollen. Diese Masken waren ursprünglich als Schmuck an der Außenseite der ehemaligen königlichen Waffenkammer geplant, doch da sie nicht den Vorstellungen der Auftraggeber entsprachen, wurden sie schließlich in den Innenhof verbannt.

An der **Schlossbrücke** mit ihren acht Marmorstatuen – vier davon zeigen Siegesgöttinnen, vier Krieger – endet offiziell die Straße ›Unter den Linden‹. Von hier an hört sie auf den Namen Karl-Liebknecht-Straße. Rechter Hand stand bis 1950 das Stadtschloss – es wird derzeit wieder aufgebaut (→ S. 141) – und bis 2008 der Palast der Republik. Bis zur Fertigstellung des Stadtschlosses

*Relief an der Schlossbrücke*

erhebt sich am Schlossplatz die Humboldtbox (→ S. 143).

## Berliner Dom

In der heutigen Form wurde der Berliner Dom zwischen 1894 und 1905 im Auftrag Kaiser Wilhelms II. durch den Dombaumeister Julius Carl Raschdorff erbaut. Seine Majestät war aber kein einfacher Auftraggeber, und so musste Raschdorff seine Entwürfe mehrmals vorlegen. Das Ganze war pompös geplant, denn der Berliner Dom sollte mit seinem katholischen Gegenstück in Köln mithalten können und die Hauptkirche der deutschen Protestanten werden. Deswegen wurde der Petersdom in Rom als Vorbild gewählt. Doch der Bauherr hatte sich übernommen und konnte die zum Bau veranschlagte Summe von 22 Mill-ionen Goldmark nicht aufbringen. Also wurde eisern gespart, was man noch heute sehen kann. So war beispielsweise die Vergoldung, die heute den Altarbereich verziert, ursprünglich für den ganzen Kirchenbau geplant. Auch am Wandschmuck wurde gespart, und so präsentieren sich manche Stellen des Doms heute in jungfräulichem Weiß. Trotzdem

*Wilhelminischer Prunkbau: der Berliner Dom*

ist das Kircheninnere für ein protestantisches Gotteshaus äußerst prunkvoll.
Sehenswert im Inneren ist der **Hauptaltar** von 1850, der bereits in der Vorgängerkirche stand und von Friedrich August Stüler stammt. Die **Orgel** mit 7269 Pfeifen, 113 Registern und vier Manualen wurde von Wilhelm Sauer 1904 in Frankfurt/Oder gebaut und war damals die größte des Landes – inzwischen ist sie nach der Orgel im Dom von Passau nur noch die Zweitgrößte. 1944 wurde der Berliner Dom bei einem Bombenangriff schwer beschädigt, erst seit 1993 finden hier wieder Gottesdienste statt. Sein Äußeres ist nach dem Wiederaufbau allerdings etwas bescheidener, denn man verzichtete auf die ursprünglich an der Nordseite gelegene Denkmalskirche. Außerdem wurden auch einige Meter an der Kuppelhöhe eingespart. Die **Kuppel** misst aber trotzdem noch stolze 74 Meter. Sie ist mit acht wertvollen Mosaiken geschmückt. Gern erzählen die Fremdenführer im Dom in diesem Zusammenhang, dass die Siegessäule vollständig unter der Kuppel Platz fände.
Nicht versäumen sollte man den Besuch der Hohenzollerngruft und den **Aufstieg zum Kuppelumgang**. 270 Stufen führen 50 Meter zur Hauptkuppel hinauf, um die ein 110 Meter langer Gang herumführt. Der Aufstieg ist etwas mühselig, aber von hier aus hat man einen herrlichen Ausblick auf das historische Zentrum Berlins.
In der **Fürstengruft** unter dem Dom ruhen in 100 Särgen die Ahnen des Hohenzollern-Geschlechts. Beachtenswert sind die Prunksarkophage des Großen Kurfürsten Friedrich Wilhelm und der Kurfürstin Dorothea sowie die prächtigen Särge von Andreas Schlüter, in denen Königin Sophie Charlotte und König Friedrich I. ruhen (→ S. 443).

Mitten in der Touristenmeile, mit Blickkontakt zum Berliner Dom und Lustgarten, liegt der **Kunstmarkt an der Museumsinsel**. Hier kaufen vor allem Berlinbesucher ein, die sich an den hohen Preisen nicht stören.

## Museumsinsel

Zu den größten Schätzen Berlins zählt die Museumsinsel mit fünf der bedeutendsten Berliner Museen: Am Lustgarten das **Alte Museum**, dahinter die **Alte Nationalgalerie** und das **Neue Museum**, am nordwestlichen Ende der Museumsinsel das **Bode-Museum** sowie am Kupfergraben das **Pergamonmuseum**.
Alle Museen wurden während des Zweiten Weltkriegs schwer beschädigt, und die aufwendigen Restaurierungsarbeiten dauerten bis weit ins neue Jahrtausend hinein an. Das Bode-Museum ist erst seit 2006 und das von Friedrich August Stüler entworfene und von 1841 bis 1855 erbaute Neue Museum sogar erst wieder seit Herbst 2009 für die Öffentlichkeit zugänglich. In den kommenden Jahren werden nach Plänen des britischen Stararchitekten David Chipperfield ein neues Eingangsgebäude und unterirdische Verbindungsgänge zwischen den Museen – die ›Archäologische Promenade‹ – entstehen.
Seit 1999 steht die Museumsinsel auch auf der UNESCO-Liste des Welterbes. Sie ist aber viel mehr als nur eine Ansammlung hervorragender Museen. Im Lustgarten, der zu DDR-Zeiten ganz freudlos als Paradeplatz diente, räkeln sich im Sommer die Sonnenanbeter. Auf der Friedrichsbrücke, die hinüber zum Hackeschen Markt führt, geben regelmäßig Straßenmusiker Kostproben ihres Könnens. In den Cafés entlang der Spree kann man mit Blick auf Dom und Museumsinsel seinen Kaffee oder sein Bier genießen, oder man geht gleich weiter

*Blick auf Lustgarten und Altes Museum*

bist zur Strandbar am Monbijoupark und sieht sich dort vom Liegestuhl aus das Bode-Museum von außen an.

### ■ Altes Museum

Das Alte Museum wurde 1823 bis 1830 nach Plänen von Karl Friedrich Schinkel im Stil eines griechischen Tempels erbaut. Mit der offenen Säulenhalle und der dem Pantheon nachempfundenen 23 Meter hohen Rotunde bildet es einen prachtvollen Rahmen für die – zum Teil hier ausgestellte – **Antikensammlung**. Die spektakuläreren Stücke dieser Sammlung sind sicherlich im Pergamonmuseum untergebracht, doch wer sich für **römische und griechische Kunst** interessiert, findet genügend Anschauungsmaterial. Zu den sehenswertesten Ausstellungsstücken zählen der Kopf des Perikles aus der Athener Akropolis und ein Mosaik aus der Hadriansvilla in Tivoli bei Rom.

Beachtenswert ist die riesige, aus einem einzigen Findling geschliffene **Granitschale** vor dem Museum. Sie entstand 1827 nach einem Schinkelentwurf und hat einen Durchmesser von sieben Metern (→ S. 443).

### ■ Alte Nationalgalerie

Die Alte Nationalgalerie wurde 1866 bis 1876 von Friedrich August Stüler als Universitätsgebäude, als ›Tempelbau der Wissenschaften‹ konzipiert. Während der Bauzeit überlegte man sich die Sache aber anders und entschloss sich, ein Museum für zeitgenössische Malerei zu schaffen. Diese Idee wurde schließlich von Johann Heinrich Strack in Form eines korinthischen Tempels umgesetzt. Vor dem Gebäude steht eine Reiterstatue von Kaiser Friedrich Wilhelm II., der damals seine Ideen ebenfalls in den Bau einfließen ließ und den Architekten immer wieder mit Skizzen ›unterstützte‹. Im Tympanon sieht man Germania als Schutzpatronin der Kunst. Im Krieg zerstört, wurde der Bau von 1997 bis 2001 aufwendig saniert und zeigt jetzt die **Kunst des 19. Jahrhunderts**, unter anderem Werke von Degas, Liebermann, Manet, Menzel, Monet und Renoir. Auch Cézannes ›Mühle an der Couleuve bei Pontoise‹ hängt hier. Bemerkenswert ist das deshalb, weil dies das erste Werk des Franzosen war, das je in einem Museum ausgestellt wurde. Herausragend ist die Sammlung der Maler der Roman-

*Musentempel: die Alte Nationalgalerie*

tik. Allen voran Caspar David Friedrich, von dem aus allen Schaffensphasen Werke zu sehen sind, u.a. sein ›Mönch am Meer‹ und ›Abtei im Eichwald‹. In der Skulpturensammlung sind mehrere Werke Rodins ausgestellt (→ S. 443).

### ■ Neues Museum

In seinen einleitenden Worten, mit denen Dr. Michael Eissenhauer, der Generaldirektor der Staatlichen Museen zu Berlin, die Besucher auf dem Audioguide des Museums begrüßt, bezeichnet er das Neue Museum als ›Juwel der Berliner Museumsinsel‹. Erst wenn man weiß, mit welchen herausragenden Museen die Museumsinsel bestückt ist, kann man diese Aussage richtig einordnen.

*Spektakulär umgebaut: das Neue Museum*

Eigentlich müsste man das Neue Museum gleich zweimal besuchen. Einmal um die spektakulären Exponate zu besichtigen und dann, um seine ganze Aufmerksamkeit dem, nach der Renovierung 2009 wiedereröffneten Gebäude zu widmen.

Erbaut wurde das Neue Museum zwischen 1843 und 1855 nach Plänen Friedrich August Stülers im Stil des Klassizismus. Es war damals das zweite Museum, das auf der Museumsinsel errichtet wurde und sollte die Sammlungen aufnehmen, die nicht mehr ins Alte Museum passten. So ist auch der Name zu erklären – denn eigentlich wäre es ansonsten unlogisch, dem zweitältesten von fünf Museen den Namen Neues Museum zu geben. Bevor man damals überhaupt loslegen konnte mit dem Bauen, musste man erst einmal den Untergrund der schlammigen Museumsinsel sichern. Dazu wurden fast zweieinhalbtausend Pfähle mit einer Länge zwischen 6 und 18 Metern in den Grund gerammt, auf denen dann das Fundament angelegt wurde.

Im Zweiten Weltkrieg schwer beschädigt, wurde das Neue Museum zwischen 1999 und 2009 unter Leitung des britischen Stararchitekten David Chipperfield für knapp 300 Millionen Euro restauriert bzw. wieder aufgebaut. Diese Restaurierung wird dem spektakulären Gebäude voll gerecht. Stüler hatte jeden Saal entsprechend der darin ausgestellten Stücke individuell gestaltet. Doch auch diese Inneinrichtung war durch die Bomben des Krieges zum großen Teil zerstört worden. Chipperfield hat nun der Versuchung widerstanden, einfach alles wieder in den Originalzustand zu versetzen. Vielmehr hat er das Gebäude sehr schonend restauriert und die ›Verletzungen des Krieges‹ als solche bestehen gelassen. Damit kann der heutige Besucher den Lebens- und Leidensweg des Neuen Museums eindrucksvoll nachvollziehen.

Das Neue Museum beherbergt das **Ägyptische Museum** und **Papyrussammlung** und das **Museum für Vor- und Frühgeschichte** mit Objekten der Antikensammlung. Ein Rundgang ist somit eine Zeitreise von der Eis- und Bronzezeit über das Pharaonenreich Ägyptens und das alte Rom bis zum Beginn des Mittelalters.

Die meisten Besucher kommen sicher wegen der Büste der **Nofretete** (Raum 210) ins Neue Museum. Dabei ist die Schöne natürlich alles andere als eine Berlinerin. Die Büste wurde vor mehr als 3300 Jahren in Ägypten geschaffen und gilt seit ihrer Wiederentdeckung im Jahr 1912 als Inbegriff makelloser Schönheit und als ein Meisterwerk der Bildhauerkunst. Sie wurde in der Zeit zwischen 1353 und 1336 v. Chr. in der Werkstatt des Oberbildhauers Thutmosis gefertigt. Bis zum heutigen Tag wurde die Büste niemals ausgebessert, und auch die Farbe musste noch nie neu aufgetragen werden. 1912 führte eine Berliner Expedition unter Leitung von Ludwig Borchardt und finanziert durch den Baumwollhändler James Simon am Tell Amarna Ausgrabungen durch. Als Geldgeber durfte Simon vertragsgemäß die Hälfte aller Fundstücke behalten, die andere Hälfte fiel dem ägyptischen Staat zu. Borchardt oder der deutsche Staat hatten dagegen keinerlei Anspruch auf die gefundenen Schätze. Zeitgleich mit der Nofretetebüste fand man den heute so genannten ›Klappaltar von Kairo‹. Da die ägyptischen Museen damals noch kein Kunstwerk dieser Art hatten, behielt man dort den Klappaltar und ließ die schöne Nofretete in Richtung Deutschland ziehen. Dort landete sie aber erst einmal in Simons Privatvilla. Erst nachdem der seine gesamte Sammlung dem preußischen Staat vermacht hatte, wurde die Nofretete 1924 erstmals öffentlich präsentiert. Nach dem Zweiten Weltkrieg wäre sie dann beinahe als Kriegsbeute in die USA verschwunden. Das verhinderte aber ein amerikanischer Offizier, der dafür Jahre später mit dem Bundesverdienstkreuz ausgezeichnet wurde. Doch auf ihrer Nachkriegsodyssee war die Nofretete schon bis Hessen gekommen und dort blieb sie erst einmal auch noch bis 1956. Erst dann kehrte sie in ihre ›Heimat‹ Berlin zurück. Aber auch dort legte sie im Laufe der Jahrzehnte noch eine kleine Stadttour durch die Museen zurück. Bevor sie am 16. Oktober 2009 im Neuen Museum ihre (vielleicht) endgültige Heimat fand, stand Nofretete schon in der Gemäldegalerie des Museums in Dahlem, im Ägyptischen Museum in Charlottenburg, im Kulturforum und im Alten Museum. In jüngster Zeit hat es wieder Streit um Nofretete gegeben. Inzwischen fordert nämlich Ägypten seine schöne Königin zurück.

Neben der Nofretete verblassen die übrigen ebenfalls hochklassigen Ausstellungsstücke des Neuen Museums ein wenig. Zwei davon sollten sich aber auch die Museumsbesucher ansehen, die eigentlich nur wegen Nofretete gekommen waren. Einmal das **Porträt der Königin Teje** (Saal 209) und dann den **Berliner Grünen Kopf** (Saal 109). Der ›Grüne Kopf‹, der das Gesicht eines alten Priesters darstellt, ist gut 800 Jahre jünger als die Nofretete. Bemerkenswert ist, wie fein der Stein geschliffen ist und mit welcher Genauigkeit und Sorgfalt die Anatomie des Kopfes herausgearbeitet wurde.

Sehenswert ist auch der 3000 Jahre alte **Goldhut aus der Bronzezeit** (Saal 305). Die Symbole auf seiner Oberfläche stelle Sonne, Mond und andere Himmelskörper dar und sind eine Art prähistorischer Himmelskalender, mit dem man Mondfinsternisse erstaunlich genau vorhersagen konnte.

Bis auf weiteres hat im Keller des Museums die Sammlung **Skulpturenfunde entartete Kunst im Bombenschutt** ihren Standort gefunden. Die kleine Ausstellung zeigt Skulpturen von Künstlern wie Otto Freundlich, Otto Baum oder Marg Moll. Als ›entartete Kunst‹ beschimpf-

*Das Bodemuseum: hinter neobarocker Fassade präsentiert es u.a. byzantinische Kunst*

ten die Nazis deren Meisterwerke, belegten die Künstler mit Berufsverboten und töteten viele von ihnen – wie beispielsweise Otto Freundlich – in den Konzentrationslagern.

Die im Neuen Museum ausgestellten Werke galten als verschollen, bis man sie im Jahre 2010 bei Erdarbeiten vor dem Roten Rathaus wiederentdeckte. Gegenüber dem Rathaus stand vor dem Krieg ein Haus, in dem ein Kunstliebhaber wohnte, der Skulpturen vor dem Zugriff der Nazis bewahren wollte. Das Haus wurde durch einen Bombenangriff zerstört, von den Skulpturen fehlte jede Spur. Als man die Statuen in der Grube für den U-Bahn-Bau wiederfand, waren einige von ihnen stark beschädigt. Für die Ausstellung wurden sie aber nicht restauriert, sondern lediglich gereinigt. Doch was für das Museumsgebäude gilt, gilt auch für diese Kunstwerke: Dadurch, dass man nicht versucht hat, nachträglich eine ›heile Welt‹ zu schaffen, werden die Skulpturen noch eindrucksvoller (→ S. 443).

■ **Bode-Museum**

Im Bodemuseum sind die **Skulpturensammlung**, das **Museum für Byzantinische Kunst** und die **Kindergalerie** untergebracht. Bei Kennern besonders beliebt ist aber das **Münzkabinett**, das mit mehr als 60 000 Münzen zu den weltgrößten Sammlungen gehört.

Das Bode-Museum wurde zwischen 1898 und 1904 von Ernst von Ihne im Stil des Neobarock erbaut. Leicht erkennbar ist das Museum an seiner wuchtigen Kuppel, unter der sich im Inneren zwei spektakuläre Treppenhäuser befinden. Der Baumeister hatte damals den Auftrag erhalten, das Gebäude so aussehen zu lassen, als würde es aus dem Wasser entsteigen. Ob ihm das gelungen ist, kann man heute selbst überprüfen.

Jedes Jahr wird im Bode-Museum eine ausstattungsgewaltige Oper inszeniert. Die mächtige Treppe ist dann der wichtigste Teil der Bühne.

Benannt war das Museum ursprünglich nach dem 1888 verstorbenen Kaiser

*Das Pergamonmuseum: Hort der Antike*

Friedrich III. Seinen heutigen Namen erhielt es erst in den 1950er Jahren, als es nach der durch die Kriegsschäden notwendig gewordenen Renovierung wieder eröffnet wurde. Wilhelm von Bode, der neue Namensgeber, war Anfang des 20. Jahrhunderts Leiter der Gemäldegalerie und Direktor der Königlichen Museen (→ S. 443).

### ■ Pergamonmuseum

Das Pergamonmuseum wurde zwischen 1910 und 1930 nach Plänen von Alfred Messel und Ludwig Hoffmann erbaut und ist damit der jüngste Museumsbau auf der Museumsinsel. Seinen Namen hat es nach der Hauptsehenswürdigkeit, dem Pergamonaltar. Im Museum sind drei große Sammlungen, die **Antikensammlung**, das **Vorderasiatische Museum** und das **Museum für Islamische Kunst** untergebracht. Das macht die Orientierung etwas schwierig, denn die Räume sind nicht durchgehend nummeriert, sondern die Zählung beginnt bei jedem Museum wieder neu.

Mit mehr als 850 000 Besuchern pro Jahr ist das Museum eine der Hauptattraktionen der Stadt, und das durchaus zu Recht. Im Eintrittspreis ist die Benutzung eines Audioguides enthalten, und auch Touristen in Zeitnot können von ihm geleitet eine halbstündige »Highlightführung« machen.

Im ersten Saal des Museumsgebäudes (Saal 1 der Antikensammlung) hat die größte Sehenswürdigkeit des Museums ihren angestammten Platz – der **Pergamonaltar**. Derzeit (bis 2023) allerdings müssen Besucher auf ihn verzichten, denn das gesamte Gebäude wird nach und nach saniert. Der Altar ist eines der berühmtesten Bauwerke der Antike und wurde 170 v. Chr. während der Herrschaftszeit von Eumenes II. errichtet. Offenbar waren die Götter den Bewohnern Pergamons damals wohl gesonnen, denn eine Inschrift im Altar erklärt, dass der Tempel als »Dank für erwiesene göttliche Wohltaten« errichtet wurde. Pergamon war für seine Bildhauer bekannt, und der 113 Meter lange Fries, der heute den gesamten ersten Saal umläuft, schmückte einst die Außenseite des Altars. Er stellt den Kampf zwischen Göttern und Giganten dar und symbolisiert die griechische Überlegenheit gegenüber den ›Barbarenvölkern.‹

Das Markttor von Milet (Saal 4 der Antikensammlung) ist 29 Meter lang, 17 Meter hoch und stammt aus dem 2. Jahrhundert unserer Zeitrechnung. Es wurde im Mittelalter durch ein Erdbeben zerstört, zu Beginn des 20. Jahrhunderts wieder ausgegraben und 1928/1929 im Pergamonmuseum aufgebaut. Zur Sicherung durchzog man die Säulen damals mit Eisenträgern. Keine gute Idee: Durch Fliegerbomen im Zweiten Weltkrieg wurde auch das Dach zerstört, und das Tor war somit der Witterung ausgesetzt. Durch die Korrosion wiederum entstanden Risse. Um das Tor vor dem Einsturz zu bewahren, musste es 2007/2008 saniert werden.

Sowohl das Ischtar-Tor als auch die Prozessionsstraße aus Babylon (Saal 8 und 9 des Vorderasiatischen Museums) stammen aus der Herrschaftszeit Nebukadnezars II. 604 bis 562 v. Chr. Die Tierverzierungen aus Glasurziegeln am Tor und an den seitlichen Befestigungsmauern symbolisieren die wichtigsten Gottheiten der Babylonier. Der Löwe ist das Tier der Himmelsgöttin Ischtar, der obersten Göttin der Liebe und des Krieges. Der Stier steht für den Wettergott Adad und der Drache für Babylons Hauptgott Marduk. Zu dessen Heiligtum, das man aus der Bibel als ›Turm von Babel‹ kennt, führte vermutlich diese Prozessionsstraße. Schon die Reste, die im Museum ausgestellt sind, wirken mächtig und beeindruckend. Doch was man hier sieht, stellt nur einen Bruchteil der einstigen Größe dar. So ist das Ischtar-Tor nur ein kleines Vortor, hinter dem das ›richtige‹ Tor stand. Die Prozessionsstraße war 250 Meter lang, 180 Meter davon mit Löwendarstellungen verziert, und mehr als 20 Meter breit.

Weitere Höhepunkte der Museumsbesichtigung sind das **Riesenvogelstandbild** von Tell Halaf (um 900 v. Chr.) und die **Statue des Wettergottes Adad** (775 v. Chr., beide Saal 2 des Vorderasiatischen Museums), das **Kalifenschloss Mschatta** (8. Jh., Saal 10, Museum für Islamische Kunst), die **Gebetsnischen von Konya** (1360) und **Kaschan** (1226), (Saal 4 und 5, Museum für Islamische Kunst) und vor allem das **Aleppo-Zimmer** (Raum 16/17, Museum für Islamische Kunst). Letzteres entstand zwischen 1009 und 1012 und war der mit bunten Holzpaneelen verzierte Empfangssaal im Privathaus eines christlichen Kaufmanns im damals osmanischen Aleppo (→ S. 447).

## Zwischen Museumsinsel und Fernsehturm

An der Schlossbrücke endet der Boulevard Unter den Linden. Vom Dom führt die Karl-Liebknecht-Straße geradeaus weiter in Richtung Alexanderplatz, vorbei am Marx-Engels-Forum, der Marienkirche und dem Fernsehturm.

### ■ DDR-Museum

Gegenüber dem Berliner Dom liegt direkt an der Spree das DDR-Museum. Am Eingang steht ›The Trabi‹ – das kleine Kultauto aus der DDR begrüßt die Besucher. Und das sind vor allem ausländische Gäste – deswegen werden die Exponate auch auf Englisch erklärt – und deutsche Schulklassen. Viel Platz hat man der DDR hier nicht gegönnt. In drei Räume hat man die Geschichte des ›anderen deutschen Staates‹ gepresst. Und doch haben es die Ausstellungsmacher geschafft, auf engstem Raum (fast) alles hineinzupacken: vom Orwo-Film über die Florena-Creme und vom Sandmännchen bis zu einem typischen DDR-Wohnzimmer mit der Schrankwand Karat. Und im Fernsehen läuft der ›Schwarze Kanal‹.

Ein Film des DDR-Fernsehens von 1976 schwärmt von Plattenbauten und den Errungenschaften der DDR-Bauwirtschaft. Und er sagt voraus, dass »die Lösung der Wohnungsfrage« bis 1990 erreicht sei. Die Lösung, die es dann

*Eingang zum kleinen DDR-Museum*

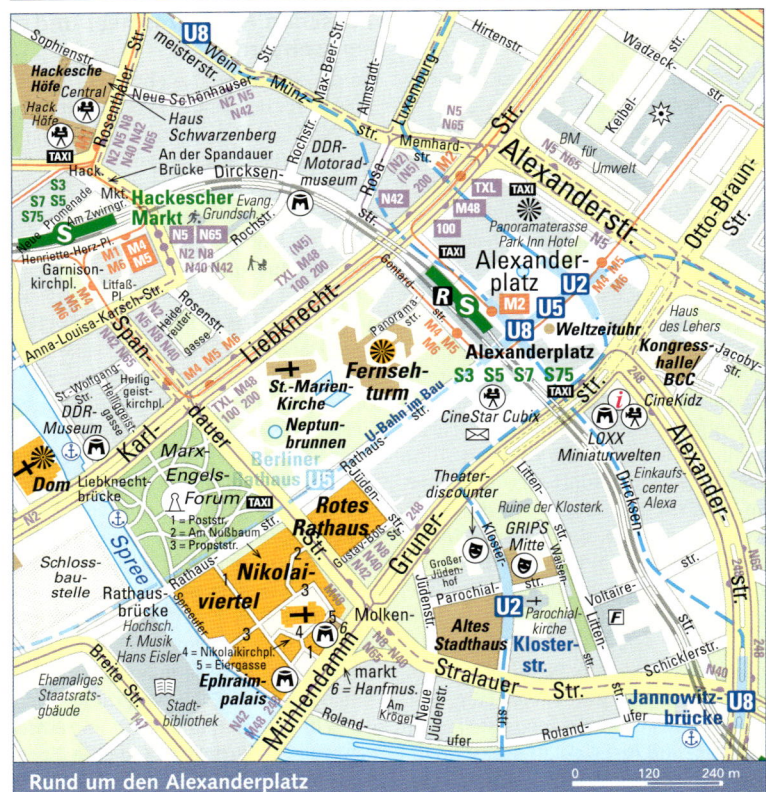

**Rund um den Alexanderplatz**

1990 gab, hatten die Filmemacher bei den Dreharbeiten aber sicher nicht im Kopf. Das Alltagsleben der DDR-Bürger nimmt einen großen Raum in der Ausstellung ein. Sie zeigt, dass auch hinter der Mauer ganz normale Menschen mit ihren alltäglichen Sorgen und Nöten lebten.

Und doch beschränkt sich das DDR-Museum nicht auf Ostalgie. Der Nachbau einer Gefängniszelle aus Bautzen, der eines Verhörzimmers der Stasi und Dokumente, die die Überwachung der Bürger durch den Staat belegen, zeigen, dass die DDR eben doch nicht ›ein Land wie jedes andere‹ war.

Schon allein auf Grund der räumlichen Beschränkung wird vieles nur angesprochen, bleibt vieles an der Oberfläche. Doch das ist ein Vor- und Nachteil zugleich. Die Ausstellung ist extrem kurzweilig, und Berlinbesucher, die nur wenig über die DDR wissen und auf die Schnelle einen kleinen Einblick bekommen wollen, sind hier genau richtig. Das DDR-Museum beantwortet nicht alle Fragen, es macht aber neugierig. Und so mancher wird sich – von der Ausstellung angeregt – intensiver mit dem Thema DDR beschäftigen wollen. Ein kleiner Museumsshop hält neben Literatur so manchen Schnickschnack bereit (→ S. 443).

### AquaDom

Eine Art Sehenswürdigkeit ist auch das Hotel ›Radisson Blu‹, das an der Stelle erbaut wurde, an der zu DDR-Zeiten das berühmt-berüchtigte Palasthotel lag. In dem Fünfsterne-Haus, in dem DDR-Bürger nicht übernachten durften, wurde den Gästen gegen Devisen jeder erdenkliche Luxus aus dem ›kapitalistischen Ausland‹ geboten. Und damit die Staatsführung auch gleich wusste, was die so sagten, wurden die Zimmer von der Stasi verwanzt.

Vor den meisten Fenstern des heutigen Hotels gibt es Faszinierendes zu sehen – das Rote Rathaus, den Berliner Dom, die Marienkirche, den Fernsehturm oder die Spree. Aber auch die Zimmer zum Innenhof haben Wasserblick. Von ihnen aus blickt man nämlich auf das riesige Aquarium des AquaDom. Und der ist auch für Nichthotelgäste einen kurzen oder auch etwas längeren Blick wert. Direkt hinter der Rezeption steht er, der 25 Meter hohe Zylinder aus Acrylglas. Er fasst rund eine Million Liter Salzwasser und ist die Heimat von 2500 Fischen und über 50 verschiedenen Arten. Ein Aufzug führt mitten durch ihn hindurch, und wer die knapp 15-minütige Reise mitmacht, kommt den bunten Meeresbewohnern wirklich nahe. Die Aufzugfahrt kann jedoch nur erleben, wer das benachbarte Sea Life Center besucht. Wegen des relativ hohen Eintrittspreises von 17,50 Euro belassen es aber viele Touristen dabei, sich den AquaDom von außen anzusehen. Im Sea Life Center bekommt man in 35 Becken insgesamt 5000 Tiere aus allen Weltmeeren zu sehen (→ S. 443).

### Marx-Engels-Forum

Die kleine Parkanlage des Marx-Engels-Forums auf der Südseite der Karl-Liebknecht-Straße hat ihren Namen wegen der überlebensgroßen Bronzeplastik, die Karl Marx (sitzend) und Friedrich Engels (stehend) zusammen zeigt. Schon kurz nach der Wiedervereinigung kam es immer wieder zu Diskussionen über die Zukunft des Parks und der Statue. Besonders aus dem Westen waren immer wieder Stimmen zu hören, die die beiden Lichtgestalten des Kommunismus am liebsten eingeschmolzen hätten.

Momentan sind die beiden wirklich von ihrem Standort verschwunden. Das liegt aber nicht daran, dass sich die Denkmalstürmer durchgesetzt hätten. Die beiden Kommunisten mussten vorerst dem Weiterbau der U-Bahn weichen und stehen nun in der Nähe der Karl-Liebknecht-Brücke. Dort blicken sie, anders als an ihrem ursprünglichen Standort, Richtung Westen. Das ist besonders gemein, weil ihr Blick genau auf die Schlossbaustelle gerichtet ist, an der bis vor einigen Jahren der Palast der Republik (→ S. 142) stand.

### St.-Marien-Kirche

Am Fuße des Fernsehturms liegt die St.-Marien-Kirche, eine dreischiffige Hallenkirche, die von 1270 bis ins frühe 14. Jahrhundert im Stil der norddeutschen Backsteingotik erbaut wurde. Im 15. Jahrhundert wurde der Turm angefügt, der schließlich 1790 durch einen Turmhelm von Carl Gotthard Langhans, dem Erbauer des Brandenburger Tores, gekrönt wurde. Heute ist St. Marien das zweitälteste noch erhaltene Gotteshaus Berlins, noch älter ist nur die Nikolaikirche (→ S. 135).

In der Eingangshalle befindet sich linker Hand das 22 Meter lange **Fresko Totentanz** – ein Reigen der geistlichen und der weltlichen Stände mit dem Tode. Im Spätmittelalter war dies in der bildenden Kunst ein beliebtes Thema, brachte es doch zum Ausdruck, dass im Ange-

*Marx-Engels-Forum*

sicht des Todes alle Menschen, egal welchen Standes, gleich sind. Der Totentanz in der Marienkirche entstand während der Pestzeit zu Ende des 15. Jahrhunderts und wurde erst im Jahre 1860 wiederentdeckt. Viele Reiseführer äußern sich begeistert über das Fresko, und es wäre auch sicher der Höhepunkt des Kirchenbesuches, wenn es nicht derart schlecht erhalten wäre. Die **Kanzel**, verziert mit Reliefs, die unter anderem Johannes den Täufer darstellen, entstand 1703 und gehört zu den Meisterwerken Andreas Schlüters. Sehenswert sind auch die **Grabmäler** im Innenraum, unter anderem das des Grafen Otto Christoph von Sparr (1605–1668) auf der linken Seite des Chors. Sparr, der damals eine wichtige Rolle in der Landespolitik spielte, ließ das Grabmal übrigens schon sechs Jahre vor seinem Tod errichten – vielleicht wollte er noch mit eigenen Augen überprüfen, ob das Werk auch gelungen ist (→ S. 446).

■ **Rosenstraße**

Gegenüber der Marienkirche zweigt die Kleine Rosenstraße in Richtung Hackescher Markt ab. Viel zu sehen gibt es in ihr nicht, doch spätestens seit dem gleichnamigen Film von Margarethe von Trotta aus dem Jahre 2003 ist die Straße ein Begriff. Und jeder kennt die Geschichte der tapferen Frauen, die hier Ende Februar 1943 vor den Toren des Sammellagers standen und die Freilassung ihrer jüdischen Männer forderten. Damals waren in Berlin Juden, die mit Nicht-Juden verheiratet waren, verhaftet worden und in das Sammellager in der Rosenstraße 2 gebracht worden. Daraufhin versammelten sich die Frauen der Inhaftierten vor dem Gebäude, wissend, dass sie sich dadurch selbst in Lebensgefahr brachten. Und wirklich wurden die Männer in den folgenden Tagen und Wochen aus der Haft entlassen. Von Trotta stellt in ihrem Film einen unmittelbaren Zusammenhang zwischen dem Protest und der Freilassung der Inhaftierten her. Von den meisten Historikern wird genau das aber bestritten. Es wurden nämlich Unterlagen gefunden, aus denen hervorgeht, dass in Mischehen lebende Juden von der Deportation ausgenommen werden sollten. Man nimmt inzwischen an, dass die Männer tatsächlich ›nur‹ inhaftiert wurden, um ihre Identität zu überprüfen. Doch selbst wenn es so gewesen wäre, schmälert das nicht den Mut der Frauen. Eine **Info-Litfaßsäule** am Eingang der Straße, dort wo früher das im Krieg zerstörte Haus Rosenstraße 2 stand, informiert über das damalige Geschehen, ein **Denkmal** der Bildhauerin Ingeborg Hunzinger auf der Rasenfläche des angrenzenden Wohnhauses erinnert an den Protest.

In derselben Grünanlage sind im Boden die Umrisse eines Gebäudes zu erkennen. Dabei handelt es sich um die Reste der **Alten Synagoge** aus dem Jahr 1714. Das Gebäude überlebte die Progromnacht von 1938, im Zweiten Weltkrieg wurde es aber komplett zerstört.

■ **Rotes Rathaus**

Den roten Backsteinen verdankt das Rote Rathaus, der Sitz des Regierenden Bürgermeisters von Berlin, seinen Namen. Gebaut wurde das Rathaus von 1861 bis 1869 nach einem Entwurf von Hermann Friedrich Waesemann, der sich von der norditalienischen Hochrenaissance und dem Turm der Kathedrale im französischen Laon inspirieren ließ. Der **Terrakottafries** in Höhe der ersten Etage, der 1879 angefügt wurde, erzählt die Geschichte Berlins vom 12. Jahrhundert bis zur Reichsgründung. Sehenswert ist auch der Neptunbrunnen, der früher auf dem Vorplatz des Stadtschlosses stand und erst 1969 in die Parkanlage vor dem Rathaus integriert wurde. Die vier Frauengestalten am Rande des Beckens symbolisieren die großen Flüsse des Königreichs Preußen: Rhein, Elbe, Weichsel und Oder.

Zum kurzen Rundgang steigt man die **Haupttreppe** mit dem roten Teppich hinauf, auf dem auch die offiziellen Gäste der Stadt das Gebäude betreten. Hier sind denn auch schon Bill Clinton, Nelson Mandela oder die schwedische Prinzessin Victoria in den ersten Stock hinaufgestiegen. Unmittelbar neben der Treppe ist in einer Glasvitrine das Goldene Buch der Stadt ausgestellt. Der Rundgang führt an der Büste des ehemaligen regierenden Bürgermeisters Ernst Reuter vorbei zum **Wappensaal**. Die Glasfenster zeigen die Wappen der einzelnen Berliner Bezirke. Durchquert man den Wappensaal, kommt man zum großen **Festsaal**. Hier lohnt sich ein Blick auf das Monumentalgemälde des Hofmalers Anton von Werner, das den Berliner Kongress von 1878 zeigt. Damals trat das deutsche Kaiserreich, vertreten durch Reichskanzler Otto von Bismarck, als Vermittler für die Streitigkeiten auf dem Balkan auf, weil Deutschland in dieser Region keine eigenen Interessen hatte.

Weiter auf der rechten Seite führt der Weg zum **Säulensaal**, dem schönsten des Berliner Rathauses. Der neun Meter hohe Saal ist nach dem Vorbild des Palazzo Pubblico in Siena ausgemalt. Verdiente DDR-Bürger bekamen hier die Verdienstmedaillen oder das ›Banner der Arbeit‹ an die Brust geheftet. Folgt man dem Rundweg weiter, kommt man am Amtszimmer ›des Regierenden‹ und dem Senatssitzungssaal vorbei.

Das Rathaus ist öffentlich zugänglich, der Besuch kostenlos (→ S. 447).

## Alexanderplatz

Egal ob Berliner oder Besucher der Stadt, früher oder später kommt jeder einmal hierher – und das, ob er will oder nicht: Der Alexanderplatz ist nämlich einer der wichtigsten Verkehrsknotenpunkte der Stadt, an dem sich S- und U-Bahnen kreuzen, die Regionalzüge halten und auch viele Straßenbahnen und Busse ihre Haltestellen haben. Als schön kann man den Platz kaum bezeichnen. Zwischen 1966 und 1971 sollte hier nach dem Willen der Oberen der Mittelpunkt der Hauptstadt der DDR entstehen. Ein Platz, der sich zur Durchführung von Großveranstaltungen eignete. Geworden ist er aber eine leblose Betonwüste. In den letzten Jahren hat das ehemalige Forum Hotel (noch früher Hotel Stadt Berlin) – heute Park Inn – eine neue Fassade erhalten. Das frühere Centrum Warenhaus wurde unter der Ägide von Kaufhof erweitert und im Rahmen der Möglichkeiten verschönert. Mitten auf dem Platz stehen der **Brunnen der Völkerfreundschaft** und die **Weltzeituhr**, damals wie heute ein beliebter Treffpunkt.

*Das Rote Rathaus, Sitz des Regierenden Bürgermeisters*

*Auf dem Alexanderplatz, rechts die Weltzeituhr*

Im 17. Jahrhundert hieß der Alexanderplatz noch Ochsenplatz – und das aus gutem Grund, denn es wurde Vieh verkauft. Später verschwand das Vieh und die Soldaten kamen – jetzt war hier der Exerzierplatz für die königlichen Regimenter. Im 18. Jahrhundert entwickelte sich der Platz wegen seiner Nähe zum Stadtschloss schnell zu einer der ersten Adressen. Seinen heutigen Namen erhielt er 1805, als man den russischen Zaren Alexander II. anlässlich seines Berlinbesuchs besonders ehren wollte.

Anfang des 20. Jahrhunderts erlebte der Alexanderplatz seine Blütezeit. Anders als heute war der Platz damals keiner, den man möglichst schnell überquert. Hier kam man her, um gemütlich zu flanieren, einzukaufen oder abends ins Theater und ins Restaurant zu gehen. In den 1920er Jahren wurde der Alexanderplatz zum Inbegriff für die Weltstadt Berlin, einer Metropole, die die Nacht zum Tage macht. Unsterblich wurde der Platz schließlich durch den 1929 erschienen Roman des Schriftstellers Alfred Döblin: ›Berlin Alexanderplatz‹.

Der Platz wurde damals viel zu eng und deswegen schrieb man Ende der 1920er Jahre einen Architekturwettbewerb zu seiner Neugestaltung aus. Die meisten Bauvorhaben fielen aber der Weltwirtschaftskrise zum Opfer. Gebaut wurden aber parallel zur Stadtbahn das **Alexanderhaus** und das **Berolinahaus**. Die unter Denkmalschutz stehenden Gebäude von Peter Behrens, einem Architekten der Klassischen Moderne, beherbergen heute unter anderem eine Filiale der Berliner Stadtsparkasse und ein Kaufhaus.

Am 4. November 1989 fand hier die größte Demonstration der DDR-Opposition mit fast einer Million Teilnehmern statt. Da diese Protestkundgebung damals schon live im DDR-Fernsehen übertragen wurde, beschleunigte sie den Fall des ohnehin angeschlagenen Regimes. Heute macht der Platz bisweilen in puncto Kriminalität Negativschlagzeilen, Taschendiebe schlagen hier laut Polizeistatistik häufig zu! Andererseits versuchen Investoren von der Top-Attraktion Fernsehturm zu profitieren und die Massen mit neuen Angeboten in ihre Arenen zu locken. So brachte Fitnessriese McFit Cyberobics an den Start, ein futuristisches Fitnessstudio, in dem man vor riesigen LED-Leinwänden mit Promis wie Barbara Becker oder Heidi Klum trainieren und ein breites Spektrum von Sportarten – von Yoga bis Kickboxen – ausprobieren kann.

### ■ Fernsehturm

Wem es unten auf dem Alex zu trostlos ist, der entschwindet einfach nach oben. Vom 369 Meter hohen Wahrzeichen Ostberlins, das zwischen 1965 und 1969 erbaut wurde, hat man den besten Rundblick über die Stadt. Für seinen Bau wurden zahlreiche Gebäude abgerissen und der auf das Mittelalter zurückgehende Straßengrundriss aufgegeben. Höher geht es nirgends hinaus – inklusive seiner 118 Meter langen Antenne ist der Fernsehturm das höchste Gebäude Deutschlands und eines der beliebtesten Ziele aller Berlinbesucher, was zu Wartezeiten führen kann.

Bis ganz nach oben dürfen die Besucher nicht, aber selbst von der **Aussichtsplattform** in 203 Metern Höhe kann

*Turm mit Aussicht: der Fernsehturm*

man den Blick ungestört in die Ferne schweifen lassen. Weil sich die Plattform in knapp einer halben Stunde einmal um die eigene Achse dreht, wird der Besuch im Telecafé gleichzeitig zur kürzesten Stadtrundfahrt, allerdings ist das kein ganz billiges Vergnügen.

Jeder Fremdenführer in Berlin erzählt die Anekdote vom Kreuz am Fernsehturm: Wenn die Sonne vom Westen her auf den Turm scheint, ist auf der ›Kugel‹ eindeutig ein Kreuz zu sehen. Die atheistische DDR-Führung war darüber nicht begeistert, und die Berliner sprachen schadenfroh von der ›Rache des Papstes‹. Dass die DDR-Volkskammer wegen der Kreuzerscheinung auf dem Turm über dessen Abriss diskutiert haben soll, dürfte zwar eine schöne, aber trotzdem falsche Geschichte sein (→ S. 444).

Direkt unterhalb des Fernsehturms zeigt das (auch juristisch) umstrittene **Menschen Museum** etwa 200 menschliche anatomische Exponate des Plastinators und Unternehmers Gunther von Hagens.

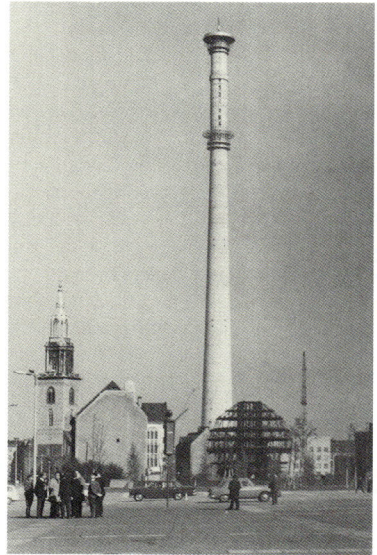

▲ *Der Fernsehturm im Bau*

# Durch die historische Mitte

Für West-Berliner war die historische Mitte ihrer Stadt jahrzehntelang nicht oder zumindest nur nach einer umständlichen, mit Passkontrollen verbundenen Reise zu erreichen. Denn das Gebiet, auf dem die Geschichte der Millionenmetropole einst mit den Marktflecken Berlin und Cölln ihren Anfang nahm, befand sich zu Mauerzeiten auf dem Territorium von Ost-Berlin, der Hauptstadt der DDR. Heute sind die historischen Areale im Herzen der vereinten Stadt wieder für jedermann jederzeit zugänglich. Eine Altstadt im klassischen Sinne findet man an den Ufern der Spree allerdings nicht. Der mittelalterlich geprägte Stadtkern mit seiner kleinteiligen Bebauung, seinen kurzen Straßen und schmalen Gassen wurde im Zweiten Weltkrieg in Schutt und Asche gelegt, und was der Bombenhagel nicht vernichtet hatte, wurde in den Nachkriegsjahrzehnten abgerissen, um im Zuge radikaler Stadtmodernisierungsprogramme nüchternen Hochhausquartieren Platz zu machen.

Zum 750-jährigen Stadtjubiläum, das Berlin 1987 noch in Ost und West getrennt gefeiert hat, ist dann doch ein Fleckchen Alt-Berlin aus Ruinen auferstanden. Das anheimelnde Quartier rund um die Nikolaikirche wurde nach historischem Vorbild rekonstruiert, wobei man aber auch tüchtig in die bautechnische Trickkiste gegriffen und nicht immer authentische Baustoffe verwendet hat. Wiederaufgebaut wurde auch das prachtvolle Gebäudeensemble am Gendarmenmarkt. Mit seiner ganz speziellen Mischung aus barocker Pracht und klassizistischer Strenge lässt der Platz Passanten heute wieder etwas vom Flair preußischer Glanz- und Gloria-Zeiten ahnen.

Berlins wiederbelebte historische Mitte hat aber nicht nur Geschichts- und Kulturinteressierten einiges zu bieten. Konsumfreudige Zeitgenossen finden rund um den Gendarmenmarkt so ziemlich alles, was fein und teuer ist – vom textilen Designerfummel über hochkarätigen Schmuck bis hin zum Gaumenkitzel mit Sterneprädikat.

## Nikolaiviertel

Nicht nur Touristen zieht das Nikolaiviertel mit seinen schmalen, für den Autoverkehr gesperrten Gassen und den kopfsteingepflasterten Plätzen an. Auch unter Berlinern hat das Stückchen Alt-Berlin, das zugegebenermaßen ein bisschen kitschig und mit seinen historisierenden Plattenbaufassaden auch nicht wirklich authentisch ist, viele bekennende Fans. Das mag zum einen daran liegen, dass es der Großstadthektik angenehm entrückt, aber doch zentral im Windschatten von Alexanderplatz und Unter den Linden liegt. Aber auch die Tatsache, dass sich dieser Teil der Stadt, im Gegensatz zu allen übrigen Innenstadtarealen, seit rund 25 Jahren kaum verändert hat, könnte die Popularität des Viertels, in dem man eher Drehorgelklänge als coole Lounge-Musik auf die Ohren bekommt, erklären.

Rund um die Kirche St. Nikolai und auf der Fischerinsel am gegenüberliegenden Spreeufer hat die Stadtgeschichte mit den Ansiedlungen Berlin und Cölln in der zweiten Hälfte des 12. Jahrhunderts ihren Anfang genommen. Im Zweiten Weltkrieg wurde der historische Stadtkern stark zerstört. Auf der Fischerinsel und entlang des Mühlendamms – also auf der ›Cöllner‹ Seite – wurden sowohl Kriegstrümmer als auch die verbliebene historische Bausubstanz schon in den

**Rund um das Nikolaiviertel**

frühen Jahren der DDR beseitigt, um Platz für moderne Hochhaussiedlungen zu schaffen. Das Nikolaiviertel am gegenüberliegenden Spreeufer, Herzstück des historischen Berlin, blieb dagegen für Jahrzehnte eine Trümmerbrache. Als man zum runden Geburtstag der Stadt die Rekonstruktion in Angriff nahm, orientierten sich die Planer an Kupferstichen, alten Fotografien und Bauzeichnungen, um den Verlauf der historischen Straßenzüge nachzubilden. Einige der alten Gebäude wurden als originalgetreue Kopie wiedererrichtet. An anderer Stelle bedienten sich die sozialistischen Bauherrn der Plattenbauweise. Mit den industriell gefertigten Versatzstücken ließen sich Fassaden und Giebel mit historisch anmutender Silhouette schnell und vergleichsweise kostengünstig produzieren. Für Puristen – und nicht nur für die Fachleute aus der Architektur- und Stadtplanerszene – stellt das Ergebnis eine durchaus fragwürdige Mischung aus Freilichtmuseum und Disneyland dar. Die große Mehrheit der Ost-Berliner war indes bei der Eröffnung des neuen alten Nikolaiviertels schlichtweg begeistert. Wohl auch, weil das 50 000 Quadratmeter große Areal mit seinem historisierenden Charme einen Kontrapunkt zu den Hochhaussiedlungen setzt, mit denen man in den Nachkriegsjahrzehnten Teile Ost- und West-Berlins überzogen und damit auch die steinernen Spuren der Geschichte zerstört hat. Mit dem Nikolaiviertel verbinden sich etliche Namen großer Persönlichkeiten, die das kulturelle Leben der Stadt entscheidend mitgeprägt haben, allen voran Moses Mendelssohn. Der deutsch-jüdische Philosoph und Aufklärer war noch als Junge seinem Talmudlehrer gefolgt und Anfang der 1740er Jahre nach Berlin gekommen. Hier bewohnte er eine bescheidene Dachkammer in der Probstgasse 3. Im Schatten der Nikolaikirche erledigte Mendelsohn die Abschreibaufträge, mit denen er seinen Lebensunterhalt finanzierte, um sich in der restlichen Zeit weiteren Studien und großen Gedanken zu widmen. Auch Heinrich Heine, Theodor Fontane, Gerhart Hauptmann, Henrik Ibsen und viele andere Kulturschaffende traf man zu ihrer Zeit in den schmalen, kurzen Straßen im Herzen Berlins. Die einen wohnten hier, die anderen schätzten die Gegend wegen der zahlreichen Schanklokale.

Der Milieuzeichner Heinrich Zille soll in den Jahren um 1900 Stammgast im Gasthaus ›Zum Nussbaum‹ gewesen sein. Das Lokal, eines der ältesten der Stadt, befand sich damals allerdings noch auf der ›Cöllner‹ Seite der Altstadt. Im Zuge der Rekonstruktionsarbeiten wurde eine Kopie des kriegszerstörten Traditionshauses ins Nikolaiviertel versetzt – und ein Nussbaum wurde natürlich auch in den kleinen Vorgarten gepflanzt.

### ■ Nikolaikirche

Die grüne Doppelturmspitze bietet Orientierung in der historischen Mitte Berlins. St. Nikolai ist das älteste noch bzw. wieder vorhandene Bauwerk der Stadt. In der Zeit um 1200 hatten die ersten Siedler die kreuzförmige Feldsteinbasilika am rechten Spreeufer errichtet. Im Laufe des 13. Jahrhunderts wurde sie zu einer frühgotischen Hallenkirche ausgebaut. Bis weit ins 19. Jahrhundert hinein hatte St. Nikolai eine asymmetrische Fassade mit nur einem hochaufragenden Turm. Die neugotischen Doppeltürme mit ihren schlanken grünen Helmspitzen wurden dem Gotteshaus erst bei seiner Umgestaltung in den 1870er Jahren aufgesetzt. Die Weltkriegsbomben zerstörten das Bauwerk bis auf die Grundmauern. Anfang der 1980er Jahre begann im Zuge der Vorbereitungen zur 750-Jahr-Feier Berlins der detailgetreue Wiederaufbau. Zur evangelisch-lutherischen Kirche ist St. Nikolai übrigens schon 1539 geworden. Damals war der Rat von Berlin und Cölln geschlossen vom Katholizismus zur neuen Glaubensrichtung des Reformers Martin Luther übergetreten. Paul Gerhardt, der dichtende Theologe, der zahlreiche Liedtexte zum lutherischen Gesangbuch beigesteuert hat, war von 1657 bis 1667 Pfarrer von St. Nikolai. Der letzte Got-

*Ein Hauch von Mittelalter an der Nikolaikirche*

*Trotz seines Instant-Charmes bei Touristen beliebt: das Nikolaiviertel*

tesdienst in der Nikolaikirche fand 1939 statt. Heute dient der Sakralbau als **Museum für Stadtgeschichte**. Überreste von Gräbern und Gruften reicher und einflussreicher Alt-Berliner Familien sind Teil der Ausstellung (→ S. 447).

### ■ Wappenbrunnen

Einen Brunnen wird es, wie auf mittelalterlichen Marktplätzen üblich, auch schon vor Jahrhunderten zu Füßen der Nikolaikirche gegeben haben. Das Exemplar, das heute vor dem Eingangsportal der Kirche steht, ist allerdings weder Original noch die Kopie eines Originals. Der sogenannte Gründungs- oder Wappenbrunnen mit seiner schmiedeeisernen Krone und der Bärensäule wurde erst zum Stadtgeburtstag im Jahr 1987 errichtet – nach einem Entwurf aus den 1920er Jahren.

### ■ Knoblauchhaus

Das einzige Gebäude im Nikolaiviertel, das mit vorhandener Substanz komplett wieder aufgebaut werden konnte, ist das Knoblauchhaus in der Poststraße 23. Der dreigeschossige Barockbau stammt aus der Zeit um 1760 und war fast 170 Jahre lang das Wohnhaus der renommierten Berliner Familie Knoblauch, die erfolgreiche Unternehmer, Stadträte und Universitätsprofessoren hervorgebracht hat. Architekt Eduard Knoblauch, Planer der Neuen Synagoge in der Oranienburger Straße, ist der bekannteste von ihnen. Heute beherbergt das Knoblauchhaus auf mehreren Stockwerken die **Ausstellung Berliner Leben im Biedermeier**. Ein Rundgang über knarrende Stiegen und Parkettfußböden dauert nicht lange, bietet aber interessante Einblicke in die Bürgerwelt des frühen 19. Jahrhunderts (→ S. 446). Anschließend empfiehlt sich eine Einkehr in die ›Historischen Weinstuben‹ im Erdgeschoss – es sei denn, Biergartenwetter lockt ins Freie. Dann bietet sich doch eher ›Zum Nussbaum‹ an.

### ■ Gerichtslaube

Auf eine interessante Geschichte des Kopierens und Wiederkopierens kann die Gerichtslaube zurückblicken, die nur ein paar Hausnummern weiter in der Poststraße 28 liegt. Ursprünglich diente das im 13. Jahrhundert errichtete Gebäude der Rechtsprechung und Selbstverwaltung im alten Berlin. Rund 400 Jahre später wurde das ursprünglich im gotischen Baustil errichtete Haus dem Zeitgeschmack angepasst und auf Barock getrimmt. 1871 war dann kein Platz mehr für die alte Gerichtslaube, weil sich Berlin als frisch gebackene Hauptstadt des deutschen Kaiserreichs ein neues, großes Rathaus gönnte (→S. 129). Ein Abguss des Gerichtslauben-Figurenfrieses wanderte ins Märkische Museum. Eine Kopie der Mittelsäule wurde in das Fundament des Rathausturms eingefügt. Im Park Babelsberg (→S. 381) kam die alte Gerichtslaube schnell zu neuen Ehren und wurde überwiegend aus Originalteilen wieder aufgebaut. Eine aus verputzten Betonfertigteilen geschaffene Kopie dieser Kopie hat man dann zum runden Stadtgeburtstag ins Nikolaiviertel gesetzt.

■ **Ephraim-Palais**
Das Rokokopalais am Mühlendamm mit den anmutigen toskanischen Säulen und den vergoldeten, kunstvoll-filigranen Balkongittern war von Anfang an eines der prächtigsten Bürgerhäuser Berlins. Errichtet wurde es in den 1760er Jahren für Veitel Heine Ephraim, der als Hofbankier des preußischen Königs Friedrich II. ebenso bedeutend wie einflussreich war. Ephraim hatte Friedrich dem Großen bei der Finanzierung des Siebenjährigen Krieges gegen Schlesien geholfen und war dabei selbst zu beträchtlichem Vermögen gekommen. Ganz korrekt ging es bei den Geldbeschaffungsmaßnahmen nicht zu. Auf Anregung des Königs ließ der Finanzmann Silbermünzen von minderwertiger Qualität prägen und in Umlauf bringen. Dieses Geld war nicht das wert, was es mit Zahl und aufgeprägtem königlichem Konterfei vorgab. »Außen Silber, innen Zinn. Außen Friedrich, innen Ephraim«, spotteten Preußens Bürger schon bald. Bis 1823 blieb das Ephraim-Palais im Familienbesitz. Mitte des 19. Jahrhunderts kaufte sich die Stadt Berlin die verkehrsgünstig gelegene Immobilie und brachte hinter der prachtvollen Fassade ein Einwohnermeldeamt unter. Den Nazis stand das Palais schließlich im Wege. Für die Erweiterungsarbeiten am Mühlendamm ließ man das Gebäude 1935 abtragen. Immerhin wurde es wie ein Puzzlespiel mit über 2000 nummerierten Einzelteilen eingelagert. So zerlegt, geriet das Ephraim-Palais aber bald in Vergessenheit. Erst als die Jubiläumsplaner in Ost-Berlin die große Rekonstruktion in Angriff nahmen, besann man sich darauf. Es bedurfte allerdings hartnäckiger Verhandlungen zwischen Ost und West. Denn die Gebäudeteile waren im Wedding und damit auf West-Berliner Boden deponiert. Schließlich gab sie der West-Berliner Senat heraus, und pünktlich zum Stadtjubiläum stand das architektonische Glanzstück wieder – aus städtebaulichen Gründen 20 Meter von seinem ursprünglichen Standort entfernt. Heute zeigt das **Berliner Stadtmuseum** im Ephraim-Palais, das übrigens auch innen sehr sehenswert ist, wechselnde Ausstellungen aus seinen üppigen Beständen (→ S. 444).
Eine Attraktion ganz anderer Art ist das kleine **Hanf-Museum** am Mühlendamm 5. Hier können Besucher Bekanntschaft mit der alten Kulturpflanze machen und Interessantes über das breite Spektrum der Verwendungsmöglichkeiten erfahren. Noch mehr sinnliche Anregungen liefert das Hanfbackbuch, das im Museumsshop vertrieben wird (→ S. 445).

*Skulptur am Ephraim Palais*

## ■ Heinrich-Zille-Museum

In der Propststraße 11 zeigt ein kleines privates Museum Zeichnungen, Grafiken und Fotografien von Heinrich Zille. Um 1900 war der Künstler ein engagierter Chronist der Großstadt und ihrer sozialen Probleme. Er hat Berliner Lokalkolorit eingefangen, mit kritischem Blick und hintersinnigem Witz (→ S. 445).

Auch das Ensemble des kleinen **Theaters im Nikolaiviertel** widmet sich Zille und seinem ›Milljöh‹ zeitgemäß und unverkitscht (Nikolaikirchplatz 5–7).

## Märkisches Museum

Das Märkische Museum (Am Köllnischen Park 5) liegt bereits außerhalb des Nikolaiviertels. Für alle, die sich ein bisschen gründlicher mit Berliner Stadtgeschichte beschäftigen möchten, lohnt der Abstecher in jedem Fall, auch wenn man den breiten, lärmenden Mühlendamm überqueren muss (vom Nikolaiviertel sind es etwa zehn Minuten Fußweg). Der große Backsteinkomplex wurde 1908 eigens für das Stadtmuseum errichtet und erinnert an eine Klosteranlage.

In über 50 Räumen wird die Geschichte Berlins von den Anfängen bis zur Gegenwart erzählt. Dabei werden die Urkunden, Waffen, Alltagsgegenstände, Fotografien und vieles mehr – nicht streng chronologisch, sondern in vielfältigen Themenräumen präsentiert. Große Modelle veranschaulichen die Etappen der Stadterweiterung Jahrhundert für Jahrhundert. (→ S. 446).

Im Bärenzwinger vor der Museumstür fristeten bis vor einigen Jahren einige Braunbären, als Wappentiere der Stadt, ihr Dasein.

Nur ein paar Schritte sind es bis zum Märkischen Ufer, wo sich mit einer klassizistischen Bürgerhäuserzeile ein kleiner Altstadtrest erhalten hat. Davor, im sogenannten **Historischen Hafen**, dümpeln ein paar alte Lastkähne an der Ankerleine. Zumindest an Schönwettertagen spricht einiges dafür, den festen Boden unter den Füßen für eine Weile gegen einen Platz an Deck des Restaurantschiffes ›Deckshaus‹ (Märkisches Ufer 1) einzutauschen.

## Breite Straße

Vom Mühlendamm führt die Breite Straße zum Schlossplatz. Biegt man aber zunächst in die parallel laufende Brüderstraße ein, trifft man bei Hausnummer

▲ *Eingang zum Märkischen Museum*

10 auf ein dreigeschossiges Bürgerhaus mit klassizistischer Fassade. Erbaut wurde das Wohn- und Amtsgebäude schon Ende des 17. Jahrhunderts, später im Stil der Zeit modernisiert, im Krieg zerstört und in den 1960er Jahren wieder aufgebaut. Heute zeigt das **Stadtmuseum** hier historische Fotografien zur Berliner Topografie. Den Beinamen ›Galgenhaus‹ trägt die Hausnummer 10 seit 1735. Damals soll vor dem Haus eine Dienstmagd öffentlich hingerichtet worden sein, weil ihr der Diebstahl eines silbernen Löffels angelastet wurde. Nach dem Tod der Magd habe sich das Silberstück im Magen einer geschlachteten Ziege wieder angefunden.

Das barocke **Nicolaihaus** in der Brüderstraße 13 ist eines der ältesten Bürgerhäuser Berlins, es wurde im 17. Jahrhundert erbaut und 1787 vom Verleger Friedrich Nicolai erworben. 2011 kaufte es die Stiftung Denkmalschutz.

*Im Historischen Hafen*

■ **Alter Marstall**

In der Breiten Straße befindet sich der Alte Marstall, Berlins einziges noch erhaltenes Zweckgebäude aus dem 17. Jahrhundert. An dieser Stelle hatte man die kurfürstlichen Pferde und Kutschen schon untergebracht, als der erste Hohenzollernregent seine Burg am Ufer der Spree errichten ließ. Der ursprüngliche Bau ging 1665 in Flammen auf. Friedrich Wilhelm I., der ›Große Kurfürst‹, ließ umgehend neu bauen und beauftragte dafür den holländischen Baumeister Michael Mathias Smids. Seine klassizistische Fassade bekam das Gebäude während einer umfangreichen Modernisierung im 19. Jahrhundert. Im Zweiten Weltkrieg wurde der Alte Marstall zerstört, in den 1950ern wieder aufgebaut. Heute befindet sich hier ein Teil der **Zentral- und Landesbibliothek Berlin**.

■ **Neuer Marstall**

Der alte Marstall ist mit seinem neuen Pendant verbunden. Der neue Marstall auf der historischen Spreeinsel wurde 1901 fertiggestellt und lag damals noch in unmittelbarer Nachbarschaft zum Berliner Stadtschloss. Rund 300 Pferde gehörten seinerzeit zum königlichen Fuhrpark. Während der Novemberrevolution 1918 brachten die Revolutionsführer bewaffnete Matrosen im Marstall unter. Die Männer aus der ehemals kaiserlichen Marine waren maßgeblich am Aufstand gegen Wilhelm II. und am Sturz der Monarchie beteiligt. In den Weimarer Jahren ließ Berlins Magistrat den Marstall in eine Bibliothek umgestalten. In den frühen Jahren der DDR wurde das kriegszerstörte Gebäude wieder aufgebaut. Seit ein paar Jahren hat nun die renommierte **Musikhochschule Hanns Eisler** hier Quartier bezogen.

# Der Berliner Bär

Die Stadt ist voller Bären. An mehr als 300 öffentlich zugänglichen Orten in der Stadt wurde das Wappentier in allen künstlerischen Formen bis jetzt gesichtet und von Mitgliedern des Vereins der Berliner Bärenfreunde fotografiert und archiviert. Als bunt bemalter Buddy Bär hat das Berliner Wappentier sogar die Welt erobert. Das Kunstprojekt Buddy Bär wurde 2001 von Eva und Klaus Herlitz in Zusammenarbeit mit dem österreichischen Bildhauer Roman Strobl ins Leben gerufen. Mittlerweile gibt es mehr als 1200 bunte Buddy Bären, von denen rund drei Viertel außerhalb Berlins für die Stadt werben.

Im Bärenzwinger im Köllnischen Park in Berlin Mitte wurden von 1939 bis 2015 mehrere Generationen von Braunbären gehalten. Tierschützer hatten in den letzten Jahren vehement gegen die in ihren Augen nicht artgerechte Unterbringung protestiert, Befürworter der Anlage betonten, den Bären gehe es gut 2015 wurde der letzte verbliebene Bäre, die altersschwache Schnute, eingeschläfert. Seither steht der Zwinger leer.

Bär und Berlin sind aber auch ohne die lebendigen Beweise untrennbar miteinander verbunden. Doch das war nicht immer so. Im ersten Stadtwappen war noch ein ›Dreiberg‹ – ein Hügel mit drei Erhebungen – zu sehen. Erstmals tauchte der Bär 1280 auf einem Gildesiegel auf. Genau genommen waren es damals sogar zwei Bären, die zusammen mit dem märkischen Adler aufrecht stehend neben einem Schild abgebildet waren. Wenig später wurde der Bär dann auf alle vier Beine gestellt und musste ab 1460 den brandenburgischen Adler auf seinem Rücken erdulden. Das neue Stadtwappen wurde den Berlinern damals vom Kurfürsten aufgezwungen. Mit der Gründung des Königreiches Preußen bekam Berlin im Jahr 1709 dann ein neues Stadtwappen. Hier stand der Bär symbolisch mit dem Halsband unter den Wappen mit dem schwarzen preußischen und dem roten märkischen Adler. Ohne Halsband durfte er sich erst wieder ab 1875 bewegen. Schon 1839 wurde eine rote Mauerkrone angefügt, die im Ostteil der Stadt bis zum Ende der DDR erhalten blieb. Im Westen wurde die Krone 1954 golden und aus der Mauer wurde eine Laubkrone. Ein stehender schwarzer Bär in einem mit Goldkrone geschmückten Wappen – so sieht das Berliner Wahrzeichen noch heute aus.

*Beliebtes Fotomotiv: Buddy-Bären*

Warum der Bär überhaupt zum Symbol der Stadt wurde, darüber gibt es unterschiedliche Theorien. Eine besagt, der Stadtname sei aus dem Wort ›Bärenlager‹ entstanden, die von Forschern favorisierte Meinung ist, dass er in der slawischen Silbe ›berl‹ (Sumpf) seinen Ursprung habe. Das Berliner Wappentier könnte aber auch auf Albrecht I., genannt ›der Bär‹, zurückzuführen sein, der als Eroberer und Begründer der Mark Brandenburg in die Geschichte eingegangen ist.

## Schloßplatz

Viele Lücken in der Berliner Stadtlandschaft wurden in den beiden Nach-Wende-Jahrzehnten geschlossen. Zur Zeit wird auch die größte Leerstelle im historischen Herzen der Stadt gefüllt – eine Kopie des Stadtschlosses der Hohenzollern entsteht auf dessen angestammten Platz.

Begonnen hat die Geschichte der Residenz Mitte des 15. Jahrhunderts, als sich der Landesherr aus dem Hause Hohenzollern hier auf der Spreeinsel eine Burg bauen ließ. Mit dem Machtzuwachs seiner Nachfahren wurde auch die Burg immer größer, bis sie sich zuletzt zum prunkvollen **Stadtschloss** mit einer Grundfläche von 192 mal 116 Metern ausgewachsen hatte. Für etliche Baumeister war das Schloss der Fixpunkt, an dem sie ihre neuen Bauten – Dom, Zeughaus, Kronprinzen- und Kronprinzessinnenpalais – ausrichteten. Das Areal rund um das Schloss stand Passanten lange Zeit offen. Das änderte sich nach der Märzrevolution des Jahres 1848. Damals fanden auch in den Schlosshöfen politische Kundgebungen und blutige Kämpfe statt. Es war ein Schock für König Friedrich Wilhelm IV., der den Schlossplatz nach diesen Ereignissen mit Torgittern abriegeln ließ.

In den Tagen der Novemberrevolution von 1918, die den letzten deutschen Kaiser schließlich ins Exil und zur Abdankung zwang, war der Schloßplatz erneut Kulisse für gewaltsame Auseinandersetzungen zwischen den widerstreitenden politischen Kräften – den Anhängern linker Parteien auf der einen und den Kaisertreuen auf der anderen Seite. Am 9. November 1918 rief Sozialistenführer Karl Liebknecht die ›Sozialistische Republik‹ aus – vergeblich. Vor den versammelten Massen stand er auf dem Schlossbalkon, von dem aus zuvor der Kaiser seine Ansprachen ans Volk gehalten hatte. Nach 1918 wurde die einstige Residenz zum Museum umfunktioniert und im Zweiten Weltkrieg stark beschä-

Schloßplatz und Gendarmenmarkt

*Die Schlosskopie nimmt 2016 langsam Gestalt an*

digt. Der DDR-Führung war die Hohenzollernresidenz als ›Symbol des preußischen Militarismus‹ ohnehin ein Dorn im Auge. 1950 wurde das Gebäude trotz erheblicher Proteste gesprengt und vollständig abgetragen.

Auf dem historischen Areal wurde in den 1970ern der **Palast der Republik** gebaut, eine Art Volkshaus, in dem politische und kulturelle Veranstaltungen abgehalten wurden. Auch viele Stars aus dem Westen, von James Last bis Udo Lindenberg, mischten hier das Publikum auf. Hinter den Kulissen hielten 1700 Mitarbeiter den Laden am Laufen und die rötlich verspiegelte Fensterfront sauber. Die Preise für Bier, Kaffee, Bockwurst und Limonade hat das Palastrestaurant von seiner Eröffnung bis zum Ende der DDR niemals erhöht – das war möglich, weil der Staat das Prestigegebäude kräftig unterstützte. 1990 wurde das Gebäude wegen Asbestverseuchung geschlossen. Über Abriss oder Erhalt wurde in den folgenden Jahren ebenso ausgiebig wie erbittert gestritten. Für Abrissbefürworter war der wegen seiner braungolden glitzernden Fensterfront auch als ›Palazzo Prozzo‹ bespöttelte Bau eine architektonische Geschmacksverirrung, ein Schandfleck auf einem einst von den preußischen Baumeistern perfekt durchkomponierten Areal. Abrissgegner unterschiedlicher Lager gaben zu bedenken, dass es seit Jahrtausenden zu den Untugenden neuer Herrscher gehört, nach der Eroberung eines anderen Kulturraums die Monumente der besiegten Macht zu zerstören, um damit die Erinnerung an die alte Kultur und ihre Werte gleichsam auszulöschen – womit den Besiegten immer auch ein Stück der historischen Identität genommen wird. Sie sprachen sich dafür aus, den Palast der untergegangenen DDR zu erhalten, ein neues Nutzungskonzept zu finden und ihn damit auch zu einem Ort der historischen Reflektion zu machen. Andere Gegner des Abrisses argumentierten ganz schlicht: Das Gebäude sei ein Stück Heimat für die einstigen DDR-Bürger, ein identitätstiftendes Zeugnis ihrer persönlichen Sozialisation.

Die Tatsache, dass nach der 35 Millionen Euro teuren Asbestsanierung praktisch nur noch die Hülle des Gebäudes übrig geblieben war, gab den Befürwortern eines Komplettabrisses Auftrieb und führte schließlich zu einem entsprechenden Beschluss. Nach einer kurzen Zwischennutzung als schräge Ausstellung- und Eventlocation begann man 2006, das DDR-Wahrzeichen Stück für Stück abzutragen. Im Dezember 2008 hat ein Bagger dann das letzte Stück von ›Erichs Lampenladen‹ plattgemacht.

Gleich nach der Wiedervereinigung ging eine Initiative für den Wiederaufbau des Stadtschlosses an den Start und brachte das Anliegen auf die politische Agenda. Auch dieser Vorstoß löste hitzige Debatten aus. Für Schlossgegner ist die Neuauflage der jahrzehntelang von der Bildfläche verschwundenen Hohenzollernresidenz eine unstatthafte Geschichtsklitterung, für Befürworter dagegen eine logische Maßnahme, die der Berliner Mitte ihren architektonischen Mittelpunkt wiedergibt.

2007 beschloss der Bundestag den Wiederaufbau. Unter der Regie des Architekten Franco Stella soll die Kopie der Hohenzollernresidenz mit Kuppel und drei historischen Fassaden errichtet werden. Die vierte Fassade – auf der Spreeseite – will Stella modern gestalten. Im Inneren des Gebäudes, das ›Humboldtforum‹ heißen wird, sollen die Berliner Landesbibliothek und die Sammlung außereuropäischer Kulturen der Berliner Museen eine neue Heimstatt finden. Der für 2011 geplante Baubeginn verzögerte sich, weil die Financiers die nötigen Gelder nicht so schnell bereitstellen konnten. Für das Projekt werden Kosten von 552 Millionen Euro veranschlagt. Der Bund soll davon 440 Millionen Euro, das Land Berlin 32 Millionen übernehmen. Die restlichen 80 Millionen, hofft man, werden durch Spenden hereinkommen. Im Juni 2013 legte Bundespräsident Joachim Gauck schließlich den Grundstein für das riesige Gebäude. Wenn alles gutgeht, soll der Kunst- und Wissenschaftstempel im Schlossgewand im Jahre 2019 eröffnet werden.

Einstweilen steht die **Humboldtforum-Infobox** auf dem Platz, ein Provisorium, das in den Augen mancher Kritiker aussieht wie eine ›übergroße Mülltonne aus dem All‹. Sie soll zahlenden Besuchern Gelegenheit geben, sich über das Schlossprojekt und den Fortgang der Bauarbeiten zu informieren. Groß ist das Interesse von Berlinern und Touristen an Führungen über die Schlossbaustelle, die sporadischen Termine sind immer schnell ausgebucht www.sbs-humboldtforum.de (→ S. 445).

Ein **Denkmal für Einheit und Freiheit** sollte nach dem Entwurf der Berliner Choreographin Sascha Waltz und des Stuttgarter Designers Johannes Milla ebenfalls auf dem Schloßplatz seinen Platz finden. Mit einer riesigen begehbaren Wippe auf dem Sockel eines alten Kaiser-Wilhelm-Denkmals sollte an das Jahr 1989 und den friedlichen Wendepunkt in der deutsch-deutschen Geschichte erinnert werden. Im April 2016 wurde das Projekt, mit dem sich so mancher nie richtig anfreunden konnte, vom Haushaltsausschuss des Bundestags vorerst gestoppt.

## ■ Ehemaliges Staatsratsgebäude

Am Südrand wird der Schloßplatz vom einstigen Staatsratsgebäude der DDR flankiert, das in der Ära Walter Ulbrichts Anfang der 1960er Jahre gebaut wurde. Dominiert wird die Fassade des schlichten Funktionsbaus von einem architektonischen Überbleibsel aus preußischer Zeit. Hier hat das prachtvolle Portal, das einst den Lustgartenflügel des preußischen Stadtschlosses zierte, den Wandel der Zeiten überdauert. Arbeiterführer Karl Liebknecht hatte auf dem Balkon dieses Portals am 9. November 1918

*Das ehemalige Staatsratsgebäude*

vor jubelnder Masse die freie und sozialistische Republik und damit das Ende der Monarchie in Deutschland ausgerufen. Somit hielt es die DDR-Führungsriege für wert, das zu Beginn des 18. Jahrhunderts vom königlichen Baumeister Eosander von Göthe gefertigte Fassadenstück in den Amtssitz des sozialistischen Führungskollektivs zu integrieren. Nach dem Umzug der Bundesregierung von Bonn nach Berlin wurde das Gebäude mit seinen 165 Büroräumen vorübergehend zum Amtssitz des damaligen Bundeskanzlers Gerhard Schröder. Dauerhaft in den Diensträumen von Ulbricht, Stoph, Honecker und Krenz zu residieren, konnte sich die bundesdeutsche Politikergarde jedoch nicht vorstellen. Im einstigen Staatsratsgebäude bildet nun die ›European School of Management‹ den Führungsnachwuchs für die auf Gewinnmaximierung ausgerichtete Marktwirtschaft aus. Symbolträchtiger hätten sich die Ideale der DDR-Strategen nicht in ihr Gegenteil verkehren können.

■ **Außenministerium**
Ein paar Schritte weiter, am Werderschen Markt, wurde in den 1930er Jahren auf Geheiß Hitlers das neue Reichsbankgebäude errichtet. Die historischen Bauten mussten weichen, darunter auch die von August Stüler errichtete Alte Münze. Den Tresoren der Reichsbank vertraute der NS-Diktator die finanziellen Rücklagen des Reiches an. Die Panzerschränke gibt es noch immer. Sie befinden sich im Keller des Gebäudes und beherbergen Archivmaterial.
In den frühen Jahren der DDR zog zunächst das Finanzministerium des ›Arbeiter- und Bauernstaates‹ in die einstige Reichsbank ein. Von 1959 bis 1990 residierte das Zentralkomitee der SED (Sozialistische Einheitspartei Deutschlands) unter dieser Adresse. 1995 entschied die Bundesregierung, nach ihrem Umzug vom Rhein an die Spree das Auswärtige Amt in dem wuchtigen Bollwerk am Werderschen Markt unterzubringen. Für die Behörde mit ihren fast 2000 Mitarbeitern reichte der Platz allerdings bei weitem nicht aus. Nach Entwürfen der Architekten Thomas Müller und Ivan Reimann entstand bis zur Jahrtausendwende der Neubau. Der verglaste Innenhof lockert den massigen Bürokomplex auf und steht auch Besuchern offen. Ein Café und ein Buchladen bieten sich als Anlaufstationen an. Die Arbeitszimmer des Bundesaußenministers liegen im Altbau – und zwar im zweiten Stock, genau dort, wo einst Erich Honecker als Generalsekretär der SED seines Amtes waltete.

■ **Schinkelsche Bauakademie**
Noch ist der große rote Klinkerquader eine Attrappe. Hier mogelt Berlin, wie an manch anderer Ecke auch und zeigt mit Fassadenplane schon mal, wie es hier eines Tages aussehen könnte. Am

neu angelegten Schinkelplatz soll sie wiederentstehen – die Bauakademie, die im 19. Jahrhundert an dieser Stelle nach den Entwürfen Friedrich Schinkels (→ S. 69) errichtet worden war. Der viergeschossige Klinkerbau mit den vier identischen Flügeln und Flachdach gilt als revolutionärster Bau des preußischen Baumeisters. Schinkel verzichtete darauf, den Baukörper ästhetisch zu verkleiden und ihn zum Beispiel in eine an der klassischen Antike orientierte Hülle zu stecken. Bei diesem Entwurf stand die Funktion des Gebäudes im Mittelpunkt, eine ganz neue Herangehensweise, von der sich eine neue Architekturästhetik ableitet. Die Fachwelt des 20. Jahrhunderts erkannte in dem 1836 fertiggestellten Gebäude einen Vorboten der Moderne, die noch ein knappes Jahrhundert auf sich warten lassen sollte.

Das im Krieg beschädigte Gebäude der Bauakademie wurde in den 1960er Jahren abgerissen, um Platz zu schaffen für den Neubau des DDR-Außenministeriums, das in der wiedervereinten Stadt auch schon längst wieder von der Bildfläche verschwunden ist. Wenn Schinkels Bauakademie erst wieder steht, könnte sie nach Vorstellung der heutigen Planer als Ausstellungs- und Tagungszentrum genutzt werden.

■ **Friedrichswerdersche Kirche**

Friedrichswerder wurde in der zweiten Hälfte des 17. Jahrhunderts als eine der ersten Erweiterungen des historischen Stadtkerns angelegt. Zwischen 1824 und 1831 wurde die elegant dimensionierte Kirche errichtet. Für den Entwurf zeichnet ebenfalls Schinkel verantwortlich. Vorbilder für diesen neogotischen Bau finden sich in England. Die aber konnte der preußische Baumeister nur von Bildern gekannt haben, als er die Pläne für seine Friedrichwerdersche Kirche zu Papier brachte. Zu einer Reise durch Großbritannien brach der Geheime Oberbaurat erst 1826 auf.

Im Zweiten Weltkrieg wurde die Kirche mit dem lichtdurchfluteten Innenraum und der umlaufenden Empore zerstört. Zur 750-Jahr–Feier der Stadt präsentierte Ost-Berlin das Gebäude vorbildlich restauriert. Eigentlich dient die Kirche als **Schinkelmuseum**, sie wurde aber durch benachbarte private Bauarbeiten so stark in Mitleidenschaft gezogen, dass sie seit einigen Jahren geschlossen ist. Die Wiedereröffnung ist ungewiss, wer für den Schaden aufkommt, ebenso. Das Museum widmete sich nicht nur dem Schaffen des Baurats Schinkel, sondern zeigte auch Werke von seinen Freunden und Kollegen Schadow, Rauch und Tieck. Vor allem Skulpturen und Gipsentwürfe für Plastiken konnte man hier bewundern. Darunter Johann Gottfried Schadows bekannte Prinzessinnengruppe, ein Jugendstandbild der späteren Königin Luise von Preußen und ihrer Schwester Frederike. Luise war die Ehe-

*Die Friedrichswerdersche Kirche hat eine ungewisse Zukunft*

frau von König Friedrich Wilhelm III. und im Volk äußerst beliebt (→ S. 444).

■ **Hausvogteiplatz**
Eine kleine Grünanlage in der Mitte, ein plätscherndes Wasserspiel – ein Abstecher zum Hausvogteiplatz lohnt, weil sich der Platz heute als angenehme City-Oase abseits der großen Verkehrsadern präsentiert. In vergangenen Jahrhunderten dürfte der Platz einen gänzlich anderen Charakter gehabt haben. Denn in der Hausvogtei wurden politische Straftaten abgeurteilt. Wen die Richter schuldig gesprochen hatten, der wurde gleich an Ort und Stelle hinter Schloss und Riegel gesperrt. Das Thema Justiz ist hier aber auch heute noch präsent. Gleich in der Nachbarschaft (Mohrenstraße 37) hat das Bundesjustizministerium seinen Sitz. Im 18. Jahrhundert siedelten sich vor allem Hugenotten rund um den Hausvogteiplatz an. Die beherrschten das Tuchmacherhandwerk so exzellent, dass sie sich bald als Uniformnäher unentbehrlich machten. Im 19. Jahrhundert eröffneten auch viele jüdische Schneider in dieser Gegend ihre Betriebe. Einer von ihnen erfand anno 1839 die Konfektionsmode. Statt wie üblich jedem Kunden und jeder Kundin ein Kleidungsstück auf den Leib zu schneidern, fertigte der pfiffige Schneider ohne konkreten Auftrag mehrere Mäntel nach gleichem Zuschnitt an. Kurze Zeit später blühte am Hausvogteimarkt der Handel mit Stoffen und Konfektionsteilen. Niedriglohn-Heimarbeiterinnen nähten die Kleidungsstücke fertig, und bald war preisgünstige Konfektionsmode ein Verkaufsschlager in Preußens Hauptstadt.

Auf einer ehemaligen Freifläche zwischen Kurstraße und Hausvogteiplatz sind ab 2005 die Berlin Townhouses entstanden. Fünf Architekturbüros stellen hier zehn Stadthaustypen vor, die an die schmucken mehrstöckigen Reihenhäuser Amsterdams erinnern und zentrumsnahes Wohnen im gehobenen Stil ermöglichen.

## Gendarmenmarkt

Für viele zählt der Gendarmenmarkt zu den schönsten Plätzen der Stadt. Im Sommer wird er zur attraktiven Kulisse für Open-Air-Konzerte, und im Winter haucht er einem der vielen Berliner Weihnachtsmärkte das Flair vergangener Zeiten ein. Drei imposante Bauwerke prägen das Erscheinungsbild des rechteckigen Platzes – der Deutsche und der Französische Dom und, in ihrer Mitte, das Konzerthaus, das ursprünglich königliches Schauspielhaus gewesen ist. Die wechselvolle Geschichte des Platzes begann Ende des 17. Jahrhunderts. Damals legten die Baumeister in der Feldmark außerhalb der alten Befestigungsanlagen einen neuen Stadtteil mit streng geometrischem Straßenraster an – die Friedrichstadt. Der nach Plänen von Jo-

*Am Hausvogteiplatz*

*Attraktive Kulisse: der Gendarmenmarkt*

hann Arnold Nering gestaltete Marktplatz war Teil davon. In der neuen Friedrichstadt siedelten sich zunächst vor allem französische Protestanten an, die ihrer Heimat als Glaubensverfolgte den Rücken gekehrt hatten und dem Ruf des Großen Kurfürsten in die Mark Brandenburg gefolgt waren. Die neuen Siedler sprachen in der neuen Heimat immer noch Französisch – und so wurde der Marktplatz in der Friedrichstadt zunächst Esplanade genannt. Später trug er noch verschiedene Namen, bevor er 1799 in Gendarmenmarkt umbenannt wurde. Namensgeber waren nun die ›Gens d'Armes‹, die Leute mit den Waffen, die hier von 1736 bis 1782 stationiert waren. ›Gens d'Armes‹ war der Beiname des Garderegiments – denn auch bei Hofe wurde seinerzeit Französisch gesprochen.

Im Bombenhagel des Zweiten Weltkriegs ging die Pracht unter. Die DDR-Führung ließ den Platz und seine Bauwerke wiederaufbauen. Schon 1950 nannte man den Gendarmenmarkt in ›Platz der Akademie‹ um, um sich von Gendarmen und Preußenzeit zu distanzieren. Kurz vor der 750-Jahr-Feier kehrte sogar das von Reinhold Begas gestaltete **Schillerdenkmal**, das die Nazis 1935 entfernt hatten, an seinen angestammten Platz zurück – eine Gabe West-Berlins, auf dessen Territorium das Denkmal Jahrzehnte lang eingemottet gewesen war. In den letzten Jahren der DDR gehörten die Wohnungen am restaurierten Platz zu den begehrtesten Adressen in Ost-Berlin. Zu den Privilegierten, denen die zentrale Vergabestelle hier eine Wohnung zuwies, gehörten populäre Künstler, unter anderem Tamara Danz, die 1996 verstorbene Sängerin der Kult-Band Silly.

Nach der Wende erhielt der Platz seinen alten Namen zurück. Rund um das üppige Rechteck und in den Seitenstraßen findet sich inzwischen vieles, was schön und teuer ist: Noble Hotels und Restaurants, Edelboutiquen und eine ganze Reihe von Institutionen, die sich mit unterschiedlichsten Mitteln und zu entsprechenden Preisen um die ästhetische Perfektion des Körpers bemühen.

### Französischer Dom

Der Französische Dom wurde in den Jahren zwischen 1701 und 1705 als Kirche für die aus Frankreich geflüchteten Protestanten errichtet. Ursprünglich war das Gotteshaus der französischen Gemeinde ein schlichter Sakralbau mit schmucklosem Innenraum. Den 70 Meter hohen Turm mit der vergoldeten Kuppel erhielt der Französische Dom ebenso wie sein gegenüberliegendes Pendant, der Deutsche Dom, erst in der zweiten Hälfte des 18. Jahrhunderts, als Friedrich II. regierte und seine Baumeister beauftragte, dem Machtzuwachs Preußens mit imposanten Repräsentationsbauten in der Hauptstadt Ausdruck zu verleihen. Der alte Friedhof der französischen Kirche musste für den Turm Platz machen. Im Gegenzug wurde der Gemeinde Nutzungsrecht für unbegrenzte Zeit zugesichert. Die Domkuppel kann bestiegen werden (→ S. 392)

Der Eingang zur **Französischen Friedrichstadtkirche** liegt auf der Westseite des Doms. Hier finden noch immer Gottesdienste der französischen reformierten Gemeinde und dienstags bis freitags jeweils um 12.30 Uhr kurze Orgelandachten statt.

Auch das **Berliner Hugenottenmuseum**, das man über den Eingang an der Ostseite betritt, und ein feines Restaurant haben im Dom Einzug gehalten. Schweißtreibend, aber unbedingt empfehlenswert ist ein Aufstieg zur Aussichtsplattform. Dafür muss man 284 Stufen bewältigen – einen Aufzug gibt es nicht – wird in 40 Metern Höhe aber mit einem fantastischen Panoramablick belohnt (→ S. 444).

### Deutscher Dom

Der Deutsche Dom wurde zunächst ebenfalls als einfache Kirche gestaltet. Diese neue Kirche für die deutsche lutherische Gemeinde in der neu angelegten Friedrichstadt wurde 1708 fertiggestellt, drei Jahre nach dem Gotteshaus der französischen Gemeinde auf der anderen Seite des Platzes. In einen stattlichen Dom mit schlankem Turm und goldverzierter Barockkuppel wurde sie genau wie ihr französisches Pendant erst in den 1780er Jahren verwandelt. Baumeister der klassizistischen Zwillingstürme war zunächst Carl von Gontard. Doch die Kuppel nach seinen Entwürfen fiel zunächst so mächtig aus, dass es zum Teileinsturz des Gebäudes kam. Daraufhin wurde Georg Christian Unger mit der Vollendung des Bauvorhabens beauftragt. Nach der blutig niedergeschlagenen Märzrevolution von 1848 bahrte man die Gefallenen auf den Stufen des Deutschen Doms auf. Nach einem evangelischen Trauergottesdienst wurden kurze Ansprachen von protestantischen, katholischen und jüdischen Geistlichen gehalten.

Zwischen 1982 und 1996 wurde der kriegszerstörte Dom wiederaufgebaut. Noch zu DDR-Zeiten hatte die evangelische Kirche Berlins das Gebäude an den Staat übergeben. Nach der Wiedervereinigung ist die überaus sehenswerte Ausstellung ›Wege, Irrwege, Umwege – die Entwicklung der parlamentarischen Demokratie in Deutschland‹ hier eingezogen (→ S. 444).

### Konzerthaus

Zwischen den Zwillingsdomen stand einst das französische Komödienhaus. Am preußischen Hof wurde Französisch gesprochen, und hier ließ man sich des Abends von Bühnenwerken in französischer Sprache unterhalten. Im 19. Jahrhundert kam auch bürgerliches Schauspiel in deutscher Sprache zur Aufführung. Im Jahr 1817, just während der Schlossbrandszene in Schillers ›Die Räuber‹, brannte der Theaterbau ab. Auf dem vorgegebenen Grundriss entstand zwischen 1818 und 1821 Karl Friedrich Schinkels Theaterneubau – ein Meisterwerk klassizistischer Baukunst. Apollo, in der griechischen Mythologie Gott der Musik, der Dichtkunst und des Gesangs, thront umgeben von Musen auf dem Dachgiebel. Gestaltet wurde die Figurengruppe von Schinkels Freund und Kollegen Christian Daniel Rauch.

Kurz vor Ende des Zweiten Weltkriegs erlitt auch das Schauspielhaus im Bombenhagel schwere Schäden. In den späten 1970er Jahren begann man mit dem Wiederaufbau, wobei die Fassaden weitgehend nach den alten Schinkelplänen rekonstruiert wurden. Innen hat man das Gebäude aber völlig neu gestaltet, und weil es in Ost-Berlin bis dahin keinen repräsentativen Ort für klassische Konzerte gab, wandelte man das frühere Theater in ein Konzerthaus um. 1984 wurde es eingeweiht, und in den Konzerthaus-Sälen finden inzwischen jedes Jahr mehr als 500 Musikveranstaltungen statt. Ein Großteil des Programms wird vom hauseigenen Konzerthausorchester bestritten. Anspruchsvolle Ohren werden allerdings von der nicht gerade erstklassigen Akustik enttäuscht sein (→ S. 424).

■ **Gastronomie am Gendarmenmarkt**
Allen, die nicht ständig die Kalorientabelle vor Augen haben, sei ein Abstecher zu **Fassbender & Rausch** dringend empfohlen. Die Schokoladenspezialisten am Gendarmenmarkt (Charlottenstraße 60) bereiten eine Fülle süßer Gaumenkitzel zu, von den erlesenen Kleinigkeiten an der Pralinentheke, über Törtchen bis zur Trinkschokolade. In ihrem Schokoladenhaus präsentieren sie zudem süße Sehenswürdigkeiten, ob Brandenburger Tor, Reichstag oder Titanic, alles wurde aus Schokomasse gegossen. An Samstagabenden wird in dem dazugehörigen Restaurant ein mehrgängiges Schokoladenmenü serviert, und dazu

*Das Konzerthaus mit dem Schillerdenkmal*

gibt's Livemusik, Texte und Gedichte aus dem Berlin der 1920er Jahre.

Wem das alles zu viel des Süßen ist, der kann nebenan im **Augustiner am Gendarmenmarkt** (Charlottenstraße 55) herzhafte bayrische Schmankerl bestellen. Klar, die blau-weiße Bayernecke am preußischen Platz ist ein eklatanter Stilbruch – schmecken tut's trotzdem.

Politische Prominenz gehört im **Restaurant Borchardt** auf der anderen Seite des Platzes (Französische Straße 47) quasi zum Inventar. Die erste Garde der Politik steht auf diesen Laden. Und viele, die gern mal Merkel & Co in natura sehen wollen, zieht das Lokal auch magisch an. Aber letztlich lebt die hochpreisige Gastronomielegende von ihrem Namen. Delikatessenhändler August Borchardt belieferte zu wilhelminischer Zeit schon die Regenten im Berliner Schloss.

Für extravagante Kreativküche der Jetztzeit steht das luxuriöse und mit zwei Michelin-Sternen ausgezeichnete **Fischers Fritz** gleich in der Nachbarschaft (Charlottenstraße 49).

▲ *In der Friedrichstraße*

## Südliche Friedrichstraße

Gleich um die Ecke, an der Friedrichstraße, tut sich zumindest für die zahlungskräftige Klientel eine Shoppinggegend erster Güte auf. Textiles mit Designerlabel, Taschen, Schuhe, Sonnenbrillen – hier findet sich alles, womit man das Edeloutfit aufpeppen kann. Um 1900 hatte die 3,3 Kilometer lange Meile noch einen zweifelhaften Ruf. Galt Unter den Linden als ›Laufstraße‹ und die nahegelegene Leipziger Straße als ›Kaufstraße‹, so war die Friedrichstraße mit ihrer Bahnhofsgegend und den dazugehörigen Cafés und Spelunken als ›Saufstraße‹ verpönt. Zu Mauerzeiten war der Bahnhof Friedrichstraße (→ S. 172) DDR-Grenzstation und Ort dramatischer Abschiedsszenen zwischen Berlinern aus Ost und West. Weiter südlich, wo Mitte endet und Kreuzberg beginnt, teilte der legendäre Checkpoint Charlie (→ S. 291) als Grenzübergang für die Alliierten und andere Ausländer die Friedrichstraße in zwei Welten. Nach dem Fall der Mauer erlebte besonders der ehemalige DDR-Abschnitt der Straße einen gewaltigen Bauboom. Kritiker meinten, hier würde ein steriles und zumal völlig überflüssiges Cityareal entstehen. Dann aber schwappte ein internationales Publikum mit goldenen Kreditkarten und Kauflaune herein und zerstreute derlei Bedenken. Die recht lange Straße ist nach dem sogenannten Hufeisenprinzip nummeriert (→ S. 21).

### ■ Galeries Lafayette

1996 eröffnete ein Ableger des Pariser Kaufhauses Galeries Lafayette an der Friedrichstraße 76–78 (Ecke Französische Straße). Markenzeichen des gläsernen Baus vom französischen Stararchitekten Jean Nouvel ist der glitzernde Trichterschlund, den man beim Stöbern durch die Warenwelt auf jeder Etage des

*In den Galeries Lafayette*

Konsumtempels umrundet. Angenehm ist die Lebensmittelabteilung im Untergeschoss. Mit dem überbordenden internationalen Angebot des KaDeWe kann sie zwar nicht mithalten, dafür findet sich so ziemlich alles, was Frankreich an Delikatessen zu bieten hat. Wer sein Geld heute lieber für einen Gourmeteinkauf in der Zukunft sparen, beziehungsweise zwischenzeitlich sicher anlegen will, kann im Lafayette auch Gold kaufen. Das zieht man hier direkt aus dem Automaten – wie anderswo Kaugummi oder Kondome. Ein Ein-Gramm-Stück mit 24 Karat kostet auch nicht mehr als ein gepflegtes Abendessen und ist in Zeiten von Finanz- und Eurokrisen allemal beständiger.

### ■ Quartier 206

Das Shoppingkarree Quartier 206 (Friedrichstraße 71) liegt einen Block weiter südlich der Galeries Lafayette und wurde vom amerikanischen Architektenbüro Pei, Cobb, Freed & Partners gestaltet. Im Inneren des Einkaufskarrees sollen geschwungene Marmortreppen, Mosaike im Fußboden und bandartig montierte Leuchten mit sanftem Licht den Art-Déco-Stil der 1920er und 1930er Jahre nachahmen. Zwischen Untergeschoss und Glaskuppel führen Treppen und Rolltreppen in die Galerieetagen. Hier kann man zwischen Modeboutiquen und Antiquitätengeschäften halbe Tage lang lustwandeln und wird dabei gelegentlich von leisen Pianotönen begleitet – die kommen in dem stilvollen Ambiente natürlich nicht aus der Konserve, sondern werden live erzeugt. Das Quartier 205 nebenan (Friedrichstraße 67) ist vor allem eins: groß. Konzipiert wurde der Würfelbau mit rund 49 000 Quadratmeter Nutzfläche vom Kölner Architekten Mathias Ungers. Die Shops hier sind nicht so exklusiv und teuer wie im piekfeinen Quartier 206. Der Gebäudekomplex beherbergt auch etliche Büros sowie Cafés, Restaurants und Bars, in denen das Bürovölkchen bei After-Work-Partys cocktailschlürfend abspannen kann.

# Spandauer Vorstadt

Spandauer Vorstadt? Selbst viele Berliner kennen diese Bezeichnung nicht und würden einen so benannten Ortsteil eher an der Peripherie des westlichen Randbezirks Spandau verorten als mitten in der quirligen Mitte Berlins. Aber genau dort liegt sie heute – die einstige Vorstadt, die sich in Ost-West-Richtung zwischen dem **Rosa-Luxemburg-Platz** und der **nördlichen Friedrichstraße** erstreckt. Den nördlichen Rand des Areals bildet die **Torstraße** (→ S. 87), den südlichen die Bahntrasse, die zwischen Bahnhof Friedrichstraße und dem Alexanderplatz verläuft.

Die Geschichte der Spandauer Vorstadt reicht bis ins Mittelalter zurück. Damals legten sich die Städter hier draußen, außerhalb der Stadtbefestigung, landwirtschaftliche Nutzflächen an. Auch Scheunen mit leicht entflammbaren Materialien wie Heu und Kalk mussten vor den Stadtmauern errichtet werden. **Scheunenviertel** nannte man deshalb einen Teil der Spandauer Vorstadt – die Gegend um den Rosa-Luxemburg-Platz – auch dann noch, als die Scheunen schon abgerissen und an ihrer Stelle Mietskasernen für vom Land herbeiströmende Industriearbeiter hochgezogen wurden. Das Scheunenviertel mit seiner extrem dichten Bebauung, seinen lichtarmen Hinterhöfen und den erbärmlichen Kellerbehausungen gehörte zu den Gegenden der Stadt, in denen um 1900 die Schattenseiten des Industriezeitalters mit all den Facetten des sozialen Elends besonders augenfällig waren.

In Bauland wurden die Landwirtschaftsflächen vor dem Spandauer Stadttor schon lange vor der Industrialisierung umgewandelt – bereits Ende des 17. Jahrhunderts. Damals suchten vor allem Hugenotten, aber auch Juden in und um Berlin ein neues Zuhause, weil ihnen der Kurfürst der Mark Brandenburg Glaubensfreiheit zugesichert hat-

▲ *Die Volksbühne steht auf dem Gebiet des ehemaligen Scheunenviertels*

# Spandauer Vorstadt 153

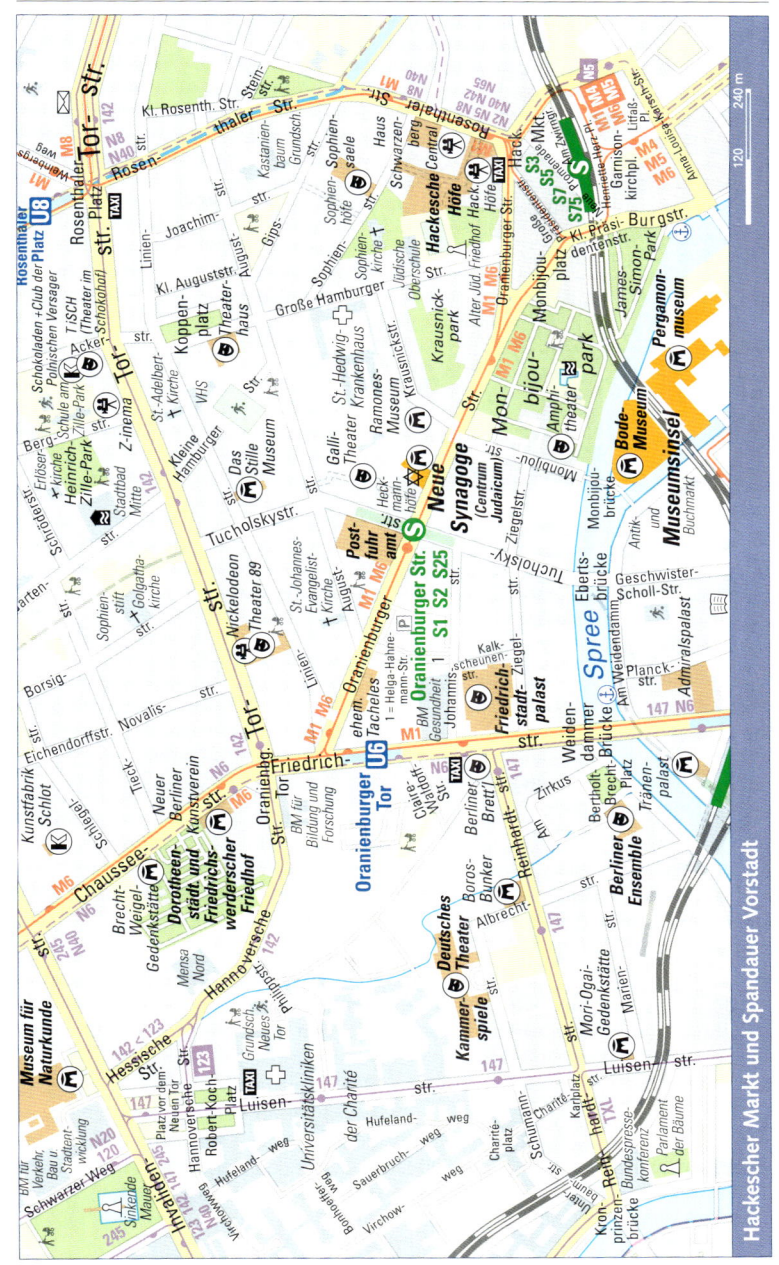

Hackescher Markt und Spandauer Vorstadt

## Spandauer Vorstadt

*Am Rosenthaler Platz*

te. Und viele der Neuankömmlinge siedelten sich auf dem Territorium der neuen Vorstadt an. Ab 1737 wurden Juden, die sich im Kerngebiet der Stadt kein Haus leisten konnten, gezwungen, ins Scheunenviertel zu ziehen.

Im 19. Jahrhundert, als zehntausende Juden vor den Pogromen in Osteuropa flohen, war für einen Großteil von ihnen ebenfalls das Berliner Scheunenviertel die Anlaufstation. Nazi-Herrschaft und Krieg haben dieses alte Quartier ausgelöscht. An das gewaltsame Ende einer langen Tradition und an das furchtbare Schicksal Zehntausender jüdischer Berliner erinnert vieles in der Spandauer Vorstadt – die goldenen ›Stolpersteine‹ im Straßenpflaster ebenso wie leerstehende Gebäude mit bröckelnder Fassade und kleine Museen, die berührende Geschichten erzählen.

Von großer jüdischer Kultur und auch von neuem jüdischem Leben in der Mitte Berlins künden einige Geschäfte und Restaurants, jüdische Schulen sowie die Neue Synagoge aus dem 19. Jahrhundert in der Oranienburger Straße, die mit ihrer schon von weitem sichtbaren goldenen Kuppel alles überstrahlt.

In der Münzstraße erinnert eine bronzene Litfaßsäule an unternehmerischen Erfindergeist und einen pfiffigen ›PR-Strategen‹ des 19. Jahrhunderts. Hier wurde 1855 Deutschlands erste ›Annonciersäule‹ aufgestellt.

Seitdem dieses einstige Stück Ostberlin nach der Wende aus seinem jahrzehntelangen Dornröschenschlaf gerissen und edel saniert wurde, gibt es hier zahlreiche Anlaufstellen fürs abendliche Vergnügen – ganz gleich, ob es einen ins Kino, ins Theater, auf die Tanzfläche oder zu einer Vernissage zieht.

Eher schick ist das Kino in den Hackeschen Höfen, wo etliche Filme in der untertitelten Originalversion gezeigt werden. Nebenan, im Hof der Rosenthaler Straße 39, hat sich das kleine und so gar nicht auf fein getrimmte Cinema auf schräge Filmreihen spezialisiert. Hier laufen auch völlig unkommerzielle Streifen, von denen die meisten Lichtspielhäuser lieber die Finger lassen. Einen Hauch Nachwende-Flair versprüht das Café ›Cinema‹ direkt am Eingang zum Hof. Hier sitzt man noch immer auf alten Holzstühlen und abgewetzten Sofas, umgeben von alten Filmplakaten. Seit jenen Tagen in den frühen 1990ern, als diese Gegend noch ein Geheimtipp war, hat sich praktisch nichts verändert.

Die nahegelegene Oranienburger Straße zieht vor allem Berlinbesucher mit einem Faible für exzessive Kneipentouren magisch an. Spät am Abend bzw. früh am Morgen werden Männer ohne weibliche Begleitung an den einschlägigen Ecken mit den Angeboten der Damen mit extrakurzen Röcken und extralangen Stiefeln konfrontiert. Das Rotlichtmilieu gehört zur Spandauer Vorstadt – heute ebenso wie in vergangenen Jahrhunderten.

# Die Litfaßsäule

»Dem Buchdrucker Ernst Litfaß, allhier ansässig in der Adler Straße 6, wird auf dero persönliches Ersuchen hin gestattet, auf fiskalischem Straßenterrain Anschlagsäulen zwecks unentgeltlicher Aufnahme der Plakate öffentlicher Behörden und gewerbsmäßiger Veröffentlichungen von Privatanzeigen zu errichten. Alles andere Plakatieren von Zetteln ist künftig verboten.« So lautete der amtliche Beschluss aus dem Jahr 1854, der Ernst Litfaß das Aufstellen der von ihm erfundenen und später nach ihm benannten Säulen erlaubte.

Er muss wohl ein ziemlicher Ordnungsfanatiker gewesen sein, dieser Ernst Litfaß. Den königlichen Buchdrucker störten nämlich die an den Häuserwänden seiner Heimatstadt Berlin klebenden Plakate so sehr, dass er auf Abhilfe sann. In Frankreich gab es schon seit Anfang des 19. Jahrhunderts runde Reklameträger, und von dort brachte Litfaß auch die Idee für eine Holzsäule mit, auf der man die Werbeplakate anbringen konnte. Als Geldgeber gewann er den Zirkusdirektor Ernst Renz, und schon im April 1855 wurde die erste Säule aufgestellt. Bereits drei Monate später gab es 150 Litfaßsäulen in Berlin. Um dieses denkwürdige Ereignis zu feiern, wurde sogar ein eigenes dafür komponiertes Musikstück zur Aufführung gebracht, das den treffenden Titel »Annoncier-Polka« trug.

Am Anfang waren die Anschlagsäulen nicht unumstritten. Die einen hielten sie schlicht für zu hässlich, andere sahen in ihnen eine Gefahr für den öffentlichen Verkehr. Trotzdem setzten sich die Säulen des Herrn Litfaß unaufhaltsam durch. Als guter Geschäftsmann verdiente er am Plakatieren gleich doppelt – einmal mit seiner Druckerei, die Plakate herstellte, und dann kassierte er ein zweites Mal für das Anbringen der gedruckten Werbebotschaften auf seinen Säulen. Auch vor Konkurrenz musste sich der geschäftstüchtige Unternehmer nicht fürchten, denn die Stadt Berlin gewährte ihm das Monopol auf das Aufstellen von Werbesäulen. Als Litfaß 1876 im Alter von 62 Jahren starb, war er ein reicher Mann. Er liegt auf dem Dorotheenstädtischen Friedhof im Bezirk Mitte begraben. Sein größtes Andenken aber sind die rund 67 000 Litfaßsäulen, die es heute in Deutschland gibt. Anfang 2011 wurde der Platz vor dem Südausgang des S-Bahnhofs Hackescher Markt nach Ernst Litfaß benannt.

*Am Litfaß-Platz südlich des Hackeschen Marktes*

## Hackescher Markt

Beliebtes ›Eingangstor‹ zur Spandauer Vorstadt ist der Hackesche Markt, der sich über die gleichnamige S-Bahnstation unkompliziert erreichen lässt. Auf dem Platz ist praktisch zu jeder Tages- und Nachtzeit etwas los. An sonnigen Sommertagen spielen Straßenmusiker, überwiegend osteuropäischer Herkunft, hier schon zum frühmorgendlichen Latte Macchiato auf. Während man in einem der vielen Cafés das erste Heißgetränk des Tages einnimmt, hat man ratternde Straßenbahnen im Blick und ein bunt gemischtes Passanten-Potpourri: Büromenschen, die PR-Agenturen oder Kanzleien zustreben, Ladenbesitzer und Verkaufspersonal – denn Adressen für Mode und Accessoires gibt es hier dicht an dicht. Na, und dann betreten auch schon Touristen die ›Bühne‹, um die geschichtsträchtige Gegend mit ihrem charakteristischen Geflecht aus Höfen, Hinterhöfen und Passagen im Schlepptau eines Guides oder auf eigene Faust zu erkunden.

Zur Mittagszeit schwärmen dann wieder alle aus, kehren auf einen Bagel ein, auf ein Kebab oder ein paar Tapas – ganz schnell oder ganz schick. Die gastronomische Szene in diesem Teil der Mitte ist auf alles eingestellt. Auch am Abend sind Hackescher Markt und Hackesche Höfe beliebte Treffpunkte.

### ■ S-Bahnhof Hackescher Markt

Schon der S-Bahnhof Hackescher Markt mit seinen rötlichen Klinkerwänden und dem Terrakottadekor ist eine Sehenswürdigkeit. Erbaut wurde die Station zwischen 1875 und 1882 als Teil der Berliner Stadtbahn. Nach der Wende wurde das Bahnhofsgebäude aufwendig saniert. Die Außenfassade entspricht wieder weitgehend dem Originalzustand. In den Viaduktbögen befinden

*Der Hackesche Markt*

sich heute Geschäfte, Restaurants und Bars – unter anderem der Kilkenny Irish Pub, wo man sich mit einem kräftigen Frühaufsteher-Frühstück für den Tag rüsten und abends mit Irish Stew eine solide Basis für ein paar Kilkennys schaffen kann. Freitags und samstags gibt's Livemusik gratis dazu.

Die Trasse der Stadtbahn, die über dem Pub und den anderen Läden entlangrattert, zeichnet noch heute den Verlauf der im 17. Jahrhundert errichteten Stadtmauer nach. An der Stelle, an der heute die Spandauer Straße die S-Bahnbögen unterquert, stand bis in die 1740er Jahre das ›Spandauer Tor‹. Die alte Stadtmauer und auch das Tor wurden abgerissen, nachdem 1737 die neue ›Zollmauer‹ fertiggestellt war. Sie zog einen größeren Ring um die größer werdende Stadt und schloss auch die Vorstadt mit ein. Den Verlauf dieser neuen Mauer, die erst 1860 geschleift wurde, markiert heute die Torstraße. Der Mann, der die städtebaulichen Arbeiten zwischen der alten, abgerissenen Stadtbefestigung und der neuen Zollmauer leitete, war ein Stadtkommandant namens Hans Christoph Friedrich Graf von Hacke – nach ihm wurde der Marktplatz der neuen Vorstadt benannt.

## Hackesche Höfe

Überquert man den Hackeschen Markt, die Spandauer und danach die Rosenthaler Straße, steht man vor dem Eingang der Hackeschen Höfe. Sie sind das Aushängeschild und Touristenmagnet Nummer Eins dieser Gegend. Schon von außen besticht die großartig sanierte Art-Déco-Fassade. Dahinter liegt ein verschachtelter Baukomplex, der insgesamt acht Höfe umschließt. Das Areal vereint Wohnungen, Büros, Werkstätten, Gastronomie- und Kulturbetriebe. Genauso eine Mischnutzung schwebte schon dem Architekten Kurt Berndt vor, der das Gebäudeensemble Anfang des 20. Jahrhunderts konzipierte. Berndt zeigte mustergültig, wie man das Mietskasernenmuster abwandeln und damit hohen Nutzwert und solide Lebensqualität unter einen Hut bringen kann. Großzügig dimensionierte Höfe, die auch in den unteren Stockwerken eine ordentliche Belüftung der Wohnungen ermöglichen, waren eine wesentliche Neuerung. Ebenso die hellgekachelten Hoffassaden, die das Sonnenlicht reflektieren und für Helligkeit in Wohn- und Gewerberäumen sorgen.

Nach der Wende kaufte eine Unternehmensgruppe den damals heruntergekommenen Gebäudekomplex und sanierte die Anlage für rund 25 Millionen Euro. Die heutige Mischnutzung entspricht dem, was sich die Planer von einst für das Hof-und-Gebäude-Ensemble vorgestellt hatten. Auf nahezu 10 000 Quadratmetern tut sich ein urbaner Mikrokosmos auf, der Wohnraum, Gewerbe- und Ausgeh-Adressen verbindet. Wer zum Shoppen kommt, findet hier **kreative Mode** und Kollektionen, die nicht nur bei international bekannten Designerlabels eingekauft werden. Vie-

*Die Hackeschen Höfe*

*Schaufenster in der Rosenthaler Straße*

les wird vor Ort entworfen und produziert. Vor allem auf Taschen, Gürtel und Schmuck haben sich die Designer in den Höfen kapriziert. Kultstatus haben die Lackkreationen, die Designerin Astrid Freitag in ihrem Laden in Hof V an die Kundschaft bringt. Dabei handelt es sich nicht etwa um Erotikware für den besonderen Geschmack, sondern um witzige Alltagsmode. Jede fertig genähte Jacke, jeder Mantel wird mit einer speziellen Farbe besprenkelt und so zum Unikat.

Geht es um Architektur und Fassadengestaltung, dann ist **Hof I** der schönste Hof von allen. Vor allem bei abendlicher Beleuchtung sehen die kobaltblau- und grünglasierten Kachelleisten überaus dekorativ aus. Tagsüber bietet die **Uhrenmanufaktur Askania** in Hof I ihre Chronometer an. Mit Instrumenten aus der Berliner Askania-Schmiede waren schon die Flugzeuge ausgerüstet, die in den 1920er Jahren den Atlantik überquerten. Abends sorgen ein **Kino** und das **Varieté Chamäleon** für Unterhaltung.

Auch ins **Oxymoron** gelangt man über Hof I. Das Restaurant ist allein schon wegen seines 20er-Jahre-Ambientes sehenswert. Junge Nachtschwärmer mit Faible für gediegenen Dress Code zieht es an späten Freitag- und Samstagabenden in das Speiselokal, das dann zur edlen DJ-Lounge wird (→ S. 445).

## Durch die Straßen und Höfe der Spandauer Vorstadt

Die **Rosenhöfe** verbinden die Hackeschen Höfe mit der Sophienstraße und vermitteln ein ganz anderes Flair – statt Art Déco trifft man hier auf postmoderne Jugendstil-Interpretation. Kurz nach der Jahrtausendwende wurde das Areal von Hinrich Baller ganz neu gestaltet. Der Architekt hat sich mit Gegenentwürfen zu den phantasielosen Wohnmaschinen der 1970er Jahre einen Namen gemacht. Baller setzt ihnen verspielte, an der Natur inspirierte Formen entgegen. Wie das aussehen kann, hat er schon mit den ›Torhäusern‹ am Fraenkelufer in Kreuzberg gezeigt, die 1984 zur Internationalen Bauausstellung errichtet wurden. In den Rosenhöfen muten filigrane türkisfarbene Balkongitter und Treppengeländer wie zarte Hecken an; man kann das kitschig finden oder einfach anders.

### ■ Haus Schwarzenberg

Bevor man sich der Sophienstraße zuwendet, bietet sich ein Abstecher in den Hof von ›Haus Schwarzenberg‹ an. Dafür geht man am Ausgang der Rosenhöfe rechts zur Rosenthaler Straße zurück, hier geht's noch einmal nach rechts und nach ein paar Schritten in den Hof der Hausnummer 39. Ein Verein hat Haus und Hof gekauft und als Wende-Zeit-Ambiente konserviert. So grau und bröckelnd hatte es Anfang der 1990er auch überall in der Nachbarschaft ausgesehen. Im Seitenflügel des Gebäudes findet sich die **Blindenwerkstatt Otto Weidt**, heute ein Museum. Weidt, ein

Besen- und Bürstenfabrikant, beschäftigte während des Zweiten Weltkriegs unter anderem blinde und gehörlose Juden. Für seine von der Deportation bedrohten Arbeiter besorgte er falsche Papiere. Auch als die Gestapo einige seiner Leute bereits zur Sammelstelle in der Großen Hamburger Straße getrieben hatte, verhinderte Weidt deren Abtransport Richtung Vernichtungslager, indem er Hitlers Schergen klar machte, dass es sich bei seiner kleinen Fabrik um einen ›kriegswichtigen Betrieb‹ handele und seine Arbeiter daher unabkömmlich seien. Das **Anne-Frank-Zentrum** und die **Ausstellung Stille Helden**, auch im Hof von Haus Schwarzenberg gelegen, erzählen ebenfalls von Nazi-Terror und mutigem Widerstand. Auch eine Reihe von Designwerkstätten und witzigen Läden haben eine Heimat in dem Haus bekommen. Nicht zu vergessen das **Eschloraque rümschrümp**, eine abgedrehte Kneipe und Cafébar (→ S. 443).

*Graffiti im Hof des Hauses Schwarzenberg*

■ **Sophienstraße**
Von der Rosenthaler Straße biegt man dann wieder in die Sophienstraße ein, lässt sowohl den lärmenden Verkehr als auch die hochgestylten Geschäftsfassaden hinter sich und macht erneut einen Zeitensprung. Hier prägen dreistöckige Wohnhäuser aus dem 18. und 19. Jahrhundert und eine Kirchenidylle mit efeuberanktem Friedhof das Bild.
Die schmale Straße war Teil des großen Sanierungsprogramms im Vorfeld des 750. Stadtjubiläums und wurde als **Handwerk- und Kunsthandwerkstraße** aufwendig und detailversessen wiederhergestellt. Ein **Marionettentheater**, ein **Geschäft für Holzblasinstrumente** und eines, das das ganze Jahr hindurch weihnachtliches **Kunsthandwerk aus dem Erzgebirge** anbietet, sind schon in den 1980er Jahren hier eingezogen. Die vielen kleinen Läden vertragen sich gut mit dem melancholischen Charme der Sophienstraße.
Bei der Vor-Wende-Einrichtung hat es auch die **Konditorei Balzer** (Nr. 31) belassen. Hinter schrulligen Gardinen wird Kuchen verkauft, der nach ›Sonntag bei Oma‹ schmeckt. Größere Mengen Weihnachtsgebäck muss man sich durch rechtzeitige Bestellung sichern, denn durch die Bestellung von Ministerien und anderen Großabnehmern kommt die kleine Backstube im Dezember schnell an die Grenzen ihrer Kapazität.
Gegenüber der Kirche befindet sich der Eingang zu den ebenfalls mit großer Sorgfalt sanierten **Sophienhöfen** (Eingang Haus Nr. 18). Auf dem Gelände hatte seit dem 19. Jahrhundert das Vereinshaus der Handwerker seinen Sitz. Es gilt als Keimzelle der Arbeiterbewegung. Heute finden hier Kunst- und Kulturveranstaltungen statt, und es lohnt sich immer, einen Blick auf den Theater-Spielplan der Sophiensäle zu werfen.

*Blick in die Sophie-Gips-Höfe*

## ■ Sophie-Gips-Höfe

Wer war Sophie Gips? Das ist eine beliebte Stadtführerfrage am Eingang der gleichnamigen Höfe. Die heißen aber schlicht und einfach so, weil sie die Sophien- mit der Gipsstraße verbinden. Sehenswert sind die **Lichtinstallationen**, die diese Hofanlage allabendlich in Szene setzen und als einen Ort der Kunst ausweisen. Auf zwei ehemaligen Fabriketagen präsentiert hier die **Sammlung Hoffmann** zeitgenössische Kunst – darunter Werke von Nan Goldin, Felix Gonzalez-Torres, Gerhard Richter und Frank Stella. Immer samstags gewährt Besitzerin Erika Hoffmann Einlass in ihre privaten Räume. Angemeldete Besucher werden dann in kleinen Gruppen zu Bildern und anderen Kunstobjekten geführt, die Erika Hoffman und ihr verstorbener Mann gesammelt haben. Ihr Geld haben die beiden übrigens mit dem inzwischen verkauften Hemdenlabel ›van Laak‹ gemacht. Ganz nebenbei tun sich beim Streifzug durch die Hoffmann'sche Wohnung fotogene Ausblicke über die Hof- und Dachlandschaften von Mitte auf. Im Anschluss bietet sich gleich vor der Tür **Barcomi's**, bekannt für Bagels, New York Cheesecake und röstfrische Kaffeevielfalt, für eine Pause nach dem Kunstgenuss an.

## ■ Auguststraße

Noch mehr Kunst gibt es gleich um die Ecke, in der Auguststraße, die sich in den Jahren nach der Wende zu einer regelrechten Galeriemeile entwickelt hat. Von den Pionieren, die das neue Kunstviertel im ›wilden‹ Osten Anfang der 1990er geprägt haben, ist allerdings kaum einer geblieben. Auch vor der Spandauer Vorstadt hat die Gentrifizierung nicht Halt gemacht. Mit der Zahl der sanierten Fassaden stiegen die Mieten, und viele, die hier in den von Aufbruchsstimmung geprägten Jahren nach der Wende etwas aufgezogen haben, wurden längst von zahlungskräftigeren Interessenten verdrängt.

Zu den Häusern, die noch immer auf eine Fassadenkosmetik warten, gehören die Hausnummern 11–13 und 14–16. Das eine war bis zum Holocaust eine jüdische Mädchenschule, das andere ein jüdisches Krankenhaus. Das Schulgebäude wurde zu DDR-Zeiten ebenfalls als

*Einst Bäckerei, später die erste Szenekneipe in Mitte: das Hackbarth's in der Auguststraße*

Schule genutzt und nach der Wende der ›Jewish Claim Conference‹ übereignet, die es 2009, nach jahrelangem Leerstand, an die jüdische Gemeinde Berlin zurückgegeben hat.

**Clärchens Ballhaus** (Nr. 24) sieht von außen auch noch reichlich abgeblättert aus, versprüht aber innen jede Menge nostalgischen Charme und ist ein derzeit absolut angesagter Tanztempel, in dem sich ein bunt gemischtes Publikum im Altersspektrum zwischen von 18 bis jenseits der 60 amüsiert. Je später der Abend, desto jünger werden sowohl die Gäste als auch die Musik. Mehrmals pro Woche kann man sich hier in Cha-Cha-Cha oder anderen tänzerischen Standards unterweisen lassen. Warme Küche bietet das Ballhaus-Speiselokal täglich ab 12.30 Uhr, und schöner als im Ballhaus-Garten mit seinem wunderbar morbiden Charme kann man weit und breit weder Pizza noch Schnitzel essen.

■ **Heckmann-Höfe**

In der Auguststraße 9 befindet sich der Eingang in eine weitere Hofanlage. Die Heckmann Höfe verbinden die August- mit der Oranienburger Straße und bilden einen weiteren Gebäudekomplex, der Gastronomie, ein kleines Theater und Geschäfte vereint. Zu Beginn des 19. Jahrhunderts war das Gelände im Besitz eines Holzhandel- und Tischlereibetriebs. In der zweiten Jahrhunderthälfte übernahm Maschinenfabrikant Heckmann das Gebäudeensemble. Nach der Wende ging der zu DDR-Zeiten verstaatlichte Besitz wieder an die Heckmann-Erben zurück, die ihn nach allen Regeln der Kunst sanieren ließen.

Eine Pilgerstätte für Frauen, die das ultimativ besondere Kleid suchen, ist **Stirling Gold** im ersten Hof auf der rechten Seite – wenn man das Gelände durch den Eingang Auguststraße betritt. Hier hat Frau Chancen, ein Brautkleid im Hippielook aufzustöbern, ein Tüllkleid im Stil der 50er Jahre oder ein ›Jacky-O.-Kleid‹ – schlicht und streng, aber aus edler Atlasseide. Im letzten Hof vor dem Ausgang Oranienburger Straße lockt bisweilen ein verführerischer Duft. Wer ihm folgt, findet sich im Souterrain in der **Bonbonmacherei** vor einer bunten Vielfalt handgemachter Bonbons wieder.

## Der Rosenthaler Platz

Der Rosenthaler Platz ist das Herz von Mitte. Es gibt sogar Leute, die behaupten, er sei das Zentrum des bekannten Universums. Man kann es aber auch ganz prosaisch formulieren: Ein Freund behauptet, der Rosenthaler Platz sei das Klo von Mitte. Hier stoßen vier Mitte-Kieze zusammen, sagt er, um Rücken an Rücken auf dem Topf zu sitzen. Richtung Schönhauser wende sich der Fashion-Kiez, Richtung Auguststraße der Kunst-Kiez, Richtung Weinbergsweg der Café-Kiez und Richtung Ackerstraße der Bio-Kiez.

Richtig ist daran einiges: Am Rosenthaler Platz tobt das wahre Leben, weil er ein Knotenpunkt ist. Er ist ein wirklich urbaner Ort, weder chic noch heimelig, weder besonders herausragend noch besonders langweilig. (Auch wenn die neuen Bars und schicken Boutiquen in der in der Rosenthaler und der Brunnenstraße anderes behaupten.) Mitte-Boys, Twentysomethings, prekäre Kreative und ein paar aus dem aktiven Dienst ausgeschiedene Hools treffen auf Studenten, internationale Eigentumswohnungsbesitzer, Yuppies mit Jeeps und Hipster-Touristen. Es gibt eindeutig zu wenige Omas hier.

Die Omas sind verschwunden, als die wilden Jahre des Rosenthaler Platzes vorbei waren. Als der Imbiss International an der nordwestlichen Ecke, gleich beim U-Bahn-Eingang, zumachte, war hier die Nachwende-Ära zuende. Quasi mitten auf der Kreuzung, an der Tramhaltestelle, hatte einmal eine Treppe in ein altes Pissoir hinuntergeführt. In den 1990ern wurde es einige Sommer lang zum Miniclub namens Sexiland. Genau wie von den übrigen Clubs rund um den Platz, vom Glowing Pickle, Boudoir, vom I.M. Eimer und von der Hohen Tatra ist vom Sexiland heute nichts mehr zu finden.

Damals residierte noch ein Burger King direkt am Platz, nun befindet sich dort das St. Oberholz, ein gemütliches Café mit WLAN, wo morgens wie abends junge Leute

*Hausfassade in der Brunnenstraße, rechts das Brandlhuber-Haus*

# Der Rosenthaler Platz 163

*Rund um die Uhr angesagt: die Gastronomie am Rosenthaler Platz*

und Berufsjugendliche Kaffee und Bier konsumieren. Rafael Horzons Möbelladen ist gleich um die Ecke.

Heute prägen nicht mehr Besetzer, Clubszene und andere Mitte-Indianer, sondern Restaurants und Hostels den Platz und seine Umgebung. Zwar wurde die Brunnenstraße 183 geräumt, doch das Hausprojekt Brunnenstraße 6/7 und der Schokoladen in der Ackerstraße 169 trotzen weiter allen Kommerzialisierungstendenzen. Nostalgisch gibt sich die neue Bar an der Ecke gegenüber vom Oberholz, die in den vormaligen Räumen einer Buchhandlung residiert. Sie tut so, als schreibe man noch das Jahr 1992, als man aus praktischen Gründen Bars mit Sperrmüll-Möbeln eingerichtet hatte. Trotzdem: Wenn die Chichifizierung der Gegend noch eine Weile aufgehalten werden kann, dann verdanken wir das vor allem den jungen Touristen, die hier ostentativ herumlungern. Um sie zu verköstigen haben um die Ecke in der Torstraße immer mehr Restaurants aufgemacht. Am Freitag und am Samstag geht hier ein junges Publikum essen, ob es aus Manchester oder aus Marzahn angereist ist, lässt sich allerdings schwer sagen. (Vermutlich sowohl als auch.)

Nicht weit vom Rosenthaler Platz, in der Brunnenstraße 9, ist eines der wenigen nennenswerten architektonischen Projekte zu bewundern, das im Berlin der letzten Jahre entstanden ist. Der Architekt Arno Brandlhuber hat auf dem Fundament einer Bauruine aus den 1990ern ein Haus aus Beton und billigen Materialien hochgezogen. Es hat nicht nur in der Stadt für Aufruhr gesorgt, weil es der für Berlin so typischen Zwischennutzung und ihrer Ästhetik des Unfertigen ein Denkmal gesetzt hat.

Gleich nebenan befindet sich die Kim Bar, die in den Nullerjahren die Fahne der szeneübergreifenden Offenheit hochgehalten hat. Solange es Orte wie diesen gibt, solange der Rosenthaler Platz pulsiert und der weltläufige Geist von einst hier weiter sein Zuhause hat, ist Mitte nicht verloren.

*Ulrich Gutmair*

## Oranienburger Straße

Die Oranienburger Straße wurde bereits im Mittelalter angelegt. Damals hieß sie noch ›Spandauer Heerweg‹ und führte vom Spandauer Tor aus in die benachbarte, wesentlich ältere Nachbarstadt Berlins – nach Spandau. Nach der Wende war die Straße mit ihren vielen Cafés, Bars und Restaurants eine der beliebtesten Ausgehmeilen der Hauptstadt. Der Startschuss dafür fiel Anfang der 1990er Jahre, als hier ein paar schräge Lokale ihre Tore öffneten. Damals hatten sie einen gewissen Geheimtippstatus, denn die Westberliner fingen ja erst zaghaft an, sich den ›wilden Osten‹ zu erschließen. Dass auf der ›O-Burger‹ richtig was abgeht, hat sich dann aber doch im Eiltempo rumgesprochen, und mit stetig wachsendem Publikum veränderte sich auch das Amüsierangebot. Inzwischen muss die gar nicht mehr so kultige Straße auch schon als Piste für die unvermeidlichen Bier-Bike-Touren von Klassenreisenden oder Betriebsausflüglern aus allen Ecken der Republik herhalten.

### ■ Tacheles

Der graue, vom Teilabriss gezeichnete Gebäudekomplex wurde Anfang des 20. Jahrhunderts als Einkaufspassage errichtet. In der Nazi-Zeit musste er als SS-Stützpunkt herhalten, zu DDR-Zeiten war er Gewerkschaftshaus. Wenige Monate nach dem Mauerfall hatte eine Künstlerinitiative das zur Sprengung freigegebene Gebäude besetzt und erwirkt, dass es als Kunsthaus unter Denkmalschutz gestellt wurde. Unter dem Dach des Tacheles-Vereins hatten sich in der Folgezeit Dutzende Künstler ihre Ateliers eingerichtet. Zudem bereicherten ein Programm-Kino, eine Bühne für Off-Theater und Lesungen sowie dröhnende Tacheles-Technonächte die alternative Kulturszene. Der Künstlerverein hatte seinerzeit einen Mietvertrag und einen eher symbolischen Quadratmeterpreis ausgehandelt. Den wollte der neue Eigentümer der Immobilie – die HSH-Nordbank – 2009 aber nicht verlängern. Schließlich mussten die Künstler den Standort 2013 – nach 23 Jahren – verlassen. Einige von ihnen haben inzwischen in der Plattenbau-Großsiedlung Marzahn am östlichen Stadtrand neue Ateliers gefunden (Beilsteiner Straße 51, 12681 Berlin). Auf Druck der Banken wurde das 2,5 Hektar große, brachliegende Gelände samt der denkmalgeschützten Tacheles-Ruine an das US-Unternehmen Perella Weinberg Real Estate verkauft. Derzeit wird die Freifläche bebaut, hier werden wohl Wohnun-

▲ *Das Tacheles steht inzwischen leer*

*Das ehemalige Postfuhramt*

gen und Geschäftsräume entstehen. Mit der Sanierung der Tacheles-Ruine soll 2018 begonnen werden.

### ■ Postfuhramt

Auf der anderen Straßenseite, an der Kreuzung mit der Tucholskystraße, steht das alte Postfuhramt, ein gelber Klinkerbau mit Turm und Kuppel. In den 1870er Jahren wurde das Haus erbaut und sogleich vom technischen Fortschritt erfasst. Bereits 1880 bekam das Postfuhramt elektrische Beleuchtung. 1889 wurde das Amt an die Berliner Rohrpostanlage angeschlossen. Dabei handelte es sich um ein ausgeklügeltes System, das der ›pneumatischen Depeschenbeförderung‹ diente – sprich, der Telegrammbeförderung durch Druckluft. Seit den 1860er Jahren bestand eine Verbindung zwischen dem Haupttelegrafenamt in der Französischen Straße und der Berliner Börse in der Burgstraße. In den folgenden Jahrzehnten wurde das Bankenviertel zwischen Wilhelmstraße und Hausvogteiplatz einbezogen, und im frühen 20. Jahrhundert bekamen auch die Villenbezirke des Berliner Westen Post aus der Druckluftleitung. Im Zweiten Weltkrieg wurde das Informationssystem stark zerstört, nach 1946 aber teilweise weitergenutzt.

Das Postfuhramt erfüllte seine Funktion auch zu DDR-Zeiten noch, bis 1973. Seit Ende den 1990er Jahren wurden wechselnde Ausstellungen in dem wilhelminischen Prachtbau gezeigt, seit 2000 organisierte eine Fotografenvereinigung vielbeachtete Ausstellungen. 2005 wurde die Immobilie zunächst an eine Investorengruppe verkauft, inzwischen gehört sie einem Medizintechnik-Unternehmen. Die Fotografen mussten 2013 ausziehen und zeigen ihre Werke jetzt im ehemaligen Amerikahaus am Bahnhof Zoo (→ S. 215).

### ■ Neue Synagoge

Nur ein paar Schritte sind es bis zur Neuen Synagoge. Während die arme jüdische Bevölkerung einst vor allem im östlichen Teil der Spandauer Vorstadt, im sogenannten Scheunenviertel, lebte, ließen sich wohlhabendere Juden an der Oranienburger Straße nieder. In den 1860er Jahren gab die Jüdische Gemeinde den Bau einer neuen Synagoge in Auftrag. Architekt Eduard Knoblauch ließ sich bei dem Entwurf für das Gotteshaus von der Alhambra in Granada inspirieren. Mit orientalischen Dekorelementen, achteckigen Türmen, vergoldeten Kuppeln und farbigen Glasscheiben, die im Inneren für bezaubernde Lichteffekte sorgten, brachte der renommierte Baumeister den maurisch-byzan-

*Die Neue Synagoge in der Oranienburger Straße*

tinischen Stil an die Spree. Die Bauleitung musste er dann allerdings an einen befreundeten Kollegen, Friedrich August Stüler, übergeben. Die Einweihung der Synagoge im Jahr 1866, bei der sich auch der König die Ehre gab, hat Knoblauch nicht mehr erlebt.

1938, in der Reichspogromnacht, setzte Hitlers SA auch die Neue Synagoge in Brand. Der Schaden hielt sich jedoch in Grenzen, weil der zuständige Polizeivorsteher sofort die Feuerwehr anrücken ließ. Dafür zur Rede gestellt, berief er sich auf den bestehenden Denkmalschutz für das Gebäude. Stark beschädigt wurde die Synagoge dann 1943 durch den Bombenhagel auf Berlin. Am 9. November 1988, 50 Jahre nach der ›Reichskristallnacht‹, wurde der Grundstein zum Wiederaufbau gelegt. Das Gebäude mit der prachtvollen Goldkuppel beherbergt eine **Ausstellung über jüdisches Leben in Berlin** und einen kleinen Gebetsraum (→ S. 447).

Gleich nebenan lohnt der renovierte **Kunsthof** einen Blick: im großzügigen Innenhof befinden sich Läden, Galerien und die **Tadschikische Teestube**, die aus dem Palais am Festungsgraben (→ S. 116) hierher umgezogen ist (→ S. 402).

■ **Große Hamburger Straße**

Über die Krausnickstraße gelangt man in die Große Hamburger Straße, die schon deshalb etwas Besonderes ist, weil sie von der friedlichen Koexistenz von Katholiken, Protestanten und Juden im alten Berlin erzählt. Hier lebten Menschen der unterschiedlichen Konfessionen in nächster Nachbarschaft, wovon die Gotteshäuser und andere Einrichtungen der verschiedenen Glaubensgemeinschaften bis heute zeugen.

Die evangelische **Sophienkirche** mit ihrem zierlichen Barocktürmchen wurde der Spandauer Vorstadtgemeinde von Königin Sophie Luise gestiftet, der dritten Ehefrau von Friedrich I., der 1701 durch Selbstkrönung in Königsberg vom Kurfürsten zum König aufgestiegen war. Das **St.-Hedwig-Krankenhaus** (Nr. 5) war das erste katholische Hospital Berlins und wird heute von der ›Alexianer-Brüdergemeinschaft‹, einem katholischen Krankenpflegeorden, als Klinik betrieben.

Folgt man der Großen Hamburger in Richtung Oranienburger Straße, trifft man auf ein hermetisch abgeriegeltes Gebäude – Doppelzaun, Kameraüberwachung, Polizeischutz. Seit 1993 beherbergt die Hausnummer 27 wieder ein **jüdisches Gymnasium** und eine Realschule. Bevor die Nazis an die Macht kamen, hatte es hier eine jüdische Bildungseinrichtung mit langer Tradition gegeben. Die Wurzeln dieser Schule, die von Mädchen und Jungen besucht wurde, lagen in der jüdischen ›Freischule‹, die der Philosoph und Aufklärer Moses Mendelssohn Ende des 18. Jahrhunderts gegründet hatte.

Auf dem Grundstück daneben befand sich der erste **jüdische Friedhof** Berlins. Angelegt wurde er Ende des 17. Jahrhunderts, als die Gegend noch vor den Toren der Stadt lag. Im Laufe der Zeit hatten hier 12 000 Juden ihre letzte Ruhestätte gefunden. 1943 wurde der Friedhof auf Befehl der Gestapo geschändet. Heute ist das Areal eine friedliche, efeuüberwucherte Parkanlage. Ein Gedenkstein erinnert an Moses Mendelssohn, dessen Grabstätte sich ebenfalls auf dem zerstörten Friedhof befunden hatte.

Auf dem angrenzenden Grundstück (Ecke Oranienburger Straße) stand bis 1942 ein jüdisches Altenheim. Die Nazis machten das Haus zur Sammelstelle für die Deportationen. Daran erinnert eine **Figurengruppe**, die der Bildhauer Willi Lammert in den 1950er Jahren geschaffen hat und die zur Eröffnung der Gedenkstätte auf den Fundamenten des zerstörten Altenheims ihren Platz gefunden hat.

Auf der gegenüberliegenden Straßenseite trotzt ein kleines, zweigeschossiges Haus dem Wandel der Zeiten. Es stammt noch aus der ersten Bebauungsphase der Spandauer Vorstadt. Ein Stück weiter, am Grundstück mit der Hausnummer 15/16, klafft eine Baulücke – das Vorderhaus brannte nach einem Bombenangriff völlig aus. An den Brandmauern der benachbarten Häuser finden sich die Namen von einstigen Bewohnern. Die auf der Höhe der einzelnen Stockwerke aufgebrachten Me-

*Figurengruppe von Willi Lammert in der Großen Hamburger Straße*

*Auf dem Dorotheenstädtischen Friedhof*

talltafeln sind Teil der Installation **The Missing House** aus dem Jahr 1990. Der französische Künstler Christian Boltanski, als Kind eines jüdischen Vaters selbst von Holocaust-Erfahrungen geprägt, hat mit diesen ›stellvertretenden‹ Schicksalen Menschen ein Denkmal gesetzt, deren Lebensweg durch Krieg oder Holocaust einen Bruch erfuhr oder ein jähes Ende fand.

Am südlichen Ende der Großen Hamburger trifft man wieder auf die Oranienburger Straße. Überquert man sie, gelangt man zum **Monbijoupark** an der Spree, wo es sich in den Liegestühlen einer Strandbar mit Blick auf die Museumsinsel wunderbar entspannen lässt.

## Chausseestraße

Darf es anschließend noch mehr Sightseeing sein, lässt sich der Rundgang durch die Spandauer Vorstadt mit einen Abstecher ›vor die Tore‹ Berlins ergänzen. Auf diese Weise kann man dem Wohnhaus von Bertolt Brecht und Helene Weigel und dem Dorotheenstädtischen Friedhof, auf dem das berühmte Theaterpaar neben vielen anderen Persönlichkeiten des Berliner Kulturlebens begraben ist, einen Besuch abstatten. Für diese kleine Extratour folgt man zunächst der Oranienburger Straße bis zu ihrem westlichen Ende am U-Bahnhof Oranienburger Tor. Wie andere Stationen, die ein ›Tor‹ im Namen führen, markiert auch diese die Lage eines der alten Berliner Stadttore, die mit dem Abriss der letzten Stadtmauer im 19. Jahrhundert verschwunden sind. An der U-Bahn-Station zweigt stadtauswärts, in nordwestlicher Richtung, die Chausseestraße ab. Da ›Chaussee‹ französisch ist und nichts als Straße heißt, ist die Bezeichnung eine Tautologie wie der berühmte ›weiße Schimmel‹. Doch ihren komischen Namen erhielt die einstige Oranienburger Landstraße um 1800. Damals wurde die sandige Verkehrsachse ausgebaut und nach französischem Vorbild gepflastert. Weil Straßenpflaster damals noch eine Seltenheit in der Mark Brandenburg waren, wurde die herausgeputzte Landstraße auch ganz französisch-vornehm in ›Chaussee‹ umbenannt. Die ›einfachen‹ Leute, die des Französischen nicht mächtig waren, nahmen das Neue an, hielten aber auch beharrlich am Zusatz ›Straße‹ fest.

Läuft man die zwei Kilometer lange Chausseestraße bis zu ihrem nördlichen Endpunkt, trifft man kurz vor Schluss auf die Einmündung der Liesenstraße. Hier wurde die Straße 28 Jahre lang von der Mauer in Ost und West geteilt, und hier befand sich auch von 1961 bis 1990 der Grenzübergang Chausseestraße.

### ■ Brecht-Weigel-Gedenkstätte

Um das Brechthaus zu besuchen, muss man allerdings längst nicht so weit laufen. Vom Oranienburger Tor kommend, erreicht man das schlichte Wohnhaus mit der Nummer 125 nach wenigen Minuten. Der Schriftsteller Bertolt Brecht und seine Ehefrau, die Schauspielerin Helene Weigel, lebten hier ab 1953 unter einem Dach, aber in getrennten Wohnungen: er in der ersten, sie in der zweiten Etage des Seitenflügels. Nach Brechts Tod 1956 richtete seine Witwe in ihrer Wohnung ein Brecht-Archiv mit einer etwa 4000 Bände umfassenden Nachlassbibliothek ein. Brechts Wohn- und Arbeitsräume wurden im Originalzustand konserviert und können – allerdings nur im Rahmen einer Führung – besichtigt werden (→ S. 443).

Der Brechtkeller, ein Restaurant, in dem einst serviert wurde, was Brecht und die

*Der Friedrichstadtpalast*

Wienerin Weigel gern gegessen haben, steht schon lange leer, eine Neueröffnung nicht in Sicht.

■ **Dorotheenstädtischer Friedhof**

Gleich neben dem Wohnhaus von Brecht und Weigel befinden sich sowohl der Friedhof der Französischen Gemeinde als auch der 1762 angelegte Dorotheenstädtische Friedhof, auf dem Brecht und Weigel neben namhaften Ärzten und Industriellen beigesetzt wurden. Die Schriftsteller Anna Seghers, Arnold Zweig und Heinrich Mann, Berlins großer Baumeister Karl Friedrich Schinkel, sein Schüler Friedrich August Stüler, die Philosophen Georg Wilhelm Friedrich Hegel und Johann Gottlieb Fichte haben hier ebenfalls ihre letzte Ruhestätte gefunden.

Auch prominente Zeitgenossen wie der Schriftsteller Heiner Müller, auf dessen Grab immer eine Zigarre liegt, oder der ehemalige Bundespräsident Johannes Rau wurden hier bestattet. Am Friedhofseingang hängt ein Plan, der die Lage der Gräber verzeichnet (→ S. 444).

## Nördliche Friedrichstraße

Direkt an der U-Bahn-Haltestelle Oranienburger Tor beginnt auch die Friedrichstraße. Die schnurgerade angelegte Verkehrsachse hat früher eines der Stadttore im Berliner Norden – das Oranienburger Tor – mit dem Halleschen Tor, dem Ein- und Ausgang im Süden, verbunden. Der nördliche Teil der gut drei Kilometer langen Straße läuft durch die Spandauer Vorstadt, dann quert die Friedrichstraße die Spree, führt ab da durch die alte Dorotheenstadt, ein Areal, das schon in den 1670er Jahren als eine der ersten Erweiterungen des historischen Stadtkerns angelegt wurde. Etwa einen Kilometer südlich vom Oranienburger Tor trifft die Friedrichstraße auf den berühmten Boulevard Unter den Linden. Südlich der Linden läuft sie durch die um 1690 schachbrettartig angelegte Friedrichstadt (→ S. 146) und mündet kurz vor dem Halleschen Tor in den kreisrunden Mehringplatz, der nicht mehr zum Bezirk Mitte, sondern zu Kreuzberg gehört (→ S. 286).

Der nördliche Teil der Friedrichstraße lag auf dem Territorium Ost-Berlins – und hier wurde in all den Jahren der Teilung ein reger Kulturbetrieb am Laufen gehalten. Als Amüsiermeile hatte sich die Friedrichstraße schon zu Kaiserzeiten einen Namen gemacht. Dicht an dicht reihten sich hier Cafés, Kneipen und Spelunken, so dass die Straße damals auch ›Saufstraße‹ betitelt wurde. An der Friedrichstraße und in den Seitenstraßen öffneten Varieté- und Revuetheater und zogen allabendlich ein vergnügungshungriges Publikum in Scharen an.

■ **Friedrichstadtpalast**

Zu den großen Amüsierinstitutionen gehörte der Friedrichstadtpalast. Das ursprüngliche Gebäude befand sich in Spreenähe, am Schiffbauerdamm und gleich neben dem Theater, das heute Spielstätte des Berliner Ensembles ist. Im alten Friedrichstadtpalast startete das Entertainment Ende des 19. Jahrhunderts mit Zirkusdarbietungen. Nach dem Ersten Weltkrieg brachte man hier monumentale Schauspielinszenierungen, Varieté, Revue und Kabarett auf die Bretter. Zu DDR-Zeiten wurde die Spielstätte für Show- und Musikveranstaltungen weitergenutzt, 1980 dann aber geschlossen und schließlich abgerissen – die Fundamentpfeiler waren völlig verfault. 1984 wurde der neue Friedrichstadtpalast eröffnet. Für den Neubau hatte man ein Grundstück direkt an der Friedrichstraße gefunden, nur wenige Schritte von der U-Bahn-Station Oranienburger Tor entfernt (U6).

Ein architektonisches Highlight ist das Gebäude wahrlich nicht. Wegen seiner mit blumigem Dekor verzierten Fassaden hat es sogar reichlich Spott auf sich gezogen. ›Aserbaidschanischen Betonbarock‹ oder ›Khomeinis Rache‹ so nannten Kritiker den kitschigen Baustil aus der ›DDR-Endzeit‹. Innen aber haben die Kulturverantwortlichen gezeigt, wie man mit ausgeklügelter Technik, durchtrainierten Artisten und langbeinigen Ballettmädchen opulente Shows auf eine der weltgrößten Bühnen bringt. Auch unter neuer Führung hat es das Haus bei einem ähnlichen Repertoire belassen. Heute präsentiert sich der Friedrichstadtpalast als ›Europas größtes Revuetheater‹ und ist – nicht nur wegen üppig inszenierter Weihnachtsmärchen-Shows – nach wie vor eine feste Größe in der Berliner Kulturlandschaft (→ S. 423).

Im Keller des Gebäudes hat der ursprünglich aus Hamburg stammende **Quatsch Comedy Club** sein Domizil gefunden. Hier sind schon so ziemlich alle aufgetreten, die in der deutschen Comedian-Szene Rang und Namen haben: Rüdiger Hoffmann, Gaby Köster, Dieter Nuhr, Atze Schröder und viele mehr.

■ **Berliner Ensemble und Schiffbauerdamm**

An der Weidendammer Brücke zweigt der Schiffbauerdamm von der Friedrichstraße ab. Wenige Schritte - dann steht man vor dem traditionsreichen Theater am Schiffbauerdamm. Das Neobarockgebäude wurde 1892 eröffnet und ab 1903 ein paar Jahre lang vom genialen Regisseur Max Reinhardt geleitet. Hier, im Theater am Schiffbauerdamm, haben etliche große Werke ihre Uraufführung erlebt, Gerhart Hauptmanns naturalistisches Drama ›Die Weber‹ zum Beispiel und auch Bertolt Brechts ›Dreigroschenoper‹. Seit 1954 ist das Haus Spielstätte des Berliner Ensembles (BE), das Brecht 1949, nach seiner Rückkehr aus dem Exil, gegründet hatte. Nach Brechts Tod übernahm die Schauspielerin Helene Weigel, Brechts Witwe, die künstlerische Leitung des Ensembles. Nach Weigels Tod setzten ehemalige Regieassistenten, die noch beim großen Meister gelernt hatten, die Theaterarbeit im

*Das Berliner Ensemble am Schiffbauerdamm*

Brecht'schen Sinne fort. In den 1990ern übernahmen unter anderem Peter Zadek und Heiner Müller das Ruder am Schiffbauerdamm. In der fast zwei Jahrzehnte währenden Ära von Claus Peymann kamen diverse Neuinszenierungen von deutschen Bühnenklassikern auf den Spielplan und immer wieder auch Stücke von Thomas Bernhard. 2017 übernimmt Oliver Reese, der Anfang des Jahrtausends schon Chefdramaturg am Maxim Gorki Theater, die Intendanz des BE (→ S. 422).

In unmittelbarer Nachbarschaft des berühmten Bühnenhauses finden sich Lokale, in denen man Open Air und direkt am Spreeufer sitzen und Fünfe gerade sein lassen kann, zum Beispiel in der **Ständigen Vertretung**. In der Kneipe von Friedel Trautzburg und Harald Grunert gaben sich schon am Standort Bonn Politiker verschiedener Lager die Klinke in die Hand. Als nach der Wiedervereinigung die Frage nach dem Umzug der Regierung vom Rhein an die Spree auf die Agenda kam, gehörten die Kneipiers zu den vehementen Gegnern dieses Vorstoßes. Doch der Umzug wurde beschlossen, und als die Regierungsmitarbeiter ihre Kisten packten, hielt es auch Trautzburg und Grunert nicht mehr in Bonn. Ihre ›Ständige Vertretung‹ war vor allem anfangs Anlaufstelle für heimwehkranke Rheinländer. Kölsch, Sauerbraten und andere Spezialitäten aus dem fernen Landesteil spendeten zumindest kulinarisch etwas Trost. Den rheinischen Karneval mit Umzugswagen, Kamelle und was sonst noch dazugehört, wollten die Wirte vom Rhein ebenfalls an der Spree etablieren. Wirklich gelungen ist das nicht.

## ■ Bahnhof Friedrichstraße

Gegenüber, am anderen Ufer der Spree, liegt der Bahnhof Friedrichstraße. Als er in den 1880er Jahren gebaut wurde, war er ein Vorortbahnhof am Westrand des damaligen Berliner Stadtgebiets. Ein paar Jahrzehnte später ließ sich das immer stärkere Verkehrsaufkommen mit dem ursprünglichen Gebäude nicht mehr bewältigen, deshalb wurde ab 1914 der alte Bahnhof stückweise abgerissen und durch einen neuen, größeren ersetzt. Völlig umgestaltet wurde

▲ *Der Tränenpalast beherbergt heute die Ausstellung ›Grenzerfahrungen‹*

*Blick von Süden auf den Bahnhof Friedrichstraße*

der Bahnhof nach dem Mauerbau. Quasi über Nacht wurde der einstige Vorstadtbahnhof an der Friedrichstraße zur Grenzstation und war, je nach Reiserichtung, die erste oder letzte Station auf Ost-Berliner Gebiet. Um ungenehmigte Ausreisen von DDR-Bürgern zu verhindern, ließ die DDR-Führung das Bahnhofsgebäude noch im August 1961 mit Sperrholzwänden und Zwischendecken in verschiedene Bereiche unterteilen. Für die meisten Ost-Berliner war die Welt an der Friedrichstraße zu Ende. Im Untergrund aber, zwischen S- und U-Bahnanlagen, gab es einen Übergang für Mitarbeiter der DDR-Reichsbahn, die hier Züge abfertigten. Dieser Dienstübergang wurde gelegentlich als Agentenschleuse genutzt. Aber auch Parteifunktionäre, die einen Ausflug in den anderen Teil der Stadt machen wollten, nutzten die Passage. So konnten sie von ihren Reiseprivilegien Gebrauch machen, ohne dass die breite Öffentlichkeit davon etwas mitbekam. Inge Viett und andere in der Bundesrepublik steckbrieflich gesuchte RAF-Terroristen wurden ebenfalls durch das Schlupfloch unter der Friedrichstraße in den anderen deutschen Staat geschleust. Den Feinden des ›Klassenfeindes‹ gewährte die DDR bis zum Schluss Schutz vor strafrechtlicher Verfolgung.

Heute ist der Bahnhof ein wichtiger innerstädtischer Verkehrsknoten mit zahlreichen Einkaufsmöglichkeiten, der aber Ortsunkundige aufgrund seiner Unübersichtlichkeit und der schlechten Ausschilderung leicht in Verwirrung stürzen kann (→ S. 20).

### ■ Tränenpalast

Auf der Spreeseite des Bahnhofs wurde 1962 eine gläserne Abfertigungshalle errichtet. Bis zum Fall der Mauer haben sich hier Millionen von Ost-Berlinern von ihrem West-Besuch verabschiedet, in nüchternem Schwimmbadkachel-Ambiente bei grellem Neonlicht. Weil der Abschied oft mit Tränen verbunden war, gab es bald einen treffenden Beinamen für die Halle – bald kannte sie jeder als ›Tränenpalast‹. Nach Mauerfall und Wiedervereinigung wurde die Halle ein paar Jahre lang zur angesagten Konzert- und Party-Location. Im September 2011 wurde nach längerer Sanierungsphase in dem denkmalgeschützten Gebäude ein ›Museum der Teilung‹ eröffnet (→ S. 447), der Eintritt ist frei.

■ **Admiralspalast**
Ein weiterer Veranstaltungsort mit langer Tradition liegt auf der Nordseite des S-Bahn-Viadukts, vis-à-vis der neu errichteten Hochhaustürme – der Admiralspalast. Dieser Amüsiertempel wurde Anfang des 20. Jahrhunderts als Eispalast eröffnet, später in ein Revuetheater umgewandelt. Während der Nazi-Zeit wurde der Zuschauerraum um eine ›Führer-Loge‹ erweitert, und auf der Bühne feierte Operettenschönling Johannes Heesters seine Erfolge. Nach dem Zweiten Weltkrieg wurde unter dem Dach des Admiralspalasts ein Stück Politikgeschichte geschrieben – SPD und KPD vereinigten sich hier zur sozialistischen Einheitspartei SED. In den 1950er Jahren zog das politische **Kabarett die Distel** in das Gebäude ein und begleitete Politik und Alltag im Arbeiter- und Bauernstaat mit der gerade noch erlaubten Portion Ironie. Heute bespielen die Distel-Kabarettisten nach wie vor die Bühne im Vorderhaus. Hier laufen Satireshows zur politischen Lage im Lande oder auch ›Berlin Extra Scharf‹ – ein Chrashkurs für Touristen und Neu-Berliner, der Lacher, wie sollte es anders sein, mittels Belebung von Klischees erzielt. Auf der zweiten, größeren Bühne des Admiralspalasts finden Theateraufführungen, Lesungen und Konzerte statt. (→ S. 422).

Unterquert man den S-Bahn-Viadukt und setzt den Friedrichstraßenbummel in südlicher Richtung fort, nähert man sich dem Abschnitt, in dem sich die einst als ›Saufstraße‹ verrufene Meile inzwischen äußerst elegant präsentiert. Kurz vor der Kreuzung Friedrichstraße/Unter den Linden liegt auf der linken Straßenseite das **Kulturkaufhaus Dussmann**. Hinter der breiten Fensterfront ballt sich ein riesiges Aufgebot von Büchern, Hörbüchern, CDs, DVDs, Zeitschriften und Noten. Wer hier in die Welt kulturbereichernder Erzeugnisse eintaucht, kann gut und gern ein paar Stunden mit Schauen und Schmökern zubringen (→ S. 430).

▲ *Das Spreedreieck am Bahnhof Friedrichstraße*

## Spreedreieck – die teuerste S-Bahn-Treppe der Welt

Er ist rundlich. Und nicht eckig wie die meisten Häuser Berlins. Aber ansonsten ist der Neubau zwischen Bahnhof Friedrichstraße und Spree nicht weiter auffällig. Unten drin sind ein paar Modegeschäfte, oben hocken die Wirtschaftsberater von Ernst & Young. Und dennoch ist dies ein Ort, der randvoll mit Geschichte ist: revolutionäre Architektur, deutsche Theatergeschichte, die Teilung der Stadt, ein berlintypischer Bauskandal, die teuerste S-Bahn-Treppe der Welt und – natürlich – auch die Nazis haben hier mitgespielt.

Schon 1921 hatte die Akademie für Bauwesen erklärt, an diesem Platz könne ein Hochhaus das Stadtbild in kraftvoller Weise bereichern. Die eigens gegründete Turmhaus AG lobte einen Wettbewerb aus, der Architekturgeschichte schrieb, weil Ludwig Mies van der Rohe einen gläsernen Zwanzigstöcker vorschlug. Beim Wettbewerb selbst fiel er zwar durch, doch sein Entwurf wurde zur Ikone der Architekturgeschichte, die heute auf keiner Bauhaus-Ausstellung fehlen darf. Gebaut wurde allerdings erst viel später – und viel kleiner. 1962 entstand der ›Tränenpalast‹ genannte gläserne Bahnhofsvorbau, durch den man mit dem richtigen Pass die hier mitten in Ost-Berlin auch nach dem Mauerbau noch gen Westen fahrenden Züge erreichen konnte.

Richtig Schwung kam erst im Jahr 2001 in die Geschichte. Der Hamburger Investor Harm Müller-Spree bekam das Grundstück vom Land Berlin. Dummerweise hatte die zuständige Senatsverwaltung übersehen, dass ein Stück des Areals der Bahn gehörte, weil unten drunter die S-Bahn durch einen Tunnel fährt. Exakt ging es um 45 Quadratmeter, die dem Land nicht gehört hatten. Das wurde teuer. Der Investor bekam acht Millionen Euro vom Kaufpreis erstattet, dazu Ersatzgrundstücke, später die Erlaubnis, höher zu bauen. Dagegen klagten wiederum Nachbarn, so dass das Land Berlin ihnen weitere vier Millionen Euro Schadenersatz zahlen musste.

Ein Untersuchungsausschuss des Berliner Abgeordnetenhauses versuchte herauszufinden, wie viel der Schlamassel insgesamt gekostet hat. Und wer denn die Hauptschuld zu tragen habe. Einig wurden sich die Politiker nicht. Dabei gäbe es einen Bösen, auf den sich sonst gern alle einigen können. Denn Auslöser der Kettengeschichte war natürlich Adolf Hitler. Die Nazis hatten einst das Deutsche Theater von dem jüdischen Regisseur Max Reinhardt konfisziert. Dessen Erben hatten nach dem Mauerfall erst die Rückgabe des Theaters beantragt, dann ihre Ansprüche an den Hamburger Investor verkauft. Und damit die Stadt ihr Theater behalten durfte, gab sie schließlich ersatzweise das Spreedreieck her.

Wer nun die millionenschwere Treppe in den S-Bahn-Untergrund bewundern will, der findet sie nördlich des Tränenpalastes am Reichstagsufer. Wer aber wissen will, welche Chance auf dem Spreedreieck verpasst wurde, muss ein paar Meter die Friedrichstraße runtergehen. Im dritten Stock des Kulturkaufhauses Dussmann steht ein Sofa. Von dort blickt man durch ein großes Fenster auf die sehr urbane Straße, und erkennt sofort, was für ein herausragender Akzent der vor rund 80 Jahren von Ludwig Mies van der Rohe vorgeschlagene Zwanzigstöcker wäre. Tatsächlich hat es trotz all der verschwendeten Millionen am Ende doch nur für ein handelsübliches Bürohaus gereicht, das nur knapp den Bahnhof übersteigt.

*Gereon Asmuth*

Sie stehen verstört am Potsdamer Platz.
Und finden Berlin zu laut...
Sie wissen vor Staunen nicht aus nicht ein.
Sie stehen und wundern sich bloß.
Die Bahnen rasseln. Die Autos schrein.
Sie möchten am liebsten zu Hause sein.
Und finden Berlin zu groß.

Erich Kästner, Besuch vom Lande, 1929

*Zeltdach des Sony Centers am Potsdamer Platz*

# POTSDAMER PLATZ UND REGIERUNGSVIERTEL

# Die Neue Mitte

Wer hätte das Berlin zugetraut? 40 Jahre lag die Mitte der Stadt ungenutzt im Todesstreifen. Dann, nach dem Mauerfall, die Wiedergeburt innerhalb weniger Jahre: Am Potsdamer Platz entstand ein hypermoderner neuer Stadtteil, nicht weit entfernt ein viel beachtetes Denkmal für die ermordeten Juden Europas, und schließlich erfolgte die Rekonstruktion des Pariser Platzes am Brandenburger Tor (→ S. 104).

## Potsdamer Platz

Vor dem Zweiten Weltkrieg war der Potsdamer Platz einer der verkehrsreichsten Plätze Europas, ein fünfeckiger Knotenpunkt zwischen Ost und West. Auf alten Fotografien ist der Verkehrsturm mit Uhr und Ampel in der Mitte zu sehen, um den Platz gruppieren sich das ›Haus Vaterland‹, der damals größte Amüsierpalast Deutschlands, und das vornehme Hotel Esplanade. Im Krieg wurde dann fast das gesamte Ensemble zerstört.

Als 1961 die Mauer gebaut wurde, zog sich der bis zu mehrere Hundert Meter breite Todesstreifen durch das Areal. Stacheldraht, Panzersperren und Wachtürme boten ein trauriges Bild, und auch der Bahnhof Potsdamer Platz wurde stillgelegt. Nach dem Fall der Mauer entstand aus der Öde wie im Zeitraffer ein komplett neuer Stadtteil. Auf Europas größter Baustelle wuchsen in Windeseile Daimler City und Sony Center und aus dem Boden, ein Konglomerat aus Bürogebäuden, Geschäften, Hotels, Wohnungen, Kinos, Restaurants, Filmmuseum, Musicaltheater und Spielcasino. In einem weltweiten Brainstorming wurde Spektakuläres für dieses Filetstück ersonnen und auch umgesetzt. Heute ist klar, dass die Architektenteams die richtige Mischung gefunden haben, denn am Potsdamer Platz herrscht Leben bis spät in die Nacht, keine Spur von Geisterstadt und verwaisten Bürotürmen. Berlin hat die einzigartige Chance genutzt, sich in wenigen Jahren ein komplett neues Stadtzentrum zuzulegen. Neben dem ebenfalls völlig neu entstandenen Regierungsviertel um den Reichstag verkörpert der Potsdamer Platz das ›Neue Berlin‹ – die Metamorphose von der geteilten und isolierten Mauerstadt zur weltoffenen Metropole in der Mitte Europas.

Mittlerweile besteht der Potsdamer Platz aus drei ›Stadtteilen‹: dem Quartier Potsdamer Platz, auch Daimler-City genannt, dem Sony Center und dem Beisheim Center. Nur wenige Schritte entfernt liegt der achteckige Leipziger Platz.

### ■ Quartier Potsdamer Platz

Das 1998 fertig gestellte Quartier umfasst 19 Gebäude, 10 Straßen und zwei Plätze. Neben Büros und Wohnungen gibt es Kino, Spielbank, Hotels, Theater, ein Shopping-Center mit 130 Geschäften sowie rund 30 Restaurants, Bars und Cafés. Vom Potsdamer Platz aus führt die Alte Potsdamer Straße mitten hinein ins Quartier.

Rechter Hand steht der **Kollhoff-Tower**. Der schnellste Aufzug Europas bringt Besucher in den 24. Stock des verklinkerten Gebäudes. Der Panoramapunkt bietet **Aussichtsplattform und Café** mit Sonnenterrasse sowie aus 100 Metern Höhe einen Blick über alle Sehenswürdigkeiten der Berliner Mitte (→ S. 449). Linker Hand trifft man nach wenigen Metern auf das **Weinhaus Huth**, den einzig erhalten gebliebenen Altbau. Inmitten der Stahl- und Glasriesen wirkt das kleine Haus ein wenig verloren. Gleich nach der Fertigstellung des Quartiers zog ins Erdgeschoss das Berliner Traditionsrestaurant Lutter & Wegner ein. In den oberen Etagen befindet sich seit 1999 die **Daimler Kunst Sammlung**. Auf rund 600 Quadratmetern werden in der Regel viermal jährlich wechselnde Ausstellungen mit abstrakter zeitgenössischer Kunst gezeigt (→ S. 443). Dahinter erstrecken sich die Potsdamer Platz Arkaden, ein bei Berlinern wie Besuchern beliebtes Einkaufszentrum.

Rechts mündet die Voxstraße ein, in der sich mit dem **Cinemaxx** das größte Multiplex-Kino Berlins befindet. In den 19 Kinosälen laufen aber nicht nur Blockbuster, sondern auch regelmäßig Filme in Originalfassung. Zudem ist das Kino ein wichtiger Spielort der Berlinale (→ S. 426, 427).

Das Zentrum der Daimler-City bildet der **Marlene-Dietrich-Platz**, auf den die Alte Potsdamer Straße mündet. Hier findet man die Spielstätte der ›Blue Man Group‹, die Spielbank, das Grand Hyatt Hotel und mit dem **Stage Theater am Potsdamer Platz** eine der größten Musicalbühnen Europas (→ S. 425). Zur Berlinale im Februar verwandelt sie sich in einen glamourösen Kinopalast, in dem die Wettbewerbspremieren und die Preisverkleihungen stattfinden. Im Winter wird die Wasserfläche auf dem Platz zur Eislaufbahn.

Wenn man in Richtung Landwehrkanal geht, kommt man zum **debis-Haus** von Renzo Piano, einem 163 Meter langen und 22 Stockwerke aufragenden, mit

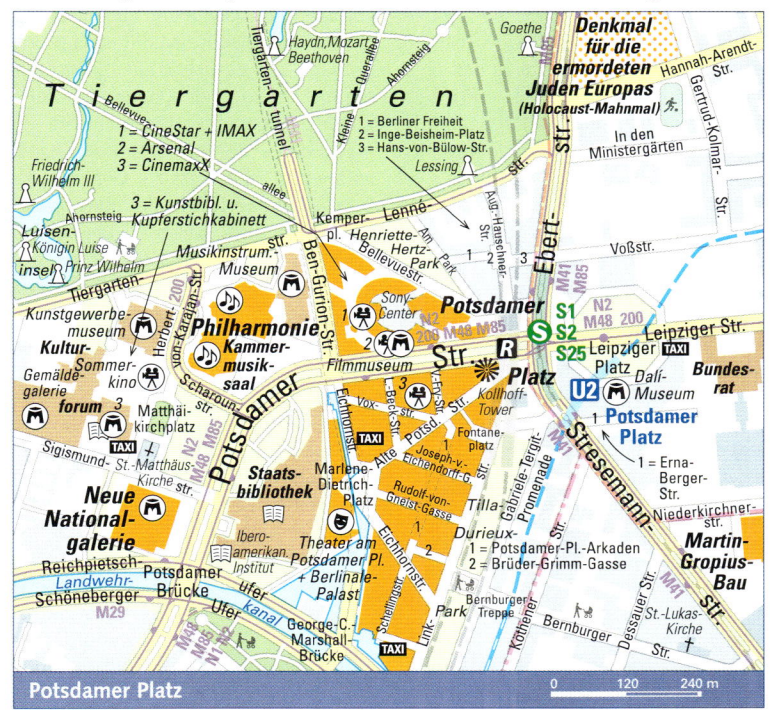

Terrakotta verkleideten Block. Bemerkenswert ist das glasgedeckte Atrium, das die Größe einer Kathedrale besitzt und in dem die Maschinenskulptur ›Meta-Maxi‹ von Jean Tinguely steht. Der dreieckige **See** neben dem Gebäude war als ›urbanes Gewässer‹ von Anfang an Planungsbestandteil des neuen Stadtquartiers. In den Sommermonaten öffnet hier eine nette Strandbar.

### ■ Sony Center

Nördlich der Potsdamer Straße schließt sich an das Quartier Potsdamer Platz das im Jahr 2000 eröffnete Sony Center an. Das Ensemble von Helmut Jahn besteht aus sieben Einzelbauten und wirkt geschlossener als das Quartier. Hier befinden sich die **Sony-Niederlassung für Deutschland**, das **Filmmuseum**, die Deutsche Film- und Fernsehakademie, die **Reste des Hotel Esplanade**, mehrere Kinos und Restaurants sowie das **Legoland Discovery Centre** (→ S. 455). Letzteres ist weltweit auf 3500 Quadratmetern das erste Indoor Legoland. Einen Höhepunkt – nicht nur für Kinder – bildet das Miniland, in dem Berlin und seine Sehens-würdigkeiten aus rund fünf Millionen Legosteinen gebaut wurde.

Den Mittelpunkt des Sony Centers bildet das ovale **Forum**, das von einem aufgefächerten Zeltdach überspannt wird. Auf den ersten Blick ist es vielleicht nicht gleich zu erkennen, aber das Zeltdach hat die Form des heiligen Berges der Japaner, des Fujiyama. Die Piazza unterm Zelt wirkt besonders gut bei abendlicher Beleuchtung in Bonbonfarben. Überragt wird das Forum vom 103 Meter hohen, gläsernen **Bahn-Tower**, einem der beiden höchsten Häuser am Platz, der die Konzernzentrale der Deutschen Bahn beherbergt.

Neben gastronomischen Einrichtungen liegt hier mit dem **Cinestar** ein weiteres wichtiges Kino der Stadt (ebenfalls Berlinale-Standort). Sehenswert sind die vielen Filme in Originalfassungen sowie die 3D-Vorführungen im Imax. Ein wenig Ehrfurcht vor dem alten Potsdamer Platz mag mitgespielt haben, als man den **Kaisersaal**, in dem Kaiser Wilhelm II. seine Herrenabende feierte, aus dem ehrwürdigen, aber maroden Grandhotel Esplanade herauslöste und auf eine zwar nur 75 Meter lange, aber sündhaft teure Reise geschickt und am neuen Standort zum Leben erweckt hat.

### ■ Filmmuseum Berlin

Ein absolutes Muss für Cineasten, aber nichts für Leute mit Höhenangst ist das Filmmuseum Berlin im dritten Stock des Sony-Centers, das man über rasante, gläserne Fahrstühle erreicht. Dieses hervorragend gemachte und auch architektonisch interessante Multimedia-Museum lädt den Besucher auf 1500 Quadratmetern zu einer spannenden Reise durch die deutsche Filmgeschichte ein – von den ersten bewegten und handkolorierten Bildern bis zur Gegenwart. Eine sehenswerte Einstimmung bietet der ›Spiegelsaal‹ gleich zu Beginn der Ausstellung, ein langer Korridor, der sich dem Thema ›Blicke‹ widmet. Elf Stationen dokumentieren danach die deutsche Filmgeschichte: Vom Kino der Pioniere und Stummfilmdiven wie Asta Nielsen über ›Das Cabinet des Dr. Caligari‹ – den Schlüsselfilm der Weimarer Republik – bis zum düstersten Kapitel der deutschen Filmgeschichte unter den Nationalsozialisten. Auch die Zensur, die Ermordung oder Auswanderung vieler bekannter Regisseure und Filmstars wird eindringlich erzählt.

Und nach 1945? Ost und West, Sozialismus und Wirtschaftswunder, das Fernsehen, die Teilung und Einigung Deutschlands prägen die Filmland-

*Die Piazza im Sony Center zieht auch abends viele Besucher an*

*Das Beisheim-Center*

schaft – Schauspieler wie Hildegard Knef, Heinz Rühmann, Romy Schneider, Angelica Domröse und Götz George präsentieren sich in ihren Schlüsselrollen. Im Zentrum der Ausstellung stehen jedoch die drei Räume, die dem Leben und Schaffen von Marlene Dietrich gewidmet sind. In Berlin geboren, avancierte sie zur Ikone des vorigen Jahrhunderts. Highlights aus ihrem Nachlass, darunter etliche Film- und Showkostüme (z.B. ihre berühmte Federboa oder ihr Schwanenpelzmantel) und Portraitfotos sowie Liebesbriefe von Jean Gabin und Ernest Hemingway werden gezeigt. Echten Marlene-Dietrich-Fans sei noch die Webseite www.marlenedietrich.org ans Herz gelegt, eine unerschöpfliche Fundgrube.

Im Keller des Filmmuseums befindet sich das **Kino Arsenal**, das zur Stiftung Deutsche Kinemathek gehört und dessen deutschlandweit einzigartiges Programm jedes Cineastenherz höher schlagen lässt (→ S. 426, 444).

Auf dem Mittelstreifen der Potsdamer Straße entsteht seit einigen Jahren der **Boulevard der Stars**, auf dem deutsche Film- und Fernsehgrößen mit Messingsternen gewürdigt werden.

■ **Beisheim-Center**
Rund 460 Millionen Euro hat Otto Beisheim, der 2013 verstorbene Chef der Mediamarkt-Gruppe, in das umstrittene Luxusprojekt am Nordrand des Potsdamer Platzes investiert. Mit der Fertigstellung des Beisheim-Centers 2004 auf dem Lenné-Dreieck, das bis an den Tiergarten heranreicht, wurde das Bauvorhaben Potsdamer Platz abgeschlossen. Die Hochhäuser mit klaren Formen stehen dicht an dicht, in ihnen sind Büros, Luxusappartements und mit dem Ritz-Carlton-Hotel sowie dem Hotel Berlin Marriott auch zwei Luxushotels untergebracht.

**Leipziger Platz**
Bevor man die wenigen Schritte zum Leipziger Platz geht, kann man sich noch die bunten **Mauerreste** und die **Infotafeln** am S-Bahnhof Potsdamer Platz anschauen. Der achteckige Leipziger Platz schließt unmittelbar östlich an den Potsdamer Platz an. Er wurde in der

ersten Hälfte des 18. Jahrhunderts nach Plänen von Philipp Gerlach angelegt, der auch den viereckigen Pariser Platz am Brandenburger Tor und den runden Mehringplatz in Kreuzberg entworfen hat. Bombardierungen während des Zweiten Weltkrieges haben die Bebauung rund um den Platz weitgehend zerstört, während der DDR-Zeit tat sich nicht viel, da der Platz zu dicht an der Grenze lag. Im Gegensatz zum Potsdamer Platz gibt es hier noch Baulücken.

Im Jahr 2009, pünktlich zu Dalís 20. Todestag und dem 20. Jahrestag des Mauerfalls, eröffnete am Leipziger Platz das private **Dalí-Museum**. Mehr als 400 Exponate geben einen umfassenden Einblick in das Schaffen des experimentierfreudigen und exzentrischen Künstlers. Zu sehen ist eine ständig wechselnde Auswahl seiner Grafiken, Zeichnungen, Lithografien, Holzschnitte und Skulpturen (→ S. 443).

Im Jahr 2014 wurde am Leipziger Platz das Einkaufszentrum **LP12 Mall of Berlin** mit rund 270 Geschäften eröffnet.

Einen weiteren Besuchermagneten am Leipziger Platz bildet das **Deutsche Spionagemuseum**, das einen Einblick in die Arbeit von KGB, Stasi und CIA gibt. Während des Kalten Krieges war Berlin wegen seiner Lage von eminentem geheimdienstlichen Interesse.

## Denkmal für die ermordeten Juden Europas

Aus genau 2711 grauen Betonstelen – auf einer Fläche von 19 000 Quadratmetern – besteht das Mahnmal für die ermordeten Juden Europas zwischen Potsdamer Platz und Brandenburger Tor. Auf den ersten Blick wirkt der Stelenwald regelmäßig, doch das täuscht, denn die Stelen sind immer eine Winzigkeit aus der Lotrechten. Diese akribisch berechneten Unregelmäßigkeiten und der wellenförmige Boden sollen Leben in das starre Betonfeld bringen. Die Wege durch den Betonwald sind geradlinig, die Stelen unterschiedlich hoch, aber immer so angeordnet, dass der Sichtkontakt zur Außenwelt nie gänzlich verlorengeht. In das größte und meistdiskutierte Mahnmal der Republik wurden zudem 41 Bäume integriert, sie sollen den nahen Tiergarten bis hinein in das Mahnmal verlängern. Wie viele Bäume, welche Arten und wohin sie zu pflanzen waren, bestimmte der Architekt Peter Eisenmann, doch in ihrer Anzahl und Anordnung steckt kein tieferer Sinn. Wurde der Architekt des Mahnmals, der New Yorker Peter Eisenmann, nach der Bedeutung seines Entwurfs gefragt, war seine Antwort stets ›Nichts‹. Damit erklärt er es zu einem offenen Kunstwerk. Denn es lässt den Besucher mit seinen Gedanken allein, gibt ihm keine Vorgaben an die Hand. Es ist auch fern jeder Symbolik, die bei konventionellen Mahnmalen immer direkt an Leid und Verbrechen, an Tote, Gefallene und Ermordete erinnert. Hier wird niemandem eine Interpretation aufgezwungen, stattdessen lädt es ein. Als offenes Kunstwerk im direkten Sinn, ohne Absperrungen und Beschränkungen. So kann sich jeder Besucher auf seine ganz persönliche Weise durch das Stelenfeld bewegen. Entweder respektvoll, ehrfürchtig, schweigend wie in einer Kathedrale oder aber heiter und beschwingt, so als ob das Mahnmal ein Gebrauchsgegenstand wäre, der auch zum Verstecken spielen oder Ausruhen taugt.

Seit 1988 hatten die Journalistin Lea Rosh und der Historiker Eberhard Jäckel für den Bau des Denkmals gekämpft, und auch in der Öffentlichkeit wurde über das Vorhaben sehr kontrovers diskutiert. Am 25. Juni 1999 schließlich entschied sich der Deutsche Bundestag für den Entwurf Eisenmanns, der in der Mitte

Berlins in unmittelbarer Nähe des Reichstages und des Brandenburger Tors verwirklicht werden sollte. Anfangs gab es kritische Stimmen, doch schon kurz nach der feierlichen Einweihung war die Akzeptanz für dieses ungewöhnliche Mahnmal groß. Irgendwann streicht jeder über die glatte Oberfläche der Stelen, die in einem Spezialverfahren hergestellt und versiegelt wurden, und fühlt, dass dies ein Denkmal für die Ewigkeit sein könnte. So wie der Holocaust ein Verbrechen war, das ewig in Erinnerung bleiben soll. Allerdings zeigen sich jetzt schon die ersten Haarrisse im Beton, was Zweifel an der Langlebigkeit des Denkmals aufkommen lässt.

■ **Ort der Information**
Würde es den unterirdischen Ort der Information nicht geben, das Mahnmal würde seinen Sinn verfehlen, nämlich an den Jahrtausendschrecken Holocaust zu erinnern. Erst nach dem Besuch dieser beeindruckenden Ausstellung gibt es keinen Zweifel mehr über die Bedeutung des Stelenfeldes. Dabei geht es unter der Erde in erster Linie um Information und nicht um grausame Bilder von Leichenbergen und verhungerten Menschen. Zum Auftakt bekommt man mit Texten und Bildern einen Überblick über die nationalsozialistische Verfolgung zwischen 1933 und 1945. Im ›Raum der Dimensionen‹ gibt es 15 Selbstzeugnisse, die während der Verfolgung niedergeschrieben wurden. Im ›Raum der Familien‹ werden exemplarisch 15 Familienschicksale aus unterschiedlichen europäischen Ländern geschildert. Der ›Raum der Namen‹ ist bis auf einige Sitzgelegenheiten leer und bildet einen dramaturgischen Höhepunkt der Ausstellung. Hier werden die Namen und Kurzbiografien ermordeter Juden aus ganz Europa verlesen und auf die Wände projiziert. Würde man aller sechs Millionen Opfer in dieser Form gedenken, würde das Verlesen der Namen mehr als sechs Jahre dauern. Im ›Raum der Orte‹ wird der Holocaust in seiner geografischen Ausdehnung dargestellt. Schon der erste Blick auf die Landkarte Europas, auf der exemplarisch 200 Orte der Verfolgung und Vernichtung eingezeichnet sind, macht das ganze Ausmaß der Katastrophe deutlich. Die Ausstellung endet mit dem Gedenkstättenportal, wo man sich an PC-Terminals über die aktuellen Gedenkstätten in Europa informieren kann. (→ S. 443)

▲ *2711 Stelen*

# Durch das Regierungsviertel

Der Chauffeurdienst der Bundesregierung hat eine Menge zu tun im weitläufigen Berlin. Ministerien, Parteizentralen und andere Institutionen des politischen Lebens liegen auf unterschiedliche Bezirke verteilt, weit verstreut im inneren Stadtgebiet. So hat zum Beispiel das Bundesministerium des Inneren seinen Sitz in Alt-Moabit, auf der Nordwestseite des Tiergartens. Das Familien- und das Umweltministerium residieren am Alexanderplatz, das Verteidigungsministerium am Reichpietschufer in der Nähe des Potsdamer Platzes. Das Finanzministerium hat ebenso wie das Ministerium für Arbeit und Soziales an der Kreuzberg und Mitte verbindenden Wilhelmstraße Quartier bezogen – in Gebäuden, die bereits in der NS-Zeit und zum Teil schon davor politische Institutionen beherbergt haben.

Die wichtigsten Schaltzentralen der Macht – Parlament und Bundeskanzleramt – liegen jedoch, ebenso wie mehrere Hundert Abgeordnetenbüros, im neuen Regierungsviertel, das für die Regierung des wiedervereinten Deutschlands geschaffen wurde. Das Areal erstreckt sich im Bogen der Spree, etwa zwischen den Nord-Süd-Koordinaten Berliner Hauptbahnhof und Brandenburger Tor.

Bei ihren Entwürfen ließen sich die Planer in den 1990er Jahren von den Zielen Transparenz und Bürgernähe leiten. In Berlin, das sollte die Gestaltung des Areals zum Ausdruck bringen, schotten sich die gewählten Volksvertreter nicht ab. Hier gewährt Politik Einsichten und ermöglicht den Kontakt zwischen dem Wahlvolk und denjenigen, die es auf Zeit regieren. Und tatsächlich können Spaziergänger beim Umrunden des Paul-Löbe-Hauses fast schon auf die Schreibtische einiger Abgeordneter schauen – so dicht darf man ran.

Der Publikumsverkehr in der Reichstagskuppel wird mittlerweile allerdings stark reglementiert. Aus Sorge vor einem Terroranschlag hat die Bundesregierung im Dezember 2010 die Sicherheitsvorkehrungen verschärft. Seither zeigt die Polizei deutlich Präsenz und das Reichstagsgebäude, der Arbeitsplatz des Bundestages, ist durch Sperrzäune abgeriegelt. Besichtigungen der Kuppel sind ebenso wie die Teilnahme an Hausführungen nur nach Anmeldung möglich, (→ S. 447).

Im Oktober 2012 wurde unmittelbar südlich des Reichstags das **Denkmal für die im Nationalsozialismus ermordeten Sinti und Roma** eingeweiht. Nach dem Entwurf von Dani Karavan wurde ein schlichtes Wasserbecken in einer kleinen Grünanlage gestaltet, aus Lautsprechern in den Bäumen ertönt eine Melodie des Komponisten Romeo Franz.

## Neustart auf belastetem Grund

Nach dem ›Hauptstadtbeschluss‹ (→ S. 58) stand schnell fest, dass das historische Reichstagsgebäude Sitz des Deutschen Bundestages werden sollte. Bereits am 4. Oktober 1990 war hier das aus Bundestag und Volkskammer zusammengesetzte gesamtdeutsche Parlament zu seiner ersten Sitzung zusammengekommen. Den Amtssitz des Bundeskanzlers in das ehemalige DDR-Staatsratsgebäude zu verlegen, konnte nach Ansicht der Bonner Entscheidungsträger allerdings nur ein Provisorium sein. Zudem fehlte es an Bürogebäuden für die rund 660 Bundestagsabgeordneten und für mehrere Hundert Mitarbeiter der Bundesregierung. Deshalb gönnte sich die

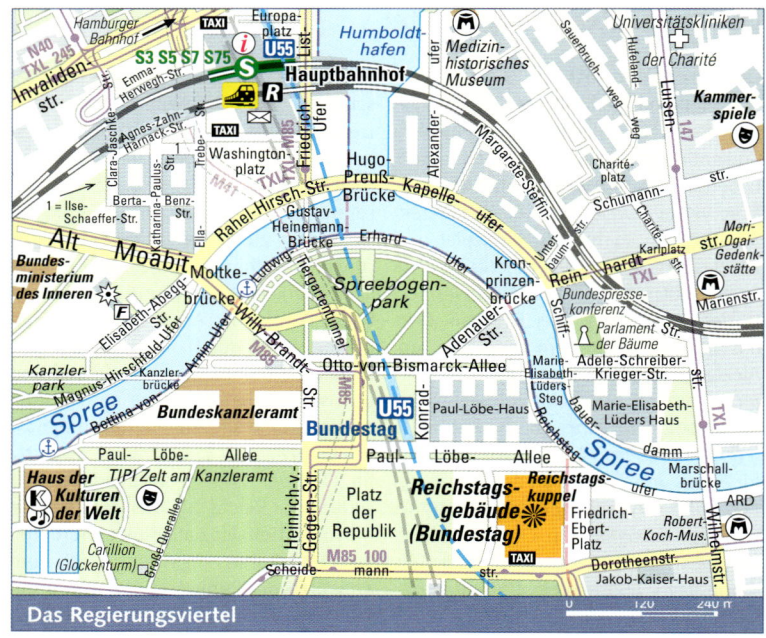

Das Regierungsviertel

Bundesrepublik ein neues, 20 Milliarden Euro teures Regierungsviertel an der Spree. Bauland war vorhanden – im Spreebogen nördlich des Reichstages lag eine Fläche brach, die in den Jahrzehnten der deutschen Teilung im Schatten der Mauer zu Ödland verkommen war. Die neuen Bauherren betraten damit aber auch historisch belastetes Terrain. Auf diesem Areal, zwischen Tiergarten und Wilhelmstraße, wollten einst Hitler und sein Architekt Speer die gigantomanischen Führerträume verwirklichen und die von monströsen Prachtbauten gesäumte neue Machtmeile der ›Welthauptstadt Germania‹ verlaufen lassen. Mit diesem Erbe aus der düstersten Epoche deutscher Geschichte hatten sich auch die Architekten Axel Schultes und Charlotte Frank intensiv auseinandergesetzt, als sie 1992 ihren Plan für die Gestaltung des neuen Regierungsviertels präsentierten. Das von Schultes und Frank entworfene ›Band des Bundes‹ mit Kanzleramt, Bürogebäude für die Abgeordneten und Parlamentsbibliothek erstreckt sich auf mehr als einem Kilometer Länge in Ost-West-Richtung und durchkreuzt damit symbolisch den Bebauungsplan aus Nazi-Tagen, der auf eine Nord-Süd-Achse abzielte. Gleichzeitig verbindet das ›Band des Bundes‹ mit seinen die Spree überspannenden Fußgängerbrücken die einst in Ost und West getrennten Hälften der Stadt.

## Hauptbahnhof

Als Ausgangspunkt für einen Streifzug durchs Regierungsviertel bietet sich der Berliner Hauptbahnhof an. 500 000 Kubikmeter Beton, 85 000 Tonnen Stahl, 1500 Kilometer Kabel und 9117 einzeln angefertigte Glasscheiben bilden die materielle Basis für diese Bahnstation der

Superlative, die an der einstigen Nahtstelle zwischen Berlin-Ost und Berlin-West entstanden ist. Der spektakuläre Verkehrsknotenpunkt wurde auf dem Gelände des 1882 in Betrieb genommenen Lehrter Bahnhofs errichtet, der ab 1930 zur S-Bahnstation umgestaltet worden war und seit dem Bau der Mauer an Bedeutung verloren hatte. Im geteilten Berlin war er bei der Fahrt von West nach Ost letzte Station des Westens. Fernbahnhöfe im geteilten Berlin waren der Bahnhof Zoologischer Garten im Westen sowie der Bahnhof Friedrichstraße und der ehemalige Hauptbahnhof im Ostteil der Stadt (heute heißt er Ostbahnhof). Nach der Wiedervereinigung ließ sich das Passagieraufkommen mit diesen Stationen nicht mehr bewältigen. Mit dem neuen Hauptbahnhof hat die Stadt ihr erstes echtes Verkehrsdrehkreuz bekommen. Die Moskau und Paris verbindende Ost-West-Trasse verläuft über der Erde. Unterirdisch können Züge die Stadt nun auch in nord-südlicher Richtung durchqueren. Die Realisierung dieser Achse hat Planer und Bauarbeiter vor eine extreme Herausforderung gestellt. Hier verläuft der Zugverkehr durch Röhren, die auch unter der Spree verlegt werden mussten. Das Tiefgeschoss des Bahnhofs liegt 15 Meter unter der Erde – im natürlichen Bett der Spree. Um das bautechnisch realisieren zu können, musste der Fluss vorübergehend umgeleitet werden. Das Grundwasser wurde abgepumpt und in einem künstlichen See gesammelt. Es wurden wasserdichte Baugruben geschaffen. Erst danach konnte ausgeschachtet werden. Schließlich haben Bautaucher eine anderthalb Meter dicke Bodenplatte aus wasserdichtem Beton gegossen. Das Grundwasser drückt mit 20 Tonnen auf jeden Quadratmeter des Gebäudebodens. Damit der Bahnhof bei steigendem Grundwasserspiegel nicht weggeschwemmt wird, halten ihn mehrere 27 Meter lange Injektionsanker fest – wie ein Schiff am Ankerplatz. Die Eröffnung des bautechnischen Meisterwerks wurde im Mai 2006 gefeiert, kurz bevor Fußballfans aus aller Welt zum Mega-Event WM in die deutsche Hauptstadt strömten.

Das Gebäude mit den gläsernen Türmen und der mehrgeschossigen Shopping Mall ist allerdings nicht ganz so ausgefallen, wie es sich Architekt Meinhard von Gerkan vorgestellt hatte. Aus Kostengründen hatte die Bahn ohne Zustimmung von Gerkans auf die Gewölbekonstruktion im Tiefgeschoss verzichtet und kurzerhand eine Flachdecke einziehen lassen. Auch die gläserne Überdachung

*Der Hauptbahnhof*

der Bahnsteige oben, an der Ost-West-Trasse, war vom damaligen Bahnchef Hartmut Mehdorn eigenmächtig von 430 auf 320 Meter gekürzt worden. Aus Sicht des Architekten sind beide Veränderungen völlig inakzeptabel. Sie beeinträchtigen nicht nur den ästhetischen Gesamteindruck des Gebäudes, sondern auch dessen Funktionalität, argumentiert der Architekt. Denn weil das Glasdach so kurz geraten ist, muss ein Teil der Passagiere auf dem Bahnsteig an Schlechtwettertagen im Regen stehen. Von Gerkan klagte wegen Urheberrechtsbruch und Rufschädigung und gewann schließlich den lang andauernden Prozess. Das Entschädigungsgeld von acht Millionen Euro floss in eine vom Architekturbüro GMP gegründete Akademie für Architekturkultur.

Am südlichen Ausgang Washingtonplatz wurde in den letzten Jahren kräftig gebaut, die von einer Hotelkette errichteten grauen Blöcke sind schrecklich austauschbar und durchaus umstritten.

Für längere Pausen bietet sich die **Strandbar Capital Beach** auf der gegenüberliegenden Spreeseite an. Der legendäre Bundespressestrand gegenüber der Bundespressekonferenz schloss im Herbst 2011 seine Pforten für immer: Er musste, wie so vieles in der Stadt, einem Neubauprojekt weichen.

Vom Europaplatz nördlich des Bahnhofs sind es nur wenige hundert Meter zum **Hamburger Bahnhof** (→ S. 200), Berlins wichtigstem Museum für moderne Kunst (→ Faltkarte D8). Hier betreibt die umtriebige Köchin Sarah Wiener ein Restaurant. Der dazugehörende Kaffeegarten ist eine nette Alternative zum Trubel um den Bahnhof. Hier kann man ebenfalls am Wasser sitzen, blickt dabei zwar nicht auf die Spree, sondern auf den Berlin-Spandauer Schifffahrtkanal – was aber fast genauso schön ist.

## Bundeskanzleramt

Über den Washingtonplatz und die Gustav-Heinemann-Brücke erreicht man das Bundeskanzleramt. Der klotzige Kubus liegt an der Stelle, an der sich zu Kaiserzeiten das Generalstabsgebäude des Kriegsministeriums befand. Während der Weimarer Republik wurde das Gebäude von Mitarbeitern des Innenministeriums genutzt. Nach dem Zweiten Weltkrieg riss man die Ruine ab. Die Pläne fürs neue Kanzleramt wurden noch vom damaligen Bundeskanzler Helmut Kohl abgesegnet – und natürlich machte der Einheitskanzler persönlich 1997 den ersten Spatenstich.

Als der Amtssitz des Regierungschefs 2001 fertiggestellt wurde, zog dann aber schon Kohls Nachfolger Gerhard Schröder als erster Hausherr ein. Mit einer Gesamtfläche von 73 000 Quadratmetern ist das anfangs als ›Kohlosseum‹ bespöttelte Gebäude etwa viermal so groß wie das Weiße Haus in Washington. »Eine Nummer kleiner hätte es auch getan«, mokierte sich Schröder über die Dimensionen der Kanzlerresidenz.

Herzstück des 238 Millionen Euro teuren Gebäudekomplexes ist ein achtgeschossiger Würfelbau mit quadratischem Grundriss. Das oberste Stockwerk beherbergt unter anderem eine kleine Dienstwohnung für den amtierenden Regierungschef respektive die Regierungschefin – zwei Zimmer, Küche, Bad und eine kleine Terrasse. Von Ex-Kanzler Schröder, der seinen Hauptwohnsitz in Hannover hatte, wurde die Wohnung während der Arbeitswoche genutzt. Kanzlerin Merkel hat es nicht weit bis zu ihrem privaten Domizil, das gegenüber dem Pergamonmuseum liegt. Die Wohnung im Kanzleramt bleibt daher weitgehend ungenutzt. Eine moderate Miete – weniger als 1000 Euro pro Monat – muss die Regierungschefin trotzdem von ihrem Kanzlerinnensalär begleichen. Im siebenten Stock des Kanzleramts befindet sich das Kanzler-Büro. In der sechsten Etage liegen der große und der kleine Kabinettssaal. Wie es dort und im Büro der Kanzlerin aussieht, lässt sich bei einem virtuellen Rundgang durch ausgewählte Zonen des Kanzleramts in Erfahrung bringen. Die mittlere Etage dagegen ist auch für die virtuellen Blicke der Öffentlichkeit tabu. Hinter den Lamellenjalousien liegen die abhörsicheren Räume des Bundesnachrichtendienstes (BND). Hier tagt der Krisenstab, wann immer sich eine besondere Bedrohungslage für die Sicherheit der Bundesrepublik Deutschland ergibt.

In den Seitenflügeln des Gebäudes befinden sich mehrere Hundert Büros, in denen Fachbeamte aus 40 Referaten die Themen vorbereiten, die das Bundeskabinett bei seinen immer mittwochs stattfindenden Sitzungen berät. Insgesamt arbeiten fast 500 Menschen im Kanzleramt. Nur die Hälfte davon sind politische Fachleute. Die anderen sorgen dafür, dass hinter den Kulissen alles reibungslos läuft.

Staatsgäste werden in der Regel im Ehrenhof auf der dem Reichstag zugewandten Seite des Gebäudes empfangen. Die Skulptur vor dem Gelände stammt vom spanischen Künstler Eduardo Chillida und trägt den schlichten Titel ›Berlin‹. Hoher Besuch, der nicht per Limousine anreist, kann das Kanzleramt natürlich auch per Hubschrauber erreichen. Ein Helikopterlandeplatz findet sich im Kanzlerpark, auf der Rückseite des Gebäudes.

### ■ Schweizer Botschaft

Wie aus der Zeit gefallen liegt das klassizistische Gebäude zwischen Kanzleramt und Hauptbahnhof. Die 1870 erbaute Villa, die von der Schweizer Regierung 1920 gekauft und als diplomatische Vertretung eingerichtet wurde, hat als einziges Gebäude des alten Alsenviertels sowohl die Weltkriegsbomben als auch die Abrisspläne der Nazis überstanden. Die wollten das einstige Diplomatenviertel am Spreebogen planieren, um Platz für die geplanten Germania-Prachtbauten zu schaffen. In den letzten Kriegstagen wurde das Gebäude von sowjetischen Soldaten besetzt. Von hier aus kommandierte die Rote Armee ihren Sturmangriff auf das Reichstagsgebäude. Zu Mauerzeiten lag das Haus als Schweizer Generalkonsulat in wenig attraktiver Randlage in einem mauernahen Zipfel Westberlins. In den 1990ern wollte die Bundesregierung den Schweizern das Grundstück unbedingt abkaufen. Das kleine Alpenland mochte es aber partout nicht hergeben. Im Jahr 2000 zog der Schweizer Botschafter in die alte Villa, die noch einen modernen Anbau bekam. So war der eidgenössische Chefdiplomat schon vor Ort, als sein Nachbar, Ex-Bundeskanzler Schröder, im nur einen Steinwurf entfernten Bundeskanzleramt die Regierungsgeschäfte aufnahm.

*Das Bundeskanzleramt*

## Der Berliner Mauerweg

Auch mehr als 25 Jahre nach dem Fall der Berliner Mauer (→ S. 53) interessieren sich viele Touristen für den ehemaligen Mauerverlauf und können nicht recht verstehen, dass die Berliner sich nicht mehr so gerne mit dem Thema beschäftigen. Gleich nach der Wende wurden die Sperranlagen schnell, zu schnell wie manche meinen, abgetragen. Abgesehen von der Mauergedenkstätte an der Bernauer Straße (→ S. 266), dem History-Spektakel am Checkpoint Charly (→ S. 291) sowie der East Side Gallery (→ S. 53) ist es nicht ganz einfach, die wenigen noch sichtbaren Spuren des Bauwerks zu finden.

An manchen Stellen stehen noch alte Wachtürme oder auch einige der Betonelemente, die einst den Mauerstreifen nach Westen abschirmten. An anderen Stellen weisen Gedenktafeln oder im Asphalt eingelassene Stein- und Metallbänder eher dezent auf den Verlauf des einstigen ›antifaschistischen Schutzwalls‹, wie die Mauer in der DDR offiziell genannt wurde, hin.

Einen umfassenden Einblick ermöglicht der Berliner Mauerweg, der sowohl als Fahrrad- als auch als Fußweg immer entlang der einstigen deutsch-deutschen Grenze in Berlin führt: mehr als 160 Kilometer lang und einmal um das ganze ehemalige Westberlin herum. Die 14 Etappen verteilen sich auf eine Südroute, eine Westroute und eine Stadtroute. Unter www.berlin.de/mauer/mauerweg gibt es ausführliche Informationen und kostenlose Radkarten zum Download für die drei Routen. Auch mehrere Tourguides für Smartphones sind erhältlich. Auf der untenstehenden Karte sind die wichtigsten innerstädtischen Stellen eingezeichnet, an denen sich noch sichtbare Mauerreste befinden.

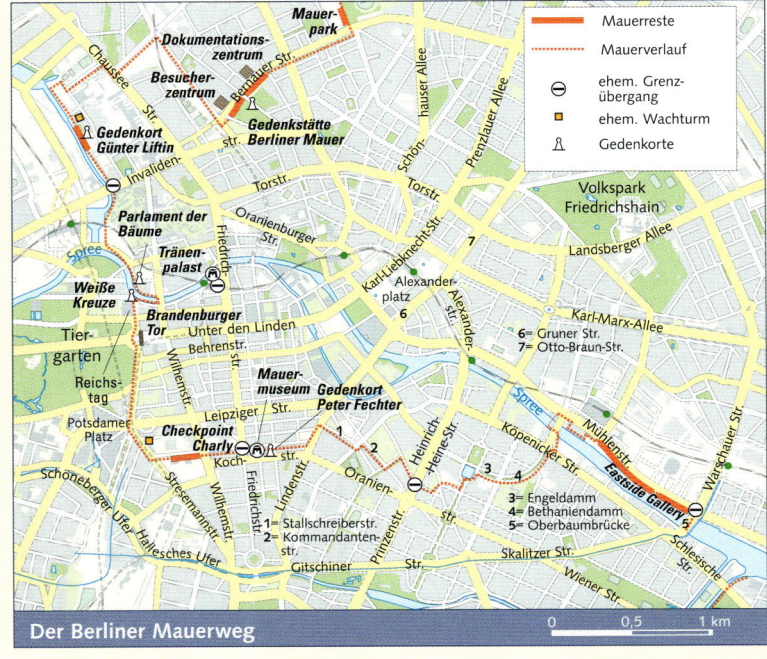

## Das Band des Bundes

Vollständig wurde das ursprüngliche Konzept zum Band des Bundes bislang jedoch nicht realisiert. Zwischen Kanzleramt und Paul-Löbe-Haus sollte eigentlich auch ein Bürgerforum – eine für jedermann zugängliche Begegnungsstätte mit Café und Bibliothek – gebaut werden. Da das Baubudget schon erschöpft war, bevor das Bürgerforum realisiert wurde, schreitet man heute, wenn man sich vom Kanzleramt kommend dem Paul-Löbe-Haus nähert, durch ein lichtes Wäldchen, das quasi als Lückenfüller angelegt wurde. Sollte sich die bundesdeutsche Haushaltslage eines Tages entspannen, könnte das Forum im Prinzip noch nachgeliefert werden. Aber wer weiß, möglicherweise wird dann das Berliner Grünamt ein Veto gegen das Fällen der Bäume einlegen.

### ■ Paul-Löbe-Haus

Vis-à-vis dem Kanzleramt und in nächster Nähe zum Reichstag liegt das vom Architekten Stephan Braunfels entworfene Paul-Löbe-Haus. Das als Mittelstück des ›Bandes des Bundes‹ konzipierte Gebäude beherbergt auf über 32 000 Quadratmetern insgesamt 900 Büroraume, 21 Sitzungssäle und ein Restaurant. Hier haben 170 Abgeordnete verschiedener Bundestagsfraktionen ihren Hauptstadt-Arbeitsplatz. 2001 war der 277 Millionen Euro teure Neubau bezugsfähig. Unter dem ausladenden, von filigranen Säulen gestützten Vordach auf der Westseite reihen sich wochentags die schwarzen Limousinen, in denen das politische Personal zu dienstlichen Terminen kreuz und quer durch die Stadt gefahren wird. Benannt wurde das Bürogebäude, wie andere Regierungsneubauten auch, nach einem herausragenden Politiker, der sowohl im Parlament der Weimarer Republik als auch im Bonner Bundestag das politische Geschehen mitgestaltet hat. Paul Löbe war gelernter Schriftsetzer, arbeitete später als Redakteur, war Mitglied der SPD und hatte zu Zeiten der Weimarer Republik das Amt des Reichstagspräsidenten inne. In der NS-Zeit wurde der Sozialdemokrat mehrfach inhaftiert. Löbe unterhielt Kontakte zu den Wider-

*Im Paul-Löbe-Haus sind Abgeordnetenbüros untergebracht*

standskämpfern des Gördeler-Kreises, die maßgeblich an den Plänen zum Hitler-Attentat am 20. Juli 1944 beteiligt waren. Im Falle eines geglückten Attentats hätte er erneut das Amt des Reichstagspräsidenten übernehmen sollen. Der Gestapo war dieser Plan offenbar nicht bekannt – ein Umstand, der Löbe nach dem missglückten Umsturzversuch das Leben gerettet haben dürfte. In der jungen Bundesrepublik war der 1875 geborene SPD-Mann Mitglied des ersten Deutschen Bundestages und dessen erster Alterspräsident.

Auf beiden Seiten gewährt das Gebäude Einblicke in die Büros und in die halbkreisartig angelegten Tagungsräume der Ausschüsse. Setzt man die Tour auf der Nordseite des Gebäudes fort, kommt man an **Bundeskindergarten** vorbei. Die Kindertagesstätte wurde speziell für die Kinder der Bundestagsmitarbeiter gebaut, was bei den Berlinern auf jede Menge Unverständnis stieß. Mit seinen beiden Kuppeln ruft der extravagante Bau – wohl nicht bei den Kindern, aber bei den meisten erwachsenen Betrachtern – unwillkürlich Assoziationen hervor: Hier hat sich der Architekt wohl von der weiblichen Anatomie inspirieren lassen. Eine schmale Brücke, der ›Sprung über die Spree‹, verbindet das ehemalige Westberlin mit dem ehemaligen Ostberlin und das Paul-Löbe- mit dem Marie-Elisabeth-Lüders-Haus. Während das gemeine Volk die untere Brücke nutzen kann, bleibt die politische Welt auf der zweiten, darüber liegenden Brücke unter sich – was dem überdachten Steg auch den Beinamen ›Beamtenlaufbahn‹ eingebracht hat.

■ **Bundespressekonferenz**
Von der Brücke aus hat man einen guten Blick auf das Haus der Bundespressekonferenz mit den türkisen Leuchtelementen an der Fassade und dem großen Fenster, das sich wie ein Kameraauge auf die Regierungsgebäude richtet. Die Bundespressekonferenz ist ein bereits 1949 von Journalisten in der jungen Bundesrepublik gegründeter Verein, der sich die möglichst umfassende und unabhängige Information der Öffentlichkeit zum Ziel gesetzt hat. Nach den Bonner Jahrzehnten geht die Bundespressekonferenz seit dem Umzug der Regierung 1999 an der Spree ihren Aufgaben nach und lädt dreimal pro Woche zu Konferenzen ein, bei denen Sprecher der Bundesregierung und der 14 Bundesministerien den Medienvertretern Rede und Antwort stehen.

■ **Marie-Elisabeth-Lüders-Haus**
Das 2003 eröffnete Marie-Elisabeth-Lüders-Haus bildet den östlichen Abschluss des ›Bandes des Bundes‹. Das ebenfalls vom Architekten Stephan Braunfels entworfene Gebäude beherbergt 650 Büroräume sowie die Parlamentsbibliothek, die nach den Pendants in Washington und Tokio zu einer der weltweit größten ihrer Art gehört. Rund 1,3 Millionen Bücher, Urkunden und Protokolle umfasst die Sammlung, die von Politikern und ihren Mitarbeitern zur Einarbeitung in die komplexesten Themenbereiche genutzt werden soll. Der breiten Öffentlichkeit ist die Bibliothek nicht zugänglich – wer aber berechtigtes Interesse an dem hier gelagerten Wissen nachweisen kann, zum Beispiel für die Promotionsrecherche, darf ebenfalls Lektüre leihen.

Marie Elisabeth Lüders, Namensgeberin des 200 Millionen teuren Gebäudes, hatte als eine der ersten Frauen in Deutschland schon zu Kaiserzeiten Staatswissenschaften studiert und promoviert. ›Else‹ Lüders gehörte der Weimarer Nationalversammlung an und

*Im Marie-Elisabeth-Lüders-Haus befindet sich unter anderem die Parlamentsbibliothek*

war in den 1920er Jahren Abgeordnete der linksliberalen Deutschen Demokratischen Partei (DDP) im Reichstag. Nach dem Zweiten Weltkrieg engagierte sie sich in der FDP und saß seit Gründung der Bundesrepublik für die Liberalen im Deutschen Bundestag. Von 1953 bis zu ihrem Ausscheiden 1961 war sie Alterspräsidentin des Bundestages.

Im Foyer auf der Spreeseite des Gebäudes wurden auf Anregung des Künstlers Ben Wargin Teilstücke der Berliner Mauer aufgestellt. Die weißen Zahlen auf schwarzem Beton erinnern an die Menschen, die bei Fluchtversuchen vom östlichen ins westliche Berlin ums Leben gekommen sind. Die breite Außentreppe dagegen ist Kunst ohne traurigen Hintersinn – dekorativ und ohne jede praktische Funktion: Sie führt nur hoch und runter, aber nirgendwohin. Schlendert man weiter an der Fassade entlang, kann man von einer Gebäudenische aus das Geschehen in der Sporthalle für die Bundestagsmitarbeiter beobachten – Angela Merkel hat hier aber noch niemand turnen sehen.

### ■ Rednerschule

Auf der Südseite des Marie-Elisabeth-Lüders-Hauses beherbergte zwischen 1999 und 2013 das ehemalige Schubschiff ›Agora‹ die ›Deutsche Rednerschule‹. Die Rhetorikexperten haben schon zu Bonner Zeiten das Ausdrucksvermögen der Politprofis geschult. Als sich die Regierung anschickte, von Bonn nach Berlin zu ziehen, haben sich auch die Kommunikationsspezialisten nach einem geeigneten Standort in der Hauptstadt umgesehen. Sie fanden ihn nicht an, sondern auf der Spree – mitten im Regierungsviertel. Der strategisch günstige Ankerplatz ersparte der Kundschaft, die erfahrungsgemäß ständig im Terminstress ist, lange Wege. Da der Liegeplatz am Spreeufer 2016 nicht mehr verlängert wurde, zog die ›Deutsche Rednerschule‹ in die Glinkastraße 30 unweit des Brandenburger Tors in direkte Nähe zu Ministerien und Verbänden. Die Mitarbeiter bieten auch hier weiterhin Gruppen- und Einzeltraining an, feilen an Manuskripten oder schreiben die Reden sogar von A bis Z. Solche Dienstleistungen haben selbstverständlich ihren

Preis. Für einen halben Tag Einzelunterricht beim Cheftrainer müssen deutlich mehr als 1000 Euro auf den Tisch gelegt werden. Herausragende rhetorische Leistungen werden von den Profis der Rednerschule mit dem ›Goldenen Mikrophon‹ gewürdigt. Im Jahr 2007 zum Beispiel wurde die Ehre Sigmar Gabriel zuteil. Der SPD-Mann, damals Bundesumweltminister, hatte sich die Auszeichnung nach Ansicht der Rhetorikkünstler mit seiner Rede beim Klimagipfel in Bali verdient.

### ■ ARD-Hauptstadtstudio

In unmittelbarer Nachbarschaft zu Regierung und Parlament haben um die Jahrtausendwende verschiedene Medien ihre neuen Hauptstadt-Standorte bezogen. Die Agentur Reuters, n-tv und andere haben ihre Zelte am Rand des neuen Regierungsviertels aufgeschlagen. 1994 entschied sich die ARD, auf dem unbebauten Grundstück am Spreeufer ihr Hauptstadtstudio zu errichten. 1999, pünktlich zum Umzug der Regierung vom Rhein an die Spree, wurde Eröffnung gefeiert. Seitdem produzieren hier rund 200 Mitarbeiter Hörfunk- und Fernsehbeiträge zu tagesaktuellen Ereignissen des Berliner Regierungsgeschehens. Angemeldete Besucher können sich bei einer Führung erklären lassen, wie Beiträge für Tagesschau, Tagesthemen und andere Formate entstehen. Interessant ist die ›Hörsäule‹ vor dem Seiteneingang auf der Spreeseite. Hier kann man berühmt gewordene Politikerreden abspulen – zum Beispiel die Bekanntgabe des Abstimmungsergebnisses zum Hauptstadtbeschluss aus dem Jahr 1991 oder die legendäre Durchhalte-Rede, die Berlins Regierender Bürgermeister Ernst Reuter zu Zeiten der Berliner Blockade am 9. September 1948 vor dem Reichstagsgebäude gehalten hat: »Ihr Völker der Welt ... schaut auf diese Stadt ...«

### ■ Jakob-Kaiser-Haus

Östlich des Reichstages erstreckt sich auf beiden Seiten der Dorotheenstraße das Jakob-Kaiser-Haus, benannt nach einem CDU-Politiker. Während der NS-Diktatur schloss sich Jakob Kaiser – zu Weimarer Zeiten Politiker der Zentrumspartei – einer Widerstandsgruppe an und wurde 1938 wegen des dringenden Verdachts auf hochverräterische Aktivitäten verhaftet. Aber Kaiser hatte Glück,

▲ *Das ARD-Hauptstadtstudio an der Spree*

die NS-Justiz ließ ihn nach einigen Monaten frei, woraufhin der überzeugte Demokrat seine Tätigkeit im Kreise der Widerständler fortsetzte. Nach dem Krieg gehörte Kaiser zu den Mitbegründern der CDU in der sowjetischen Besatzungszone, siedelte dann aber in den Westen über und setzte sein politisches Engagement im Bundestag fort, wo er von 1949 bis 1957 Bundesminister für gesamtdeutsche Fragen war. Das nach Jakob Kaiser benannte, 720 Millionen Euro teure Parlamentsgebäude besteht aus acht sechsgeschossigen Einzelbauten, die in ihrer Gesamtheit den größten Parlamentsneubau des Berliner Regierungsviertels darstellen – insgesamt liegen hier 2000 Arbeitsräume, davon Büros für 314 Abgeordnete, zwei Sitzungssäle und ein Fernsehstudio.

Einige historische Gebäude wurden in den Bürokomplex integriert, zum Beispiel das ehemalige **Reichstagspräsidentenpalais**. Darin hat seit 1999 die Deutsche Parlamentarische Gesellschaft ihren Sitz. Unter dem Dach dieser überparteilichen Vereinigung treffen sich Abgeordnete des Deutschen Bundestages, der Landtage und des Europaparlaments. Gebaut wurde das Reichstagspräsidentenpalais als Amtssitz des Reichstagspräsidenten nach Plänen des Architekten Paul Wallot, der auch für den historischen Reichstag verantwortlich zeichnete. Das 1904 fertiggestellte Palais war und ist durch einen Tunnel mit dem gegenüberliegenden Parlamentsgebäude verbunden. Bei historischen Forschungen zum Reichstagsbrand 1933 kam verschiedentlich die These auf, die Nationalsozialisten hätten die Unterführung genutzt, um unerkannt den Brand im Reichstag zu legen, den sie dann linken Kräften in die Schuhe schoben. Zu Zeiten der deutschen Teilung wurde die unterirdische Verbindung durch eine Stahltür blockiert. Bei der Neugestaltung des Areals wurde das alte Tunnelsystem für etliche Millionen erneuert und erweitert. Die Tunnel verbinden heute die verschiedenen Parlamentsgebäude – ein Grund dafür, dass einem hier oberirdisch selten mal ein Politiker über den Weg läuft.

### ■ Gedenkort Weiße Kreuze

Zwischen Reichstag und dem gegenüberliegenden Reichstagspräsidentenpalais verlief die Mauer. Ein schmaler Kopfsteinpflasterstreifen markiert heute den Verlauf. Vor dem Ostportal des Reichstags, direkt am Spreeufer, haben die ›Weißen Kreuze‹ einen weiteren Standort gefunden. Vor dem Mauerfall standen sie auf der Westseite der Berliner Mauer zum Gedenken an Menschen, die bei ihren Fluchtversuchen von Ost nach West ums Leben gekommen waren. Eines der Kreuze ist Günther Litfin gewidmet, der nur wenige Tage nach dem Mauerbau im August 1961 am Humboldthafen in die Spree gesprungen war, um in den Westen zu gelangen und durch den Schuss eines DDR-Grenzers getötet wurde. Ein weiteres Kreuz erinnert an Chris Gueffroy, der im Februar 1989, wenige Monate vor dem Fall der Mauer, einen Fluchtversuch unternahm, der ebenfalls tödlich endete. Wie viele Menschen bei dem Versuch, innerhalb Berlins von einem Deutschland ins andere zu wechseln, ums Leben kamen, ist auch mehr als 20 Jahre nach dem Ende der DDR nicht abschließend geklärt. Je nach Quelle werden sehr unterschiedliche Zahlen angegeben. Ein Forschungsprojekt des ›Zentrums für Zeithistorische Forschung Potsdam‹ und der ›Stiftung Berliner Mauer‹ konnte bisher 136 Todesfälle ›bei Grenzverletzungen innerhalb Berlins‹ in den Jahren zwischen 1961 und 1989 dokumentieren.

## Mauerschicksale – die schwierige Suche nach der Wahrheit

Das menschenverachtende Vorgehen des DDR-Regimes, das zur Sicherung des ›antifaschistischen Schutzwalls‹ auch den Schießbefehl konsequent anwendete, zeigte sich besonders brutal beim Tod Peter Fechters. Am 17. August 1962 arbeitete der 18-jährige Maurerlehrling im Grenzgebiet an der Zimmerstraße in der Nähe des Checkpoint Charlie. Als er zusammen mit einem Kameraden einen Fluchtversuch unternahm, trafen ihn die Kugeln der Grenzposten. Seinem Kollegen gelang die Flucht, doch Fechter brach auf Ostberliner Gebiet zusammen und verblutete. Im Laufe des rund einstündigen Dramas hatte sich eine Menschenmenge angesammelt, die Polizisten, DDR-Grenzer und US-amerikanische Soldaten lautstark zum Eingreifen aufforderte.

Peter Fechters qualvoller Tod sorgte zwar für Empörung, doch bis zum Fall der Mauer änderte sich nichts am Schießbefehl, und noch in der Nacht zum 6. Februar 1989, nur wenige Monate vor der Grenzöffnung, starb Chris Gueffroy im Kugelhagel. Er war der letzte, der an der Berliner Mauer sein Leben verlor – und dies auf besonders tragische Art. Hätte er nur etwas mehr Geduld gehabt, dann hätte er problemlos in den Westen gehen können. Von Bekannten hatte er gehört, dass der Schießbefehl ausgesetzt sei – ein tödlicher Irrtum. Tatsächlich hatte Erich Honecker im Dezember 1988 gegenüber dem Ständigen Vertreter der BRD in Ostberlin erklärt, dass es keinen Schießbefehl mehr gebe.

Die meisten Maueropfer zwischen Peter Fechter und Chris Gueffroy sind in Vergessenheit geraten, an ihre Namen erinnert sich kaum noch jemand, selbst die Zahlen schwanken je nach Quelle. Laut der Gedenkstätte Berliner Mauer in der Bernauer Straße wurden zwischen 1961 und 1989 bei Grenzverletzungen 136 Menschen getötet. Darunter waren: 98 DDR-Flüchtlinge, die beim Versuch, die Grenzanlagen zu überwinden, erschossen wurden, verunglückten oder sich das Leben nahmen; 30 Menschen aus Ost und West ohne Fluchtabsichten, die erschossen wurden oder verunglückten; acht im Dienst getötete DDR-Grenzsoldaten, die durch Fahnenflüchtige, Kameraden, einen Flüchtling, einen Fluchthelfer oder einen West-Berliner Polizisten getötet wurden.

*Gedenkstätte für Günter Litfin in der Kieler Straße im Bezirk Mitte*

# Reichstagsgebäude

Der Reichstag gehört zweifellos zu den interessantesten Orten und seit seiner Wiedereröffnung 1999 zu den meistbesuchten Touristenattraktionen der Stadt. Historisch gesehen ist er steinernes Symbol für die ersten Gehversuche der Demokratie in Deutschland, für ihr Scheitern und für den Neuanfang. Geplant wurde das Gebäude 1871, nachdem sich die deutschen Kleinstaaten nach dem gewonnenen Krieg gegen Frankreich unter der Führung Preußens zum Deutschen Reich vereinigt hatten. Noch war Deutschland eine Monarchie. Als Kontrollinstanz mit eingeschränkten Machtbefugnissen stand dem Kaiser aber das Parlament mit Abgeordneten aus allen Teilen des Landes gegenüber. Als Tagungsstätte für die gewählten Volksvertreter sollte in der Hauptstadt ein repräsentatives Gebäude errichtet werden. Die Standortsuche erwies sich zunächst als ausgesprochen schwierig. Schließlich einigte man sich auf ein zuvor als Exerzierplatz genutztes Gelände nahe dem Brandenburger Tor. 1884 begannen die Bauarbeiten. Nach Plänen des Frankfurter Architekten Paul Wallot wurde ein 140 Meter langer und fast 100 Meter breiter sechsgeschossiger Quaderbau errichtet, der schon in seiner Originalversion von einer Kuppel gekrönt wurde. Ende des Ersten Weltkrieges rief der Sozialdemokrat Philipp Scheidemann am 9. November 1918 vom Fenster des Zeitschriftenlesesaales am Westportal des Reichstages die ›Deutsche Republik‹ aus. Nach Monaten, die von Straßenkämpfen und Aufmärschen widerstreitender politischer Kräfte geprägt waren, trat im September 1919 die in Weimar erarbeitete Verfassung in Kraft, und der neue, demokratisch gewählte Reichstag konnte seine Arbeit aufnehmen.

Am 30. Januar 1933 wurde Hitler zum Reichskanzler ernannt. Vier Wochen später, in der Nacht vom 27. auf den 28. Februar, stand der Reichstag in Flammen – für die Nationalsozialisten Anlass, das Ermächtigungsgesetz auf den Weg zu bringen, das die in der Weimarer Verfassung formulierten Grundrechte außer Kraft setzte, die rigorose Verfolgung sämtlicher Oppositioneller legalisierte und die Diktatur in Deutschland binnen kürzester Zeit fest verankerte. Während der NS-Zeit spielte das brandbeschädigte Reichstagsgebäude dann praktisch keine Rolle mehr. Als Parlamentsgebäude diente die Krolloper, ein ehemaliges Opernhaus in unmittelbarer Nachbarschaft am heutigen Platz der Republik. Dieses Gebäude wurde im Krieg schwer beschädigt, wenige Wochen nach Kriegsende als Gartenlokal wiedereröffnet und Ende der 1950er Jahre abgerissen.

Am 30. April 1945 hissten Soldaten der Sowjetarmee die Rote Fahne auf dem Südwestturm des Reichstags. Stundenlange erbitterte Kämpfe waren vorausgegangen. Das Reichstagsgebäude wurde von SS-Männern noch fanatisch verteidigt, als die Stadt längst von Einheiten der russischen und polnischen Armee eingenommen war. Nach der Kapitulation stand der Reichstag stark zerstört inmitten einer Trümmerlandschaft. Als die Alliierten die Stadt unter sich aufgeteilt hatten, befand sich der einstige deutsche Parlamentssitz am östlichen Rand des britischen Sektors. 1954 wurde die einsturzgefährdete Reichstagskuppel gesprengt. Ein Jahr später beschloss der Bundestag in Bonn, das Gebäude notdürftig wiederherzurichten. Anfang der 1970er Jahre zog die Dauerausstellung ›Fragen an die Deutsche Geschichte‹ in das einstige Parlamentsgebäude ein. Auf den Rasenflächen vor dem Westportal wurden zu Zeiten der Teilung Demonstrationen abgehalten und spektakuläre Rock- und Popkonzerte veranstaltet – so laut, dass es auch den Menschen auf der anderen Seite der Mauer nicht entgehen konnte, dass sich Größen wie Pink Floyd oder Elton John in West-Berlin ein Stelldichein gaben. In der Nacht vom 2. auf den 3. Oktober 1990 fand vor dem Westportal des Reichstags der offizielle Festakt zur Wiedervereinigung statt.

Seinen letzten spektakulären Auftritt vor dem Umbau hatte das alte Reichstagsgebäude im Sommer 1995, als es von den Verpackungskünstlern Christo und Jeanne-Claude komplett in Stoff gehüllt wurde. Zur Realisierung dieses langgehegten Künstlertraums brauchte es unter anderem über 100 000 Quadratmeter aluminiumbedampftes Polypropylengewebe. Zwei Wochen lang blieb der Reichstag verhüllt, und Hunderttausende kamen, um sich das 13 Millionen Dollar teure Kurzzeitkunstwerk anzusehen.

■ **Fosters Neubau**

Nach dem Hauptstadtbeschluss beschäftigte sich der Bundestag in Bonn mit der Neugestaltung seines künftigen Sitzes an der Spree. 1992 ging der britische Architekt Norman Foster als Sieger aus einem Wettbewerb hervor. Fosters Entwurf sah zunächst einen kuppellosen Reichstag mit umliegenden, luftig transparenten Ergänzungsbauten vor. Später musste Foster nachbessern und eine kostengünstigere Lösung finden. Das Ergebnis der 300 Millionen Euro teuren Umbauarbeiten ist ein Gebäude, das die historischen Fassaden als Hülle nutzt, innen aber völlig entkernt und neugestaltet wurde. Gekrönt wird der Parlamentssitz von einer 800 Tonnen schweren Kuppel aus Stahl und Glas. Im Gegensatz zum historischen Vorbild ist die moderne Variante begehbar. Über zwei spiralförmige Aufgänge erreichen Reichstagsbesucher eine Aussichtsplattform, die in fast 50 Metern Höhe spektakuläre Panoramablicke gewährt. Der britische Architekt

*Die Spreeseite des Reichstags*

*Erste Adresse für zeitgenössische Kunst: der Hamburger Bahnhof*

sieht in seiner Neuauflage des Wallot-Entwurfs eine zeitgemäße Neuinterpretation von Repräsentation und Macht: Heute darf und soll sich das Volk – der eigentliche Souverän im Staat – über seine gewählten Vertreter erheben. Parlamentarier nutzen den Eingang am Ostportal.

Der **Besuchereingang** befindet sich auf der westlichen Tiergartenseite. Während sich bis zum Winter 2010 oftmals lange Schlangen auf den Treppen vor dem Westportal bildeten und in der hell erleuchteten Kuppel bis in die Nacht hinein reges Besuchertreiben herrschte, ist es inzwischen ruhig geworden. Aus Sorge vor einem Anschlag auf den bundesdeutschen Parlamentssitz wird nur angemeldeten Besuchern Einlass gewährt – was leider einiges an Vorausplanung erfordert. Kurzentschlossene können versuchen, sich in der Serviceaußenstelle des Besucherdienstes in der Nähe des Reichstagsgebäudes neben dem Berlin-Pavillon an der südlichen Seite der Scheidemannstraße zum Kuppelbesuch anzumelden. Bei freien Platzkapazitäten werden dort bis zu zwei Stunden vor dem Besuchstermin Zutrittsberechtigungen ausgestellt.

Und noch ein ›Schlupfloch‹ gibt es: Wer im Dachrestaurant (Tel. 2262990) mindestens vier Stunden vor dem geplanten Besuch einen Tisch reserviert und zumindest auf Kaffee und Kuchen einkehrt, kann den etwas versteckten Eingang rechts neben der Treppe am Westportal nutzen und bekommt nach einem Sicherheitscheck einen Besucherausweis, der zum Restaurant- und Kuppelbesuch berechtigt (→ S. 447).

## Rund um den Hamburger Bahnhof

Wer nach dem Streifzug durchs Regierungsviertel etwas Abwechslung in Form von Wissenschaft und Kunst sucht, findet sie in Hauptbahnhofsnähe.

### ■ Hamburger Bahnhof

Verlässt man den Hauptbahnhof am Ausgang Europaplatz, ist es nur ein Katzensprung bis zum Hamburger Bahnhof. Der alte Kopfbahnhof aus Kaiserzeiten wurde nach der Wende unter der Regie von Paul Kleihues grandios restauriert und neu gestaltet und ist heute *die* Berliner Adresse für zeitgenössische Kunst. Auf 13 000 Quadratmetern werden verschiedene Sammlungen und wechselnde Ausstellungen – Malerei, Fotografie und Installationen – präsentiert. Die **Sammlung Marx**, mit der der Hamburger Bahnhof 1996 eröffnet wurde, ist mit herausragenden Werken von Künstlern wie Joseph Beuys, Anselm Kiefer, Robert Rauschenberg oder Andy Warhol weltberühmt geworden. Hochkarätiges enthält auch die Kollektion des Mäzens Friedrich Christian Flick in den angrenzenden **Rieckhallen**. Sie umfasst unter anderem Concept und Minimal Art sowie Werke des poetischen Strukturalismus der 1960er Jahre und stellt mit Werken von Sigmar Polke, Gerhard Richter, Georg Baselitz und Blinky Palermo, Neo Rauch und Daniel Richter die Positionen der deutschen Malerei der letzten Jahrzehnte vor. In der Dunkelheit wird der Bahnhof selbst zum Kunstwerk. Die Lichtinstallation von Dan Flavin setzt das filigrane Gebäude spektakulär in Szene (→ S. 445).

Noch einen Grund mehr, das Kunsthaus anzusteuern, liefert das **Café-Restaurant** von Sarah Wiener. Die durch TV-Kochshows bekannt gewordene Österreicherin führt mehrere Gastronomiebetriebe in Berlin. Im Hamburger Bahnhof bereitet die Wiener-Küche Frühstück, Brunch und eine kleine Auswahl feiner Tagesgerichte, Kuchen und süße Schmankerl zu. Für das Konzept der taffen Kochfrau spricht, dass sie größtenteils auf Saisonware, regionale Produkte und Bio-Erzeugnisse setzt.

### ■ Museum für Naturkunde

Ebenfalls an der Invalidenstraße hat das Bundesministerium für Wirtschaft seinen Sitz, und noch ein Stück weiter Richtung Nordosten findet sich das Museum für Naturkunde. Hier können Besucher unter anderem ergründen, wie die Welt vor rund 150 Millionen Jahren ausgesehen haben muss. Prunkstück des Museumstempels ist das **13 Meter hohe Skelett eines Brachiosauriers**, das Forscher Anfang des 20. Jahrhunderts bei einer Expedition in Ostafrika ausgegraben und nach Berlin gebracht haben. Wie und durch welche Mechanismen im Laufe von Jahrmillionen immer wieder neue Arten entstanden und andere von der Bildfläche verschwunden sind, verdeutlicht die sehenswerte Ausstellung ›Evolution in Action‹. Weitere Ausstellungen in dem neu konzipierten Museum widmen sich dem Sonnensystem und der Erde, außerdem werden Mineralien und Insektenmodelle gezeigt. Einzigartig ist die Forschungssammlung des Museums mit 30 Millionen Objekten. Ein Teil der Objekte ist für Besucher zugänglich (→ S. 446).

### ■ Charité

Überquert man die Invalidenstraße auf der Höhe des Naturkundemuseums und biegt in die Luisenstraße ein, steuert man geradewegs auf ein weiteres Schwergewicht in der Berliner Wissenschaftslandschaft zu – die Charité. Seit 2003 sind die Fakultäten der früher im Ostteil der Stadt gelegenen Humboldt-Universität und der Westberliner Freien Universität unter dem Dach der Charité vereint, die seither zu den größten Universitätskliniken Europas gehört.

Die Geschichte des traditionsreichen Krankenhauses mit dem französischen Namen, der ins Deutsche übersetzt ›Barmherzigkeit‹ bedeutet, begann, als hier ein Pesthaus gegründet wurde, das unter Friedrich Wilhelm I. zu einem Garnisonshospital ausgebaut wurde. Im

*Eingang zum Medizinhistorischen Museum*

Laufe des 19. Jahrhunderts entstand eine bedeutende Einrichtung für medizinische Forschung und Lehre. Mit der Universitätsklinik verbinden sich große Namen wie Ferdinand Sauerbruch, der in der ersten Hälfte des 20. Jahrhunderts zu den berühmtesten Chirurgen weltweit gehörte. Acht spätere Nobelpreisträger haben ihre wissenschaftliche Karriere an der Charité begonnen – darunter Werner Forßmann, der die Auszeichnung 1956 bekam und als Erfinder des Herzkatheters gilt.

Im Zweiten Weltkrieg erlitten die meisten Gebäude auf dem Charité-Gelände starke Schäden, wurden nach 1945 aber wieder aufgebaut. Das weithin sichtbare Betten-Hochhaus wurde Anfang der 1980er Jahre gebaut und dokumentiert eindrucksvoll, dass die Charité auch im Deutschland von Honecker & Co als staatliche Vorzeigeeinrichtung hochgehalten wurde.

■ **Medizinhistorisches Museum**

In den Gärten und Außenanlagen des Klinikums finden sich zahlreiche Portraitbüsten von Medizinern und Politikern, die sich um die medizinische Forschung verdient gemacht haben. Führungen über das Gelände werden vom Medizinhistorischen Museum organisiert. Das Museum selbst ist unbedingt einen Besuch wert – auch wenn man nicht der heilenden Zunft angehört und eigentlich auch ›kein Blut sehen‹ kann. Die Dauerausstellung spannt einen Bogen über 300 Jahre Medizingeschichte und nimmt den Besucher mit auf einen hochinteressanten Rundgang, der im frühen 18. Jahrhundert, mit einem Besuch des Berliner Anatomischen Theaters, beginnt. Über das Anatomische Museum gelangt man in den Seziersaal, in die Präparate-Sammlung des berühmten Rudolf Virchow und in die Labore der medizinischen Forschung (→ S. 446).

Straßen von Berlin
Ihr habt noch immer
Alle Sünden mir verziehen.
Ihr seid die Adern meiner Heimatstadt Berlin
Linden, Tauentzien,
Niemand, der dich nie gesehn,
kann jemals das Gefühl verstehn.
Straßen von Berlin am frühen Morgen
Sieht man in Berlin mal ohne Sorgen,
Punk und Abendkleid
als Strangers in the Night.

*Harald Juhnke, Straßen von Berlin, 1998*

# TIERGARTEN UND CITY WEST

*An der Budapester Straße*

# Rund um den Tiergarten

Der Tiergarten ist die älteste und größte Berliner Grünanlage und gibt einem ganzen Ortsteil den Namen. Die grüne Lunge der Stadt wird vor allem an Wochenenden und Feiertagen zum Treffpunkt der Berliner. Wer keinen eigenen Garten hat, geht in den Tiergarten zum Sonnen, Joggen, Skaten, Fußballspielen oder Spazierengehen. Einst stiegen an jedem Sommerwochenende dicke Rauchschwaden von zahllosen Grills auf. An normalen Wochenenden hinterließen die Besucher sechs bis acht Tonnen Müll. Inzwischen gilt ein generelles Grillverbot, aber immer noch wird das Grün der Anlage von zahlreichen Großveranstaltungen zwischen Siegessäule und Brandenburger Tor belastet.

Dort, wo sich heute der Tiergarten ausbreitet, hatten im 16. Jahrhundert die Kurfürsten von Brandenburg ihr Jagdrevier. 1742 beauftragte König Friedrich II. seinen Architekten Georg Wenzeslaus von Knobelsdorff, das Jagdrevier in einen Barockpark für die Bevölkerung umzugestalten. In der ersten Hälfte des 19. Jahrhunderts war es dann ein weiterer berühmter Landschaftsarchitekt, nämlich Peter Joseph Lenné, der den Tiergarten in einen englischen Landschaftspark verwandelte. In den kalten Wintern nach dem Zweiten Weltkrieg verfeuerten die frierenden Berliner nahezu den gesamten Baumbestand. Ab 1949 begann unter dem Leiter des Gartenbauamtes Tiergarten, Willy Alverdes, die Aufforstung, wobei man die Grundgedanken Lennés nicht aus den Augen verlor. Charakteristisch sind heute weite, von kleinen Wasserläufen und Seen unterbrochene Wiesen und Baumgruppen.

Wichtigste Verkehrsache ist die in Ost-West-Richtung vom Brandenburger Tor über die Siegessäule bis zum Ernst-Reuter-Platz verlaufende Straße des 17. Juni. Brandenburger Tor, das Denkmal für die ermordeten Juden Europas, Potsdamer Platz, Kulturforum, Philharmonie, Botschaftsviertel, Zoo und Aquarium, Museum für Fotografie und das Regierungsviertel mit dem Reichstag liegen alle nur wenige Schritte vom Grün des Großen Tiergartens entfernt. So kann man die Stadtbesichtigung immer wieder unterbrechen und sich auf einer der Wiesen entspannen. Denn kaum ist man ein paar Schritte weg von den stark befahrenen Straßen um die Grünanlage, hört man statt Verkehrslärm fast nur noch Vogelstimmen. Rund um den Tiergarten gibt es mehrere U- und S-Bahn-Stationen (U-Bahn Brandenburger Tor, Hansaplatz, Zoologischer Garten, S-Bahn Brandenburger Tor, Bellevue, Tiergarten), die einen schnellen Zugang bieten.

*Das Teehaus im Englischen Garten*

# Skulpturen und Mahnmale im Tiergarten

Teils versteckt, teils aber auch an prominenter Stelle gibt es rund 70 Skulpturen und Mahnmale im Tiergarten. Nicht weit vom Brandenburger Tor, direkt an der Straße des 17. Juni, befindet sich das monumentale Sowjetische Ehrenmal von 1945, nicht schön, aber auch nicht zu übersehen. Von zwei Panzern flankiert, steht ein Rotarmist aus Bronze, der als Symbol des beendeten Krieges das Gewehr über der Schulter trägt. Die Kolonnaden hinter ihm sind aus dem Marmor von Hitlers Neuer Reichskanzlei und tragen Namen gefallener Soldaten. Im rückwärtigen Teil liegen die Gräber von rund 2500 sowjetischen Soldaten.

An der Nordseite des Großen Sterns steht das nicht minder monumentale Denkmal des ersten deutschen Reichskanzlers Bismarck. Auf einem Sockel aus rotem, poliertem Granit steht Bismarck mehr als sechs Meter groß in herrschaftlicher Pose. Ursprünglich vor dem Reichstag, auf dem heutigen Platz der Republik, aufgestellt, wurde das Monument 1938 umgesetzt, um Hitlers Pläne für die Welthauptstadt ›Germania‹ zu verwirklichen. Das ganze Denkmal ist eine einzige Heroisierung Bismarcks. Damit es auch jeder versteht, hat man ihm weitere Symbolfiguren zu Füßen gelegt. Vor ihm kniet Atlas mit der Weltkugel auf dem Rücken als Symbol von Bismarcks Titanenkraft, links befindet sich Sibylle als Allegorie der Staatsweisheit und rechts Germania als Allegorie der Staatsgewalt. Hinter ihm schmiedet Siegfried am Reichsschwert. Als wäre das alles noch nicht bedeutungsschwanger genug, wird Bismarck von zwei weiteren Denkmälern, die die Generalfeldmarschalle von Roon und von Moltke zeigen, flankiert.

Erheblich bescheidener werden die Dichter, Denker und Musikgenies geehrt. In der Südostecke des Tiergartens, nahe der Ebertstraße, haben Goethe und Lessing ihren Platz gefunden. Die Komponisten Beethoven, Mozart und Haydn teilen sich ein Denkmal im Südostteil, dessen Sanierung 2007 fast eine Million Euro gekostet hat. Der Komponist Richard Wagner wird gegenüber der Indischen Botschaft in der Tiergartenstraße geehrt. Um ihn scharen sich Figuren aus seinen Opern.

In der Verlängerung der Stauffenbergstraße empfängt Königin Luise als Standdenkmal Besucher auf der kleinen Luiseninsel. Ihr Mann, König Wilhelm III., durfte nicht mit auf die Insel, er blickt aus der Ferne auf seine Frau.

Die Löwenbrücke befindet sich seit 1838 im südwestlichen Tiergarten, nicht weit vom Neuen See. Sie gilt als schönste Brücke im Tiergarten, an ihren Enden sitzen zwei gusseiserne Löwenpaare auf Steinsockeln, die Stahlbänder, an denen die Brücke aufgehängt ist, halten sie im Maul.

*Goethe im Tiergarten*

## Kulturforum

Einen guten Ausgangspunkt für einen Spaziergang rund um den Tiergarten bildet das Kulturforum, das zwischen Landwehrkanal, Potsdamer Platz und dem Südostrand des Tiergartens liegt. Durch die nationalsozialistische Stadtplanung und den Zweiten Weltkrieg war das Areal fast vollständig verwüstet und wurde deshalb in den 60er Jahren des 20. Jahrhunderts neu bebaut. Das neue Kulturzentrum Westberlins hätte, wenn es nach dem Architekten Hans Scharoun gegangen wäre, aus einer Ansammlung beeindruckender Solitärgebäude bestanden. Er wollte an diesem Ort Philharmonie, Kammermusiksaal, das Institut für Musikforschung, sechs Museen sowie ein Gästehaus verwirklichen. Doch die Pläne seines Gesamtkonzepts wurden nur zum Teil realisiert, denn mit dem Bau der Neuen Nationalgalerie wurde Ludwig Mies van der Rohe beauftragt. Heute umfasst das Kulturforum mit **Neuer Nationalgalerie**, **Gemäldegalerie**, **Kupferstichkabinett**, **Musikinstrumentenmuseum** und **Kunstgewerbemuseum** eine Ansammlung hochkarätiger Museen. Zu dem Komplex gehören auch die goldgelb leuchtende **Philharmonie**, eines der bekanntesten Konzerthäuser der Welt, der **Kammermusiksaal** und die **Staatsbibliothek**. Einziges Relikt aus der Vorkriegszeit ist die von Friedrich August Stüler zwischen 1844 und 1846 erbaute **St. Matthäuskirche** in der Mitte des Kulturforums.

Seit Jahrzehnten wird über eine Neugestaltung des Areals gestritten. Mittlerweile zeichnet sich aber immer deutlicher ab, dass es wegen leerer Kassen nur eine kleine Lösung geben wird, die sich auf eine stärkere Begrünung und Schaffung verkehrsberuhigter Zonen beschränken wird. Eigentlich schade, denn im Gegensatz zum nahen Potsdamer Platz lädt das Kulturforum nach dem Besuch der Museen nicht zum Verweilen ein. Es fehlt eine ansprechende Gastronomie, der große gepflasterte Vorplatz wirkt steril, die Skulpturen verloren, und die Parkplätze sorgen auch nicht gerade für Gemütlichkeit. Doch davon sollte man sich nicht abschrecken lassen, denn die Museen zählen zu den besten der Stadt.

### ■ Gemäldegalerie

Man sollte sich nicht von dem einfallslos zugepflasterten Eingangsbereich der Gemäldegalerie abschrecken lassen, denn im Innern wartet ein hochkarätiges Museum, man könnte es fast den Berliner Louvre nennen. Die Sammlung europäischer **Malerei vom 13. bis zum 18. Jahrhundert** in der Gemäldegalerie zählt zu den größten und weltweit bedeutendsten, zudem werden die Gemälde lichttechnisch hervorragend präsentiert.

Die wechselvolle Geschichte der Gemäldegalerie ist eng mit dem Zweiten Welt-

Kulturforum

*Der Eingang zur Gemäldegalerie*

krieg und der Teilung der Stadt verbunden. Eröffnet wurde sie 1830 in dem von Schinkel entworfenen Königlichen Museum am Lustgarten, dem heutigen Alten Museum. Den Grundstock bildeten Sammlungen des Großen Kurfürsten (1620–1688) und von Friedrich dem Großen (1712–1786). Schon ihr erster Direktor ordnete die Sammlung nach systematisch-wissenschaftlichen Kriterien – damals eine absolute Neuheit in Europa. Unter Wilhelm von Bode, dem Direktor von 1890 bis 1929, gelangte sie bald zu internationalem Ruhm. Der Zweite Weltkrieg richtete dann großen Schaden an, über 400 großformatige Werke gingen verloren oder wurden zerstört, die anschließende Spaltung Berlins trennte auch die Sammlung.

Die auf der Museumsinsel verbliebenen Gemälde konnten wegen der im Krieg zerstörten Räume anfangs in großen Teilen nur aufbewahrt und nur vereinzelt der Öffentlichkeit präsentiert werden. Erst ab 1963 standen im Bode-Museum geeignete Räumlichkeiten zur Verfügung. 1987, zur 750-Jahr-Feier Berlins wurde dann das Bode-Museum saniert, danach konnte die Gemäldegalerie ihre Schätze in 26 Räumen zeigen. Die Bilder, die sich nicht im Ostteil der Stadt befanden, kamen erst nach zähen Verhandlungen schließlich aus Westdeutschland zurück nach Berlin und wurden fortan an mehreren Dahlemer Standorten gezeigt. Erst die Neueröffnung der Gemäldegalerie im Kulturforum 1998 führte die Sammlung wieder zusammen. Insgesamt verfügt die Gemäldegalerie heute über rund 3000 Werke, von denen immer ungefähr ein Drittel in den 53 Ausstellungsräumen zu sehen ist, dazu kommen noch die 350 Bilder der Studiengalerie.

Kein Wunder also, dass sich auch ausdauernde Museumsgänger oft von der Fülle und Vielfalt der Bilder erschlagen fühlen. Deshalb sollte man sich vielleicht schon vor dem Besuch überlegen, welcher Künstler oder welche Periode einen besonders interessiert. Dies ist relativ einfach, denn auch heute noch ist die Gemäldegalerie streng systematisch aufgebaut und chronologisch sowie nach

*Die neue Nationalgalerie von Mies van der Rohe*

Regionen und Kunstschulen geordnet. So kann man relativ leicht die Entwicklung der Kunst- und Kulturgeschichte Europas vom 13. bis zum 18. Jahrhundert nachvollziehen.

Zentral in der Mitte des Museums befindet sich ein langgestreckter, fast leerer Raum mit Säulen und einem Brunnen, der mit ein wenig Fantasie an ein Kirchenschiff erinnert. Um dieses Zentrum sind dann die eigentlichen Ausstellungsräume angeordnet. Zur groben **Orientierung**: Rechts der Eingangsrotunde befinden sich die Räume mit deutscher Malerei des 13. bis 16. Jahrhunderts, niederländischer Malerei des 14. bis 16. Jahrhunderts sowie flämischer Malerei des 17. Jahrhunderts. Links der Haupthalle ist die italienische Malerei vom 13. bis zum 18. Jahrhundert, die spanische Malerei des 17. und 18. Jahrhunderts sowie die französische Malerei des 17. und 18. Jahrhunderts untergebracht. Die Kopfseite ist für die Holländische Malerei des 17. Jahrhunderts reserviert, hier befindet sich auch der Rembrandt-Saal mit 16 seiner Werke, in dem auch sein berühmtestes Bild ›Der Mann mit dem Goldhelm‹ zu sehen ist. Zwar ist mittlerweile bekannt, dass es nicht von Rembrandt selbst, sondern ›nur‹ aus seiner Werkstatt stammt, das schmälert seine Anziehungskraft aber nicht im Geringsten. Neben den Werken von Rembrandt präsentiert die Gemäldegalerie eine Vielzahl hochkarätiger europäischer Maler wie Bosch, Botticelli, Bruegel, Canaletto, Caravaggio, Dürer, Gainsborough, Rubens, Tizian, van Eyck, Velázquez, Vermeer und Watteau (→ S. 449).

■ **Kupferstichkabinett**

Das Kupferstichkabinett beherbergt die größte graphische Sammlung Deutschlands. Sie umfasst mehr als eine halbe Million druckgraphische Werke sowie über 100 000 Zeichnungen, Aquarelle, Pastelle und Ölskizzen vom Mittelalter bis zur Gegenwart. Vertreten sind bedeutende Künstler wie Botticelli, Dürer, Rembrandt, Picasso und Warhol. Weil immer nur ein kleiner Teil der Sammlung gezeigt werden kann, gibt es häufig

Wechsel- und Sonderausstellungen (→ S. 450).

### ■ Kunstgewerbemuseum

Das 1985 neu erbaute Kunstgewerbemuseum am Kulturforum zeigt auf vier Stockwerken die historische Entwicklung des europäischen Kunsthandwerks vom Mittelalter bis zur Gegenwart. Gold- und Silberschmiedearbeiten, Glas- und Porzellangefäße, Möbel und Stoffe – die Vielfalt der Ausstellungsstücke ist erstaunlich. Im Erdgeschoss ist der äußerst sehenswerte **Welfenschatz** ausgestellt. Dabei handelt es sich um 42 Reliquiare, Tragaltäre und Kreuze aus der Zeit zwischen dem 11. und 15.Jahrhundert, die einst zum Domschatz von Braunschweig gehörten. Besonders beachtenswert sind der Tragaltar des Eilbertus (um 1150–1160), die Demetriuskrone (byzantinisch, 12. Jh.) und ein Kuppelreliquar in Form einer Kreuzkuppelkirche (1175–1180) aus vergoldetem emailliertem Kupfer sowie mit Reliefs aus Elfenbein und Figuren aus Walrosszahn. Jeweils am dritten Donnerstag im Monat um 16.30 Uhr zeigen im Rahmen von Sonderführungen Kuratoren und Restauratoren ausgewählte Objekte der Sammlung (→ S. 450).

### ■ Musikinstrumenten-Museum

Das Museum zeigt regelmäßig rund 800 der 3000 Instrumente umfassenden Sammlung vom 16. Jahrhundert bis zur Gegenwart. Zu sehen sind Bachs Cembalo, Carl Maria von Webers Hammerflügel oder das Reisecembalo Friedrichs des Großen. Ein besonderes Erlebnis ist die jeden Sonnabend um 12 Uhr stattfindende Vorführung der **größten Kino- und Theaterorgel Europas**, der viermanualigen Mighty Wurlitzer. Die Konzerte auf historischen Instrumenten sind ein besonderes Erlebnis (→ S. 450).

### ■ Neue Nationalgalerie

Wegen umfangreicher Sanierungsarbeiten ist die Neue Nationalgalerie seit Januar 2015 für mehrere Jahre geschlossen.
Zwischen 1965 und 1968 nach Plänen von Ludwig Mies van der Rohe erbaut, beherbergt der imposante Glaspavillon neben Sonderausstellungen europäische Malerei und Plastik des 20. Jahrhunderts von der klassischen Moderne bis zur Kunst der 1960er Jahre. Schwerpunkte der Sammlung bilden Arbeiten von Künstlern des Kubismus, des Expressionismus, des Bauhaus und des Surrealismus. Zu den Kernstücken der Sammlung zählen elf Gemälde von Max Beckmann, daneben Arbeiten u.a. von Salvador Dalí, Joan Miró, Max Ernst, Ernst Ludwig Kirchner, Pablo Picasso, Paul Klee, Lyonel Feininger, Otto Dix und Oskar Kokoschka.

### ■ Philharmonie

Die Philharmonie entstand zwischen 1960 und 1963 und gilt als wichtigster Bau von Hans Scharoun. Musikkenner loben sie wegen der hervorragenden Akustik. Nicht minder berühmt sind die Berliner Philharmoniker, die hier ihre Spielstätte haben. Auch die einzigartig asymmetrisch-zeltartige Gebäudearchitektur lohnt einen näheren Blick. Um den zentral angeordneten pentagonalen Konzertsaal steigen die Logenterrassen unregelmäßig an, damit sitzen die Künstler mitten unter den Zuschauern. In der Abendsonne leuchtet die zwischen 1978 und 1981 angebrachte Fassadenverkleidung aus gelb eloxierten Aluminiumplatten besonders schön. In den 1980er Jahren entstand direkt neben der Philharmonie der ähnlich gestaltete Kammermusiksaal, der von Scharouns Schüler Edgar Wisniewski verwirklicht wurde (→ S. 424).

# Die Berliner Philharmoniker

Benjamin Bilse war Kapellmeister und gründete in der Mitte des 19. Jahrhunderts ein Orchester, mit dem er erfolgreich im Berliner Konzerthaus auftrat und durch ganz Europa auf Tournee ging. Offenbar war Bilse aber nicht nur ein guter Musiker, sondern auch geizig. Nachdem die Musiker jahrelang für einen Hungerlohn spielen mussten, kam es 1882 zum endgültigen Bruch. Bilses Kapelle war zu einem Konzert in Warschau eingeladen, und wieder zeigte sich der Chef knauserig – die Reise sollten seine Musiker in Bahncoupés Vierter Klasse antreten. Jetzt reichte es den 54 Musikern der Bilseschen Kapelle endgültig, sie kündigten und machten sich unter dem Namen Berliner Philharmoniker selbständig.

Ihr erstes Konzerthaus in Berlin war eine umgebaute Rollschuhbahn, doch trotz dieses wenig eleganten Spielortes stellten sich nach nur wenigen Jahren Anlaufzeit die ersten Erfolge ein. Bald arbeiteten nur noch die berühmtesten Dirigenten mit den Philharmonikern, die im Laufe ihrer zahlreichen Auslandsreisen den Ruf erwarben, eines der besten Orchester der Welt zu sein.

Die nationalsozialistische Diktatur bildete einen tragischen Einschnitt in der Geschichte der Philharmoniker. Viele begnadete jüdische Musiker des Ensembles mussten emigrieren, gleichzeitig aber versuchten die Herrschenden, das deutsche Vorzeigeensemble für die offizielle Kulturpolitik zu instrumentalisieren. Wilhelm Furtwängler, der sich selbst als apolitischen Künstler sah, wurde 1933 von den Nationalsozialisten die Leitung des Orchesters übertragen. Die Jahre seiner Leitung sind wegen seiner zwiespältigen Haltung zum damaligen System umstritten. Einerseits ließ er sich von den Nazis willig vereinnahmen, andererseits aber setzte er sich auch für die jüdischen Mitglieder seines Ensembles ein. Seine Zerrissenheit zeigte sich auch darin, dass er bereits 1934 wegen eines von den Nazis ausgesprochenen Aufführungsverbots eines Stückes von Paul Hindemith die Leitung der Philharmoniker niederlegte, sie aber 1935 schon wieder übernahm.

Tragisch verliefen die ersten Nachkriegsjahre für die Philharmoniker. Nur wenige Tage nach Kriegsende hatten sie unter der Leitung ihres Dirigenten Leo Borchard in einem umgebauten Kino ihr erstes Konzert gegeben. Nur kurz darauf wurde Borchard auf der Fahrt vom amerikanischen in den britischen Sektor, am heutigen Bundesplatz, versehentlich von einem amerikanischen Wachposten erschossen. Um die entstandene Lücke schnell zu füllen, wurde ein gänzlich unbekannter Nachwuchsdirigent, der Rumäne Sergiu Celibidache, von der Hochschule weg engagiert. Ein Glücksgriff, wie sich zeigen sollte. Weitere berühmte Namen folgten: Furtwängler zum zweiten Mal, Herbert von Karajan, Claudio Abbado und Sir Simon Rattle, der bis heute das Orchester mit 128 Instrumentalisten am Dirigentenpult leitet. Den Spielplan und weitere Infos zum Orchester findet man unter www.berliner-philharmoniker.de.

*Das Gebäude der Philharmonie von Hans Scharoun*

## Kulturforum

### Staatsbibliothek

Die gegenüber der Philharmonie gelegene Staatsbibliothek entstand von 1967 bis 1978 ebenfalls nach Plänen von Scharoun und bildet den östlichen Abschluss des Kulturforums. Schon die gelb eloxierten Aluminiumplatten der Fassade zeigen unmissverständlich, dass beide Bauten aus der gleichen Feder stammen. Der Neubau wurde nötig, da die alte Staatsbibliothek in Ostberlin nach der Teilung der Stadt für Westberlin nicht mehr zugänglich war.

Es lohnt sich, einen Blick ins Innere zu werfen, vor allem der Lesesaal bietet mit seinen unterschiedlichen Ebenen, Treppen und Balkonen eine sehenswerte Leselandschaft. Auch der Regisseur Wim Wenders muss von dem außergewöhnlichen Bibliotheksgebäude fasziniert gewesen sein, denn in seinem Film von 1987 ›Der Himmel über Berlin‹ macht er es zum liebsten Aufenthaltsort der Engel.

### Die Potsdamer Straße

Alle weltbekannten Gebäude zwischen Sony Center und Neuer Nationalgalerie gehören bereits zur Potsdamer Straße; sie setzt sich auf der südlichen Seite des Landwehrkanals fort. Entlang der viel befahrenen Straße ist ehemaliger Leerstand inzwischen zahlreichen Galerien, Cafés und schicken Modeläden gewichen. Einige Galerien, wie zum Beispiel die recht geräumigen Hallen von **Blain Southern** in der Potsdamer Straße 77 sind international bekannt. Der kreative Freiraum, der bis vor wenigen Jahren Künstler und Galeristen an die Potsdamer Straße lockte, weicht aktuell einem sich weiter professionalisierenden Kunstbetrieb.

Schon vor dem Zweiten Weltkrieg ging es hier intellektuell und kunstsinnig zu: In der Potsdamer Straße und ihren Nebenstraßen hatten unter anderem die Verlage S. Fischer und Rowohlt ihren Sitz. Zu Beginn des Jahrhunderts gab Herwarth Walden in der Potsdamer Straße die den Expressionismus begründende Zeitschrift ›Der Sturm‹ heraus, Joseph Roth wohnte in der Potsdamer Straße 73. Die Werke des galizischen Schriftstellers liegen in der nach ihm benannten Kneipe für Gäste zum Lesen bereit, Fotos und Textzitate schmücken die Wände. Ein paar Meter weiter, im **ehemaligen Zeitungshochhaus** des ›Tagesspiegel‹, haben sündhaft teure Designerläden und Galerien die Druckmaschinen verdrängt. Hier, wie auch hinter vielen anderen Durchgängen, lohnt sich ein Blick in den Hinterhof.

Gegenüber dem Tagesspiegel-Hochhaus eröffnete 1992 der **Wintergarten**, ein sehr schön ausgestattetes Varieté-Theater mit ausgesucht gutem Programm (→ S. 426). Die ersten Jahre stand das Haus unter der künstlerischen Leitung von André Heller und den Roncalli-Brüdern. Zum ›Wintergarten‹ gehören heute ein plüschiges Bistro und ein Zauberladen. Zwischen 1970 und 1989 zogen die Räumlichkeiten ein ganz anders Publikum an: Das in dieser Zeit existierende ›Quartier Latin‹ war einer der wichtigsten Berliner Veranstaltungsorte für Rock, Jazz und linke Protestkultur.

Wenig zauberhaft zeigt sich die 200 Meter weiter am ›LSD‹-Erotikkaufhaus abzweigende Kurfürstenstraße. Dort befindet sich ein europaweit bekannter und seit vielen Jahrzehnten existierender Straßenstrich, auf dem neben Drogenabhängigen immer mehr Prostituierte aus Osteuropa anschaffen gehen.

Südlich der Kurfürstenstraße findet man viele Obst- und Billigläden, Friseure und Bäckereien, die fest in türkischer Hand sind. Einen halben Kilometer weiter überbrückt der **Sozialpalast** die nach rechts abzweigende Pallasstraße: Der vorwiegend von eingewanderten Berlinern bewohnte Sozialbau wurde am Ort des ehemaligen Berliner Sportpalasts errichtet. Dort wurde das 1911 für den Radsport bedeutende Sechstagerennen begründet. Am 18. Februar 1943 hielt Joseph Goebbels im Sportpalast seine berühmte Rede, in der er zum ›Totalen Krieg‹ aufrief. Wer heute unter dem Gebäude durchgeht erreicht an Antiquitätenläden vorbei das sich Akazienstraße und Winterfeldtplatz herum erstreckende Zentrum alternativen Lebens im Stadtteil Schöneberg (→ S. 315).

## Tiergartenviertel

Westlich des Kulturforums, zwischen Landwehrkanal und Tiergarten, erstreckt sich das Botschaftsviertel. Es lohnt ein Abstecher von der Tiergartenstraße zum sogenannten **Bendlerblock**, einem großen Gebäudekomplex zwischen Stauffenbergstraße und Reichpietschufer, der heute zum Bundesverteidigungsministerium gehört. Hier planten die Verschwörer um Graf Schenk von Stauffenberg das am 20. Juli 1944 ausgeführte und missglückte Attentat auf Hitler. Seit Ende der 1980er Jahre befindet sich im Bendlerblock die **Gedenkstätte Deutscher Widerstand**. Eine Dauerausstellung dokumentiert den Widerstand gegen den Nationalsozialismus. Im Innenhof erinnert ein Ehrenmal an die dort in der Nacht zum 21. Juli 1944, unmittelbar nach dem gescheiterten Umsturzversuch hingerichteten Offiziere.

### ■ Botschaftsviertel

Zurück in der Tiergartenstraße kommt man bald an einer Reihe von Botschaften vorbei. Die prächtigen Botschaften Japans und Italiens aus den 1930er Jahren erstrahlen mittlerweile wieder in

*Zaun der Botschaft der Vereinigten Arabischen Emirate in der Hiroshimastraße*

neuem Glanz, neue Botschaften und Landesvertretungen sowie luxuriöse Appartements in den Nebenstraßen sind hinzugekommen. Die Botschaftsgebäude bilden eine faszinierende Mischung aus historischer und moderner Architektur, wobei häufig auch landestypische Elemente eingeflossen sind.

Die Geschichte der **Italienischen Botschaft** (Hiroshimastraße 1) an dieser Stelle geht auf Pläne von Albert Speer zurück, der in den 1930er Jahren am Rand des Tiergartens ein neues Diplomatenviertel plante. Als Freunde des nationalsozialistischen Deutschlands durften Italien und Japan hier ihre Botschaftspaläste erbauen. Nach der deutschen Wiedervereinigung beschloss Italien, das alte Gebäude möglichst originalgetreu wieder herzurichten. Kriegsschäden sollten weder vollständig behoben noch kaschiert werden. Geld scheint bei der Verwirklichung der Repräsentationsbauten – egal ob Sanie-

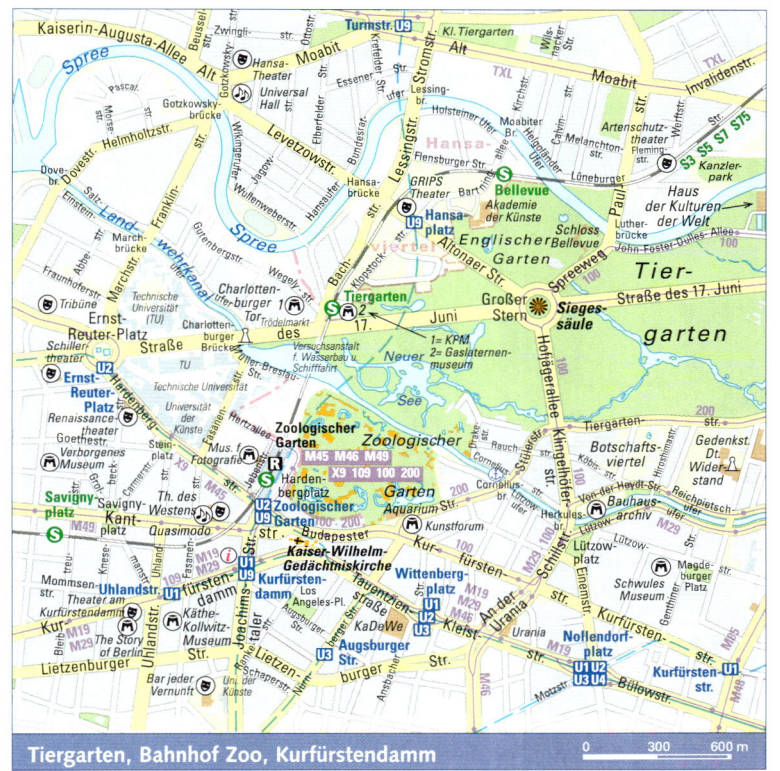

Tiergarten, Bahnhof Zoo, Kurfürstendamm

rung oder Neubau – kaum eine Rolle gespielt zu haben. Die **Botschaft Indiens** (Tiergartenstraße 17) zum Beispiel wurde aus rotem Sandstein aus Rajastan, dem indischen ›Land der Könige‹, gebaut. Die **Vereinigten Arabischen Emirate** (Hiroshimastraße 18) entschieden sich für einen Palast wie aus Tausendundeiner Nacht. Im Vergleich zur benachbarten Indischen Botschaft wirkt die **Botschaft von Südafrika** (Tiergartenstraße 18) fast bescheiden. Aber auch hier wurden edle Steine aus dem Süden Afrikas verbaut.

An der Klingelhöfer-, Ecke Stülerstraße befinden sich die **Botschaften der Nordischen Länder**. Als der Umzug von Bonn nach Berlin anstand, haben Dänemark, Finnland, Island, Norwegen und Schweden beschlossen, ihre Botschaften in einem Komplex zusammenzufassen. Diese wegweisende Idee, die Verbundenheit der nordischen Länder zu demonstrieren, wurde mit einem gelungenen modernen skandinavischen Design umgesetzt. Die fünf Botschaften sowie das Gemeinschaftshaus gruppieren sich um einen Hof, zur Klingelhöferstraße besteht die Fassade aus geschwungenen Kupferlamellen.

Die **Kantine der Botschaften der Nordischen Länder** im dritten Stock steht auch Besuchern offen und bietet Außergewöhnliches. Dafür sorgt der norwe-

*Das Bauhaus-Archiv*

gische Kantinenchef Kenneth Gjerrud, der nordische Gerichte – dazu gehört natürlich auch täglich ein Fischgericht – weit über normalem Kantinenniveau serviert. Preisgünstiger und besser kann man in Berlin die Spezialitäten der skandinavischen Küche nicht probieren. Für Besucher ist die Kantine montags bis freitags von 10 bis 16 Uhr geöffnet, Lunch gibt es von 11 bis 15 Uhr.

■ **Bauhaus-Archiv**
Das architektonisch interessante, leuchtend weiße Gebäude mit den markanten Oberlichtern ist ein Spätwerk des Bauhaus-Gründers Walter Gropius und liegt zwischen Klingelhöferstraße und Landwehrkanal. Hier werden der Nachlass von Walter Gropius sowie Werke von Paul Klee, Lyonel Feininger, Wassily Kandinsky, Josef Albers und Ludwig Mies van der Rohe sowie wechselnde Sonderausstellungen aus den Bereichen Kunst, Architektur und Design gezeigt.

Vom **Café im Bauhaus-Archiv** hat man einen Blick auf die **Villa von der Heydt** im Neorenaissance-Stil. Sie ist eine der wenigen Tiergartenvillen, die Abrisspläne und Zweiten Weltkrieg überstanden hat. Die 1862 errichtete Villa hat eine bewegte Vergangenheit: Sie wurde von der Chinesischen Gesandtschaft als Gasthof, als Salon der vornehmen Berliner Gesellschaft, als exklusiver Club sowie als Bonbon- und Pralinenfabrik und Schwarzbrennerei genutzt. Heute wird die Villa von der Stiftung Preußischer Kulturbesitz genutzt. Vom Bauhaus-Archiv führt ein kurzer Spazierweg am Landwehrkanal entlang zur Villa von der Heydt.

■ **Schwules Museum**
Es ist das einzige Museum weltweit, das sich mit schwulen und lesbischen Lebensentwürfen befasst. Kern des Museums in der Lützowsrtraße ist die Dauerausstellung über 200 Jahre schwule Geschichte. Ein weiterer Schwerpunkt sind die Biografien einzelner bekannter Persönlichkeiten wie Oscar Wilde, Marlene Dietrich oder Gustaf Gründgens (→ S. 450).

■ **Neuer See**
Im südwestlichen Teil des Tiergartens in unmittelbarer Nähe zur Spanischen Botschaft liegt der Neue See. Neben einem kleinen Café gibt es an seinem Ufer einen großen, immer gut besuchten **Biergarten**. Beliebt ist auch der **Bootsverleih**, vor allem Familien mit Kindern machen mit einem der Ruderboote gerne einen Ausflug auf den See. Folgt man vom Café der Lichtensteinallee und überquert auf der gleichnamigen Brücke den Landwehrkanal, kommt man zu dem gusseisernen **Namenszug Rosa Luxemburg**. Er erinnert daran, dass hier die ermordete Revolutionärin in den Kanal geworfen wurde. Etwas weiter nördlich gibt es am Ufer

des Neuen Sees ein **Denkmal für Karl Liebknecht**. Wer von Rosa Luxemburgs Schriftzug am Gartenufer entlang spaziert, kann die Ausflugsdampfer auf dem Landwehrkanal beobachten und einen Blick auf einige der Tiere im Zoo (→S. 216) werfen, auf die Lamas hinter ihrem Wassergraben sogar ohne Zaun.

## Bahnhof Zoologischer Garten

Von 1884 bis 2006 hielten Fernzüge am Bahnhof Zoo. Während der Teilung der Stadt war der Bahnhof der wichtigste Verkehrsknotenpunkt im Westteil Berlins. Kein Wunder, dass viele Berliner es nicht glauben konnten, dass er nach der Eröffnung des neuen Hauptbahnhofs 2006 seinen Status verlor und hier keine IC- und ICE-Züge mehr hielten. Vor dem Bahnhofsgebäude auf dem Hardenbergplatz befindet sich der größte Busbahnhof für den öffentlichen Nahverkehr. Hier startet auch die berühmte **Buslinie 100**, mit der man für den Preis eines normalen Fahrscheins eine Stadtrundfahrt vom Zoo über den Reichstag und Unter den Linden zum Alexanderplatz machen kann. Das hat sich allerdings inzwischen herumgesprochen, und entsprechend voll sind die Busse meistens. Der Bahnhof Zoo, vor allem dessen Rückseite zur Jebensstraße, ist aber auch einer der sozialen Brennpunkte der Stadt und Treffpunkt der Drogen- und Stricherszene. Das Buch ›Wir Kinder vom Bahnhof Zoo‹ und der Film von 1981, die die Geschichte der Christiane F. erzählen, erlangten bundesweite Bekanntheit. Viel geändert hat sich am Bahnhof Zoo diesbezüglich nicht.

### ■ Museum für Fotografie

Alte Liebe rostet nicht. So könnte man das Verhältnis von Helmut Newton zu seiner Heimatstadt Berlin beschreiben – und das, obwohl die ihn nicht immer gut behandelt hat. Denn 1938 musste Newton als 18-jähriger seine Heimatstadt auf der Flucht vor den Nazis verlassen. Im fernen Australien machte er sich einen Namen und galt seitdem nicht zu Unrecht als einer der bedeutendsten Fotografen des 20. Jahrhunderts. Als Newton seiner Heimatstadt seinen Nachlass anbot, erntete er dort aber nicht nur Beifall. Die notorisch

*Am Bahnhof Zoo halten schon lange keine Fernzüge mehr*

*Das Elefantentor ist einer von mehreren Eingängen zum Zoo*

klamme Stadt hatte nicht genügend Geld, um für sein Werk ein adäquates Museumsgebäude zur Verfügung zu stellen. Nur weil Newton nicht nur seine Bildertruhe, sondern schließlich auch seinen Sparstrumpf öffnete, wurde der Traum vom Newton-Museum in Berlin doch noch Wirklichkeit. Bemerkenswert ist, dass das Haus in der Jebensstraße, direkt am Bahnhof Zoo, das letzte Gebäude war, auf das Newton einen Blick werfen konnte, bevor er 1938 den Zug ins Exil bestieg. Im Juni 2004 wurde das Museum für Fotografie – vereint mit der Helmut Newton Stiftung – schließlich eingeweiht. Newton selbst erlebte die Eröffnung nicht mehr, er kam im Januar 2004 bei einem Autounfall in den USA ums Leben. Neben mehr als 1000 Fotografien umfasst der Nachlass viele persönliche Gegenstände und seine komplette Kamerasammlung. Es finden auch regelmäßig Wechselausstellungen mit Werken anderer Fotografen statt (→ S. 448).

■ **Amerikahaus**
Das Gebäude an der Kantstraße wurde 1957 im typischen Baustil der damaligen Zeit von Bruno Grimmek erbaut. Bis 2006 diente es als Informations- und Kulturzentrum der Vereinigten Staaten. Nach Jahren der Zwischennutzung wurde es einer dringend notwendigen Restaurierung unterzogen, wobei der ursprüngliche Zustand wieder hergestellt wurde. Seit 2014 sind die Landeszentrale für politische Bildung und die Fotogalerie **c/o Berlin** langfristige Mieter der Immobilie. Jährlich werden gut ein Dutzend Ausstellungen bekannter Fotografen gezeigt.

## Zoologischer Garten

Die Berliner lieben ihren Zoo, der als erster deutscher Tierpark auf Initiative von Alexander von Humboldt entstand. Nach dreijähriger Bauzeit öffnete die von Gartenbaudirektor Peter Joseph Lenné entworfene Anlage 1844 ihre Eingänge. Die ersten Tiere waren ein Geschenk von König Wilhelm IV. Heute werden auf einer Fläche von 34 Hektar mitten in der Stadt 14 000 Tiere gehalten.
Aber nicht nur die Tiere sind sehenswert, auch die Architektur verdient Aufmerksamkeit. Dies beginnt schon am Eingang in der Budapester Straße, wo das im Zweiten Weltkrieg zerstörte und 1984 rekonstruierte **Elefantentor** einen Blickfang bildet. Die beiden liegenden Elefanten aus Elbsandstein tragen ein geschwungenes Dach, das mit ostasiatischer Malerei und phantasievollen Schnitzereien verziert ist. Am Hardenbergplatz geht man durch das **Löwentor** in den Zoo. Architektonisch interessant sind auch das historische **Giraffenhaus** und das moderne, 1997 eröffnete **Flusspferdhaus**.
Mit mehr als 3,3 Millionen Besuchern jährlich zählt der Zoo zu den meistbe-

suchten Sehenswürdigkeiten der Stadt. Schon immer haben einige Zoobewohner die Herzen der Besucher besonders gerührt und für Schlagzeilen in der Lokalpresse gesorgt. Nur 91 Tiere hatten den Zweiten Weltkrieg überlebt, eines war der Flusspferdbulle Knautschke, der die Zoobesucher noch bis zu seinem Tod 1988 erfreute. Nach ihm genoss die Aufmerksamkeit der Pandabär Bao Bao. 1980 traf Bao Bao als Geschenk der Chinesischen Regierung in Berlin ein, und seitdem sorgte er unzählige Male für Schlagzeilen, weil er nur wenig Interesse an der Fortpflanzung zeigte. Auch mit der Leihgabe Yan Yan klappte es nicht, und selbst seine Hochzeitsreise nach London endete mit einem Fiasko. Im August 2012 starb Bao Bao.

Zum Drama entwickelte sich auch die erste Eisbärengeburt im Berliner Zoo seit mehr als 30 Jahren. Knut, im Dezember 2006 geboren, entfachte einen nie dagewesenen weltweiten Medienrummel, starb dann aber völlig überraschend mit nur vier Jahren vor den Augen der entsetzten Zoobesucher.

Keinesfalls sollte man versäumen, das Raubtierhaus, das Nachttierhaus, das spektakuläre Flusspferdhaus, das Vogelhaus und die Menschenaffen anzuschauen (→ S. 450).

■ **Aquarium**
Gleich neben dem Zoologischen Garten liegt das von 1911 bis 1913 errichtete Aquarium, das zu den größten der Welt zählt. Im Altbau befinden sich 72 Aquarien mit einem Volumen bis zu 12 000 Litern, in denen Süß- und Meerwasserfische aus aller Welt zu sehen sind. Im eindrucksvollen Zylinderaquarium schweben die schwer zu haltenden Quallen. Im Neubau gibt es sieben Großbecken zu sehen, die größten Attraktionen sind das Rundumbecken mit den Rochen und natürlich die Haie. Ein Höhepunkt ist die sich über zwei Etagen erstreckende schwül-warme Krokodilhalle, die als das erste von Besuchern begehbare Tiergehege der Welt gilt, die kürzlich saniert wurde. Die Schlangenterrarien und die seltenen Komodowarane im 1. Stockwerk gehören ebenso zum Pflichtprogramm beim Aquariumbesuch wie die Frösche, Spinnen und Kakerlaken im Obergeschoss (→ S. 450).

## Straße des 17. Juni und nördlicher Tiergarten

Im Dreieck zwischen Hardenbergstraße, Straße des 17. Juni und den S-Bahn-Gleisen befinden sich fast ausschließlich Einrichtungen der **Technischen Universität Berlin** und der **Universität der Künste**. Die Universität der Künste ist mit rund 4000 Studierenden eine der größten künstlerischen Hochschulen in Europa, in der Technischen Universität sind rund 30 000 Studenten eingeschrieben. Durch die Fasanenstraße gelangt man direkt an der Charlottenburger Brücke auf die schnurgerade Straße des 17. Juni und kann schon die Siegessäule sehen. Zu beiden Seiten der Brücke befindet sich das **Charlottenburger Tor**, ein neobarockes Bauwerk vom Anfang des 20. Jahrhunderts. Es bildet das weniger bekannte Pendant zum Brandenburger Tor auf der anderen Seite des Tiergartens.

Auf der linken Straßenseite zwischen Charlottenburger Tor und S-Bahn-Brücke findet jeden Samstag und Sonntag der **Floh- und Kunsthandwerkermarkt** statt. Viel los ist hier immer noch, doch da es in Berlin mittlerweile unzählige Flohmärkte gibt, ist er kleiner als früher.

Weniger bekannt, weil von der Straße aus nicht zu sehen, ist das **Restaurantschiff Capt'n Schillow**, das auf einem Seitenarm des Landwehrkanals vor An-

*Im Gaslaternen-Freilichtmuseum*

ker gegangen ist. Ein schmaler Weg führt vom Charlottenburger Tor hinunter zum Wasser. Die Speisekarte ist zwar nicht besonders umfangreich, doch ein kleiner Imbiss an Deck lohnt schon wegen der ruhigen Lage im Grünen.

Nur wenige Meter weiter und auch von der Straße kaum zu erahnen, liegen an der Tiergartenschleuse einige Hausboote vor Anker. Die meisten sind ausrangierte Lastkähne, die von ihren Besitzern mit viel Liebe und Fantasie in wohnliche Unikate verwandelt wurden.

An der südöstlichen Seite der Schleuse liegt die Gaststätte **Schleusenkrug** mit schönem Biergarten direkt am Zoologischen Garten (→ S. 404).

### ■ Gaslaternen-Museum

Was haben eine ›Wilmersdorfer Witwe‹ und ein ›Bullenbein‹ gemeinsam? Beide sind Gaslaternen und befinden sich im Gaslaternen-Freilichtmuseum in unmittelbarer Nähe des S-Bahnhofs Tiergarten. Gleich hinter der S-Bahnbrücke sind 90 historische Gaslaternen im Tiergarten im Abstand von wenigen Metern aufgereiht, die aus der Zeit zwischen 1826 und 1956 stammen und früher 25 deutsche und 11 europäische Städte erhellten. Zu sehen sind unter anderem die ›Schinkel-Laterne‹, die allerdings nicht von Schinkel entworfen wurde, ein fünfarmiger ›Charlottenburger Kandelaber‹ oder die ›Camberwell-Laterne‹, benannt nach einem Londoner Stadtteil. Eine Infotafel an der Straße und Schilder mit fortlaufenden Nummern informieren über Geschichte und Technik jeder Lampe. In der Dämmerung werden die Gaslampen eingeschaltet und verströmen ihr warmes Licht. Wer sich auf eine der Parkbänke setzt, findet auf der Rückenlehne ein Zitat aus einem Gedicht von Erich Mühsam: »Ich bin Lampenputzer dieses guten Lampenlichts, bitte, bitte, tut mir nichts! Wenn wir ihn' das Licht ausdrehen, kann kein Bürger nichts mehr sehen.« Mühsam war in den 1920er Jahren Verfasser revolutionärer Lieder und Gedichte und verfasste den ›Revoluzzer‹ als Spott auf die Sozialdemokraten, die nach der russischen Revolution von 1905 außerparlamentarische revolutionäre Aktionen ablehnten.

### ■ Königliche Porzellanmanufaktur

Für Liebhaber edlen Porzellans ist der kurze Abstecher vom S-Bahnhof Tiergarten in die Wegelystraße zur KPM-Welt Pflicht. Friedrich der Große hat die Königliche Porzellan-Manufaktur 1763 gegründet. Das Firmensignet ist seit jeher das kobaltblaue Zepter, das auf jedem Stück zu finden ist. Die KPM ist auch heute noch eine Manufaktur, das heißt, alle Stücke sind handsignierte Unikate. Das heißt allerdings auch, dass selbst einfache Gebrauchsgegenstände keine Schnäppchen sind. Der Rundgang durch die historischen Gebäude von Berlins ältester Manufaktur führt durch die Dauerausstellung KPM-Welt, das Modell- und Formenlager sowie die

Schauwerkstatt, in der man den Künstlern bei der Arbeit zuschauen kann (→ S. 450).

### ■ Siegessäule

Egal, aus welcher Richtung man sich dem Großen Stern, dem zentralen Platz mitten im Tiergarten, nähert, die Siegessäule ist schon aus der Ferne zu sehen. Fünf große Hauptstraßen treffen hier auf einen Riesenkreisverkehr, der jedem Fahrschüler den Schweiß auf die Stirn treibt. Im Zentrum erhebt sich die 69 Meter hohe Siegessäule. Auf deren Spitze steht die Bronzeskulptur der Siegesgöttin Viktoria, mit Lorbeerkranz, adlergeschmücktem Helm und Feldzeichen mit Eisernem Kreuz. Von den Berlinern wird die vergoldete Victoria respektlos ›Goldelse‹ genannt. Immerhin Schuhgröße 92 hat die Dame, bei einer Körpergröße von gut acht Metern und 40 Tonnen Gewicht durchaus angemessen, denn so kommt sie auch bei Sturm auf ihrem luftigen Ausguck nicht ins Wanken. Bei der umfangreichen Sanierung der Siegessäule, die 2011 beendet wurde, bekam auch Viktoria eine neue Haut aus Blattgold. Man sieht es ihr an, denn jetzt glänzt sie viel mehr als früher.

Ursprünglich stand die Siegessäule auf dem Königsplatz, dem heutigen Platz der Republik, vor dem Reichstag, wurde jedoch von den Nationalsozialisten 1939 an ihren heutigen Standort umgesetzt. Errichtet wurde sie von 1871 bis 1873 als Erinnerung an die siegreichen Kriege Preußens gegen Österreich, Frankreich und Dänemark. Der quadratische Unterbau aus rotem Granit ist verziert mit friesartigen Bronzereliefs von Alexander Calandrelli, Moritz Schulz und Karl Keil, die Ereignisse aus den drei Kriegen zeigen.

Nach dem Zweiten Weltkrieg mussten sie auf Befehl der Alliierten entfernt werden; erst in den 1980er Jahren wurden sie wieder angebracht. Den Säulenschaft verzieren vergoldete Kanonenrohre aus der Kriegsbeute. Im Innern der Säule führen 285 Stufen zur **Aussichtsplattform** in 50 Meter Höhe, von der man einen weiten Blick über den Tiergarten und die Stadt genießt. Auch das Brandenburger Tor am Ende der Straße des 17. Juni ist von hier gut zu sehen.

Der Abschnitt des 17. Juni zwischen Siegessäule und Brandenburger Tor hat sich seit einigen Jahren als beliebter Veranstaltungsort etabliert. Ob Berlin-Marathon, Velothon oder Fanmeile bei wichtigen Fußballspielen: Auf diesem Straßenabschnitt wird häufiger Party gemacht, als so manchem Berliner Autofahrer lieb ist.

### ■ Englischer Garten

Seit 1952 gibt es innerhalb des Tiergartens nördlich der Siegessäule den Englischen Garten. Der Name sagt nichts über den Stil der Anlage, sondern geht auf den englischen General Bourne zurück, der mit dem Park an die gute

*Frisch renoviert: die ›Goldelse‹*

deutsch-britische Zusammenarbeit während der Blockade (1948/49) erinnern wollte. Da der Tiergarten damals in einem erbärmlichen Zustand war, spendeten das englische Königshaus, englische Städte und Privatleute Pflanzen, die per Schiff nach Berlin gebracht wurden.

Nach der Umgestaltung des reetgedeckten **Teehauses** ist dieses Kleinod wieder einen Besuch wert. An kühlen Tagen gibt es drinnen Kunst am Kamin, im Sommer hat man von der Terrasse einen schönen Blick auf die gepflegte Gartenanlage. Während des Konzertsommers stehen zwischen Ende Juni und Mitte August an den Wochenenden Live-Konzerte auf dem Programm.

### ■ Hansaviertel

Das Hansaviertel am nördlichen Rand des Tiergartens reicht bis in die Parkanlage. Im Zweiten Weltkrieg wurde der bürgerliche Stadtteil Tiergarten mit seinen prächtigen Altbauten fast vollständig zerstört und dann im Rahmen der Bauausstellung Interbau zwischen 1953 und 1957 völlig neu gestaltet. Das Hansaviertel war als Antwort auf den Aufbau Ostberlins gedacht, der mit der Stalinallee sein Vorzeigeprojekt hatte. An Stelle der geschlossenen Blockbebauung der Vorkriegszeit entstanden im neuen Hansaviertel aufgelockerte Strukturen aus Flachbauten und höheren Häusern, die fließend in das Grün des Tiergartens übergehen. Zentraler Bereich der Internationalen Bauausstellung war das Gebiet zwischen S-Bahn-Trasse und Tiergarten. An der Gestaltung waren 48 Architekten aus 13 Ländern beteiligt, unter ihnen viele namhafte Vertreter des modernistischen Bauens.

Alvar Aalto aus Finnland entwarf ein achtgeschossiges Haus beim U-Bahnhof Hansaplatz (Klopstockstraße 30–32), Walter Gropius beteiligte sich mit einem Wohnblock in der Händelallee 3–9, und Pierre Vago aus Frankreich zeichnete für das Haus mit den versetzten Balkonen in der Klopstockstraße 14–18 verantwortlich. Das Wohnhaus ›Giraffe‹ in der Klopstockstraße 2 von Klaus Müller-Rehm und Gerhard Siegmann beherbergt heute das gleichnamige Restaurant.

Ein weiteres, bemerkenswertes Gebäudeensemble ist die **Akademie der Künste am Hanseatenweg** 10. Vor der abweisenden Betonfassade befindet sich eine Skulptur von Henry Moore, dahinter Ausstellungsräume, Ateliers und Appar-

*Im Hansaviertel*

tements für Künstler. Auch nach der Eröffnung des Neubaus der Akademie der Künste am Pariser Platz (→ S. 105) finden im Hanseatenweg noch Ausstellungen und Veranstaltungen statt.

Die meisten der 36 Gebäude des Hansaviertels stehen als Solitäre ohne Beziehung zu den Nachbarhäusern und besitzen auch keine klar erkennbare Vorder- und Rückfront. Heute wohnen fast 6000 Menschen hier, und die freuen sich nicht nur über die gelungenen Architektenentwürfe, sondern auch über die zentrale Lage mit viel Grün vor der Haustür.

Seit 1974 hat das **Grips-Theater** seine Spielstätte am U-Bahnhof Hansaplatz. Auch dieses Haus entstand im Rahmen der Internationalen Bauausstellung nach Plänen von Ernst Zinsser und Hansrudi Plarre. Schon bald machte sich das Grips-Theater mit politisch nicht immer unumstrittenen linken Kinder- und Jugendstücken einen Namen. Jahrelang war es in aller Munde und spielte vor vollem Haus. Der größte Erfolg war jedoch das eher unverfängliche Musical ›Linie 1‹, das 1986 uraufgeführt wurde und bis heute neben aktuellen Produktionen im Repertoire ist (www.grips-theater.de).

■ **Schloss Bellevue**

Schloss Bellevue liegt ebenfalls im nördlichen Tiergarten am Ufer der Spree. 1784 erwarb Prinz Friedrich August Ferdinand von Preußen, der jüngste Bruder von Friedrich dem Großen, das Areal und ließ in den darauf folgenden Jahren von dem Architekten Michael Philipp Boumann das Schloss Bellevue – damals noch vor den Toren der Stadt gelegen – errichten. Der langgestreckte Hauptbau ist von zwei Seitenflügeln, dem ›Damenflügel‹ und dem ›Spreeflügel‹, flankiert. Das Gebäude wurde in einem Übergangsstil zwischen Barock und Klassizismus gestaltet und sollte in erster Linie als Wohnschloss dienen. Das Prunkstück im Innern ist der 1791 von Carl Gotthard Langhans gestaltete Ballsaal, der heute für offizielle Empfänge genutzt wird. Der Zweite Weltkrieg führte im gesamten Schloss zu schweren Schäden, zwischen 1954 und 1959 wurde es als Berliner Amtssitz des Bundespräsidenten wieder hergerichtet. Seit 1994 ist das Gebäude der erste Amtssitz des Bundespräsidenten. Der außerplanmäßige Hausherren-Wechsel 2010 verlief eigentlich reibungslos. Wenn da nicht die ›Brötchen-Affäre‹ gewesen wäre. Denn es kam heraus, dass Christian Wulff – ebenso wie sein Vorgänger und Vor-Vorgänger – die Brötchen aus Hannover geliefert bekam. Oppositionspolitiker und Umweltschützer waren entsetzt, und die Handwerkskammer bestand darauf, dass auch Berliner Brötchen schmackhaft sind.

So bleibt zum Schluss noch die Geschichte des **Schlossparks**, die ebenfalls 1784 beginnt. Damit gehört er zu den ersten Landschaftsgärten in Preußen. Der Entwurf des Parks sah ein System von Sichtachsen vor, die fächerartig vom Schloss in die Landschaft führen. Der damals hervorragenden Aussicht in die umgebende Parklandschaft und auf diverse ›Points de Vue‹ verdankt die Anlage ihren Namen ›Bellevue‹.

■ **Moabiter Werder**

Nur durch die Spree vom Tiergarten getrennt, erstreckt sich der Moabiter Werder vom Hauptbahnhof im Osten bis zur Paulstraße im Westen. Im Norden wird der schmale Streifen durch die Bahntrasse begrenzt. Auf dem Moabiter Werder sind im Rahmen eines Wettbewerbs von 1995 Wohnungen für Bundestagsabgeordnete und Bedienstete des Bundes entstanden. Markantestes Gebäude ist die **Abgeordneten-Schlange**, ein fast 500

*Das Haus der Kulturen der Welt mit dem Bronze-Schmetterling von Henry Moore*

Meter langes, gewundenes Backsteingebäude mit mehr als 700 Wohnungen, das in Ost-West-Richtung von fünf auf acht Stockwerke ansteigt und die Idee vom ›Band des Bundes‹ auf eindrucksvolle Weise aufnimmt. Nicht nur die Bauherren nahmen an, dass sich die Abgeordneten um die exklusive Wohnlage und die Wohnungen in dem architektonisch interessanten Neubau reißen würden. Fehlanzeige! Auch ein Concierge, der sich um alles kümmert, konnte nur rund 70 Politiker zum Einzug in die mit 90 Millionen DM Bundeszuschuss gebaute Anlage bewegen. Erst als die Wohnungen auf dem freien Markt angeboten wurden, fanden sich genügend Mieter.

Am Ufer der Spree verläuft ein breite **Uferpromenade**, von der man auf Schloss Bellevue, Kanzleramt, Hauptbahnhof und Siegessäule blickt. Dahinter erstreckt sich ein schmaler Grünzug mit mehreren kleinen Themengärten.

### ■ Haus der Kulturen der Welt

Das Gebäude mit der eigenwilligen Dachkonstruktion wurde 1957 zur internationalen Bauausstellung als Symbol der deutsch-amerikanischen Freundschaft errichtet. Im Volksmund ›Schwangere Auster‹ genannt, wurde es bis 1980, als ein Teil des Daches einstürzte, als Kongresshalle genutzt. Erst sieben Jahre später, zur 750-Jahr-Feier Berlins, war das Dach wieder instandgesetzt. 1989 zog das ›Haus der Kulturen der Welt‹ ein, ein Forum für Theater- und Tanzaufführungen, Ausstellungen, Lesungen und Filme, hauptsächlich aus Ländern der sogenannten Dritten Welt (→ S. 449). Im Wasserbecken vor dem Gebäude befindet sich die Plastik ›Zwei Formen‹ von Henry Moore. Bis Anfang 2017 wird das Gebäude saniert und ist solange geschlossen.

Zur 750-Jahr-Feier wurde südöstlich auch das **Carillon**, das größte Glockenspiel Europas, eingeweiht, das auf Pläne des Musikwissenschaftlers Jeffery A. Bossin zurückgeht. Im Innern des 42 Meter hohen, mit Granit verkleideten Betonturmes befinden sich 68 Glocken, die um 12 und 18 Uhr jeweils für fünf Minuten erklingen.

# Die City West

Die City West hat die Wende komplett verschlafen. Als es die Mauer noch gab, waren Tauentzien und Kurfürstendamm, den die Berliner nur Ku'damm nennen, konkurrenzlos. In Charlottenburg und Wilmersdorf und vor allem in weitem Umkreis rund um den Ku'damm konnte man feiern und ausgehen, wie und wohin man wollte, egal, ob Studentenkneipe oder Edelrestaurant, die Auswahl war fast grenzenlos. Vom Boom der Ost-Szeneviertel wie Prenzlauer Berg, Mitte und Friedrichshain war man im Westen völlig überrascht. Und dass auch die Prachtstraße Unter den Linden einiges zu bieten hat, konnte eigentlich nicht überraschen – hat es aber anscheinend. So verlagerten sich die Touristenströme bald in Richtung Osten, anfangs vielleicht nur aus Neugier, später aus Überzeugung. Einzelne Neubauvorhaben wie das Kranzler-Eck konnten den Gesamteindruck des Stillstandes nicht verwischen.

Seit einigen Jahren aber stehen die Renaissance des Westens und die Rückeroberung der Touristen ganz oben auf der Agenda der Ku'damm-Anrainer. Viele Bauvorhaben wurden angestoßen und sind mittlerweile auch abgeschlossen. Am stärksten hat sich die Silhouette der City West durch das 119 Meter hohe ›Zoofenster‹ verändert, ein Hochhaus zwischen Hardenberg-, Kant- und Joachimstaler Straße.

Auch Breitscheidplatz und Kaiser-Wilhelm-Gedächtniskirche wurden in das Sanierungsprogramm einbezogen, die Arbeiten an der alten Gedächtniskirche sind mittlerweile abgeschlossen, die an der Kapelle werden sich noch weit bis ins Jahr 2017 hinziehen.

## Wittenbergplatz und Tauentzienstraße

Der in den 1890er Jahren angelegte Wittenbergplatz erhielt seinen Namen nach der Schlacht von Wittenberg im Jahr 1813 während der napoleonischen Befreiungskriege. In der Mitte zwischen den Fahrbahnen befindet sich der Ein-

*Die U-Bahn-Station Wittenbergplatz*

gang der gleichnamigen U-Bahnstation (U1, U2, U3). Die kreuzförmige, neoklassizistische Eingangshalle besitzt einen quadratischen Turmaufsatz und ist mit Muschelkalkplatten verkleidet.

Vom Wittenbergplatz bis zum Breitscheidplatz führt die breite Tauentzienstraße, die zur Kaiserzeit nach dem Vorbild Pariser Boulevards angelegt wurde. Sie ist der Beginn der berühmten Einkaufsmeile, die sich bis zum Ende des Kurfürstendamms hinzieht. Auf dem Mittelstreifen fuhr früher die Straßenbahn, heute gibt es einen Grünstreifen.

### ■ KaDeWe

Gleich am Beginn der Tauentzienstraße wartet auf der linken Seite mit dem KaDeWe das Kaufhaus der Superlative. Mit rund 60 000 Quadratmeter Verkaufsfläche ist das ›Kaufhaus des Westens‹ wohl immer noch das größte Kaufhaus Europas. Schnäppchenjäger verirren sich nur selten in diesen Konsumtempel, denn hier wird edel und fein geshoppt. Legendär ist auch die Feinschmeckerabteilung im sechsten Stock. Dort soll es – neben Spezialitäten aus aller Welt – geschätzte 400 Brot-, 1200 Wurst- und 1300 Käsesorten geben.

Vom gediegenen Luxus im KaDeWe fühlen sich eher die reiferen Jahrgänge angesprochen, die Jugend zieht es dagegen in die Läden der angesagten Modelabels in der Nachbarschaft.

Wie schnell selbst ›große‹ Kunstwerke von der Realität überholt werden können! Zum Stadtjubiläum 1987 wurde auf dem Mittelstreifen der Tauentzienstraße die nicht zu übersehende Skulptur ›Berlin‹ aufgestellt. Das Künstlerpaar Matschinsky-Denninghoff wollte mit den verschlungenen, aber zerrissenen Chrom-Nickel-Röhren die damals geteilte und doch zusammengehörige Stadt symbolisieren. Mit dem Mauerfall zwei

*Legendärer Konsumtempel: das KaDeWe*

Jahre später hatte sich das Thema eigentlich erledigt, aber die ›tanzenden Spaghetti‹ stehen immer noch an ihrem Platz.

### ■ Kaiser-Wilhelm-Gedächtniskirche

Der Breitscheidplatz, einer der belebtesten Treffpunkte der Stadt, liegt am Übergang von Tauentzienstraße zum Kurfürstendamm. Den Mittelpunkt bildet eines der Wahrzeichen Berlins, die Kaiser-Wilhelm-Gedächtniskirche. Die von 1891 bis 1895 erbaute neoromanische Kirche sollte dem ersten deutschen Kaiser ein prunkvolles Andenken sichern. Doch am 23. November 1943 fielen große Teile einem Bombenangriff zum Opfer. Nur der Westturm blieb als Ruine stehen und war fortan ein Symbol der Schrecken des Krieges und eines der Wahrzeichen Berlins. 1956 sollte auch der Rest der Ruine einem Neubau weichen, doch die Berliner protestierten vehement. So entstand zwischen 1959 und 1961 nach Plänen von Egon Eiermann lediglich um das Mahnmal herum ein Neubau. Das neue Ensemble besteht aus einem achteckigen, durchaus sehenswertem Kirchenschiff, einem sechseckigen Betonturm und einer kleinen rechteckigen Sakristei. Alle Gebäude haben wabenförmige Wände mit insgesamt 33 000 Glasbausteinen, die im Innern ein intensiv blaues Licht erzeugen.

In der Ruine der alten Kirche, die zwischen 2010 und 2013 saniert wurde, befindet sich eine Gedenkhalle zur Mahnung vor Krieg und Zerstörung.

### ■ Europa-Center und Zoobogen

Zwischen Gedächtniskirche und Europa-Center befindet sich der ›Weltkugelbrunnen‹ aus rotem Granit mit mehreren Bronzefiguren, den die Einheimischen ›Wasserklops‹ nennen. Von dort sind es nur wenige Schritte zum Mitte der 1960er Jahre errichteten Europa-Center, einem Einkaufszentrum mit fast 100 Geschäften und zahlreichen Restaurants.

Beherrschender Teil des Gebäudekomplexes ist das 22-geschossige Hochhaus mit dem Mercedes-Stern auf dem Dach. Eine Sehenswürdigkeit im Innern ist die drei Stockwerke hohe ›Uhr der fließenden Zeit‹. Sie besteht aus einem System kommunizierender Röhren, in denen farbiges Wasser fließt. Im 12-Stunden-Takt, jeweils um 1 Uhr und 13 Uhr, leert sich das gesamte System, und der Zyklus beginnt von neuem.

Mit der Fertigstellung des an den Breitscheidplatz angrenzenden Hochhausprojektes **Zoofenster** (→ S. 230) und der Sanierung des sogenannten **Bikini-Hauses**, einem länglichen, ehemaligen denkmalgeschützten Industrie-, Geschäftes- und Bürogebäude aus den 1960er Jahren zwischen Zoo und Gedächtniskirche hat sich das Aussehen des Platzes in den letzten Jahren stark verändert. Das Bikini-Haus beherbergt seit der Eröffnung 2014 ein Einkaufszentrum sowie diverse gastronomische Betriebe. Auf der Rückseite des Gebäudes befindet sich eine Terrasse. Das gesamte, denkmalgeschützte Bauensemble, der Zoobogen, besteht aus Bikini-Haus, dem Hutmacher Haus, dem legendären Kino **Zoo-Palast**, einem Parkhaus und dem 25hours Hotel.

Das seit den 1990er Jahren anhaltende Kinosterben hat Tauentzien, Kurfürstendamm und dessen Nebenstraßen negativ verändert. In der Nachkriegszeit waren die **Kinos** ein Symbol für Aufbau und Aufbruch, und die Internationalen Filmfestspiele brachten die Stars zurück auf den Boulevard. Von einst 22 Kinos

*Symbol des neuen Aufbruchs in der City West: Bikini-Haus und Zoofenster*

*Blick durch die Skulptur ›Berlin‹ zur Kaiser-Wilhelm-Gedächtniskirche*

sind heute nur noch drei übrig geblieben: Die Astor Film-Lounge, das Cinema Paris und der im Herbst 2013 wiedereröffnete Zoo-Palast. In die anderen traditionsreichen Lichtspielhäuser sind mittlerweile vor allem Modeketten eingezogen: Klamotten statt Kintopp.

## Kurfürstendamm

Gleich zu Beginn der Hauptschlagader der City-West, dem Kurfürstendamm, sieht man linker Hand das **Marmorhaus**, einst eines der beliebtesten Kinos am Ku'damm. Nur noch die Marmorfassade mit dem Schriftzug hoch oben erinnert an das Kino, denn heute nutzt eine Modekette das Haus. Einige Schritte weiter lädt das ehemalige Wertheim-Kaufhaus, das heute unter dem Namen Karstadt firmiert, zum Shoppen ein.

An der Ecke Joachimstaler liegt das altehrwürdige **Kranzler-Eck**, dahinter das ehemalige **Bilka-Kaufhaus**. Das Baudenkmal wird heute von Karstadt-Sports betrieben. Doch ins Auge fallen nicht diese flachen Nachkriegsbauten, sondern die 60 Meter hohe, gläserne Wand, die in einer messerscharfen Spitze am Ku'damm endet. Der 16-geschossige moderne Glaspalast von Stararchitekt Helmut Jahn ist Teil des **Neuen Kranzler-Ecks** und reicht bis zur Bahntrasse an der Kantstraße. Wer durch die Passage schlendert, kommt ungefähr auf halbem Weg zu einem Durchlass, der in einen ruhigen Innenhof zwischen altem und neuem Kranzler-Eck führt. Zur Überraschung steht man dann vor zwei großen **Volieren**, in denen über 150 Vögel leben, darunter Fasane, Sittiche und Enten.

### ■ Café Kranzler

Das alte Café Kranzler war einst Treffpunkt der oberen Zehntausend und eines der legendärsten Cafés der Stadt. Doch von der einst großzügigen Kaffeehaus-Architektur ist im Zuge der Neubebauung nur die Rotunde auf dem Flachdach übrig geblieben. Ohne die Auflagen des Denkmalschutzes hätte das ehrwürdige Café wohl ganz weichen müssen, so musste es notgedrungen in den Neubau des Kranzler-Ecks integriert werden.

Der Firmengründer, der österreichische Konditor Johann Georg Kranzler, würde wahrscheinlich den Kopf schütteln, denn als er 1834 sein berühmtes Café Kranzler Unter den Linden/Ecke Friedrichstraße eröffnete, war die ›Rampe‹ die Sensation, eine zur Straße hin offene Terrasse zu ebener Erde, die der König höchstpersönlich genehmigt hatte. Als erster Berliner Kaffeehausbesitzer richtete Kranzler auch einen Rauchersalon und ein Lesezimmer ein. Nach seinem Tod übernahmen seine Söhne Alfred und Martin das Unternehmen. 1932 zog das Restaurant und Café dann nach Westberlin an den Ku'damm. Auch die Zerstörungen im Zweiten Weltkrieg konnten nicht verhindern, dass der alte Name 1958 in neuem Glanz wiederauferstand. Dreistöckig wie eine Hochzeitstorte war es in den folgenden Jahren eine feste Größe im Westen Berlins, wurde mit der Zeit aber immer plüschiger. Nachdem Gerry Weber einige Jahre seine Mode in dem Haus verkauft und das Café betrieben hat, versucht sich ab 2017 die britische Modekette Superdry an dem Objekt und wird auch das Traditionscafé neu eröffnen.

Auch gegenüber wurde neu gebaut, da hat das **Neue Ku'damm-Eck** das alte aus den 1970er Jahren ersetzt. Das geschwungene Gebäude des Hamburger Büros ›gmp‹ von Gerkan, Marg & Partner, das Geschäfte und ein Hotel beherbergt, wirkt durch seine graue, kompakte Fassade eher abweisend.

# Vom Reitweg zum Boulevard – der Kurfürstendamm

»Ich hab so Heimweh nach dem Kurfürstendamm, ... Berliner Tempo, Betrieb und Tamm Tamm ...« Keiner hat Berlins bekanntester Straße musikalisch eine so rührende Liebeserklärung gemacht wie die Schauspielerin, Chansonsängerin und Berlinerin Hildegard Knef. Der Boulevard, der sich zwischen Breitscheidplatz und Halensee durch den Berliner Westen zieht, ist die bekannteste Straße Berlins und steht seit mehr als 125 Jahren für Luxus, Amüsement und Weltstadtflair.

Bis Ende des 19. Jahrhunderts konnte sich die Hauptstadt des deutschen Kaiserreichs, die Berlin damals gerade erst geworden war, beileibe nicht messen mit London und Paris, den großen und bedeutenden Metropolen des Kontinents. Nach dem Krieg von 1870/71, als üppige Reparationszahlungen Frankreichs in die deutsche Staatskasse geflossen waren, wollte man aufholen – in großem Stil. Reichskanzler Otto von Bismarck ließ den Kurfürstendamm zu einem Boulevard nach dem Vorbild der Pariser Champs-Élysées ausbauen – 53 Meter breit und 3,5 Kilometer lang. Bis dahin war der ›Ku'damm‹ nichts weiter als ein befestigter Reitweg zwischen Stadtschloss und Grunewald gewesen, den man im 16. Jahrhundert für die Kurfürsten angelegt hatte. Um 1900 säumten bereits stattliche Gründerzeitbauten die neue, vornehme Straße im Westen. Hinter ihren Fassaden wohnte man hochherrschaftlich, in Wohnungen mit 15 und mehr Zimmern. Heute gehören die stuckverzierten Altbauwohnungen am Ku'damm und in den Seitenstraßen zu den gefragtesten und teuersten Adressen der Stadt. Anfangs wurden sie jedoch vor allem von Architekturkritikern bespöttelt. Der Begriff ›Kurfürstendammarchitektur‹ war keineswegs schmeichelhaft gemeint, sondern stand für mit Stein und Mörtel geschaffene Geschmacklosigkeit.

Am westlichen Ende des Boulevards eröffneten 1904 die ›Terrassen am Halensee‹, die wenig später in ›Lunapark‹ umbenannt wurden. Berlin hatte damit einen nach dem Vorbild von Coney Island in New York gestalteten Vergnügungspark, der allabendlich Sensationen, Abenteuer und Theater, Revuen und ein großes Feuerwerk präsentierte. Am anderen Ende der Prachtmeile gab Adolf Jahndorf mit seinem 1907 eröffneten Kaufhaus des Westens den Startschuss dafür, dass sich die Ku'damm-Gegend auch zur Einkaufsmeile entwickelte. Seine besten Jahre erlebte der Boulevard in den ›Goldenen Zwanzigern‹. Damals gaben sich Intellektuelle, Künstler und die großen Stummfilmstars in den Ku'damm-Cafés die Klinke in die Hand, und die Massen strömten allabendlich in die Ku'damm-Theater, Lichtspielhäuser, Jazz-Clubs und Restaurants.

Als Berlin am Ende des Zweiten Weltkrieges in Schutt und Asche lag, strahlte die Amüsiermeile trotz ihrer Bombenlücken Symbolkraft aus. ›Es geht wieder aufwärts‹, dieses Gefühl konnte den Berlinern kein anderer Ort besser vermitteln als der Ku'damm. Schon am 1. Juni 1945 brachte das ›Kabarett der Komiker‹ im Café Leon am Kurfürstendamm 156 ein Notprogramm auf die Bühne, und ab Herbst 1945 fanden an der beliebten Flaniermeile bereits wieder Modenschauen statt.

Im wiedervereinten Berlin hat die Gegend an Strahlkraft verloren. Bei Shoppingfans steht der Ku'damm zwar noch immer hoch im Kurs. Abends aber, wenn die neue schicke Mitte und die Szenekieze locken, leidet der Boulevard im Westen seit Jahren unter der östlichen Konkurrenz. Seit einigen Jahren versucht eine Initiative von Geschäftsleuten, den Boulevard durch Kultur- und Sportveranstaltungen wieder mit mehr Leben zu füllen, und das durchaus mit einigem Erfolg.

### ■ Fasanenstraße

Der Ku'damm ist zwar viel bekannter als seine ruhigen Nebenstraßen, doch auch hier gibt es wunderschöne Häuser aus der Gründerzeit sowie attraktive Shoppingmöglichkeiten und Restaurants. Eine der feinsten Adressen ist die Fasanenstraße. Hier lohnt ein Besuch des **Literaturhauses** (Fasanenstraße 23) schon wegen des Cafés mit Wintergarten (→ S. 403). Die Villa nebenan (Fasanenstraße 24) beherbergt auf vier Etagen das **Käthe-Kollwitz-Museum** mit vielen bedeutenden Werken der Künstlerin (→ S. 448).

An der Ecke Fasanenstraße liegt das **Kempinski Hotel Bristol** aus den 1950er Jahren. Im Hotel ist das Restaurant Reinhard's wegen seiner schönen Terrasse und der französisch inspirierten Küche durchaus einen Besuch wert.

### ■ The Story of Berlin

Zwischen Uhlandstraße und Knesebeckstraße (Kurfürstendamm 207–208) lädt The Story of Berlin auf der linken Straßenseite zu einer multimedialen Zeitreise durch 800 Jahre Berliner Geschichte von der Gründung der Stadt bis ins 21. Jahrhundert ein. Durch Zeittunnel, Themenräume und modernste Kommunikationstechnik werden auch Geschichtsmuffel angesprochen, denn oft fühlt man sich hier nicht wie im Museum sondern mittendrin im Zeitgeschehen. Eine weitere Attraktion sind die Führungen durch den Atomschutzbunker unter dem Kurfürstendamm. Ungewöhnlich ist auch, dass bei dieser modernen Geschichtspräsentation alle Sinne miteinbezogen werden (→ S. 449).

Gleich nebenan hat das **Theater am Kurfürstendamm** seine Spielstätte. Das Privattheater hat ein Repertoire von der Boulevardkomödie über Musicals bis zum Lustspiel (→ S. 425).

### ■ Haus Cumberland

Zwei Blocks weiter beansprucht das Haus Cumberland 60 Meter Straßenfront und reicht mit seinen 180 Metern Tiefe bis zur Lietzenburger Straße. Der Name des riesigen Gebäudes erinnert an Herzog Ernst August von Braunschweig, der aus der Familie der Cumberlands stammte. Der 1911 vom Architekten des alten Hotel Adlon, Robert Leibnitz, erbaute Komplex mit prächtigen Sälen hat eine wechselvolle Geschichte, unter anderem als Luxushotel, hinter sich. Der Block wurde in den letzten Jahren saniert und in Luxus-Eigentumswohnungen umgewandelt.

### ■ Schaubühne am Lehniner Platz

Je weiter man sich vom Stadtzentrum entfernt, desto seltener werden die Geschäfte der Luxusmarken, und hinter dem Lehniner Platz gehört der Ku'damm dann endgültig den Einheimischen.

Davor liegt die **Schaubühne am Lehniner Platz** (→ S. 425), die Teil eines Bauensembles aus den 1920er Jahren von Erich Mendelsohn ist. Der Gebäudekomplex lockert die sonst vorherrschende Blockbebauung des Ku'damm auf und erweitert den Boulevard zum Platz. Der

*Das Literaturhaus in der Fasanenstraße*

1887 geborene Erich Mendelsohn war einer der bedeutendsten Architekten des 20. Jahrhunderts, der vor allem durch seine Bauten in den 1920er Jahren berühmt wurde. Als Jude sah er nach der Machtergreifung der Nationalsozialisten nur die Möglichkeit der Emigration, schaffte danach aber auch in England und den USA den Durchbruch. Auch der markante Einsteinturm auf dem Potsdamer Telegrafenberg stammt von ihm. Der Komplex am Lehniner Platz beherbergte ursprünglich ein großes Kino, 1981 zog nach einem Umbau die Schaubühne am Halleschen Ufer ein und nannte sich fortan Schaubühne am Lehniner Platz. Mit beiden Häusern verknüpft ist wegen legendärerer Inszenierungen Peter Stein, der bis 1985 die künstlerische Leitung der Schaubühne innehatte, aber auch danach hin und wieder zurückkehrte. In den letzten Jahren hat sich das Theater einen Ruf als Spielstätte der klassischen Moderne und der Gegenwartsdramatik erarbeitet.

■ **Rathenauplatz**
Den westlichen Abschluss des Boulevards bildet der Rathenauplatz. Auf der Rasenfläche in der Platzmitte stehen seit 1987 zwei von dem Künstler Wolf Vostell **in Beton gegossene Cadillacs**. Sein Anliegen, den ›24stündigen Tanz der Autofahrer um das Goldene Kalb‹ darzustellen, konnten die Berliner lange nicht nachvollziehen. Die – inzwischen für 100 000 Euro sanierten – Cadillacs waren sicherlich eines der umstrittensten Kunstwerke im Berlin der Nachkriegszeit.

## Kantstraße

Die rund vier Kilometer lange Kantstraße – im weiteren Verlauf wird sie zur Neuen Kantstraße – führt vom Breitscheidplatz in westlicher Richtung bis zum Messegelände. Seit 1887 ist sie nach dem Philosophen Immanuel Kant benannt. Ihren östlichen Abschluss bildete bis 2009 das die Straße überspannende, inzwischen abgerissene Schim-

*Die Schaubühne am Lehniner Platz*

melpfennig-Haus. Damit ist der Blick von der Kantstraße zum Breitscheidplatz nun wieder frei. Seit seiner Fertigstellung bildet das **Zoofenster** mit dem markanten Turm des Luxushotels Waldorf Astoria den neuen östlichen Beginn der Kantstraße.

Doch auch durch diesen Luxusbau wird die Kantstraße keine Schönheit und kein schillernder Boulevard. Autokolonnen verstopfen sie im Berufsverkehr, die schmalen Bürgersteige laden nicht unbedingt zum Flanieren ein, und die Bebauung ist wegen ihrer Uneinheitlichkeit auch nicht unbedingt sehenswert. Doch als Shoppingstraße mit Läden, die auch den kleineren Geldbeutel nicht überfordern, lohnt die Kantstraße schon einen Abstecher.

Nur wenige Schritte hinter der Kreuzung Joachimsthaler Straße fällt das 1896 fertiggestellte **Theater des Westens** wegen seiner prunkvollen weißen Fassade sofort ins Auge. Bei genauerer Betrachtung erkennt man einen Stilmix aus Renaissance-, Empire- und Jugendstilelementen. So pompös und verspielt wurde gebaut, als aus Preußens Hauptstadt die Hauptstadt des Deutschen Kaiserreiches geworden war und vor Selbstbewusstsein nur so strotzte. Im oberen Teil ist eine lateinische Inschrift zu erkennen, die besagt ›Dieses Haus wurde zur Pflege der Künste errichtet‹. Das überladene Foyer bildet den Höhepunkt des Plüsch und Pomp im Innern. Auf der ›Bühne der Weltstars‹ sind schon Größen wie Marlene Dietrich oder Hildegard Knef aufgetreten, heute werden Musicals aufgeführt.

Neben dem Theater, im Keller unter dem sehens- und besuchenswerten **Delphi-Filmpalast**, befindet sich das **Quasimodo**, einer der ältesten Berliner Jazzclubs, in dem aber auch schon mal andere Stilrichtungen gespielt werden.

*Das Zoofenster*

Auf der anderen Straßenseite wurde Mitte der 1990er Jahre mit dem **Kant-Dreieck** eines der wenigen Nachkriegshochhäuser der City-West errichtet. Unverwechselbar ist das Gebäude des Stararchitekten Josef Paul Kleihues durch die große Wetterfahne in Form eines drehbaren Aluminiumsegels – dem Hahnenkamm – auf dem Dach.

Ein Abstecher nach rechts in die Fasanenstraße führt zum **Ludwig-Erhard-Haus**, in dem unter anderem die IHK Berlin untergebracht ist. Die architektonische Sehenswürdigkeit, die 1994 bis 1997 unter der Leitung des britischen Architektenbüros Nicholas Grimshaw & Partner errichtet wurde, ist wegen ihrer zoomorphen Struktur, vor allem wegen der pfotenartigen Stützen und des schuppigen Dachs bei den Berlinern als ›Gürteltier‹ bekannt.

In der Kantstraße 152 kommt man nun linker Hand zur **Paris Bar**, in der schon fast jeder Weltstar auf Berlinbesuch einmal gesessen hat.

*Das Theater des Westens*

An der Ecke zur Uhlandstraße präsentiert das **Stilwerk** den Gegenentwurf zu IKEA. Nicht erschwingliche Möbel für jeden, sondern hochwertige und ausgefallene Einrichtungen und Lifestyle-Accessoires sind hier Trumpf. Knapp 60 Läden stellen edle Designmöbel und Einrichtungsgegenstände aus. Nicht billig, aber wie der Name nahe legt, mit Stil. Allein das architektonisch interessante Gebäude ist einen Besuch wert.
Zwischen Uhlandstraße und Savignyplatz liegt auf der linken Straßenseite (Kantstraße 148) ein absoluter Klassiker: das **Schwarze Café**, in dem man rund um die Uhr einkehren kann.
Der **Savignyplatz** wird von der Kantstraße in der Mitte durchschnitten. Die kleine grüne Oase mit ihren Restaurants, Bars und Cafés ist seit den 1968ern beliebter Treff von Studenten und Touristen. Im ›Zwiebelfisch‹ diskutieren noch heute die Alt-68er über die Weltrevolution. Auch die ›Dicke Wirtin‹ gibt es schon seit dieser Zeit und immer noch ist sie für preisgünstige deutsche Hausmannskost bekannt. Otto Sander und andere Größen der Schauspielerzunft kehren dagegen gern im ›Florian‹ direkt am Savignyplatz ein. Von den Pizzerien rund um den Platz überzeugen besonders die ›Zwölf Apostel‹ im Durchgang an der S-Bahn. Im Bücherbogen findet man so manch schönen Band über Architektur, Foto, Film und Design. Wer nach dem Savignyplatz rechts in die Schlüterstraße einbiegt, kommt zum **Verborgenen Museum**. Das 1986 an den Start gegangene Museum ist weltweit das einzige, dass es sich zum Ziel gesetzt hat, Künstlerinnen zu präsentieren, die zu Unrecht in Vergessenheit geraten sind (→ S. 449).
Lust, in einem Museum schwimmen zu gehen? Dann unbedingt in die Krumme Straße abbiegen und eine Eintrittskarte für die Alte Halle des **Stadtbades Charlottenburg** kaufen. Das 1898 erbaute Bad ist ein architektonisches Kleinod und sucht in Deutschland seinesgleichen. Im Jugendstil ausgeschmückt, mit Gaslaternen über dem Becken, verklinkerten und gekachelten Wänden. Die Deckenkonstruktion aus Eisen und das Glasdach erinnern eher an eine Markthalle als an ein Schwimmbad. Statt der

Giebelfenster gibt es seit der Restaurierung in den 1970er Jahren Bilder von nackten Badenden. Wer genug vom Schwimmen hat, kann in mehreren Saunen schwitzen. Leider ist das Bad im Juli und August geschlossen. Nach der Krummen Straße kreuzt die **Wilmersdorfer Straße**, eine der bekanntesten Einkaufsmeilen der Stadt (→ S. 237).

■ **Parfumfabrik Harry Lehmann**
Würde man nicht die Adresse – Kantstraße 106 – kennen, man würde den unscheinbaren Laden wohl übersehen. Im Schaufenster einige Flaschenreihen, die aus dem Nachlass einer Apotheke stammen könnten, im Laden Flaschen vor einer Spiegelwand, flankiert von zwei nostalgischen Apothekerwaagen und einem Sortiment künstlicher Blumen. So altmodisch wie das Ambiente ist auch die seit fast 80 Jahren erfolgreiche Firmenphilosophie von ›Harry Lehmann‹, Parfum aus eigener Herstellung nach Gewicht, aber ohne jeden Schnickschnack zu verkaufen. Wer auf einen exotischen Flacon Wert legt, muss ihn selber mitbringen, ansonsten bekommt man den edlen Duft in einem schlichten Fläschchen ausgehändigt. Die Idee stammt von Firmengründer Harry Lehmann, und auch heute heißen die Inhaber noch Lehmann. Lutz ist ›die Nase‹ des Unternehmens, er mischt die Düfte, Bruder Günter erledigt das Kaufmännische, und Mutter Edith bedient im Laden – ein Familienbetrieb, bei dem das Wissen um die Düfte von Generation zu Generation weitergegeben wird. Natürlich hat Lutz Lehmann, der Parfumeur, eine ganze Reihe eigener Duftschöpfungen mit klangvollen Namen vorrätig, aber das Besondere an ›Harry Lehmann‹ war und ist, dass man sich hier seine ganz persönliche Duftnote komponieren kann, wenn nötig mit Hilfe des Chefs.

Dafür zieht er den Stopfen aus einer der Flaschen und wedelt ihn unter der Nase des Kunden. Das wiederholt sich so lange, bis man seine ganz persönliche Note gefunden hat. Dann schreitet der Meister zu Waage, stellt auf die eine Seite das Fläschchen oder den mitgebrachten Flacon, tariert mit kleinen Schrotkügelchen und tropft dann den edlen Duft grammweise durch einen winzigen Trichter in die Flasche. Wer möchte, kann dieses einzigartige Mischungsverhältnis für zukünftige Käufe registrieren lassen (www.parfum-individual.de).

■ **Lietzensee**
Durch den Bau der Neuen Kantstraße wurde der sichelförmige Lietzensee in zwei Bereiche geteilt, die durch eine Unterführung verbunden sind. Um den See breitet sich der rund zehn Hektar umfassende Lietzenseepark aus. Ein schöner Spaziergang führt auf der Uferpromenade unter alten Bäumen um den See. Schon von Weitem sieht man am nordöstlichen Ende des Sees das ›Bootshaus Stella am Lietzensee‹. Boote gibt es hier zwar keine, aber Kaffee, Kuchen,

*Am Savigny-Platz*

Pizza und andere Kleinigkeiten, das auf einer großen Terrasse über dem Wasser. Ein idealer Platz für eine Pause in der Sonne – wenn man denn einen Platz ergattert.

### ■ ICC und Messegelände

Folgt man nun weiter der Neuen Kantstraße und überquert die Stadtautobahn, schimmert links die Aluminiumverkleidung des Internationalen Congress Centrums (ICC). Zwischen 1975 und 1979 nach Plänen von Ralf Schüler und Ursulina Schüler-Witte im Stil der High-Tech-Moderne erbaut, war einer der größten Veranstaltungsorte für Tagungen, Kongresse und Feiern in Europa. Nach der letzten Veranstaltung im April 2014 wurde das ICC geschlossen. Seitdem wird über eine Sanierung oder den Abriss gestritten. Ein tragfähiges Konzept für die weitere Nutzung gibt es bis heute nicht. Seit Ende 2015 dient es als Notunterkunft für Flüchtlinge.

Das sich anschließende Messegelände mit 26 Hallen und rund 160 000 Quadratmetern Ausstellungsfläche wird vom **Funkturm** überragt. Die 150 Meter hohe Stahlkonstruktion ähnelt dem Eiffelturm und wurde zur Funkausstellung 1926 in Betrieb genommen. Die Berliner nennen ihn ›Langer Lulatsch‹. Während der Teilung der Stadt war er eines der Wahrzeichen Westberlins. Mittlerweile hat ihm der höhere Fernsehturm ein wenig den Rang abgelaufen. Von der Aussichtsplattform 126 Meter über der Erde genießt man einen weiten Blick, auf halber Höhe gibt es ein Restaurant.

## Vom Ernst-Reuter-Platz zum Schloss Charlottenburg

Als Verlängerung der Straße des 17. Juni führt die **Bismarckstraße** vom Ernst-Reuter-Platz bis zum Sophie-Charlotte-Platz. Der breite Straßenzug ist Teil der schnurgeraden Ost-West-Verbindung vom ehemaligen Stadtschloss zur Berliner Stadtgrenze. Vom Sophie-Charlotte-Platz folgt man dann der Schloßstraße zum Schloss Charlottenburg und schließlich der Otto-Suhr-Allee zurück zum Ernst-Reuter-Platz.

### ■ Ernst-Reuter-Platz

Ältere Berliner kennen den heute nach dem ehemaligen Regierenden Bürgermeister Ernst Reuter benannten Platz noch als ›Knie‹, denn hier knickt der sonst schnurgerade Straßenzug vom ehemaligen Stadtschloss zum Schloss Charlottenburg ab. Der mehrspurige Kreisverkehr und die ersten der umliegenden Solitärhochhäuser gehen auf die 1950er Jahre zurück, die letzten wurden in den 70ern fertig gestellt. Große deutsche Firmen gaben den Bürohochhäusern die Namen: Auf der Nordwestseite steht das **Osram-Haus**, auf der Westseite das heute von der Technischen Universität (TU) genutzte **Telefunkenhaus** und auf der Südseite das **IBM-Haus**. In den Anfangsjahren galt der Platz als eines der eindrucksvollsten Beispiele des Städtebaus der Nachkriegsmoderne, heute fristet der Ernst-Reuter-Platz eher ein tristes Dasein. Die meisten Gebäude sind in die Jahre gekommen und müssten dringend und umfassend modernisiert werden, kein Wunder, dass so manches Büro leer steht und außer dem unablässigen Autoverkehr hier nicht viel los ist.

Nach vielen wasserlosen Jahren und zunehmendem Verfall wurde immerhin das Wasserbecken mit 41 Fontänen in der Mitte des Platzes saniert und der Betrieb durch die Vergabe von Werberechten gesichert.

Wer einen Blick auf den Platz von oben werfen möchte, kann dies von der

*Der Funkturm am Messegelände während des Festival of Lights*

*Das Telefunken-Haus*

20. Etage des Telefunkenhauses tun, dort betreibt die TU Berlin die **Cafeteria Skyline**. Eine gute Möglichkeit, Berlin von oben zu sehen, ohne Eintritt bezahlen zu müssen (→ S.403).

### ■ Schillertheater

Nur rund 200 Meter vom Ernst-Reuter-Platz entfernt befindet sich linker Hand das Schillertheater, während der 1920er und 1930er Jahre Spielstätte des Preußischen Staatstheaters Berlin und dann bis 1993 der Staatlichen Schauspielbühnen Berlin. Bedeutende Regisseure von Gustaf Gründgens über Samuel Beckett bis Peter Zadeck sorgten dafür, dass das Schillertheater immer eine der wichtigsten Berliner Spielstätten war.

Wegen der schlechten Finanzlage Berlins wurden die Staatlichen Schauspielbühnen 1993 trotz zahlreicher Proteste geschlossen. Gegenwärtig und wahrscheinlich bis 2017 wird das Haus von der Staatsoper Unter den Linden als Ersatzspielstätte genutzt (→ S. 425).

### ■ Deutsche Oper

Nach rund 800 Metern sieht man rechts an der sechsspurigen Bismarckstraße die Deutsche Oper, einen 1961 nach Plänen von Fritz Bornemann errichteten Neubau. Die Vorderfront von Berlins größtem und jüngstem Opernhaus wirkt nüchtern, abweisend und monumental, dieser erste Eindruck wird aber durch die vollständig verglasten Seitenfassaden und die luftigen Treppenhäuser im Inneren revidiert (→ S. 423).

Die Deutsche Oper Berlin ist mit knapp 2000 Sitzplätzen das zweitgrößte deutsche Opernhaus und die größte der drei Staatsopern Berlins. Besonderen Wert legt das Opernhaus auf Aufführungen der großen Opern von Giacomo Puccini, Richard Strauss, Richard Wagner und Giuseppe Verdi, zudem gibt es eine enge Verbindung zu den Bayreuther Wagner-Festspielen. Weit über die Grenzen Berlins bekannt ist der Chor der Deutschen Oper, der mehrfach die Auszeichnung ›Chor des Jahres‹ erhielt. Auch die Tanzabende des Staatsballetts sind Publikumsmagneten.

Vor der Oper spielte sich einer der dramatischsten Zwischenfälle der Studentendemonstrationen in den 1960er Jahren ab. Der Schah von Persien war

*Das Schillertheater*

im Juni 1967 zu Besuch in Westberlin und nahm an einer Opernaufführung teil. Auf der Straße fand eine Anti-Schah-Protestkundgebung statt, die von der Polizei aufgelöst wurde. Die Teilnehmer flüchteten in die nahe Krumme Straße, unter ihnen auch der Student Benno Ohnesorg, wo er von einem Polizisten in Zivil erschossen wurde. Der Polizist wurde später vom Vorwurf der fahrlässigen Tötung freigesprochen, was damals mit zur Radikalisierung der Studentenbewegung führte. Die Geschichte war damit aber noch nicht zu Ende, denn 2009 teilte die Stasi-Unterlagen-Behörde mit, dass der Polizist damals im Dienst der Staatssicherheit der DDR gestanden hatte, um die Berliner Polizei auszuspähen. Ein Stasi-Auftrag für den tödlichen Schuss wurde in weiteren Untersuchungen als ›wenig wahrscheinlich‹ angenommen. Seit 2008 steht am Ort des Geschehens in der Krummen Straße 66/67 eine **Informationstafel zum Tod von Benno Ohnesorg**; direkt vor der Oper, am U-Bahneingang, gibt es ein Gedenkrelief.

*Die Deutsche Oper*

■ **Abstecher in die Wilmersdorfer Straße**

Gut 300 Meter hinter der Berliner Oper kreuzt die Wilmersdorfer Straße die Bismarckstraße. Die belebte und beliebte Einkaufsstraße reicht vom Adenauerplatz bis zur Otto-Suhr-Allee. Geht man rund 150 Meter nach rechts, steht man vor dem legendären **Fischgeschäft Rogacki**. Seit 1932 eine Institution, wenn es um Fisch geht – egal, ob lebend, fangfrisch oder im Haus geräuchert. Mittlerweile ist Rogacki jedoch viel mehr als nur ein Fischgeschäft, neben einem Luxusimbiss gibt es noch den Partyservice und den Online-Shop.

Wendet man sich von der Bismarckstraße nun nach links, kommt man bald zur **Fußgängerzone Wilmersdorfer Straße**. Bis ins neue Jahrtausend ging es mit der Einkaufsstraße bergab, die großen Kaufhäuser machten dicht, und immer mehr Billig- und Ramschläden versuchten ihre Asien-Importe an den Mann zu bringen. Einen ersten Aufschwung brachte die Eröffnung des Kant-Center 2004, und als dann 2007 die Wilmersdorfer Arcaden fertig waren, erstrahlte Berlins älteste Fußgängerzone wieder in neuem Glanz. In der geschwungenen Ladenstraße sind auf vier Etagen rund 125 Fachgeschäfte untergebracht.

■ **Sophie-Charlotte-Platz**

Der kleine und unspektakuläre Sophie-Charlotte Platz lohnt kaum ein Verweilen, interessanter ist die Schloßstraße, die hier abgeht. Sie bildet eine knapp einen Kilometer lange Sichtachse zum Schloss Charlottenburg, im hinteren Teil von Linden gesäumt und mit Mittelpromenade. Mit guten Augen kann man schon vom Sophie-Charlotte-Platz die Kuppel des Schlosses erkennen.

## Schloss Charlottenburg

Schloss Charlottenburg – ohne Zweifel das größte und schönste Schloss der Stadt, ist der glanzvolle Höhepunkt barocker Architektur und zeugt von der beeindruckenden Baukunst und dem Repräsentationsbedürfnis der preußischen Könige. Es entstand 1695 bis 1699 als Sommerresidenz für Sophie Charlotte, die Gemahlin des Kurfürsten Friedrich III., der sich 1701 selbst zum König krönte und fortan als Friedrich I. regierte.

Das spätere Schloss wurde zunächst Lietzenburg genannt, nach dem Dorf, auf dessen Grund das Bauwerk stand. Anfangs hatte es noch recht bescheidene Ausmaße, wurde, nach dem Vorbild von Versailles, im Laufe der folgenden hundert Jahre immer wieder erweitert, bis der Bau schließlich eine Länge von 505 Metern erreichte. Zur Zeit Sophie Charlottes wurden glanzvolle Feste im Schloss gefeiert und es war kultureller Mittelpunkt der feinen Gesellschaft. Nach Sophie Charlottes Tod im Jahre 1705 erhielt es ihren Namen und hieß von nun an Schloss Charlottenburg. Während der Luftangriffe des Zweiten Weltkriegs wurde das Schloss schwer zerstört: Kaum eine Deckenkonstruktion ist heute noch im Original erhalten, und auch nicht alle der antiken Möbel und wertvollen Gemälde konnten rechtzeitig in Sicherheit gebracht werden. Das bronzene **Reiterdenkmal** des Großen Kurfürsten Friedrich Wilhelm, das heute vor dem Schloss steht, versank bei Rettungsarbeiten 1943 im Tegeler Hafen und konnte erst fünf Jahre später wieder geborgen werden.

Aufgrund der zahlreichen An- und Umbaumaßnahmen gliedert sich das Schloss heute in eine Reihe von unterschiedlichen Gebäudetrakten. Der im Gelb der Hohenzollern gehaltene Mitteltrakt mit dem charakteristischen Kuppelturm ist der älteste Teil des Schlosses, die Orangerie und die Seitentrakte kamen nach der Krönung des Kurfürsten zum König hinzu, der östliche Neue Flügel wurde zwischen 1740 und 1746 unter Friedrich II. errichtet.

Der **Mitteltrakt** kann im Rahmen einer Führung oder mit dem Audioguide besichtigt werden. Hier liegen die Räume von Friedrich I. und seiner Frau Sophie

*Preußische Adler am Schlosszaun in Charlottenburg*

## Schloss Charlottenburg

*Der Große Kurfürst vor dem Schloss*

Charlotte, die Einrichtung besteht hauptsächlich aus chinesischen Lackmöbeln, die zur damaligen Zeit in Europa in Mode waren. Die Leidenschaft des Königs für asiatische Kunst lässt sich auch im **Porzellankabinett** bewundern, einem der bemerkenswertesten Räume des Schlosses, das annähernd 3000 kostbare ostasiatische Porzellanstücke aus dem 17. und 18. Jahrhundert zeigt. Sehenswert sind außerdem die Schlosskapelle, der Gobelinraum und die vertäfelte Eichengalerie, die bis zur Wende für Staatsempfänge genutzt wurde.
Im Erdgeschoss des **Neuen Flügels** liegen die Wohnräume einiger Preußenkönige, im ersten Stock gelangt man in die Wohnräume Friedrichs des Großen und in die 42 Meter lange Goldene Galerie und den mit rosa Stuckmarmor verkleideten großen Speisesaal (Weißer Saal) (→ S. 449).

■ **Schlosspark**
Der weitläufige Schlosspark ist eine der schönsten Grünanlagen der Stadt und nicht nur ein Anziehungspunkt für Touristen, sondern auch ein beliebter Treffpunkt der Berliner. Der 55 Hektar große Schlossgarten wurde unter Siméon Godeau, einem Schüler Le Nôtres, als erster deutscher Garten im französischen Stil mit Brunnenanlage angelegt – sehr streng und sehr geometrisch. Im Laufe der Jahre änderte sich die Mode und mit ihr der Park. Ein Teil der Fläche wurde nun naturnah im englischen Stil neu angelegt. Ab 1819 war Peter Joseph Lenné für den Schlosspark verantwortlich, unter ihm verschwand die Barockanlage fast vollständig. Nach den Kriegsschäden begann man in den 1950er Jahren damit, den ursprünglichen Zustand wieder herzustellen, womit man erst 2001 fertig war.
Der vordere Teil des Parks ist nach den Idealen des Barock geometrisch auf das Schloss ausgerichtet, der hintere Teil ist aufgelockerter und ähnelt eher einem Landschaftspark des 19. Jahrhunderts. Im Schlosspark liegen das **Mausoleum von Königin Luise**, der Rokokopavillon Belvedere sowie der klassizistische Pavillon. Im Innern des einem antiken Tempel nachempfundenen Mausoleums sind mehrere Sarkophage zu sehen, unter anderem von Königin Luise und Friedrich Wilhelm III., dem königlichen Paar, das an der Staatsspitze stand, als Napoleon Preußen bedrängte. Auch ihr Sohn, Kaiser Wilhelm I., und dessen Frau Augusta haben hier ihre Ruhestätten.
Das **Belvedere** nahe der Spree, 1788 für König Friedrich Wilhelm II. nach Plänen von Carl Gotthard Langhans erbaut, war ursprünglich Aussichtspavillon und Teehaus. Heute beherbergt es die KPM-Porzellansammlung des Landes Berlin. Den **Pavillon** ließ Friedrich Wilhelm III. 1824 nach dem Vorbild einer neapolitanischen Villa errichten, in den Innenräumen befindet sich eine Sammlung von Kunstwerken der Schinkelzeit.

# Die Classic Remise – ein Traum für Oldtimerfans

Wer nach dem Schlossbesuch und vor den nächsten Kunstgenüssen etwas Abwechslung sucht, kann einen Abstecher zur Classic Remise in der Wiebestraße 36–37 machen. Die Wiebehallen in Tiergarten wurden zwischen 1899 und 1901 als größtes Straßenbahndepot Europas errichtet. Auf fast 11 000 Quadratmetern konnten damals 300 Straßenbahnwaggons untergestellt werden. In den 1960er Jahren verfielen die Hallen, weil im Westteil der Stadt der Straßenbahnbetrieb eingestellt worden war. 1996 mussten sie wegen erheblicher Baumängel gesperrt werden.

Danach hat es einige Jahre gedauert, bis ein neues, tragfähiges Nutzungs- und Sanierungskonzept für die denkmalgeschützten Hallen aus hellen Backsteinen stand. Seit 2003 stehen in den Hallen statt Straßenbahnwaggons unzählige Oldtimer zum Teil in gläsernen Garagen, mittlerweile die größte permanente Verkaufsausstellung in Berlin. Aber auch Reparaturwerkstätten und Restaurants befinden sich unter der luftigen Dachkonstruktion aus Glas und Stahl.

In Reih und Glied stehen die Schönheiten und warten auf zahlungskräftige Käufer – oder nur Bewunderer (Eintritt frei). Das Angebot reicht vom sündhaft teuren Aston Martin über das Mercedes SLK Cabrio bis zum Jaguar E, der wegen seiner unendlich langen Motorhaube immer für Aufsehen sorgt. Wer schon glücklicher Besitzer eines Oldies ist und nach einer Reparaturwerkstatt sucht, wird hier ebenfalls fündig. Ferrari, Maserati, Alfa Romeo, Mercedes und einige andere Luxusmarken sind hier in den besten Händen. Da Kunstwerke keine Hektik vertragen, geht es in den blitzblanken Werkstätten ungewohnt gemütlich zu.

Ästheten und Nostalgiker kommen in der Classic Remise nicht nur beim Anschauen auf ihre Kosten, sie können auch mit Gleichgesinnten fachsimpeln, denn neben den gewerblichen Nutzern haben hier auch mehrere Oldtimerclubs ihr Domizil aufgeschlagen. Auch im Restaurant ›Trofeo‹ mit seinem Biergarten treffen sich immer wieder Oldtimerfans zum Erfahrungsaustausch, Tagesgerichte und leckere Kleinigkeiten gibt es hier zu zivilen Preisen. Das kleine Gourmet-Restaurant ›Parc Fermé‹ ist dagegen etwas für ganz besondere Anlässe.

Mittlerweile ist die Remise wegen ihres einmaligen Ambientes auch zu einem äußerst beliebten Veranstaltungsort geworden. Wer beim Bummeln durch die Hallen auf den Geschmack gekommen ist und gerne selbst mal für einen Tag am Steuer eines betagten Traumwagens sitzen möchte, wird höchstwahrscheinlich bei der Oldtimervermietung etwas Passendes finden. Das Angebot reicht vom Messerschmidt-Kabinenroller über den legendären VW-Käfer bis zum Roadster aus der Jaguar-Schmiede oder zum Kult-Cabrio mit Stern auf der Haube (→ S. 450).

*Traumhafte Oldtimer in der Classic Remise*

### ■ Museum Berggruen

Für Picasso-Fans ist das Berggruen-Museum im westlichen Stülerbau gegenüber dem Schloss Charlottenburg ein Muss. Hier sind mehr als 90 Werke des spanischen Künstlers ausgestellt: Gemälde, Skulpturen und Zeichnungen aus allen Schaffensperioden. Die außergewöhnliche Sammlung verdankt ihre Existenz der Freundschaft zwischen Heinz Berggruen und Pablo Picasso.

Den zweiten Schwerpunkt bilden über 60 Bilder von Paul Klee. Mit über 20 Werken ist auch Henri Matisse vertreten, darunter einige seiner berühmten Scherenschnitte. Plastische Werke von Alberto Giacometti ergänzen diese äußerst sehenswerte Sammlung.

Der Berliner Heinz Berggruen (1914–2007) war einer der erfolgreichsten Kunstsammler Europas. Er verkaufte seine Sammlung dem Land Berlin, das sie seit 1996 im Stülerbau untergebracht hat. Berlin bedankte sich auf seine Weise: 2004 wurde Berggruen Ehrenbürger seiner Geburtsstadt. Nach seinem Tod stockte seine Familie den Bestand des Museums mit weiteren hochkarätigen Leihgaben nochmals auf (→ S. 448).

### ■ Bröhan-Museum

Hinter dem Museum Berggruen befindet sich das Bröhan-Museum mit Sammlungen zu Jugendstil, Art Déco und Funktionalismus. Vertreten sind Kunsthandwerk und Bildende Kunst aus der Zeit zwischen 1890 und 1939. Zum Museumskonzept gehört die Einrichtung ganzer Räume mit authentischen Möbeln, Teppichen, Lampen und Gemälden der jeweiligen Epoche, was sehr anschauliche Einblicke in das Alltagsleben dieser Epoche gibt (→ S. 448).

### ■ Sammlung Scharf-Gerstenberg

Im östlichen Stülerbau, ebenfalls gegenüber dem Haupteingang des Schlosses, wird die Ausstellung ›Surreale Welten‹ gezeigt. Auf drei Etagen kann man in die fantastischen Welten von bekannten Surrealisten wie Max Ernst, René Magritte oder Salvador Dalí eintauchen. Gemälde und Skulpturen werden ergänzt durch surrealistische Filme von Dalí und Buñuel. Otto Gerstenberg war Anfang des 20. Jahrhunderts einer der größten Kunstsammler Berlins. Teile seiner Sammlung überstanden den Zweiten Weltkrieg nicht oder landeten in

*Eingang zum Museum Berggruen*

russischen Museen. Sein Enkel Dieter Scharf erbte den Rest der Sammlung, wandelte sie in eine Stiftung um und überließ sie den Staatlichen Museen zu Berlin (→ S. 449).

### ■ Gipsformerei

Folgt man dem Spandauer Damm vom Haupteingang des Schlosses in westlicher Richtung, kommt man nach rund 400 Metern zur Gipsformerei. Sie geht auf Friedrich Wilhelm III. zurück, seit 1891 ist sie in der Sophie-Charlotten-Straße untergebracht. Es ist die weltweit älteste und größte Sammlung dieser Art. Im Ausstellungsraum bekommen Besucher eine repräsentative Auswahl an Repliken zu sehen; wer ein wenig Geld übrig hat, darf nicht nur schauen, sondern kann sich auch die Büste der Nofretete oder eines der anderen 7000 Objekte als Gipsreplik bestellen. Die Auswahl an Kunstwerken reicht von der Antike bis ins 20. Jahrhundert (→ S. 448).

### ■ Otto-Suhr-Allee

Die Otto-Suhr-Allee verbindet den Ernst-Reuter-Platz mit dem Schloss Charlottenburg. Nur wenige Tage nach dem Tod des Regierenden Bürgermeisters Otto Suhr am 30. August 1957 erhielt die Straße seinen Namen. Davor war sie ein Teil der Berliner Straße, die vom Charlottenburger Schloss bis zum Charlottenburger Tor führte. Bis zur Eingemeindung von Charlottenburg nach Groß-Berlin 1920 war die Straße die wichtigste Verbindung zwischen den beiden Städten. Der von Linden gesäumte Straßenzug wurde im Zweiten Weltkrieg fast vollständig zerstört und bietet heute kaum architektonisch Interessantes.
Etwa auf halbem Weg zum Ernst-Reuter-Platz fällt linker Hand das denkmalgeschützte **Rathaus Charlottenburg**, ein Monumentalbau von 1905 mit kantigem Turm, ins Auge. Wer kurz vorher links in die Wintersteinstraße abbiegt, kommt zu einer der ältesten **Fassadenmalereien von Gerd Neuhaus**, das durch eine Hauswand pflügende Schiff ›Phoenix‹ (Hausnr. 20).

## Rund um das Olympiastadion

Das Olympiastadion ist der Mittelpunkt des ehemaligen Reichssportfeldes, auf dem 1936 die XI. Olympischen Spiele ausgetragen wurden. Die Anlage ist ein typisches Beispiel der Monumentalarchitektur der Nationalsozialisten, erbaut von 1934 bis 1936 nach Entwürfen des Architekten Werner March. Mit dem Bau des Stadions wollten die Auftraggeber jedem den ›Herrschaftswillen Deutschlands‹ zeigen. Gerne hätten sie alles noch größer und monumentaler gehabt, erkannten aber zu spät, dass March das Stadion 15 Meter tief in den Boden eingelassen hatte, um ihm damit etwas von seiner Wuchtigkeit zu nehmen. Das historisch problematische Gelände ist heute der wichtigste Ort für sportliche Großveranstaltungen in Berlin. Der **Olympiapark** umfasst neben dem Stadion das nördlich gelegene ›Deutsche Sportforum‹, außerdem eine Reithalle, das Maifeld, der Glockenturm und die Waldbühne.

Zur Fußball-Weltmeisterschaft 2006 wurde das Stadion für 75 000 Zuschauer aufwendig saniert und erhielt dabei auch ein neues Dach, das wegen seiner luftigen Konstruktion fast über den Rängen zu schweben scheint. Unverwechselbar ist die Tartanbahn, die in der Vereinsfarbe des Berliner Bundesligisten Hertha BSC in kräftigem Blau leuchtet. Regelmäßig im Frühjahr findet im Olympiastadion das DFB-Pokalfinale statt (www.olympiastadion-berlin.de).

# Rund um das Olympiastadion

Zur Fußball-WM wurde auch der **Glockenturm** saniert, ein gläserner Aufzug bringt nun Besucher, die die weite Aussicht genießen wollen, auf den 77 Meter hohen Turm. Unten dokumentiert die Ausstellung **Geschichtsort Olympiagelände 1909 – 1936 – 2006** die Geschichte des Geländes (→ S. 448).

## ■ Waldbühne

Im September 1965 fand in der Waldbühne ein legendäres Konzert der Rolling Stones statt. Aus Enttäuschung über den vermeintlich zu kurzen Auftritt zerstörten die Zuschauer praktisch alle Sitzbänke der Freilichtbühne. Erst sieben Jahre später wurden die Schäden behoben, doch auch danach fanden lange kaum noch Konzerte in der wunderschön gelegenen Arena mit Platz für 22 000 Zuschauer statt. 1982 wurde das Zeltdach über der Bühne installiert. Absolute Kultveranstaltungen waren später Filmvorführungen wie die ›Rocky Horror Picture Show‹. Heute finden von Mai bis September regelmäßig Pop-, Rock- und Klassikkonzerte statt (www.waldbuehne-berlin.de).

## ■ Georg-Kolbe-Museum

Das Georg-Kolbe-Museum in der Sensburger Allee südöstlich des Olympiastadions ist am besten vom S-Bahnhof Heerstraße zu erreichen. Georg Kolbe (1877–1947) war in der ersten Hälfte des 20. Jahrhunderts der erfolgreichste deutsche Bildhauer. In seinem Testament hat er verfügt, dass sein künstlerisches Werk in seinem Haus der Öffentlichkeit zugänglich gemacht werden soll. Entstanden ist ein intimes Museum abseits der großen Sehenswürdigkeiten Berlins und des Touristenrummels. Die beiden von ihm und den Architekten Ernst Rentsch und Paul Linder entworfenen kubischen Ziegelbauten – Atelier und Wohnhaus – fügen sich harmonisch in die Villengegend ein. Zwischen den beiden Häusern erstreckt sich ein schattiger Garten mit großen Kiefern, Rhododendren und Azaleen, in dem einige von Kolbes Skulpturen zu sehen sind. Das gesamte Ensemble ist ein herausragendes Beispiel der Architektur und Gartengestaltung der 1920er Jahre und das einzige Künstlerhaus Berlins, das gleichzeitig als Museum dient. (→ S. 448).

*Das Olympiastadion hat Platz für 75 000 Zuschauer*

›Die Phoenix‹ in der Wintersteinstraße 20

## Die Phantasien des Gerd Neuhaus

Sein Atelier ist die Stadt, seine Leinwand aus Stein und sein Materialverbrauch gewaltig. Gerd Neuhaus bemalt ganze Hauswände. Am liebsten mit Acrylfarben auf frisch verputzten Mauern – al fresco – wie die ganz Großen seiner Zunft, denn dann hält solch ein Riesengemälde gut und gerne 30 Jahre. Wo die Stadt nackt und grau war, sollten die Bilder ablenken von städtebaulicher Misere. In den 1960er Jahren war Ben Wargin der erste, der sich mit einer Giebelbemalung traute. Heute gibt es in Berlin etwa 300 bemalte Giebel.

Gerd Neuhaus zählt zu den frühesten und mittlerweile bekanntesten Berliner Fassadenkünstlern mit 50 haushohen Kunstwerken. »Was ich male, muss in die Gegend passen, sozusagen einen inneren Bezug zu den Häusern und den Menschen haben.« Vor die Motiventscheidung setzt er daher die ausziebige Milieustudie. »Bloß hinsetzen und pinseln, is nich«, sagt Neuhaus. In der Charlottenburger Wintersteinstraße Nr. 20 durchpflügt der Ozeandampfer ›Phoenix‹ eine haushohe Wand. Das Motiv erscheint so plastisch, dass man zur Seite springen möchte. Neuhaus hat sich für den Dampfer wegen der Nähe zum Spreekanal entschieden und auch, weil in Berlin nie die ganz großen Ozeanriesen anlegen werden. Mit seiner ›Phoenix‹ wollte er die Berliner ein wenig trösten.

Kein Wunder, dass bei soviel Enthusiasmus und Akribie zur Enthüllung der ›Huldigung eines Plattenbaus‹ im Jahr 2004 sogar der damalige Bundestagspräsident Wolfgang Thierse vorbeischaute. Einige Werke von Gerd Neuhaus sind inzwischen zusammen mit den Häusern verschwunden oder übermalt worden, aber viele sind auch nach über 20 Jahren noch gut in Schuss. Seine Kunstwerke sind immer im Blick der Vorbeigehenden, seine ›Galerie‹ ist immer geöffnet, die Besichtigung kostenlos, und so zählt niemand die Schaulustigen, die im Laufe der Jahre einen Blick auf die Riesengemälde warfen und sich ihre ganz persönlichen Gedanken über die Welt des Gerd Neuhaus machten. Zu den verschwundenen Bildern gehört auch der riesige Turnschuh, der jahrzehntelang eine Hauswand gegenüber dem Rathaus Neukölln verschönerte. Doch dann war der Neubau eines Einkaufszentrums wichtiger als die Fassadenkunst.

Eines der ersten Neuhaus-Gemälde, ein zu einem Drittel geöffneter Reißverschluss, legt eine Gründerzeit-Fassade frei. Warum nur so wenig von der wunderschönen Fassade zu sehen ist? Die Bauherren wollten sparen! Sein erster Entwurf war genau umgekehrt, viel Fassade und nur wenig unbemalte Fläche sollten zu sehen sein. Auch Illusionen müssen sich manchmal Alltagszwängen unterordnen. Mit Illusionen haben seine Bilder häufig zu tun, denn wenn Schiffsrümpfe durch Hauswände pflügen oder Bilder scheinbar einen Blick in eine andere Welt eröffnen, bleibt das Auge länger hängen.

Wer die Kunst von Gerd Neuhaus im ›Vorbeigehen‹ anschauen möchte, findet unter folgenden Adressen einige seiner neueren Kreationen: ›Wenn der Vater mit dem Sohne‹ (Schöneberg, Stübbenstraße 7), ›Stuckillusion II.‹ (Schöneberg, Lindauer Straße 7/ Barbarossastraße 26–27), ›Die Panke‹ (Pankow, Zillertalstraße), ›Hommage an eine Platte‹ (Buch, Robert-Rössle Straße 22). Im Internet sind seine Projekte unter www.giebelmalerei.de zu finden.

Laßt uns Berlin statistisch erfassen!
Berlin ist eine ausführliche Stadt,
die 190 Krankenkassen
und 916 ha Friedhöfe hat.

53 000 Berliner sterben im Jahr,
und nur 43 000 kommen zur Welt.
Die Differenz bringt der Stadt aber keine Gefahr,
weil sie 60 000 Berliner durch Zuzug erhält.
Hurra!

Erich Kästner, Berlin in Zahlen, 1930

# PRENZLAUER BERG UND WEDDING

Die Sunset-Bar auf Deck 5 an der Schönhauser Allee

# Prenzlauer Berg

Schon schlimm, dieser Bionade-Terror im Prenzlauer Berg, wo die Besserverdiener mit ihren tiefer gelegten Kinderwagen unterwegs sind und zwischen Yogakurs und Selbstfindungsgruppe noch schnell beim europaweit größten Biosupermarkt einkaufen. Holzfahrradkinder, von Baden-Württembergischen Eltern gezeugt, fahren den alteingesessenen Nachwendealternativen über die Füße. Die Weltrevolution hat ausgedient. Dafür hat gespritztes Gemüse hier keine Chance, und wessen Lampe nicht dank Biostrom leuchtet, muss mit Zurechtweisung durch die Nachbarn rechnen. Kein Wunder, dass da die wirkliche Szene schon abgewandert ist und inzwischen in den angesagten Clubs von Friedrichshain und Kreuzberg oder gleich in Neukölln sitzt.

Das alles haben zumindest die Edelfedern der großen deutschen Zeitungen und Magazine beobachtet, die den Prenzlauer Berg als ›Hassobjekt‹ entdeckt haben. Die Bewohner im Nachbarstadtteil Mitte freut es, denn bevor die Journalisten weiterzogen, war ihr Stadtteil noch Ziel wohlformulierten Spots.

Ganz so schrecklich kann es aber denn doch nicht sein im Prenzlauer Berg. Denn selbst die Journalisten, die über den Kiez herziehen, trinken in den Cafés des Viertels ganz gern ihren Latte. Und bei Touristen ist der Prenzlauer Berg ohnehin beliebt – denn feiern lässt sich hier ganz ausgezeichnet.

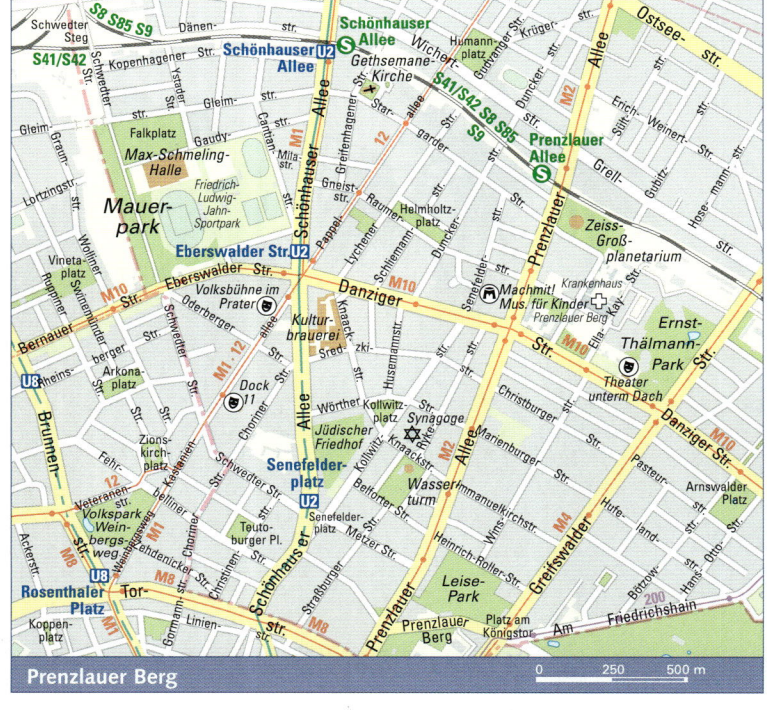

*Der Eingang zum Pratergarten an der Kastanienallee*

Prenzlauer Berg ist einer der jüngeren Stadtteile Berlins. Noch im 18. Jahrhundert endete die Stadt an der Torstraße – die ihren Namen eben deswegen bekommen hat, weil hier Stadttore standen. Heute markiert die Torstraße ungefähr die Grenze zum Stadtteil Mitte.

Den Berg im Namen hat sich der Stadtteil durchaus verdient. Zumindest für Berliner Verhältnisse geht es steil hinauf, weshalb hier früher auch Mühlen standen – auf einer Hochfläche 30 Meter über der restlichen Stadt. Eine Mühle schmückt darum auch noch das Wappen von Prenzlauer Berg. Später wurden dann in dem Gebiet vor der Stadt die Toten bestattet – das Zentrum war inzwischen zu dicht bebaut und deswegen verlegte man die Friedhöfe vor die Tore. Ende des 19. Jahrhunderts siedelten sich dann zahlreiche Brauereien an: Schultheiss, Bötzow, Prater und Pfeffer hießen sie. Das Schultheiss-Bier gibt es immer noch, wenn es auch nicht mehr in Prenzlauer Berg gebraut wird, nach dem Brauer Bötzow ist ein Viertel des Prenzlauer Bergs benannt, an Herrn Prater erinnert noch der gleichnamige Biergarten in der Kastanienallee und an Herrn Pfeffer ein solcher in der Schönhauser Allee. Für die Brauereien war der ›Höhenzug‹ am Prenzlauer Berg ideal, bot er doch günstige Voraussetzungen um Gärkeller zu bauen. Außerdem war genügend Platz für die riesigen Biergärten der Brauereien vorhanden, die sich schnell zu beliebten Ausflugszielen entwickelten.

Die Industrialisierung bescherte Berlin einen sprunghaften Bevölkerungsanstieg; Berlin wurde zur drittgrößten Stadt der Welt. Wohnraum war knapp, und deswegen begann man nun auch das Gebiet jenseits der Torstraße zu erschließen.

Natürlich waren es die Arbeiter, die sich in diesem entlegenen und für die Reichen unattraktiven Stadtteil ansiedelten. Entsprechend klein waren die Wohnungen und beengt die Lebensverhältnisse. Von der Noblesse der heutigen Tage war damals, Ende des 19. Jahrhunderts, noch nichts zu spüren.

Im Zweiten Weltkrieg blieb der Prenzlauer Berg weitgehend von Zerstörungen verschont – über 70 Prozent der Gebäude waren zu Kriegsende noch bewohnbar. Gerüchten zufolge hatten die Sowjets das Viertel aus Solidarität zu den dort lebenden Arbeitern bewusst verschont. Handfeste Beweise für diese Vermutungen gibt es aber nicht.

Zu DDR-Zeiten war der Prenzlauer Berg das Rückzuggebiet für alle, die dem Staat kritisch gegenüberstanden. In den zerfallenden Hinterhöfen schufen sich Künstler, Aussteiger und Intellektuelle ihre Freiräume. Anders als heute war der Prenzlauer Berg mit seinen heruntergekommenen Altbauwohnungen mit Kohleheizung für viele Ostberliner alles andere als attraktiv. Wer konnte, zog lieber hinaus in die Trabantenstädte Marzahn oder Hellersdorf mit ihren zweckmäßigen Plattenbauten mit Zentralheizung und Bad.

Nach der Wende wurde es dann schick, im Osten zu wohnen. Erst kamen Künstler, Studenten, Hausbesetzer und Alternative. Später folgte der ökologisch orientierte Mittelstand. Das merkten auch die Investoren, die die alten Häuser für billiges Geld aufkauften, sanierten und teuer wieder verkauften.

Stimmt schon, die Gentrifizierung hat auch in Prenzlauer Berg zugeschlagen. Für viele Mieter der ersten Nachwendegeneration wurde das Viertel zu teuer. 80 Prozent der heutigen Bewohner von Prenzlauer Berg wohnten zu Wendezeiten noch nicht her.

Im Prenzlauer Berg leben heute viele junge Menschen. Über die Hälfte ist zwischen 25 und 45 Jahre alt. Prenzlauer Berg hat sich gewandelt. Doch auch den anderen Prenzlauer Berg gibt es noch. Es reicht schon aus, vom Helmholtzplatz die Greifenhagener Straße stadtauswärts zu gehen oder das Nordische Viertel rund um die Kopenhagener Straße zu erforschen, um in Kneipen sein Bier trinken zu können, wo weder Touristen noch Millionäre sitzen.

## Die Schönhauser Allee

Einen Rundgang durch den Prenzlauer Berg beginnt man am besten unmittelbar an der Bezirksgrenze zum Stadtteil Mitte an der U-Bahn-Station Rosa-Luxemburg-Platz (U2). Von dort aus steigt man an der Schönhauser Allee gleich den ›Berg‹ hinauf. Wer abends kommt, muss sich vor dem **Last Cathedral** (vor allem beliebt bei Metal- und Gothic-Fans) an den auf dem Fußweg auf Einlass wartenden Partygängern vorbeidrängen.

Nach wenigen hundert Metern erreicht man den unscheinbaren **Senefelderplatz** mit dem Denkmal für Alois Senefelder, den Erfinder der Lithografie. Der Berliner Bildhauer Rudolf Pohle, der das Marmordenkmal 1892 schuf, hat diesen Fakt in sein Werk aufgenommen und den Namen Senefelders auf dem Denkmal spiegelverkehrt angebracht.

*Das Denkmal für Alois Senefelder*

*Der Pfefferberg hat seinen anarchischen Charme inzwischen verloren*

### ■ Pfefferberg

Auf der anderen Straßenseite, ein paar Meter über Straßenniveau, liegt der Pfefferberg. 1841 gründete der bayerische Braumeister Pfeffer die Brauerei Pfefferberg, die 1919 von Schultheiss übernommen und bald darauf stillgelegt wurde. Danach zog eine Schokoladen-, dann eine Brotfabrik hier ein.

Während des Zweiten Weltkriegs wurden auf dem Gelände Zwangsarbeiter in ›kriegswichtiger‹ Produktion beschäftigt, und zu DDR-Zeiten trainierte die Volkspolizei im Keller des Brauhauses das Schießen. Nach der Wende war im Pfefferberg ein Biergarten, in dem sich im Sommer halb Prenzlauer Berg unter schattigen Bäumen nach der Arbeit zum Bier traf. Die Gebäude, die den Biergarten einrahmten, waren heruntergekommen. Doch das tat der Atmosphäre keinen Abbruch.

Inzwischen ist der Pfefferberg saniert. Einen Biergarten gibt es zwar immer noch – allerdings ist der Anarcho-Charme der alten Tage verloren gegangen. Self-Service ist inzwischen out und das Speiseangebot weit umfassender als Bratwürste und Leberkäse mit Brot. Allerdings sind auch die Preise gestiegen. Im Steakrestaurant ›Tauro‹ und nebenan in ›Das Pfeffer‹ bedient man die Gäste im Sommer nach wie vor unter Bäumen – aber eben zivilisiert.

Ebenfalls auf dem Gelände des Pfefferbergs liegt das Hostel ›Pfefferbett‹ – ruhig mit Kastanienbäumen vor der Tür und doch mitten in der Stadt.

Weiter die Schönhauser Allee hinauf passiert man das Jugendhostel M – dahinter liegt, wie es sich für den Bionadestadtteil Prenzlauer Berg gehört, der größte Biosupermarkt Europas.

In dem Klinkergebäude etwa 50 Meter nach dem Hostel M war bis zum Dritten Reich ein jüdisches Altersheim untergebracht. Die Nazis deportierten seine Bewohner nach Theresienstadt, wo sie ermordet wurden. Zu DDR-Zeiten war das Haus Sitz der Polizeidirektion Prenzlauer Berg. Inzwischen beherbergt es Eigentumswohnungen.

*Die Kulturbrauerei*

### ■ Jüdischer Friedhof

Wieder nur ein paar Schritte weiter, an der Schönhauser Allee 23, liegt der Jüdische Friedhof. Hier wurden von 1827 bis 1942 Verstorbene beigesetzt, unter anderem der Maler Max Liebermann, der Komponist Giacomo Meyerbeer und der Autor David Friedländer. Insgesamt befinden sich hier über 20 000 Grabstätten auf einem verwunschenen Areal. Umgeworfene und zerstörte Grabsteine zeugen noch heute von den Schandtaten der Nazis. Am Friedhofseingang werden in einem Lapidarium restaurierte Grabsteine gezeigt und deren Symbolik erklärt. Männliche Besucher des Friedhofs müssen eine Kopfbedeckung tragen, die am Eingang ausgeliehen werden kann.

### ■ Kulturbrauerei

Immer geradeaus die vielbefahrene Schönhauser Allee entlang geht es vom Jüdischen Friedhof weiter zur Kulturbrauerei an der Ecke zur Sredzkistraße. Die ehemalige Schultheiss-Brauerei wurde 1891 von Franz Schwechten entworfen, der sich als Architekt der Kaiser-Wilhelm-Gedächtniskirche einen Namen gemacht hat. Der heutige Name Kulturbrauerei ist durchaus treffend, denn hier sind unter anderem Kinos, Theater, Konzertsäle, Restaurants und Diskotheken beheimatet.

Auch der **Frannz Club** hat seit Oktober 2004 wieder seine Pforten geöffnet. Der schreibt sich nun mit zwei ›n‹- das zweite ›n‹ steht für ›neu‹ – und hat die Nachfolge des legendären DDR-Franz-Clubs, mit einem ›n‹, angetreten. Im Sommer finden im Innenhof des riesigen Gebäudekomplexes Open-Air-Veranstaltungen statt, der ›Open Air Klassik Sommer‹ hat sich inzwischen zu einer permanenten Einrichtung entwickelt.

Im Herbst 2013 eröffnete auf dem gelände die **Dauerausstellung. ›Alltag in der DDR‹**, Initiator ist das Haus der Geschichte in Bonn – sehr zum Ärger des DDR-Museums am Berliner Dom (→ S. 125), das sein Ausstellungskonzept kopiert sieht.

Spaziert man die Schönhauser Allee von der Kulturbrauerei weiter stadtauswärts, erreicht man nach etwa einem Kilometer das Einkaufszentrum **Schönhauser Allee Arkaden**. Jedes Einkaufszentrum in Berlin zu erwähnen, würde zu weit führen. Dieses hier hat sich den Eintrag in den Reiseführer durch das Dach seines Parkhauses verdient. Dort oben liegt nämlich im Sommer die **Strandbar Deck 5** – mit einem richtigen Sandstrand und einem weiten Blick über Teile des Prenzlauer Bergs. Zugänglich ist Deck 5 über den Fahrstuhl in den Arkaden und nach Schließung des Einkaufszentrums über die Treppen des Parkhauses an der Greifenhagener Straße.

*In der Oderberger Straße*

## Oderberger Straße

Gegenüber der Kulturbrauerei biegt die Oderberger Straße von der Schönhauser Allee ab. Sie ist Standort zahlreicher Cafés, Restaurants und Boutiquen – und der ältesten Feuerwache Berlins. Das Gebäude des ehemaligen Stadtbades in der Oderberger Straße 57, erbaut zwischen 1899 und 1902 vom damaligen Stadtbaurat Ludwig Hoffmann, wurde aufwendig saniert und beherbergt heute ein stylishes Boutiquehotel. Auch das Bad selbst, das zu den schönsten Stadtbädern Berlins zählt, wurde wieder eröffnet und steht an fünf Tagen in der Woche Nicht-Hotelgästen zur Verfügung.

Die Oderberger Straße blickt auf eine bewegte Geschichte zurück. Zu DDR-Zeiten demonstrierten die Anwohner gegen den geplanten Abriss einiger Gebäude – die in den 1980er Jahren durch Plattenbauten hätten ersetzt werden sollen. Öffentliches Aufbegehren der Bürger war damals die Ausnahme, und noch seltener war es, wenn der Protest, wie in der Oderberger, erfolgreich war. Damals wurde nicht nur der Abriss der Gebäude verhindert, sondern die Menschen setzten auch noch durch, dass einige zusammenhängende Hofgrundstücke zu einem kulturellen Kieztreffpunkt wurden. Hier, im sogenannten **Hirschhof**, wurde Kunst ausgestellt, Theater gespielt, und es wurden politische Diskussionen geführt und Feste gefeiert. Den Hirschhof, neben der Oderberger Straße 19 gelegen, gibt es noch heute. Er wird gerade saniert und soll wieder das Nachbarschaftszentrum des Kiezes werden.

In der Oderberger reiht sich ein Restaurant ans andere, eine Kneipe folgt auf die nächste. Das **Kauf dich glücklich** in der Oderberger 44 ist bekannt wegen seiner Waffeln und **Eiscremes, die** Bonanza Coffee Heroes in der Oderberger Straße 35 bieten extrem guten Kaffee. Im **Hüftengold** in der Oderberger 27, mit seinem extrem liebevoll gestalteten ›Vorgarten‹ kann man schon am Morgen beim Frühstück für den Gewichtszuwachs sorgen, und im **Labyrinth** in der Oderberger 16 bekommt man sehr ordentliches Essen ohne den bei griechischen Restaurants oft üblichen hemdsärmligen Kleinstadtcharme geboten. Das **Entwederoder** im Nachbarhaus ist ein Kiezklassiker in dem sich die Einheimischen gerne auf einen Kaffee treffen.

Das **Vietnam Village** in der Oderberger 7 ist eines der besten Vietnamesischen Restaurants in der Stadt, wer hier keinen Platz bekommt, braucht sich aber nicht zu grämen, denn das **Van Anh** nebenan gehört dem selben Besitzer und bietet ebenso gute Qualität.

## Mauerpark

Am nordwestlichen Ende der Oderberger Straße erreicht man jenseits der Eberswalder Straße den Mauerpark. Bevor man hinüber geht zum Park, kann man sich hier noch bei **Sukho Tai** in die Sonne setzen. Der Thai am Ende der Straße bietet gutes und preisgünstiges Essen und viel Sonne. Hier kann man noch am späten Nachmittag seine Tom-Yam-Gum-Suppe draußen im Sonnenschein schlürfen.

Vor einigen Jahren war der Park am ehemaligen Grenzstreifen noch ein Geheimtipp. Inzwischen ist der Mauerpark aber eines der Lieblingsziele für die Besucher der Stadt und deswegen am Wochenende gnadenlos überlaufen. Wenn der Kanadier Joe Hatchiban am Sonntag um 15 Uhr seine Karaoke-Anlage aufbaut, strömen die Schaulustigen in Massen herbei. Die mutigen Hobbysänger, die hier im Halbrund des kleinen Freilufttheaters ihre Künste zum Besten geben, haben oft mehr Zuschauer als so mancher Profi – 1000 und mehr Besucher sind keine Seltenheit.

Am **Flohmarkt am Mauerpark** wird verkauft, was zu Hause rumliegt und nicht mehr gebraucht wird. Profihändler waren hier lange die Ausnahme, haben aber inzwischen das lukrative Geschäft auch für sich entdeckt. Jeden Sonntag von 8 bis 18 Uhr wird auf dem riesigen Gelände gefeilscht, was das Zeug hält.

Für die Berliner ist der Mauerpark zu einer Art verlängertem Wohn- oder Spielzimmer geworden. Im Sommer ziehen Grilldüfte durch den Park, Jugendliche liefern sich Basketball- und Fußballmatches und die älteren Semester werfen eine ruhige Kugel beim Boule. Die meisten Radfahrer benutzen den Mauerpark nur als Abkürzung zwischen Eberswalder- und Gleimstraße, einige aber sind auf großer Tour unterwegs. Mitten durch den Park führen nämlich der **Mauerradweg** und der **Fernradweg Berlin–Usedom**.

Wer sich nach soviel Freizeitstress erst mal ein kühles Bier gönnen will, findet am Rande des Parks im **Biergarten Mauersegler** selbst am Wochenende meist noch ein ruhiges Plätzchen.

Am Rand des Mauerparks liegen die **Max-Schmeling-Halle** und das Friedrich-Ludwig-Jahn Stadion. Die Schmeling-Halle war anlässlich der Berliner Bewerbung für die Olympischen Spiele im Jahr 2000 erbaut worden. Bekanntermaßen hat Berlin damals den Zuschlag nicht bekommen, die Halle wird aber trotzdem rege genutzt. Lange spielten hier die Bundesligabasketballer von Alba Berlin. Nach deren Umzug in die noch größere O2-Arena am Ostbahnhof tragen die Handballer von Füchse Berlin und auch die Volleyballer vom SSC Berlin hier ihre Spiele aus. Außerdem finden regelmäßig Konzerte statt.

Neben der Halle liegt das **Friedrich-Ludwig-Jahn-Stadion**, in dem zu DDR-Zeiten der als Stasiclub verschriene BFC Dynamo seine Heimspiele austrug.

## Kastanienallee

Die Kastanienallee, die heute fest in der Hand von coolen Applebesitzern aus der Kreativwirtschaft ist – und deswegen auch auf den Spottnamen ›Castingallee‹ hört – war zu DDR-Zeiten eine Straße, in der viele Künstler und Alternative wohnten. Ein bisschen lebt dieses alte Gefühl weiter im ›Schwarz Sauer‹, einer

Am Wochenende stets gut besucht: Karaoke im Mauerpark

## Prenzlauer Berg

*Konnopkes Imbiss in der Schönhauser Allee am U-Bahnhof Eberswalder Starße*

in der Kastanienallee 13. Hier treffen sich die Intellektuellen vom Prenzlauer Berg – oder die, die sich dafür halten – zum Diskutieren, Essen und Trinken. Beliebt ist das Frühstück, das, wie es sich für ein richtiges Bohemienviertel gehört, auch noch bis 17 Uhr serviert wird.

Am Nordende der Kastanienallee liegt das Café ›An einem Sonntag im August‹,

die Gäste hier sind vor allem Jugendliche, die das günstige Preisniveau schätzen. Allerdings ist das Essen hier keine Offenbarung. Im Dachgeschoss desselben Gebäudes haben die Brüder Skladanowsky gelebt, die in den 1890er Jahren einen Filmvorführapparat erfanden, selbst erste Kurzfilme drehten und so zu den Wegbereitern des modernen Kinos gehören. Ohne die Skladanowskys kein Hollywood.

Schräg gegenüber von ›An einem Sonntag im August‹ liegt der Eingang zum **Prater-Biergarten**. Hier wird seit 1837 Bier ausgeschenkt – richtig lecker ist das helle Praterpils. Auf dem gleichen Gelände liegt die **Praterbühne**, in der seit den 1990ern Theater aufgeführt wurde und Konzerte stattfanden (→ S. 405, 425). Das inzwischen baufällige Gebäude wird bis 2019 renoviert und solange heißt es hier Theaterpause.

Einmal bei ›An einem Sonntag im August‹ um die Ecke gehen und schon sieht man unter den U-Bahnbögen mitten im Verkehrsgetöse Berlins bekannteste Currywurstbude: **Konnopke**.

*Design auch für Kinder*

Karte S. 248

# Die Würste aus der Hauptstadt – natürlich mit Curry

Im September 1949 wurde die erste Currywurst der Welt zubereitet und zwar von Herta Heuwer, die damals einen Stand am Stuttgarter Platz betrieb. Die Legende weiß, dass sie die spezielle Sauce ihrem Mann zuliebe erfand, denn der hatte in amerikanischer Gefangenschaft ein ganz besonderes Ketchup kennengelernt und wollte so etwas Ähnliches auch im heimischen Berlin essen. Zu Ehren von Herta Heuwer hat man im Juni 2003 in der Kantstraße 101 in Charlottenburg eine Gedenktafel angebracht und inzwischen gibt es in Berlin sogar ein Currywurstmuseum. Ärgerlich für alle Berliner ist der immer wieder – und natürlich völlig unberechtigt – vorgebrachte Anspruch der Hamburger, dass dort die erste Currywurst kreiert worden sei.

Bei **Curry 36** kann man fast rund um die Uhr Würste kaufen, doch – zumindest was die Kundschaft angeht – ist es dort nachts am interessantesten. Dann, wenn sich Kneipengänger und Taxifahrer, Polizisten von der Wache nebenan und Besucher des BKA-Theaters eng an eng an den wenigen Tischen auf der Straße drängen.

Nachts kann man bei **Konnopke** nicht essen – der Imbissstand unter den U-Bahn-Brücken an der Schönhauser Allee, Ecke Eberswalder Straße wird schon um acht Uhr abends geschlossen. Das ist schade, denn Konnopkes Würste würden sicher auch den Nachtschwärmern im Prenzlauer Berg schmecken.

**Krasselt´s Imbiss** wird sogar schon in einem Restaurantführer zusammen mit den Toplokalen Berlins aufgeführt. Kein Wunder, denn hier werden die Würste nur aus handverlesenen Zutaten gefertigt und mit einem Ketchup – ohne Konservierungsmittel – serviert, das phänomenal schmeckt und dessen Rezeptur streng geheim ist.

**Curry 36**, *Mehringdamm 36, Kreuzberg, U6, U7 Mehringdamm, tgl. 9–5 Uhr.*
**Konnopkes Imbiss**, *Schönhauser Allee 44a, Prenzlauer Berg, U2 Eberswalder Str., Mo–Fr 9–20 Uhr, Sa 11.30–20 Uhr.*
**Krasselt's Imbiss**, *Steglitzer Damm 22, Steglitz, S25 Südende, Mo–Mi 9–24, Do–Sa 9–1, So 10–24 Uhr.*

*Nur echt in Berlin: die Currywurst*

## Gethsemanekirche

Rund 100 Meter östlich der Schönhauser Allee, an der Ecke Stargarder Straße/Greifenhagener Straße, steht die Gethsemanekirche. Sie wurde von 1891 bis 1893 nach Plänen von August Orth erbaut und ist weniger aus kunsthistorischen denn aus zeitgeschichtlichen Gründen sehenswert. Sie verdankt ihre Bekanntheit vor allem der Tatsache, dass sich hier im Wendeherbst 1989 die DDR-Opposition traf.

Schon während der 1980er Jahre hatten sich in der Kirche regelmäßig die Mitglieder der DDR-Friedensbewegung getroffen. Später wurde die Kirche dann zum Ort öffentlicher Diskussionen und von Mahnwachen. Als am 7. Oktober 1989, dem 40. Jahrestag der Staatsgründung der DDR, Volkspolizei und Stasi in der Schönhauser Allee mit Gewalt gegen Demonstranten vorgingen, flüchteten viele Menschen in die Gethsemanekirche. Trotzdem wurden über 1000 Menschen verhaftet und teilweise wochenlang gefangen gehalten.

Nach dem Rücktritt der SED-Führung war die Kirche ein Diskussionsforum für die Bürgerbewegung, und auch der Eröffnungsgottesdienst der ersten und einzigen frei gewählten Nach-Wende-Volkskammer der DDR fand im März 1990 in der Gethsemanekirche statt.

Dass die Kirche der richtige Ort für kritische Geister ist, zeigte sich auch nach der Wende. Beim Kirchentag 2003 wurden in der Gethsemanekirche ökumenische Gottesdienste mit gemeinsamen Abendmahlsfeiern beider Konfessionen veranstaltet. Die gemeinsame Kommunion aber ist in den Augen des Papstes ›Teufelswerk‹, und deswegen wurde damals auch der katholische Priester Gotthold Hasenhüttl, der die Kommunion austeilte, suspendiert. Später wurde ihm dann auch die Lehrerlaubnis entzogen.

Vor dem Westportal steht seit 1993 der **Segnende Christus**, eine Büste aus der Versöhnungskirche. Diese wiederum stand mitten im Mauerstreifen und wurde 1985 von den DDR-Grenztruppen gesprengt. Im Garten zur Stargarder Straße hin befindet sich außerdem das **Relief Widerstand** von Karl Biedermann. Es wurde in den 80er Jahren im Auftrag der DDR-Führung als Mahnmal gegen den Faschismus geschaffen und sollte auf der Brücke der Schönhauser Allee über die Ringbahn stehen. Doch die Genossen in der Parteispitze waren mit dem Werk des Künstlers nicht zufrieden. Nach ihrer Meinung spiegelte es nicht ausreichend den Kampf der Arbeiterschaft wider. Deswegen verschwand das Relief auch irgendwo in einem Lagerschuppen, bis es am 3. Oktober 1990 an der Gethsemanekirche aufgestellt wurde.

Im südlichen Querschiff lohnt eine 1923 von Wilhelm Groß geschaffene **Holzplastik Christus in Gethsemane kniend** einen Blick. Sie zeigt den betenden Jesus

▲ *Die Gethsemanekirche*

vor seiner Gefangennahme im Garten Gethsemane. Die riesige Bronzeplastik an der inneren Südwestwand zeigt einen Engel auf einem Löwen, heißt aber **Der Geistkämpfer** und ist ein Abguss einer Plastik, die 1928 von Ernst Barlach geschaffen wurde.

Geht man durch die Pappelallee in südlicher Richtung zurück, erreicht man den **Friedhof in der Freireligiösen Gemeinde**. Bestattet wird hier schon seit 1969 niemand mehr, und seit 1995 ist das Gelände ein öffentlicher Friedhofspark. Und so machen die Anwohner hier zwischen den Grabsteinen Picknick, Kinder toben auf einem kleinen Spielplatz, und Sonnenanbeter breiten im Sommer ihre Handtücher aus.

*Café Im Nu am Helmholtzplatz*

## Helmholtzplatz

Der Helmholtzplatz, benannt nach dem Physiker Hermann von Helmholtz, ist eines der Ausgehzentren des Prenzlauer Bergs. Hier und in den angrenzenden Straßen findet man Dutzende von Kneipen und Restaurants. Rund um den Platz kann man eine kulinarische Weltreise antreten. Angefangen vom Mexikaner bis zum Italiener, Vietnamesen oder Libanesen – die Küchen der Welt geben sich ein Stelldichein.

Nicht wegen des Essens, sondern wegen der entspannten Atmosphäre trifft man sich im **Wohnzimmer** an der Ecke Helmholtzplatz/nördliche Schliemannstraße. Diese Kneipe ist genau das, was ihr Name sagt: Das Wohnzimmer für viele Bewohner aus dem Kiez. Eine ganz normale Mietwohnung wurde hier ohne große Umbauarbeiten in eine Kneipe umfunktioniert. Man holt sich sein Bier am Eingang und sucht sich dann in einem der Zimmer einen Platz.

Entspannt geht es auch im Tagescafé **Im Nu** zu – benannt ist es nicht etwa nach seinem schnellen Service, sondern nach einem ostdeutschen Malzkaffeegetränk. Besonders gefragt ist das Café zum Frühstücken am Wochenende. Viele Anwohner legen dann, nachdem sie auf dem **Biomarkt** am Helmholtzplatz eingekauft haben, hier eine kleine Pause ein.

Das Haus an der Ostecke des Helmholtzplatzes/Ecke Dunckerstraße hat für Filmfans einen gewissen Kultstatus – hier drehte Andreas Dresen 2005 einige Szenen seines Spielfilms ›Sommer vorm Balkon‹.

Im Kiez um den Helmholtzplatz liegen viele kleine Läden und Boutiquen. Ein ganz besonderes Geschäft ist der **Erfinderladen** in der Lychener Straße 8. Dort gibt es, wie es auf der Webseite heißt, ›Produkte, die es eigentlich noch gar nicht gibt‹. Erfinder präsentieren hier ihre neuesten Entwicklungen – einerseits um sie zu verkaufen, andererseits auch um Produzenten auf ihre Geniestreiche aufmerksam zu machen. Der Rundgang durch den kleinen Laden bietet auf jeden Fall viel Amüsantes und auch das ein oder andere Nützliche.

## Husemannstraße und Kollwitzplatz

Die Husemannstraße – benannt nach einem Widerstandskämpfer gegen die Nazis – führt von der Danziger Straße zum Kollwitzplatz. In den letzten Jahren der DDR wurde die Husemannstraße – die bis dahin eine ganz normale Straße mit bröckelnden Fassaden war – zum Vorzeigeprojekt befördert. 1986/87 war sie anlässlich des 750-jährigen Geburtstages von Berlin saniert worden und stellte seitdem die einsame Schönheit dar, umgeben von viel Tristesse. Sogar die alten verrosteten Straßenschilder wurden entfernt und neue im Stil der Gründerzeit aufgestellt. Und auch einen Pumpbrunnen – so wie früher – bekam die Straße aus optischen Gründen verpasst. Schließlich sollte alles perfekt aussehen. So wurde die Husemannstraße zu DDR-Zeiten für die eigenen Bürger zu einem Touristenziel und für Staatsgäste zum Ort für einen Pflichtbesuch. Schließlich wollte und sollte jeder sehen, zu was der Arbeiter- und Bauernstaat in der Lage ist – zumindest ausnahmsweise.

Die schönen, auf alt gemachten Schilder spielten auch nach der Wende noch einmal eine Rolle. Die Westbürokratie kann es mit der aus dem Osten durchaus aufnehmen und so wieherte 1994 der Amtsschimmel besonders laut. Die Schilder mussten weg, besagte doch irgendeine Vorschrift, dass die Beschilderung innerhalb der Stadt einheitlich sein müsse. Die Anwohner kämpften um ihre Straßenschilder und schrieben, wie es sich gehört, Eingaben und Anträge. Doch die Behörde stellte sich stur. Es wäre ja noch schöner, wenn das Amt plötzlich für die Menschen da wäre. Die jedoch sorgten auf ihre Weise für eine Lösung. Als die Arbeiter anrückten und die Schilder abschrauben wollten, drohte man ihnen Prügel an. Die zogen daraufhin unverrichteter Dinge ab und seitdem ist die Schilderfrage in der Husemannstraße ad acta gelegt. Offenbar muss man nur wissen, wie man mit den Behörden umgeht.

Heute unterscheidet sich die Husemannstraße nicht mehr von ihren Nachbarn – hier wie dort reiht sich eine Kneipe an die andere.

Der **Kollwitzplatz**, auf den die Husemannstraße führt, ist nach der Bildhauerin Käthe Kollwitz benannt, die im Eckhaus Kollwitzstraße/Knaackstraße viele Jahre ihres Lebens verbrachte. Das Haus wurde im Krieg zerstört, an dem gesichtslosen Neubau aus der DDR-Zeit ist eine Gedenkplakette angebracht, die an Kollwitz erinnert. Auf dem Platz steht direkt neben dem großen Kinderspielplatz ein großes **Bronzedenkmal**, das Käthe Kollwitz zeigt. Es war 1961 von dem westdeutschen Bildhauer Gus-

*In der Husemannstraße*

## Husemannstraße und Kollwitzplatz

tav Seitz geschaffen worden. Seitz lebte von 1950 bis 1958 in der DDR, denn nachdem ihm der Nationalpreis der DDR verliehen worden war und er Mitglied der Ost-Akademie der Künste wurde, suspendierte ihn die Hochschule für bildende Künste im Westen der Stadt von seiner Lehrtätigkeit und erteilte ihm sogar Hausverbot.

Heute ist die sitzende Käthe Kollwitz auf gewisse Art in den Spielplatz mit einbezogen. Denn ihren Schoß haben die Kleinen als idealen Ruheplatz zwischen Schaukeln, Rutschen und Sandkiste entdeckt.

Auf der Südseite des Platzes, neben dem Restaurant Gugelhof, liegt der **Jüdische Gang**, ein schmaler Weg, der zum Hintereingang des Jüdischen Friedhofs in der Schönhauser Allee (→ S. 252) führt. Er ist verschlossen und wird nur für Führungen geöffnet. Angeblich soll der Weg auf Befehl von König Friedrich Wilhelm III. angelegt worden sein. Der passierte nämlich mit seiner Kutsche auf dem Weg zum Schloss Schönhausen regelmäßig den Jüdischen Friedhof. Und da störte es ihn, wenn er in der Schönhauser Allee Leichenzügen begegnete.

Jeden Donnerstag von 12 bis 19 Uhr und jeden Samstag von 9 bis 16 Uhr findet am Kollwitzplatz ein **Ökomarkt** statt. Wer nicht nur auf die Auslagen, sondern auch aufs Publikum schaut, kann hier den einen oder anderen Promi entdecken. Häufig sieht man den bekannten SPD-Politiker Wolfgang Thierse, der in der Nähe wohnt. Und auch Renate Künast und die Schauspielerin Corinna Harfouch sind hier regelmäßig zum Öko-Shopping unterwegs.

### ■ Rund um den Wasserturm

Der Wasserturm Prenzlauer Berg an der Ecke Rykestraße/Kollwitzstraße wurde 1877 erbaut und ist damit der älteste

*Straßenecke am Kollwitzplatz*

Wasserturm in Berlin. Heute ist er das Wahrzeichen des Kiezes. Dabei blickt er auf eine Geschichte zurück, die nicht nur positive Assoziationen weckt. Nach 1933 verwendete die SA das Maschinenhaus des Wasserturms als Gefängnis und Folterkeller. Hier wurden Oppositionelle und Juden interniert und ermordet. An die Verbrechen der Nazis und das Leiden ihrer Opfer erinnert seit 1981 eine **Gedenkwand** auf dem Gelände des Wasserturms.

Im Wasserturm kann man auch wohnen. Obwohl die kuchenstückförmigen Zimmer recht dunkel und alles andere als gut geschnitten sind, ist die Warteliste für eine Mietwohnung im Wasserturm lang.

In unmittelbarer Nachbarschaft, in der Rykestraße, liegt die **größte Synagoge Deutschlands**, erbaut zu Beginn des 20. Jahrhunderts im neoromanischen Stil. Die Pogromnacht 1938, als landesweit alle Synagogen geschändet und die meisten niedergebrannt wurden, hat die in der Rykestraße deswegen überstanden, weil sie inmitten eines Wohngebiets

*Die Wohnungen im Wasserturm sind begehrt*

liegt und die Nachbarhäuser direkt an die Synagoge heranreichen. Damit diese nicht zerstört werden, verzichteten die Nazis darauf, das jüdische Gotteshaus abzufackeln. Das Innere wurde jedoch geschändet, die Gemeindemitglieder ins Konzentrationslager nach Sachsenhausen deportiert. Von 1940 an benutzten die Nazis die Synagoge als Lager und Pferdestall. Zu DDR-Zeiten wurde das Gotteshaus renoviert und 1953 wieder geweiht. Die Tour zu den Sehenswürdigkeiten des Prenzlauer Bergs ist hier eigentlich beendet – wer zum Ausgangspunkt des Rundgangs zurückkehren möchte, erreicht über die Kollwitzstraße den Senefelderplatz (→ S. 251) und später den Rosa-Luxemburg-Platz. Allerdings bietet der Prenzlauer Berg als Ausgehbezirk noch genügend Ablenkung.

### ■ Restaurants und Cafés um den Kollwitzplatz

Wer mag, kann nach der Besichtigungstour beispielsweise noch im **November**, im **Anna Blume** oder im **Dritten Mann** in der Sredzkistraße einkehren. Das eine ein Schwulenrestaurant – in dem aber auch Heteros gern gesehen sind – mit sehr ordentlicher Küche. Das andere ein Kaffeehaus mit sehr gutem Kuchen. Und das dritte ein ausgezeichnetes österreichisches Restaurant der höheren Preisklasse. In der Husemannstraße verkauft **Annamaria** im Sommer exzellentes Eis, am Kollwitzplatz lädt das **Istoria** am Wochenende zu einem stadtbekannten Brunchbuffet, und das **Anita Wronski** am Wasserturm lockt im Sommer mit viel Sonne. Ebenfalls am Wasserturm liegen zwei russische Restaurants: Das **Pasternak** für den anspruchsvolleren Speisegast und das **Gagarin** für all diejenigen, denen es mehr auf ein süffiges russisches Bier und eine legere Atmosphäre ankommt.

In der Rykestraße 10 liegt auch eine **Sauna** – und zwar eine ganz besondere. Einmal, weil der Saunagarten, in dem man nach den Schwitzgängen ausruht gleichzeitig auch für Kunstausstellungen genutzt wird, und dann, weil die Sauna 2005 Drehort des Filmes ›Im Schwitzkasten‹ mit Charly Hübner und Christiane Paul war.

### ■ Thälmann-Park und Zeiss-Planetarium

Etwas abseits des Spaziergangs durch den Prenzlauer Berg liegt der Thälmann-Park an der Greifswalder Straße. Hierher muss gehen, wer noch ein bisschen DDR-Feeling in der vereinigten Bundesrepublik schnuppern will. Stilecht inmitten von Plattenbauten steht hier im besten DDR-Stil eine 13 Meter hohe **Skulptur des Arbeiterführers Ernst Thälmann**. Der russische Bildhauer Lew Kerbel hat ihn – ganz typisch – mit siegessicherem, entschlossenem Blick und geballter linker Faust vor einer wehenden Fahne dargestellt. Wie jedes Denkmal aus DDR-sozialistischen Zeiten steht auch das von Thälmann ständig auf der Abschussliste. Überlebt hat es bisher deswegen, weil die Anwohner keinesfalls auf den Arbeiterführer vor ihren Fenstern verzichten wollen.

Das **Zeiss-Großplanetarium** in der Prenzlauer Allee 80 ist mit einem Kuppeldurchmesser von 23 Metern eines der größten Planetarien Europas. Eingeweiht wurde es 1987 anlässlich der 750-Jahr-Feier Berlins. Es bietet ein vielfältiges Programm zum Thema Sternenhimmel sowie Multivisionsshows mit Musik (www.astw.de).

### ■ Bötzowviertel

Wie so vieles im Prenzlauer Berg – dem Viertel, in dem einst Berlins Brauereien starden – ist auch das Bötzowviertel

*Der Seeblick in der Rykestraße*

nach einem Brauereibesitzer benannt: Julius Bötzow nämlich, dem im 19. Jahrhundert die größte Berliner Privatbrauerei gehörte. Allerdings lag die Brauerei gar nicht im Bötzowviertel, sondern gleich nebenan im Kiez um Kollwitzplatz, Metzer Straße und Saarbrücker Straße.

Das Bötzowviertel jedoch erstreckt sich zwischen der Greifswalder Straße, der Danziger Straße und dem Volkspark Friedrichshain. Hierher verirren sich nicht besonders viele Touristen, denn eigentliche Sehenswürdigkeiten gibt es kaum. Dafür ist das Bötzowviertel umso mehr als Wohnviertel gefragt. Die vielen renovierten Altbauten, die sich ständig entwickelnde Restaurant- und Kneipenlandschaft und die Nähe zum Volkspark Friedrichshain lassen die Immobilienpreise steigen. Deswegen muss das Viertel auch immer wieder als Beispiel herhalten, wenn Kritiker vor den Gefahren der Gentrifizierung warnen.

■ **Leise-Park**
Den 2012 eröffneten Park kennen auch viele Kiezbewohner nicht. An der Heinrich-Roller-Straße findet man auf dem Gelände des ehemaligen Friedhofs St. Marien-St. Nicolai ein ganz besonderes Kleinod. Auf dem (scheinbar) verwilderten knapp 16 000 Quadratmeter großen Gelände, das ein wenig an einen Zauberwald erinnert, kann man zwischen alten Grabsteinen herumspazieren. Für Kinder gibt es im Leise-Park einen Abenteuerspielplatz, Erwachsene finden hier eine Ruheoase abseits des Großstadttrubels.

# Wedding

Der Wedding schließt in nordwestlicher Richtung an das Zentrum Berlins an. Zu Mauerzeiten und bis zur Bezirksreform 2001 ein eigenständiger Bezirk, bildet der Wedding heute zusammen mit Mitte und Tiergarten den neuen Großbezirk Mitte.

Die Weddinger Geschichte beginnt vor rund 800 Jahren mit einem Gut an der Panke. Die Adelsfamilie de Weddinge aus dem Raum Magdeburg bewirtschaftete es und gab ihm den Namen. Der erste Weddinger trug als Wappen einen geflügelten Pfeil auf rotem Grund, der noch heute im Wappen des Ortsteils zu sehen ist. Erstmals urkundlich erwähnt wurde das ›Dorf Weddinge‹ im Jahr 1521, als Spandauer Nonnen eine Mühle an der Panke erwarben.

Der Wedding ist der einzige Berliner Stadtteil bzw. Ortsteil, der seit jeher mit Artikel gebraucht wird. Diese Sprachregelung geht auf den Gutshof des Adligen de Weddinge zurück, denn damals sagte man ›er wohnt auf dem Wedding‹ oder ›am Wedding‹. Im typisch Berliner Dialekt heißt das ›er wohnt uff'n Wedding‹. Heute sagen echte Berliner ›im Wedding‹, während man Neuberliner daran erkennt, dass sie ›in Wedding‹ sagen.

Gegen Ende des 19. Jahrhunderts entwickelte sich der Wedding durch die anhaltende Landflucht zu einem Arbeiterbezirk. Diese lebten in extrem komprimierten Mietskasernen mit mehreren Hinterhöfen. Zu dieser Zeit war der Wedding einer der wichtigsten Industriestandorte Berlins, viele Unternehmen der Elektroindustrie ließen sich hier nieder, und traditionsreiche Firmennamen wie Borsig, Schwartzkopff oder Schering sind eng mit dem Ort verbunden. Trotz partieller Kahlschlagsanierung gibt es auch heute noch viele Altbauten mit Hinterhäusern aus der Gründerzeit. Baulücken wurden in den 1970er und 1980er Jahren überwiegend mit mehrgeschossigen Häusern des sozialen Wohnungsbaus geschlossen. Eine wohltuende Abwechslung bietet das **Afrikanische Viertel** zwischen dem Volkspark Rehberge und dem Schillerpark mit seinen in Grünflächen eingebetteten Siedlungsbauten der 1920er und 1930er Jahre.

Die **Gerichtshöfe** zwischen Gerichtstraße und Wiesenstraße sind eines der wenigen fast unverändert erhalten gebliebenen Beispiele der Hinterhof-Mietskasernen. Früher waren in ihnen in erster Linie Fabriken untergebracht, heute werden sie von mehr als 60 Künstlern genutzt, die damit eines der größten Kunstquartiere Deutschlands bilden. Die Künstler öffnen Besuchern – und am liebsten solchen, die etwas kaufen – gerne ihre Ateliers, so zur ›Langen Nacht der Museen‹, zu Verkaufsvernissagen oder Kunstmessen.

Zur Zeit der Weimarer Republik war der Wedding fest in der Hand der KPD, was zu Auseinandersetzungen zwischen militanten Parteimitgliedern und der Polizei führte und im sogenannten ›Blutmai‹ von 1931 gipfelte. Diese Ereignisse führten dazu, dass der Bezirk den Namen ›Roter Wedding‹ bekam.

Seit den 1970er Jahren veränderte sich der traditionelle Arbeiterbezirk durch den Zuzug vieler Migranten, die heute rund ein Drittel der Bevölkerung ausmachen. Auch viele sozial Schwächere leben im Wedding. Noch ist der Wedding ein sehr ursprünglicher Bezirk, nicht zu vergleichen mit Prenzlauer Berg oder Mitte, denn In-Clubs und Szene-Kneipen sind Raritäten. Die Veränderung kommt

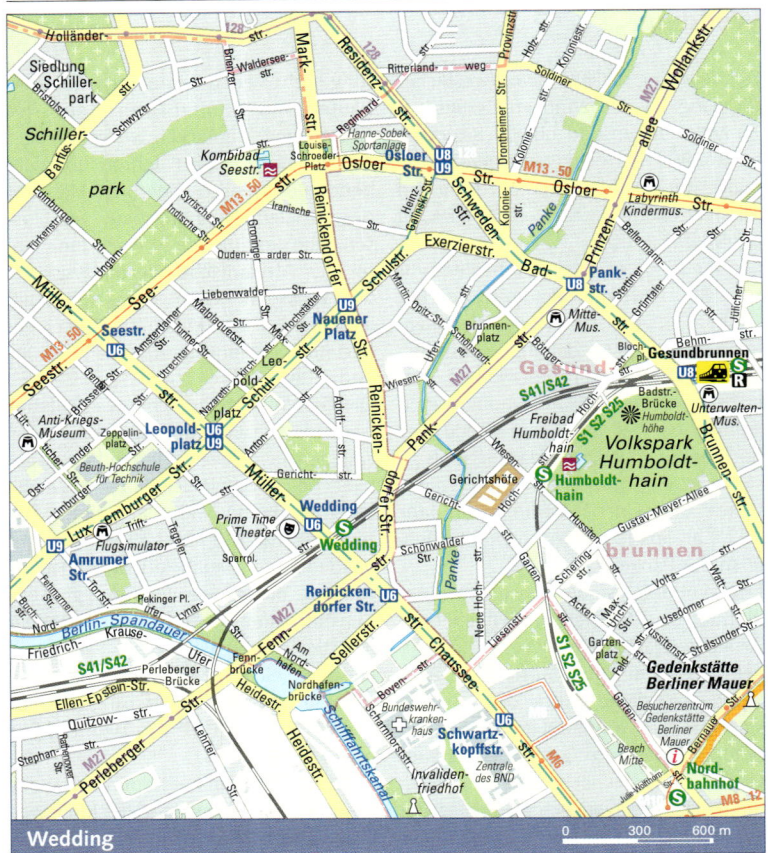

hier eher von innen und braucht deshalb länger, als wenn sie überwiegend durch Zugezogene initiiert wird. So ist der Wedding wegen seiner zentralen Lage und der guten Verkehrsverbindungen mehr ein Bezirk zum Leben als zum Ausgehen.

Wer wirklich tief in die Weddinger Kieze, deren Geschichte und Geschichten eintauchen möchte, sollte sich den geführten Touren von ›**Nächste Ausfahrt Wedding**‹ (→ S. 393) anschließen. Die Themenführungen reichen von afrikanischer Alltagskultur über die Kahlschlagsanierung im Brunnenviertel, den Soldiner Kiez, die Sport-Tour und die Bier-Tour bis zu einer Stadtsafari entlang der Panke.

## Gedenkstätte Berliner Mauer

Bewohner der Bernauer Straße hat der Mauerbau auf besondere Art getroffen. Die Häuser auf der von der Stadtmitte kommend rechten Straßenseite standen auf Ostberliner Gebiet, die Grenze zu Westberlin verlief entlang der Häuserfront. In den ersten Tagen und Wochen nach dem Mauerbau seilten sich Bewoh-

*Die Gedenkstätte Berliner Mauer an der Bernauer Straße*

ner aus den Fenstern der Grenzhäuser ab oder sprangen in die Sprungtücher der Westberliner Feuerwehr. Doch schon bald unterband die DDR diese dramatischen Aktionen, die Häuser wurden geräumt, den verbliebenen Bewohnern andere Wohnungen zugeteilt und Fenster und Türen zugemauert, um so weitere Fluchten in den Westteil der Stadt zu verhindern. Später wurden die Häuser dann abgerissen.

An diesem historischen Ort befindet sich noch heute ein Stück der Berliner Mauer, das einen guten Eindruck vom Aufbau der mehrere Dutzend Meter breiten Grenzanlagen gibt. Der Verlauf der sogenannten Vorderlandmauer, also jener Begrenzung, die man auf der Westseite sah, ist durch eine doppelte Reihe rostiger Eisenpfähle kenntlich gemacht. Hier befindet sich die Gedenkstätte Berliner Mauer, der zentrale Erinnerungsort der deutschen Teilung.

Den besten Überblick über die Anlage bietet der **Aussichtsturm** des auf der anderen Straßenseite gelegenen Dokumentationszentrums: Von oben sieht man die breite Schneise, die die Mauer einst in die Berliner Stadtlandschaft geschlagen hat. Auch einen **Originalwachturm** hat man in die Anlage integriert. Der stand allerdings vor der Wende nicht an dieser Stelle. Die Gedenkstättenbetreiber sollen ihn bei ebay ersteigert haben.

Die ovale Holzkonstruktion im Grenzstreifen ist die **Kapelle der Versöhnung**, die man nach dem Mauerfall an der Stelle der einstigen Versöhnungskirche errichtet hat. Die nämlich stand jahrzehntelang funktionslos mitten im

*Die Kapelle der Versöhnung*

Grenzstreifen und wurde erst in der Endzeit der DDR im Jahre 1985 gesprengt. Die Zerstörung der Kirche war der Schlusspunkt einer Reihe von Maßnahmen zur »Durchführung von baulichen Aufgaben für die Erhöhung von Sicherheit, Ordnung und Sauberkeit an der Staatsgrenze zu Berlin-West«.

Im **Besucherzentrum der Gedenkstätte** in der Nähe des S-Bahnhofs Nordbahnhof kann man sich über das Gelände informieren, sich einen Film über die Geschichte der Berliner Mauer anschauen, der auch das dramatische Geschehen jener Tage und die verzweifelten Fluchtversuche dokumentiert. Außerdem kann man in dem gut sortierten Buchladen stöbern.

Zum 25 Jahrestag des Mauerfalls wurde das **Dokumentationszentrum** der Gedenkstätte neu gestaltet und die neue multimediale Dauerausstellung ›1961/1989. Die Berliner Mauer‹ eröffnet. Auch sie widmet sich den Hintergründen von Mauerbau und Mauerfall.

Vervollständigt wird das Informationsangebot durch die Ausstellung **Grenz- und Geisterbahnhöfe im geteilten Berlin** im S-Bahnhof selbst.

## Gesundbrunnen

Der Kiez rund um die gleichnamige S-Bahn-Station verdankt seinen Namen einer in der ersten Hälfte des 18. Jahrhunderts entdeckten Mineralquelle. Um die Quelle entstanden Gartenanlagen, Häuser und Villen und schließlich unter Friedrich II. ein Heilbad. Die Quelle gibt es schon seit Ende des 19. Jahrhunderts nicht mehr, und Gesundbrunnen besitzt auch nichts mehr von einem Ausflugsort und Heilbad. Ein wenig an diese Zeit erinnern noch die prunkvollen Häuser in der Badstraße und die nach Entwürfen von Schinkel 1835 erbaute Paulskirche am U-Bahnhof Pankstraße (U8). Heute ist Gesundbrunnen ein multikultureller Stadtteil mit großen Gegensätzen.

### ■ Mitte-Museum

Das älteste Weddinger Schulgebäude in der Pankstraße beherbergt das regionalgeschichtliche Museum für Mitte, Tiergarten und Wedding. Die im Jahr 2007 eröffnete Dauerausstellung gibt Einblicke in die historische Entwicklung der Berliner Mitte sowie das Alltagsleben und die Industrialisierung im 19. Jahrhundert. Ein Klassenraum aus der Zeit

*Das Gesundbrunnencenter am gleichnamigen Bahnhof*

um 1900 zeigt anschaulich, wie das Schülerleben früher war. Ergänzt wird das Angebot durch eine Präsenzbibliothek, das regionalgeschichtliche Archiv sowie interkulturelle und museumspädagogische Projekte (→ S. 451). Seit April 2016 ist das Museum wegen umfangreicher Sanierungen für mindestens zwei Jahre geschlossen.

### ■ Volkspark Humboldthain

Direkt am Verkehrsknotenpunkt Bahnhof Gesundbrunnen liegt das moderne **Gesundbrunnencenter** mit mehr als 100 Geschäften. Von hier sind es nur wenige Schritte bis zum Humboldthain. Konzipiert vom ersten Städtischen Gartendirektor Berlins, Gustav Meyer, sollte der 1876 fertiggestellte Humboldthain vor allem der Bevölkerung des dicht besiedelten Wedding eine Möglichkeit zur stadtnahen Erholung bieten. Im Zweiten Weltkrieg wurden zwei Flakbunker im Park errichtet, nach Kriegsende praktisch alle Bäume gefällt und verheizt. Zwischen 1948 und 1951 entstand dann nach dem Entwurf des Weddinger Gartendirektors Rieck der neue Volkspark. Die Bunker wurden nicht gesprengt sondern unter Trümmerschutt begraben und begrünt. Der kleinere Berg im Süden des Parks dient heute im Winter als Rodelbahn, der größere bildet die 85 Meter hohe **Humboldthöhe**, von der man einen weiten Blick über den Norden Berlins genießt. Von diesem Bunker blieb die Nordwest-Seite erhalten und wird seit den späten 1980er Jahren vom Deutschen Alpenverein als Kletteranlage genutzt. Hier gibt es eine der größten **Betonkletterwände** Deutschlands, die allerdings trotz angebrachter Griffe und Haken nur etwas für Könner ist. Eine andere Möglichkeit, auch für weniger erfahrene Kletterer, sind die künstlichen Felsen und die Kletterhalle von **Magic Mountain** (→ S. 440), die man vom Aussichtspunkt sehen kann.

*Im Volkspark Humboldthain*

Neben den begrünten Trümmerbergen gibt es im Park weitläufige Spiel- und Liegewiesen, mehrere Spielplätze, einen Wassergarten, einen Rosengarten, ein Freibad und an der Wiesenstraße sogar einen **Weinberg**. Im Jahr 1987 bekamen die Weddinger von der Partnergemeinde Achkarren am Kaiserstuhl 99 Rebstöcke geschenkt. Seitdem werden jedes Jahr 300 bis 400 Kilogramm Trauben der Sorte ›Grauer Burgunder‹ geerntet, aus denen dann am Kaiserstuhl der ›Humboldthainer Hauptstadtsekt‹ gekeltert wird. Die Jahresproduktion von rund 200 Flaschen kommt nicht in den Handel, sie werden als offizielles Gastgeschenk oder verdienten Bürgern als Auszeichnung überreicht. Hin und wieder taucht aber auch eine Flasche bei eBay auf.

## Berliner Unterwelten

Die Pariser Katakomben sind legendär, doch auch Berlin hat einen ›Bauch‹, in den es sich lohnt hinabzusteigen. Es sind beileibe nicht nur S- und U-Bahnschächte, die unter dem Pflaster liegen, auch unzählige Kilometer Abwasserkanäle, vergessene Luftschutzbunker, unterirdische Gräber, Brauereikeller und sogar eine ganze Flugzeugfabrik wurden unter der Erde gebaut. Vieles ist zerstört und manches nicht öffentlich zugänglich, doch seit sich der Verein ›Berliner Unterwelten‹ um die verborgenen Seiten der Stadt kümmert, können auch Berliner und Touristen an unterirdischen Erkundungen teilnehmen.

Seit 1997 erforscht und dokumentiert der Verein ›Berliner Unterwelten‹ den Berliner Untergrund. Bevor der Verein sich an die Arbeit gemacht hat, gab es erstaunlich wenige zuverlässige Informationen über Berlins Unterwelten und touristische Angebote schon gar nicht. Die Dokumentation des Berliner Untergrunds ist aufwendig und noch lange nicht abgeschlossen, allein die Erschließung des Flakbunkers im Humboldthain erforderte Tausende Arbeitsstunden und ein Aufräumen von 1600 Kubikmetern Trümmerschutt.

Einen guten ersten Einblick bekommt man bei der Führung durch das vierstöckige **Unterwelten-Museum** des Vereins, das sich in der Vorhalle des U-Bahnhofs Gesundbrunnen in der Brunnenstraße 108 befindet.

### Dunkle Welten

Seit Jahren ein Klassiker ist die Tour ›Dunkle Welten‹, bei der ein Bunker aus dem Zweiten Weltkrieg und eine Zivilschutzanlage aus den 1970er Jahren besichtigt werden. Während der Führung bekommen Besucher die Geschichte der Stadt aus einer unbekannten Perspektive präsentiert. Gewappnet mit dickem Pullover und festem Schuhwerk, steigt man durch die Tür eines ehemaligen Kiosks hinab in Berlins schummrige Unterwelt und findet sich in einem engen ›Hängebunker‹ wieder – 140 Meter lang, 13 Meter breit, verdammt dunkel und so verschachtelt, dass man ohne fachkundige Führung wohl hoffnungslos verloren wäre. Da helfen auch die Leuchtstreifen an den Wänden, die allesamt noch aus der NS-Zeit stammen, nicht weiter.

Dass das Leben oder besser gesagt Überleben unter Tage nicht einfach ist, begreift man hier schnell. Dieser zivile Luftschutzbunker war im Zweiten Weltkrieg für 2000 Menschen konzipiert, die sich selbst organisieren sollten. 2000 Menschen – so dachte man – bilden einen repräsentativen Querschnitt durch die Gesellschaft, da wird sich doch ein Arzt, eine Krankenschwester oder ein Ingenieur unter ihnen finden, die sich im Notfall zu helfen wissen. Und wie sieht es mit der Luftversorgung aus? Da wird gekurbelt, an der Luftzufuhrpumpe, jeder 30 Minuten lang – ein Knochenjob. Und dann noch die Enge, denn 50 Menschen mussten sich einen Raum von 20 Quadratmetern teilen. Als die Luftangriffe sich häuften, mussten die Berliner mehrmals in der Nacht in den Luftschutzbunker flüchten.

### Auf den Spuren der U-Bahnlinie D

Viel von der Berliner Geschichte lässt sich im Untergrund ablesen, und auch der Kalte Krieg hat hier seine Spuren hinterlassen. Sogenannte Geisterbahnhöfe – stillgelegte, aber von Soldaten bewachte Bahnhöfe im Ostteil der Stadt, die die West-U-Bahnen ohne Zwischenstopp durchqueren mussten – dienten als Geschichtsspeicher. Denn 1990, nach der Wiedervereinigung und der Wiederentdeckung dieser U-Bahnhöfe, fand man noch Werbeplakate aus den 1960er Jahren, der Zeit des Mauerbaus. Auch wenn es die augenscheinlichen Geisterbahnhöfe heute nicht mehr gibt, wartet in den U-Bahnschächten so manche Überraschung. Die Tour ›Auf den Spuren der U-Bahnlinie D‹ thematisiert die zahlreichen unterirdischen Spionage- und Fluchtversuche und die Zeit, als es unter Berlin aus Sicherheitsgründen sogar ein getrenntes Abwassersystem gab.

### Vom Flakturm zum Trümmerberg

Dies ist ein ebenfalls spannender und auch etwas abenteuerlicher Rundgang durch die Ruine des Flakturmes im Volkspark Humboldthain. Um das Zentrum Berlins vor Luftangriffen zu schützen, entstanden zwischen 1940 und 1942 mehrere Flaktürme, zwei davon im Humboldthain. Mit einer Kantenlänge von 70 Metern und einer Höhe von gut 40 Metern waren es wahre Bunkermonster. Die meisten Betongiganten, die auch als Schutzbunker fungierten, wurden nach dem Krieg von den Alliierten gesprengt, nur im Humboldthain blieb eine Ruine erhalten. Der Verein hat einen Teil der unterirdischen Bunkeranlagen wieder begehbar gemacht und bietet seit 2004 eine Führung durch zwei der sieben Stockwerke des ehemaligen Flakbunkers an.

### Mauerdurchbrüche

Die Führung ›Mauerdurchbrüche‹ berichtet über unterirdische Fluchten von Berlin nach Berlin zu Zeiten der Berliner Mauer. Von 1961 bis 1985 wurden von Fluchtwilligen unter den Grenzanlagen insgesamt 70 Tunnel gegraben. Nicht alle Versuche waren erfolgreich, aber immerhin gelang mehr als 300 DDR-Bürgern die unterirdische Flucht in den Westen. Die Führung beginnt in den Ausstellungsräumen der Zivilschutzanlage Blochplatz und führt dann zur Bernauer Straße, wo die meisten Fluchttunnel gegraben wurden.

**Informationen**: Der Verein Berliner Unterwelten baut sein Programm laufend aus. Zusätzlich zu den oben genannten Angeboten gibt es noch folgende Führungen: ›Geschichtsspeicher Fichtebunker‹, ›Brauereien als Pioniere des Berliner Untergrundes‹, ›Operationsbunker Teichstraße‹ oder ›Über 120 Jahre Technikgeschichte im Al-ten Wasserwerk Friedrichshagen‹. Einige Unterwelten-Touren werden ganzjährig täglich, andere nur im Sommer an Wochenenden angeboten. Für aktuelle Informationen und viele Büchertipps lohnt ein Blick auf die Webseite des Vereins (www.berliner-unterwelten.de). Da die Teilnehmerzahl bei den Touren begrenzt und eine Reservierung nicht möglich ist, sollte man rechtzeitig am Ticketschalter in der Brunnenstraße 108, direkt neben dem U-Bahnhof Gesundbrunnen erscheinen.

*Spannende Reisen in den Untergrund*

## Soldiner Kiez

Im Soldiner Kiez um die gleichnamige Straße nördlich vom Gesundbrunnen leben rund 2000 Menschen aus 70 Nationen. Es ist eine der ärmsten Gegenden Berlins mit großen sozialen Problemen. Die Arbeitslosigkeit beträgt geschätzte 40 Prozent und liegt damit noch höher als der auch schon besorgniserregende Weddinger Durchschnitt. Viele Jahre machte der Kiez zudem Schlagzeilen wegen seiner berüchtigten Jugendbanden. Darf man als Berlinbesucher in solch einen Problemkiez? Durchaus, denn die Polizei hat die Jugendkriminalität mittlerweile ganz gut im Griff, und dank eines aktiven Quartiersmanagements gibt es in dem ›Gebiet mit besonderem Entwicklungsbedarf‹ durchaus Fortschritte.

Eines der erfolgreichsten Projekte ist die ›Kolonie Wedding‹, ein Zusammenschluss von Künstlern im Soldiner Kiez. Das Quartiersmanagement hat das Projekt 2001 angestoßen, um dem Problemkiez kulturelle Impulse zu geben. Das größte Berliner Wohnungsunternehmen degewo stellte preiswerte Räume zur Verfügung. Mittlerweile gibt es rund 30 verschiedene Galerien und Ateliers mit einem weiten und internationalen Angebot zeitgenössischer Kunst. Immer am letzten Freitag im Monat öffnen sich die Türen der Galerien für Besucher, die auf geführten Rundgängen diesen mittlerweile anerkannten Berliner Kunststandort kennenlernen können (www.koloniewedding.de).

## Zwischen Müllerstraße und Seestraße

Zwei der wichtigsten Weddinger Verkehrsachsen, die See- und die Müllerstraße, kreuzen sich rechtwinklig am U-Bahnhof Seestraße (U6). Während die Seestraße als Verlängerung der Stadtautobahn nur als Hauptverkehrsstraße dient, ist die Müllerstraße eine der wichtigsten Shoppingstraßen im Wedding. Mit der Tram auf der Seestraße und der U-Bahn unter der Müllerstraße erreicht man die folgenden recht weit auseinander liegenden Sehenswürdigkeiten relativ problemlos.

### ■ Prime Time Theater

Kult – und mittlerweile weit über die Bezirksgrenzen bekannt – ist das Prime Time Theater in der Müllerstraße, das immer wieder neue Episoden des Stücks ›Gutes Wedding Schlechtes Wedding‹ spielt. Hauptfigur und Star ist der Mitbegründer Oliver Tautorat, der die Kiezbewohner Murat, Mahmud oder Kalle grandios auf die Bühne bringt und so ganz nebenbei auch noch die Eintrittskarten verkauft.

Wer den Wedding kabarettistisch kompakt erleben möchte, muss allerdings die Karten rechtzeitig vorbestellen, denn die Vorstellungen sind fast immer ausverkauft (→ S. 424).

### ■ Siedlung Schillerpark

Errichtet in den 1920er Jahren, war die Siedlung am Schillerpark die erste Siedlung im Stil des Neuen Bauens und zählt seit 2008 zusammen mit fünf anderen Siedlungen der Berliner Moderne zum UNESCO-Welterbe. In der ruhigen Wohnanlage an der Bristolstraße dominieren roter Backstein, Pfeiler, Balkone, Loggien, große Fenster und klar gegliederte Gartenhöfe. Alles wirkt wie ein Wohnviertel in Holland, kein Wunder, denn der Stadtplaner und Architekt Bruno Taut hat sich an der Amsterdamer Schule orientiert. Architekturstudenten sind heute von der Anlage ebenso begeistert wie die Mieter, die eher sterben als hier wegzuziehen.

Von der Siedlung sind es nur wenige Schritte zum **Schillerpark**. Der rund

## Zwischen Müllerstraße und Seestraße

*Das Prime Time Theater*

30 Hektar große Park, der aus Anlass des 100. Todestages von Friedrich Schiller seinen Namen bekam, wird von der Barfusstraße in zwei etwa gleich große Hälften geteilt. Neben großen Rasenflächen gibt es Spielplätze, Planschbecken, eine dreistufige Kalksteinterrasse mit Rosengarten, einen Kastanienhain und – natürlich – ein Schiller-Denkmal.

### ■ Anti-Kriegs-Museum

Das Anti-Kriegs-Museum in der Brüsseler Straße wurde 1925 von dem Berliner Pazifisten Ernst Friedrich gegründet, 1933 von den Nationalsozialisten zerstört und 1982 von Tommy Spree, einem Enkel Friedrichs, neu eröffnet. Das Museum finanziert sich überwiegend durch Spenden und zeigt Fotos und andere Dokumente aus beiden Weltkriegen, Tagebücher und Briefe von Soldaten sowie Kriegsspielzeug aus früherer Zeit. Auch über aktuelle Krisenherde sowie biologische und chemische Kampfstoffe wird informiert.

Beklemmend, aber auch besonders beeindruckend in seiner Authentizität ist der Luftschutzkeller aus dem Zweiten Weltkrieg (→ S. 451).

### ■ Volkspark Rehberge

Der Volkspark Rehberge liegt östlich des Flughafens Tegel. Im Südosten schließt sich – nur getrennt durch die Transvalstraße – der Goethepark an. Jenseits des Dohnagestells liegt der Plötzensee.

In den 1920er Jahren im Zuge der Volksparkbewegung, nach Plänen des damaligen Stadtgartendirektors Erwin Barth, entstanden, bilden die Rehberge noch heute eines der wichtigsten und größten Naherholungsgebiete für die Weddinger. Der Park ist äußerst vielfältig, mit weitläufigen Sport- und Spielanlagen, Wiesen und bewaldeten Arealen. Eingebettet in den Höhenzug der ehemaligen Dünen liegt mitten im Park ein Sportstadion. Über den Höhenzug führt eine Allee zum Rathenaubrunnen. Außerdem gibt es eine Rodelbahn, Tiergehege, eine Kette kleiner Seen sowie eine Freilichtbühne, die hauptsächlich als stimmungsvolles Freilichtkino genutzt wird.

### ■ Gedenkstätte Plötzensee

Schon die Anfahrt zur Gedenkstätte Plötzensee ist wegen der Nähe zur Strafvollzugsanstalt und deren meterhoher Mauer bedrückend. In der Gedenkstätte wird an die fast 3000 Opfer des Nationalsozialismus erinnert, die hier zwischen 1933 und 1945 nach Unrechtsurteilen hingerichtet wurden, zum Teil wegen geringfügiger Delikte.

Der Raum, in dem viele der Exekutionen stattfanden, dient heute dem Gedenken. Im Nebenraum dokumentieren Fotos, Briefe, Biografien und Urteilsbegründungen des NS-Volksgerichtshofes das Schicksal der Ermordeten und die Praxis der NS-Justiz (→ S. 448).

Nicht weit entfernt, am anderen Ufer des Hohenzollernkanals, befindet sich ein heiterer Ort, ein Freibad am Ufer des Plötzensees mit breitem Sandstrand.

Guten Morgen Berlin...
Ich bin kaputt und reib mir aus meinen Augen deinen Staub,
du bist nicht schön und das weißt du auch,
dein Panorama versaut,
siehst nicht mal schön von weitem aus,
doch die Sonne geht gerade auf,
und ich weiß, ob ich will oder nicht,
dass ich dich zum Atmen brauch

*Peter Fox, Schwarz zu Blau, 2008*

*Oberbaumbrücke und umgebaute Speicher am ehemaligen Osthafen*

# FRIEDRICHSHAIN, KREUZBERG, NEUKÖLLN

# Friedrichshain

Friedrichshain ist heute einer der gefragtesten Bezirke Berlins. In seinen Kneipen fühlt sich vor allem das junge Publikum wohl. Auch die Nähe zur Spree lockt. Doch schon lange haben auch die Immobilienspekulanten den Kiez entdeckt, denn das pulsierende Leben heizt die Nachfrage nach Wohnungen an. Entsprechend angezogen sind in den vergangenen Jahren die Miet- und Kaufpreise für Wohnungen.

Noch gibt es aber nur ein paar Meter abseits der besonders nachgefragten Adressen ausreichend günstigen Wohnraum. Auch deswegen ist Friedrichshain immer noch das Viertel der jungen Leute und Studenten. Doch schon wird vor den Gefahren der Gentrifizierung gewarnt. Auch in Friedrichshain fürchtet man, dass die Popularität des Kiezes gleichzeitig auch den Verlust seiner Identität zur Folge haben könnte.

Noch zu Beginn des 20. Jahrhunderts verlief die Berliner Stadtgrenze mitten durch den Bezirk. Etwa auf Höhe der heutigen U-Bahnstation Weberwiese war die Stadt zu Ende. Später, in den 20er und 30er Jahren, zogen immer mehr Menschen nach Berlin, um dort Arbeit zu finden. In dieser Zeit erlebte auch Friedrichshain einen enormen Bevölkerungszuwachs. Damals lebten hier nahezu ausschließlich Arbeiter, und so wurde der Kiez eine Hochburg der politischen Linken. Deswegen kam es auch immer wieder zu Straßenschlachten mit den Schlägertrupps der SA. In Folge der ständigen Streitigkeiten wurde im Februar 1930 auch der SA-Sturmführer Horst Wessel in Friedrichshain getötet. Die Nazis stilisierten Wessel zum Märtyrer hoch: Bereits kurz nach seinem Tod wurde das sogenannte Horst-Wessel-Lied zur offiziellen Parteihymne der NSDAP. Während der Nazi-Herrschaft benutzte man das Lied, zu dem Wessel selbst den geschmacklosen Text geschrieben hatte, als eine Art inoffizielle Nationalhymne, die stets nach dem Deutschlandlied intoniert wurde. Die Nazis nahmen Wessels Tod zum Anlass für blutige Übergriffe auf politisch Andersdenkende. Als sie 1933 die Herrschaft übernahmen, benannten sie Friedrichshain in Horst-Wessel-Stadt um.

Im Zweiten Weltkrieg wurde Friedrichshain schwer zerstört. Zu DDR-Zeiten fehlten Geld und politischer Wille, die Bausubstanz instand zu halten. Trotzdem war der Bezirk von großer wirtschaftlicher Bedeutung: Hier produzierten die Glühlampenwerke NARVA, die etwa 5000 Arbeiter beschäftigten.

Unmittelbar nach der Wende entdeckten und eroberten autonome Hausbesetzer Friedrichshain für sich. Viele unsanierte und leerstehende Altbauten wurden besetzt. Bald schon meldeten aber die ›Alteigentümer‹ ihre Rechte an. Und wenn die Besetzer nicht freiwillig abzogen, rückte die Polizei an. Legendär ist die Räumung der Mainzer Straße, wo sich 1990 mehrere tausend Polizisten

*Die Spree trennt die Bezirke Kreuzberg und Friedrichshain*

*An der East Side Gallery*

ausgerüstet mit Wasserwerfern und Räumpanzern eine regelrechte Straßenschlacht mit den Besetzern lieferten. Als unmittelbare Folge des von vielen als völlig überzogen bezeichneten Polizeieinsatzes traten damals die Senatorinnen der Alternativen Liste – die zusammen mit der SPD die Stadtregierung gebildet hatte – zurück: Die rot-grüne Regierung unter Führung von Walter Momper zerbrach.

Einige der ehemaligen Hausbesetzer bekamen aber auch normale Mietverträge in ›ihren‹ Häusern. Und in ihrem Sog zogen viele junge Leute – Künstler, Studenten und Alternative – nach Friedrichshain. Bars, Restaurants, Kinos und eine ganze Reihe sozialer Einrichtungen entstanden. Friedrichshain wurde zum ›Szene-Stadtteil‹, der Besucher aus der ganzen Welt anlockt.

Ein ›Besetzerhaus‹ gibt es allerdings auch noch heute in Friedrichshain. In der ›Rigaer 94‹ kämpfen Autonome für ihre eigene ›nicht-kapitalistische‹ Welt. Die Berliner Obrigkeit sieht das nicht gern und schickt regelmäßig Hundertschaften der Polizei vorbei.

Der folgende Rundgang durch Friedrichshain führt vom Volkspark Friedrichshain über die Karl-Marx-Allee und den Ausgehbezirk um die Simon-Dach-Straße bis zu den von Künstlern bemalten Mauerresten der East Side Gallery. Wer ihn zu Fuß zurücklegt, braucht viel Zeit und eine gute Kondition. Da der Volkspark Friedrichshain etwas abseits der übrigen Sehenswürdigkeiten liegt, kann man den Spaziergang – vorausgesetzt, man will den Park nicht besuchen – auch erst am Frankfurter Tor beginnen.

## Volkspark Friedrichshain

Zunächst einmal eine kleine Einführung in die besondere ›Berliner Grammatik‹: Spricht man vom Bezirk Friedrichshain, verwendet man nie einen Artikel. Ist aber von ›dem Friedrichshain‹ die Rede, meint man immer den Volkspark Friedrichshain.

Der Friedrichshain ist der älteste kommunale Park Berlins. Aus Anlass des 100-jährigen Thronjubiläums von Friedrich dem Großen gab die Berliner Stadtverordnetenversammlung 1840 den Auftrag zum Bau eines Erholungsparks. Da weder Staat noch Kirche an der Anlage des Parks beteiligt waren, durften hier die getöteten Barrikadenkämpfer der bürgerlichen Märzrevolution von 1848 bestattet werden. Auf dem **Friedhof der Märzgefallen** existieren noch 18 Grabplatten und einige wenige Kreuze. Als öffentlicher Friedhofspark ist er Teil des Volksparks.

Der **Märchenbrunnen** am westlichen Parkrand, der heute das Markenzeichen des Park ist, wurde 1913 nach Plänen des damaligen Stadtbaurats Ludwig Hoffmann im neubarocken Stil fertig gestellt. Er zeigt Figuren aus den Märchen der Gebrüder Grimm. Nach Entwürfen Hoffmanns wurden in Berlin unter anderem auch das Märkische Mu-

seum und das Stadtbad in der Oderberger Straße im Prenzlauer Berg erbaut.
Im Zweiten Weltkrieg erbauten die Nazis 1941 riesige Flaktürme im Park und machten ihn so zu einem bevorzugten Angriffsziel alliierter Flieger. Nach Kriegsende war fast der gesamte Baumbestand vernichtet. Die wenigen Bäume, die noch standen, wurden von den frierenden Menschen im Winter 1946 gefällt und verheizt.
1946 sprengte man die Reste der beiden Flakbunker und häufte sie zusammen mit dem Kriegsschutt des Bezirks zu riesigen Trümmerbergen auf. Der Schutt wurde mit Erde abgedeckt und die beiden so entstandenen Hügel bepflanzt. Der größere der beiden, dem die schnoddrigen Berliner schnell den Spitznamen **Mont Klamott** verpassten, ist mit 78 Metern die höchste Erhebung in Friedrichshain.
Die **Freilichtbühne**, in der an allen unverregneten Sommerabenden Filme gezeigt werden, erbaute man im Jahr 1950. Sie liegt nur wenige Schritte vom **Krankenhaus Friedrichshain** entfernt. Dieses wurde zwischen 1868 und 1874 nach Plänen von Martin Gropius – dem Großonkel des Bauhausgründers Walter Gropius – und Heino Schmieden erbaut. Heute ist der Volkspark Friedrichshain ein beliebtes Ausflugsziel für die Berliner, die in den Bezirken Prenzlauer Berg und Friedrichshain leben. Er bietet viel Platz zum Joggen, Fußball spielen und Frisbee werfen. Oder man packt seinen Picknickkorb aus oder rollt sein Handtuch zum Sonnenbaden aus. Gemütlich Kaffee trinken und Kuchen essen kann man im **Café Schönbrunn** am Westrand des Parks. Das Café befindet sich in einem unscheinbaren Zweckbau aus der DDR-Zeit. Das aber hat ihm nicht geschadet. Im Gegenteil: Das ›Schönbrunn‹ ist heute besonders an Sommerwochenenden, wenn man draußen sitzen kann, gut besucht.

■ **Denkmäler im Volkspark Friedrichshain**
Die **Gedenkstätte der 3000 Interbrigadisten**, die im Spanischen Bürgerkrieg kämpften, wurde 1968 errichtet. Die sechs Meter hohe Bronzefigur zeigt einen Spanienkämpfer. Sie stammt von dem bekannten DDR-Bildhauer Fritz Cremer. Er war in den 70er Jahren auch Vizepräsident der Akademie der Künste. 1972 wurde eine 15 Meter hohe **Stele** in dem Park aufgestellt. Sie erinnert an den gemeinsamen Kampf polnischer Soldaten und deutscher Antifaschisten im Zweiten Weltkrieg. Und 1989 kam die **Weltfriedensglocke** der japanischen ›World Peace Bell Association‹ hinzu. An jedem 6. August – dem Jahrestag des Atombombenabwurfs auf Hiroshima – findet an der Berliner Weltfriedensglocke eine Gedenkveranstaltung statt.
Als der Park 1997 einer Generalüberholung unterzogen wurde, entdeckte man in einem Lagerschuppen ein lange verloren geglaubtes **Denkmal von Friedrich dem Großen**. Es hatte von 1848 bis 1952 im Park gestanden, war dann aber auf Befehl der DDR Regierung entfernt worden. Nach seiner Wiederentdeckung wurde das Denkmal rekonstruiert – und seit dem Jahr 2000 steht es wieder im Park.

## Karl-Marx-Allee

Das Frankfurter Tor war früher die Stadtgrenze. Allerdings stand es nicht an dem Platz, den man heute als Frankfurter Tor bezeichnet, sondern auf Höhe der U-Bahnhaltestelle Weberwiese – ungefähr dort, wo die Palisadenstraße auf die Karl-Marx-Allee zuläuft. Der Name Palisadenstraße rührt im übrigen daher, dass die erste Stadtmauer im Jahr 1716

*Blick vom Frankfurter Tor auf die westliche Karl-Marx-Allee*

aus Palisaden errichtet wurde. Am heutigen Frankfurter Tor flankieren zwei nach Entwürfen von DDR-Stararchitekt Hermann Henselmann erbaute Turmhochhäuser die Straße. Ihre Kuppeln wurden denen am Gendarmenmarkt nachempfunden. Das Frankfurter Tor ist der Anfangs- bzw. Endpunkt der Karl-Marx-Allee. Die fast zwei Kilometer lange und 90 Meter breite Straße, durch die die DDR-Führung ihre Aufmärsche dirigierte, wird von Wohnblöcken aus den 1950er Jahren im ›Zuckerbäckerstil‹ des **Sozialistischen Klassizismus** gesäumt. Charakteristisch für den Baustil sind die vielen Türmchen, Säulen und Verzierungen an den palastartigen Gebäuden. Die neungeschossigen ›Arbeiterpaläste‹ waren für die damaligen Verhältnisse äußerst luxuriös. Sie sollten die Überlegenheit des Sozialismus dokumentieren. Gebaut wurden sie zum Teil von Freiwilligen. Für 300 Arbeitsstunden bekam man ein Los der Aufbaulotterie, mit dem man das Wohnrecht für eine von etwa 1000 Wohnungen in der damaligen Stalinallee gewinnen konnte. Am 21. Dezember 1949 war die Straße anlässlich Stalins 70. Geburtstag nach dem sowjetischen Diktator benannt worden. Im November 1961 schraubte man die Straßenschilder wieder ab – Stalins Politik wurde nach dessen Tod auch im Osten kritisch beurteilt. Im Zuge der Entstalinisierung wurde die Straße in Karl-Marx-Allee umbenannt.

Einen Platz in der deutschen Geschichte eroberte sich die Straße am 17. Juni 1953. Damals weitete sich der Protest der Bauarbeiter in der Stalinallee gegen die Erhöhung der Arbeitsnormen zu einem Aufstand aus, der letztlich durch sowjetische Panzer niedergeschlagen wurde. Und auch die ersten Proteste der Bürgerrechtsbewegung Ende der 1980er Jahre nahmen hier ihren Anfang.

■ **Kino International**
Nach der Wende hat die Karl-Marx-Allee ein wenig den Anschluss verpasst. Sie verbreitet immer noch einen Hauch von DDR. Zu breit und zu ungemütlich ist der einstige Prachtboulevard, als dass sich hier kleine Restaurants oder Boutiquen auf Dauer etablieren könnten. Ausnahmen gibt es allerdings: Allen voran das Kino International, das zwar seinen DDR-Charme in die neue Zeit hinübergerettet hat, aber trotzdem kreativ mit neuen Ideen arbeitet. Jeden Montag wird beim sogenannten Mongay-Kino speziell das schwul-lesbische Publikum angesprochen.

Das Kino International wurde Anfang der 1960er Jahre im Rahmen des zweiten Bauabschnitts der Karl-Marx-Allee erbaut. Damals hatte man aus finanziellen Gründen aufgehört im wuchtigen Zuckerbäckerstil des sozialistischen Klassizismus zu bauen. Das International wurde als dreigeschossiger Stahlskelettbetonbau errichtet – in der gleichen Bauphase entstanden in der Karl-Marx-Allee weitere Bauten ähnlicher Art und eine Reihe Wohnhäuser im Plattenbaustil. Der knapp 600 Besucher fassende Kinosaal entsprach damals dem neuesten Stand der Technik. Die darin gebotene Tonqualität konnte und kann es mit der eines Tonstudios aufnehmen. Bemerkenswert: Die Filmprojektoren stammen immer noch aus DDR-Produktion.

Das Kino International diente bis 1989 als Premierenkino der DDR. Für die Partei- und Staatsführung wurde die achte Reihe, aus der man angeblich die beste Sicht hat, mit besonders großer Beinfreiheit ausgestattet. Wer dort sitzt, kann sich aber trotzdem nicht damit brüsten, auf Honeckers Platz gesessen zu haben. Nach der Wende wurde das Kino nämlich renoviert und dabei wurde auch die

*Eines der schönsten Kinos der Stadt: das International an der Karl-Marx-Allee*

Bestuhlung ausgewechselt. Auch heute werden im International noch zahlreichen Premieren gefeiert, und im Rahmen der Berlinale sind hier Cineasten aus aller Welt zu Gast (→ S. 427).

### ■ Café Sibylle

Interessant ist auch das Café Sibylle in der Karl-Marx-Allee 72. Es ist Veranstaltungsort und Kaffeehaus in einem und zeigt zudem eine sehenswerte **Dauerausstellung** über die Geschichte der Karl-Marx- bzw. Stalinallee. ›Die Sybille‹ gibt es schon so lange wie die Allee – allerdings hieß sie in den Anfangszeiten noch ›Milchtrinkhalle‹. Der alte DDR-Stil hat den Lauf der Jahre und alle Renovierungen überdauert: Teile der originalen Wandbemalung sind ebenso erhalten wie die denkmalgeschützte Stuckdecke entlang der Fensterfront.

In dem Café kann man auch **Führungen durch die Straße** buchen und von der Dachterrasse einen Blick über die Karl-Marx-Allee werfen. Dazu muss man sich allerdings telefonisch anmelden (Tel. 29352203, Herr Schneider). Ab drei Personen wird die Terrasse aufgesperrt, die Kosten liegen bei drei Euro pro Person. Der Service im Café ist aufmerksam und zuvorkommend. Wenn aber einmal etwas nicht ganz perfekt klappt, muss man wissen, dass hier psychisch kranke Menschen unter Anleitung wieder ins Berufsleben eingegliedert werden.

### ■ Computerspielemuseum

Auf eine Zeitreise zurück in die Jahre in denen Tetris der Renner unter den PC-Spielen war und als man stolz auf seinen Atari war geht man im Computerspielemuseum in der Karl-Marx-Allee 93a (www.computerspielemuseum.de).

### ■ Stasi-Museum

Die östliche Verlängerung der Karl-Marx-Allee ist die Frankfurter Allee. Kurz hinter der Bezirksgrenze zu Lichtenberg liegt die ehemalige Zentrale der Staatssicherheit der DDR. Mit dem Sturm auf diese Einrichtung am 15. Januar begann die Aufarbeitung des Überwachungsstaates DDR. Das Gebäude beherbergt heute nicht nur die Forschungs- und Gedenkstätte Normannenstraße, sondern auch ein Museum. Zu sehen sind zum Beispiel die originalen Amtsräume von Erich Mielke (Ruschestraße 103, Haus 1, 10365 Berlin, www.stasimuseum.de)

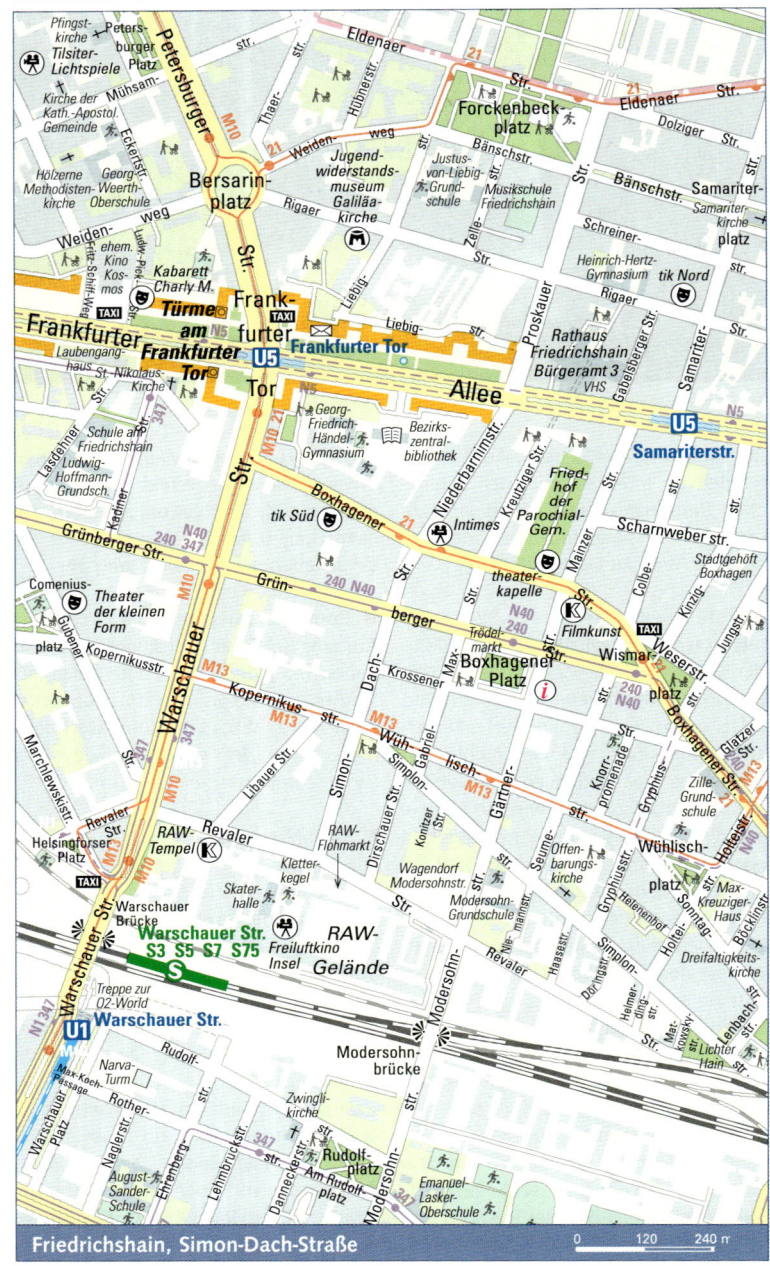

## Simon-Dach-Straße

In Friedrichshain gehen vor allem junge Leute aus. In der Gegend um die Simon-Dach-Straße reiht sich eine Kneipe an die andere. Im Sommer sind besonders die Tische im Freien gefragt – was in den vergangenen Jahren immer wieder zu Konflikten zwischen Anwohnern und Kneipenbesuchern bzw. -besitzern geführt hat. Anfänglich wollte der Bezirk den Streit durch die eher kuriose Vorschrift beilegen, nach der nach 20 Uhr nur noch sechs Personen draußen bedient werden dürfen. Nach viel Hin und Her hat man sich jetzt darauf geeinigt, dass wochentags bis 22 Uhr und am Wochenende bis 23 Uhr draußen serviert werden darf.

Wer den marodierenden Pub-Crawls und Junggesellenabschieden lieber ausweichen will, verzieht sich in die Kneipen der Nebenstraßen. Oder er probiert es mit dem **Himmelreich** in der Simon-Dach-Straße 36 und **Paules Metal Eck** an der Ecke Krossener Straße/Simon-Dach-Straße: Die beiden Kneipen sind Friedrichshainer Institutionen, könnten aber gegensätzlicher nicht sein. Das eine ist eine Schwulen- und Lesbenkneipe, in der aber Heteros wohlwollend geduldet werden. Am Wochenende serviert man dort ausgezeichnete Kuchen. In der anderen Kneipe wird laute Heavy-Metal-Musik gespielt, preisgünstiges Bier serviert und meist die Nacht durchgefeiert. Einen Wermutstropfen gibt es allerdings für Nichtraucher: Richtig harte Heavy Metaller greifen natürlich zum Glimmstengel. Deswegen herrscht bei ›Paule‹ mitunter dicke Luft.

## Boxhagener Platz

Auf dem Flohmarkt am Boxhagener Platz (So 10–18 Uhr, Wochenmarkt Sa 8–14.30 Uhr) sind relativ wenige Profihändler unterwegs, und dem jungen Publikum ist der Plausch mit den Freunden aus der Nachbar-WG mindestens ebenso wichtig wie die Schnäppchenjagd. Man findet auch Stände mit Ökoprodukten frisch vom Bauern.

Ein Auftritt auf dem Flohmarkt in Friedrichshain kann sogar der Startpunkt einer Karriere sein. Die ›Ohrbooten‹ haben's erlebt. Früher spielten die Berliner Rapper hier jeden Samstag für die Flohmarktbesucher, heute haben sie einen Plattenvertrag in der Tasche.

Auch zu Filmruhm hat es der Boxhagener Platz schon gebracht. Der Regisseur Matti Geschonneck drehte nach einer Romanvorlage von Torsten Schulz einen Film mit eben diesem Titel, der 2010 in die Kinos kam; Gudrun Ritter, Michael Gwisdeck, Jürgen Vogel und Meret Becker übernahmen die Hauptrollen. Weil der Film zu DDR-Zeiten spielt, konnte nicht am Originalschauplatz gedreht werden, sondern man musste in die Studios in Babelsberg ausweichen. Der Boxhagener Platz hatte sich nach der Wende nämlich so sehr verändert, dass er sich nicht länger als Filmkulisse für einen Film eignete, der vor der Wende spielt.

## Rund um die Oberbaumbrücke

Für viele Berliner ist die Oberbaumbrücke die schönste Brücke ihrer Stadt. Sie wurde 1896 anlässlich der Gewerbeausstellung im Treptower Park im Stil der märkischen Backsteingotik erbaut und ist heute das Wahrzeichen des Bezirks Friedrichshain-Kreuzberg. 1945 sprengten Hitlers Truppen die Brücke, beschädigten sie dabei schwer, brachten sie aber nicht zum Einsturz. Bis 1955 fuhren noch Fahrzeuge über die Brücke, danach war sie, bis zum Mauerbau am 13. August 1962, nur noch für Fußgänger passierbar. Ab 1972 konnten West-

*Guter Aussichtspunkt: die nach der Wende renovierte und umgebaute Oberbaumbrücke*

berliner die Grenzbrücke im Rahmen des Viermächteabkommens wieder zu Fuß die Grenze überqueren. Nach der Wende wurde die Brücke renoviert und nach Entwürfen des spanischen Architekten Santiago Calatrava erweitert. Er entwarf eine Stahlkonstruktion, über die nun auch die U-Bahn wieder verkehrt (U1). Ein Spaziergang über die Brücke lohnt sich, denn die Aussicht auf die Spree und ihre Ufer ist in beide Richtungen fantastisch. Blickfang in Richtung Südosten sind die Treptowers und die Skulptur ›Molecule Man‹ (→ S. 354).

Seit 1998 fliegen einmal im Jahr auf der Oberbaumbrücke alte Tomaten, faules Obst und Gemüse. Immer im Sommer treten sie gegeneinander an: ›Die Wasser-Armee-Friedrichshain‹, verbündet mit den ›Total Krassen Kreuzberg-Gegnern‹ und der ›Friedrichshainer Feministischen Frauen-Front‹ auf der einen und die ›Kreuzberger Landwehr‹ auf der anderen Seite. Dann ist wieder Zeit für die große Gemüseschlacht um die Vorherrschaft in diesem Teil Berlins. Die Friedrichshainer wollen Unterfriedrichshain – wie sie Kreuzberg nennen – zurückerobern. Die Kreuzberger starten im Gegenzug ihren Angriff auf das abtrünnige Friedrichshain, das eigentlich nichts anderes als Ostkreuzberg ist. Natürlich ist alles nur ein großer Spaß. Die schlimmsten Waffen, die eingesetzt werden, sind Mehlbeutel, Wasserschleudern und Eierkatapulte. Momentan herrscht aber Waffenstillstand zwischen Friedrichshain und Kreuzberg – weil man keine Sponsoren findet, die die Reinigung nach der Gemüseschlacht zahlen, ruhen seit 2013 die Waffen. Links und rechts der Brücke hofft man aber auf ein Wiederaufflammen der Kämpfe.

An zwei Sonntagen im Sommer (meist Anfang Juni sowie Anfang Juli) findet auf der dann für den Verkehr gesperrten Oberbaumbrücke die **Open Air Gallery** statt: Künstler stellen ihre Werke aus, und Kunstfans haben die Möglichkeit, ihre Sammlung zu erweitern (www.openairgallery.de).

■ **East Side Gallery**
Die East Side Gallery ist ein 1,3 Kilometer langes Stück der Hinterlandmauer der DDR, das 1990 – also im Jahr nach dem Mauerfall – von 118 Künstlern aus 21 Ländern bemalt wurde. In ihren Motiven kommentierten die Künstler zumeist die politische Entwicklung der DDR und stellten oft auf humorvolle

Weise den Wendeprozess dar. Weltbekannt wurde das Bild, das Honecker und Breschnew beim sozialistischen Bruderkuss zeigt. In Berlin preist man die East Gallery als längste Open-Air-Galerie der Welt an. Ein weiterer Superlativ der East Side Gallery ist, dass sie das erste gesamtdeutsche Kunstprojekt war. Denn die Künstler malten im offiziellen Auftrag der ersten und einzigen frei gewählten DDR-Regierung.

Am 28. September 1990 wurde die East Side Gallery eröffnet – und bereits 1991 unter Denkmalschutz gestellt. Gegen Wind und Wetter, Mauerspechte und zerstörungswütige Graffitisprayer half aber auch das nichts. In den Jahren 2000 und 2008 musste die Mauer deswegen saniert werden. Dabei kam es zu teilweise heftigen Kontroversen zwischen den Künstlern und dem Berliner Senat. Gründe dafür gab es mehrere. Einmal schien den Künstlern das Honorar in Höhe von 3000 Euro, das sie für die Arbeit bekommen sollten, als zu niedrig. Dann beklagten sie Copyrightverletzungen, die dazu geführt hatten, dass Postkartenproduzenten mit Fotos der Mauerkunst ein Vermögen machten, die Künstler aber leer ausgingen. Deswegen blieben nach 2008 einige Stellen an der Mauer frei.

2013 kam es erneut zu Auseinandersetzungen um die Mauer, als wegen eines umstrittenen Bauprojektes eines nicht minder umstrittenen Investors einige Mauerstücke entfernt wurden.

### ■ Die Mercedes-Benz Arena (ehemals O2-World)

Je nach Art der Bestuhlung fasst die Mercedes-Benz-Arena bis zu 17 000 Zuschauer. Damit ist sie die bei weitem größte Halle Berlins. Erbaut wurde sie zwischen 2006 und 2008, und heute ist sie die Heimspielhalle der Basketballer von Alba Berlin und des Eishockeyteams von Eisbären Berlin. Die ursprünglichen Investoren der amerikanischen Anschutz-Gruppe hatten mit dem Großprojekt ein enormes Druckpotential. Deswegen forderten sie von der Stadt erfolgreich die Erlaubnis für den Abriss eines 45 Meter langen Stücks der denkmalgeschützten East Side Gallery – ein Abriss, der von massiven Protesten begleitet war. Damit wurde ein Zugang von der Halle zur Spree möglich und eine Sichtachse auf den Hallenbau geöffnet. Durch den Mauerdurchbruch ist jetzt eine sterile und langweilige Parkanlage entlang der Spree zugänglich.

### ■ Strandbars an der Spree

Im Umkreis der Mercedes-Benz-Arena lagen lange einige der schönsten und beliebtesten Strandbars der Stadt. Direkt an der Spree wurde hier im Sommer gefeiert und gechillt. Allerdings hatten Immobilieninvestoren die teuren Grundstücke entlang der Spree schon lange im Visier. Unter dem Label ›Mediaspree‹ werden die zahlreichen Freiflächen und pittoresken Industrieruinen nach und nach einer neuen, kommerziellen Nutzung zugeführt. Der Protest gegen den Ausverkauf des öffentlichen Raums, der hier nach Meinung der Kritiker stattfindet, wird von einer Bürgerinitiative unter dem Titel ›Mediaspree versenken‹ koordiniert (www.ms-versenken.org).

Ein Klassiker ist immer noch der **Yaam-Club** direkt am Ostbahnhof, in dem hauptsächlich Reggae gespielt wird (→ S. 419). Auch er musste vor einiger Zeit einem Neubau weichen und hat jetzt ein kleineres Areal an der Schillingbrücke zur Verfügung. Andere Bars und Kulturprojekte haben weiter nördlich entlang der Holzmarktstraße in der **Holzmarkt Pampa** eine neue Bleibe gefunden, darunter der **Kater Blau**, ehemals bekannt als Kater Holzig (www.holzmarkt.com).

# Kreuzberg

Fast jeder, der nach Berlin kommt, hat schon mal von Kreuzberg gehört. Als Zentrum der Alternativbewegung, der Hausbesetzerszene und der Krawalle am 1. Mai. Eine gewisse Neugierde entfachte auch das Lied ›Kreuzberger Nächte‹ der Gebrüder Blattschuss, das 1978 lange in den Charts war.

Den größten Anteil an der überregionalen Bekanntheit dieses Stücks Berlin hatte der von drei Seiten von der Mauer umschlossene Kreuzberger Südosten – benannt nach der ehemaligen Postleitzahl – SO 36. Der größere Teil des Bezirks – Kreuzberg 61 – südlich des Landwehrkanals, war damals eher ruhig und schon fast gutbürgerlich. Zu Mauerzeiten war Kreuzberg noch ein eigener Bezirk in Randlage, nach der Wiedervereinigung und der Bezirksreform von 2001 liegt der neue Bezirk Friedrichshain-Kreuzberg nun mitten in Berlin. Die ersten Jahre nach der Wende stürzte sich die Szene auf Prenzlauer Berg und dann auf Friedrichshain; Kreuzberg bekam erstaunlich wenig Aufmerksamkeit. Mittlerweile hat sich das aber geändert. Die Nächte sind immer noch lang, die Maikrawalle aber eher zahm, denn die meisten Kreuzberger gehen am 1. Mai lieber zum friedlichen Straßenfest ›MyFest‹.

## Rund um den Anhalter Bahnhof

Heute erinnert nur noch die Ruine des Portikus an den einst wichtigen Anhalter Bahnhof. Vor dem Zweiten Weltkrieg fuhren von den Gleisen in der 170 Meter langen Bahnsteighalle die Züge in Richtung Anhalt. Die Kriegsschäden hat man noch notdürftig repariert, den Kopfbahnhof dann jedoch 1952 endgültig stillgelegt und bald darauf auch das Bahnhofsgebäude abgerissen.

Vom unterirdischen S-Bahnhof sind es nur wenige Schritte zum **Tempodrom**, einem Betonbau in Zeltform, der seit 2001 einer der bekanntesten Berliner Veranstaltungsorte ist. Das ursprüngliche Tempodrom, 1980 von der Krankenschwester Irene Moessinger gegründet, war noch ein richtiges Zelt und stand auf der Westseite des Potsdamer Platzes in der Nähe der Mauer. Fünf Jahre später zog das Zelt in die Nähe der damaligen Kongresshalle, heute Haus der Kulturen der Welt, in den Tiergarten um. Doch nach der Wende war es dem neuen Bundeskanzleramt im Wege, die Veranstaltungen wurden als Sicherheitsrisiko eingestuft. Am neuen Standort, in der Nähe des Anhalter Bahnhofs, wurde zwar wieder ein vielfältiges Konzertprogramm geboten, doch finanziell ist der Veranstaltungsort wenig erfolgreich. Es begann schon mit einer deutlichen Überschreitung der geplanten Baukosten, es folgten Insolvenzverfahren, Prozesse sowie drohende Zwangsversteigerung.

Neben dem großen und kleinen Saal des Tempodrom gibt es noch das **Liquidrom**, dessen Hauptattraktion – neben Saunen und Dampfbädern – ein abgedunkeltes Solebecken unter einer Betonkuppel ist, bei leiser Musik der ideale Ort für entspannte Stunden (→ S. 441).

*Die Portalruine des Anhalter Bahnhofs*

# Rund um den Anhalter Bahnhof 287

*Weithin sichtbar: das Tempodrom*

Je nach Geschmack eher gruselig bis unappetitlich geht es im Luftschutzbunker aus dem Zweiten Weltkrieg in der nahen Schöneberger Straße 23a zu. Im Erdgeschoss des **Berliner Story Bunker-Gruselkabinetts** befindet sich eine Figurenausstellung, die mittelalterliche Operationen und Amputationen zeigt. Im Obergeschoss wird es im dunklen Labyrinth dann inmitten schauriger Gestalten, Gerüche und Geräusche so richtig unheimlich. Das Untergeschoss dient als Bunkermuseum und ist mit allerlei Originalgegenständen ausgestattet.

## Martin-Gropius-Bau

Zu Fuß einige Minuten nördlich vom Anhalter Bahnhof und damit auch ziemlich nahe dem Potsdamer Platz (→ S. 178), liegt der Martin-Gropius-Bau. Das

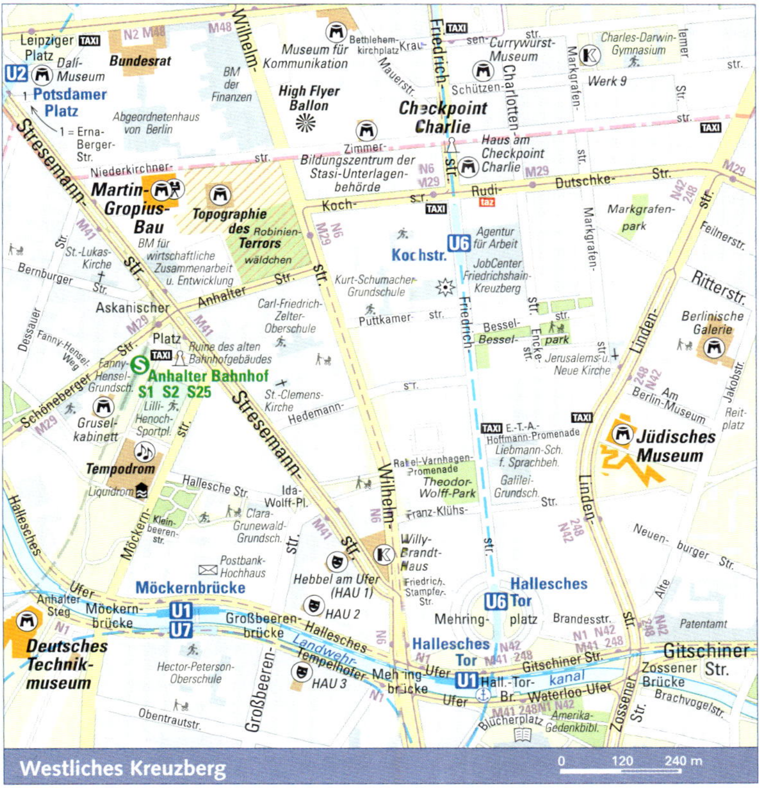

# Kreuzberg

*Der Martin-Gropius-Bau*

Haus im Stil der italienischen Renaissance wurde 1881 fertiggestellt und von den Architekten Martin Gropius und Heino Schmieden als Kunstgewerbemuseum konzipiert. Nach 1918 war es unter anderem Sitz des Museums für Vor- und Frühgeschichte.

Im Zweiten Weltkrieg zerstört, in den 1970er Jahren, um die Jahrtausendwende und im Jahr 2011 behutsam restauriert, zählt der Martin-Gropius-Bau heute zu den schönsten und wichtigsten Ausstellungsgebäuden Deutschlands. Hier finden immer wieder hochkarätige temporäre internationale Ausstellungen statt. Besonders eindrucksvoll ist der Lichthof, der als Zentrum der Ausstellungen dient. Mosaiken mit Allegorien verschiedener Zeiten und Wappen deutscher Städte schmücken die Zwischenräume der Fenster (→ S. 452).

## Topographie des Terrors

Das hinter dem Martin-Gropius-Bau gelegene neue Dokumentationszentrum ›Topographie des Terrors‹ in der Niederkirchnerstraße hat sich seit seiner Eröffnung 2010 schnell zu einem der bedeutendsten Erinnerungsorte der Stadt entwickelt. Auf dem Gelände befanden sich von 1933 bis 1945 die wichtigsten Einrichtungen des nationalsozialistischen Verfolgungs- und Terrorapparats: Die Zentralen der Geheimen Staatspolizei, der SS, das ›Hausgefängnis‹ der Gestapo sowie ab 1939 das Reichssicherheitshauptamt.Nach Ende des Zweiten Weltkriegs wurde das Gelände gewerblich genutzt, zur 750-Jahr-Feier Berlins 1987 dann erstmals unter dem heutigen Namen für Besucher geöffnet. Am authentischen Ort informiert das neue Dokumentationszentrum über die gewaltige Dimension der NS-Schreckensherrschaft.

In Berlin gibt es zwar mehrere Orte, die an die Zeit des Nationalsozialismus erinnern, doch dieser ist einmalig, weil er ein ›Ort der Täter‹ ist (→ S. 452).

*Besucherinnen im Dokumentationszentrum Topographie des Terrors*

## Das Berliner Zeitungsviertel

Kaum etwas erinnert in der Gegend rund um den U-Bahnhof Kochstraße noch daran, dass hier einst das publizistische Herz des Kaiserreiches und der Weimarer Republik schlug. In der südlichen Friedrichstadt wurden die ersten Tageszeitungen und Illustrierten für ein Massenpublikum gedruckt. Das Berliner Zeitungsviertel umfasste ein trapezförmiges Gebiet zwischen dem Landwehrkanal im Süden und der Leipziger Straße im Norden, das im Westen von der Wilhelmstraße und im Osten von der Lindenstraße begrenzt wurde. Vor 1933 gab es hier 17 Verlage, fast 40 Tageszeitungen sowie mehrere Nachrichtenagenturen. Darunter waren die Großen des damaligen Zeitungsmarktes: Rudolf Mosse, Leopold Ullstein und August Scherl. In ihren Häusern erschienen so renommierte Blätter wie die Vossische Zeitung, das Berliner Tageblatt und die Berliner Morgenpost. Zahllose kleine und größere Druckereien sowie grafische Betriebe hatten hier ebenfalls ihren Sitz. Während der Zeit des Nationalsozialismus wurde die Presse dem Reichsministerium für Volksaufklärung und Propaganda unter Joseph Goebbels unterstellt. Zahlreiche Journalisten und Verleger mussten emigrieren und Zeitungen ihr Erscheinen einstellen.

Im Februar 1945 wurde die gesamte Gegend durch amerikanische Bomben in Schutt und Asche gelegt. Übrig blieb unter anderem ein Großteil des Mossehauses in der Schützenstraße, Ecke Jerusalem-Straße. Das Gebäude wurde bereits am Anfang des 20. Jahrhunderts erbaut und in den 1920er Jahren durch Erich Mendelsohn umgebaut, wodurch es sein charakteristisches Aussehen bekam. Es steht heute unter Denkmalschutz. Auch die ehemalige Reichsdruckerei hat den Krieg überstanden, und bis heute hat die Bundesdruckerei in dem Gebäude an der Oranienstraße ihren Sitz.

In den 1950er Jahren wurde der Ullstein Verlag von Axel Springer aufgekauft, 1966 wurde das Hochhaus des Axel-Springer-Verlags in der Kochstraße direkt an der gerade errichteten Berliner Mauer fertiggestellt, was durchaus als Provokation gegenüber der DDR gemeint war. Von hier aus erscheinen bis heute die Zeitungen mit den großen Buchstaben und den einfachen Antworten auf schwierige Fragen, aber auch die traditionsreiche Berliner Morgenpost – eine Gründung von Leopold Ullstein, die seit 1898 besteht.

An Stelle des ehemaligen Ullstein Verlagshauses das bereits in den 1920er Jahren nach Tempelhof umgezogen war (→ S. 328), befindet sich heute die architektonisch gelungene und weithin sichtbare Zentrale einer Berliner Wohnungsbaugesellschaft mit ihrer charakteristischen roten-orangen Glasfassade.

Seit Ende der 1980er Jahre hat an der Kochstraße, Ecke Friedrichstraße die alternative Zeitung ›taz - die tageszeitung‹ ihren Sitz in einem ehemaligen Kontorhaus, dem Rudi-Dutschke-Haus. Auf Betreiben von taz-Redakteuren wurde 2008 nach jahrelangen Auseinandersetzungen ausgerechnet der Straßenabschnitt der Kochstraße vor dem Springer-Hochhaus in Rudi-Dutschke-Straße umbenannt – die Blätter des Springer Verlags waren erbitterte Gegner der von Dutschke angeführten Studentenbewegung.

Im September 2007 wurde durch Berliner Journalisten, Wissenschaftler und Austellungsmacher der Verein ›Berliner Zeitungsviertel e.V.‹ gegründet. Die gemeinnützige Initiative will einerseits die Erinnerung an das historische Pressequartier lebendig halten und gleichzeitig die Gegend rund um die Rudi-Dutschke-Straße als modernen Medienstandort fördern. Auf Anfrage werden Führungen für Gruppen durch das Zeitungsviertel angeboten, Dauer ca. 2 Stunden, inkl. Druckereibesichtigung (info@kreuzbergmuseum.de oder Tel. 50585233, www.berliner-zeitungsviertel.de).

*Für große und kleine Kinder: das Technikmuseum*

## Haus am Checkpoint Charlie

Heute erinnert nur noch das kleine Häuschen mitten auf der Friedrichstraße an den ehemaligen Grenzübergang Checkpoint Charlie. Zu Mauerzeiten verband er den amerikanischen mit dem sowjetischen Sektor und damit den Bezirk Kreuzberg in Westberlin mit dem Bezirk Mitte in Ostberlin. Er war einer der drei von den Alliierten genutzten Grenzübergänge und wurde nach dem dritten Buchstaben des internationalen Buchstabieralphabets ›Charlie‹ genannt. Nur Militär- und Botschaftsangehörige, Ausländer, Mitarbeiter der Ständigen Vertretung der Bundesrepublik Deutschland bei der DDR sowie DDR-Funktionäre durften hier die Grenze passieren.

Von den spektakulären Fluchten aus dem Ostteil der Stadt am Checkpoint Charlie verlief die von Peter Fechter am 17. August 1962 besonders tragisch – angeschossen verblutete er vor den Augen zahlreicher westlicher Beobachter. Noch vor der Wiedervereinigung wurde der Kontrollpunkt abgebaut, was man heute sieht, ist nur eine originalgetreue Rekonstruktion des ersten Kontrollhäuschens, die Säcke sind nicht mehr mit Sand, sondern mit Beton gefüllt. Der Checkpoint Charlie zählt heute zu den meistbesuchten Sehenswürdigkeiten der Stadt, dementsprechend groß ist der Rummel. Gleich gegenüber vom Checkpoint können sich Besucher in Yadegar Asisis 360-Grad-Panoramashow virtuell in den Alltag auf beiden Seiten der geteilten Stadt versetzen lassen. An der Fassade über dem Mauermuseum hängt, ausgewaschen und zerfetzt, die – angeblich – letzte Kremlfahne, und am Eingang des Museums, das ebenfalls einen gut sortierten Souvenirladen betreibt, steht ein bunt bemalter Rest der Mauer.

Im privaten **Mauermuseum** sind mehrere Dauerausstellungen zu sehen, sie zeigen die Geschichte der Mauer vom 13. August bis zu ihrem Fall, die Entwicklung Berlins von der Frontstadt zur Brücke Europas, spektakuläre Fluchten, den weltweiten, gewaltfreien Kampf für Menschenrechte sowie Mauerbilder. 2007 wurde erstmals der Zweiteiler ›Die Frau vom Checkpoint Charlie‹ mit Veronica Ferres in der Hauptrolle ausgestrahlt. Er beruht auf der Geschichte von Jutta Gallus, die nach missglücktem Fluchtversuch, Haft und Trennung von den Kindern in den 1980er Jahren zur personifizierten Anklage des Unrechtsstaates DDR wurde (→ S. 452).

## Deutsches Technikmuseum

Ein Rosinenbomber vom Typ ›C-47 B Skytrain‹ scheint über dem Dach des architektonisch gelungenen Museumsneubaus zur Landung anzusetzen. Das Flugzeug soll an die Luftbrücke, die Westberlin in den Jahren 1948 und 1949 am Leben erhalten hat, erinnern. Nach der Eröffnung des Neubaus im April 2005 zählt das Technikmuseum zu den größten seiner Art weltweit und wird jeden Technikfreak begeistern. Neben diesem Neubau nutzt das Museum auch das Gelände des ehemaligen Anhalter Güterbahnhofs einschließlich der Lokschuppen und die restaurierten Gebäude der Markt- und Kühlhallengesellschaft. Dieses direkt an den Neubau anschließende Gelände bildet ein einzigartiges industriearchitektonisches Ensemble.

In 14 Abteilungen werden Oldtimer, Flugzeuge, Lokomotiven, Computer, Schiffsmodelle und Maschinen aller Art gezeigt. Besonders interessant ist die historische **Lokschuppenanlage** von 1874, in der auf mehr als 30 Gleisen 40 Schienenfahrzeuge zu sehen sind.

Die beiden unteren Etagen des Neubaus sind der **Schifffahrt** gewidmet. Mit Hilfe von 1500 Exponaten werden 1000 Jahre Schifffahrtsgeschichte im Zeitraffer gezeigt. Schon im Treppenhaus wird man mit dem zweiten Thema des Neubaus, der **Luftfahrt**, konfrontiert. Die Nase senkrecht in den Himmel gereckt, hängt neben einigen anderen Fluggeräten eines der bekanntesten deutschen Sportflugzeuge, der leuchtend gelbe Doppeldecker Bücker Bü 131 ›Jungmann‹. Unbedingt sehenswert ist auch das zentrale Ausstellungsstück der Abteilung Verkehrsfliegerei, eine Junker Ju 52, Baujahr 1941, auch als ›Tante Ju‹ bekannt, in tadellosem Zustand. Eine Ju 52 war es auch, die als letztes Flugzeug am 30. Oktober 2008 um 23.59 Uhr vom danach stillgelegten Flughafen Tempelhof starten durfte.

Im nur wenige Meter entfernten **Science Center Spectrum** kann man nach Herzenslust selber experimentieren und bekommt natürlich auch die Frage beantwortet, warum der Himmel blau ist. Gleich am Eingang sieht man im Lichthof ein Foucaultsches Pendel langsam schwingen, ein Experiment, mit dem Mitte des 19. Jahrhunderts der Franzose Jean Bernard Léon Foucault die Erdrotation nachgewiesen hat. Danach kann man sich mit optischen Täuschungen und Zerrspiegeln auseinandersetzen, kann eine Münze in den Energietrichter werfen, einen Sehtest machen, sich auf Rot-Grün-Farbenblindheit untersuchen oder einen Bernouilli-Ball über einer Luftdüse tanzen lassen. Insgesamt warten hier – verteilt auf vier Stockwerke – 250 verschiedene Experimente, ein stundenlanges Vergnügen, nicht nur für Kinder. Am Ende wird man dann vielleicht auch wissen, wie ein Pulfrich-Pendel funktioniert (→ S. 451).

Vor dem Museum erblickt man eine Kuriosität: Die U-Bahn (U2) fährt als Hochbahn mitten durch das Gebäude.

■ **Park am Gleidreieck**
Südlich an das Museum schließt sich der 2011 eröffnete Park am Gleisdreieck an, den die die Anwohner der umliegenden Bezirke sogleich in Besitz genommen haben. Er besteht aus einem Ost- und einem Westpark und reicht bis zur Flottwellstraße im Westen, zur Möckernstraße im Osten und zur Yorkstraße im Süden. Das interessant gestaltete, 26 Hektar große Gelände bezieht auch Außenexponate des Technikmuseums mit ein und bietet verschiedene Aktivitätszonen, wie Spielflächen, einen Skatepark und einen Beachvolleyballplatz. Zum Besuchermagneten hat sich das Parkfest entwickelt, das ein Berliner Radiosender jedes Jahr im Spätsommer veranstaltet: zehn Tage Live-Radio auf einer Open-Air-Bühne.

Der Park ist Bestandteil des sogenannten **Nord-Süd-Grünzuges**, der vom Gleisdreieck über den Flaschenhalspark zum Schöneberger Südgelände führt (www.gruen-berlin.de).

## Jüdisches Museum

Ein Museum »wie andere auch, mit weißen Wänden, auf die man Bilder hängen, vor denen man Objekte ausstellen kann« – so beschreibt Daniel Libeskind, der Architekt des Jüdischen Museums Berlin, seinen Museumsbau. Diese bescheidene Meinung werden nur wenige Besucher teilen und mögen sie das Museum auch nur von außen betrachten. Schließlich zählt es zu den spektakulärsten Museumsbauten in ganz Deutschland und zu den bestbesuchten Museen Berlins. Schon vor der offiziellen Eröffnung der Dauerausstellung im September 2001 war der noch leere Museumsbau mit seiner ausgefallenen Architektur ein Publikumsmagnet. Schroff, fast fensterlos, gleicht er von außen einem zerborstenen Davidstern oder einem Blitz.

*Hier ist das Bauwerk der Star: das Jüdische Museum des Architekten Daniel Libeskind*

Libeskind selbst hat sich nie festgelegt, wie sein Bau zu deuten sei; die Architektur soll offen sein für andere, ganz eigene Deutungen.

Im Innern des Museums verbinden sich Thematik und Architektur zu einem interessanten Ganzen. Drei unterirdische, sich kreuzende Achsen sollen die drei Wirklichkeiten der deutschen Juden architektonisch symbolisieren. Die Wände sind schräg, der Boden uneben: Ein Gefühl der Orientierungslosigkeit macht sich breit. Die **Achse des Holocaust** endet in einer Sackgasse – dem ›Holocaust-Turm‹, einem dunklen, leeren, nicht isolierten, 24 Meter hohen Raum aus kaltem Beton. Beeindruckend ist auch ein Gang durch den **Garten des Exils**, in dem 49 Betonstelen auf abschüssigem Grund dem Besucher ein Gefühl der Verwirrtheit und Hilflosigkeit vermitteln sollen.

Die Dauerausstellung hat es sich zum Ziel gemacht, knapp zwei Jahrtausende deutsch-jüdische Geschichte und Kultur zu dokumentieren und multimedial zu veranschaulichen. Das Museum versteht sich eben nicht als Holocaust-Museum, sondern will die eng miteinander verwobene, Jahrhunderte währende deutsch-jüdische Geschichte aufzeigen. Kein leichtes Ziel, aber eine gelungene Umsetzung. Über zwei Etagen erstreckt sich die Präsentation der Geschichte der Juden in Deutschland – von den jüdischen Gemeinden im frühen Mittelalter über den jüdischen Philosophen Moses Mendelssohn, die Zeit des Ersten Weltkriegs und der Weimarer Republik bis hin zur Verfolgung und Ermordung Millionen deutscher Juden während des Nazi-Regimes. Aber auch die Fragen, was es bedeutet, nach 1945 als Jude in Deutschland zu leben, was koscheres Essen ist oder wie eine jüdische Hochzeit gefeiert wird, werden beantwortet (→ S. 452).

### Berlinische Galerie

Hier geht es vor allem um Berliner oder in Berlin lebende Künstler, daher der Name. Das Landesmuseum für Moderne Kunst, Fotografie und Architektur, das im Oktober 2004 an neuem Standort in einer umgebauten Industriehalle (Alte Jakobstraße 124–128) eröffnet

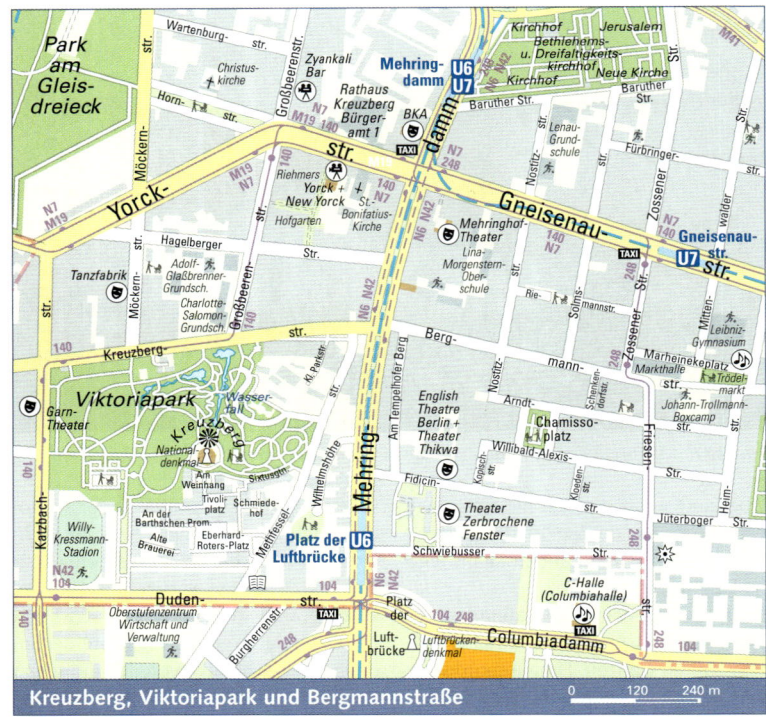

Kreuzberg, Viktoriapark und Bergmannstraße

wurde, gehört zu den jüngsten und experimentierfreudigsten Museen Berlins. Gezeigt wird ein breites Kunstspektrum – Malerei, Grafik, Skulpturen, Video, Fotografie – von 1870 bis zur Gegenwart. In der ständigen Sammlung im Bereich bildende Kunst sind große Namen wie Otto Dix, Hannah Höch, Max Liebermann und Georg Baselitz vertreten. Aber auch die oft hochkarätigen Sonderausstellungen lohnen einen Besuch (→ S. 451).

## Rund um den Kreuzberg

Der Kreuzberg liegt im gleichnamigen Ortsteil und ist mit 66 Metern der höchste natürliche Hügel der Stadt. Er bildet das Zentrum des **Viktoriaparks**, dessen Geschichte mit der Einweihung eines **Nationaldenkmals** 1821 beginnt, das an die Befreiungskriege gegen Napoleon erinnern sollte. Der Entwurf des Denkmals auf dem Gipfel des Kreuzbergs geht auf Karl Friedrich Schinkel zurück. Er schuf ein turmförmiges Monument auf achteckigem Sockel, das an eine gotische Kathedrale erinnert. An warmen Sommerabenden und auch zu Silvester trifft sich hier der Kiez und macht Party. Im Sommer ist die Aussicht wegen der Bäume mittlerweile eingeschränkt, aber um das Silvesterfeuerwerk zu genießen, gibt es kaum einen besseren und stimmungsvolleren Ort – allerdings auch keinen gefährlicheren. Vom Gipfel plätschert ein künstlich angelegter **Wasserfall**. Bevor das Wasser über die Stufen aus Granit und Kalkstein fließen kann, muss es erst auf den Berg gepumpt werden. Der Wasserfall ist von dichtem Baumbestand umgeben und bildet so eine Sichtachse von der Großbeerenstraße bis zum Monument auf dem Gipfel. Seit 1968 wachsen im Schutz einer wärmespendenden Mauer Rebstöcke, von denen in guten Jahren rund 800 Kilogramm Trauben geerntet werden. Daraus wird dann in Süddeutschland der ›Kreuz-Neroberger‹ gekeltert. Die 700 Flaschen kommen nicht in den Handel, sondern werden ausschließlich an Ehrengäste des Bezirks verschenkt.

Mitten im Park und am besten von der Katzbachstraße zu erreichen liegt der **Biergarten Golgatha**. Seit über 30 Jahren ist er ein beliebter Treffpunkt mit Sonnenterrasse und Grill, abends darf dann zu DJ-Musik getanzt werden.

Nicht minder beliebt ist am Nordrand des Parks in der Kreuzbergstraße das ›Tomasa‹ in einer schicken Villa, vor allem wegen der nicht ganz billigen, aber reichhaltigen Frühstücksauswahl und dem Brunch am Wochenende.

■ **Riehmers Hofgarten**

Das Bauensemble zwischen Yorkstraße, Großbeerenstraße und Hagelberger Straße entstand 1891 nach Plänen des Architekten und Bauherren Wilhelm Riehmer. Im Gegensatz zu fast allen anderen Bauten der Gründerzeit gibt es hier keine Hinterhöfe, sondern einen großzügigen Innenhof an einer kurzen Allee. Sobald man durch eine der Toreinfahrten in den Hofgarten tritt, ist nichts mehr vom Straßenlärm zu hören, hier wohnt man ruhig und zentral. Die Fassaden ließ Riemer mit aufwendigem Schmuck im Stil des Neobarock und der Renaissance gestalten, um die Wohnungen an Besserverdienende zu vermieten. Besonders prunkvoll sind die Fassaden zur Großbeerenstraße und zur Yorckstraße, wo zwei Atlanten den Balkon über der Toreinfahrt stützen. Heute sind alle Gebäude und Wohnungen stilgerecht hergerichtet, was Riehmers Hofgarten zu einer begehrten Adresse macht. Ein Hotel mit Restaurant hat seinen Sitz im Ensemble. In den letzten Jahren wurden zahlreiche Wohneinheiten in Eigentum umgewandelt.

*Tordurchfahrt zur schmucken Wohnanlage Riehmers Hofgarten*

*Es plätschert: Wasserfall am Kreuzberg*

■ **Mehringdamm**
Zwischen Halleschem Tor im Norden und dem Platz der Luftbrücke verläuft diese wichtige Verkehrsader, über die schon 1875 die ersten Pferdebahnen fuhren. Das Gebäude Nr. 22 wirkt wie eine Burg und beherbergt ein **Finanzamt**. Sehenswert sind die **Friedhöfe** gleich gegenüber, auf denen zahlreiche berühmte Berliner begraben sind wie der Industrielle Carl von Siemens und der Schriftsteller Adalbert von Chamisso. An der Ecke zur Yorckstraße bilden sich häufig lange Schlangen: die Currywürste von **Curry 36** sind legendär, nebenan lockt **Mustafas Gemüse-Kebab**.
Gleich ums Eck, in der Yorckstraße 4–11 gibt es in der **Kantine des Bürgeramtes Kreuzberg** deftige Hausmannskost und einen schönen Blick über Berlin (Mo–Fr 7–15 Uhr).

## Bergmannstraße

Der Straßenzug ist ein Stück Kreuzberg wie aus dem Bilderbuch. Die typische Blockrandbebauung hat Krieg und Kahlschlagsanierung überstanden und sich zu einer bunten Einkaufs- und Restaurantstraße entwickelt. An warmen Sommerabenden schlendert man oft dicht an dicht über die Bürgersteige, die jedes Restaurant als Freiluftterrasse nutzt. Auf wenigen hundert Metern kann man hier auf kulinarische Weltreise gehen, vom Italiener über den Inder und Spanier bis zum Vietnamesen und Japaner reicht das Angebot. Wer tagsüber kommt, kann in einer der letzten Markthallen Berlins, der **Marheinekehalle**, auf kulinarische Entdeckungsreise gehen oder im Guru-Shop in der Bergmannstraße 97 nach Kleinmöbeln, Textilien, Schmuck und anderen Accessoires aus Indien stöbern. Jedes Jahr findet am letzten Wochenende im Juni das **Bergmannstraßenfest** statt: Kreuzberg jazzt, kocht und spielt Theater. Ein kurzer Abstecher führt zum unter Denkmalschutz stehenden **Chamissoplatz**, der mit seinen frisch gestrichenen Stuckfassaden, den alten Fenstern und Haustüren, dem Kopfsteinpflaster und den Gaslaternen eine perfekte Kulisse für einen Film ›Berlin vor 100 Jahren‹ abgeben könnte. Dazu passt das kleine Restaurant ›G wie Gulasch‹ am Chamissoplatz, Ecke Arndtstraße mit nostalgischer Einrichtung und nicht nur einem hervorragenden Gulasch. Jeden Samstag findet auf dem Chamissoplatz ein beliebter **Wochenmarkt** statt.

*Quirlig: die Bergmannstraße im Sommer*

## Das Zentrum Kreuzberg am Kottbusser Tor

Beton, Beton, Beton und dazwischen ein paar Satellitenschüsseln. Die Brutalarchitektur, die sich am Kottbusser Tor quer über die Adalbertstraße zieht, ist so hässlich, dass man sie einfach liebhaben muss. ›Zentrum Kreuzberg‹ prangt in grüner 70er-Jahre-Plastikschrift auf der Fassade. 1974 galt der Komplex aus 367 Wohnungen, zwei Parkhäusern und 15 000 Quadratmeter Laden- und Gewerbefläche als ultramodern, er sollte als Puffer zur geplanten Autobahntangente mitten durch die Berliner Innenstadt dienen. Die Autobahn wurde zum Glück nie gebaut. Aber die Kreuzberger liebten ihr neues Zentrum nicht. In der verwinkelten Architektur gediehen Kriminalität, Gewalt und Drogenszene. Um die Probleme zu entschärfen, baute man ein bisschen um, kümmerte sich um die meist armen Bewohner und holte Kreative in die leerstehenden Gewerbeflächen. Schmuddelig ist das NKZ heute immer noch, aber es lebt und ist in den letzten Jahren zum Mittelpunkt einer der interessantesten Ausgeh-Ecken der Stadt geworden.

Tagsüber beobachtet man das urbane Treiben am besten aus dem Café Kremanski (Adalbertstraße 96) im turbulenten Erdgeschoss. Dort drängen sich Handyläden und Kioske, türkische Köfte- und Gözleme-Imbisse. Türkische Männer, Schulkinder und Touristen wuseln durcheinander. Auch die Eisdiele ist ein multikultureller Ort. Betreiber Andreas Bembenek, gebürtiger Bayer, und sein argentinisch-italienisch-spanisch-französisches Team servieren hier Frühstück für die Touristen, veganen bis experimentellen Mittagstisch für die Hipster aus den umliegenden Start-Up-Büros, 30 selbstgemachte Eissorten für alle und Berliner Bier und gelegentliche Wohnzimmerkonzerte und Lesungen für die Ausgehhungrigen. Der Kaffee wird übrigens gleich um die Ecke in der Rösterei ›Bonanza‹ geröstet

Ums Eck, im düsteren Durchgang zur Dresdener Straße, trifft sich die queere Szene zum Bier im ›Möbel Olfe‹ (www.moebel-olfe.de). Entlang der Skalitzer Straße haben sich diverse Nachtlokale in den Betonblock eingenistet. Einen ganz speziellen Ausblick auf die Stadt bietet die Terrasse des ›West Germany‹ in der Skalitzer Straße 133: Wer aus den Räumen einer ausgeweideten Zahnarztpraxis im dritten Stock hinaustritt, um frische Luft zu schnappen, wird von einer vollgeschmierten Betonwand empfangen, die ein Stück Kreuzberger Skyline freigibt. Der Anblick der vielen kleinen Fenster der 70er-Jahre-Sozialbauten, die den Nachthimmel erleuchten, ist voller urbaner Poesie.

Eine Spur lieblicher ist der Blick aus den schrägen Panoramafenstern der ›Palomabar‹ (Skalitzer Straße 135) auf den U-Bahnhof Kottbusser Tor. Dicht gedrängt sitzt man in der winzigen Bar auf Kissen und beobachtet aus sicherer Entfernung das Treiben der Junkies und Partygänger. Eigentlich könnte man ganze Tage im Kreuzberger Zentrum verbringen: Zuckersüße Baklava essen, eine Ausstellung in einem der kleinen Ateliers besuchen, im Nachtclub Xara Beach (Adalbertstraße 98) eine Shisha rauchen und türkisch-arabische Live-Musik hören. Nur am ersten Freitag im Monat lohnt es sich, das schöne, schmuddelige Haus zu verlassen und auf die andere Seite der Kreuzung zu gehen. Im Südblock lädt die Kreuzberger Sängerin Christiane Rösinger allmonatlich zur ›Flittchenbar‹ mit den besten und/oder skurrilsten Indie-Acts aus janz Berlin (www.christiane-roesinger.de, www.suedblock.org).

*Nina Apin*

## Das östliche Kreuzberg – vom Moritzplatz zum Schlesischen Tor

Der Moritzplatz zählt nicht gerade zu den schönsten Ecken Berlins. Doch seit sich 2009 einige Enthusiasten daran gemacht haben, ein seit Jahrzehnten ungenutztes Grundstück vom Müll zu befreien und einen Nutzgarten anzulegen, sind die **Prinzessinnengärten** (→ S. 302) weit über den Kiez hinaus bekannt. Da der Senat das 6000 Quadratmeter große Gelände nur jeweils für ein Jahr verpachtet, wurde ein mobiler Garten angelegt. Alle Pflanzen wachsen in Säcken, Tüten und Kisten, das Café und der Laden sind in Containern untergebracht, so ist man für den Fall der Kündigung mobil. Verwaltet wird das Projekt von der gemeinnützigen Organisation »Nomadisch Grün«. Die arbeitet nach dem Motto: jeder kann mitmachen und alle arbeiten gemeinsam daran, ökologisches Grün inmitten der Stadt zu schaffen. Klar ist aber auch, dass hier niemand sein eigenes Beet besitzt, alles gehört allen. Mehr als ein Dutzend verschiedene Kartoffelsorten gedeihen mittlerweile in den Prinzessinnengärten, Tomaten und Kräuter, alles ist natürlich Bio, Düngemittel und Pestizide sind tabu.

### ■ Ehemaliger Luisenstädtischer Kanal

Geht man vom Moritzplatz die Oranienstraße in östliche Richtung, kommt man bald zum **Oranienplatz**, den ein schmaler Grünzug kreuzt, der sich in nördlicher und südlicher Richtung fortsetzt. Seit Mitte des 19. Jahrhunderts verlief hier der **Luisenstädtische Kanal**, der die Spree mit dem Landwehrkanal verband. Doch wegen des geringen Schiffverkehrs hatte er nie eine wirtschaftliche Bedeutung und wurde deshalb schon 1926 wieder zugeschüttet und in eine Grünanlage umgestaltet. Nur das **Engelbecken** – benannt nach der Figur des Erzengel Michael an der nahen St.-Michael-Kirche – blieb erhalten, allerdings ohne Wasser. Vernachlässigung, Schuttablagerung nach dem Zweiten Weltkrieg und Teilung der Stadt haben dem Grünzug arg zugesetzt, erst in den letzten Jahren konnte er nach und nach saniert werden. Heute ist das Engelbecken mit seinen 16 Fontänen, den Laubengängen und kleinen Rasenflächen wieder ein Schmuckstück. Vor der St.-Michael-Kirche überzeugt das Café am Engelbecken wegen seiner großen Sonnenterrasse, die Qualität der Küche ist allerdings schwankend.

### ■ Admiralbrücke

Nicht weit von der ehemaligen Einmündung des Luisenstädtischen Kanals in den Landwehrkanal überspannt die 1882 fertiggestellte und heute denkmalgeschützte Admiralbrücke den Kanal und verbindet Planufer mit Fraenkelufer. Die schmiedeeisernen Geländer im Jugendstil sind zwar ganz hübsch, doch berühmt geworden ist die Brücke als Partylocation. Zu Spitzenzeiten trafen sich auf und in der Nähe der Brücke mehrere Hundert – meist jüngere – Kiezgänger zur Bottle Party. Anwohner beschwerten sich über nächtlichen Lärm und Müllberge. Daraufhin kam es zu einem Verhandlungsmarathon zwischen Anwohnern, Polizei und Partygängern. Seit 2010 ist es auf der Admiralbrücke deutlich ruhiger geworden, denn ab 22 Uhr gilt eine Sperrstunde, die von der Polizei mit viel Aufwand durchgesetzt wird.

### ■ Kottbusser Tor

Von der Admiralbrücke ist es nicht mehr weit bis zum Kottbusser Tor. Berliner nennen den Verkehrsknotenpunkt mit U-Bahnstation (U1, U8) und Kreisverkehr nur ›Kotti‹. Er zählt zu den ›schwie-

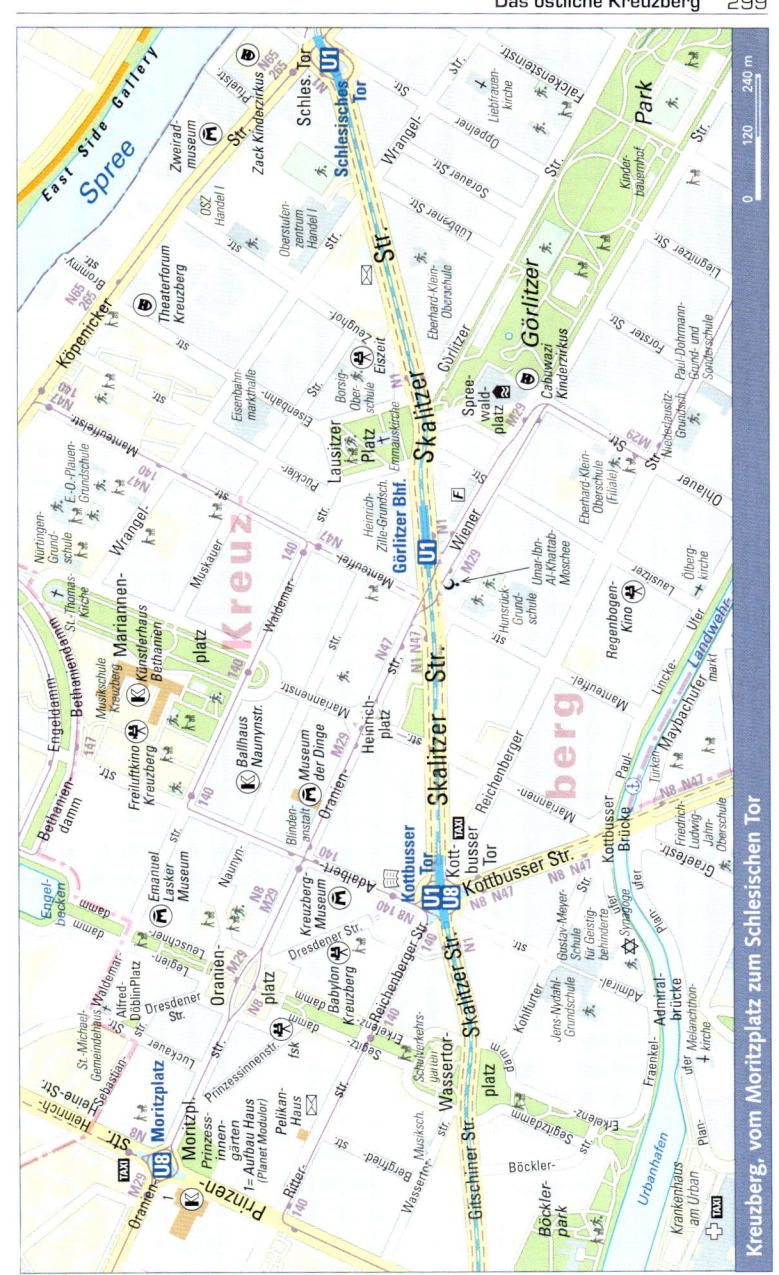

# Kreuzberg

*Rund um das Kottbusser Tor liegt das weniger schicke Kreuzberg*

rigen‹ Plätzen der Stadt und hat als sozialer Brennpunkt schon so manche Negativschlagzeile gemacht.
Der gelb-weiße Neubaukoloss, der den Platz überragt, das **Neue Zentrum Kreuzberg**, gilt als Paradebeispiel verfehlter Stadtplanung, hat aber in letzter Zeit durch kulturelle Neubelebung positiv von sich reden gemacht (→ S. 297). Wenn man unter dem Gebäude hindurch geht, liegt gleich links das überaus sehenswerte **Kreuzbergmuseum**, das nicht nur Ausstellungen bietet (→ S. 451).

■ **Oranienstraße**
Kreuzbergs Feiermeile Nummer Eins verläuft zwischen Moritzplatz und dem U-Bahnhof Görlitzer Bahnhof. In den Clubs wie dem legendären **SO 36**, aber auch in den Restaurants und Kneipen der Oranienstraße und den angrenzenden Nebenstraßen kann man problemlos die Nacht zum Tag machen. »Kreuzberger Nächte sind lang«, hier trifft das wirklich zu. In der Oranienstraße 6 arbeitete gegen Ende des Zweiten Weltkriegs Konrad Zuse, der hier den ersten Computer der Welt entwickelte.

In den letzten Jahren eröffneten hier schicke Läden und neue Cafés, der türkische Haushaltswarenladen musste einem Imbiss weichen, das stadtbekannte türkische Restaurant Hasir hat sein Stammhaus (Adalbertstr. 10) touristentauglich aufgehübscht und erweitert – auch diese Gegend ändert sich rasant.
Nördlich der Oranienstraße liegt der **Mariannenplatz** mit dem ehemaligen Bethanien-Krankenhaus, das 1970 geschlossen wurde. Heute wird das Hauptgebäude von rund zwei Dutzend sozialen und kulturellen Einrichtungen genutzt. Im Park befindet sich im Sommer ein Freiluftkino.

■ **Görlitzer Park**
Folgt man der Oranienstraße bis zur U-Bahn, die hier auf einer Stelzentrasse fährt, kommt man bald zum Görlitzer Park, einem der größten Parks Berlins, der auf dem ehemaligen Gelände des Görlitzer Bahnhofs entstanden ist. Die Bahnhofsvergangenheit kann man vor allem noch beim Restaurant Edelweiss erahnen. Gegenüber erkennt man mit etwas Phantasie noch die Überreste des Pamukkale-Brunnens. Die 1998 fertig-

gestellte Nachbildung der berühmten türkischen Sinterterrassen zerbröselte durch Frost und Konstruktionsfehler schon im ersten Winter. Der Künstler wurde zu einem Schadenersatz in Millionenhöhe verurteilt und die kläglichen Überreste 2009 abgeräumt. Geblieben sind einige Betonsteine als Sitzgelegenheit. Auch sonst wirkt der Görlitzer Park irgendwie unfertig, das Grün eher lückenhaft. Doch das tut der Beliebtheit der grünen Insel im Kiez keinen Abbruch. Von den oft schrägen Typen, die man im Park antrifft, erzählt der Dokumentarfilm »Der Adel vom Görli« von Volker Meyer-Dabisch.

*Das Neue Zentrum Kreuzberg*

### ■ Rund ums Schlesische Tor

Hinter dem U-Bahnhof Schlesisches Tor endet Kreuzberg, und über die Oberbaumbrücke kommt man nach Friedrichshain. Vorher lohnt sich aber ein Bummel durch den sogenanten **Wrangelkiez** zwischen Schlesischer Straße und Görlitzer Park. Hier gibt es noch zahlreiche kleine Geschäfte, nette Cafés und Kreuzberger Alltag, auch wenn dieser von vielen als bedroht angesehen wird, da zahlungskräftige Zuzügler den Charme der Gegend bereits für sich entdeckt haben (→ S. 92).

Am **Landwehrkanal** und am **Flutgraben** locken legendäre **Kneipen** wie der ›Freischwimmer‹, der ›Club der Visionäre‹ oder das ›Chalet‹ (ehemals Heinz Minki) in lauen Sommernächten scharenweise Besucher ans Wasser. Das Badeschiff und das Restaurantschiff ›Hoppetosse‹ liegen gleich ums Eck, aber – und auf diese Feststellung legt der Berliner Wert – im Bezirk Treptow (→ S. 417).

*Immer was los: Cafébesucher in der Oranienstraße*

## Die Prinzessinnengärten in Kreuzberg

Sie finden sich direkt an einer der hässlichsten Stellen Berlins und sind verwunschen schön: die Prinzessinnengärten in Kreuzberg. Vor zwei Jahren kamen zwei Freunde auf die Idee, die seit 60 Jahren verwaiste Baulücke direkt am Verkehrsknotenpunkt Moritzplatz in einen riesigen Stadtgarten mit vielen Sitzmöglichkeiten zu verwandeln. 6000 Pflanzen leben hier in Kübeln und sind immer bereit, an einen anderen Ort umgezogen zu werden. Das ist urbane Subsistenzwirtschaft ohne jede Schollenideologie. Wer weiß schließlich, wann der Investor zum Baubeginn bläst? Das viele Grün überstrahlt das für Berlin so typische Grau in Grau, und das abgasgestählte Strauchwerk schluckt den Straßenlärm – Leben in der Stadt.

Wie so viele alternative Projekte in Berlin sind auch die Prinzessinnengärten ein Modell der Zwischennutzung. Offensiv gehen die Betreiber damit um, dass sie kein Kapital, sondern ›nur‹ eine andere Idee vom sozialen Miteinander zu bieten haben. Also jederzeit vertrieben werden können. Bis dahin aber kann jeder, der Lust hat, mitten in der Stadt Öko-Gemüse und Kräuter ziehen und bei Bedarf alles über verschwundene Kartoffelsorten lernen. Oder einfach stundenlang unbehelligt in dieser musikfreien Oase rumsitzen und für vergleichsweise kleines Geld Bier und andere Getränke trinken.

Das allein ist natürlich hübsch, aber noch recht unspektakulär. Aufregend wird der Ort durch etwas anderes: die wilde atmosphärische Mischung. Hier dominiert eine gelassene Urbanität, die aufgescheuchte Städter umgehend in friedfertige Wesen wandelt. Berliner ohne nennenswerte Kapitalanlagen und – aus Kapitalistensicht – auch ohne großen Nutzwert nehmen sich mitten in der Stadt Raum, um eine andere Stadt zu erfinden, um sich neu zu erfinden. Gartenliebhaber, Kulturfreaks, Erwerbstätige, Trinkfreudige, Behinderte und der werte Nachwuchs werkeln zwanglos miteinander oder nebeneinander her. Trotzdem ist man hier cool, vom muffigen Sozialarbeitercharme fehlt dankenswerterweise jede Spur. Stattdessen paart sich soziale Intelligenz mit Geschmackssicherheit.

In den Prinzessinnengärten lebt nicht nur die Subkultur der 1990er Jahre fort, sie entwickelt sich weiter: Nach dem Mauerfall zog die so genannte Kreativszene vorübergehend in die vielen noch leerstehenden Gebäude ein. Sie nutzte die Brachen in der Stadt und feierte die Nächte durch. Auch die Geschäftsführer Marco Clausen und Robert Shaw waren dabei. Zwanzig Jahre später hat die Vision vom anderen Leben das Partyuniversum hinter sich gelassen. Heute geht es um Entschleunigung, um Nachhaltigkeit und darum, dass es Spass macht, mit unterschiedlichsten Leuten etwas zu erschaffen. Gemeinsam zu lernen und unabhängig zu bleiben, das ist das Ziel. Geld hingegen ist egal und Kommerz albern. Wenn es uns nicht mehr passt, so sagen die beiden Männer um die 40, ziehen wir sofort um. Nicht umsonst haben sie ihren Verein ›Nomadisch Grün‹ genannt.

Der Garten erhält keine Förderung durch die Stadt Berlin. Stattdessen sorgen Spenden und die vielen hier angesiedelten sozialen Projekte für die Finanzierung. Der Garten als konkreter Ort für eine soziale Utopie: Er ist ein Gegenmodell zu den vielen aus dem Boden gestampften Townhouses, überhaupt zu jeder Eigenheimidylle. Das ist ungeheuer entspannend. Nur das mit der Küche klappt noch nicht immer. Manchnmal weckt das Essen längst verdrängte Erinnerungen an schlechte WG-Tage.
*Ines Kapert*

*http://prinzessinnengarten.net*

# Neukölln

Neukölln hat im Laufe seiner langen Geschichte eine regelrechte Namensodyssee hinter sich. In einer Urkunde taucht 1360 erstmals ein Ort namens ›Richardsdorp‹ auf, der später in ›Ricksdorf‹ und schließlich ›Rixdorf‹ umbenannt wurde. Den damaligen Ortskern um den Richardplatz gibt es heute noch unter dem Namen ›Böhmisches Dorf‹. Bis 1912 behielt Rixdorf seinen Namen, dazu gehörten auch noch die weiter südlich gelegenen Dörfer Britz, Buckow und Rudow. Da Rixdorf wegen hoher Kriminalität einen schlechten Ruf hatte, beschloss man, es in Neukölln umzubenennen. 1920 wurde Neukölln schließlich nach Berlin eingemeindet.

Auch heute ist der Ruf von Neukölln nicht der beste. Bundesweit bekannt wurde das durch die Rütli-Schule, in der kaum noch regulärer Unterricht möglich war. Wenig hoffnungsvoll stimmte vor einiger Zeit auch die Äußerung des für medienwirksame Auftritte bekannten ehemaligen Bürgermeisters Heinz Buschkowsky, der meinte, Multikulti sei gescheitert – ein bitteres Fazit in einem Bezirk, in dem 300 000 Menschen aus rund 160 Nationen ein nachbarschaftliches Zusammenleben meistern sollen. Ein wenig Hoffnung gibt es aber, denn auch Neukölln ist im Fluss, und einiges hat sich durchaus zum Positiven gewandelt. Die Rütli-Schule macht keine Negativschlagzeilen mehr und in vielen leerstehenden Fabriketagen entwickelt sich eine lebendige alternative Kulturszene. Mittlerweile ziehen auch wieder junge Leute und Studenten nach Neukölln und sorgen für frischen Wind.

In ›Kreuzkölln‹, dem Übergang zum benachbarten Szenebezirk Kreuzberg, ist die Veränderung hin zu einem lebendigen Kiez mit Restaurants, Kneipen und Bars besonders auffällig. Vielleicht behält der ehemalige Bürgermeister Heinz Buschkowsky doch Recht: »Neukölln ist mehr als die Summe seiner Probleme«.

## Böhmisches Dorf

Einen beschaulichen Auftakt der Neukölln-Erkundung bildet das Böhmische Dorf. Für den rasenden Reporter Egon Erwin Kisch war das Böhmische Dorf 1926 »ein beinahe deplaziertes Idyll zwischen Scheunenfronten und Gartenzäunen«. Seitdem hat sich viel verändert, Neukölln ist zu einem typischen großstädtischen Migrantenbezirk mit Hektik, Verkehrslärm, belebten Einkaufsstraßen und zahlreichen Problemen geworden. Nur im Böhmischen Dorf zwischen Sonnenallee und Karl-Marx-Straße gehen die Uhren immer noch ein wenig langsamer.

Der historische Kern dieses uralten Kiezes genießt Bestandsschutz, hier bremst die Bauaufsicht allzu große Veränderungen.

*Friedhof der böhmischen Siedler*

So erzählen einige kleine Kolonistenhäuser rund um den Richardplatz und in der Richardstraße noch viel von der langen Geschichte dieses Dorfangers.

Zu Beginn des 18. Jahrhunderts war die Religionsgemeinschaft der hussitischen Brüderkirche in Böhmen und Mähren mehr schlecht als recht geduldet, da kam ihnen das Angebot von König Friedrich Wilhelm I. gerade recht, sich auf dem von ihm 1737 erworbenen Schulzengut zu Rixdorf anzusiedeln. 18 Familien folgten dem Lockruf ins religiös tolerante Preußen und bildeten so die Keimzelle des Böhmischen Dorfes.

1874 wurden dann ›Böhmisch-Rixdorf‹ mit ›Deutsch-Rixdorf‹ zu einer Gemeinde ›Rixdorf‹ vereinigt, die im damaligen Kreis Teltow den größten Ort bildete. Durch die Bildung Groß-Berlins im Jahr 1920 erfolgte dann der Zusammenschluss von Rixdorf, Britz, Buckow und Rudow mit ihrem Umland zum Bezirk Neukölln. Im Gedenken an die ersten Siedler ist auch heute noch der Hussitenkelch im Wappen des Bezirks Neukölln zu finden.

*In der alten Schmiede wird Kunsthandwerk hergestellt*

■ **Richardplatz**

Geht man heute von der Karl-Marx-Straße über den Karl-Marx-Platz zum Dorfanger des Böhmischen Dorfes, sieht man zur Rechten hinter einer Toreinfahrt zuerst den Friedhof aus dem Jahr 1751, der auch heute noch von der Brüdergemeinde genutzt wird. Über die kopfsteingepflasterte Straße kommt man dann zum **Richardplatz**, der seit jeher das Dorfzentrum bildet. In der Mitte stehen unter schattenspendenden Bäumen das Imbissrondell und die alte **Schmiede**, die bis heute in Betrieb ist und hauptsächlich schmiedeeiserne Kunstwerke produziert. Am Richardplatz 18 ist mit dem **Fuhrunternehmen Gustav Schöne** ein weiterer historischer Betrieb angesiedelt. Die aufwendigen Hochzeitskutschen erfreuen sich großer Beliebtheit und waren in so manchem Film schon als Requisiten zu sehen. Der Dorfanger besitzt natürlich auch eine Kirche, die **Bethlehemskirche** aus dem 15. Jahrhundert, die ihr heutiges Aussehen um 1940 erhielt. Sie liegt allerdings nicht zentral, sondern etwas versteckt am Rande des Platzes.

Rings um den Platz wird auch für das leibliche Wohl gesorgt, im **Richardsdorper Krug** von 1685 gibt es ein kühles Bier und kleine Speisen zu fairen Preisen. In der stattlichen weißen **Villa Rixdorf** mit kleinem Vorgarten und Biergarten hinter dem Haus werden internationale Gerichte serviert. Dass sich der Kiez nicht ganz gegen Neuerungen verschließt, sieht man am indischen Restaurant Shaan und am türkischen Gemüsehändler. In der Wipperstraße 14 gibt es das kleine, aber hochgelobte **Café Vux** mit veganen Kuchenspezialitäten.

In der **Kirchgasse** hat man dem Gründer des Dorfes, Friedrich Wilhelm I., ein Denkmal gesetzt, und nicht weit davon entfernt, in der Richardstraße 35, befin-

*Gaststätte mit Tradition: der Richardsdorper Krug*

det sich der Eingang zum **Comeniusgarten**, der nach dem letzten Bischof der Brüdergemeinde benannt wurde. Auf dem Gelände stand einst die ›Richardsburg‹, eine elende Mietskaserne mit fünf Hinterhöfen, die 1971 abgerissen wurde. Stattdessen kann man jetzt durch einen 7000 Quadratmeter großen Garten wandeln, der nach den pädagogischen und philosophischen Vorstellungen von Johann Amos Comenius angelegt wurde und die verschlungenen Lebenswege des Menschen mit symbolischen Pflanzen nachzeichnet.

Sie ist nicht jedermanns Sache, die Blutwurst, und doch gehört sie zu den typisch Berliner Gerichten. Mitten in Rixdorf, am Karl-Marx-Platz 9–11, stellt der wegen seiner herausragenden Leistungen zum ›Ritter der Blutwurst‹ geschlagene Fleischermeister Marcus Benser die schwarzen Würste in der **Blutwurstmanufaktur** her – aus besten Zutaten und einer hauseigenen Gewürzmischung. Die anderen Produkte der kleinen Fleischerei schmecken übrigens auch besser als die Ware aus dem Supermarkt oder vom Discounter. Hochprozentige Berliner Spezialitäten gibt es um die Ecke bei **Sommerfeld Spirituosen** (Richardstraße 31/32): Sauern mit Persiko, Kutscherkümmel oder Rixdorfer Galgen heißen die Schnäpse und Liköre.

### ■ Körnerpark

Geht man vom Böhmischen Dorf zur Karl-Marx-Straße und überquert diese, kommt man nach wenigen Schritten zu einer kleinen Parkanlage. Früher befand sich an der Stelle des heutigen Körnerparks eine Kiesgrube, bis der Unternehmer Franz Körner sie 1912 bis 1916 zur Grünanlage umgestalten ließ. Nur einen Häuserblock misst dieses Kleinod der Gartenkunst inmitten der Neuköllner Mietshäuser. Der Parkgrund liegt noch immer rund fünf Meter unter dem Straßenniveau, das ist aber auch schon alles, was an die einstige Kiesgrube erinnert. Das Schmuckstück der Anlage ist die

*Die Orangerie im Körnerpark ist heute ein angenehmer Ausstellungsort*

von Treppen eingerahmte **Orangerie**, der eine große Terrasse mit Freiluftcafé und Blumenrabatten vorgelagert ist. Die Mitte des Parks bildet ein Rasenkarree, das von kleinen Kanälen und schattenspendenden Platanen eingerahmt wird. Gegenüber der Orangerie plätschert eine Wassertreppe und vor der Arkadenmauer auf der Nordseite blühen liebevoll gepflegte Blumenornamente. Neben dem Märchenbrunnen im Volkspark Friedrichshain und der Kaskade am Lietzensee ist der Körnerpark der schönste neobarocke Garten Berlins.

Seit der Sanierung der Parkanlage 1983 betreibt das engagierte Kunstamt von Neukölln in der lang gestreckten Orangerie eine Galerie, die wegen ihrer sehenswerten Ausstellungen mittlerweile auch außerhalb Neuköllns als Geheimtipp gehandelt wird. Fast jeden Sonntag können die Bewohner des Körnerkiezes **Sommer im Park** feiern, denn dann wird Livemusik unter freiem Himmel gespielt – und das auch noch kostenlos. Das Angebot der alljährlichen sommerlichen Konzertwochen ist mit arabischer Musik über Calypso-Klänge bis zu Tango und Merengue breit gefächert (www.körnerpark.de).

## Karl-Marx-Straße

Läuft man vom Böhmischen Dorf auf der Karl-Marx-Straße in Richtung Stadtmitte, kommt man gleich zu mehreren kulturellen Neuköllner Highlights. Im **Saalbau Neukölln** (Karl-Marx-Straße 141), einem der ältesten Kulturorte Rixdorfs befindet sich heute mit dem ›Heimathafen Neukölln‹ und dem ›Café Rix‹ eine sehenswerte Mischung aus Theater- und Konzertsaal, Ausstellungsräumen, Kaffeehaus und Restaurant. Der Garten im Hof ist im Gegensatz zur lauten Karl-Marx-Straße eine angenehm ruhige, grüne Oase.

In der Karl-Marx-Str. 135 befindet sich das **Puppentheater-Museum**, das seit mehr als 15 Jahren eine einzigartige Sammlung von mehr als 20 000 Puppentheaterfiguren zeigt.

Während die Berliner Staatsopern überwiegend das klassische Repertoire bedienen, führt die **Neuköllner Oper** in der Karl-Marx-Straße 131–133 Volksopern und weniger bekannte Werke auf. Vielseitig, überraschend, lebensnah, kreativ, innovativ und ganz und gar nicht bürgerlich sind nur einige Attribute dieser Neuköllner Institution.

### ■ Stadtbad Neukölln

Auch das Stadtbad Neukölln ist nur wenige Minuten Fußweg entfernt. Hinter der grauen Fassade in der Ganghoferstraße 3 verbirgt sich das vielleicht schönste Hallenbad Berlins. Als es 1914 errichtet wurde, war es eines der größten und modernsten Bäder Europas, heute erfüllen die Becken nicht mal mehr die olympische Norm. Das macht aber nichts, denn beim Entwurf des Bades hat man sich von antiken Thermalanlagen sowie griechischen Tempeln und Basiliken inspirieren lassen. Seit der Sanierung in den 1980er und 90er Jahren sind die Säulenreihen, Wandelgänge und Mosaike in der großen und kleinen Halle wieder im Originalzustand.

## Hasenheide

Vom Stadtbad Neukölln kommend, kann man am Rathaus Neukölln in die U7 steigen und eine Station bis zum Hermannplatz fahren, denn der Fußweg entlang der Karl-Marx-Straße ist nicht sonderlich attraktiv.

Einst ging hier der Große Kurfürst Friedrich Wilhelm auf die Jagd. Damit diese auch von Erfolg gekrönt war, ließ er sich 1678 kurzerhand ein rund 50 Hektar großes Hasengehege anlegen, den heutigen Volkspark Hasenheide. 1886 fand in der Hasenheide ein Duell zwischen dem Offizier Armand Léon Baron von Ardenne und dem Richter Emil Hartwich statt, was wahrscheinlich kaum in Erinnerung geblieben wäre, hätte dieser Vorfall nicht Theodor Fontane zu seinem Roman ›Effi Briest‹ inspiriert.

Heute gibt es hier immer noch Hasen – die nicht mehr gejagt werden und trotzdem im Vergleich zu den Menschen deutlich in der Minderzahl sind. Denn die Hasenheide ist heute ein echter ›Volkspark‹ mit Wiesen, Rhododendronhain, Spielplätzen, Freiluftkino, Tiergehege, dem Rixdorfer Teich und der aus Weltkriegstrümmern aufgeschütteten Rixdorfer Höhe. Sport, Spiel und Picknick sind die liebsten Sommerbeschäftigungen der Hasenheide-Besucher. Mittendrin liegt die **Hasenschänke** im Stil der 1950er Jahre, je nach Sichtweise ist sie nur ein Kiosk, ein Café im Park, ein Ausflugslokal oder ein Biergarten. Ganz ungetrübt ist die Idylle jedoch nicht, denn auch Dealer und Junkies fühlen sich in der Neuköllner Oase wohl.

Am Rande der Hasenheide liegt der **Hermannplatz** an der Grenze von Kreuzberg und Neukölln. Der Platz gilt als Tor nach Neukölln und entstand ganz profan aus einer Straßenkreuzung, einen alten Dorfkern sucht man deshalb hier vergeblich. Heute ist der Platz ein belebter Verkehrsknotenpunkt und besitzt mit dem Karstadt-Warenhaus ganz gute

*Entspannung im Volkspark Hasenheide*

*Der Hermannplatz: hier trifft Kreuzberg auf Neukölln*

Shopping-Möglichkeiten, die meisten anderen Läden sind eher uninteressant. Schon längst kein Geheimtipp mehr und deshalb immer bis auf den letzten Platz voll ist das **Hamy** in der Hasenheide 10. Keine fünf Minuten dauert es, bis hier ein superleckeres vietnamesisches Curry unter einem Berg von Gemüse und frischem Koriander auf dem Tisch steht. Leider muss man sich mit dem Essen beeilen, denn die nächsten Gäste warten schon. Für ein gemütliches Bier geht man dann lieber woanders hin. Über den Kottbusser Damm geht es vom Hermannplatz ins Herz von Kreuzberg, über Sonnenallee und Karl-Marx-Straße nach Neukölln, und auch nach ›Kreuzkölln‹ ist es nicht weit.

## Kreuzkölln

Den Namen ›Kreuzkölln‹ findet man auf keinem offiziellen Stadtplan, und auch so mancher Berliner kann mit diesem Kunstwort nur wenig anfangen. Nicht verwunderlich, denn den inoffiziellen Namen für diesen Teil Nordneuköllns, der südlich an Kreuzberg anschließt, gibt es erst seit ein paar Jahren, und die Grenzen sind noch fließend. Für die meisten ist der Reuterkiez, der von Kottbusser Damm, Sonnenallee, Wildenbruchstraße und Landwehrkanal begrenzt wird, gleichbedeutend mit Kreuzkölln. Mittlerweile werden in dem früheren Problemkiez immer mehr Touristen gesichtet, die in den oft noch spärlich sanierten Gründerzeit-Häusern nach Ateliers, Bars, Cafés und Restaurants mit dem ganz speziellen Berlin-Flair Ausschau halten.

Ein guter Beginn für einen Spaziergang durch den aufstrebenden Ausgehkiez ist der U-Bahnhof Schönleinstraße (U8). Nach ein paar Schritten ist man am Landwehrkanal, überquert diesen und biegt rechts in das **Paul-Lincke-Ufer** ein. Wer jetzt schon hungrig oder durstig ist, hat gleich die Qual der Wahl. Im von außen unscheinbaren ›Horvath‹ – nur die mit blütenweißen Tischdecken ausgestatteten Tische im Außenbereich lassen das gehobene Preisniveau ahnen – wird österreichische Küche vom Feinsten serviert, seit kurzem auch durch einen Stern geadelt. Nebenan unter den griechischen Säulen lädt das ›Café am Ufer‹ zum Frühstück und zum günstigen Mittagstisch ein. Wer weiter am Ufer entlanggeht, fühlt sich bald wie in Frankreich, denn auf dem halben Dutzend

**Boulebahnen** herrscht immer Hochbetrieb.

Kurz bevor der Kanal im 90-Grad-Winkel abknickt, wechselt man über die **Thielenbrücke** auf die andere Uferseite – verlässt damit Kreuzberg und ist in Neukölln oder genauer in ›Kreuzkölln‹. Ein paar Schritte weiter liegt ein großer Spielplatz, auf dem immer viel los ist. Hier wird der neue Trend zum Kind auch von Nichtmigranten zelebriert, und wer sich das Eltern-Kind-Getümmel anschaut, fühlt sich fast schon wie in Prenzlauer Berg. Auf dem Weg am **Maybachufer** zurück zum Kottbusser Damm ist das ›Nansen‹ an der Einmündung der gleichnamigen Straße leicht zu übersehen. Ein paar einfache Tische vor der Tür sowie der schlichte Innenraum sind pures Understatement, denn die Küche ist experimentierfreudig und exzellent. Auch hier lohnt wieder ein kleiner Abstecher. Durch die Nansenstraße geht es weiter zum **Reuterplatz**, dem Zentrum des gleichnamigen Kiezes.

Am Dienstag und Freitag zwischen 11 und 18.30 Uhr sollte man den Spaziergang am Maybachufer fortsetzen, denn zu dieser Zeit findet der **Markt am Maybachufer** statt, es ist einer der größten

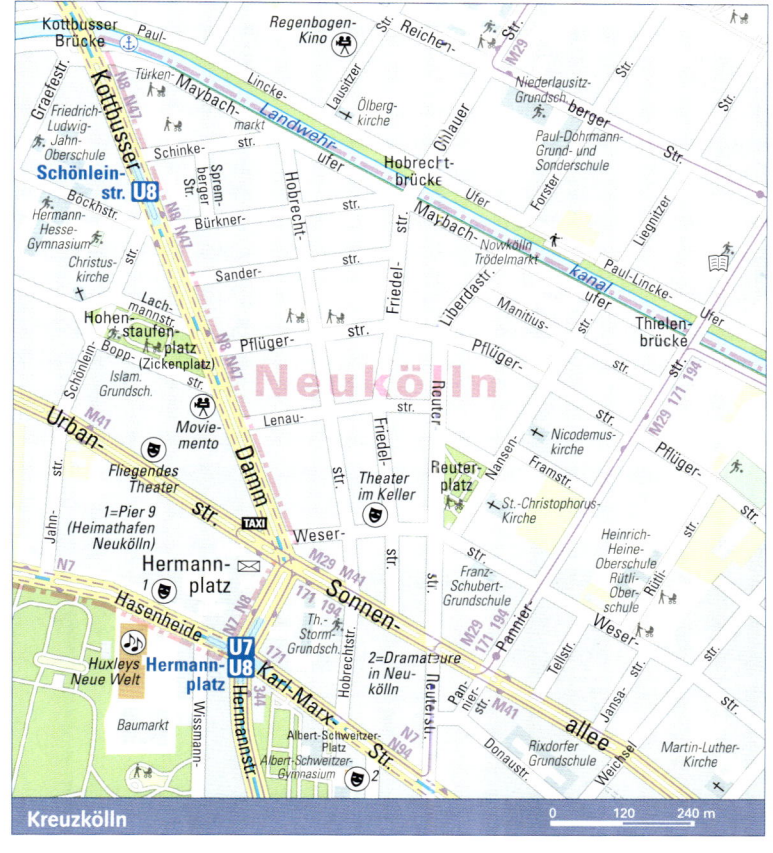

Wochenmärkte Berlins und mittlerweile wegen seines orientalischen Flairs weit über die Stadtgrenzen hinaus bekannt. Besucher können sich über eine bunte Vielfalt an Düften und Gaumenfreuden freuen, zudem gibt es Obst und Gemüse, orientalische Süßigkeiten, Imbisse aus aller Welt, Schafs- und Ziegenkäse, Oliven, Fisch und bunte Stoffe zu günstigen Preisen. Jeden zweiten Sonntag im Monat findet am Maybachufer der **Kiezflohmarkt Nowkölln** statt, mit einer gelungenen Mischung von privaten und kommerziellen Angeboten.

## Britz

Ein gutes Stück weiter südlich, im Ortsteil Britz, liegt der **Britzer Garten**. Der rund 90 Hektar große Park entstand zur Bundesgartenschau 1985 zwischen den Hauptverkehrsstraßen Mariendorfer Damm, Mohriner Allee, Buckower Damm und Marienfelder Chaussee. Die erste neue größere Parkanlage nach dem Zweiten Weltkrieg wurde für die Bevölkerung im Süden Berlins als Landschaftsgarten mit vielfältigen Freizeit- und Erholungsmöglichkeiten geplant. Eine durchaus gelungene Mischung, denn vor einigen Jahren wurde der Britzer Garten unter die zehn schönsten Gärten Deutschlands gewählt (Buckower Damm 146, 12349 Berlin, www.gruen-berlin.de, tgl. ab 9 Uhr). Zentrum des Parks ist der fast zehn Hektar große, in eine Hügellandschaft eingebettete **See**. Neben der Uferpromenade, den Brücken und dem Modellboothafen gibt es auch einen flachen Sandstrand – Baden im See ist aber leider nicht gestattet. Im Frühjahr blühen überall Narzissen, Krokusse, Tulpen und Traubenhyazinthen, im Juni und September lockt der Rosengarten mit hunderten Beet-, Strauch- und Kletterrosen. Abwechslungsreiche Wege ermöglichen ausgiebige Spaziergänge, wer nicht so gut zu Fuß ist, setzt sich in die kleine Parkeisenbahn. Vor allem Familien mit Kindern finden in den **Spiellandschaften** ein vielfältiges Angebot an Schaukeln, Wippen, Trampolinen und anderen Spielgeräten, außerdem gibt es einen Wasserspielplatz und ein Tiergehege.

Beliebt sind auch das Tulipan-Fest zur Tulpenblüte, Sommersonnenwendfest, Drachenfeste, St.-Martins-Umzug und diverse Musikveranstaltungen. Eine weitere Attraktion ist die **Britzer Mühle**, eine voll funktionsfähige Galerieholländermühle, eine der letzten acht erhalten gebliebenen Windmühlen Berlins.

Wer sich nach einem Spaziergang durch den Britzer Garten stärken möchte,

*Café am See im Britzer Garten*

kann dies im **Restaurant Britzer Seeterrassen** tun. Das eigenwillige zelt- oder höhlenähnliche Gebäude liegt direkt am See, bei schönem Wetter ist die Terrasse der beste Platz. Ein guter Tipp ist das große Frühstücksbuffet am Sonntag. Auch das **Italo-Bistro am Kalenderplatz** besitzt eine große Terrasse, hier sitzt man sogar unter Palmen und lässt sich in erster Linie Italienisches schmecken. In der kleinen pyramidenförmigen **Milchbar am Wasserspielplatz** gibt es diverse Milchshakes, aber auch andere Kleinigkeiten.

Das **Restaurant Britzer Mühle** (Buckower Damm 130) punktet mit einem schönen Garten hinter dem Haus mit Blick auf die Mühle. Die Speisekarte ist umfangreich, schon morgens kann man unter einem Dutzend verschiedener Frühstücke wählen. Sonntags Brunch und Montagabend Livemusik.

■ **Gutspark Britz**

Wer noch gut zu Fuß ist, läuft in rund 20 Minuten vom Britzer Garten zum nordöstlich gelegenen Gutspark. Feldsteinkirche, Dorfplatz, Friedhof und der Gutshof Britz mit dem Schloss bilden einen der besterhaltenen dörflichen Ortskerne Berlins. Das ehemalige Rittergut mit dem im barocken Stil angelegten Park gehörte bis zum Ende des 17. Jahrhunderts der Familie Britzke. Nach mehreren Besitzerwechseln erwarb schließlich das Land Berlin 1924 das Gut und machte den Park für die Öffentlichkeit zugänglich. In den 1980er Jahren wurde das Anwesen instandgesetzt, seitdem präsentiert sich der Park mit seinem alten Baumbestand und dem verschlungenen Wegenetz wie gegen Ende des 19. Jahrhunderts. Das stattliche, 1706 errichtete **Gutshaus** steht unter Denkmalschutz und beherbergt diverse Ausstellungen. Im linken Gebäudetrakt wird die Wohnkultur der Gründerzeit anhand von originalen Möbeln wieder lebendig. Außerdem befindet sich seit 2010 das **Museum Neukölln** in den Räumen des Gutshauses. Ungewöhnlich und ganz und gar nicht museal verstaubt ist die Ausstellung ›99x Neukölln‹, die 99 Objekte zeigt, die etwas über die Geschichte des Bezirks erzählen. Besucher erhalten an Computerterminals ausführliche Informationen zu den einzelnen Objekten (Alt-Britz 81, 12359 Berlin, Di–So 10–18 Uhr, www.museum-neukoelln.de).

■ **Hufeisensiedlung**

Nur wenige Schritte vom Gutshof Britz entfernt liegt die Hufeisensiedlung, UNESCO-Weltkulturerbe und für Architekturinteressierte ein durchaus lohnendes Ziel. Ihren Namen verdankt die 1925 bis 1933 im Stil der Neuen Sachlichkeit erbaute Siedlung dem hufeisenförmigen Gebäudekomplex in der Fritz-Reuter-Allee. Als die Anlage geplant wurde, litt Berlin unter arger Wohnungsnot, zudem lebten die meisten Arbeiter in miserablen Mietskasernen. Die Zeit war reif für den ersten sozialen Wohnungsbau. Nach Plänen des Architekten Bruno Taut entstanden mehr als 1000 Wohnungen mit Bad, Toilette, Zentralheizung, Balkon oder Loggia – in der damaligen Zeit ein geradezu revolutionärer Fortschritt im Vergleich zu den dunklen und engen Hinterhäusern. Sogar einen eigenen kleinen Garten sollten die Mieter bekommen. Damit die Wohnungen erschwinglich blieben, musste sich Taut auf wenige Grundrisse beschränken und möglichst kostengünstig bauen, was er durch Einfamilienreihenhäuser und dreistöckige Miethäuser verwirklichte (Infostation an der Fritz-Reuter-Allee 44, 12359 Berlin, www.hufeisensiedlung-berlin.de, nur Fr und So nachmittag geöffnet).

Ich liebe dich bei Nebel und bei Nacht,
wenn deine Linien ineinander schwimmen –
zumal bei Nacht, wenn deine Fenster glimmen
und Menschheit dein Gestein lebendig macht.

Was wüst am Tag, wird rätselvoll im Dunkel;
wie Seelenburgen stehn sie mystisch da,
die Häuserreihn, mit ihrem Lichtgefunkel;
und Einheit ahnt, wer sonst nur Vielheit sah.

Christian Morgenstern, Berlin, 1906

# SCHÖNEBERG UND TEMPELHOF

*In der Victoria-Bar*

# Schöneberg

»Jetzt wächst zusammen, was zusammengehört«, diese Worte diktierte der große SPD-Mann Willy Brandt den Journalisten am Tag nach dem Fall der Berliner Mauer in die Feder, als er in mehreren Interviews über die Zukunft der so lange getrennten Stadthälften spekulierte. Brandt und die Reporter trafen sich damals vor dem Rathaus Schöneberg, das zu dieser Zeit noch Tagungsort des Senats von West-Berlin, also Sitz einer Landesregierung, war. Fast ein Vierteljahrhundert ist das nun her. Längst tagt der Berliner Senat im Roten Rathaus in Mitte, und das Schöneberger Rathaus wurde zum ganz gewöhnlichen Bezirksrathaus ›degradiert‹. Damit aber nicht genug. Im Zuge der Bezirksreform von 2001 wurde, um die Verwaltungsstrukturen zu verschlanken, zusammengelegt, was aus Sicht vieler Berliner überhaupt nicht zusammengehört: bis dahin eigenständige Bezirke mit unterschiedlicher historischer Prägung, unterschiedlicher Bevölkerungsstruktur und einem völlig unterschiedlichen Lebensgefühl. In diesem Fall Schöneberg – eher jung und studentisch, mit günstigeren und teuren Ecken, einer ausgeprägten Café- und Kneipenkultur und einer stadtbekannten Homosexuellen-Szene. Und dann Tempelhof: bürgerlich, konservativ, traditionelles CDU-Gebiet. Aber auch ein Bezirk mit baulichen Hinterlassenschaften aus einer Epoche, in der Berlin einer der innovativsten Hotspots der Welt gewesen ist: Flughafen Tempelhof, Ullstein-Verlagshaus und das ehemalige Filmkopierwerk der UFA.

Heute leben knapp 341 000 Menschen in Schöneberg-Tempelhof, statistisch sind das etwas mehr als 6400 Einwohner pro Quadratkilometer.

## Vom Nollendorf- zum Winterfeldtplatz

Ein perfekter Ausgangspunkt, um mit einem Stück Schöneberg auf Tuchfühlung zu gehen, ist der Nollendorfplatz, nur zwei bis drei Bushaltestationen entfernt von City-West und Kurfürstendamm und Standpunkt der gleichnamigen U-Bahnstation (U1, U2, U3, U4), die sich hier überirdisch befindet. Der Platz wurde um 1880 angelegt, und seit 1902 schon teilt ihn die Hochbahn in zwei Teile, die sich seither ziemlich unterschiedlich entwickelt haben: Eine wenig aufregende, inzwischen von Nachkriegsbauten geprägte Seite mit dem grünen Tiergarten im Rücken und ein quirliges Szene- und Kneipenviertel mit gründerzeitlicher Altbausubstanz, das zum Bummeln und Einkaufen, Leute-Gucken und Fünfe-gerade-sein-lassen bestens geeignet ist. Der Nollendorf-

*Eisladen in der Goltzstraße*

*Käse für Feinschmecker auf dem Wochenmarkt am Winterfeldtplatz*

platz selbst bietet mit Parkplatz, U-Bahn und Bushaltestellen wenig Anlass zum längeren Verweilen. Doch bevor man ihm den Rücken kehrt, verdient das markante graue Gebäude Ecke Motzstraße Beachtung. Hinter der Fassade mit dem ausladenden klassizistischen Giebel befand sich in den späten 1920er Jahren eine der aufregendsten Bühnen Berlins. Das ›Theater am Nollendorfplatz‹ wurde seinerzeit vom Avantgarde-Regisseur Erwin Piscator geleitet, und die Schauspielerin Tilla Durieux, der die Berliner Männerwelt jener Tage zu Füßen lag, feierte hier rauschende Erfolge.

In der Nachkriegszeit wurde das frühere Bühnenhaus zum Filmtheater ›Metropol‹, das lieber Erotik-Streifen als Avantgardekunst präsentierte. Aktuell beherbergt das alte Theater eine Diskothek: Der **Goya Club** lockt Nachtschwärmer an. Das Innenleben des Vergnügungstempels ist 2005 nach Plänen des Architekten Hans Kollhoff – bekannt durch den Kollhoff-Tower am Potsdamer Platz – so grandios umgestaltet worden, dass es vor allem für Pistengänger der Generation 40plus mehr als einen Grund gibt, sich auf dem Parkett zu drängeln, wenn die schicke Event-Location zur Ü30-Party lädt. Auch die Musikauswahl richtet sich eher an ein gesetzteres Publikum.

In den 1920ern, als das Nachtleben in Berlin aufregender war als irgendwo sonst auf dem Kontinent, fand man in dieser Gegend die Bars und Nachtclubs, in denen homoerotische Kontakte nicht nur selbstverständlich, sondern geradezu en vogue gewesen sind. Etliche schillernde Künstlerpersönlichkeiten lebten in den Seitenstraßen des Nollendorfplatzes – die Dichterin Else Lasker-Schüler, der Maler Oskar Kokoschka, der englische Schriftsteller Christopher Isherwood, der Berlin und dem Lebensgefühl der ›Roaring Twenties‹ mit seinem Roman ›Goodbye to Berlin‹ ein literarisches Denkmal gesetzt hat.

Skandale, Tabubruch, Glamour – das war einmal. Schwulenkneipen und -cafés, in denen das männliche Publikum eindeutig in der Überzahl ist, gibt es in dieser Gegend immer noch. Ansonsten ist der **Wochenmarkt** am nahegelegenen Winterfeldtplatz heute ›the place to be‹. Für viele ist er der schönste in ganz Berlin. Hier tut sich nicht nur der multikulturelle Spezialitätenkosmos mit orientalischer, mediterraner und regionaler Vielfalt auf. Hier gibt es auch genähte, genietete, gefilzte Accessoires in Hülle und Fülle. Nicht nur an Markttagen versorgt der **Imbiss Habibi** direkt am Platz Hungrige mit libanesischen Spezialitäten und dem wohl besten Falafel der ganzen Stadt.

Hinter der Kirche, auf der Südseite des Winterfeldtplatzes, beginnt die **Goltzstraße**, die mit ihrer Verlängerung, der **Akazienstraße**, zu den beliebtesten Shoppingrevieren derjenigen gehört, die für das Standardangebot der Shoppingcenter eher wenig übrig haben. Hier gibt es Textilien, Schuhe und Taschen, Möbel, Schmuck und Schnickschnack aller Art. Eine perfekte Anlaufstelle für relaxtes Abhängen ist das **Café Bilderbuch** (Akazienstraße 28) mit seinen bunt zusammengewürfelten Wohnzimmergarnituren. Sonntags bedient man sich hier bei Piano-Livemusik am Brunch-Buffet. Ein gut bestücktes Bücherregal, kostenloses WLAN und nicht nur Vegetarisches zu zivilen Preisen gibt es auch an allen anderen Tagen.

## Viktoria-Luise-Platz

Wer vom Nollendorfplatz die **Motzstraße** mit ihren vielen kleinen Läden und Schwulenbars nach Westen geht, erreicht nach wenigen Minuten den denkmalgeschützten Viktoria-Luise-Platz. Viel Grün, das Wasserbecken mit der hochaufschießenden Fontaine und ›antike‹ Säulen, die die Ein- und Ausgänge der U-Bahn-Station (U4) umrahmen, zeigen noch heute, wie fein man sich's hier schon in den Gründerjahren machte. Vor 1871, als aus den vielen kleinen deutschen Staaten das deutsche Kaiserreich und Berlin dessen Hauptstadt wurde, war Schöneberg ein Dorf vor den Toren der Stadt – nicht einmal 5000 Menschen lebten hier. Nach der Reichsgründung setzte in Berlin und im Umland ein nie dagewesener Bauboom ein, der auch Schönebergs

*Richtig fein gemacht: der Viktoria-Luise-Platz*

feuchte Wiesen in Baugrund verwandelte, auf dem Mietshäuser für eine zahlungskräftige Klientel förmlich aus dem Boden gestampft wurden. Als man das neue Jahrhundert begrüßte, war das einstige Dorf bereits eine Stadt mit 96 000 Einwohnern. Die Stadtplaner jener Jahre probierten neue Ideen aus. Hatten Plätze bis dahin in der Regel rein repräsentative Funktion, so wurden nun kleine urbane Oasen wie hier geschaffen. Dichte Bepflanzung am äußeren Rand schirmte das Areal gegen Lärm und Hektik der Straße ab. Heute sind auch die umliegenden Straßen verkehrsberuhigt, so dass Cafés und Restaurants am Platz ihre Reviere entsprechend ausgebreitet haben.

Die Institution am Viktoria-Luise-Platz ist das **Café Montevideo** (Viktoria-Luise-Platz 6), egal ob Frühstück, Nachdem-Kino-Drink oder Latte zwischendurch, die Adresse ist immer richtig. In der Nachbarschaft hält die **Osteria Ribaltone** (Motzstraße 54) mit guter italienischer Küche dagegen – ohne Reservierung hat man hier abends schlechte Karten.

Im schönsten Haus am Platz (Ecke Regensburger Straße) hat seit 1902 der **Lette-Verein** seinen Sitz. Ursprünglich ging die Bildungseinrichtung als ›Verein zur Förderung der Erwerbsfähigkeit des weiblichen Geschlechts‹ an den Start. Inzwischen werden hier auch junge Männer ausgebildet – unter anderem werden Grafik, Fotografie und Modedesign gelehrt. Für den stilvollen Gründerzeitbau mit dem Zwiebeltürmchen zeichnet übrigens Alfred Messel verantwortlich, der Anfang des 20. Jahrhunderts auch solche Prestige-Projekte wie das Pergamonmuseum und das Kaufhaus Wertheim am Leipziger Platz (existiert nicht mehr) auf den Weg gebracht hat.

## Bayerisches Viertel

Mit eleganten Fassaden und Wohnungsgrößen von bis zu 250 Quadratmetern waren auch die **Gründerzeitbauten** des südlich angrenzenden Bayerischen Viertels auf den großbürgerlichen Lebensstil zugeschnitten. Von Anfang an ließen sich in der neuen Wohngegend rund um den Bayerischen Platz, die um 1900 im Berliner Westen entstand, höhere Beamte, Ärzte, Rechtsanwälte, gutverdienende Künstler und Intellektuelle nieder. Albert Einstein hat in den 1930er Jahren im Bayerischen Viertel gelebt, der spätere FAZ-Literaturkritiker Marcel Reich-Ranicki verbrachte seine Kindheit hier. Überhaupt lebten – bis zu ihrer Verfolgung und Ermordung durch die Nationalsozialisten – viele Vertreter der jüdischen Oberschicht in diesem Teil der Stadt. Ein Stück Erinnerungskultur der besonderen Art stellen die straßenschildartigen **Erinnerungstafeln** dar, die man überall im Bayerischen Viertel finden kann. Auf der einen Seite zeigen sie harmlose Bildmotive, zum Beispiel eine Schultafel. Auf der Rückseite gibt jedes Schild den Wortlaut einer entsprechenden Verordnung aus der NS-Zeit wieder, mit denen die jüdische Bevölkerung schikaniert und diskriminiert wurde, bevor die systematische Verfolgung und Vernichtung begann. »Jüdische Kinder dürfen keine öffentlichen Schulen mehr besuchen«, heißt es auf der Rückseite des Schultafel-Schildes.

## Rathaus Schöneberg

Um dem Rathaus Schöneberg einen Besuch abzustatten, steigt man am Bayerischen Platz oder zuvor schon am Viktoria-Luise-Platz in die U4 – nach wenigen Minuten Fahrzeit befindet man sich auf dem Platz, auf dem 1963 US-Präsident John F. Kennedy den Bewohnern des mauerumschlossenen West-Berlin seine

*Symbol der Freiheit Westberlins: das Rathaus Schöneberg*

Solidarität bekundete. Vor der jubelnden Menge sprach der Amerikaner die berühmt gewordenen Worte »Ich bin ein Berliner«. Der **Rathausplatz**, auf dem samstags und sonntags ein Trödelmarkt stattfindet, ist nach Kennedy benannt. Die **Freiheitsglocke** im Rathausturm ist ein Geschenk der amerikanischen Siegermacht. Vom Radiosender RIAS (Rundfunk im Amerikanischen Sektor) wurde ihr Geläut samt feierlich gesprochenem Freiheitsgelöbnis regelmäßig ausgestrahlt. Heute führt das aus dem RIAS hervorgegangene ›Deutschlandradio Kultur‹ diese Tradition fort. Das berühmte **Funkhaus** befindet sich ganz in der Nähe, am Hans-Rosenthal-Platz am Rand des Volksparks Wilmersdorf.

Das Schöneberger Rathaus, 1914 eröffnet, im Krieg zerstört und unverzüglich wiederaufgebaut, war von 1949 bis 1991 Amtssitz des Regierenden Bürgermeisters und Sitz des Senats von West-Berlin. Das Abgeordnetenhaus des wiedervereinten Berlin tagte noch bis 1993 hier, dann zog die Landesregierung nach Mitte ins Rote Rathaus um. Fast schon in Vergessenheit geraten ist, dass am Schöneberger Rathaus der Protestmarsch gegen den Besuch des Schahs von Persien im Jahr 1967 seinen Ausgangspunkt hatte. Die Demo endete mit dem Tod des Studenten Benno Ohnesorg und gilt letztlich als Initialzündung für die bundesweite 68er-Studentenbewegung, die die bundesdeutsche Nachkriegsgesellschaft nachhaltig verändert hat.

## Friedenau

Auf der Südwestseite des schmalen Volksparks und von diesem durch die Stadtautobahn A 100 getrennt, liegt Friedenau. Seit 1920 gehört das Stadtviertel zu Schöneberg. Ein paar Jahrzehnte zuvor war Friedenau als Gegenentwurf zu dem von Mietskasernen und Hinterhöfen geprägten Großstadtambiente an den Start gegangen. »Feldalleen und Blütenduft vor der Weltstadt Tor, schöne Häuser, frische Luft, alles find'st du vor« – so blumig wurde die auf den Flächen eines ehemaligen Ritterguts frisch errichtete Landhauskolonie 1871 in einer Broschüre beworben. Kleine, zweigeschossige Villen mit geduckten Giebeln, tief heruntergezogenen Dächern und üppig bemessenen Gärten warteten auf Käufer oder Mieter.

Drei Jahre später kann die Kolonie vor den Toren Berlins sogar mit einer attraktiven Verkehrsanbindung auftrumpfen. Züge der Berlin und Potsdam verbindenden Wannseebahn machen nun Halt an der neuen Station Friedenau (heute S-Bahnlinie S1). Weil die deutsche Hauptstadt durch ungebremsten Bevölkerungszustrom förmlich aus allen Nähten platzt, erlässt die Regierung 1887 eine neue Bauordnung. Daraufhin wird ein großer Teil der kaum drei Jahrzehnte zuvor errichteten Landhausvillen in Friedenau abgerissen und durch Mietshäuser mit bis zu fünf Stockwerken ersetzt. Bauherren und Architekten lassen in diesen Jahren ihrem ›Spieltrieb‹ freien Lauf, schmücken Fassaden und Portale mit gründerzeitlichen Klassik-Anleihen, später in schönster Jugendstilmanier mit fein gemeißelten Girlanden, mit Engeln, teuflisch grinsenden Fratzen oder ihren eigenen, aus dem Stein gehauenen Konterfeis. Besonders schöne Häuser findet man in der **Fregestraße** und der **Hedwigstraße**. Friedenau hat von Anfang an in besonderem Maße Künstler und Intellektuelle angezogen. Zum einen lockte frische Luft, aber auch günstige Mieten für Dachgeschosswohnungen machten die neue Wohngegend attraktiv. Einer, der hier unterm Dach wohnte, war Harry Frommermann, jung, musikalisch be-

*In Friedenau wohnten viele Künstler*

gabt, aber ohne klassische Ausbildung an irgendeinem Instrument. Per Annonce suchte Frommermann Gleichgesinnte für eine Vokalgruppe und gründete in Frommermanns Wohnung in der Stubenrauchstraße 47 die ›Comedian Harmonists‹. Mit A-Kapella-Gesang und witzigen Songtexten (»Mein kleiner grüner Kaktus«) füllte Deutschlands erste ›Boygroup‹ in den späten 1920er und frühen 1930er Jahren landauf, landab die Säle, bis das Auftrittsverbot für die jüdischen Mitglieder der Erfolgsstory ein jähes Ende bereitete.

### ■ Friedenau – der Literatenkiez

Den Anfang hat ein gewisser Aaron Bernstein gemacht. Der Mann war 1848er-Revolutionär, Schriftsteller und Redakteur der jüdisch-liberalen ›Reform-Zeitung‹. Kaum hatte die neue Kolonie im Südwesten Berlins Gestalt angenommen, bezog Bernstein ein Haus in der Saarstraße 8. In der Weimarer Zeit war Friedenau Heimat von Kurt Tucholsky, Kurt Hiller und Max Herrmann-Neiße, Autoren, die für die politisch linke ›Weltbühne‹ oder für Zeitschriften der expressionistischen Avantgarde tätig waren. Auch Erich Kästner hatte hier zeitweilig eine Zweitwohnung. In den 1960er und 1970er Jahren machte das idyllische Friedenau als ›Hochburg der Studentenbewegung‹ von sich reden. Treffpunkt der jungen Literaten-Szene waren der Buchhändlerkeller in der Görrestraße 8 und – nur wenige Schritte davon entfernt – das legendäre ›Bundeseck‹ in der Bundesallee 75. Im rauchgeschwängerten Kneipenraum sollen sich junge Schreiber über Gesellschafts- und Literaturtheorien die Köpfe heiß diskutiert haben. Auf der Terrasse der Niedstraße 13 wurde ebenfalls hitzig debattiert. Hier trafen sich allerdings die Arrivierten der schreibenden Zunft: Uwe Johnson, Max Frisch und Günter Grass. Grass, der Hausherr, soll seinen Gästen bei diesen Treffen Fisch oder Hammelbraten serviert haben, Gerichte, von denen stets noch lange geschwärmt wurde. Frisch wohnte nur einen Steinwurf entfernt in der Sarrazinstraße 8, Johnson gleich nebenan in der Niedstraße 14. Grass konnte man übrigens oft auf der Terrasse seiner denkmalgeschützten Villa vor seiner kleinen Druckwerkstatt sitzen sehen – manchmal sahen Passanten aber auch nur den Rauch seiner Pfeife, der hinter üppig bepflanzten Blumenkästen aufstieg. Der spätere Nobelpreisträger ist 1996 nach Lübeck gezogen. Heute hat Friedenau (s)eine Literaturnobelpreisträgerin: Herta Müller lebt und arbeitet in der Menzelstraße – auf der nicht ganz so gediegenen Seite von Friedenau.

### ■ Rund um den S-Bahnhof Friedenau

Einen Bummel durch Friedenau beginnt man am besten an der gleichnamigen S-Bahn-Station. Nimmt man den Ausgang, der ebenerdig aus dem Tunnel unter der Autobahn führt, kann man dem **Wohnhaus von Rosa Luxemburg** in der Cranachstraße 58 einen Besuch abstatten. Die Mitbegründerin der KPD und Ikone der Arbeiterbewegung lebte – unterbrochen von mehreren Inhaftierungen – von 1899 bis 1911 in Friedenau. Verehrer legen noch immer am Todestag rote Blumen vor dem Haus in der Cranachstraße nieder und haben rund um die Gedenktafel ein Rosenbeet angelegt.

Ins Friedenauer Kerngebiet führt der Treppenausgang an der S-Bahnstation. Nach dem Aufstieg findet man sich sogleich auf einem kleinen Platz wieder, der heute noch das Flair der einstigen Landhauskolonie erahnen lässt: Baum mit Rundbank, niedrige Fachwerkhäuser, üppig dekorierte Gründerzeitbauten. Die ›Seele‹ des Platzes aber ist das winzige **S-Café**. Hier kosten Friedenaus Genussmenschen jeden Sonnenstrahl aus – und sei es unter der wärmenden Fleecedecke. Vom Frühjahr bis in den Herbst hinein ist das S-Café eine Art Freilicht-Wohnzimmer, in dem man sich auch zum Public Viewing trifft.

Die denkmalgeschützte **Alte Bahnhofshalle** wird an Sonntagabenden von Jazz- oder Klassik- oder Weltmusikklängen erfüllt, und unter der Woche lernen Friedenauer Paare hier das Tangotanzen, was manchen Überwindung kostet, weil jeder Passant auf dem Weg zur S-Bahn – die meisten kennen einen ja zumindest vom Sehen – die ungelenken Anfängerschritte durch bis zum Boden reichende Fenster mitverfolgen kann.

Biegt man erst in die Sponholz- dann in die Semperstraße, erreicht man die **Ceciliengärten**. Die streng symmetrisch um einen Anger ausgerichtete Wohnanlage aus den 1920er Jahren gilt wegen ihrer Fassadengestaltung als ›Freilichtmuseum des Art Déco‹. In dem Turm, der den Eingang an der Semperstraße markiert, hatte von 1929 bis 1933 der Maler und Grafiker Hans Baluschek sein Atelier.

Ein heiter beschwingtes Lebensgefühl vermittelt die **Hedwigstraße**, wo man sich entweder auf der linken Seite im ›Lula‹ oder schräg gegenüber im ›Café Santos‹ an kleinen Tischen auf dem Gehweg niederlässt. Das Angebot an Speisen – Frühstück, Suppen, Quiches und saisonale Tagesgerichte – ist hüben wie drüben ordentlich. Die Santos-Leute haben allerdings die Sonne auf ihrer Seite.

Nach ein paar Schritten erreicht man die **Rheinstraße**, die Haupteinkaufsmeile Friedenaus. Auch wer keine Rolex braucht, sollte bei Juwelier Lorenz (Rheinstraße 59) hereinschauen. Das kleine **Uhrenmuseum** unter den Ge-

*Gedenktafel in der Cranachstraße*

## Breslauer Platz

**Friedenaus Rathaus** am Breslauer Platz wurde 1917 eröffnet, büßte aber schon drei Jahre später seine administrative Funktion ein, weil die grüne Kolonie nach Schöneberg eingemeindet wurde. Jahrzehnte lang hielt sich die Bezirksverwaltung hier eine Außenstelle. Dann beschloss der Doppelbezirk, sich nur noch die Rathausgebäude in Tempelhof und Schöneberg zu leisten. Für das funktionslose Friedenauer Rathaus wird ein Investor gesucht. Seit 2016 ist das Rathaus eine Unterhunft für Flüchtlinge, rund 400 Menschen wird hier eine Bleibe auf Zeit gewährt.

Auf dem **Wochenmarkt** auf dem Breslauer Platz hat schon Günter Grass gern eingekauft. Der Schriftsteller wohnte lange Zeit gleich um die Ecke, in der **Niedstraße 13**. Das Gebäude ist auch nach dem Fortzug des Literaten sehenswert, denn es handelt sich um eine der kleinen Villen aus den frühen Jahren Friedenaus, von denen noch etwa ein Dutzend erhalten ist.

## Friedenauer Künstlerfriedhof

Ziel vieler Besucher ist Friedenaus ›Künstlerfriedhof‹, der offiziell Friedhof Schöneberg III heißt. Am 16. Mai 1992 fuhr hier eine offener schwarzer Cadillac mit dem Sarg von Marlene Dietrich vor. Es war der ausdrückliche Wunsch der Diva, auf dem Friedhof in der Stubenrauchstraße neben ihrer Mutter, beerdigt zu werden. Das schlichte **Grab von Marlene Dietrich** ist heute Pilgerstätte, vor allem für die vielen Fans, die die Dietrich noch immer in der homosexuellen Szene hat. Gleich daneben wurde der 2004 verstorbene Fotograf **Helmut Newton** beigesetzt, ein Berliner ›Junge‹, der als Jude Nazi-Deutschland den Rücken kehrte, aber zeitlebens an seiner Heimatstadt hing. Die schönste Grabstätte hier ist die des 1924 gestorbenen Komponisten **Ferruccio Busoni**. Sie wird von einer hohen Stele mit einem geflügelten ›Genius‹ geschmückt. Das Kunstwerk stammt aus der Friedenauer Bildgießerei Noack. Hier wurde in den 1950er Jahren auch die Kopie der kriegszerstörten Quadriga für das Brandenburger Tor gegossen.

## Die Rote Insel

Gründerzeitlich bebaut, aber weniger nobel ist der Kiez, der sich um 1900 im Dreieck zwischen den Gleisen der Wannseebahn, der Ringbahn und der zum Anhalter Bahnhof führenden Bahntrasse gebildet hat. Teils Wohn-, teils Gewerbegebiet, stellt die ›Rote Insel‹ die Verbindung zwischen Schöneberg und dem sich östlich anschließenden Tempelhof dar. Seinen Beinamen hat sich dieser Kiez schon in wilhelminischer Zeit erworben, weil das Herz seiner Bewohner für die Sozialisten und nicht für den Kaiser schlug und man hier statt der schwarz-weiß-roten Fahne lieber eine einfarbig rote aus dem Fenster gehängt hat. In der NS-Zeit hat die Gegend überdurchschnittlich viel Widerstandskraft mobilisiert. Unter anderem war der 1945 in Plötzensee (→ S. 273) hingerichtete Widerstandskämpfer Julius Leber in seiner Berliner Zeit ein ›Rotinsulaner‹.

## Gasometer

Markantes Wahrzeichen der ›Roten Insel‹ ist der fast 80 Meter hohe Gasometer mit seinem filigranen Gerüst aus 24 senkrechten, ringartig miteinander verbundenen Stahlfachwerk-Masten. Das technische Wunderwerk wurde unter Leitung des Architekten Alfred

Messel in zweijähriger Bau- und Montagearbeit errichtet. Bei seiner Inbetriebnahme im Jahr 1919 gehörte der Gasometer mit einer Speicherkapazität von 160 000 Kubikmeter Stadtgas zu den drei größten des Kontinents. Die Anwohner haben die viel bestaunte Anlage allerdings bis zu ihrer Stilllegung im Januar 1995 mit Argwohn betrachtet. All die Jahre fürchtete man, dass die großen Gasmengen zu einer katastrophalen Explosion im Wohngebiet führen könnten. Seitdem die Gasspeicheranlage funktionslos geworden ist, kann ihr so mancher durchaus etwas abgewinnen. Allen voran der Fotokünstler Volker Wartmann, der Gasometer aus allen möglichen und unmöglichen Perspektiven fotografiert hat – im Ganzen und im Detail. Entstanden ist eine kunstvolle Hommage an ein Stück Berliner Industriekultur und eine Ausstellung, deren Exponate einen besonderen Reiz haben, weil sie das Objekt auf ein Material bannen, dessen Ära ebenso wie die des ausgedienten Gasometer Geschichte ist: Polaroid-Sofortbildfilm (www.polaroidkunst.de).

Schwindelfreie Interessenten können das Industriedenkmal in Begleitung eines Führers erklimmen (Anfragen an: gasometer1@gmail.com). Zudem wurde es in eine ›coole‹ Veranstaltungs-Location mit integriertem Kuppelbau umgestaltet. Von hier aus kommt der Polit-Talk mit Günther Jauch jeden Sonntagabend in die Wohnzimmer (Ticktes unter Tel. 030/5360640).

Rundherum soll auf dem **Euref-Campus** über die Stadt der Zukunft geforscht werden, Grünflächen und das Restaurant ›Schmiede bei Pino‹ in einem denkmalgeschützten Backsteingebäude machen das Gelände zu einer Oase im Trubel (www.eurefcampus.de).

*Markantes Wahrzeichen der Roten Insel: der Gasometer*

# Tempelhof

Näher gekommen sind sich Schöneberger und Tempelhofer nicht einmal durch den Protest gegen die mögliche Fluglärmbelästigung durch die Flugrouten für den neuen Großflughafen Berlin Brandenburg International (BBI). Betroffen wären die fast schon ländlichen Ränder Tempelhofs. Das citynahe Schöneberg beunruhigen die Pläne der BBI-Flugkommission weniger.

Das Tempelhofer Feld dagegen ist eine Attraktion, die auch Schöneberger scharenweise ins als langweilig abgestempelte Tempelhof lockt. Die gigantische Rollfeldfläche des historischen Flughafens Tempelhof, die man nach Einstellung des Flugbetriebs freigegeben hat, ist ein Dorado für Frischluftaktivitäten jeglicher Art.

## Flughafen Tempelhof

Von der S-Bahn-Station Julius-Leber-Brücke sind es nur ein paar Busminuten (Linie 104) bis zum Flughafen Tempelhof, der auch mit der U-Bahn (U7, Platz der Luftbrücke) zu erreichen ist. Der riesige Komplex löst bei vielen zwiespältige Gefühle aus. Da ist zum einen diese ungeheure Dimension des im Halbkreis angelegten Baukörpers – monumental und erdrückend, so wie es den Bauherren im NS-Staat gefiel. Wer hier allerdings einmal als Flugpassagier gelandet oder an Bord gegangen ist, erinnert sich an das Flair, das die streng geometrische Ankunftshalle mit ihrer umlaufenden Besucherempore bis zuletzt vermittelte. Hier haftete dem Reisen per Flugzeug noch lange eine Exklusivität an, die ihr in Zeiten von Billigfliegern und Massenabfertigung in verwechselbaren Terminals völlig abgeht. Eine eindrucksvolle Kulisse gibt der historische Airport in zahlreichen Filmen ab. Von Billy Wilders ›Eine auswärtige Affäre‹ bis zur ›Operation Walküre‹, dem Film über des Stauffenberg-Attentat von US-Regisseur Bryan Singer.

Als der Flughafenbau 1941 fertiggestellt wurde, war er mit 307 000 Quadratmetern Bruttogeschossfläche das flächengrößte Gebäude der Welt – bis zwei Jahre später das Pentagon diese Spitzenposition übernahm. Einen Flughafen gab es in Tempelhof schon in den 1920er Jahren. Ab 1936 wurde aber in großem Stil erweitert. Federführender Architekt war Ernst Sagebiel, der schon das gigantische Reichsluftfahrtministerium an der Wilhelmstraße (heute Bundesfinanzministerium) entworfen hatte. In den 1930er Jahren rangierte Berlin-Tempelhof noch vor Paris, Amsterdam und London und war der europäische Airport mit dem stärksten Verkehrsaufkommen. Das Flugfeld, ein ovaler Rasenplatz mit fast zwei Kilometern Durchmesser, ermöglichte, dass die damals noch relativ leichten Flugzeuge je nach Windrichtung immer exakt gegen den Wind starten und landen konnten. In den letzten Tagen des Zweiten Weltkrieges wurde der Flughafen – entgegen dem Hitler-Befehl – nicht verteidigt, sondern in ein Lazarett umfunktioniert. Von der Zerstörung durch die Bomben der Alliierten blieb der Gebäudekomplex weitgehend verschont. Ende April 1945 nahm die Rote Armee den Flughafen ein, knapp drei Monate später übergaben die Sowjets Tempelhof und den Flughafen an die Amerikaner, die einen Militärstützpunkt daraus machten.

Die wichtigste Rolle in seiner und in der Berliner Geschichte hat der Flughafen zur Zeit der **Berlin-Blockade** und der Luftbrücke gespielt. Dazu war es gekommen, als sich die Nachkriegs-Deutschland verwaltenden Siegermächte – ohnehin im ideo-

*Eines der größten Gebäude der Welt: der ehemalige Flughafen Tempelhof*

logischen Wettstreit verhaftet – über die Frage einer Währungsreform zerstritten hatten. Die Situation eskalierte, und am 24. Juni 1948 riegelten die Sowjets sämtliche Zufahrtswege von und nach West-Berlin, das wie eine Insel in der sowjetischen Besatzungszone lag, für den gesamten Güterverkehr ab. Für die Westmächte stand fest: West-Berlin muss gehalten werden. Am 25. Juni befahl General Lucius Clay, Militärgouverneur der amerikanischen Besatzungszone, die Errichtung der Berliner Luftbrücke und schon einen Tag später flog die erste Maschine der United States Air Force mit lebenswichtigen Gütern von Frankfurt nach Berlin Tempelhof. Kurz darauf nahmen auch die Briten ihre Versorgungsflüge auf. Fast ein Jahr lang wurde die vom Umland völlig abgeschnittene Stadt mit Lebensmitteln, Brenn- und Rohstoffen durch die Luft versorgt.

Das **Luftbrückendenkmal** am Platz der Luftbrücke vor dem Flughafen erinnert an die logistische Meisterleistung und an die dabei ums Leben gekommenen Piloten. Die drei Krallen des Monuments sollen die drei Luftkorridore symbolisieren, auf denen die Flieger – die von alliierten Stützpunkten im Nordwesten, Westen oder Südwesten Deutschlands starteten, Kurs auf Berlin nahmen. In den drei Einflugschneisen herrschte so reges Treiben wie auf einer Autobahn, alle drei Minuten landete ein Flugzeug. Um den reibungslosen Ablauf nicht zu gefährden, hatte jeder Pilot nur einen Landeversuch. Wenn dieser misslang, musste er mit der gesamten Ladung wieder abdrehen.

Durch den Flughafen Tegel wurde Tempelhof seit den 1960er Jahren entlastet. Das ständig steigende Verkehrsaufkommen konnte der historische Airport nicht mehr bewältigen. Ost-Berlin legte sich mit dem Flughafen Schönefeld einen eigenen Airport zu. Nach der Wiedervereinigung herrschte in Tempelhof vor allem freitags und sonntagabends reger Flugverkehr – ein Großteil der Regierungsmitarbeiter, die ihren familiären Mittelpunkt noch in Bonn hatten, nutzten Tempelhof für die Pendelflüge zwischen Rhein und Spree. 2008 wurde der Flugbetrieb in Tempelhof eingestellt.

Teile des denkmalgeschützten Gebäudes werden von Kultur- und Medienunternehmen sowie einer privaten Hochschule genutzt. Die Hangars dienen derzeit als Notunterkunft für Flüchtlinge. Falls erforderlich können hier bis zu 7000 Menschen untergebracht werden. Interessant sind die verschiedenen Führungen durch die leerstehenden Etagen des alten Airports und durch seine ›Katakomben‹. Ticketbüro und Treffpunkt am GAT-Bereich am Tempelhofer Damm, gegenüber der Tankstelle (→ S. 453).

■ **Tempelhofer Feld**
Auf der 386 Hektar großen Freifläche, die einst für Starts und Landungen diente, ist ein Erholungsgebiet der besonderen Art entstanden. An schönen Tagen pilgern Tausende Ausflügler mit Decken und Picknickkörben hierher – viele mit Drachen, Rad, Inline-Skates oder anderem Sportgerät, weil man sich auf dem Tempelhofer Feld mehr als anderswo austoben kann. Während manche einfach die unkultivierte Weite genießen, möchten andere das Areal lieber mit Blumenbeeten, Spielplätzen und Blumenrabatten füllen. Am Eingang Oderstraße, auf der Neuköllner Seite des Parks, hat die Parkverwaltung einer Initiative für gemeinschaftliches Gärtnern nachgegeben und ein 6600 Quadratmeter großes Teilstück zur Nutzung freigegeben. Hier wollen gartenlose Gartenfans gemeinsam säen, gießen und ernten – was das Areal, das

*Beliebtes Erholungsgebiet mitten in der Stadt: das Tempelhofer Feld*

einst den Luftfahrtpionieren gehörte, zu einem Experimentierfeld der anderen Art macht. In einem Volksentscheid sprach sich eine Mehrheit der Wähler 2014 für ›100 % Tempelhofer Feld‹ aus und verhinderte dadurch vorerst Pläne für eine Teilbebauung.

## Ufa-Fabrik

Südlich des Tempelhofer Feldes liegt die Ufa-Fabrik (Viktoriastraße 10–18), ein knapp 20 000 Quadratmeter großes Alternativ-Veranstaltungsgelände auf dem das ganze Jahr hindurch Theater-, Tanz- oder Circus-Veranstaltungen sowie Festivals und Konzerte stattfinden, Jugendprojekte und verschiedenste Kurse angeboten werden. Das selbstverwaltete Wohn- und Kulturprojekt, zu dem auch eine Schule, ein Kinderbauernhof und ein Laden samt Biobäckerei gehören, ist ein Relikt aus der 68er-Zeit. Gegründet wurde die Ufa-Fabrik von den Mitgliedern einer Wohngemeinschaft, die sich – ganz Kind der studentenbewegten Epoche – als ›Kommune‹ betitelte. Im Sommer 1979 hat die Kommune das Gelände des einstigen Filmkopierwerks der Ufa am Ufer des Teltowkanals nahe des Tempelhofer Hafens besetzt. Zu diesem Zeitpunkt gehörte das Gebäude der Deutschen Bundespost, die es an den Berliner Senat verkaufen wollte. Nach kurzer Zeit hatten die Kommunarden ein Bleiberecht erwirkt. Wohl auch, weil sie statt aufs Verbarrikadieren auf ›PR-Arbeit‹, offene Türen und ein einladendes ›Willkommen‹-Transparent setzten. Ein paar Monate später gab's einen Mietvertrag, dann wurden Dächer begrünt und Fassaden berankt. In den 1980ern war das Kino auf dem Ufa-Gelände das einzige im Bezirk Tempelhof. Vorreiter auf dem Gebiet der ökologisch korrekten Lebensweise waren die Ufa-Leute von Anfang an: Blockheizkraftwerk, Regenwasseraufbereitung, Photovoltaik- und Windkraftanlage gab es hier schon, bevor das Interesse an der Energiewende gesellschaftlicher Mainstream wurde. Ein leckeres Frühstück und raffiniert Vegetarisches bietet das **Café Olé** auf dem

Ufa-Gelände. An jedem ersten Montag im Monat gibt's hier Jazz live – und der Eintritt ist frei (→ S. 421).

## Ullsteinhaus

In der Nachbarschaft liegt das 76 Meter hohe Ullsteinhaus (Mariendorfer Damm 1–3, 12099 Berlin). Das in den 1920er Jahren nach Plänen von Eugen Schmohl errichtete Gebäude war Sitz des damals größten deutschen Medienverlags und der verlagseigenen Druckerei. Ullstein gab zahlreiche Tageszeitungen heraus, unter anderem die ›B.Z. am Mittag‹, Deutschlands erste Boulevardzeitung. In der NS-Zeit musste sich die jüdische Verleger-Familie von ihrem Unternehmen trennen, bekam den Besitz nach dem Krieg aber wieder. In den 1950ern geriet der Verlag in finanzielle Nöte und wurde von Axel Springer gekauft. Ullsteins sozialdemokratisch orientierte Blätter wurden politisch neu justiert – in den 1960ern zog Springer mit den Redaktionen ins neue Springer-Hochhaus im Kreuzberger Zeitungsviertel (→ S. 289). Das aus Stahlbeton gegossene Ullsteinhaus ist heute Sitz verschiedener Firmen. Die Diskothek im Untergeschoss enttäuscht mit biederem Ambiente und ebensolchem Publikum.

Dem Haus gegenüber liegt der **Tempelhofer Hafen**, dessen denkmalgeschützte Gebäude durch ein Einkaufszentrum wiederbelebt wurden.

## Der Tempelhofer Süden

Mit Mariendorf, Marienfelde und Lichtenrade finden sich im Tempelhofer Süden Ortsteile, die mit Dorfanger und mittelalterlichen Kirchen noch heute ihren dörflichen Ursprung erkennen lassen. In Marienfelde wurde das einstige **Notaufnahmelager für DDR-Flüchtlinge** in ein Museum zum Thema ›Flucht und Ausreise aus der DDR‹ umgestaltet. Rund 900 Ausstellungsstücke und zahlreiche Zeitzeugenberichte erzählen von Fluchtmotiven und Fluchtwegen, von Chancen und Problemen beim Neuanfang in der Bundesrepublik (Marienfelder Allee 66, 12277 Berlin).

Bekannteste Institution im benachbarten Mariendorf ist die **Trabrennbahn**. Hier finden seit 1913 Pferderennen statt, selbst im Zweiten Weltkrieg hielt man, trotz erheblicher Beschädigungen mehrerer Tribünen, an dem beliebten Freizeitvergnügen fest. In den 1990ern gingen die Einnahmen stark zurück, und die Rennbahnbetreiber sahen sich gezwungen, einen Teil des Geländes zu verkaufen. Demnächst soll von Grund auf saniert werden. Derweil läuft der Betrieb weiter. Alljährlicher Höhepunkt der Mariendorfer Rennsaison ist die ›Derby Woche‹, die traditionell mit dem ›Deutschen Traber Derby‹ am ersten Sonntag im August ihren Abschluss findet (Mariendorfer Damm 222, 12107 Berlin).

▲ *Das Ullsteinhaus*

# Tempelhof und die Pioniere der Luftfahrt

Das Garde-Pionier-Bataillon, das auf dem Tempelhofer Militärgelände stationiert war, unterhielt seit 1884 eine Luftschiffer-Abteilung. Diese erprobte Leuchtgas-Ballons. Mit solchen Flugobjekten wollte man im Falle eines Krieges feindliches Territorium observieren. 1886 stieg ein Leutnant auf dem Tempelhofer Feld in einen Heißluftballon und machte Luftaufnahmen, die ältesten, die in Deutschland bis heute erhalten sind. In den 1890er Jahren, als Otto Lilienthal an einem Hang im nahegelegenen Lichterfelde seinen Flugapparat erprobte, stellten die Tüftler der Armee auf dem Tempelhofer Feld ihre neuen Flugobjekte der Öffentlichkeit vor – auch mit dem Ziel, Sponsoren für die kostspieligen Experimente zu begeistern. Luftfahrt war ein riskantes Unterfangen in jenen Jahren, und auch in Tempelhof kam es zu tragischen Unfällen. 1897 führte Luftschiffpionier Friedrich Wölfert ein Luftschiff vor, das mit einem Benzinmotor angetrieben wurde. Erfolgreiche Testflüge mit der neuen Antriebstechnologie hatte Wölfert schon Jahre zuvor absolviert. Bei der Präsentation in Tempelhof entzündete der heiße Motor den als tragendes Gas verwendeten Wasserstoff. Das Luftschiff ging in Flammen auf, Wölfert und sein Assistent stürzten in den Tod.

Im selben Jahr erhob sich in Tempelhof das erste Luftschiff mit einem starren Skelett und einer Außenhaut aus Aluminium. Mit dem Starrluftschiff, das der kroatische Unternehmer David Schwarz erfunden hatte, fand der ultraleichte Werkstoff erstmals Anwendung. Schwarz selbst erlebte den Start seiner Erfindung nicht mehr. Ein gewisser Ferdinand Graf von Zeppelin hatte sich jedoch nach Schwarz' Tod das Patent gesichert. Die Premiere in Tempelhof begann vielversprechend. Das Alu-Objekt erwies sich als gut lenkbar und stieg 400 Meter gen Himmel. Doch dann gab es Probleme mit dem Antrieb. Bei der Notlandung wurde das manövrierunfähige Gefährt völlig zerstört.

Weit glücklicher verlief die Mission, zu der die Meteorologen Arthur Berson und Reinhard Süring am 31. Juli 1901 starteten. Ihre Messinstrumente hatten sie schon mehrfach mit unbemannten Ballons auf mehrere tausend Meter Höhe geschickt. Nun wollten sie überprüfen, wie zuverlässig die Gerätschaften dort oben arbeiteten. Ein Bauunternehmer hatte einen Ballon mit dem enormen Fassungsvermögen von 8400 Kubikmetern gestiftet, der die bemannte Expedition in die geplanten Höhen erst ermöglichte. Die experimentierfreudigen Meteorologen hatten selbstverständlich Sauerstoffflaschen dabei, mit deren Inhalt sie ihre Atmung ab einer Höhe von 6000 Metern unterstützten. Oberhalb von 10 000 Metern verloren die beiden Wissenschaftler dennoch das Bewusstsein. Beim Sinkflug kamen sie wieder zu sich und konnten in der Nähe von Cottbus sicher landen. Die Auswertung der Bordinstrumente ergab, dass der Ballon mit den beiden Ohnmächtigen bis auf 10 800 Meter gestiegen war – ein Höhenrekord, der erst 1931 durch den Schweizer Physiker Auguste Piccard gebrochen wurde.

*Ballonstart in Tempelhof 1901*

In den Grunewald,
seit fünf Uhr früh,
spie Berlin seine Extrazüge.

Über die Brücke von Halensee,
über Spandau, Schmargendorf, über den Pichelsberg,
von allen Seiten,
zwischen trommelnden Turnerzügen,
zwischen Kremsern mit Musik,
entlang die schimmernde Havel,
kilometerten sich die Chausseeflöhe.
...
Arno Holz, In den Grunewald, 1898

*Das Wirtshaus Moorlake am Wannsee*

# AUSFLÜGE

# Spandau

Drei große Verkehrsachsen, Siemensdamm, Spandauer Damm und Heerstraße führen vom Zentrum in den Westen Berlins. Den östlichen Teil des Bezirks Spandau bildet der Ortsteil Siemensstadt, der eine lange Tradition als Industriestandort besitzt. An der Havel beginnt dann ein ganz anderes Spandau, hier paart sich kleinstädtisches Flair mit Geschichte. Zitadelle, historische Altstadt oder die Keimzelle Spandaus, Kolk und Behnitz, sind wie aufgeschlagene Geschichtsbücher.

Seinen hohen Wohnwert verdankt Spandau der Nähe zum Wasser und den weitläufigen Grünflächen. Immerhin ist rund ein Viertel des Bezirks von Wald und Wasser bedeckt. So richtig ländlich und dörflich wird es dann in Gatow und Kladow. Die beiden Ortsteile sind immer noch Dörfer fernab der Großstadt mit schmucken Einfamilienhäusern, von denen einige durch ihre Lage direkt an der Havel zu den besten Wohnlagen Berlins zählen.

Die Spandauer sind stolz, Spandauer zu sein, Berliner ist man zwar auch, aber nicht unbedingt mit dem Herzen. Vielleicht liegt es daran, dass die Stadtgemeinde Spandau erst 1920 ihre Selbständigkeit verlor und als achter Bezirk in der Großgemeinde Berlin aufging. Oder liegt es daran, dass Spandau älter ist als Berlin?

## Siemensstadt

Touristisch hat die Siemensstadt kaum etwas zu bieten, es sei denn, man interessiert sich für Architektur. Denn zwischen den Industrie- und Gewerbegebieten versteckt sich immerhin ein UNESCO-Weltkulturerbe: die Reformsiedlung zwischen Heckerdamm, Jungfernheideweg und Goebelplatz (U7 Siemensdamm). 2008 wurde sie als eine von sechs Siedlungen der Berliner Moderne in die Liste aufgenommen. An ihrer Verwirklichung zwischen 1929 und 1931 waren namhafte Architekten beteiligt, das städtebauliche Konzept entwarf Hans Scharoun, die Gebäude wurden von Otto Bartning, Fred Forbat, Walter Gropius, Hugo Häring und Paul Rudolf Henning geplant. In Anlehnung an deren Architektengemeinschaft ›Der Ring‹ wird die Siedlung auch Ringsiedlung genannt. Scharoun verwirklichte eine aufgelockerte, von Freiräumen und Grünzonen umgebene Wohnstadt, mit meist fünfstöckigen, parallel in Nord-Süd-Richtung angeordneten Wohnblöcken. Scharoun, in Bremerhaven aufgewachsen, fügte gerne nautische Elemente in seine Entwürfe ein. Die Berliner, nie um Spitznamen verlegen, nannten deshalb eines der Häuser in Siemensstadt (Jungfernheideweg 1–3) ›Panzerkreuzer‹. In Anlehnung an Werner von Siemens tragen Straßen und Plätze Namen von bekannten Erfindern und Physikern.

## Rund um die Zitadelle Spandau

Bereits im 11. Jahrhundert hat es am Standort der heutigen Zitadelle eine befestigte Anlage gegeben (Am Juliusturm 64, 13599 Berlin). Der 30 Meter hohe Juliusturm, der die Festungsanlage überragt, wurde um 1230 erbaut und zählt damit zu den ältesten Bauwerken Berlins. Benannt nach dem Schwiegersohn Joachims II. von Braunschweig-Wolfenbüttel, diente er als Bergfried und damit als letzte und sicherste Zuflucht der Burg. Sein heutiger Zinnenkranz stammt vom allgegenwärtigen Berliner Baumeister Schinkel.

# Rund um die Zitadelle Spandau

Die quadratische Festung mit den vier Bastionen König, Königin, Kronprinz und Brandenburg am Zusammenfluss von Havel und Spree wurde 1560 unter Kurfürst Joachim II. begonnen und nach 30-jähriger Bauzeit fertiggestellt. Die Konzeption des wuchtigen Backsteingebäudes beruht auf italienischen Vorbildern, die Anlage galt früher als uneinnehmbar. Im Laufe ihrer langen Geschichte wurde die Zitadelle 1874 auch als sicherer Aufbewahrungsort für das Gold des ›Reichskriegsschatzes‹ und als Kerker genutzt.

Seit 1989 ist die Zitadelle öffentlich zugänglich und wird für vielfältige kulturelle Veranstaltungen genutzt. Die **Freilichtbühne** im Innenhof zählt zu den stimmungsvollsten Veranstaltungsorten für Konzerte in Berlin. Ein Klassiker in den Sommermonaten ist mittlerweile das ›Citadel Music Festival‹.

Im ehemaligen Kommandantenhaus ist die **Dauerausstellung ›Aus der Geschichte der Burg und der Zitadelle Spandau‹** zu sehen. Im Zeughaus ist seit 1992 das **Stadtgeschichtliche Museum Spandau** untergebracht. Die Entwürfe für den Bau aus der Mitte des 19. Jahrhunderts stammen von dem Schinkel-Schüler Carl Ferdinand Busse. In der Westkurtine der Zitadelle bieten Grabungsfunde im **Archäologischen Fenster** Einblicke in die Geschichte des Ortes. Die neueste Attraktion befindet sich im ehemaligen Proviantmagazin, hier ist die kulturhistorische Dauerausstellung **Enthüllt. Berlin und seine Denkmäler** zu sehen.

Außerdem haben in der Zitadelle mehrere Künstler ihre Werkstätten und zeigen Galerien wechselnde Ausstellungen. Die **Zitadellen Schänke** in den Ziegelsteingewölben des Kommandantenhauses punktet seit mehr als 30 Jahren mit mittelalterlichem Charme: In dem alten Gewölbe werden deftige Braten serviert, das Gedeck besteht aus Zinnteller und Messer. Gabeln gibt es keine, dafür aber einen Latz zum Umhängen.

Eine ganz besondere Attraktion wartet in den Katakomben auf die Besucher: In den dunklen Gewölben überwintern jedes Jahr mehr als **10 000 Fledermäuse**.

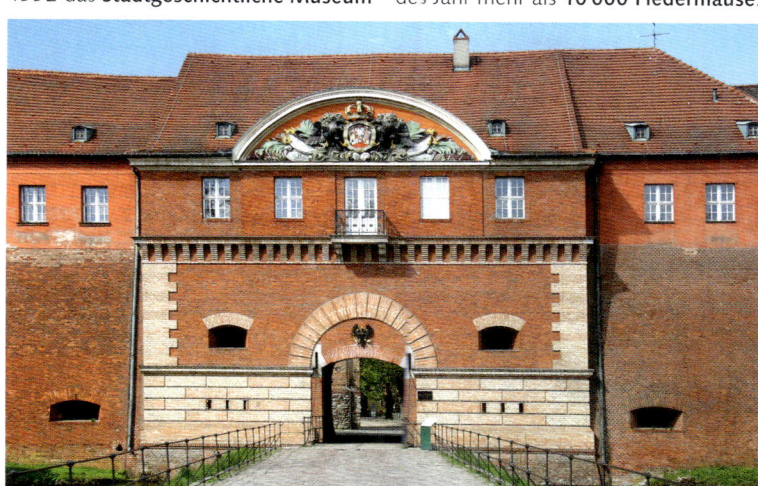

*Einst Kerker, heute Veranstaltungsort: die Zitadelle Spandau*

Ende August kommen die ersten Tiere an und erkunden das Winterquartier, im September – wenn Großes Mausohr, Wasser- und Fransenfledermäuse sich auf den Winterschlaf vorbereiten – herrscht dann Hochbetrieb. Im Fledermauskeller des Berliner Artenschutzvereins können die flatterhaften Untermieter aus nächster Nähe im Schauraum beobachtet werden. Abends werden Fledermausführungen angeboten, auf denen man unter fachkundiger Leitung die Tiere aufspüren kann (→ S. 453).

■ **Kolk und Behnitz**
Das älteste Siedlungsgebiet Spandaus, Kolk und Behnitz, liegt nur wenige Schritte westlich der Zitadelle. Erst im 20. Jahrhundert wurde es von der Spandauer Altstadt durch die stark befahrene Straße ›Am Juliusturm‹ getrennt und liegt seitdem etwas im Abseits. Zu Unrecht, denn auf der nur wenige Straßenzüge umfassenden Keimzelle Spandaus gibt es noch windschiefe Fachwerkhäuser, romantische Gassen und einen restaurierten Rest der Stadtmauer aus dem 14. Jahrhundert, all das zu Füßen der **Kirche St. Marien**. Sie ist nach der St.-Hedwigs-Kathedrale immerhin die zweitälteste katholische Kirche Berlins und wurde Mitte des 19. Jahrhunderts erbaut, damit katholische Arbeiter der Gewehrfabriken im protestantischen Spandau ihren Glauben ausüben konnten. Die von 2003 bis 2004 restaurierte Kirche ist ein unverputzter, relativ hoher und schmaler Ziegelbau. Ein Spaziergang durch Kolk und Behnitz, das direkt an der Schleuse liegt, lohnt aber nicht nur wegen der historischen Bebauung. Auch die Gastronomie, die überwiegend deftige Spezialitäten wie Mohnpielen, Ostpreußische Krautwickel, Aal oder Königsberger Klopse auf der Speisekarte hat, lohnt den Besuch.

Nur wenige Schritte nördlich hinter dem Kolk liegt das **Brauhaus Spandau** mit monatlich wechselnden, hausgebrauten Biersorten, stimmungsvollem Ambiente und Biergarten (Neuendorfer Straße 1, 13585 Berlin, www.brauhaus-spandau.de). Wer sich vor dem Brauhausbesuch noch ein wenig die Füße vertreten möchte, kann dies in Spandaus ältestem Park, dem **Wröhmännerpark**, tun. Die in den 1990er Jahren neu gestaltete kleine Parkanlage besitzt einen alten Baumbestand, Liegewiese und Seerosenteich, ihre östliche Begrenzung bildet die Oberhavel. Von der Anlegestelle kann man mit Dampfern historische Stadtrundfahrten oder Ausflüge nach Tegel oder Wannsee unternehmen.

## Spandauer Altstadt
Nur wenige hundert Meter von der Zitadelle beginnt die Spandauer Altstadt,

*Die Spandauer Nikolaikirche*

Spandauer Altstadt in der trotz der Bomben des Zweiten Weltkriegs noch einige alte Gassen erhalten geblieben sind (U7 Altstadt Spandau). Bis auf einige Bausünden aus neuerer Zeit blieb die mittelalterliche Straßenführung in der Altstadt bis heute erhalten. Immerhin ist Spandau älter als Berlin, erste slawische Siedlungsspuren lassen sich bis ins 10. Jahrhundert zurückverfolgen. Durch die verkehrstechnisch günstige Lage an der Mündung von Spree und Havel entstand eine Kaufmannssiedlung, der im Jahr 1232 die Stadtrechte verliehen wurden. Im Zentrum am Reformationsplatz liegt die **Nikolaikirche**, eine sehenswerte dreischiffige gotische Backsteinkirche, die wahrscheinlich in der zweiten Hälfte des 14. Jahrhunderts erbaut wurde. Kurfürst Joachim II. trat in dieser Kirche schon 1539 zum evangelischen Glauben über und förderte damit die frühe Ausbreitung der Reformation in Brandenburg. Wer genau hinschaut, erspäht die in der Außenmauer steckende Kanonenkugel, sie stammt aus der Zeit der Napoleonischen Eroberungszüge und trägt das Datum vom 20. April 1813.

Das **Gotische Haus** in der Breiten Straße wurde in der zweiten Hälfte des 15. Jahrhunderts errichtet und zählt zu den schönsten mittelalterlichen Profanbauten Berlins. Im Erdgeschoss befindet sich die Touristeninformation, oben eine Ausstellung zum Thema Bauen und Wohnen in Spandau (Breite Straße 32, 13597 Berlin, www.partner-fuer-spandau.de).

Wer vor Weihnachten nach Berlin kommt, findet in der Spandauer Altstadt einen der größten und stimmungsvollsten **Weihnachtsmärkte** Berlins.

### ■ Spektegrünzug

Für die Spandauer ist es die kleine Erholung zwischendurch. Oder sie nutzen den Grünzug, der sich vom Hohenzollernring in der Nähe der Spandauer Altstadt in Ost-West-Richtung bis zur Stadtgrenze zieht, als Auftakt für einen Ausflug ins Umland. Die Spekte war einst ein kleiner Bach, der im Havelland entsprang und bis zur Mündung in die Havel in einem eiszeitlichen Urstromtal floss. Die beiden größeren Gewässer – Spektesee und Spekte-Lake – entstanden durch den Kiesabbau. Durch Entwässerung, Urbarmachung des Havellandes und Grundwasserabsenkungen bei Bauvorhaben an der Heerstraße und im Falkenhagener Feld versandete der Bach schließlich. Erst durch umfangreiche Renaturierungsmaßnahmen zwischen 1974 und 1998 wurde die Spekte wieder zum Bach, wobei die Seen in der Grünzug integriert wurden. So entstand eine weiträumige Wiesenlandschaft mit schattenspendenden Baumgruppen und Seen mit naturnahen Uferzonen. Jogger, Walker und Radfahrer nutzen das grüne Band ausgiebig, in den Randzonen gibt es mehrere Liegewiesen, Kinder- und Ballspielplätze.

### Spandauer Forst

Der Spandauer Forst ist eines der großen Berliner Waldgebiete und erstreckt sich im Norden und Westen Spandaus bis zur Stadtgrenze, im Osten stellenweise bis zur Havel. Jenseits der Stadtgrenze liegen die Orte Falkensee und Schönwalde-Glien sowie weitere Waldgebiete. Dank umfangreicher Schutzmaßnahmen seit den 1970er Jahren konnte sich in dem Laubwald ein reichhaltiger Bestand an zum Teil seltenen Pflanzen und Tieren entwickeln. Den Westzipfel des Waldgebietes bildet der ›Eiskeller‹, der im Winter als kältester Ort Berlins gilt. Nach dem Zweiten Weltkrieg war das rund 50 Hektar große Anhängsel nur durch eine schmale Verbindungsstraße mit Berlin verbunden,

Ausflüge

*Ganz schön geheimnisvoll: das Teufelsbruch im Spandauer Forst*

1972 wurde der Zugang zur Exklave im Rahmen des Gebietsaustausches mit der DDR verbessert.

Im Spandauer Forst gibt es zwei Naturschutzgebiete: das Teufelsbruch sowie den Großen und Kleinen Rohrpfuhl. Im 18. Jahrhundert war das Teufelsbruch im östlichen Teil des Forstes nahe der Niederneuendorfer Allee noch ein See, der jedoch infolge Entwässerung fast vollständig verlandete. Erst durch die Verlegung eines unterirdischen Rohrnetzes in den 1980er Jahren, das mit Wasser aus der Havel gespeist wurde, konnte dem Moor wieder Feuchtigkeit zugeführt werden. Heute ist das Teufelsbruch wieder ein mit Wald und Sträuchern bewachsenes Moor mit vielfältigem Tier- und Pflanzenleben. Ein **Wanderwegenetz** erschließt das Teufelsbruch-Gebiet für Besucher (Bus 136 ab S- und U-Bahnhof Rathaus Spandau bis Aalemannufer).

Auch die Rohrpfule im äußersten Norden des Spandauer Forstes litten unter der Entwässerung, sind inzwischen aber renaturiert.

## Gatow und Kladow

Schon Spandau liegt ein gutes Stück vom Zentrum Berlins entfernt, doch in den beiden Dörfern Gatow und Kladow herrscht statt Hauptstadttrubel ländliche Idylle. In Gatow leben 5000 Menschen, in Kladow gut doppelt so viele – in einer Umgebung, in die andere in Urlaub fahren würden. Dass man sich noch in Berlin befindet, vergisst man beim Anblick von Pferdekoppeln, Feldern und der Havel schnell. Nach der Besichtigung der Zitadelle und einem Bummel durch die Spandauer Altstadt rundet der Abstecher in den äußersten Südwesten Berlins einen Tagesausflug ab (Bus 134 ab S- und U-Bahnhof Rathaus Spandau bis Alt-Kladow).

Wer gut zu Fuß ist, kann bereits am Kladower Damm an der Bushaltestelle ›Am Graben‹ aussteigen und am Ufer der Havel entlang bis nach Kladow laufen. Unterwegs schaut man auf Felder und Wälder, und am anderen Ufer ragt der Grunewaldturm aus dem Grün hervor. Wer viel Zeit hat, kann auch noch an der Badewiese eine Pause einlegen.

Viele der alten Häuser des Dorfes Alt-Kladow sind zwar der Feuersbrunst von 1808 zum Opfer gefallen, doch einige schöne Häuser mit Stuckdekor und Jugendstil-Fassaden vom Ende des 19. Jahrhunderts stehen noch am Kladower Damm und zeugen vom einstigen bäuerlichen Wohlstand. Wohlhabend waren auch diejenigen, die sich Anfang des 20. Jahrhunderts hier ihre Villen bauten, denn die ländliche Idylle lockte schon immer ruhesuchende Großstädter. Geht man von der Dorfkirche, die aus dem 13. Jahrhundert stammt, hinunter zum Wasser, öffnet sich der Blick über die Havel zum Wannsee. Die Uferpromenade ist gesäumt von Ausfluglokalen, die von der BVG-Fähre zwischen Wannsee und Kladow regelmäßig mit Nachschub versorgt werden.

Den Hang teilt sich eine sympathische Mischung aus Laubenpiepern und herrschaftlichen Villen, alle sind eingebettet in sattes Grün. Ein kleiner Park mit strahlend weißen Bänken bietet schöne Blicke auf die Havel, im Wasser sieht man dümpelnde Boote und die Insel Imchen, ein unbewohntes Naturschutzgebiet. Für das leibliche Wohl ist auch gesorgt, man hat die Wahl zwischen ›Bistro Verde‹, ›La Riviera‹ und ›Dampfa Eck‹, wobei in allen Lokalitäten die Qualität der Speisen oft von der Tagesform des Kochs abhängt.

Nach dem Essen kann man dann noch einen Spaziergang am Westufer der Havel zum Gut Neukladow anschließen. Das Gutshaus liegt auf einem Plateau im Park mit schöner Aussicht auf den Wannsee, im Kiez ist das gelbe Haus auch als Villa Luise bekannt. Der Name geht nicht auf Königin Luise, die Frau vor Wilhelm III. zurück, sondern auf die Mutter von Otto von Bismarck, Wilhelmine Luise von Bismarck. Im Gutshaus ist das ›Café Luise‹ untergebracht, das neben der Gastronomie auch Live-Konzerte im Programm hat.

Wer nun nicht wieder nach Spandau zurück möchte, kann die ganzjährig verkehrende **Fähre über die Havel** besteigen und ist nach rund 20 Minuten in Wannsee, von wo aus S-Bahnanschluss an die Berliner City besteht.

*Die Havel ist ein beschauliches Naherholungsgebiet*

# In den Norden Berlins

Zum Norden Berlins zählt der gesamte Bezirk Reinickendorf sowie die meisten Ortsteile von Pankow und Lichtenberg. Der Ausflug in den Norden ist sicher nicht unbedingt etwas für den erstmaligen oder eiligen Berlinbesucher, denn die Sehenswürdigkeiten liegen teils recht weit auseinander. Trendige Szenekneipen und Kieze wird man in den Randgebieten auch nicht finden, wer jedoch Berlins grüne und sogar ländliche Seiten kennenlernen möchte, sollte sich die Zeit für diesen Ausflug nehmen.

Reinickendorf ist ein überwiegend grüner Bezirk mit großen Wäldern und Wasserflächen, die vor allem zum Wandern, Radfahren und Wassersport einladen. Reinickendorf besteht aber nicht nur aus ländlichen Ortsteilen wie Heiligensee, Lübars oder Konradshöhe; in Hermsdorf und Frohnau dominieren Einfamilienhäuser und teils herrschaftliche Villen, während Tegel, Wittenau und das Märkische Viertel urbaner wirken.

Der rund vier Kilometer lange Tegeler See ist nach dem Müggelsee der zweitgrößte See Berlins. Eingebettet in das Grün des Tegeler Forsts und der Jungfernheide gehören der See und die umliegenden Wälder zu den schönsten Erholungsgebieten der Stadt. Auf dem See befinden sich die Inseln Hasselwerder, Lindwerder, Scharfenberg, Reiswerder, Valentinswerder, Baumwerder und Maienwerder. Auf der größten Insel Scharfenberg befindet sich ein Gymnasium mit Internat. Die kleinste Insel Lindwerder kennen viele Berliner auch unter dem Namen Liebesinsel. Ende des 19. Jahrhunderts traf sich hier die ›Allgemeine Deutsche Reimschmiede‹, zu der unter anderem die Dichter Heinrich Seidel und Claire Waldoff gehörten.

## Tegel

Ein guter Ausgangspunkt für die Erkundung des Bezirks ist der U-Bahnhof Alt-Tegel (U6). Nur wenige Schritte entfernt fallen **architektonisch interessante Häuser** ins Auge. Sie entstanden im Rahmen der Internationalen Bauausstellung IBA von 1984 bis 1988. Das Bauvorhaben stand unter dem Motto ›Wohnen, Freizeit und Kultur am Tegeler Hafen‹. Rund um den kleinen, seit 1970 nicht mehr genutzten Hafen entstanden zwei- bis achtgeschossige Häuser im Stil der Postmoderne. Namhafte internationale Ar-

*Nicht erschrecken: das Ausflugsschiff Moby Dick auf dem Tegeler See*

*Die Humboldt-Bibliothek*

chitekten, unter ihnen auch Charles Moore, schufen ein architektonisch höchst interessantes Quartier mit hohem Wohnwert sowie die Humboldt-Bibliothek. Die rund 350 Wohnungen befinden sich in detailverspielten Stadtvillen und mehrgeschossigen Reihenhäusern. Dabei ist jede Stadtvilla ein Unikat und trägt die Handschrift des jeweiligen Architekten. Türmchen und Tore, frei schwebende Treppen, begrünte Innenhöfe, Pilaster und kräftige Farben machen den Reiz der Häuser aus. Auch die Nähe zum Tegeler See, die schnelle Verkehrsanbindung zur City und die guten Einkaufsmöglichkeiten in der Nähe führten dazu, dass die meisten Wohnungen schon vermietet waren, bevor der Putz trocken war.

Auch das auffälligste Gebäude am Tegeler Hafen, die **Humboldt-Bibliothek**, zeigt deutlich die Handschrift von Charles Moore. Von außen wirkt das langgestreckte Gebäude klassizistisch zurückhaltend, innen erinnert die großzügige, dreischiffige Halle mit etwas Fantasie an eine alte Klosterbibliothek. Mittlerweile ist sie aber viel mehr als nur Stadtteilbibliothek, denn Moores Architektur bildet einen idealen Rahmen für Ausstellungen, Konzerte und Lesungen.

1997 wurde am Wasserbecken vor der Bibliothek das Humboldt-Denkmal des Bildhauers Detlef Kraft aufgestellt. Es ist das einzige Denkmal, auf dem die Gebrüder Humboldt auf einem gemeinsamen Podest zu sehen sind. Nach der Fertigstellung von drei weiteren Stadtvillen und einem Pflegeheim wurde das Denkmal vor die Bibliothek versetzt.

Nur durch eine kleine Grünfläche von der Humboldt-Bibliothek getrennt, befindet sich ein großer Komplex aus Backsteingebäuden, die ehemalige **Humboldtmühle**. Im 19. Jahrhundert war sie eine der größten Wassermühlen der Gegend mit einer schiffbaren Verbindung zum Tegeler See. In den 1990er Jahren erfolgten umfangreiche Umbau- und Sanierungsarbeiten, wobei die historische Substanz von Mühlengebäude, Getreidesilo und Beamtenwohnhaus weitgehend erhalten blieben. Seit 2009 wird das Gelände von einem Medical Park genutzt.

### ■ Schloss Tegel

Das Schloss Tegel, auch Humboldt-Schloss genannt, liegt etwas nördlich des Tegeler Sees, versteckt im Schlosspark. 1558 als Herrenhaus im Stil der Renaissance erbaut, wurde es unter

Kurfürst Friedrich Wilhelm zum Jagdschloss umgebaut, ehe es 1766 zum Familiensitz der Humboldts wurde. Wilhelm von Humboldt, der Begründer der Berliner Humboldt-Universität und sein Bruder, der Naturforscher Alexander von Humboldt, verbrachten in dem Schloss ihre Kindheit. So ganz glücklich war diese aber wohl nicht, denn Wilhelm nannte das elterliche Anwesen ›Schloss Langweil‹, was wahrscheinlich an den strengen Privatlehrern lag, die den Brüdern nur wenig Freizeit ließen. Von 1820 bis 1824 ließ einer der Humboldt-Brüder das Schloss mit den vier Ecktürmen von Karl Friedrich Schinkel im Stil des Klassizismus umbauen. Im Jahre 1983 wurde der Schlosspark unter Denkmalschutz gestellt. Heute gehört das Anwesen entfernten Nachfahren der von Humboldts. Eine 1792 gepflanzte Lindenallee führt Besucher zu dem 1829 von Schinkel angelegten **Grab der Familie von Humboldt**, in dem auch Alexander und Wilhelm ihre letzte Ruhe fanden (Adelheidallee 19, 13507 Berlin, Führungen Mai–Sept. jeweils Mo um 10, 11, 15 u. 16 Uhr, Tel. 8867150).

■ **Greenwichpromenade**
Wieder zurück am U-Bahnhof Alt-Tegel gelangt man durch die Fußgängerzone um den alten Dorfkern zur Greenwichpromenade. Unterwegs warten einige Restaurants, aber vor allem diverse Eisdielen. Die Greenwichpromenade erstreckt sich vom Tegeler Hafen bis zum Borsigdamm und bekam ihren Namen 1966 anlässlich der Städtepartnerschaft mit dem Londoner Bezirk Greenwich.

Der Uferweg mit kleiner Grünanlage und Bänken lädt zum Flanieren und Verweilen ein, auch die Minigolfanlage und der Ruderbootverleih sind beliebt. Am Ufer wartet eine ganze Flotte von Ausflugsdampfern, die mehrmals täglich zu Fahrten nach Spandau, Wannsee, Potsdam, Werder und Oranienburg starten. Der schönste Ausflugsdampfer ist sicherlich die ›Havelqueen‹, denn das Schiff ist einem Raddampfer aus den Südstaaten nachempfunden. Bei schönem Wetter kann man auf den Sonnenliegen auf dem Oberdeck entspannt die Landschaft genießen (→ S. 391).

*Sonnenuntergang am Tegeler See*

## Das Conny-Froboess-Feeling

Ich mag Tegel. Natürlich nicht den Flughafen, auch nicht Tegelort. Dafür aber den Tegeler See mit der Greenwich-Strandpromenade. Und alles, was man von hier aus zu Fuß, mit dem Boot oder dem Rad entlang des Sees erkunden kann. Denn Berlin wird gerühmt wegen seines Grüns und wegen seiner Seen, und immerhin ist der Tegeler See mit 408 Hektar Fläche der zweitgrößte See der Stadt, nach dem Müggelsee. Nicht so besungen wie der Wannsee, dafür ursprünglicher. Dort erlebt der Besucher Berlin eventfrei und unangestrengt. Ein kleinbürgerliches Idyll. So wie es auch am Bodensee zu finden ist, nur nicht so wohlhabend.

Hier schlemmt man noch orginal Berliner Küche in ihrer ganz unverfälschten Art: Pommes, Haxen und danach einen Eiskaffee mit viel Sahne. Hier flaniert der Berliner Durchschnitt, den man in den Trend-Vierteln zwischen Kreuzberg, Prenzlauer Berg und Friedrichshain irgendwie aus den Augen verliert.

Läuft man von der U-Bahn die Einkaufsstraße Alt-Tegel entlang, hinunter zur Greenwichpromenade, kommt man an blühenden Vorgärten vorbei. Dort gibt es noch einen aktiven Uhrmacher, eine Tanzschule für Paartanz und den mürrischen Berliner mit seinem Marktstand. Den Spargel und die Erdbeeren, selbstverständlich auch hier aus dem Umland, bietet er mit gewöhnungsbedürftiger Kaltschnäuzigkeit feil. Dem berühmten Berliner Witz eben.

Fast unten am See, am Thüringer-Rostbratwurst-Stand, lecken niedliche Hunde die Wurstschalen aus, während ihre Frauchen schon Ende April in ausgeschnittenem Sommerkleid und Sandalen inbrünstig die Sonnenstrahlen suchen, bevor sie sich bei gerade mal 15 Grad eine Erkältung holen.

Am Nordostufer des Sees, unterhalb des Hotels ›Seeterrassen‹ an der Greenwichpromenade, befinden sich die Schiffsanlegestellen der verschiedenen Reedereien. Sonntags tummeln sich hier Familien, Paare und Jugendliche. Meist ohne Migrationshintergrund. Sie flanieren am See entlang oder fahren mit einem der Ausflugsdampfer die Havel hinunter. Um dann in den Ausflugslokalen am Ufer nostalgisch Berliner Weiße – rot oder grün – zu schlürfen.

Am Tegeler See begreift der Besucher endlich, welches Gefühl das Lied ›Am Sonntag will mein Süßer mit mir segeln gehn‹ auslöst. Zugegeben, ein Song aus der Mottenkiste, aber hier, wo die Sechziger Jahre in Architektur und Inneneinrichtung der Kneipen bis heute stilbildend sind, passt er immer noch. Ruderer, Paddler, Segler, Motorboote scheuchen sich gegenseitig auf, um ihr überweidetes Freizeitrevier zu verteidigen, gegebenenfalls auch lautstark.

Und Conny Froboess mit ihrem Lied ›Pack die Badehose ein‹ lässt ohnehin grüßen (auch wenn sie eigentlich den Wannsee besang). Neben der Badeanstalt direkt am See findet man am Seeufer immer wieder lauschige Plätzchen, um zu picknicken oder zu baden. Schattenreich, denn der Tegeler Forst grenzt direkt ans Seeufer.

Tegel, das ist Westberliner Freizeit vor der Öffnung, und damit ist nicht nur die Maueröffnung gemeint: grün, entspannt, durchschnittlich. Der Geheimtipp für Bodenständige.

*Edith Kresta*

## Spaziergang am Tegeler See

Ein schöner Spaziergang führt von der Greenwichpromenade nach Norden gegen den Uhrzeigersinn am Seeufer entlang bis zur Försterei. Wer den See ganz umrunden möchte, nimmt besser das Fahrrad mit und muss im Vorfeld klären, ob und wann die Fähre zwischen Tegelort und Saatwinkel fährt (www.faehre-berlin.de).

Am Nordende der Greenwichpromenade überspannt eine stählerne Bogenbrücke die Einfahrt zum Tegeler Hafen. Berliner nennen sie **Sechserbrücke**, denn früher mussten hier fünf Pfennig, also auf Berlinerisch ein ›Sechser‹, Brückenzoll gezahlt werden. Von der Brücke bietet sich ein Blick auf die Humboldt-Bibliothek am Ende des Hafens und auf die traumhaft schön gelegenen Kleingärten, von denen einige sogar einen eigenen Bootssteg besitzen.

Jenseits der Sechserbrücke erreicht man auf dem Uferweg bald den **Freizeitpark an der Malche**. Auf dem frei zugänglichen Gelände mit altem Baumbestand gibt es Liegewiesen, Tennisplätze, Badminton- und Volleyballfelder, Planschbecken, Spielgeräte, einen Imbiss und einen großen Abenteuerspielplatz. Wer will, kann sich auch ein Tretboot ausleihen und den See erkunden.

Nicht weit entfernt führt ein Hinweisschild zu Berlins ältestem Baum. Die **Dicke Marie** ist eine vom Alter schwer gezeichnete Stieleiche mit einem Umfang von fast sieben Metern. Die nur noch wenigen Äste mit Blättern lassen vermuten, dass es dem Baum nicht mehr gut geht. Ob er nun wirklich seit genau 1192 hier steht, sei dahingestellt, aber etwa so alt wie das historische Berlin dürfte er wohl sein. Rund 600 Jahre wuchs er namenlos, bis die beiden Humboldt-Brüder Wilhelm und Alexander, die im nahen Tegeler Schloss wohnten, ihn nach ihrer beleibten Köchin benannten.

Nicht weit entfernt, auf der Halbinsel Reiherwerder, steht die **Villa Borsig**, das ehemalige Landhaus der gleichnamigen Berliner Unternehmer-Familie. Heute werden auf dem öffentlich nicht zugänglichen Gelände Angehörige des Auswärtigen Dienstes ausgebildet, die Villa selbst dient als Gästehaus des Außenministeriums. Ein Stück weiter kann man vom Seeufer immerhin einen Blick auf die repräsentative Villa werfen. Direkt neben dem Eingang befindet sich der Seepavillon am Tegeler See, eine exklusive Eventlocation mit großer Terrasse, die teilweise auf Pfeilern über dem Wasser steht.

Der Weg führt nun ein Stück an der Mauer, die die Villa Borsig umgibt, entlang, bis er wieder das Ufer erreicht. An der **Revierförsterei** mit Dammwildgehege gibt es eine Badestelle mit Sandstrand. Wer mit einem Bad im Tegeler See liebäugelt, kann dies hier an dem kleinen Sandstrand oder auch im weiter südlich gelegenen Freibad tun, das mittlerweile allerdings erheblichen Sanierungsbedarf besitzt.

## Borsigturm und Borsigtor

Dort, wo sich heute das Einkaufs- und Freizeitzentrum ›Hallen am Borsigturm‹ erstreckt, befand sich zu Zeiten der Dampflokomotiven das Werksgelände von Europas größtem Lokomotivbauer. 1827 gründete August Borsig vor dem Oranienburger Tor die Borsigwerke, 1894 zog die Firma dann nach Tegel um. Trotz schwerer Zeiten und mehrerer Besitzerwechsel existiert die Firma Borsig an diesem Standort noch heute. Teile des Firmengeländes wurden jedoch aufgegeben und in einen Gewerbepark umgewandelt. Borsigturm und Borsigtor – beide stehen unter Denk-

*Berlins erstes Hochhaus: der Borsigturm*

malschutz – sind Relikte aus einer längst vergangenen Industrieepoche. Der von 1922 bis 1924 erbaute Borsigturm war das Verwaltungsgebäude der Firma, wegen Platzmangels auf dem Firmengelände musste schon damals in die Höhe gebaut werden, so entstand mit zwölf Stockwerken Berlins erstes Hochhaus. Die Ähnlichkeiten mit dem Ullsteinhaus in Tempelhof sind nicht zufällig, denn beide Gebäude entwarf der Architekt Eugen Schmohl. Das 1898 fertiggestellte Borsigtor, einst der Eingang zum Firmengelände und mit den massiven Rundtürmen aus Backsteinen sowie dem zinnengekrönten Torbogen das Symbol der Borsigwerke, wirkt heute etwas verloren neben dem modernen Gewerbezentrum der Borsighallen (Berliner Straße 27, 13507 Berlin, U6 Borsigwerke).

schen Industriebetrieben und Autobahn ist es kein stiller Platz, weder für die Lebenden noch für die Toten. Doch als die Kapelle, eine schlichte Nachbildung der viel größeren Moskauer Basilius-Kathedrale, 1894 erbaut wurde, weideten hier noch Schafe. Besonders im Winter, wenn kein Laub an den Bäumen ist, sind die blauen, mit jeweils einem goldenen Andreakreuz mit doppeltem Querbalken gekrönten Türme der Kapelle weithin sichtbar. Für den Friedhof schickte Zar Alexander III. vier Eisenbahnzüge mit rund 4000 Tonnen Erde aus verschiedenen Regionen Russlands nach Berlin, damit die Toten in heimischem Boden beigesetzt werden konnten. Auf dem Friedhof liegen hauptsächlich Emigranten, die nach dem Zusammenbruch des zaristischen Russlands das Land verlassen mussten.

### ■ Russisch-orthodoxer Friedhof

Nahe der U-Bahnstation Holzhauser Straße (U6) befindet sich in der Wittestraße der einzige russisch-orthodoxe Friedhof in Berlin. Eingeklemmt zwi-

### ■ Siedlung Schillerpromenade

Kaum ein Berliner kennt die Siedlung zwischen den U-Bahnhöfen Paracelsusbad und Residenzstraße (U8) unter ihrem offiziellen Namen (die frühere Schil-

*Die Weiße Stadt, eine Siedlung der Berliner Moderne und UNESCO-Weltkulturerbe*

lerpromenade heißt heute Aroser Allee), wer jedoch nach der ›Weißen Stadt‹ oder dem ›Schweizer Viertel‹ fragt, wird mehr Glück haben. Zu den markantesten Gebäuden der zwischen 1929 und 1931 erbauten Siedlung zählt das **Brückenhaus**, ein fünfgeschossiges Laubenganghaus mit Südbalkonen, über die vierspurige Aroser Allee. Auch die aus der Straßenflucht herausragenden Torhäuser an der Emmentaler Straße sind unverwechselbar. Die Siedlung mit rund 1300 Wohnungen im Stil der neuen Sachlichkeit besitzt für damalige Verhältnisse großzügige Grünflächen und zahlreiche Läden, ist aber mittlerweile in die Jahre gekommen, so dass die bis 2014 geplante Sanierung dringend notwendig ist. Grünflächen und Gartenanlagen stammen von Ludwig Lesser, der auch die Anlagen in der Gartenstadt Frohnau gestaltete. Seit 2008 zählt die Weiße Stadt als eine von sechs Siedlungen der ›Berliner Moderne‹ zum UNESCO-Weltkulturerbe.

## Märkisches Viertel

Das Image des Märkischen Viertels war von Anfang an schlecht – mangelhafte Infrastruktur, zu wenig Geschäfte, Restaurants, Kneipen, Schulen und Kindergärten sowie die fehlende Anbindung an den öffentlichen Nahverkehr waren die Hauptkritikpunkte. Kein Wunder, dass noch vor der Fertigstellung solche Retortensiedlungen nicht mehr zeitgemäß waren (S1, U8 Wittenau).

Das Märkische Viertel entstand als eines der größten Neubauviertel Deutschlands zwischen 1963 und 1974. Somit ist es der jüngste und modernste Ortsteil Reinickendorfs. Wegen der damaligen Insellage West-Berlins war Wohnraum knapp und die Flächen für neue Großsiedlungen begrenzt. So hatten die Architekten die Vorgabe, möglichst viel Wohnraum auf wenig Fläche zu schaffen. Folgerichtig entstand eine verdichtete Stadtlandschaft aus Wohnhochhäusern mit 17 000 Wohnungen für rund 50 000 Menschen – praktisch auf der grünen Wiese.

Und heute? Die Hochhausschluchten wirken immer noch bedrückend, die Wohnungen in den unteren Etagen sind nach wie vor dunkel, und so manches Treppenhaus ist verschmutzt und verschmiert. Es hat sich aber auch viel verändert: Die Verkehrsanbindung hat sich durch U- und S-Bahn verbessert, es gibt mehrere Sport- und Freizeitanlagen, und mittlerweile bildet das ›Märkische Zentrum‹ zusammen mit der ›Märkischen Zeile‹ eines der größten Einkaufszentren Berlins. Durchaus freundlich wirkt der Panoramaplatz, auf dem man unter echten Palmen in einem Café im Kolonialstil verweilen kann.

Seit seiner Eröffnung 1976 hat sich das **Fontane-Haus** zu einer der wichtigsten kulturellen Begegnungsstätten des Bezirks entwickelt. Ein Höhepunkt ist das alljährliche Country Music Meeting (Wilhelmsruher Damm 142c, 13439 Berlin).

### ■ Freizeitpark Lübars

Unmittelbar nordöstlich des Märkischen Viertels schließen sich Kleingartensiedlungen, Felder und der Freizeitpark Lübars an. In den 1980er Jahren aus einer Hausmülldeponie entstanden, bietet der Freizeitpark vielfältige Sportmöglichkeiten. Mittelpunkt des Parks ist ein 85 Meter hoher Hügel, von dem man einen weiten Blick auf die Hochhäuser und die umliegenden Felder hat. An seinen Hängen treffen sich die Modellbauflieger, außerdem gibt es Rad-, Spazier- und Reitwege und im Winter einen 300 Meter langen Ski- und Rodelhang mit Flutlicht. Am Rande des Freizeit-

*Der Alte Dorfkrug in Lübars*

parks befindet sich die **Jugendfarm Lübars**, die einem typischen märkischen Bauernhof mit umfangreichem Tierbestand nachempfunden ist (Alte Fasanerie 10, 13469 Berlin).

## Lübars

Mehr als 50 alte Dorfkerne gibt es heute noch in Berlin, einige sind kaum noch als solche zu erkennen, doch in manchen, wie in Lübars, ist das ländliche Leben noch intakt. In direkter Nachbarschaft zum Märkischen Viertel gelegen, könnte der Kontrast kaum größer sein. Holprige Kopfsteinpflasterstraßen umschließen eine liebevoll gepflegte Barockkirche sowie die Feuerwehr und das Schulhaus mit schönem Bauerngarten. Darum gruppieren sich Reiterhöfe und einstöckige Bauernhäuser mit klassizistischen Stuckfassaden. Ganz so ruhig wie zu Mauerzeiten ist es heute in Lübars allerdings nicht mehr, denn aus der Sackgasse ist eine Durchgangsstraße geworden, doch ländlich verträumt ist das Dorf immer noch.

Treffpunkte sind der gut 100-jährige Gasthof **Alter Dorfkrug**, ein beliebtes Ausflugslokal mit Biergarten und nebenan der **Labsaal**, ein historischer Gasthaussaal, der für Veranstaltungen genutzt wird (Alt-Lübars 8, 13469 Berlin). Mittlerweile leben in Lübars wahrscheinlich mehr Pferde als Menschen. Weitläufige Koppeln mit Hindernisparcours, großzügige Reithallen, Pensionen für Pferde und Reiter und ein Laden mit Pferdesportzubehör lassen das jedenfalls vermuten. Die Landfleischerei am Ende des Zabel-Krüger-Dammes bietet Fleisch und Wurst nach traditionellen Rezepten aus eigener Herstellung. Im Sommer trifft man sich im Biergarten und lässt sich hausgemachte Blut- und Leberwurst, Berliner Bouletten oder die Schlachtplatte schmecken.

### ■ Tegeler Fließ

Zum Verdauungsspaziergang ist es nicht weit, denn vom alten Lübarser Dorfkern oder der Landfleischerei sind es nur ein paar Schritte ins Tegeler Fließ – eine der schönsten Naturlandschaften Berlins und ein einzigartiger Lebensraum für Pflanzen und Tiere. Die eiszeitliche Rinne zieht sich von Pankow über Lübars bis zum Tegeler See, wobei der kleine Bach sich über weite Strecken in vielen Schleifen seinen Weg durch Flachmoorwiesen, Schwingrasenflächen und kleine Wäldchen bahnt. Nachdem in der Weichsel-Eiszeit Berlin unter großen Eismassen begraben war, formte sich nach deren Abschmelzen diese Landschaft aus End- und Grundmoränen, Sandern und Urstromtälern, in den Niederungen bildeten sich Moore. Durch Torfstiche wurde das Fließ früher ökonomisch genutzt. Doch mit der Zeit verlandeten die meisten der flachen Seen. Bis heute erhalten geblieben sind der Hermsdorfer See, der Ziegeleisee und der Köppchensee. Der Ziegeleisee, ein ehemaliger Tonstich, ist seit vielen Jahren ein idyllisches Freibad mit kleinem Sandstrand

(Strandbad Lübars, Am Freibad 9, 13469 Berlin).

## Gartenstadt Frohnau

Im Jahr 1907 erwarb der Fürst von Donnersmarck ein Waldstück vor den Toren der Stadt und ließ in den darauffolgenden Jahren eine Landhaussiedlung nach englischem Vorbild errichten. So entstand mitten im Grünen eine vornehme Villensiedlung mit Gymnasium, Casino und Poloplatz. Das Zentrum der Gartenstadt bilden zu beiden Seiten der S-Bahnlinie von Oranienburg nach Potsdam der Zeltinger Platz und der Ludolfingerplatz (S1 Frohnau). Die Gestaltung der beiden begrünten Plätze, um die sich eine lückenlose Reihe von Geschäften reiht, geht auf den Gartenarchitekten Ludwig Lesser zurück.

Den **Ludolfingerplatz** umgibt eine im Frühjahr rot blühende Kastanienallee, von der fünf Straßen abgehen. Die Anlage des Rundplatzes besteht aus Rasenflächen, Rosenbeeten und einer höher gelegenen Terrasse. Der **Zeltinger Platz** ist halbrund und wird von einer Allee aus weiß blühenden Kastanien eingerahmt. Von der Aussichtsplattform mit einer weinberankten Pergola und Brunnenbecken hat man einen schönen Blick auf die tiefer liegende Rasenfläche und die in den 1930er Jahren erbaute evangelische **Johanneskirche**, die mit ihrem massigen Turm an eine mittelalterliche Wehrkirche erinnert. Bemerkenswert ist der Vorbau des Eingangs, der von vier mit Schnitzereien verzierten Eichenstämmen getragen wird.

Vom Zeltingerplatz gelangt man durch den Ludwig-Lesser-Park zum **Poloplatz**. Polo wird hier zwar schon lange nicht mehr gespielt, doch dem Pferdesport ist man treu geblieben. Mehrere Reitställe, Pferdekoppeln sowie einen Sprung- und Dressurparcours gibt es auf dem von einer doppelten Kastanienreihe gesäumten Areal. Direkt am Platz liegt das ›Landhaus am Poloplatz‹, ein nicht ganz billiges, aber exquisites italienisches Restaurant mit Kaminzimmer und Terrasse. Wer es ruhig liebt, kann in einem der drei Gästezimmer des historischen Hauses nächtigen.

Mitten im Wald nördlich vom Poloplatz liegen die 50 Klinkerhäuser der **Invalidensiedlung**. Anfangs wohnten in der zwischen 1937 und 1938 erbauten Siedlung ausschließlich Kriegsinvaliden, heute sind es überwiegend Senioren. Die ruhige Lage mitten im Wald könnte kaum schöner sein, doch bis auf das Restaurant ›Landhaus Hubertus‹ gibt es so gut wie keine Infrastruktur (Invalidensiedlung 51, 13465 Berlin).

Über den Staehleweg am südlichen Eingang zur Siedlung erreicht man die Oranienburger Chaussee (Bundesstraße 96). Geht man geradeaus weiter, kommt man nach einigen Minuten zum **Hubertussee**. Der idyllische Waldsee, um den ein Spazierweg führt, wurde

*Am Ludolfingerplatz*

zusammen mit der Gartenstadt Frohnau 1909 künstlich angelegt. Nach der Fertigstellung des Sees versuchte die Erschließungsgesellschaft exklusive Seegrundstücke zu verkaufen, doch niemand wollte damals so weit außerhalb der Stadt sein Häuschen bauen. Heute würden die Grundstücke sicher Höchstpreise erzielen. Von der fehlgeschlagenen Erschließung des Areals rund um den Hubertussee, das heute Naturschutzgebiet ist, zeugen zahlreiche Straßen und Alleen, die man noch heute im Wald erkennen kann.

■ **Buddhistisches Haus**
Durch ein mit Elefanten verziertes Steintor betritt man das verwunschene Waldgrundstück im Edelhofdamm und steigt 74 ausgetretene Stufen zum Buddhistischen Haus hinauf. Ein kleiner Tempel und eine Bibliothek stehen den Besuchern neben dem Garten immer offen. In der Bibliothek schaut der Bauherr und Gründer des Buddhistischen Hauses, der Arzt Dr. Paul Dahlke, streng von einem alten Schwarz-Weiß-Foto auf die Besucher. Nach mehreren Asienreisen ließ er 1924 dieses Haus errichten, das heute unter Denkmalschutz steht. Nach einer wechselvollen Geschichte erwarb schließlich die ›German Dharmaduta Society‹ aus Sri Lanka 1957 das Haus von den Erben Dahlkes. Seitdem hat die älteste buddhistische Begegnungsstätte Europas es bis zum heutigen Tag geschafft, ihr Domizil zu erhalten. Doch der Sanierungsbedarf ist groß und das Geld knapp, denn das Zentrum finanziert sich ausschließlich durch Spenden. Der Abt und einige wenige Gastmönche bieten Meditationsgruppen für Anfänger und Fortgeschrittene, Vorträge und Seminare an. Egal, ob man nur für eine Stunde oder für ein ganzes Wochenende kommt, dieser Ort ist eine Oase der Ruhe und Gelassenheit inmitten der hektischen Hauptstadt (Edelhofdamm 54, 13465 Berlin, S1, U8 Frohnau).

## Pankow
Pankow war zu DDR-Zeiten bei Intellektuellen und der Prominenz beliebt. Vor allem um den Majakowskiring, an

*Eingang zum Buddhistischen Haus in Frohnau*

dem sich auch einige Botschaften angesiedelt hatten, lebte die künstlerische und politische Elite. Je weiter man sich vom Zentrum entfernt, desto mehr lockt Pankow mit Vorstadtcharme, mit Villenvierteln, Einfamilienhaussiedlungen und viel Grün. Die Mieten sind hier oft noch recht günstig, das Nachtleben dagegen eher spärlich, doch nach Prenzlauer Berg ist es ja nicht weit.

■ **Schloss Schönhausen**
Bis jetzt finden nur wenige Besucher der Stadt den Weg zum Schloss Schönhausen. Einerseits wohl weil Pankow etwas außerhalb des Zentrums liegt und nicht gerade viele touristische Highlights besitzt, aber auch weil das Schloss nach einer umfangreichen Sanierung erst seit Ende 2009 wieder für die Öffentlichkeit zugänglich ist.

*Schloss Schönhausen*

Der Landsitz preußischer Adelsfamilien wurde 1740 zum Sommersitz von Königin Elisabeth Christine, der Gemahlin Friedrichs des Großen. Die auf väterlichen Druck geschlossene Ehe existierte nur auf dem Papier. Friedrich mochte die Angetraute nicht in seiner Nähe haben und befand, wortgewandt wie immer, dass sie in Schönhausen ›schön hausen‹ könne. So beschränkten sich die Begegnungen mit dem ›Philosophen von Sanssouci‹ auf ein Minimum. Elisabeth Christine hatte also genügend Zeit, das Anwesen bis zu ihrem Tod 1797 in ein Schmuckstück zu verwandeln.

Danach wurde es lange still um Schloss Schönhausen, bis die Nationalsozialisten es als Lager für ›Entartete Kunst‹ nutzten. Nach dem Zweiten Weltkrieg diente das Schloss dem Präsidenten der DDR als Amtssitz, ab 1964 dann als Gästehaus der DDR, unter anderem nächtigten hier Indira Gandhi, Fidel Castro und Michail Gorbatschow. Vor dem Ende der DDR tagte im Schloss der ›Runde Tisch‹ mit Vertretern der Bürgerrechtsbewegung und der Regierung. Auch die Außenministertreffen der ›Zwei-Plus-Vier-Gespräche‹ fanden 1990 im Schloss Schönhausen statt.

Das Haupthaus wurde zwar mehrfach umgebaut, blieb aber vor schweren Kriegsschäden verschont. Die **Ausstellung im Erdgeschoss** erinnert an Königin Elisabeth Christine, ihre Wohnräume wurden aufwendig saniert, die Inneneinrichtung und sogar die Tapeten stammen aus der Zeit der Königin. Im ersten Obergeschoss sind das **Amtszimmer Wilhelm Piecks** sowie das Gästeappartement zu sehen, beide vollständig eingerichtet.

. Seit 2011 finden die von Robert Rauh moderierten Schlossgespräche in den Räumen des Schlosses statt.

Der rund 16 Hektar große **Schlosspark** entstand um 1662, wurde Anfang des 18. Jahrhunderts zum Barockpark und schließlich von Peter Joseph Lenné zum Landschaftspark umgestaltet (→ S.453).

# In den Osten Berlins

## Jüdischer Friedhof Weißensee

Der Friedhof Berlin-Weißensee (Herbert-Baum-Straße, Weißensee) ist der größte jüdische Friedhof Westeuropas. Auf dem mehr als 43 Hektar großen Friedhof sind mehr als 115 000 Menschen begraben. So auch der 2001 verstorbene Schriftsteller Stefan Heym, der nach der Wende für kurze Zeit für die PDS im Bundestag saß und dort als Alterspräsident fungierte. Durch seine Größe wirkt der Friedhof fast wie ein Park und lädt zu ausgedehnten Spaziergängen ein. Während der Nazizeit wurden auf dem Friedhof in Weißensee 4000 Gräber und eine Trauerhalle zerstört. An die vielen jüdischen Opfer aus der Nazizeit erinnert heute eine Gedenkhalle direkt am Eingang, rechts davon erstreckt sich die Ehrenreihe, in der besonders verdiente Juden bestattet sind. Hier liegt auch der Widerstandskämpfer Herbert Baum begraben, der 1942 – gerade 30-jährig – nach einem von ihm durchgeführten Anschlag auf eine antikommunistische Propagandaausstellung festgenommen und im Gefängnis zu Tode gefoltert wurde (Herbert-Baum-Straße 45, 13088 Berlin, Freitag ab 14.30 sowie Samstag und Feiertage geschlossen).

## Tierpark Friedrichsfelde

Wegen der Teilung Berlins wurde 1955 im Schlosspark Friedrichsfelde ein neuer, 160 Hektar umfassender Tierpark mit großen Freigehegen eröffnet. Hier gibt es zwar ›nur‹ rund 8000 Tiere zu sehen, deutlich weniger als im Zoologischen Garten, doch die Anlage bezieht ihren Reiz aus ihrer Weitläufigkeit. Der Tierpark ist in ganz Europa wegen der Zucht seltener Huftiere bekannt, aber auch die klassischen Zootiere wie Dickhäuter, Bären und Raubkatzen sind hier zu finden. Die Schlangenfarm zeigt die größte Sammlung an Giftschlangen in einem europäischen Zoo.

Im Park befindet sich auch das 1695 im holländischen Landhausstil für den Generaldirektor der kurfürstlichen Marine Benjamin Raulé erbaute **Schloss Friedrichsfelde**. Der Schlossgarten wurde

*Wurde von den Nazis geschändet: der Jüdische Friedhof Weißensee*

*Gedenkstätte des ehemaligen Stasi-Gefängniss Hohenschönhausen*

1821 von Peter Joseph Lenné angelegt. In der Folgezeit wechselte das Schloss häufig den Besitzer und wurde aus- und umgebaut. Nach dem Zweiten Weltkrieg verfiel es immer mehr und sollte abgerissen werden, doch dann entschloss man sich zur Sanierung, die 1981 abgeschlossen war. Von der ursprünglichen Inneneinrichtung ist nicht viel erhalten geblieben, trotzdem ist das Innere heute stilecht mit Stücken aus anderen Schlössern eingerichtet (→ S. 452).

## Gedenkstätte Hohenschönhausen

Auf DDR-Stadtplänen von Berlin befand sich zwischen Bahnhofs-, Gensler-, Freienwalder und Lichtenauer Straße nur eine weiße Fläche. Vor Ort wurden Besucher durch hohe Mauern und Wachtürme von diesem militärischen Sperrgebiet ferngehalten. Auf dem ehemaligen Gelände einer Großküche entstand nach dem Zweiten Weltkrieg ein sowjetisches Speziallager, nach dessen Auflösung 1946 wurde hier das zentrale sowjetische Untersuchungsgefängnis für Deutschland eingerichtet.

Ab 1951 übernahm dann das Ministerium für Staatssicherheit das Gelände und nutzte es als zentrale Untersuchungshaftanstalt. Mehrere Tausend politisch Verfolgte waren hier inhaftiert, darunter fast alle DDR-Oppositionellen. Zusammen mit den weiteren Abteilungen des Ministeriums für Staatssicherheit, die sich in unmittelbarer Nähe befanden, war es die Zentrale kommunistischer Unterdrückung in der DDR.

Seit 1994 befindet sich auf dem Gelände, dessen Gebäude und Einrichtungen fast vollständig erhalten geblieben sind, die Gedenkstätte Berlin-Hohenschönhausen. Im Rahmen von rund zweistündigen Führungen werden Besucher durch die Verhörräume und das Haftkrankenhaus geführt. Die meisten Führungen werden von ehemaligen Häftlingen durchgeführt, die die oft menschenverachtenden Haftbedingungen und Verhörmethoden der Staatssicherheit am eigenen Leib erlebt haben. Die Gedenkstätte wird jährlich von mehr als 300 000 Menschen besucht (→ S. 452).

*Der Molecule Man in der Spree*

# Durch Treptow und Köpenick

Der Ausflug nach Treptow und Köpenick bietet dem Reisenden zwei völlig unterschiedliche Erlebnisse. Während Treptow unmittelbar an Friedrichshain und Kreuzberg grenzt und durchaus noch großstädtisch wirkt, ist Köpenick mit seinem Wasserschloss und dem Müggelsee schon fast ein Ausflugsziel auf dem Land. Wer in den Bezirk Treptow-Köpenick im Osten Berlins fährt, macht nicht einen kurzen Abstecher, sondern plant am besten einen Tagesausflug.

Treptow wurde zwar 1568 erstmals urkundlich erwähnt, doch bis ins 19. Jahrhundert lebte hier außer einer Handvoll Bauern niemand. 1822 eröffnete ein Gasthaus, und seit 1876 lockt der Treptower Park Erholungssuchende aus Berlin an. 1896 fand in Treptow die Große Berliner Gewerbeausstellung statt. Durch den Bau der Oberbaumbrücke im selben Jahr wurde Treptow mit den Stadtteilen auf der nördlichen Spreeseite verbunden. Daraufhin siedelten sich immer mehr Menschen an. Der Bezirk wurde schnell zu einem wichtigen Industriestandort innerhalb Berlins. Im Treptower Park fanden in der Zeit der Weimarer Republik viele Massenkundgebungen der Sozialisten und Kommunisten statt.

Köpenick hingegen blickt auf eine lange Tradition zurück – der Ort ist älter als Berlin und hat auch schon länger die Stadtrechte. Schon in der Bronzezeit lebten hier Menschen. Später siedelten hier die Slawen, und 1209 wurde die Stadt erstmals urkundlich erwähnt. Im 13. und 14. Jahrhundert entwickelte sich Cöpenick, damals noch mit einem ›C‹ geschrieben, zu einem wichtigen Handelsplatz. Erst seit 1920 gehört Cöpenick zu Berlin, und seit 1931 führt der Ort das ›K‹ im Namen.

Schon im 19. Jahrhundert war Köpenick ein beliebtes Ausflugsziel: Der Müggelsee lockte bereits damals die Berliner vor die Tore der Stadt. Weltweit bekannt wurde der Ort 1906 durch den Schuhmacher Wilhelm Voigt, der als falscher Hauptmann von Köpenick das Rathaus der Stadt besetzte und den Bürgermeister festnahm (→ S. 358).

Anfang des 20. Jahrhunderts wurde Köpenick zur Waschküche: Damals sorgten 4000 Wäschereien entlang der Spree und ihrer Kanäle dafür, dass den Berlinern die frische Wäsche nicht ausging. Im Juni 1933 war der Ort Schauplatz der so genannten Köpenicker Blutwoche: Schlägertrupps der SA verschleppten Gewerkschafter, Sozialisten und Kommunisten ins Gefängnis des Amtsgerichts und folterten sie dort zu Tode. Fast 100 Menschen wurden ermordet. Seit der Bezirksreform im Jahr 2001 bilden Treptow und Köpenick einen Stadtteil. Heute ist Treptow-Köpenick der flächenmäßig größte aller zwölf Berliner Bezirke.

## Treptow

Der Treptower Park und der Plänterwald sind für Berliner beliebte Ausflugsziele. Besucher der Stadt hingegen finden nur selten den Weg nach Treptow – obwohl der Bezirk mit der S-Bahn leicht zu erreichen ist und einiges Sehenswerte bietet. Und vom Görlitzer Park in Kreuzberg, der für viele Touristen inzwischen zu einem Ort geworden ist, den man unbedingt sehen muss (→ S. 300), sind es zu Fuß allenfalls zehn Minuten bis zum Treptower Park.

### ■ Rund um das Badeschiff

Eigentlich sollte man sich das Badevergnügen erst verdienen. Deswegen ist das

Badeschiff in der Spree für ›ergebnisorientierte‹ Stadtspaziergänger ein schlechter Ausgangspunkt für eine Tour durch Treptow. Doch das Badeschiff ist nun einmal der westlichste Punkt des Stadtteils – unmittelbar an der Grenze zu Kreuzberg – und damit zumindest geographisch gesehen der ›natürliche‹ Ausgangspunkt des Stadtspaziergangs.

Das **Badeschiff** liegt seit 2004 in der Spree vor Anker. Es handelt sich um nichts anderes als um einen alten Frachtkahn, der ausgehöhlt und zu einem Schwimmbad umfunktioniert wurde. Hier kann man in beheiztem und vor allem sauberem Wasser mit Blick auf die Oberbaumbrücke und den Fernsehturm baden und plantschen. Ins Badeschiff geht man aber vor allem, um gesehen zu werden, und es stört auch niemanden, wenn die Gäste beim Sonnenbaden Schulter an Schulter liegen. Im Gegenteil: Das hat Flirtfaktor. Wer trotzdem niemanden kennen lernt, hat später an der Bar nochmals eine Chance: Denn dort wird bis spät in die Nacht gefeiert.

In der Spree selbst schwimmt niemand. Obwohl sich die Wasserqualität verbessert hat, würde der Fluss immer noch keine ›blaue Flagge‹ für hervorragende Wasserqualität bekommen. Außerdem ist das Spreewasser während der meisten Monate zu kalt. Im Badeschiff dagegen kann man sogar im Winter schwimmen: Dann wird das Schiff mit einem futuristischen Dach versehen, und während es draußen schneit und stürmt, vergnügt man sich drinnen in der Sauna oder springt ins 24° C warme Wasser.

Nur wenige Meter vom Badeschiff entfernt liegt die **MS Hoppetosse** im Wasser. Vom Deck blickt man die Spree hinunter bis auf die Oberbaumbrücke und den Fernsehturm.

Am Wochenende lohnt noch ein Abstecher zum wenige Schritte entfernten **Hallentrödelmarkt Treptow** in der Eichenstraße. Hier geht es ziemlich chaotisch zu. Wer einfach gemütlich bummeln will, wird sich nicht sehr wohlfühlen. Dafür kauft man immer günstig und manchmal sogar gut ein. Die nebenan gelegene **Arena**, zu DDR-Zeiten ein Busdepot, ist eine Konzertarena, in der Pop- und Rockgruppen auftreten.

Zwischen Arena und Flutgraben hat der Club **White Trash** seit 2014 nach seinem Auszug aus der Schönhauser Allee ein neues Domizil auf einem weitläufigen Gelände gefunden (www.whitetrashfastfood.com).

Gleich gegenüber liegt direkt am Graben an der Grenze zu Kreuzberga uf Pontons mit dem **Club der Visionäre** eine weitere Legende der Berliner Clubszene (→ S. 417).

Wenige hundert Meter flussabwärts stehen drei durchlöcherte Herren in der Spree. Der **Molecule Man**, eine 30 Meter hohe Figur des US-amerikanischen Künstlers Jonathan Borofsky, symbolisiert die hier aneinander grenzenden Bezirke Kreuzberg, Friedrichshain und Treptow. Unmittelbar hinter der Figur streben die beiden **Treptowers** in die Höhe. Mit je 125 Metern zählen die Bürohochhäuser zu den höchsten Gebäuden Berlins.

### ■ Treptower Park

Jenseits der Elsenbrücke erreicht man den Treptower Park, eine weitere innerstädtische Grünoase berlins. Er wurde im dritten Viertel des 19. Jahrhunderts von dem Lenné-Schüler Gustav Meyer geschaffen. 1896 fand hier die Berliner Gewerbeausstellung statt, anlässlich derer auch die Oberbaumbrücke (→ S. 283) errichtet wurde.

Unmittelbar hinter der Elsenbrücke befindet sich die Anlegestelle der **Ausflugsschiffe**. Von hier aus stechen die Schiffe für kurze Fahrten auf der Spree oder längere Touren bis zum Müggelsee in See.

Das **Ehrenmal für die gefallenen sowjetischen Soldaten** wurde zwischen 1947 und 1949 erbaut. Im Zentrum der weitläufigen Anlage steht eine 11,60 Meter hohe Soldatenfigur, die am Ende eines Ehrehains wacht. Im linken Arm hält sie ein Kind, die rechte Hand umfasst ein Schwert, mit dem der Soldat soeben das Hakenkreuz zerschlagen hat. Geehrt werden mit diesem Monumentaldenkmal die 20 000 sowjetischen Soldaten, die beim Sturm auf Berlin ums Leben kamen. Zum größten Teil wurde für das Denkmal schwedischer Granit verbaut, den die Sowjetsoldaten in der Reichskanzlei vorfanden. Hitler hatte ihn angeblich zum Bau eines Triumphbogens in Moskau verwenden wollen. Freilich entspricht das Monument, das nach Entwürfen der sowjetischen Bildhauer Jewgeni Wutschetisch und Jakob Belopolski im Stil der Stalinzeit errichtet wurde, nicht mehr dem Geschmack unserer Zeit. Trotzdem ist es ein durchaus ergreifendes Mahnmal – vor allem, wenn man weiß, dass 5000 der in Berlin gefallenen Sowjetsoldaten hier ihre letzte Ruhestätte fanden.

Nur wenige Meter von dem Ehrenmal entfernt, in Richtung Spree, liegt die **Archenhold-Sternwarte**. Sie wurde 1896 erbaut und nach ihrem Erbauer Friedrich Simon Archenhold benannt. Als Jude wurde Archenhold bereits 1933 von den Nazis aus seinen Ämtern entlassen. Er starb noch im selben Jahr. Seine Frau und seine Kinder kamen im Konzentrationslager Theresienstadt ums Leben. Das 21 Meter lange Fernrohr, das einen Linsendurchmesser von 68 Zentimetern aufweist und 130 Tonnen wiegt, ist noch heute das größte Linsenfernrohr der Welt. Zum Vergleich: Das Denkmal für die gefallenen Sowjetsoldaten wiegt 70 Tonnen.

Direkt an der Spree kommt man zum **Zenner**, einem Ausflugslokal mit riesigem Biergarten. Hierher pilgern die Berliner schon seit den 20er Jahren des 19. Jahrhunderts. Wer sich damals auf den weiten Weg hierher machte, hatte ordentlich Hunger. Und so sind auch die Portionen im Zenner berechnet. Die Anreise ist heute zwar leichter – die S-Bahn Station Treptower Park liegt nur ein paar hundert Meter entfernt. An den Portionsgrößen hat sich aber nichts geändert.

Gegenüber liegt die **Insel der Jugend**. Im Sommer finden hier häufiger Livekonzerte satt, jeden Abend wird die Leinwand fürs Freilichtkino aufgebaut. Ansonsten ist die kleine Insel, die durch eine Brücke mit dem Festland verbunden ist, der ideale Platz für ein Picknick oder ein romantisches Stelldichein zum Sonnenuntergang. Wer will, stärkt sich in dem kleinen Biergarten oder leiht sich ein Kanu für eine Tour auf dem Wasser.

*Sowjetsoldat mit Kind: Ehrenmal für die gefallenen sowjetischen Soldaten*

## Mit der Fähre F11 über die Spree

»Über sieben Brücken musst du geh'n«, lautet die Aufforderung des eigentlich einzigen Ostwest-Hits, den das mal zweigeteilte Deutschland hervorgebracht hat – allgemein popularisiert von Peter Maffay, aber eben aus dem Repertoire der Ostrocker Karat stammend. Womit das Brückenlied auch Berliner Provenienz ist. Und wen es über die Brücken treibt, der muss keine Verknappung fürchten in der Stadt, weil einem etwa 1000 solcher Übergänge dafür zur Verfügung stehen. Damit hat Berlin mehr Brücken vorzuweisen als Venedig, auch eine hübsche Stadt am Wasser, in der allerdings Bootfahren nichts Besonderes ist. In Berlin schon. Aber auch das lässt sich elegant mit dem ÖPNV bewältigen. Eine Handvoll im Auftrag der Berliner Verkehrsbetriebe betriebener Fährlinien führen über Wasser. Leidenschaftliche Schiffverkehrsliebhaber wählen die F10 über den Großen Wannsee. Das ist die mit viereinhalb Kilometern längste Fährstrecke. Zum Schnuppern aber empfiehlt sich noch bis Ende 2017, wenn dann die neue Spreebrücke fertig sein soll (und damit der Fährbertrieb eingestellt wird), die F11 zwischen Baumschulenstraße und Wilhelmstrand über die Spree. Das ist die älteste Fährlinie der Stadt, seit 1896 im regulären Betrieb. Nur »bei Sturm, Nebel oder starker Eisbildung kann der Verkehr eingestellt werden«. Ansonsten fährt man alle 20 Minuten. Fahrzeit ungefähr zwei Minuten. Es reicht das Kurzstrecken-Ticket.

Um erst mal zur Ablegestelle zu kommen, nimmt man am besten das Rad. Schön ist die Fahrt, von Kreuzberg durch den Görlitzer Park, weil sich so unterwegs gleich noch die tendenziell fallende Grillrate im Grünen Richtung Osten beobachten lässt, hin zur Spree und die Uferpromenade entlang durch den Treptower Park, vorbei am Sowjetischen Ehrenmal mit seinem imposanten Stalinismus und rein in den Plänterwald, wo sich früher mal die DDR vergnügte, rund um das Riesenrad als dem Wahrzeichen des ›Kulturparks Plänterwald‹. Das Rad dreht sich schon lange nicht mehr, und der Rummelplatz ist in der Geschichte zurückgeblieben und in einen Dornröschenschlaf gefallen, aus dem der Park wieder aufgeweckt werden soll. In Bürgerdialogen sucht man noch nach den zündenden Ideen dafür.

Die Fahrt mit der Fähre über die Spree ist dann das eher kurze Vergnügen. Zwei Minuten, in denen man sich durchaus überlegen könnte, ob man nicht doch gleich weiter durchfahren will nach St. Petersburg auf dem Europaradweg R1, der über die Fähre führt (zu beachten: Russland ist visapflichtig). Denn ansonsten winkt auf der anderen Seite tatsächlich nicht so viel. Nichts Beschauliches jedenfalls für den Ausflüglerblick, weil sich die Stadt hier einfach mal alle Anmut verkneift und stattdessen schlicht aufzählt, was so zu einer Stadt dazugehört. Dabei kümmert sie sich nicht groß um eine besondere Ordnung, was der kruden Gemengelage auf dieser Spreeseite mit Kleingartensiedlung, Industriebauten, Brachen und den riesenhaften Anlagen des Kraftwerks Klingenberg einen rauhen Charme verleiht. Vorstädtisches, notdürftig festgezurrt an der vierspurigen Köpenicker Chaussee. Dort entlang geht es zurück. Stück für Stück setzt sich dabei Stadt zusammen und wird in der tendenziell steigenden Spätkauf- und Kneipenrate tatsächlich auch wieder zu Berlin.

Über die Oberbaumbrücke, eines der hübschesten Beispiele unter den vielen Berliner Brücken, kommt man zurück nach Kreuzberg.

*Thomas Mauch*

# Köpenick

Köpenick ist ein Bezirk der Superlative: Es ist der größte Bezirk Berlins. Und er hat mit dem Müggelsee den größten See der Stadt und mit dem Großen Müggelberg den höchsten natürlichen Berg. Die Arkenberge im Norden Berlins sind zwar noch ein paar Meter höher, allerdings sind das keine ›richtigen‹ Berge, sondern sind als Schuttberg in die Höhe gewachsen. Außerdem ist Köpenick auch noch älter als Berlin.

Köpenick ist groß, und deswegen muss, wer mit den öffentlichen Verkehrsmitteln kommt, seine Ausstiegshaltestelle mit Bedacht wählen. Will man die Altstadt und das Schloss besuchen, fährt man mit der S-Bahn bis zur Station Köpenick. Zum Müggelsee steigt man dagegen erst an der Station Friedrichshagen aus (S3 ab Ostkreuz).

## ■ Schloss Köpenick

Der dreigeschossige Barockbau von Schloss Köpenick in der Altstadt wurde zwischen 1677 und 1682 errichtet. Das ursprünglich mit drei Flügeln geplante Schloss wurde nie vollendet. Der holländische Maler und Architekt Rutger von Langerveldt hatte gerade einmal den Westflügel fertiggestellt, als die Bauarbeiten beendet wurden. Ein Grund war Geldmangel. Der andere Grund, dass Sophie Charlotte, der frisch angetrauten Ehefrau des Bauherrn, des späteren König Friedrich I., das Schloss weitab der Großstadt nicht gefiel. Sie überredete ihren königlichen Gemahl dazu, das Bauvorhaben in Köpenick abzubrechen und stattdessen ein Schloss in größerer Nähe zu Berlin zu bauen: Charlottenburg (→ S. 233).

Nach der aufwendigen Sanierung befindet sich seit 2004 die Dependance des **Museums für Kunstgewerbe** im Schloss, die vor allem Möbel und Kunstgewerbe aus Renaissance, Barock und Rokoko präsentiert. Auch die Deckengemälde und die von Graubündner Meistern geschaffenen Stuckdecken – insgesamt 29 – wurden in das neue Präsentationskonzept mit einbezogen. Unter dem eindrucksvollen barocken Dachstuhl ist die Studiensammlung von Metallgeräten, Fayencen, Glas und Porzellan zu sehen (Schloßinsel 1, 12577 Berlin, Donnerstag bis Sonntag 10–17 Uhr, www.smb.museum).

Der **Wappensaal** im Schloss Köpenick war vom 22. bis zum 28. Oktober 1730

*Wegen Geldmangels nie vollendet: Schloss Köpenick*

*Brauerei in Friedrichshagen*

Schauplatz einer Kriegsgerichtsverhandlung, die König Friedrich Wilhelm I. gegen seinen Sohn, Kronprinz Friedrich, und dessen Freund Hans Hermann Katte veranlasste. Der Kronprinz, damals 18 Jahre alt, hatte die strenge Erziehung durch seinen Vater satt und plante mit seinem Freund, Leutnant Katte, die Flucht nach England. Offenbar stellten sich die beiden jungen Burschen bei ihrem ›Fluchtversuch‹ ziemlich dumm an, denn sie wurden schnell entdeckt. Aus der geplanten Reise nach England wurde nichts.

Heute würde man das Ganze als normalen Ablösungsprozess vom Elternhaus sehen. Der Soldatenkönig Friedrich Wilhelm I. sah im Ungehorsam seines Sohnes aber eine Desertion – und ließ die beiden jungen Männer vors Kriegsgericht stellen. Dieses verurteilte Katte zu lebenslanger Haft, wagte es aber nicht, den Kronprinzen zu bestrafen. Auch den Antrag des Vaters, den Kronprinzen von der Erbfolge auszuschließen, lehnte das Gericht ab.

Das aber war dem König zu wenig Strafe. Er hob deswegen das Urteil kurzerhand auf, verurteilte Katte zum Tode und ließ seinen Sohn ins Gefängnis stecken. Zuvor musste er noch der Hinrichtung seines Freundes beiwohnen. Der Kronprinz wurde schließlich vom Vater wieder aufgenommen und regierte später als Friedrich II. – die Nachwelt nannte ihn auch den ›Großen‹ – das Land.

■ **Rathaus Köpenick**
Unweit des Schlosses liegt das Rathaus von Köpenick. Vor diesem steht das **Denkmal für Wilhelm Voigt**, den legendären Hauptmann von Köpenick. Das zwischen 1901 und 1904 im Stil der märkischen Backsteingotik erbaute Rathaus würde wohl kaum Besucher anlocken, wäre es nicht 1906 Schauplatz des Streiches des Schusters Wilhelm Voigt geworden.

Voigt, 1849 im ostpreußischen Tilsit geboren, hatte als Kleinkrimineller schon mehrmals im Zuchthaus gesessen. Als er wieder einmal aus der Haft entlassen wurde, wollte er Preußen den Rücken kehren und sein Glück in der Ferne suchen. Doch dazu brauchte er einen Pass. Den jedoch verweigerte ihm ein sturköpfiger preußischer Beamter. Voigt kaufte sich daraufhin auf dem Trödel eine Hauptmannsuniform, stellte schnurstracks zwölf Soldaten, die er auf der Straße auflas, unter sein Kommando und marschierte mit ihnen zum Rathaus. Dort nahm er den Bürgermeister fest und beschlagnahmte die Stadtkasse. Als der verdutzte Bürgermeister nach dem Grund seiner Festnahme fragte, antwortete ihm Voigt: »Befehl ist Befehl. Beschweren können Sie sich hinterher.« In ganz Preußen lachte man über Voigts Streich, mit dem er die Obrigkeitshörigkeit und Uniformgläubigkeit im Land bloßstellte. Ganz ohne Strafe kam der falsche Hauptmann aber nicht davon. Er wurde zu vier Jahren Zuchthaus verurteilt, aber schon nach knapp zwei Jahren begnadigt. Nach seiner Haftentlassung erhielt er seinen Pass und zog nach Luxemburg. Von dort reiste er weiter in die USA, wo er ein Jahr lang im Zirkus als ›Hauptmann von Köpenick‹ auftrat. Bald kehrte er aber wieder nach Luxemburg zurück, wo er 1922 starb.

Der Schriftsteller Carl Zuckmayer hat Wilhelm Voigt 1931 mit seinem ›deutschen Märchen‹ vom Hauptmann von Köpenick endgültig unsterblich gemacht.

Eine kleine Ausstellung im Rathaus erinnert an den Hauptmann von Köpenick. Im Rathauskeller kann man das angebliche Leibgericht des Mannes kosten: eine auf Buchenspänen geräucherte Schweinehaxe aus der Hausräucherei.

Nur wenige Schritte vom Rathaus entfernt liegt die recht große **Laurentiuskirche** von 1841. Schließlich lohnen noch die **Fischerhäuser** im Ortsteil Kietz einen kurzen Abstecher. Die kleinen einstöckigen Häuser erinnern an die Zeit, als Köpenick ein Fischerdorf war. Fischfang wurde hier schon seit dem 15. Jahrhundert betrieben. Die Häuschen selbst stammen aus dem 18. und 19. Jahrhundert.

## Ausflug zum Müggelsee

Neben dem Schloss und dem Rathaus ist der Müggelsee die bekannteste Sehenswürdigkeit Köpenicks. Doch aufgepasst: Obwohl er auf dem Gebiet des Bezirks liegt, erreicht man sein Westufer über die S-Bahnstation Friedrichshagen, sein Ostufer über die S-Bahn-Station Rahnsdorf.

### ■ Friedrichshagen

Am Sonntag ist der direkt an der S-Bahnstation gelegene **Trödelmarkt** ein beliebtes Ausflugsziel. Viele Berliner verbinden die Badefahrt zum Müggelsee mit einem kleinen Marktbummel. Doch auch an anderen Tagen lohnt Friedrichshagen mit seinen schönen Villen einen Rundgang. Besonders reizvoll ist die **Bölschestraße** wegen der einstöckigen Häuser aus dem 18. Jahrhundert und den Cafés, die hier auf dem Weg zum Müggelsee zu einer Pause einladen. Benannt ist die Straße nach dem Naturwissenschaftler und Schriftsteller Wilhelm Bölsche. Er hatte hier einen sozialistischen Literaturkreis gegründet, dem unter anderem auch berühmte Autoren wie Gerhart Hauptmann und Erich Mühsam angehörten.

Das **Wasserwerk Friedrichshagen** am Müggelseedamm 307 wurde 1893 in Betrieb genommen. Es war damals das größte und modernste Wasserwerk Europas. Auf einer großen Freifläche findet der Besucher Zeugnisse technischer und architektonischer Leistungen und Backsteinbauten. Imposant ist die original erhaltene Maschinenhalle mit ihren Kolbendampfmaschinen. Die Dampfmaschine wird an Sonn- und Feiertagen jeweils um 11, 13 und 15 Uhr zur Demonstrationszwecken in Betrieb genommen.

*Trendsport auf dem Müggelsee*

## Müggelsee

Mit einer Wasserfläche von 7,5 Quadratkilometern ist der Müggelsee der größte See Berlins. Die Ufer des Sees sind größtenteils unbebaut und von Wäldern gesäumt, durch die zahlreiche Fahrrad- und Wanderwege führen. Wer nicht mit dem eigenen Boot unterwegs ist, kann sich auf einem der vielen Ausflugsdampfer einbuchen. Oder man quert den See zu Fuß – allerdings unterirdisch. Der 1926 erbaute, 120 Meter lange **Spreetunnel** liegt achteinhalb Meter unter der Wasseroberfläche. Von der Josef-Nawrocki-Straße auf Friedrichshagener Seite führt er hinüber ins Waldgebiet der Kämmereiheide.

An der tiefsten Stelle ist der Müggelsee nur elf Meter tief und erwärmt sich im Sommer daher sehr schnell – das macht ihn zur idealen ›Badewanne‹ für die Berliner.

Darüber, was das Wort ›Müggel‹ bedeutet, gibt es zwei Theorien: Die eine besagt, dass das indogermanische Wort ›mygla‹ – ›Nebel‹ – der Ursprung ist. Die andere führt den Namen auf das alte Wort ›miggel‹ für ›groß‹ zurück.

In **Rahnsdorf** lockt das 1912 eröffnete und in den 1930er Jahren erweiterte **Strandbad** im Sommer viele Besucher an. Mit seiner rund ein Kilometer langen sandigen Wasserfront zählt es zu den größten Freibädern Berlins.

In den 1920er Jahren wurde in **Rahnsdorf** ein Sumpfgebiet trockengelegt. Die Entwässerungskanäle, die damals gezogen wurden, tragen heute den Namen **Neu-Venedig**. Die Wassergrundstücke – viele mit Steg und Bootshaus – waren zu DDR-Zeiten beliebt und wurden unter anderem an verdiente Künstler oder Sportler vergeben. Oder die Politiker schnappten sich gleich selbst eines der beliebten Grundstücke und setzten eine Datsche drauf. Heute ist Neu-Venedig ein beliebtes Ausflugsziel für Paddler.

Am südlichen Seeufer liegen die **Müggelberge**, mit dem 115 Meter hohen großen und dem 82 Meter hohen kleinen Müggelberg. Dort steht auch der 1961 erbaute, knapp 30 Meter hohe **Müggelturm**. Von hier hat man bei schönem Wetter eine gute Fernsicht über das gesamte Stadtgebiet.

*Volle Kraft voraus: Paddeltour durch Neu-Venedig*

## Paddeln bei Erkner

Leise, fast lautlos gleitet mein Kanu durch das ruhige, sumpfig-trübe Wasser. Am Ufer flattern die Blätter von Erlen und Weidenbüschen im leichten Wind – es ist fast still in diesem Tunnel aus Grün. Plötzlich kracht es im Gebüsch: Ein Kormoran hebt ab, und gleich darauf flattert ein bunter Eisvogel über das Wasser, wo eben noch zwei Libellen tanzten. Naturidylle pur, keine Stunde vom Berliner Stadtzentrum entfernt.

Der Gosener Graben, auf dem ich paddele, liegt in einem Naturschutzgebiet am östlichen Stadtrand. Er verbindet den Dämeritzsee bei Erkner mit dem Seddinsee bei Schmöckwitz. Der Graben ist für Motorboote gesperrt, die einen breiten, parallel verlaufenden Kanal nutzen. Wer auf dem Graben paddelt, bekommt eine Ahnung, was der Spruch ›Der Weg ist das Ziel‹ bedeuten kann. Es ist wunderbar.

Aber wie kommt man in diese Idylle? Schneller als gedacht! Ausgangspunkt ist die Bootsverleihstation ›Kanusport Erkner‹, die fünf Fußminuten vom Regional- und S-Bahnhof Erkner entfernt am Dämeritzsee liegt. Dort gibt es leicht laufende Boote bekannter Markenhersteller; vom schnellen Einer-Kajak bis zum gemütlichen Familien-Canadier ist alles dabei. Dazu bekommt man leichte Standardpaddel aus Aluminium, Schwimmwesten und sonstiges Zubehör. In den Ferien und an den Wochenenden ist eine Vorbestellung empfehlenswert (→ S. 440). Geübte Paddler haben den Dämeritzsee in einer Viertelstunde Richtung Süden überquert, und schon sind sie auf dem Gosener Graben; Landkarten zur Orientierung gibt es gegen Pfand beim Kanuverleih.

Die Fahrt vom Berliner Alexanderplatz nach Erkner dauert mit der Regionalbahn nur 25 Minuten; sie verkehrt im Halbstundentakt. Die S-Bahn nach Erkner braucht vom Alex 40 Minuten; sie fährt alle 20 Minuten. Diese hervorragende Verkehrsanbindung macht Erkner auch für Berlin-Touristen interessant, die vielleicht mal einen halben Tag Erholung brauchen. Überhaupt gibt es in und um Berlin viele schöne und auch per Bahn gut erreichbare Seen und Wälder, die einen Tages- oder Halbtagesausflug lohnen: zum Beispiel den Wannsee, den Rangsdorfer See, den Müggelsee, den Straussee, den Wandlitzer oder Tegeler See.

Von Erkner aus kann man mehrere Touren machen: durch den Gosener Graben zu Badestellen am Seddiner See, die Spree flussaufwärts zu einem Ausflugslokal, das kleine Flüsschen Löcknitz hinauf oder auch Richtung Rüdersdorf, wo es einen Museumspark im ehemaligen Kalkbergwerk gibt. Einen kleinen Nachteil aber hat das stadtnahe Paddelvergnügen: Hin und wieder dröhnen Flugzeuge über die Gegend um Erkner, die auf dem Flughafen Schönefeld starten oder landen.

Damit die Paddeltour auch für Anfänger ein Erfolg wird, hier ein paar Basisinfos über Kanus: Kajaks werden mit dem Doppelpaddel bewegt; sie haben meistens ein Steuerruder, das mit den Füßen bedient wird. Das Steuer ist auf kurvigen Strecken oder windigen Seen ein Vorteil, weil es das Kurshalten erleichtert. Dafür sitzt man im Kajak ziemlich tief und hat mit Tropf- und Spritzwasser zu kämpfen. Canadier hingegen werden mit dem Stechpaddel bewegt; sie sind geräumiger und bieten mehr Beinfreiheit als Kajaks. Canadier werden durch Steuerschläge gelenkt; für Anfänger ist es am einfachsten, wenn der hintere Paddler sein Paddel wie eine Ruderpinne benutzt. Zu häufiges Wechseln der Paddelseite bringt nichts, dadurch eiert das Boot nur.

*Richard Rother*

# In den Südwesten Berlins

Die vornehmsten Villenviertel der Stadt und ein Forstgebiet, das von einer Kette größerer und kleinerer Seen durchzogen wird, der vielbesungene Wannsee und das beliebte Strandbad mit dem flach abfallenden Ufer, dazu hochkarätige Museen, die Freie Universität mit ihrer vielfältigen Wissenschaftslandschaft und der Botanische Garten, einer der größten und artenreichsten der Welt – keine Frage, im Berliner Südwesten gibt es eine Menge Sehenswertes. Am schönsten ist es hier im Sommer, wenn der Grunewald und die vielen Gewässer zu Frischluftaktivitäten einladen, die man nach Lust und Laune auch mit einem Kulturprogramm abrunden kann.

## Dahlem

Die Stadt, oder besser das hektische, quirlige und aufgeregte Berlin, hat man hinter sich gelassen, wenn man in Dahlem aus der U-Bahn steigt. Noch bevor man das Ziel erreicht, macht schon der Name der Station deutlich, dass man hier ein Kontrastprogramm zum urbanen Mittelpunkt erwarten darf: Die Station heißt nämlich **Dahlem-Dorf**. Anfang des vergangenen Jahrhunderts wurde die bis dahin ländlich bewirtschaftete, zwischen Berlin und Potsdam gelegene Gegend durch die Untergrundbahn mit dem Zentrum der rasant wachsenden Metropole verbunden. Die U-Bahn ist allerdings bereits dem Tunnel entkommen und verkehrt oberirdisch, wenn sie Dahlem erreicht. 1913 war das Bahnhofsgebäude der dörflichen Station fertig. Man hatte sie im Stil eines reetgedeckten Fachwerkhauses norddeutscher Bauart errichtet. Vor dem Bahnhof findet sich auch 100 Jahre später noch ein blumengeschmückter Platz, eingefasst von einem Lattenzaun – eine adrette Idylle. Besonders gut gefällt das Ambiente übrigens den Japanern, die bekanntlich ein Faible für Deutschlands romantische Seiten haben. Von einer japanischen Delegation wurde ›Dahlem-Dorf‹ 1987 zum ›schönsten U-Bahnhof Europas‹ gewählt. 2012 brannte das Reetdach des Gebäudes ab und wurde durch eine Nachbildung aus Kunststoff ersetzt (U3 ab Nollendorfplatz).

### ■ Domäne Dahlem

Mit der großen Eingemeindungsaktion von 1920 wurde das einstige Dorf Dahlem ein Ortsteil von Zehlendorf und damit Teil von Groß-Berlin. An alte, Vor-Berliner Zeiten erinnert das Gelände der Domäne Dahlem, das direkt gegenüber der Station Dahlem-Dorf liegt. Die Domäne, ein Jahrhunderte altes Rittergut und historischer Mittelpunkt des Dorfes, wurde in ein Freilichtmuseum umgewandelt, das als Bioland-Bauernhof bewirtschaftet wird. Hier können Stadtkinder

*Landleben in der Stadt: Domäne Dahlem*

mit Schweinen, Hühnern und Schafen Bekanntschaft machen. Die Erzeugnisse – von Fleisch- und Wurstwaren bis hin zu Bauernblumensträußen und Naturkosmetik – können Besucher im Hofladen erstehen. Im **Alten Herrenhaus** und im einstigen Pferdestall werden zudem wechselnde Ausstellungen gezeigt, die sich der Alltagskultur vergangener Zeiten in all ihren Facetten widmen. Besonders beliebt sind die **Marktfeste** auf der Domäne, die alljährlich im Frühling, zum Erntedank und in der Vorweihnachtszeit veranstaltet werden (→ S. 454).

### ■ Freie Universität Berlin

In Dahlem hat auch die Freie Universität (FU) Berlin ihren Sitz. Eines der zentralen Gelände erstreckt sich zwischen der Königin-Luise-Straße und der Habelschwerdter Allee. Der zweite Campus liegt etwas weiter südwestlich, entlang der Garystraße zwischen Thiel- und Clayallee. Die Freie Universität wurde 1948 gegründet, als ideologische und machtpolitische Interessenkonflikte zwischen den Siegermächten die Welt bereits wieder in zwei verfeindete Lager geschieden hatten. Der Westen fürchtete die kommunistische Einflussnahme auf Lehrende und Studenten der Berliner Humboldt-Universität, die Unter den Linden und damit im sowjetisch verwalteten Sektor lag.

Heute sind etwas mehr als 36 000 Studenten an der FU eingeschrieben, damit ist sie eine der größten Universitäten Deutschlands. Für den Bereich der Geisteswissenschaften wird die Alma Mater im Berliner Südwesten in aktuellen Rankings gleich nach Oxford und Cambridge als eine der besten in Europa gehandelt.

Mit der 2005 eröffneten **Philologischen Bibliothek** (Habelschwerdter Allee 45) hat die FU ein neues Wahrzeichen be-

*Die Philologische Bibliothek*

kommen. Architekt war Norman Foster, der auch für die Neugestaltung des Reichstags verantwortlich zeichnet. Für das Universitätsgelände hat der Brite einen filigranen Baukörper aus Stahl und Glas entworfen, der mit seinen geometrisch komplexen Formen einer neuen Architekturgattung angehört. Ohne Software, wie sie erst in den 1990ern auf den Markt gekommen ist, wären solche Entwürfe mit konvexen und konkaven Formen, gerundeten und kantiger Flächen gar nicht denkbar. Stellt sich an dieser Stelle Hunger oder die Lust auf Erfrischung im Biergarten ein, ist die ›Luise‹ (Königin-Luise-Straße 40) vom Frühstück bis nach Mitternacht die beste Adresse weit und breit.

### ■ Staatliche Museen Dahlem

Auf dem weitläufigen Campus zwischen Königin-Luise-Straße und Habelschwerdter Allee befinden sich das Museum für Asiatische Kunst, das Museum Europäischer Kulturen und das Ethnologische Museum.

Das **Museum für Asiatische Kunst** nimmt seine Besucher unter anderem mit auf die Reise zu den buddhistischen Höhlentempeln an der Seidenstraße und in einen japanischen Teeraum, in dem die Zeremonie des Teezubereitens und -trinkens feierlich zelebriert wird. Die asiatischen Sammlungen hatten früher im Pergamonmuseum auf der Museumsinsel ihren Platz und sind erst nach der Wiedervereinigung nach Dahlem gezogen. Ein Großteil der Vorkriegsbestände lagert noch heute als Beutekunst in der Eremitage von St. Petersburg (→ S. 454).

Das **Museum Europäischer Kulturen** bietet vor allem Sonderausstellungen zum Leben in Europa. Im Ethnologischen Museum konnte man sich auf spannende Reisen zu den Kulturen Afrikas, Amerikas, Ostasiens und der Südsee begeben. Exponate in Originalgröße, darunter nachgebaute Häuser und Boote aus Ozeanien machten die Ausstellung sehr lebensnah. Nach der Fertigstellung des Humboldtforums werden die außereuropäischen Sammlungen von Dahlem dorthin verlegt. Deshalb werden immer mehr Abteilungen in Dahlem geschlossen, um die Exponate zu restaurieren und auf den Umzug vorzubereiten.

■ **Botanischer Garten**

Folgt man der Königin-Luise-Straße Richtung Innenstadt, erreicht man nach kurzem Fußweg den Botanischen Garten. Auch hier kann man sich gewissermaßen auf eine Reise um den Globus begeben. Auf dem 43 Hektar großen Gelände werden rund 22 000 Pflanzenarten aus aller Welt kultiviert. Sumpf- und Wassergarten, Moos- und Duftgarten, Arzneipflanzen- und Italienischer Garten wollen erwandert und erschnuppert werden. Selbst wenn es draußen richtig nass und ungemütlich ist, lässt sich die Schönheit der Botanik immer noch trockenen Fußes und bei Äquatortemperaturen bestaunen. Im **Großen Tropenhaus** gedeihen tropische Seerosen, Lianen, Riesenbambus und andere botanische Exoten. Mit 60 Metern Länge und 23 Metern Höhe gehört der gläserne Pflanzentempel zu den größten Gewächshäusern der Welt. Im Sommer kommen nicht nur die Gewächse in den Genuss von verschiedensten Konzerten – Klassik, Gipsy, Jazz oder Swing. Die grüne Umgebung gibt eine tolle Kulisse für Sommerkonzerte ab. Bei gutem Wetter wird im Freien, bei Regen im Glashaus musiziert. Veranstaltungskalender unter www.bgbm.org.

■ **Brücke-Museum**

Wer sich nicht satt sehen kann an den kräftigen Farben, den schrägen Perspektiven und den reduzierten Formen expressionistischer Malerei, sollte auf keinen Fall das Brücke-Museum in Dahlem (Bussardsteig 9/direkt am Grunewald) versäumen. Die Sammlung der expressionistischen Künstlervereinigung, der unter anderem die Maler Max Pechstein, Ernst Ludwig Kirchner und Karl Schmidt-Rottluff angehörten, umfasst 400 Gemälde sowie Tausende von Zeichnungen und Grafiken und ist weltweit die größte ihrer Art. Kommt man am Sonntag zur Matinee um 11.30 Uhr, ist die Führung im Eintrittspreis enthalten (→ S. 454).

■ **Alliierten-Museum**

In der nach dem US-General und Luftbrückeninitiator Lucius Clay benannten Clayallee befindet sich das Alliierten-Museum, das mit Foto- und Filmmaterial die 45-jährige Präsenz der Siegermächte im Nachkriegs-Berlin dokumentiert (→ S. 454). Das Original-Kontrollhäuschen des legendären innerstädtischen Grenzübergangs ›Checkpoint Charlie‹ wird hier ebenso für die Nachwelt aufbewahrt wie ein Flugzeug vom Typ ›Hastings‹, das von der britischen Royal Air Force für die Versorgungsflüge der Luftbrücke (→ S. 47) eingesetzt wurde. Auch ein Restaurant-Waggon eines französischen Militärzuges gehört zu den Objekten, die ein Stück Nachkriegsgeschichte mitgeschrieben haben. In den Jahren der deutschen Teilung verkehrten täglich drei Militärzüge zwischen den ›Zonen‹ der westlichen Alliierten auf bundesdeutschem Gebiet und West-Berlin. Zweck der Übung war zum einen die Versorgung der in Berlin stationierten Truppen. Darüber hinaus dienten die ständigen Eisenbahnfahrten aber auch als eine Art Frühwarnsystem, um im Fall der Fälle unverzüglich auf eine erneute Blockade der Transitstrecke durch die Sowjets reagieren zu können.

## Grunewald

Mit dem Grunewald und der verzweigten Wasserlandschaft aus Havelarmen, Verbindungskanälen und Seen haben die Berliner ein einzigartiges Erholungsgebiet direkt vor der Haustür. In den 1880er Jahren verkaufte der preußische Staat einen Teil des Forstgebietes. Investoren wollten Bauland daraus machen. Am Schlachtensee, am Nikolassee und am Wannsee entstanden, vom Grunewald gesäumt, vornehmste Wohnviertel, in denen sich Ärzte, Künstler, Wissenschaftler, Politiker und Industrielle niederließen. Auf ihren üppig dimensionierten Grundstücken ließen sie sich Villen bauen, die so unterschiedlich sind wie einst der Geschmack ihrer Bauherren: Streng klassizistisch die einen, im romantisierenden Fachwerkstil die anderen oder burgähnlich mit verspielten Erkern, Türmchen und Zinnen. Mit der S-Bahn Linie 1 (in Richtung Wannsee) kann man die noblen Vororte bequem erreichen.

*Der ›Rosinenbomber‹ im Alliierten-Museum kann sonntags von innen besichtigt werden.*

*Beliebte Einkehr: Biergarten am Schlachtensee*

### ■ Schlachtensee

Direkt gegenüber der S-Bahn-Station Schlachtensee liegt einer der kleineren Berliner Seen, der sich je nach Spaziertempo in anderthalb bis zwei Stunden umrunden lässt. Am besten marschiert man zunächst in südwestlicher Richtung (stadtauswärts) los. So liegt der größte Teil der Tour schon hinter einem und hat für entsprechenden Appetit gesorgt, wenn man die Fischerhütte erreicht. Hier wartet ein riesiger Selbstbedienungs-Biergarten mit Plätzen direkt am Wasser und relativ günstigen Brotzeit- und Kaffee- und Kuchen-Angeboten. Ebenfalls bajuwarisch angehaucht, aber etwas gediegener speist sich's im Restaurant Fischerhütte. Noch schicker ist die ›Alte Fischerhütte‹ gleich nebenan, vor allem geeignet fürs Dinner bei Kerzenschein, bei dem Geld eine sehr untergeordnete Rolle spielt. Die Wasserqualität im Schlachtensee ist in der Regel hervorragend. Rund um den See gibt es viele kleine Badestellen. Leider sitzt man hier zumeist im Schatten. Sonne tanken lässt sich aber auch an Bord eines Ruderboots. Von der S-Bahnstation kommend, geht man den Uferweg links herunter und erreicht nach etwa zehn Minuten den Bootsverleih. Das dem S-Bahnhof gegenüberliegende Ufer ist eines der beliebten Hundeauslaufgebiete der Stadt.

### ■ Entlang der Havelchaussee

Eine andere Möglichkeit, ein Stück Grunewald zu erkunden, bietet sich, wenn man in der westlichen City, zum Beispiel am Theodor-Heuss-Platz (U2), in den Bus 218 steigt und mit dieser traditionellen Ausflugslinie entlang der Havelchaussee Richtung Pfaueninsel fährt. Die Fahrt kann man zum Beispiel an der Haltestelle Lindwerder unterbrechen. An der nahegelegenen Lieper Bucht gibt's eine lauschige Badestelle. Oder man wandert quer durch den Wald zurück Richtung **Grunewaldturm** – wo man sich mit einem malerischen Panoramablick sowie

Kaffee und Kuchen belohnen kann. An Sommersonntagen ist die Ausflugsgaststätte allerdings oft völlig überlastet – und mitunter gehen die Kuchenstücke schneller aus als die Gäste.

■ **Teufelsberg**
Mit knapp 115 Meter über NN gehört der Teufelsberg im Grunewald zu den höchsten Erhebungen Berlins. Im Gegensatz zum gleich hohen Großen Müggelberg ist er aber kein natürlich entstandener Berg, sondern von Menschenhand geschaffen. Nach dem Zweiten Weltkrieg wurden hier 25 Millionen Kubikmeter Trümmerschutt aufgehäuft. Den Berlinern schwebte vor, die Anhöhe als Freizeitgelände mit Skipiste und Rodelbahn zu nutzen. Doch die amerikanischen Besatzer hatten andere Pläne. Sie errichteten auf der höchsten Erhebung des Berliner Westens eine Abhörstation, und belauschten mithilfe von fünf Radarkuppeln ihren gefürchteten Gegner im Kalten Krieg – den kommunistischen Osten. Auf einem Nebengipfel darf der Deutsche Alpenverein immerhin schon seit 1970 einen **Kletterturm** betreiben.

Mit dem Fall der Mauer und dem Ende des Ost-West-Konflikts verlor die Radarstation ihre Funktion, und die Amerikaner gaben sie auf. Ein paar Jahre wurde die Radaranlage noch für die zivile Luftfahrt zur Flugraumüberwachung genutzt. Dann verkaufte der Senat das Gelände an einen privaten Investor, der an diesem – mittlerweile von einem Hauch Abenteuer umwehten – Ort Museum, Hotel und Tagungszentrum errichten wollte. Daraus ist bislang nichts geworden. Der Investorengruppe ging das Geld noch vor dem ersten Spatenstich aus.

Den Berlinern kann's recht sein. Mountainbiker und Gleitschirmflieger toben sich gern an den Hängen des Mini-Berges aus, und zu seinen Füßen sonnt man sich vorzugsweise textilfrei am Ufer des **Teufelssees**. Sonntags kann man geführte Erkundungstouren durch die Anlagen der einstigen Abhörstation machen. Infos: www.user.tu-berlin.de/sejutti/teufelsberg. Das **Ökowerk Teufelssee** bietet vielfältige Veranstaltungen zum Thema Naturschutz, die vor allem auch als Unternehmung mit Kindern interessant sind (www.oekowerk.de).

*Die Radaranlagen auf dem Teufelsberg sind inzwischen verfallen*

## Mythos AVUS

Wer mit dem Auto von Südwesten, also von Hannover, Magdeburg, Leipzig oder Nürnberg, über die A115 nach Berlin fährt, erreicht bald nach der Stadtgrenze die über rund neun Kilometer schnurgerade durch den Grunewald führende AVUS. Heute erinnert nur noch wenig an die turbulente Vergangenheit dieses Autobahnabschnitts. 1921 als Automobil-Verkehrs- und Übungs-Straße (AVUS) für den öffentlichen Verkehr freigegeben, war sie die erste ausschließliche Autostraße Europas sowie erste Autorennstrecke Deutschlands.

An die große Zeit der Autorennen erinnert heute am nördlichen Ende der AVUS in der Nähe des Funkturms das Mercedeshaus mit dem großen Stern auf dem Dach. Der runde Turmbau aus den 1930er Jahren besitzt vier umlaufende Galerien, von denen früher die Rennen beobachtet wurden. Heute wird der unter Denkmalschutz stehende Bau als Autobahnraststätte genutzt. Nicht weit vom Mercedeshaus steht noch eine ehemalige Zuschauertribüne, allerdings in recht marodem Zustand. Die 200 Meter lange, ebenfalls in den 1930er Jahren errichtete und unter Denkmalschutz stehende Tribüne wurde 2006 an einen Investor verkauft, der sie sanieren, verglasen und in einen Autosalon umwandeln wollte. Bis heute ist jedoch nichts geschehen. An der AVUS-Einfahrt gegenüber dem ICC erinnert schließlich noch die überlebensgroße Skulpturengruppe ›Motorradfahrer‹ an die Rennstrecke. Dort, wo heute die Motorradfahrer stehen, befand sich früher die Nordkurve der AVUS, von der es geradeaus bis nach Nikolassee zur Südkurve ging.

Schon zur Eröffnung der AVUS im Jahr 1921 wurde ein Autorennen veranstaltet, 1926 fand der erste Große Preis von Deutschland statt. Doch durch die schlechte wirtschaftliche Lage kränkelte der Rennbetrieb bald, erst in den 1930er Jahren wurden wieder regelmäßig Rennen vor mehreren Hunderttausend Zuschauern ausgetragen. Es war die Zeit der legendären Mercedes-Silberpfeile und bekannten Rennfahrer wie Bernd Rosemeyer, Juan Manuel Fangio, Manfred von Brauchitsch und Rudolf Caracciola.

Um die Geschwindigkeiten auf dem Kurs weiter zu erhöhen, wurde 1937 die überhöhte Nordkurve gebaut, doch sie erwies sich wegen spektakulärer Unfälle, von denen mehrere tödlich endeten, als zu gefährlich und wurde deshalb 1967 abgerissen. Zu diesem Zeitpunkt hatte die AVUS ihre beste Zeit schon hinter sich. Der geradlinige und für die Zuschauer langweilige Hochgeschwindigkeitskurs entsprach nicht mehr den Vorstellungen, die das Publikum mit modernem Rennsport verband, und auch die tagelangen Sperrungen eines wichtigen Autobahnzubringers in die Stadt sowie die Lärmbelästigung der Anwohner machten den Rennbetrieb immer problematischer und die Rennen immer seltener. Im April 1998 fand dann das letzte Autorennen auf einem stark verkürzten Kurs statt.

Filmkennern aus Berlin ist es wahrscheinlich schon längst aufgefallen, dass eine Verfolgungsszene im James-Bond-Film ›Octopussy‹ Anfang der 1980er Jahre an der Abfahrt Hüttenweg gedreht wurde. Für ›Die Bourne Verschwörung‹ mit Matt Damon wurde das Mercedeshaus vom Hubschrauber aus gefilmt, und einige Szenen des Films ›Richy Guitar‹ wurden ebenfalls an der AVUS gedreht.

# Wannsee

Der See im Süden Berlins ist genau genommen ein Abschnitt der Havel, die sich an dieser Stelle seeartig verbreitert. Vom **S-Bahnhof Wannsee** (S1, S7) ist es nur ein kurzer Fußweg zur Schiffsanlegestelle. Die Ausflugsflotte bietet hier unterschiedliche Touren durch die grandiosen Naturlandschaften der Havel und der Oberhavelseen an. So geht es zum Beispiel vom Wannsee über die Havel nach Potsdam. Die **Fähre nach Kladow** am gegenüberliegenden Havelufer (→ S. 336) kann man mit einem BVG-Ticket benutzen – ein toller Schiffsausflug für kleines Geld. Mit einem Extrafahrschein darf auch das Fahrrad mit an Bord. Radelnd lässt sich der Ausflug bis zum idyllischen **Sacrower See** erweitern. Über den Uferweg erreicht man, mitten im Wald gelegen, eine Badestelle. Ein anderes lohnendes Ziel ist die **Sacrower Heilandskirche** am Ufer des Jungfernsees. Das anmutige Bauwerk mit Campanile und Arkaden ist ein weiteres Schmuckstück, das Baumeister Ludwig Persius in den 1840er Jahren in die Potsdamer Havellandschaft gesetzt hat. Gemeinsam mit den Potsdamer Schlössern und Parkanlagen gehört die Kirche seit 1990 zum Welterbe der UNESCO. Nur wenige Schritte vom S-Bahnhof Wannsee entfernt liegt das frisch renovierte **Grab Heinrich von Kleists**, an der Stelle, an der sich der Dichter im Jahr 1811 zusammen mit Henriette Vogel das Leben nahm.

## ■ Haus der Wannseekonferenz

Am Westufer des Wannsees liegen Villen in allerfeinster Lage. Auch die hochherrschaftliche Villa Marlier, die mit dem unheilvollsten Kapitel der deutschen Geschichte in engster Verbindung steht (Am Großen Wannsee 56). Hier fand am 20. Januar 1942 eine geheime Konferenz ranghoher Nazis statt, bei der der Plan, alle Juden in Europa zu ermorden, und die Einzelheiten seiner Umsetzung besprochen wurden. Die Villa heißt heute ›Haus der Wannseekonferenz‹. In ihren Räumen widmet sich eine umfassende **Ausstellung** dem Themenkomplex Antisemitismus und Völkermord. Die **Bibliothek** mit ihren 52 000 Bänden enthält Forschungsliteratur, Gedenkbücher, Augenzeugenberichte, Kinder- und Jugendbücher sowie Fachzeitschriften, die das Thema aus den Perspektiven beleuchten.

## ■ Liebermann-Villa

Auch der renommierte Maler Max Liebermann legte sich zu Beginn des letzten Jahrhunderts eine Villa am Wannsee zu – seine Sommerresidenz, die er stolz »mein Schloss am See« nannte (Colomierstraße 3). Liebermann war Jude, nach der Machtergreifung der Nationalsozialisten zog er sich komplett aus dem öffentlichen Leben zurück und verbrachte seine letzten Lebensjahre abgeschieden in seinem Haus am Pariser Platz (→ S. 105), wo er 1935 starb. 1940 wurde seine Witwe von den Nazis gezwungen, die Sommerresidenz am Wannsee an die Deutsche Reichspost zu verkaufen. Heute sind sowohl die Villa, die inzwischen ein Museum ist, als auch der malerische Garten, dessen Blumenbeete, Hecken und Seepanoramen Liebermann so oft auf Papier oder Leinwand bannte, wieder in den Originalzustand versetzt. Eine Ausstellung zeigt Gemälde, Pastelle und Grafiken des großen Impressionisten, vornehmlich Werke, die an diesem Ort entstanden sind.

## ■ Strandbad Wannsee

Es gibt viele Seen und Badestellen rund um Berlin, aber das Strandbad Wannsee (S1, S7 Nikolassee, → S. 439) mit sei-

# In den Südwesten Berlins

*Im Strandbad Wannsee*

nem langen, feinen Sandstrand hat Kultstatus. Hier tummelten sich die Berliner schon Anfang des vorigen Jahrhunderts zu Hunderttausenden – damals noch in züchtiger Badekleidung. Zur Wahrung der Moral war der Strand durch hölzernen Sichtschutz dreigeteilt – in je einen Abschnitt für Männer, für Familien und für Frauen.

Ende der 1920er Jahre wurde das Freibad zum Stadtbad einer modernen Weltstadt umgestaltet. Ein 540 Meter langer Gebäudekomplex im Stil der Neuen Sachlichkeit beherbergt seither Umkleidekabinen, sanitäre Anlagen, Kioske und einen Strandkorbverleih. Ursprünglich sollte aber alles viel mondäner werden. Einen großen Restaurant-Rundbau, eine in den See hineinragende Brücke mit einem Café, einen Hafen für Segelboote und ein Freilichttheater hatten die Architekten Martin Wagner und Richard Ermisch geplant. Doch wegen der Weltwirtschaftskrise musste der Berliner Magistrat zum Rotstift greifen. Während des Zweiten Weltkriegs bot das Strandbad ein Stückchen Amüsement, wo man die Welt ›da draußen‹ für ein paar Stunden vergessen konnte. Noch in der Sommersaison 1944 wurden rund 425 000 Besucher gezählt. In den 1950er Jahren, als Kinderstar Conny Froboess ›Pack die Badehose ein‹ trällerte, verfiel das Strandbad bereits. Nach mehreren Teilsanierungen präsentieren sich die denkmalgeschützten Gebäude heute wieder in ordentlichem Zustand – und wenn man hier an einem schönen Tag im Strandkorb sitzt, braucht man kein Mallorca mehr.

### ■ Pfaueninsel

Zu den klassischen Ausflugszielen im Berliner Südwesten gehört die Pfaueninsel die man ausschließlich mit einer Fähre erreichen kann, diese wiederum erreicht man ab S-Bahnhof Wannsee mit der Buslinie 218. Die Überfahrt dauert nur wenige Minuten – nach der Ankunft werden die Besucher sogleich von den Pfauen ›begrüßt‹, die hier würdevoll übers Gelände stolzieren und gelegentlich ganz fotogen ihr Rad schlagen. König Friedrich Wilhelm II. hatte auf der kleinen Havelinsel ein Lustschlösschen für sich und seine Mätresse bauen lassen. Genießen konnte er es nicht mehr: 1797, als das königliche Liebesnest vollendet war, starb der Regent. Das Schlösschen kann besichtigt werden, die eigentliche Attraktion aber ist der herrliche Landschaftspark nach Plänen von Peter Lenné. Die auto- und hundefreie Pfaueninsel ist auch für einen Ausflug mit kleinen Kindern ideal. Weil es keinerlei gastronomische Angebote gibt, empfiehlt es sich, eine Decke und einen Picknickkorb mitzunehmen.

### ■ Nikolskoe und Moorlake

Eine schöne Spazierstrecke bietet auch der Uferweg von der Haltestelle Pfaueninsel (▶ Bus 218 ab Bahnhof Wannsee) zur Moorlake. Wem der etwa einstündige Fußmarsch nicht reicht, kann ihn bis zum Jagdschloss Glienicke verlängern. Für die größere Tour sollte man etwa zwei Stunden einplanen. Oberhalb des Ufers liegt etwa auf halber Strecke zwischen Pfaueninsel und Moorlake die kleine Kirche **St. Peter und Paul auf Nikolskoe** mit ihrem russischen Zwiebeltürmchen. König Friedrich Wilhelm III. ließ sie auf Anregung seiner Tochter Charlotte bauen, die mit dem russischen Zaren Nikolaus I. verheiratet war. Das **Wirtshaus Moorlake** (→ S. 413) ist schon wegen seines Biergartens mit fantastischem Havelblick eine kleine Reise wert. Das Lokal mit Forsthausflair bietet Bewährtes aus der Regionalküche, Vegetarier haben nur am Kuchenbüffet eine größere Auswahl.

■ **Schloss Glienicke**
Malerisch in die Landschaft gebettet liegt das Schloss Glienicke am südwestlichen Rand des Berliner Stadtgebiets (Königsstraße 36, Buslinie 316). Mit dem Anwesen hat sich ein Preußen-Prinz im frühen 19. Jahrhundert seinen Traum von einer italienischen Villa verwirklicht – mit Hilfe der Baumeister Schinkel und Persius sowie des Landschaftsgärtners Lenné. Die einstige Remise ist inzwischer ein schickes und hochpreisiges Restaurant.

Nur einen Steinwurf entfernt verbindet die **Glienicker Brücke** Berlin mit Potsdam. Die heutige Stahlkonstruktion wurde 1907 eingeweiht; ihr Vorgänger, die nach Schinkel-Plänen errichtete Backsteinbrücke, musste weichen, weil sich mit ihr das steigende Verkehrsaufkommen nicht mehr bewältigen ließ. Nach dem Zweiten Weltkrieg – als Potsdam zwar am Westufer der Havel aber dadurch ›im Osten‹ und der Zehlendorfer Ortsteil Wannsee am Ostufer ›im Westen‹ lag, wurde die Brücke gesperrt. Bis Juli 1953 war sie einer der letzten Verbindungswege zwischen dem Westteil der Stadt und dem Umland. Dann wurde sie für Zivilisten abgeriegelt. In der Zeit des Kalten Krieges rückte die Brücke dreimal ins Scheinwerferlicht der Weltöffentlichkeit. In den Jahren 1962, 1985 und 1986 tauschten sowjetische und US-amerikanische Militärs hier hochkarätige Spione aus, die auf der jeweils anderen Seite aufgeflogen waren.

*Die Glienicker Brücke führt direkt nach Potsdam*

*Potsdams größte Attraktion: Schloss Sanssouci*

# Potsdam

Im Südwesten Berlins liegen die feinsten Wohngegenden der Stadt, und Brandenburgs Hauptstadt, die sich fast nahtlos ans Berliner Stadtgebiet anschließt, wirkt von Berlin kommend wie ein weiterer Nobelvorort. Zahlreiche Größen aus Politik und Medienwelt verdienen ihr Geld in der Spreemetropole, bevorzugen zum Wohnen aber Berlins beschauliche Schwesterstadt. Wenn es um architektonische und landschaftliche Highlights geht, hat Potsdam ohnehin Schwergewichtiges in die Waagschale zu werfen – seine Schlösser- und Parklandschaften sind weltberühmt und von den Planern vergangener Epochen so penibel durchkomponiert, dass sie die Stadt zu einem Gesamtkunstwerk machen, das seit 1990 auf der Welterbeliste der UNESCO steht.

Wer nur Zeit für einen kurzen Abstecher nach Potsdam hat, ist mit der Erkundung von **Schloss und Park Sanssouci** (→ S. 375) mehr als ausgelastet. Wer schon mal dort gewesen ist, oder einen ganzen Tag und mehr zur Verfügung hat, kann das Sightseeing-Programm mit einem Bummel durch die sehr überschaubare **Altstadt** und das **Holländische Viertel** ergänzen und vielleicht mit einem Besuch von **Schloss Cecilienhof** im Neuen Garten (→ S. 378) oder mit einem Streifzug durch den **Filmpark Babelsberg** (→ S. 381) abschließen.

Ganz entspannt kann man auch an Bord eines **Ausflugsdampfers** mit Potsdam auf Tuchfühlung gehen. Die Schiffe der Weißen Flotte legen an der Langen Brücke ab, in der Nähe des Potsdamer Hauptbahnhofes, der sich ab Berlin auch bequem mit der S-Bahn erreichen lässt.

Für abendliche Unternehmungen ist die **Schiffbauergasse** am Ufer des Tiefen Sees die richtige Adresse. In denkmalgeschützten Bauten – den Husaren-Pferdeställen, der Maschinenhalle und dem Waschhaus – residieren inzwischen die Kreativen. Ausstellungen, Lesungen, Konzerte, Open Air Kino, Sommertheater auf der Seebühne, Eigenproduktionen und Gastspiele auf der Bühne des Hans Otto Theaters sorgen rund ums Jahr für Anregung und Zeitvertreib.

## Geschichte

Die Geschichte der Stadt ist eng mit Berlin und seinen Regenten verbunden. Lange Zeit war Potsdam eine bedeutungslose Handelssiedlung, ein eher unscheinbares Fleckchen Erde, das Ende des 10. Jahrhunderts auf einer Insel in der Havel angelegt wurde. Als der in Berlin residierende Große Kurfürst Ende des 17. Jahrhunderts die Order ausgab, »das ganze Eiland muss ein Paradies werden«, setzte ein nachhaltiger Entwicklungsschub ein. Im 18. Jahrhundert arbeitete sich dann die erste Garde der preußischen Baumeister und Landschaftsarchitekten an dem sandigen und sumpfigen Gebiet ab. Hier schufen sie ein fast unwirklich anmutendes Arkadien – einen Ort, an dem sich Preußens Regenten vom Regieren erholen und ihre Italiensehnsucht stillen konnten.

Aber nicht nur königliche Sommerresidenzen und Gärten haben das Potsdamer Stadtbild seither geprägt. Friedrich Wilhelm I., der als Soldatenkönig in die Geschichtsbücher eingegangen ist, baute die Stadt an der Havel zu einem Armeestützpunkt aus. Der Regent ließ Stadterweiterungen mit regelmäßigem Straßenmuster anlegen und schlichte, zweigeschossige Häuser bauen. Diese ›Typenhäuser‹ drücken einigen Ortsteilen Potsdams bis heute den Stempel einer Garnisonsstadt auf. Zu DDR-Zei-

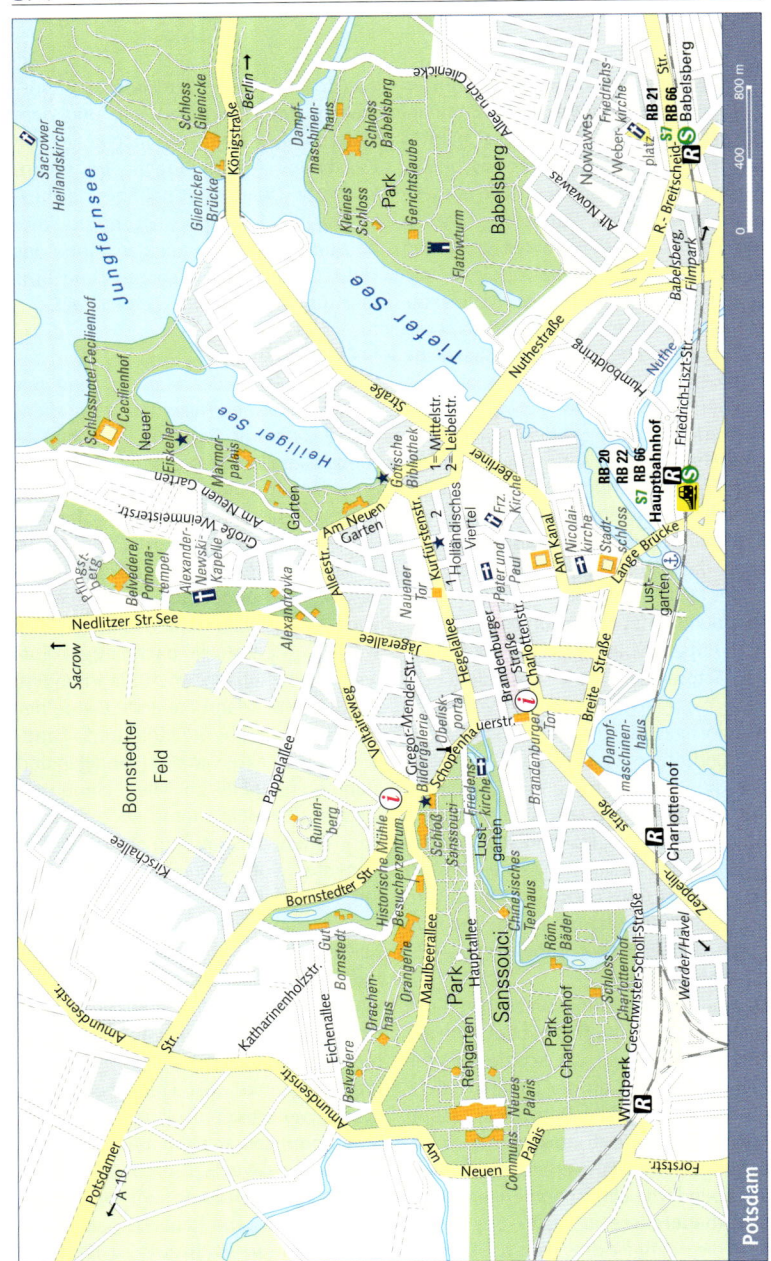

ten waren hier russische Soldaten stationiert. Nach ihrem Abzug 1994 übernahm die Bundeswehr einige Kasernen. Viele der einstigen Militärgebäude wurden aber auch umgebaut und werden heute zivil genutzt.

Die Potsdamer Innenstadt hat in der zweiten Hälfte des vergangenen Jahrhunderts viel von ihrem Glanz verloren. Herausragende Bauwerke wurden im Krieg zerstört, die Ruinen in den 1960ern und 70ern abgerissen und Plattenbausiedlungen hochgezogen, was auch einige der Sichtachsen verschandelt hat. Um den Wiederaufbau von Stadtschloss und Garnisonskirche und die Wiederherstellung des zugeschütteten Stadtkanals haben Interessensgruppen nach der Wiedervereinigung jahrelang gerungen. Von der Garnisonskirche wird zunächst jedoch nur der Turm gebaut, der soll trotz Finanzierungsschwierigkeiten 2017 eingeweiht werden können. Das **Stadtschloss** ist dagegen schon fertig und seit 2014 Sitz des brandenburgischen Landtags.

## Schloss und Park Sanssouci

Potsdams größte Attraktion ist ohne Frage Schloss Sanssouci. Hierher flüchtete sich im 18. Jahrhundert der schöngeistige König Friedrich II. (›der Große‹) – um fernab vom Berliner Stadtschloss und den Zwängen des Regierungsalltags zu musizieren und zu komponieren. Hier empfing der große König den großen Philosophen Voltaire, und hier, an seinem Lieblingsort, wollte er begraben und endlich ›sans souci‹, ohne Sorge sein.

Den Bau eines ›Lust-Hauses zu Potsdam‹ hat Friedrich II. im Jahr 1745 in Auftrag gegeben. Erste Skizzen dafür hatte der König selbst gefertigt. Mit der Ausführung der Pläne beauftragte er seinen Lieblingsarchitekten Georg Wenzeslaus von Knobelsdorff. Der terrassenförmige Weinberg, der den Sockel des Gebäudes bildet, wurde eigens für diesen Zweck aufgeschüttet. Das Rokoko-Schloss sollte eine Sommerresidenz mit privatem Charakter sein – mit schnellem Zugang zu Terrasse und Garten. Bereits 1747, nach nur zweijähriger Bauzeit, wurde das Schloss auf dem Weinberg eingeweiht. Friedrichs Ehefrau, Elisabeth Christine von Braunschweig, hat es übrigens nie zu Gesicht bekommen. 1740, im Jahr seiner Thronbesteigung, wies der König der ungeliebten Gemahlin Schloss Schönhausen im Norden Berlins zu (→ S. 349). Das Leben auf Sanssouci gestaltete der Monarch, der dem männlichen Geschlecht mehr zugeneigt war als der holden Weiblichkeit, nach seinen Ideavorstellungen – und das hieß frauenlos.

Aus dem großen Fenster seiner Bibliothek blickte Friedrich auf die Gruft, die er sich als letzte Ruhestätte auf der Terasse hatte anlegen lassen. Doch Friedrich Wilhelm II., Neffe und Nachfolger des kinderlosen Sanssouci-Herren, ließ den verstorbenen Onkel in der Potsdamer Garnisonskirche beisetzen. Gegen Ende des Zweiten Weltkriegs wurden Friedrichs Gebeine umgebettet und nach Marburg, in die ursprüngliche Heimat der Hohenzollern, gebracht. Am 17. August 1991, dem 205. Todestag Friedrich II., ging dessen Wunsch dann doch noch in Erfüllung. Mit feierlichem Geleit wurden die sterblichen Überreste des großen Preußenkönigs an seinen Lieblingsort zurückgebracht. Eine schlichte Steinplatte bedeckt jetzt das unauffällige Grab am östlichen Rand der Schlossterrasse.

### ■ Schlosspark Sanssouci

Die knapp 300 Hektar große Parklandschaft von Sanssouci wartet mit zahlreichen architektonischen Einsprengseln

*Schloss und Holländermühle*

auf, die die Monarchen des 18. und 19. Jahrhunderts vor allem zu einem Zweck bauen oder anlegen ließen: Sie sollten Augen und Gemüt des Betrachters erfreuen, für Zerstreuung und Kontemplation sorgen.

In der **Bildergalerie von Sanssouci** findet sich hochkarätige Kunst, heute sind über 100 Gemälde unter einem Dach versammelt, darunter Werke von Rubens und Caravaggio. Die Maulbeerallee führt vom Schloss zur **Historischen Holländermühle**. Zweigt man gleich hinter der Mühle ab, gelangt man auf kürzestem Weg zum **Ruinenberg**. Die Anhöhe überragt den Weinberg von Sanssouci und bietet daher eine fantastische Aussicht auf Schloss und Park. Setzt man den Spaziergang auf der Maulbeerallee fort, erreicht man nach wenigen hundert Metern die **Orangerie**. Das Gebäude im Stil einer italienischen Villa wurde Mitte des 19. Jahrhunderts nach Plänen der Baumeister Persius, Stüler und Hesse errichtet. Der Turm des Orangerieschlösschens ist eine weitere Aussichtsgelegenheit.

Am Nordrand des Parks bietet das **Belvedere** auf dem Klausberg grandiose Panoramablicke. Ganz in der Nähe findet sich eine chinesische Pagode. Dieses sogenannte **Drachenhaus** wurde in den 1770ern von Baumeister Gontard in den Landschaftspark gesetzt. Heute beherbergt das architektonische Kleinod ein Café und ein Restaurant mit schöner Terrasse. Das kulinarische Angebot ist hochpreisig – dafür kann man hier beim Scampi-Verspeisen mitunter auch hausgemachter Kammermusik lauschen.

In der Nähe des Drachenhauses befindet sich der **Antikentempel**, den man 1921 in eine Gruft umgestaltet hat. Hier wurde Auguste Victoria, die im niederländischen Exil gestorbene Frau des letzten deutschen Kaisers, beigesetzt.

Durchschreitet man den Park auf der Hauptallee, die als Ost-West-Achse Schloss Sanssouci mit dem Neuen Palais verbindet, so erreicht man etwa auf halber Strecke das **Chinesische Teehaus**. Auch dieser verspielte Lustbau zeugt von der Faszination für Fernöstliches, die Friedrich II. mit vielen seiner kultivierten Zeitgenossen in Frankreich, England und Deutschland teilte. Dass des Königs kleines Teehaus nicht nur der Ausstellung von China-Vasen und anderen luxuriösen Importartikeln gedient haben könnte, meinen Kenner an den palmenartig gestalteten Säulen des Teehauses erkennen zu können. Die Palme war das Symbol einer Freimaurerloge, der auch der feinsinnige Regent angehörte, und das Teehaus könnte deshalb auch Ort der geheimen Initiationsriten gewesen sein.

### ■ Neues Palais

Am westlichen Ende der Hauptallee findet sich das Neue Palais, das größte

Bauwerk im Park von Sanssouci. Der üppig dimensionierte Bau mit der weithin sichtbaren Kuppel war das Gegenstück zur privaten Sommerresidenz, diente Repräsentationszwecken und der Unterbringung des königlichen Besuchs. Entworfen wurde es von Johann Gottfried Büring, Heinrich Ludwig Manger und Carl von Gontard, jenem Baumeister, der auch den Deutschen und den Französischen Dom auf dem Berliner Gendarmenmarkt mit schmückenden Kuppeltürmen ausgestattet hat. Überhaupt erhielt Gontard in jenen Jahrzehnten – gegen Ende des 18. Jahrhunderts – einige Male den Zuschlag, wenn es um Bauprojekte in Potsdam ging. Das Brandenburger Tor in der Potsdamer Altstadt gehört zu seinen Werken, ebenso das Militärwaisenhaus, in dem seinerzeit nicht nur Waisen, sondern vor allem auch die unehelichen Kinder der Garnisonssoldaten aufgenommen wurden. Das Neue Palais haben Gontard und Kollegen als Prunkbau mit rund 200 Räumen gestaltet. Etwa 60 davon können heute besichtigt werden. Darunter der mit Edelsteinen geschmückte Grottensaal, die Marmorgalerie und die Suiten, in denen einst des Königs Gäste einquartiert wurden. Im Südflügel befindet sich das Schlosstheater, das heute vom Potsdamer Hans-Otto-Theater bespielt wird.

## Neuer Garten

Zwischen Jungfernsee und Heiligensee erstreckt sich ein weiteres Stück Arkadien in der Brandenburger Havellandschaft. Der Neue Garten wurde Ende des 18. Jahrhunderts als zweiter großer Park in Potsdam angelegt – im Stil der Zeit als romantischer Landschaftsgarten.

### ■ Marmorpalais

Am Ufer des Heiligen Sees ließ sich Friedrich Wilhelm II. ab 1787 das Marmorpalais als Sommerresidenz errichten. Von hier aus unternahm die königliche Gesellschaft gern ausgedehnte Bootsfahrten – oft war das Schloss

*Faszination für Fernöstliches: das Chinesische Teehaus*

Charlottenburg im Berliner Westen das Ziel solcher Unternehmungen. Zu DDR-Zeiten funktionierte man die königliche Sommeridylle in ein Militärmuseum um. Nach der Wiedervereinigung wurden die Waffen entfernt, die königlichen Räume restauriert, und heute steht die museale, frühklassizistische Pracht interessierten Besuchern offen.

■ **Schloss Cecilienhof**
Im nördlichen Teil des Neuen Gartens, in Richtung Jungfernsee, liegt Schloss Cecilienhof, der letzte Schlossbau, den die Hohenzollernregenten in Auftrag gegeben haben. Wilhelm II., der letzte deutsche Kaiser, ließ die Fachwerkidylle im englischen Landhausstil während des Ersten Weltkriegs für seinen Sohn, Kronprinz Wilhelm, und dessen Frau Cecilie bauen. Den Thron hat der Prinz nie bestiegen, denn mit dem Ende des verlorenen Weltkrieges kam auch das Aus für die deutsche Monarchie. Das großzügig bemessene Anwesen durften der einstige Thronanwärter und seine Familie aber noch bis 1945 bewohnen.

Im Rampenlicht der Weltgeschichte stand Cecilienhof im Sommer 1945. Damals trafen sich die ›Großen Drei‹, die Regierungschefs der USA, Großbritanniens und der Sowjetunion, und ihre Außenminister im vom Krieg unbeschädigten Cecilienhof, um über die Neuordnung von Nachkriegsdeutschland zu beraten. Das Ergebnis der Verhandlungen ging als **Potsdamer Abkommen** in die Geschichte ein. Beschlossen wurden dabei unter anderem die Aufteilung des deutschen Staatsgebiets in vier Besatzungszonen und die polnische Verwaltungshoheit über die Gebiete östlich der Oder-Neiße-Linie.

Heute gehört Cecilienhof, wie die anderen Potsdamer Schlossbauten, zur Stiftung ›Preußische Schlösser und Gärten Berlin-Brandenburg‹ und wird gelegentlich für Empfänge der brandenburgischen Landesregierung genutzt. Die einstigen **Wohnräume des Kronprinzenpaares** können ebenso wie der **Konferenzsaal der Siegermächte** mit dem großen runden Tisch besichtigt werden. Der Westflügel wurde bereits 1960 zu einem Schlosshotel umgebaut und erfüllt diesen Zweck bis heute. Als Kulisse einer schmalzigen Tele-Novela hat das weinberankte Anwesen inzwischen schon etliche Fernseh-Auftritte gehabt.

## Pfingstberg

Auch am Belvedere, das wenige hundert Meter entfernt auf dem Pfingstberg liegt, hat sich der Wechsel der historischen Gezeiten in aller Deutlichkeit manifestiert. Einst wurde das Schlösschen als romantischer Aussichtspunkt von Persius, Stüler und Hesse entworfen – von den Architekten, die es so meisterlich verstanden, ein Stück Bilderbuch-Italien ans Havelufer zu setzen. Die Aussicht hält, was der Name verspricht: Schloss Sanssouci, der Ruinenberg, Schloss Babelsberg am Westufer des Tiefen Sees, Schloss Glienicke am Westrand Berlins und die Pfaueninsel – die ganze Pracht der Seen- und Schlösserlandschaft liegt dem Pfingstberg-Belvedere zu Füßen. In der Nähe des Aussichtsschlösschens wurde der **Pomonatempel** nach Plänen von Friedrich Schinkel errichtet. Der von Peter Joseph Lenné angelegte Park macht die Idylle perfekt. Das war jedoch nicht immer so. Jahrzehntelang lag das Areal am Pfingstberg unmittelbar an der innerdeutschen Grenze, und die Lustbauten des preußischen Arkadiens verfielen zusehends. Unmittelbar nach der Wiedervereinigung nahm sich eine Hamburger Industriellen-Stiftung Schinkels Tempelbau an. Er wurde restauriert, und heute fin-

*Ein Stück altes Russland: die Kolonie Alexandrowka*

den hier Ausstellungen und in den Sommermonaten Lesungen und Märchenerzählungen statt.

## Kolonie Alexandrowka

Verlässt man den Pfingstberg und nimmt Kurs auf die Potsdamer Innenstadt, findet man sich nach kurzem Fußweg im alten Russland wieder. Die Kolonie Alexandrowka am Rande des Kapellenberges besteht aus einem Dutzend mit dunklem Holz verschalter Häuser und wurde vor rund 200 Jahren für die Sänger eines russischen Soldatenchores angelegt. Über die Musiker, die am Hof des Preußenkönigs auftraten, und die Entstehungsgeschichte der Kolonie informiert ein Museum. Bei schönem Wetter empfiehlt sich eine Pause in dem idyllischen Gartencafé. An Sommerabenden werden hier auch Kinoabende unter freiem Himmel veranstaltet.

Überragt wird die Szenerie von der russisch-orthodoxen **Alexander-Newski-Kapelle**, die auf dem Kapellenberg thront. Die kleine Kirche wurde in den 1820er Jahren gebaut und sollte die Freundschaft zwischen dem preußischen und dem russischen Herrscherhaus zum Ausdruck bringen. Das Bauwerk verbindet russische und deutsche Stilelemente – mit dem Entwurf wurde seinerzeit kein Geringerer als Preußens Stararchitekt Schinkel betraut.

## Holländisches Viertel

Auf halber Strecke zwischen der russischen Kolonie und dem Potsdamer Hauptbahnhof liegt das Holländische Viertel in der Potsdamer Altstadt. Genau genommen besteht es aus vier Karees mit etwa 150 roten Backsteinhäusern. Mit den weißen Fugen und weißen Fensterrahmen und den geschwungenen Giebeln erinnern die Gebäude an adrette Holland-Städtchen – und für Holländer wurden sie auch gebaut. Unter Leitung des niederländischen Baumeisters Jan Bouman wurde das Viertel in den 1730er Jahren angelegt. Hier sollten die neuen Arbeitskräfte, die Preußens König in den Niederlanden

*Schönes Pflaster für einen gemütlichen Bummel: das Holländische Viertel*

anwerben ließ, das passende Quartier finden. Es kamen allerdings längst nicht so viele Zuwanderer, wie der König erwartet hatte – so wurden die schmucken Häuser zur Unterbringung von Soldaten genutzt.

In den 1990ern wurde das Stückchen Holland an der Havel gründlich saniert. Heute gehört es zu den Touristenattraktionen, lockt mit kleinen Läden, Galerien und Cafés, von denen einige ihren Gästen auch Plätze in stimmungsvoll gestalteten Hofgärten anbieten können. In der Mittelstraße 8 gibt das **Jan-Bouman-Haus** Gelegenheit, sich im originalgetreu rekonstruierten Inneren eines Potsdamer Holland-Siedlungshauses Baujahr 1735 umzusehen.

## Studio Babelsberg

Seit rund 100 Jahren wird in den Studios von Potsdam Babelsberg Erzählstoff fürs große Publikum auf Zelluloid gebannt. ›Metropolis‹, ›Die Nibelungen‹, ›Der blaue Engel‹ und ›Die Feuerzangenbowle‹ gehören zu den bekannten Produktionen der UFA, die in Potsdam-Babelsberg ihren Sitz hatte. Die Babelsberger Studios waren Wirkungsstätte von Fritz Lang, Ernst Lubitsch, Wilhelm Thiele und vielen anderen Regisseuren. In den NS-Jahren waren Hans Albers und Zarah Leander höchstbezahlte UFA-Stars. Nach dem Zweiten Weltkrieg übernahm das staatliche Filmstudio der DDR, kurz DEFA, die traditionsreiche Filmwerkstatt.

Heute gehören die Babelsberger Studios zu den gefragtesten Produktionsstätten der Welt – nicht zuletzt wegen ihrer hervorragenden Kulissenbauer. Auch Hollywoodregisseure drehen hier immer wieder mal einen Streifen ab. 2009 zum Beispiel kam Quentin Tarantino für ›Inglourious Basterds‹ nach Babelsberg. Im Rahmen der empfehlenswerten Studiotour können sich Kinofans in den Werkstätten, im Kostüm- und Maskenstudio sowie im unerschöpflichen Requisitenfundus umsehen.

### ■ Filmpark Babelsberg

Der Freizeitpark auf dem Gelände der früheren UFA- und DEFA-Studios wurde Anfang der 1990er Jahre im Rahmen einer Arbeitsbeschaffungsmaßnahme aus der Taufe gehoben. Mit der Zeit ist daraus ein üppig ausgestattetes Gelände geworden, das Besuchern jeden Alters allerhand zu bieten hat. Hier geben Profis Einblicke ins Filmhandwerk: Tiertrainer zeigen, wie sie tierische Darsteller zu filmreifen Leistungen animieren, Stuntleute lassen sich bei waghalsigen Manövern bestaunen, und GZSZ-Fans können durch die Straßenzeile spazieren, die als Außen-Set der Daily-Soap dient. Die Kulisse ›Russisches Atom-U-Boot‹ lädt zu einer Tauchfahrt ein, und im Sandmann-Haus kann man sich dank modernster Technik mitten in Sandmännchens fantastische Miniaturwelten versetzen lassen. Die Familienkarte kostet allerdings stolze 60 Euro (www.filmpark-babelsberg.de)

## Biosphäre Potsdam

Zwischen Schloss Sanssouci und dem Neuen Garten liegt ein Gelände, das nach seiner militärischen Nutzung für die Bundesgartenschau 2001 umgestaltet wurde. Die Biosphäre, ein riesiges Tropenhaus, gehört seither zu den Potsdamer Attraktionen. Nicht nur rund 20 000 tropische Pflanzen sind in der gläsernen Halle heimisch geworden – auch hunderte von Tieren, darunter Frösche, Schlangen, Leguane und Geckos. Vor allem in der Herbst- und Wintersaison lädt die Biosphäre regelmäßig zu Abendveranstaltungen für Kinder und Erwachsene ein.

## Schlosspark Babelsberg

Ein klassisches Ausflugsziel für Berliner ist das Schloss Babelsberg unweit der Glienicker Brücke – vor allem wegen des Landschaftsparks, der im frühen 19. Jahrhundert von Lenné und dem anderen großen Landschaftsparkgestalter der Epoche, dem Fürsten von Pückler-Muskau, angelegt wurde. Das von Schinkel im englischen Tudor-Stil entworfene Schlösschen kann besichtigt werden, der **Flatowturm** im Park belohnt den Aufstieg mit einem tollen Panoramablick über die umliegende Havel- und Hügellandschaft. Wenn man sich hungrig gelaufen hat und den Park an seinem Südrand verlässt, bietet sich ein Abstecher in die Karl-Liebknecht-Straße 135 an. Zumindest, wenn man rustikale Küche mag. Im Ratskeller wird allabendlich ein deftiges Buffet aufgefahren – Kinder essen gratis mit. Am Ende der Straße liegt die S-Bahn-Station Babelsberg. Von dort lässt sich mit der S-Bahn-Linie 7 der Potsdamer Platz im Zentrum Berlins in 45 Minuten erreichen.

*Fassadendetail im Holländischen Viertel*

Von der großen Stadt Berlin
kannst du viel erwarten.
Solltest nur kein Weichei sein:
Berlin ist mit den Harten.

An der großen Stadt Berlin
gibt es nichts zu meckern:
Gesetzt du streichst den bittren Teil
und hältst dich an den leckern.

In der großen Stadt Berlin
kommst du auf die Kosten:
Wenn der Westen es nicht bringt,
gibt's ja noch den Osten.

*Robert Gernhardt,*
*Berliner Zehner, 2000*

# BERLIN - INFORMATIONEN

*Graffiti auf dem Areal der Arena*

# Allgemeine Informationen

**Vorwahl:** 030.
**Touristeninfo:** www.visitberlin.de, Tel. 25002333
**Informationsbüros:** am **Brandenburger Tor** (Pariser Platz, 10117 Berlin-Mitte; Tel. 250025, April–Okt. tgl. 9.30–19, Nov.–März bis 18 Uhr), am **Flughafen Tegel** (Terminal A, Gate 1; tgl. 8–21 Uhr) und am **Flughafen Schönefeld** (Terminal A; tgl. 8–21Uhr), im **Fernsehturm** (Panoramastr. 1a, 10178 Berlin, April–Okt. 10–18, sonst bis 16 Uhr), im Europa-Center (Tauentzienstr. 9, 10789 Berlin, Mo–Sa 10–20 Uhr).

## Im Notfall

**Polizeinotruf:** 110.
**Polizei Servicenummer (Bürgertelefon):** 46644664.
**Feuerwehrrettungsdienst:** 112.
**Giftnotruf:** 19240.
**Ärztlicher und kinderärztlicher Bereitschaftsdienst:** 310031.
**Zahnärztlicher Notdienst:** 23883578.
**Kartensperrung:** 116116.

## Anreise mit dem Auto

Die Autobahnen nach Berlin sind mittlerweile komplett erneuert, auf dem Berliner Ring (A10) wird es aber mit steter Regelmäßigkeit eng, und vor allem im Berufsverkehr muss man sich auf Staus einstellen. Die Berliner Innenstadt innerhalb des S-Bahn-Rings ist **Umweltzone**, hier dürfen seit 2010 nur Fahrzeuge mit grüner Umweltplakette fahren. Wer noch keine hat, bekommt die bundesweit gültigen Klebesiegel bei TÜV oder Dekra – vorausgesetzt, das Auto erfüllt die Euro4-Norm.
**Citynetz Mitfahrzentrale**, Joachimstaler Straße 14, 10719 Berlin (nahe Bahnhof Zoo, ▶ Karte F6), Tel. 01805/19444, www.citynetz-mitfahrzentrale.de.

Mitfahrgelegenheiten vermittelt auch die Internetplattform www.blablacar.de.

## Anreise mit der Bahn

Die Strecke Hamburg–Berlin schafft der ICE in eineinhalb Stunden, ab Frankfurt lässt sich die Hauptstadt in viereinhalb Stunden erreichen. Auskünfte zu Verbindungen und Tarife im Bahnhof oder unter www.bahn.de, Telefonauskunft der Bahn unter 01805/996633 (14 Cent/Minute aus dem deutschen Festnetz).
**Mitfahrbörse für Bahnreisende:** unter www.mitbahnen.de finden sich Leute mit gleichem Ziel – so lassen sich Gruppentarife nutzen.
**Bahnhöfe** (→ S.19):
Seit 2006 wird der Zugverkehr über den neuen **Hauptbahnhof** abgewickelt. Das Gebäude ist nicht nur Europas höchster Turmbahnhof, sondern auch der wich-

*Das eigentliche Wappentier Berlins: die Currywurst*

*Der Ostbahnhof war einst der Ostberliner Hauptbahnhof*

tigste Verkehrsknotenpunkt Berlins, der Destinationen über die Ost-West-Trasse und unterirdisch auf einer Nord-Süd-Achse mit der Hauptstadt verbindet. Vom Hauptbahnhof kann man das Regierungsviertel in wenigen Minuten zu Fuß erreichen – oder in S-Bahn, U-Bahn oder Bus umsteigen. ▶ Karte D8.

**Ostbahnhof,** Start- und Endstation vieler ICE-Verbindungen in Ost-West-Richtung, S-Bahn-Anschluss. ▶ Karte F 12.

**Bahnhof Spandau,** ICE-Halt in Ost-West-Richtung und S-Bahn-Station am Westrand Berlins.

**Bahnhof Gesundbrunnen,** Regionalbahnhof im Norden der Stadt, ICE-Halt auf der Nord-Süd-Strecke, S-Bahn-Anschluss. ▶ Karte B9.

**Bahnhof Südkreuz,** neuer Bahnhof im Bezirk Schöneberg-Tempelhof, wird von Regional- und Fernzügen (auch ICE in Nord-Süd-Richtung) angefahren, S-Bahn-Anschluss (Ringbahn). ▶ Karte J8.

**Bahnhof Zoologischer Garten,** früher der Hauptbahnhof von West-Berlin, heute machen hier nur noch Regionalbahnen Halt, S-und U-Bahn-Anschluss. Wer hier aussteigt, ist in wenigen Minuten am Kurfürstendamm. ▶ Karte F6.

**Bahnhof Wannsee,** Regionalbahn zum Beispiel nach Dessau, Potsdam oder Magdeburg, S-Bahn-Anschluss.

**Bahnhof Friedrichstraße,** Regionalbahnhof in der City, S- und U-Bahn-Station. ▶ Karte E9.

**Bahnhof Potsdamer Platz,** Regionalbahnhof im Herzen der Stadt, S- und U-Bahn-Station. ▶ Karte F8.

Weitere Regionalbahnhöfe sind **Charlottenburg** (▶ Karte F4), **Alexanderplatz** (▶ Karte E10) und **Lichtenberg**.

### Anreise mit dem Bus

Eine preiswerte Alternative zur Bahn stellen die Fernbusse dar. Start und Ziel ist meist der **Zentrale Omnibus-Bahnhof (ZOB)** am Funkturm, nahe dem Messegelände ICC, Masurenallee 4–6, Tel. 30100175, U2 Kaiserdamm, S-Bahn Messe Nord/ICC (▶ Karte F3). Manche Verbindungen starten oder enden auch am Ostbahnhof. Günstige Angebote bietet das Vergleichsportal www.busticket.de oder www.buslinienssuche.de.

## Anreise mit dem Flugzeug

Zahlreiche Airlines steuern die deutsche Hauptstadt an. Ein Ende des Desasters um den neuen Großflughafen Berlin Brandenburg International (BBI) war auch Ende 2016 nicht in Sicht, deshalb starten und landen die Maschinen bis auf weiteres auf dem arg überlasteten Flughafen Tegel im Westteil der Stadt oder auf dem ebenso chaotischen alten Flughafen Schönefeld im Berliner Südosten. Beide Flughäfen sind zudem nur unzureichend und umständlich an den öffentlichen Nahverkehr angebunden. **Allgemeine Informationen** und eine Übersicht über Abflüge und Ankünfte unter www.berlin-airport.de.

### ■ Verbindung nach/von Flughafen Tegel (AB-Tarif)

Mit dem Airport-Expressbus TXL zum Beispiel bis/ab Alexanderplatz (hält auch am Brandenburger Tor und am Hauptbahnhof); mit Bus 109, X9 ab/bis U-Bahnhof Jakob-Kaiser-Platz (S7) oder S-Bahnhof Jungfernheide; mit dem Bus 128 ab/bis U-Bahnhof Kurt-Schuhmacher-Platz (U6) – von dort weiter Richtung City. Letztere Variante ist vor allem zu Hauptverkehrszeiten zu empfehlen, wenn der TXL-Bus gerne mal im Stau steckenbleibt.

### ■ Verbindung von/nach Flughafen Schönefeld (ABC-Tarif)

Mit Bus X7 oder 171 ab/bis U-Bahnhof Rudow (U7) – von dort weiter Richtung Neukölln, Kreuzberg, Schöneberg und City-West oder mit dem Shuttle-Bus SXF1 (ABC-Tarif) bis Bahnhof Südkreuz, ab dort S-Bahn-Anschluss (Ringbahn). Eine bequeme Möglichkeit ist der **Airport-Express Schönefeld**, dieser besteht aus den Regionalbahnen RE7 und RE14, die in der Regel im 30-Minuten-Takt zwischen Charlottenburg und Schönefeld verkehren und unterwegs an den Bahnhöfen Zoologischer Garten, Hauptbahnhof, Friedrichstraße, Alexanderplatz, Ostbahnhof und Karlshorst halten. Von allen Bahnhöfen gibt es S- oder U-Bahn-Anschluss, die Züge können ebenfalls mit dem normalen ABC-Ticket benutzt werden. **Achtung**: vom Bahnhof Schönefeld zum Terminal sind es ca. 10 min. Fußweg.

*Von vielen Berlinern trotz Überlastung heiß geliebt: der Flughafen Tegel*

# Unterwegs in Berlin

## Öffentliche Verkehrsmittel

Ein großes Plus der Hauptstadt ist das ausgezeichnete öffentliche Nahverkehrssystem, und wenn es nicht gerade technische Probleme mit der Fahrzeugflotte gibt, verkehren Bahnen und Busse im gesamten Innenstadtbereich in kundenfreundlichen Rhythmen. Tickets, die für alle Verkehrsmittel gelten, bekommt man auf jedem Bahnsteig am Automaten. Achtung: Vor Fahrtantritt müssen die Fahrscheine entwertet werden! Auch beim Busfahrer kann man einen Fahrschein kaufen, dieser ist dann bereits entwertet. In jedem Fall muss ein gültiger Fahrschein beim Einstieg in den Bus vorgezeigt werden (unbedingt vorne einsteigen, sonst gibt es Ärger; siehe auch S. 70). Auch in der Straßenbahn, die mit Ausnahme einer Linie im Wedding nur auf dem Gebiet des ehemaligen Ostberlin verkehrt, bekommt man Tickets am Automaten in der Bahn, die ebenfalls entwertet werden müssen.

Statt am Automaten kann man die Tickets auch an den **Verkaufsstellen der Berliner Verkehrsbetriebe** (BVG) erwerber – z.B. am Flughafen, im Hauptbahnhof an größeren Stationen – z.B. am U-Bahnhof Wittenbergplatz. Zudem bieten mehrere Hundert Lotto-Annahmestellen und Kioske überall im Stadtgebiet das ganze Sortiment an Einzel- und Zeitfahrkarten an.

**Tarifzonen:** Berlin ist in drei Nahverkehrszonen eingeteilt. Zone A ist die Innenstadt innerhalb des inneren S-Bahn-Rings, Zone B das restliche Stadtgebiet, Zone C das Umland, das mit der S-Bahn zu erreichen ist. Angeboten werden **AB-Tickets** (2,80 Euro), **BC-Tickets** (3 Euro) und **ABC-Tickets** (3,30 Euro). Mit letzteren kann man z.B. von der City nach Potsdam oder zum Flughafen Schönefeld fahren. Grundsätzlich gelten diese Fahrscheine für S- und U-Bahnen, Busse und Straßenbahnen sowie die BVG-Fähren; sie haben 120 Minuten Gültigkeit, innerhalb dieser Zeit kann beliebig oft umgestiegen und die Fahrt unterbrochen werden. Hin- und Rückfahrten sind allerdings nicht gestattet.

*Der Airport-Express Schönefeld im Hauptbahnhof*

# Unterwegs in Berlin

*U-Bahn-Eingang in Kreuzberg*

Für ganz kurze Touren gibt es das **Kurzstreckenticket** (1,70 Euro) – mit dem bis zu drei S- bzw. U-Bahnstationen oder bis zu sechs Bus- oder Tram-Stationen zurückgelegt werden können.

Kinder bis zum 6. Lebensjahr fahren gratis mit, bis zum 14. Lebensjahr fahren sie zum ermäßigten Fahrpreis (AB für 1,70 Euro). Für Hunde und Fahrräder müssen Extra-Tickets gelöst werden. Fahrräder dürfen in S-, U- und Straßenbahnen, aber nur in den gekennzeichneten Waggons, mitgenommen werden.

**Tagestickets:** Ist man den ganzen Tag auf Achse, lohnt ein Tagesticket, mit dem man dann bis 3 Uhr des Folgetages durch die Berliner Nacht pendeln kann (AB-Bereich 7 Euro, ermäßigt 4,70 Euro). Bis zu fünf Personen bekommen eine entsprechende Tages-Kleingruppenkarte für 17,30 Euro – ideal für Familien mit jugendlichem Nachwuchs.

**Angebote für Touristen:** Speziell für Touristen gibt es die **WelcomeCard**. Die gilt 48 Stunden (19,50 Euro), 72 Stunden (27,50 Euro) oder ganze fünf Tage (35,50 Euro). Inhaber der Card bekommen bei Stadtrundfahrten, in Museen und anderen kulturellen Einrichtungen einen Preisnachlass von bis zu 50 Prozent. Über entsprechende Rabatt-Adressen informiert das Faltblatt, das samt Stadtplan zur WelcomeCard gehört. Die bekommt man bei den Berlin Tourist Infos, an den S-Bahn-Verkaufsstellen und in vielen Hotels, kann sie aber auch über das Touristenportal www.visitberlin.de bestellen.

Wer auch einen **Ausflug nach Potsdam** plant, ist mit der ABC-Variante der WelcomeCard (ab 21,50 Euro) gut bedient. Die ist auch für Familien besonders attraktiv, weil neben einem Erwachsenen bis zu drei Kinder unter 15 Jahren kostenlos mitfahren können.

Die 72-Stunden WelcomeCard ist auch in einer **Plus-Variante** zu haben. Damit können an drei aufeinanderfolgenden Tagen die Museen der Berliner Museumsinsel kostenfrei besucht werden (AB-Bereich 42 Euro, ABC 44 Euro).

Das **BVG-Kundentelefon** kann man unter 030/19449 erreichen. Unter dieser Nummer werden auch Auskünfte zu Fundsachen erteilt, **S-Bahn-Kundentelefon** unter 030/29743333, Fahrpläne unter www.bvg.de oder www.vbb-online.de. Das **Fundbüro der S-Bahn** kann

*Leider behindern häufig Bauarbeiten das Fortkommen mit Bus und Bahn*

man unter 0900/1990599 erreichen (59 Cent/min. aus dem deutschen Festnetz).

### Taxis
Die Funktaxi-Zentralen sind unter folgenden Telefonnummern erreichbar:
**Funk Taxi Berlin**: 261026.
**Taxi Funk Berlin**: 443322.
**Würfelfunk**: 210101.
**City-Funk**: 210202
**Quality Taxi**: 263000.
Über die aktuellen Tarife informiert www.taxi-in-berlin.de.

### Velo-Taxis
In Berlin kann man sich auch von muskulösen Radlern durch die City strampeln lassen. Die Fahrradtaxis verkehren rund ums Jahr, fahren auf festgelegten Strecken von der City-West bis zum Alexanderplatz – und bieten auch Thementouren mit Informationen zu den Highlights an der Strecke. Oder man entscheidet sich für Zeittarife – dann werden für 30 Minuten rund 24 Euro berechnet. Tel. 0178/8000041, www.velotaxi.de.

### Bus-Rundfahrten
Etliche Veranstalter bieten Touren unterschiedlicher Art und Dauer an. Zum Low-Budget-Preis kann man die Stadt im Doppeldeckerbus der **BVG-Linie 100** entdecken, die schöne Tour führt vom Bahnhof Zoo über den Tiergarten nach Mitte – und dafür reicht das AB-Ticket der BVG. Ähnlich beliebt ist die **Buslinie 200** vom Bahnhof Zoo über den Potsdamer Platz zum Prenzlauer Berg. Weil es sich um ganz normale Nahverkehrsbusse handelt, werden die Sehenswürdigkeiten nicht kommentiert. Den Reiseführer sollte man also dabei haben.
Die Abfahrtsorte der großen, regelmäßig verkehrenden **Stadtrundfahrt-Linien**

*Auch verschiedene Trambahnlinien eignen sich für eine Stadtrundfahrt*

liegen in der Innenstadt: am Kurfürstendamm/Tauentzienstraße (zwischen Meinecke- und Rankestraße), am Alexanderplatz (Park Inn Hotel) und Unter den Linden/Ecke Friedrichstraße. Hop-On-Hop-Off- Touren führen zu allen großen Sehenswürdigkeiten der Innenstadt, die Busse verkehren in der Regel täglich zwischen 10 und 18 Uhr im 15-Minuten-Takt, Tickets (ab 20 Euro) werden vor Ort verkauft. Infos zu den Sightseeing-Highlights gibt der vielsprachige Audio-Guide.
Ein breites Spektrum an Touren – auch in Kombination von Bus und Schiff – findet sich unter www.bbsberlin.de. Eine Übersicht über die Angebote diverser Veranstalter unter www.visitberlin.de.

### Thematische Stadtführungen
→ S. 393.

### Berlin per Rad
Bei entsprechendem Wetter macht es Spaß, Berlin per Rad zu entdecken. Der ADFC bietet einen gedruckten Berlin-Stadtplan für Radfahrer an. Online hilft www.bbbike.de bei der Routenplanung.
**Stadtführungen mit dem Rad**: → S. 393.

Wer das eigene Rad nicht dabei hat, kann bei diversen Anbietern eins ausleihen. Zum Beispiel bei **Nextbike**, eine der Verleihstationen befindet sich am U-Bahnhof Stadtmitte (U6), weitere u.a. am U-Bahnhof Französische Straße und am Cubix-Filmpalast am Alexanderplatz, einfache Räder gibt's für 1 Euro pro 30 Min. und für 8 Euro pro 24 Stunden. Hat man sich online angemeldet, bleibt es bei diesen Tarifen, Spontan-Mietern zahlen einen kleinen Serviceaufschlag, Tel. 69205046, www.nextbike.de.

Weitere Fahrradverleiher:

**Fahrradstation**, am Bahnhof Friedrichstraße, Eingang Dorotheenstraße 30, 10117 Berlin, Tel. 28384848,www.fahrradstation.com; ab 15 Euro pro Tag. ▶ Karte E9.

**Take a Bike Berlin**, Neustädtische Kirchstraße 8, 10117 Berlin, Tel. 20654730, www.takeabike.de; ab 12,50 pro 24 Stunden. ▶ S- und U-Bahn Friedrichstraße, Karte E9.

Rund um die Uhr stehen die Räder des DB-Unternehmens **Call a Bike** zur Verfügung. Wer eins mieten will, wählt die auf dem Fahrradschlossdeckel angegebene Nummer, lässt sich und seine Kreditkartennummer registrieren. Abgerechnet wird im Minutentakt oder per Tagespauschale. Braucht man das Rad nicht mehr, stellt man es wieder an einem Call-a-Bike-Parkplatz ab. Stationen finden sich an vielen Orten in der Berliner Innenstadt, zum Beispiel am Aquarium in der Budapester Straße, am Gendarmenmarkt/Ecke Jägerstraße oder am Hackeschen Markt. Die komplette Übersicht liefert www.callabike.de.

Auch der **Yaam Club** am Ostbahnhof verleiht Fahrräder → S. 419.

Ebenso bieten viele Hotels Räder auch an Nichtgäste an.

### Berlin per Schiff

Mit dem Ausflugsdampfer lässt sich die Stadt ganz bequem erkunden. Die wichtigsten Anlegestellen in der Innenstadt finden sich an der Jannowitzbrücke (nahe Alexanderplatz), am Dom (nahe Museumsinsel), an der Weidendammer Brücke (am Bahnhof Friedrichstraße), hinter dem Haus der Kulturen der Welt (im Tiergarten) und am Charlottenburger Ufer (am Schloss Charlottenburg).

*Die Leihräder der Bahn gehören inzwischen zum Stadtbild*

*Perspektivenwechsel: mit dem Ausflugsschiff durch's alte und neue Berlin*

Der **Reederverband** bietet eine Übersicht über Touren und Fahrpläne aller Anbieter, Tel. 3422431, www.reederverband-berlin.de.

Zu unterschiedlichsten Touren auf den Havelseen – auch tagesfüllende Ausflüge bis nach Potsdam, Werder oder Brandenburg – starten die Dampfer der Weißen Flotte vom Anleger am S-Bahnhof Wannsee. Infos unter Tel. 5363600 und im Internet unter www.sternundkreis.de.

Auch **Fährschiffe der BVG** verkehren auf Havel und Spree und bieten Gelegenheit für eine Wassertour zum kleinen Preis (AB-Ticket). Eine davon (F10) pendelt über den Wannsee, ab S-Bahn Wannsee (kurzer Fußweg zum Fähranleger) nach Alt-Kladow. Mit 4,4 Kilometern ist sie die längste Fährverbindung der BVG, die Überfahrt dauert etwa 20 Minuten. Im Südosten Berlins lässt sich mit der Fähre F23 von Rahnsdorf/Müggelwerderweg bis zur Kruggasse mit Halt in Müggelhort und Neu Helgoland ein schöner Kurzausflug machen. Die Fahrt dauert 25 Minuten und dabei hat man den Großen Müggelsee im Blick. Die außergewöhnlichste BVG-Fährstrecke liegt ganz in der Nähe. Bei Rahnsdorf verkehrt die Linie F24, bei der der Fährmann die Fahrgäste ans andere Ufer rudert. Die Strecke ist gerade mal 30 Meter lang, und die Fahrt dauert nur fünf Minuten – der Erlebniswert ist allerdings hoch. Strecken- und Fahrplan-Infos unter www.bvg.de.

*BVG-Fähre in Rahnsdorf*

## Die schönsten Aussichtspunkte

**Funkturm**, www.funkturm-messeberlin.de. Eingang Halle 16 gegenüber dem Busbahnhof an der Masurenallee; tgl. 10–23, Mo bis 20 Uhr; 5/3 Euro. Verglaste Aussichtsplattform in 120 Metern Höhe. ▸ S-Bahnhof Messe Nord/ICC, U-Bahn Kaiserdamm, Karte F3.

**Fernsehturm am Alexanderplatz**; www.tv-turm.de; tgl. 10–24 Uhr; 13/8,50 Euro, noch teurer mit Online-Reservierung. Aussichtsplattform in 203 Metern Höhe, Restaurant Sphere in 207 Metern. ▸ S- und U-Bahn Alexanderplatz, Karte E10.

**Berliner Dom**, Am Lustgarten, www.berlinerdom.de; 7/5 Euro (Ticket für Dombesichtigung). Der Aufstieg zum Kuppelumgang ist trotz der 270 Stufen und lediglich 50 Metern Höhe ein Erlebnis. Kein Aufzug! ▸ S-Bahn Hackescher Markt, Bus 100, Karte E10.

**Französischer Dom am Gendarmenmarkt**, www.franzoesischer-dom.de; im Sommer 10–19 Uhr, im Winter 12–17 Uhr, sonst 11–18 Uhr; 3/1 Euro. Viele Stufen werden mit einem Blick über den Gendarmenmarkt und die angrenzenden Stadtviertel belohnt. Kein Aufzug! ▸ U2, U6 Stadtmitte, Karte E9.

**Dachterrasse Park Inn Hotel**, 4 Euro. Hier handelt es sich nicht um die Dachbar des Hotels, sondern lediglich um eine Aussichtsterrasse. Es gibt ein paar Liegestühle und die Möglichkeit, Getränke zu kaufen. (→ S. 395)

**Siegessäule im Tiergarten**, Großer Stern; tgl. 9.30–18.30, im Winter bis 17.30. 3/2,50 Euro. 285 Stufen, kein Aufzug, ungeeignet für Menschen mit Höhenangst! ▸ S-Bahn Tiergarten, U9 Hansaplatz, Karte E7

**Panoramapunkt im Kollhoff-Tower**, Potsdamer Platz 1, www.panoramapunkt.de; tgl. 10–20, im Winter -18 Uhr; 6,50/5 Euro. Mit dem schnellsten Aufzug Europas geht es auf 100 Meter Höhe. Mit Ausstellung und Café. ▸ U- und S- Bahn Potsdamer Platz, Karte F8

**Reichstagskuppel**, unbedingt zu empfehlen, allerdings kein Spontanbesuch möglich (→ S. 447)

### Gastronomie mit Aussicht (draußen):

**Roof Garden im House of Weekend**, Alexanderstraße 7, Mitte, www.houseofweekend.berlin; tgl. ab 19 Uhr. Einmaliger Blick über den Alexanderplatz, zwei Stockwerke drunter feiern im ›House of Weekend‹ die Technofans. ▸ S- und U-Bahn Alexanderplatz, Karte E10.

**Dachterreasse Hotel de Rome**, Behrenstraße 37, Mitte, 12–22 Uhr; nur im Sommer. Von dieser Cocktailbar blickt man auf die historische und edle Mitte Berlins, entsprechend sind die Preise. ▸ U6 Französische Straße, Karte E9.

**Parkdeck des Einkaufszentrums am Kurt-Schuhmacher-Platz** (Aufzug hinten links); nur im Sommer. Für Planespotter: Sehr angenehme und völlig uncoole Dachbar mit Berliner Weiße, einheimischem Publikum und den startenden und landenden Jets vom Flughafen Tegel direkt überm Kopf. ▸ U7 Kurt-Schuhmacher-Platz, Karte A6.

**Deck 5**, Prenzlauer Berg (→ S. 415)

**Klunkerkranich**, Neukölln (→ S. 420)

### Gastronomie mit Aussicht (drinnen):

**Solar Berlin** (→ S. 417)

**Käfer Dachgartenrestaurant** auf dem Reichstag (→ S. 447)

**Restaurant im Funkturm** (s.o.)

**Restaurant im Fernsehturm** (s.o.)

**Cafeteria Skyline**, im Telefunkenhaus am Ernst-Reuter-Platz (→ S. 403)

**Bezirksamt Kreuzberg Kantine**, 10. Etage, Yorckstraße 4–11, 10965 Berlin; Mo–Fr 7–15 Uhr. Gutbürgerliche Kantine mit eher deftigem Essen und schöner Aussicht über Kreuzberg.

## Stadtführungen

Wer die Stadt nicht auf eigene Faust erkundet, kann sich von kompetenten Guides zu großen und kleinen Sehenswürdigkeiten, durch Szenebezirke, Museen, Tunnel, Bunker, entlang des Mauerstreifens, durch Parks und über Friedhöfe führen lassen. Einige Anbieter haben auch spezielle Kindertouren im Programm. Ausgewählte Veranstalter:

**Art:Berlin**, Bessemerstraße 22, 12103 Berlin, Tel. 28096390, www.artberlin-online.de. Spezialist für Streifzüge durch die Berliner Kunst- und Kulturlandschaften.

**Berliner Unterwelten**, Brunnenstraße 105, 13355 Berlin, Tel. 49910517, www.berliner-unterwelten.de. Spannende Thementouren wie ›U-Bahn, Bunker, Kalter Krieg‹ und ›Mauerdurchbrüche‹ führen an Orte, die der Öffentlichkeit ansonsten unzugänglich sind (→ S. 270).

**Sightseeing Point Berlin**, Friedrichstraße 133, 10117 Berlin, Tel. 220118889, www.sightseeing-point-berlin.de. Vermittelt kompetente Guides für Stadterkundungen zu Fuß, per Bus, Schiff oder Rad. Bei der Ausgestaltung individueller Touren gehen die Profis gern auf spezielle Interessen ein.

**StattReisen**, Liebenwalder Straße 35a 13347 Berlin, Tel. 4553028, www.stattreisenberlin.de. Das Programm der Thementouren-Profis bedient unterschiedlichste Interessen, bei ›Die Teilung erfahren‹ geht es um Ost und West, ›Bionade-Biedermeier oder Chill-Out-Area‹ ist ein Streifzug durch den Kreuzberger Graefekiez betitelt, und bei Kindertouren lässt sich Berlin z.B. auf den Spuren von Emil und den Detektiven entdecken. Touren nach individuellen Wünschen kann man sich auch zusammenstellen lassen.

**Ausfahrt Wedding**, Tel. 4482266, www.ausfahrtwedding.de. Stadtführungen zu ungewöhnlichen Themen von Weddingexperten.

### ■ Stadttouren mit dem Rad

**Berlin on Bike**, Knaackstraße 97, 10435 Berlin, Tel. 43739999, www.berlinonbike.de. Touren zu den wichtigsten Sehenswürdigkeiten, Mauertouren, Erkundungstrips durch den pulsierenden Kreuzberger Szenekiez und ›Nightseeingtouren‹ sind die Spezialisten des Veranstalters. Alle Touren starten an der Kulturbrauerei im Prenzlauer Berg. ▶ U2 Eberswalder Straße, Karte C11.

**Stadt und Rad**, Hardenbergplatz 9, 10623 Berlin, Tel. 68836217, www.stadtundrad.de. Diverse City- und Mauer-Touren sowie Tagesausflüge nach Potsdam, Startpunkt liegt in der City-West, direkt am Bahnhof Zoo. ▶ S- und U-Bahn Zoologischer Garten, Karte F6.

**Fahrradstation**, Citytouren → S. 390.

**Tipp:**
Etliche Sightseeing- und Outdooraktivitäte, von der klassischen Stadtrundfahrt bis zu speziellen Thementouren (zu Fuß, per Rad, Kajak, Kutsche etc.) können über das Portal www.getyourguide.de gefunden und gebucht werden.

### ■ Berliner Mauerweg
→ S. 190

*Auch eine Art Spreefähre*

# Übernachten

Berlin hat ein großes und überaus vielfältiges Gästebettenangebot – vom einfachen Backpacker-Hostel bis zu den Hotels der Luxuskategorie ist alles dabei. Vor allem in der Spitzenhotellerie werden immer neue Adressen an den Start gebracht. Touristen profitieren davon – denn wenn das Haus nicht ausgelastet ist, bieten auch die Topadressen mitunter erstaunlich günstige Tarife an. Im Vergleich zu anderen deutschen Großstädten sind die Übernachtungspreise in Berlin ohnehin moderat. In vielen einfachen Pensionen kann man schon für 50 Euro im Doppelzimmer nächtigen. Ob das Frühstück im Übernachtungspreis inbegriffen ist, wird unterschiedlich gehandhabt, dies sollte deshalb bei der Buchung geklärt werden.

Auf die Aufzählung der Häuser von preiswerten Hotelketten wie Ibis (11 x in Berlin, www.ibishotel.com), Motel One (10 x in Berlin, www.motel-one.com) oder Meiniger (4x in Berlin, www.meininger-hotels.com) haben wir hier verzichtet, wer sich dafür interessiert, findet Buchungsmöglichkeiten im Internet. Viele dieser Hotelfilialen befinden sich an durchaus attraktiven Standorten überall in der Stadt und sind sicher eine gute Wahl für alle, denen eine individuelle oder originelle Atmosphäre nicht so wichtig ist.

**Visit Berlin** – Berlins Service-Agentur für alle touristischen Belange – bietet Gästen unter Tel. 030/250025 eine telefonische Reservierungshotline an. Oder man bucht Hotels und Hostels aller Kategorien mit Bestpreisgarantie im Internet unter www.visitberlin.de.

Die nachfolgenden Adressen sind nach Preisen aufsteigend sortiert.

**Tipp**: Auch die schicksten und teuersten Hotels der Stadt bieten ihre Zimmer bisweilen zu erstaunlich günstigen Preisen an. Finden kann man solche Schnäppchen auf dem Portal www.secretescapes.de

*Traditionsreiches Hostel: Im Circus fühlen sich Backpacker wohl*

## Mitte

**The Circus**, Weinbergsweg 1a, 10119 Berlin, Tel. 20003939, www.circus-berlin.de; Schlafplatz ab 19 Euro, DZ (mit Bad) ab 75 Euro. Hier trifft sich die internationale Backpacker-Szene. Die Lage direkt an der Grenze zwischen Mitte und Prenzlauer Berg ist unschlagbar. Gegenüber (Rosenthaler Straße 1) liegt das gleichnamige Hotel, in dem es etwas ruhiger zugeht (DZ ab 85 Euro). ▸ U8 Rosenthaler Platz, Karte D10.

**Scholle 5**, Geschwister-Scholl-Straße 5, 10117 Berlin, Tel. 0151/22321202, www.scholle5.de; ab 25 Euro pro Person, ganzes Appartement ab 175 Euro. Das Gebäude, in dem die ›Scholle 5‹ liegt, gehörte einst zum alten Stadtschloss und bot dem ›gehobenen‹ Personal wie dem Leibarzt oder den Kammerzofen des Kaisers Unterkunft. Heute steht ein Appartement mit drei Zimmern für Gäste zur Verfügung. Weitere Appartements in Mitte und Prenzlauer Berg. ▸ U- und S-Bahn Friedrichstraße, Karte E9..

**Arte Luise Kunsthotel**, Luisenstraße 19, 10117 Berlin, Tel. 284480, www.luise-berlin.com; DZ ab 53 Euro (Etagendusche und -WC) bzw. 89 Euro (mit Dusche und WC), Frühstück 11 Euro. Origineller Altbau direkt an der Bahntrasse zwischen Friedrichstraße und Hauptbahnhof. Die Zimmer wurden von verschiedenen Künstlern individuell gestaltet. Im Zimmerpreis ist das Honorar für die Künstler enthalten. ▸ U- und S-Bahn Friedrichstraße, Karte E9.

**Park Inn by Radisson**, Alexanderplatz 7, 10178 Berlin, Tel. 302389-0, www.parkinn-berlin.de; DZ mit Frühstück ab 85 Euro, verschiedene Pauschalangebote. Großes Viersterne-Hotel im Hochhausklassiker aus den 1960er Jahren direkt am Alex. Gut ausgestattet, tolle Aussicht, die Preise schwanken je nach

*Das Park Inn am Alexanderplatz*

Auslastung, sind aber in jedem Fall für das Gebotene angemessen. Die Aussichtsterrasse im 40. Stock ist öffentlich zugänglich. ▸ U- und S-Bahn Alexanderplatz, Karte E10.

**Riverside Hotel & Spa**, Friedrichstraße 105, 10117 Berlin, Tel. 284900, www.riverside-mitte.de; DZ ab 79 Euro, Frühstück 12,50 Euro. Kleines Künstlerhotel in einer Edelplatte aus DDR-Zeiten mit individuell eingerichteten Zimmern. Spreeblick gibt es ab 129 Euro je DZ, Wasserbett, Bronzewanne und Whirlpool aber nur in den Suiten. ▸ U- und S-Bahn Friedrichstraße, Karte E9.

**Honigmond Garden Hotel**, Invalidenstraße 122, 10115 Berlin, Tel. 28445577, www.honigmond-berlin.de; DZ ab 97 Euro, Frühstück 10 Euro pro Person. Das denkmalgeschützte Haus stammt aus dem Jahr 1845, wurde ordentlich saniert und jedes Gästezimmer liebevoll mit Unikaten gestaltet. Himmelbetten laden zum Träumen ein, und der Garten ist eine Oase, die alle Hektik vergessen lässt. ▸ S1 Nordbahnhof, U6 Naturkundemuseum, Karte D9.

**Hotel Albrechtshof** und **Hotel Allegra**, Albrechtstraße 8 bzw. 17, 10117 Berlin,

*Ruheoase in der City: Das Honigmond Garden Hotel*

Tel. 308860, www.albrechtshof-hotels.com; DZ mit Frühstück ab 99 Euro, im Allegra ab 89 Euro, häufig günstigere Last-Minute-Sonderangebote. 1910 als Hospiz am Bahnhof Friedrichstraße gegründet, gehört das Hotel Albrechtshof bis heute der Berliner Stadtmission. Es verfügt über 90 klassisch eingerichtete Zimmer in idealer Lage in einer ruhigen Seitenstraße. Gutes Restaurant mit regionalen Spezialitäten. Direkt gegenüber liegt das dazugehörige, etwas preiswertere Hotel Allegra in einem schönen Gebäude aus dem 19. Jahrhundert. ▸ U- und S-Bahn Friedrichstraße, Karte E9.

**Art'otel Berlin Mitte,** Wallstraße 70–73, 10179 Berlin, Tel. 240620, www.artotel.de; DZ ab 109 ohne, 135 Euro mit Frühstück. Cooles Designerhotel, in dem sich der Gast entscheiden kann, welche Farbe sein Zimmer haben soll. Überall im Hotel sind Werke des Künstlers Georg Baselitz zu sehen. Das hauseigene Restaurant ›Ermelerhaus‹ bietet in faszinierenden Rokoko-Räumen kreative Cross-Over-Küche, im Sommer kann man vor dem Hotel auf einem Restaurantschiff auf der Spree speisen. ▸ S-Bahn Jannowitzbrücke, U2 Märkisches Museum, Karte F10.

**Ritz Carlton**, Potsdamer Platz 3, 10117 Berlin, Tel. 337777, www.ritzcarlton.com; DZ ab 205 Euro, mit Frühstück 240 Euro. Nobelhotel in der neuen Mitte Berlins, hier fahren oft schwarze Limousinen und Polizeieskorten vor – denn in dem Haus steigen nicht nur Stars, sondern auch hochkarätiges Personal auf Staatsbesuch gern ab. Bekannt ist das Haus für seinen ausgezeichneten Spa-Bereich. Eine Besonderheit ist die Brasserie ›Desbrosses‹. Sie wurde ursprünglich 1875 in Südburgund errichtet, Stein für Stein abgetragen und originalgetreu und neu renoviert im Ritz-Carlton Berlin wieder aufgebaut. Das authentische Interieur im Stil des Art Déco versetzt den Gast ins Frank-

## Übernachten/City West

reich des frühen 20. Jahrhunderts. ▸ U- und S Bahn Potsdamer Platz, Karte F8.

**Casa Camper**, Weinmeisterstraße 1, 10178 Berlin, Tel. 20003410, www.casacamper.com; DZ (je nach Saison) ab 160–250 Euro mit Frühstück. Sehr angenehmes Designhotel in toller Lage, kostenloses W-Lan im ganzen Haus, rund um die Uhr werden kostenlose Snacks und Softdrinks in der Bar im obersten Stock angeboten. Zudem stehen Gästen Fitness- und Businesscenter sowie eine Bibliothek zur Verfügung. ▸ U2 Weinmeisterstraße, Karte D10.

**Regent**, Charlottenstraße 49, 10117 Berlin, Tel. 20338, www.regenthotels.com; DZ ab 250 Euro ohne Frühstück. Luxusherberge mit erstklassiger Lage am Gendarmenmarkt und exzellentem Service, das als erstes Berliner Hotel eine ›Fünf-Sterne-Superior‹-Klassifizierung erhalten hat. ▸ U7 Französische Straße, U2 Stadtmitte.

### Charlottenburg-Wilmersdorf (City West)

**Hotelpension Funk**, Fasanenstraße 69, 10719 Berlin, Tel. 8827193, www.hotel-pensionfunk.de; DZ ab 52 Euro mit Frühstück. Wem ein gewisser Charme wichtiger ist als ein moderner Standard, wird sich im Funk wohl fühlen. Die Zimmer haben teilweise nur Etagenbad, und auch einen Fernseher sucht man vergeblich. Dafür genießen Gäste das Flair eines stilvollen Gründerzeithauses, in dem in den 1930ern schon Asta Nielsen, die dänische Stummfilm-Diva, residierte – und als Zugeständnis an heutige Bedürfnisse gibt's W-Lan zum Nulltarif. ▸ S- und U-Bahn Zoologischer Garten, U1, U9 Kurfürstendamm, Karte G6.

**Artemisia**, Brandenburgische Straße 18, 10707 Berlin, Tel. 8609320, www.frauenhotel-berlin.de; DZ mit Frühstück ab 65 Euro. Ein Hotel nur für Frauen. Zentral gelegen in der City-West, im Sommer lockt die schöne Dachterrasse, und wechselnde Kunstausstellungen verleihen dem Haus das gewisse Etwas. ▸ U7 Konstanzer Straße, Karte G5.

**Propeller Island City Lodge**, Albrecht-Achilles-Straße 58, 10709 Berlin. Tel. 8919016 (8–12 Uhr), www.propeller-island.de; Zimmer ab 99 Euro pro Person, die zweite Person zahlt 15 Euro; Frühstück 7 Euro pro Person. Die Betreiber bezeichnen ihr Hotel als Gesamtkunstwerk, und das ist eher noch untertrieben, es gibt etwa 26 unterschiedlich eingerichtete Zimmer – von der Gefängniszelle bis zum Computerlabor ist für jeden Geschmack etwas dabei. U7 Adenauerplatz, Karte G4.

**Q! Hotel**, Knesebeckstraße 67, 10623 Berlin, Tel. 8100660, www.look-hotels.com; DZ ab 105 Euro, Frühstück 20 Euro. Das 2004 eröffnete Designhotel bietet geschmackvollen Luxus und ein Schlaferlebnis, das sich deutlich von dem anderer Häuser unterscheidet. Der Clou – in einigen Zimmern ist die Badewanne direkt neben dem Bett. Ausgezeichneter Wellnessbereich. Beim Besuch der in klaren Formen gehaltenen Hotelbar trinkt man gerne einen Cocktail auf die gelungene Arbeit des Innenarchitekten. ▸ S7, S5 Savignyplatz, U1 Uhlandstraße, Karte F5.

**Henri Hotel**, Meinekestraße 9, 10719 Berlin, Tel. 884430, www.henri-berlin.com, DZ ab 108 Euro, Frühstück 16 Euro; das Gründerzeitgebäude in einer Seitenstraße des Ku'damms ist schon lange ein Hotel, nach der Komplettsanierung empfängt es Gäste nun mit komplett neuem Design – Belle Epoque Charme trifft nun auf Moderne. Zum Frühstück oder auf einen Drink treffen sich Gäste in den stilvollen Salons. ▸ U1 Uhlandstraße, Karte F5

*Berlin-Informationen*

**25 hours Bikini**, Budapester Straße 40, 10787 Berlin, Tel. 120221255, www.25hours-hotels.com; DZ ab 125 Euro; das derzeit originellste und hippste Hotel der Stadt, dafür wurde eine 60er-Jahre-Immobilie architektonisch wieder flott gemacht. Die Zimmer sind nicht besonders groß, aber witzig eingerichtet – auf der Cityseite kann man mit Blick auf die Gedächtniskirche in der breiten und bequem ausstaffierten Fensterbank lümmeln, auf der Zoo-Seite in der Hängematte baumeln und auf Zootiere runterschauen – richtige Betten gibt es natürlich auch. Ein genialer Blick über das Herz der Stadt bietet sich in der Sauna, beim Schwitzen auf der Saunabank kann man über den Tiergarten bis zum Reichstag schauen. Ebenso spektakulär ist das Panorama im obersten Stock - in dem luftig leicht gestylten Glaspavillon, der morgens Frühstückslounge ist, mittags und abends als Restaurant Neni mit orientalisch inspirierter Fusionküche lockt. ▶U9, U2 und S-Bahnen Zoologischer Garten.

## Prenzlauer Berg

**Alcatraz Backpacker Hostel**, Schönhauser Allee 133a, 10437 Berlin, Tel. 48496815, www.alcatraz-backpacker.de; Bett im Mehrbettzimmer ab 10 Euro, DZ ab 46 Euro. Für junge Reisende mit knappem Budget, zentrale Lage im Szenebezirk Prenzlauer Berg. ▶ U2 Eberswalder Straße, U- und S- Bahn Schönhauser Allee, Karte C10.

**East Seven Hostel**, Schwedter Straße 7,10119, Tel. 93622240, www.eastseven.de. Schlichtes, sympathisches kleineres Hostel mit freundlichem Service; zentral und ruhig. ▶ U2 Senefelder Platz, Karte D10.

**Eastside Pension**, Schönhauser Allee 41, 10435 Berlin, Tel. 43735484, www.eastside-pension.de; DZ ab 55 Euro. Die Zimmer sind schlicht, aber geschmackvoll eingerichtet – das Ambiente ist sauber, die Ausstattung modern, und seine zentrale Lage macht das Eastside zum idealen Quartier für ein Partywochenende in der Hauptstadt. ▶ U2 Eberswalder Straße, Karte C10.

**City Guesthouse Pension Berlin**, Gleimstraße 24, 10437 Berlin, Tel. 4480792, www.pension-guesthouse-berlin.de; DZ ab 69 Euro, Komfortable Einzel-, Doppel- und Familienzimmer für bis zu fünf Personen.alle mit Bad, Dusche und WC, Kabel-TV mit DVD-Player und freiem DSL High Speed Wlan, Kühlschrank und Kaffeemaschine. Zudem sehr zentral. ▶ U- und S- Bahn Schönhauser Allee, Karte B10.

**Hotel Pension Kastanienhof**, Kastanienallee 65, 10119 Berlin, Tel. 443050, www.kastanienhof.biz; DZ ab 105 Euro, Frühstück 7 Euro, günstige Mehrtagespauschalen. Angenehmes Drei-Sterne-Hotel in einem historischen Gebäude mitten im Kiez. ▶ U2 Eberswalder Straße, Karte C10.

**Hotel nhow**, Stralauer Allee 3, 10245 Berlin, Tel. 22388599, www.nh-hotels.de; DZ ab 120 Euro (ohne Frühstück). Direkt am Spreeufer bietet der Hotel-Neuzugang coole Architektur und ebensolches Interieur, luftig leicht gestylte Zimmer und Suiten mit Blick aufs Wasser und superbequemen Betten. Und weil sich das nhow als Musik-Hotel empfehlen möchte, kannn sich jeder Gast Guitarre, Keyboard oder ein DJ-Set beim Zimmerservice bestellen. ▶ U1 Warschauer Straße, Karte G12

**Hotel Oderberger**; Oderberger Straße 57, 10435 Berlin, Tel. 780 089 760, www.hotel-oderberger.berlin, DZ ab 135 Euro. Teile des 1902 eröffneten Stadtbades dienen nach vierjähriger Sanierung als wunderschönes Hotel mit

*Trabbi-T-Shirts als Souvenir*

70 Zimmern, 5 Turmsuiten und zwei Apartments auf Vier-Sterne-Niveau. Interieurdesigner haben hier sehr gute Arbeit geleistet – harmonische Farben und das Eichendielenparkett geben jedem Raum Wohlfühlflair. Auch das historische Schwimmbad erstrahlt in alter Frische, wurde um Sauna- und Wellnessbereich erweitert und kann auch als Day Spa besucht werden.

## Kreuzberg-Friedrichshain

**Hostel 36 Rooms**, Spreewaldplatz 8, 10999 Berlin, Tel. 53086398, www.36rooms.com. Übernachtungen ab ca. 10 EUR, DZ (ohne Bad) ab 40 Euro, kein Frühstück. Ein sehr günstiges und sehr sauberes kleines Hostel, mitten in Kreuzberg am Görlitzer Park gelegen. Nachts nicht ganz ruhig, aber für jüngere Gäste bestens geeignet. ▶ U1 Görlitzer Bahnhof, Karte G11.

**Die Fabrik**, Schlesische Straße 18, 10997 Berlin, Tel. 6117116, www.die fabrik.com. DZ ab 52 Euro ohne Frühstück. Ein-, Zwei und Mehrbettzimmer in einer ausgebauten Fabriketage mit Kreuzberger Flair. Frühstück und andere Mahlzeiten werden im hauseigenen Café serviert. Telefon und Fernseher gibt es nicht, die Bäder befinden sich auf der Etage. Ideal für kleine Reisegruppen oder Familien. ▶ U1 Schlesisches Tor, Karte G12.

**Hostel-Boot Eastern Comfort**, Mühlenstraße 73–77, 10243 Berlin, an der Oberbaumbrücke; www.eastern-comfort.com. DZ ab 50 Euro. ›Eastern Comfort‹ und ›Western Comfort‹ sind zwei Hotelschiffe, die in verschiedenen Kabinenkategorien Doppelzimmer, Mehrbettzimmer (ab 16 Euro) anbieten. Eine originelle Art zu übernachten, allerdings baulich bedingt recht trubelig und hellhörig und deswegen eher jüngeren Gästen zu empfehlen. ▶ U1 Schlesisches Tor, Karte G/H 12.

**Grand Hostel Berlin**, Tempelhofer Ufer 14, 10963 Berlin, Tel. 200 95 450, www.grandhostel-berlin.de; DZ ab 29 Euro pro Person, ohne Frühstück, Mehrbett ab 14 Euro. In einem schönen Altbau direkt am Landwehrkanal, liebevoll und individuell eingerichtet. ▶ U1, U7 Möckernbrücke, Karte G9.

**Michelberger Hotel**, Warschauer Straße 39/40, 10243 Berlin, Tel. 2977859-0, www.michelbergerhotel.com; DZ ab 60 Euro, exkl. Frühstück. Ein wirklich originell gestaltetes Hotel in einem alten

Fabrikgebäude direkt an der Oberbaumbrücke mit sehr unterschiedlichen Zimmern (auch Mehrbett), schräge Bar, gutes und preiswertes Restaurant (→ S. 405), Tagungsräume. ▶ U1 und S-Bahn Warschauer Straße, Karte F12.

**Motel One**, Prinzenstraße 40-42, 10969 Berlin, Tel. 95671740, www.motel-one.com, DZ ab 62 Euro, Frühstück 9,50 Euro. Schick designte Hotels müssen nicht teuer sein – wie das geht, macht die Kette Motel One vor, die in Berlin mehrere Häuser hat. Eines mitten in Kreuzberg, nahe der quirligen Oranienstraße. Die Zimmer sind nicht groß, aber tiptop gepflegt und das Frühstück lässt kaum Wünsche offen. ▶ U6 Moritzplatz, Karte G10.

**Hotel Sarotti-Höfe**, Mehringdamm 57, 10961 Berlin, Tel. 6003168-0, www.hotel-sarottihoefe.de; DZ ab 95 Euro, inkl. Frühstück. Geschmackvoll und angenehm unprätentiös eingerichtete Zimmer in der ehemaligen Sarotti-Schokoladenfabrik, eine nette Café-Bar gehört auch dazu. Gleich ums Eck liegt die Bergmannstraße. ▶ U6, U7 Mehringdamm, Karte G9.

## Schöneberg

**Hotel Lindemanns**, Potsdamer Straße 171, 10783 Berlin, Tel. 5268540, www.lindemannhotels.de; DZ (economy) ab 44 Euro, Frühstück 12,50 Euro. Business-Hotel, zentral an der quirligen Potsdamer Straße, in der Nähe des beliebten Winterfeldtmarktes, sachlich und schick eingerichtet, auch die Zimmer der Basic-Kategorie sind mit einer gemütlichen Couch und einem großen Schreibtisch ausgestattet, viel Licht dank bodentiefer Fenster. ▶ U2 Bülowstraße, Karte G9

**Literaturhotel Friedenau,** Fregestraße 68, 12159 Berlin, Tel. 8590960, www.literaturhotel-berlin.de; DZ ab 120 Euro, inkl. Frühstück. Biedermeiermöbel, Kronleuchter, goldene Spiegel und ein lauschiger Garten verleihen dem kleinen Privathotel ein nostalgisches Flair, Christa Moog, Hausherrin und selbst literarisch kein unbeschriebenes Blatt, veranstaltet in ihrem Uwe-Johnson-Salon sporadisch Lesungen und ist – wenn nicht gerade zig andere Gästewünsche auf sie einprasseln – immer für einen Plausch über Friedenau und seine Dichter zu haben. ▶ S1 Friedenau, Karte J6.

*Hostelschiffe auf der Spree in der Nähe der Oberbaumbrücke*

# Essen und Trinken

Zusätzlich zu den hier genannten Adressen finden sich zahlreiche weitere Tipps rund um die Berliner Gastronomie sowie zu Kneipen und Clubs nach Bezirken sortiert im Kapitel ›Ausgehen‹ (→ S. 85).

## Mitte

**Altes Europa,** Gipsstraße 11, 10119 Berlin, Tel. 28093840, www.alteseuropa.com. Der Laden nahe der Hackeschen Höfe lockt junges Szenepublikum, mittags und abends wird hier vor allem deutsche Küche mit frischen Saisonprodukten serviert, aber auch Italienisches findet sich regelmäßig auf der Tageskarte. ▶ S7, S5 Hackescher Markt, U8 Weinmeisterstraße, Karte D10.

**Barcomi's Deli,** Sophienstraße 21, Sophie-Gips-Höfe, 2. Hof, 10178 Berlin, Tel. 28598364, www.barcomis.de. Café und Kaffeerösterei, zur Stärkung gibt's Kuchen, Sandwiches, Suppen, Salate und Wraps. ▶ S7, S5 Hackescher Markt, U8 Weinmeisterstraße, Karte D10.

**Borchardt,** Französische Straße 47, Tel. 81886250. Französisches Edel-Ambiente am Gendarmenmarkt und *das* Berliner Promi-Lokal schlechthin, die ambitionierte Küche bietet Internationales mit französischem Einschlag zu Luxuspreisen. ▶ U6 Französische Straße, Karte E9.

**Café Einstein,** Unter den Linden 42, 10117 Berlin, Tel. 2043632, www.einsteinudl.com. Kaffeehaus und Restaurant der gehobenen Preisklasse, in dem sich auch gerne die Politikerprominenz zum Essen trifft. Bekannt für sein Wiener Schnitzel. ▶ S1 Unter den Linden, Karte E9.

**Chen Che,** Rosenthaler Straße 13, 10119 Berlin, Tel. 28884282, www.chenche-berlin.de, tgl. 12–24 Uhr. Das angesagte vietnamesische Restaurant versteckt sich in einem lauschigen Innenhof. Das Restaurant ist großartig eingerichtet und der Duft der exotischen Speisen und Getränke verbreitet Ruhe und Entspannung, wären da nicht die vielen Gäste. Unbedingt vorher reservieren. ▶ S7, S5 Hackescher Markt, U8 Weinmeisterstraße, Karte D10.

**Clärchen's Ballhaus,** Auguststraße 24, 10117 Berlin, Tel. 2829295, www.ballhaus.de; tgl. ab 10 Uhr. Deutsche und italienische Küche, im Garten vor der morbiden Fassade schmeckt es besonders gut. Nach dem Essen kann man hier in stilvollem Ambiente das Tanzbein schwingen (→ S. 161). ▶ S7, S5 Hackescher Markt, U8 Weinmeisterstraße, Karte D9.

**Dada Falafel,** Linienstraße 132, 10115 Berlin, Tel. 0179/5105435, www.dadafalafel.de; Imbiss und stylisches Restaurant direkt am Oranienburger Tor, im Sommer mit Terrasse. Übersichtliche Speisekarte, die es in sich hat: leckere und preiswerte libanesische Küche – ein echter Tipp! ▶U6 Oranienburger Tor, Karte D9.

**Der Hahn ist tot,** Zionskirchstraße 40, 10119 Berlin, Tel. 65706756, www.der-hahn-ist-tot.de; tgl. außer montags ab 19 Uhr. Zwei wöchentlich wechselnde 4-Gang-Menüs für je 21 Euro, an den bodenständigen Varianten der deutschen und französischen Küche orientiert. Unbedingt rechtzeitig reservieren. ▶ U2 Senefelderplatz, Karte D10.

**Fassbender & Rausch,** Charlottenstraße 60, 10117 Berlin, Tel. 20458443, www.fassbender-rausch.de. Im Laden verführen feinste Schokoladen, das dazugehörige Café wartet mit riesiger Kuchen- und Tortenauswahl auf. ▶ U2 Mohrenstraße, Hausvogteiplatz, Karte F9.

**Galeries Lafayettes Gourmet,** Friedrichstraße 76–78, Tel. 209480; Mo–Sa

*Das Restaurant Nola am Weinbergspark in Mitte*

10–20 Uhr, www.galerieslafayette.de. Egal ob köstlich belegtes Baguette, Elsässer Flammkuchen, Austern oder Steaks vom berühmten Charolais-Rind – das Restaurant im französisches Kaufhaus bietet die ganze Palette französischer Gaumenkitzel. ▸ U6 Französische Straße, Karte E9.

**Nola's am Weinberg,** Veteranenstraße 9 (Zugang durch den Park), 10119 Berlin, Tel. 44040766, www.nola.de. Schweizer Lokal mit ausgezeichnetem Essen, gemütlicher Atmosphäre und freundlichem Service. Die Spezialitäten wie etwa Ziegenkäse-Mousse auf Ruccola sind allesamt empfehlenswert. Im Sommer beliebt: die Terrasse mit Blick über den Volkspark Weinbergsweg. ▸ U8 Rosenthaler Platz, Karte D10.

**Restaurantschiff Deckshaus,** Märkisches Ufer 1z, Tel. 21791404, www.deckshaus.de, Mo geschl. Gut für eine Bierpause nach dem Besuch des Märkischen Museums, eine kleine Speisekarte mit bodenständigen Speisen gibt's auch. An Deck kann man Sonnenschein und das Flair des Historischen Hafens auf sich wirken lassen kann. ▸ U2 Märkisches Museum, Karte E10.

**Sarah Wiener im Hamburger Bahnhof,** Invalidenstraße 50–51, 10557 Berlin, Tel. 70713650; Di-Fr 10–18 Uhr, Sa 11–20 Uhr, So 11–18 Uhr. Café und Restaurant im puristisch durchgestylten Ambiente, passend zur benachbarten Kunst. ▸ S- und U-Bahn Hauptbahnhof, Karte D8.

**Tadschikische Teestube,** Oranienburger Straße 27 (im Kunsthof), 10117 Berlin, Tel. 2041112, www.tadshikische-teestube.de. Hier sitzt man auf Teppichen an niedrigen Tischen. Große Teeauswahl (auch international), kleine Speisekarte mit russischen Snacks. Das geschnitzte Interieur stammt aus Tadschikistan. S1 Oranienburger Straße, Karte E9.

**Zum Nussbaum,** Am Nussbaum 3, 10178 Berlin, Tel. 2423095. Eines der ältesten Gasthäuser Berlins tafelt Berliner Küche zu gemäßigten Preisen auf. Das Lokal im Nikolaiviertel ist touristisch, aber wegen des urigen Ambientes allemal eine Einkehr wert. ▸ S- und U-Bahn Alexanderplatz, Karte E10

## Charlottenburg-Wilmersdorf (City West)

**Bootshaus Stella am Lietzensee**, Witzlebenplatz 1, 14057 Berlin. Charmantes Gartenlokal in Funkturmnähe, mit deutsch-italienischen Schmankerln und Blick auf den Lietzensee. ▸ U2 Sophie-Charlotte-Platz, Karte F4.

**Cafeteria TU Skyline**, Ernst-Reuter-Platz 7, 10587 Berlin, Tel. 939397780. Hier gibt's von Montag bis Freitag Frühstück für Frühaufsteher, mittags auch warme Speisen und dazu immer den fantastischen Rundblick aus dem 20. Stock. Mo–Fr 7.30–16.15 Uhr. In den Semesterferien eingeschränkte Öffnungszeiten. ▸ U2 Ernst-Reuter-Platz, Karte F5.

**Dicke Wirtin**, Carmerstraße 9, 10623 Berlin, Tel. 3124952, www.dicke-wirtin.de. Die Namensgeberin der rustikalen Schenke war bekannt für ihr großes Herz und ihre deftigen Eintöpfe – die hat die Küche heute noch zu bieten. ▸ S7, S5 Savignyplatz, Karte F5.

**Dwin**, Uhlandstraße 157, 10710 Berlin, Tel. 8812915, www.dwin.de; tgl. ab 17 Uhr. Nettes armenisches Restaurant, das vor allem für seine hervorragenden gegrillten Fleischgerichte bekannt ist. Zivile Preise. ▸ U2 Hohenzollernplatz, Karte G7

**Florian**, Grolmanstraße 52, 10623 Berlin, Tel. 3139184, www.restaurant-florian.de. Das feine Lokal bietet Saisonküche mit frischen Regionalprodukten, der Service ist freundlich, und Barmann Oliver einer der charmantesten seiner Zunft. Die Preise rangieren im oberen Mittelfeld, dafür kann man hier auch schon mal neben Promis speisen. ▸ S7, S5 Savignyplatz, Karte F5.

**Focaccino La Sicilia in Bocca**, Stuttgarter Platz 16, 10627 Berlin, Tel. 3248838, www.sicilia-in-bocca.de; So geschlossen. Kleines, gemütliches Restaurant direkt am S-Bahnhof mit traditioneller sizilia-

*Das Restaurantschiff Deckshaus im Historischen Hafen in Mitte*

nischer Küche, super Pizzen, im Sommer kann man draußen sitzen. ▸ S7, S5 Charlottenburg, U7 Wilmersdorfer Straße, Karte F4.

**Genazvale**, Hohenzollerndamm 33, 10713 Berlin, Tel. 23578292, www.genazvale.de. Rustikales georgisches Restaurant, das die hierzulande zu Unrecht wenig bekannten Köstlichkeiten der kaukasischen Küche auftischt. Empfehlenswert sind die preiswerten Menüs für zwei Personen mit zahlreichen Spezialitäten. Auch die georgischen Weine sind nicht zu verachten. ▸ U2, U3, U7 Fehrbelliner Platz, Karte H5.

**Literaturhaus**, Fasanenstraße 23, 10719 Berlin, Tel. 8825414, www.literaturhaus-berlin.de. Im Garten der Gründerzeitvilla, aber auch in den gediegenen Speiseräumen ist die Großstadthektik sofort vergessen. Abends stehen häufig Lesungen auf dem Programm, und im Souterrain kann man sich mit anspruchs-

voller Lektüre eindecken. ▸ U1, U9 Kurfürstendamm, Karte G6.
**Lentz**, Stuttgarter Platz 20, 10627 Berlin, Tel. 3241619, www.gasthaus-lentz-berlin.de. Institution direkt am lauschigen Westrand des Stuttgarter Platzes. Hier treffen sich die Kiezbewohner zu Kaffee, Kuchen und kleinen, leckeren Speisen. Im Sommer sitzt man schön draußen. ▸ S7, S5 Charlottenburg, U7 Wilmersdorfer Straße, Karte F4.
**Lubitsch**, Bleibtreustraße 47, 10623 Berlin, Tel. 8823756, www.restaurant-lubitsch.de. Gemütliches Restaurant, das frische regionale Speisen und Klassiker der Berliner Küche serviert. ▸ S7, S5 Savignyplatz, Karte F5.
**Neni**, Budapester Straße 40, 10787 Berlin, Tel. 120221200, www.neniberlin.de. Jung, hip, anders – so lässt sich das Konzept auf den Punkt bringen, im 10. Stock des 25 hours Hotel gibt's köstliche Fusionküche mit orientalischer Note, guten Wein und einen sensationellen Blick auf die City-West und Tiere im Zoo. ▸ S-Bahnen, U2, U9 Zoologischer Garten, Karte F6.
**Zwiebelfisch**, Savignyplatz 7, 10623 Berlin, Tel. 3127363, www.zwiebelfisch-berlin.de. Die Traditionskneipe war Treffpunkt der 68er-Szene und ist heute noch bei den ›Veteranen‹ beliebt und etwas aus der Zeit gefallen. ▸ S7, S5 Savignyplatz, Karte F5.

### Tiergarten und Umgebung
**Café am Neuen See**, Lichtensteinallee 2, 10787 Berlin, Tel. 2544930, www.cafe-am-neuen-see.de; tgl. ab 10 Uhr. Vielbesuchter Biergarten mitten im Tiergarten mit Ruderbootverleih. ▸ S7, S5 Tiergarten, Karte F7.
**Café Buchwald**, Bartningallee 29, 10557 Berlin, Tel. 3915931, www.konditorei-buchwald.de. Typisch Altberliner Konditorei am Rande des Tiergartens mit riesiger Tortenauswahl, nostalgische Einrichtung. ▸ S7, S5 Bellevue, Karte E7.
**Café Einstein Stammhaus**, Kurfürstenstraße 58, 10785 Berlin, Tel. 26391918, www.cafeeinstein.com. Wiener Kaffeehaus und Restaurant - eine Institution seit den 1970er Jahren. ▸ U1, U2, U3, U4 Nollendorfplatz, Karte G7.
**Cinco by Paco Pérez** (Hotel Stue), Drakestraße 1, 10787 Berlin, Tel. 3117220, www.das-stue.com. Der mit Michelin-Sternen dekorierte Spanier Paco Pérez entführt Gäste hier in den kulinarischen Himmel: mit Jacobsmuscheln, Tintenfisch oder der ›Meeresodysee‹ aus Thunfisch, Kaviar und Algen. ▸ Bus 100, 187, 200 (Nordische Botschaften/Tiergartenstraße)
**Giraffe**, Klopstockstraße 2, 10557 Berlin, Tel. 34351690, www.giraffe-berlin.com. Das Restaurant liegt mitten im Tiergarten, und da es den großen Sommergarten gibt, eignet sich die Location ideal für eine friedliche Koexistenz von Groß und Klein: Während die Eltern die internationale Küche genießen, buddeln die Kinder in Ruhe im Sandkasten. ▸ S7, S5 Tiergarten, U9 Hansaplatz, Karte E6.
**Teehaus im Englischen Garten**, Altonaer Straße 2, 10557 Berlin, Tel. 39480400, www.teehaus-tiergarten.com. Die Sanierung hat dem reetgedeckten Teehaus im Tiergarten gut getan. Neben anspruchsvoller und deshalb im höheren Preisniveau angesiedelter Gastronomie gibt es auch ein abwechslungsreiches Kulturprogramm. ▸ S7, S5 Bellevue, U9 Hansaplatz, Karte E7.
**Schleusenkrug**, Müller-Breslau-Straße 10623 Berlin, Tel. 3139909, www.schleusenkrug.de. Großer Biergarten an der Tiergartenschleuse, kleine Gerichte; im Winter Café und Restaurant. ▸ U- und S-Bahn Zoologischer Garten, S7, S5 Tiergarten, Karte F6.

*Schön für lange Sommerabende: Der Prater-Biergarten*

## Prenzlauer Berg

Weitere Tipps im Kapitel ›Rund um den Wasserturm‹ (→ S. 263).

**Frau Mittenmang**, Rodenbergstraße 37, 10439 Berlin, Tel. 4445654, www.frau mittenmang.de. Feine bodenständige Küche, gute Weine in angenehmer Wohnzimmeratmosphäre. ▸ S- und U-Bahn Schönhauser Alee, Karte B11.

**Baden im Wein**, Schönhauser Allee 155, Tel. 01577/5175795, www.badenimwein.de. Kleines, originell designtes Lokal, das sich auf besondere Weine spezialisiert hat. Rund 90 Winzerweine bieten hocherfreuliche Abwechslung zu den langweiligen Allerweltsweinen, mit denen man in den meisten Kneipen Vorlieb nehmen muss. 6–7 Euro pro Glas (0,2) sind hier gut angelegt. Lecker angerichtete Vesperplatten. ▸ U2 Eberswalder Straße, Karte C10.

**Il Giradischi**, Oderberger Straße 22, Tel. 60943080. Beliebter Italiener in der Nähe des Mauerparks, im Sommer viele Tische draußen. Super Pizza, gute Weine, zivile Preise, oft sehr voll. U2 Eberswalder Straße, Karte C10.

**Im Nu,** Lychener Straße 41, 10437 Berlin, Tel. 44718898, www.imnuberlin. de. Tagescafé am Helmholtzplatz. Günstiges Frühstück, gute Kuchen. ▸ U2 Eberswalder Straße, Karte C11.

**Osmans Töchter**, Pappelallee 15, 10437 Berlin, Tel. 32663388, www.osmanstoechter.de. Moderne türkische Küche im stylischen, aber gemütlichen Ambiente. Lecker und sympathisch. ▸ U2 Eberswalder Straße, Karte C11.

**Pasternak**, Knaackstraße 22/24, 10405 Berlin, Tel. 4413399, www.restaurant-pasternak.de. Russisches Lokal am Wasserturm. Montags bis freitags zwischen 12 und 17 Uhr günstige Lunchangebote. ▸ U2 Senefelderplatz, Karte D11.

**Prater Gaststätte und Biergarten**, Kastanienallee 7–9, 10435 Berlin, Tel. 4485688, www.pratergarten.de. Schöne geräumige Gaststätte mit Hausmannskost sowie eigenem Bier. Im Sommer einer der beliebtesten Biergärten der Stadt. ▸ U2 Eberswalder Straße, Karte C10.

## Friedrichshain

**Café Schönbrunn**, Am Schwanenteich im Volkspark Friedrichshain, 10249 Berlin, Tel. 453056525. Beliebtes Café in einem DDR-Zweckbau am Rande des

Volksparks, Wochenendausflugsziel der Kiezbewohner. ▸ Bus 200, Straßenbahn M5, M6, M8, Karte D12.

**Burgeramt**, Krossener Str. 21–22, 10245 Berlin, Tel. 66763453 12–0 Uhr. Hausgemachte Burger in Szeneambiente. ▸ Bus 240 Boxhagener Platz, Straßenbahn 21 Wismarplatz, Karte F13.

**Umspannwerk Ost**, Palisadenstraße 48, 10243 Berlin, Tel. 42809497, www.umspannwerk-ost.de. Das Restaurant liegt in einem alten Umspannwerk und erstreckt sich über zwei Etagen mit großer Galerie und offener Küche. Interessante Einrichtung und gute internationale Küche, die von Pasta und Spätzle bis zu Wiener Schnitzel und Lammrücken reicht. ▸ U5 Weberwiese, Karte E12.

**Viet Bowl**, Strassmannstraße 41 (Ecke Ebertystraße) 10249 Berlin, Tel. 42014942, www.vietbowl.de. Guter, günstiger Vietnamese, ausgezeichnete Suppen. ▸ U5 Frankfurter Tor, Karte E13.

**Michelberger Mittagstisch**, Warschauer Straße 39/40, 10243 Berlin. Montag bis Freitag von 12 bis 14.30 Uhr gibt es günstiges Mittagessen im kantinenartigen Speisesaal des gleichnamigen originellen Hotels (→ S. 399). Jeden Freitagabend wird pünktlich um 20 Uhr ein Menü serviert, 20 Euro pro Person, Reservierung notwendig: reservations@michelbergerhotel.com. ▸ U1 und S-Bahn Warschauer Straße, Karte F12.

## Kreuzberg

**Brachvogel**, Carl-Herz-Ufer 34 (an der Brachvogelstraße), 10961 Berlin, Tel. 6930432, www.brachvogel-berlin.de; tägl. ab 9 Uhr, Frühstück. Restaurant und großer Biergarten am Landwehrkanal, Spiel- und Minigolfplatz direkt nebenan. ▸ U1, U6 Hallesches Tor, U1 Prinzenstraße, Karte G10.

**Café Dildile**, Dieffenbachstraße 62, 10967 Berlin, 6930369. Ein einfaches, unscheinbares Kellerlokal, in dem sich auf Sofakissen sitzend herrlich entspannen oder unterhalten lässt. Die türkischstämmige Chefin sorgt für kleine Vorspeisen und leckere Salate; regelmäßige Livekonzerte, Lesungen und Ausstellungen. Ein besonderer Tipp im netten Kiez rund um die Graefestraße, durch den man ruhig einen Spaziergang machen sollte. ▸ U8 Schönleinstraße, Karte G11.

**Eckbert zwo**, Görlitzer Straße 53, 10997 Berlin, Tel. 62725726, www.eckbertzwo.de. Von Hacke bis Nacke hausgemachte Speisen, regionale Küche mit Herz und Verstand, persönlicher Service und ungeschminktes Ambiente. ▸ U1 Görlitzer Bahnhof, Karte G12.

**Edelweiss**, Görlitzer Straße 1–3, 10997 Berlin, Tel. 61074858, www.edelweiss36.com. Der szenige Laden im Görlitzer Park hat sich vom Frühstück bis zum Abendessen auf deutsche Küche spezialisiert. Die wird in einem eher exzentrischen als braven Ambiente serviert. ▸ U1 Görlitzer Bahnhof, Karte G12.

**Felix Austria**, Bergmannstraße 26, 10961 Berlin, Tel. 61675451, www.felixaustria.de. Freunde von Wiener Schnitzel, Gulasch, Mehlspeisen und österreichischen Weinen sind hier richtig. Das sehr gemütliche Lokal gegenüber der Markthalle am Marheinekeplatz (→ S. 296) ist eine Institution und bietet wirklich gute Küche. ▸ U7 Gneisenaustraße, Karte H9.

**Görli Burger**, Skalitzer Str. 66, 10997 Berlin; tägl. 11–24 Uhr. Übersichtliches Burgerangebot mit Preisen von 3–4 Euro. Die Burger sind groß und köstlich, besonders empfehlenswert: Görliburger mit Spezialsoße oder die Veggiburger. ▸ U1 Schlesisches Tor, Karte G12.

**Gorgonzola Club**, Dresdener Straße 121, 10999 Berlin, Tel. 6156473. Ein in Kreuzberg sehr bekanntes und belieb-

tes Szene-Lokal, in dem man nach einem anstrengenden Tag oder vor einem Kinobesuch mediterrane Küche genießen kann. Übrigens, der Gorgonzola-Club serviert nicht nur Gerichte mit dem gleichnamigen Käse, sondern auch die besten Spaghetti ›aglio e olio‹ von ganz Berlin. ▸ U1 Kottbusser Tor, Karte G11.
**Grünfisch**, Graefestraße 26a, 10967 Berlin, Tel. 61621252; Mo bis Sa 18–24 Uhr. Das mehrfach in Berlin umgezogene Lokal ist nun im Graefekiez gelandet. Es bietet eine unübliche Mischung aus italienischer und asiatischer Küche. Der Koch ist Vietnamese, er versteht sein Handwerk und weiß vor allen Dingen Fisch lecker zuzubereiten, aber auch Kalbsbäckchen oder Maronensuppe. Tischreservierung empfehlenswert. ▸ U8 Schönleinstraße, Karte G11.
**Restaurant Peter Schlemihl**, Willibald-Alexis-Straße 25, 10965 Berlin, Tel. 69565320, Di bis Sa 17–1 Uhr. Drei Freunde verwirklichen sich hier ihren Traum und kochen Gerichte aus ihren süd- und norddeutschen Heimatregionen. Ergebnis ist ein leckeres Streetfood für das meist jüngere Publikum.▸ U6 Platz der Luftbrücke, Karte H9.
**Hasir Ocakbaşi**, Adalbertstraße 12, 10999 Berlin, Tel. 61659222, www. hasir.de. Türkische Grillspezialitäten, im Sommer sitzt man draußen im Getöse an der Kreuzung und fühlt sich wie in Istanbul. Steht leider in jedem Reiseführer, was beim ansonsten sehr freundlichen Personal manchmal sichtbar für Stress sorgt. Ein Stück weiter in der Adalbertstraße 10 gibt es das **Hasir-Restaurant**, das nach einer Erweiterung und Renovierung sehr unpersönlich geworden ist. Letzteres ist zudem die Keimzelle des Hasir-Imperiums, zu dem inzwischen sechs Restaurants in Berlin gehören. ▸ U1 Kottbusser Tor, Karte G11.
**Helvetia Roeschti-Bar**, Mariannenstraße 50, 10997 Berlin, Tel. 6115455, www. roeschti-bar.de. Röschti mit Bergkäse, Röschti mit Spiegeleiern, Röschti mit Schinken, Röschti mit was du willst. Wer aus der Schweiz kommt oder nur Sehnsucht nach Schweizer Gerichten zu deutschen Preisen hat, ist hier genau richtig. Sehr zu empfehlen ist auch das Käsefondue, das bereits ab zwei Personen aufgetischt wird. ▸ U1 Görlitzer Bahnhof, Karte G11.
**Henne**, Leuschnerdamm 25, 10999 Berlin, Tel. 6147730, www.henne-berlin. de Mo geschlossen. Traditionslokal, hier kommen neben (nomen est omen)

*Restaurant am Chamissoplatz in Kreuzberg*

gebratenen Hühnern auch Alt-Berliner Spezialitäten auf den Tisch – Bouletten, Kartoffelsalat & Co, rustikal und günstig. ▶ U8 Moritzplatz, Karte F11.

**Kimchi Princess**, Skalitzer Str. 67, 10999 Berlin, Tel. 0163 4580203, www.kimchiprincess.com. Eines der beliebtesten koreanischen Restaurants Berlins. Man sitzt an langen Holztischen und genießt entweder sein Bibimbab oder speist in der Gruppe ein BBQ. Immer lecker, aber auch immer voll. ▶ U1 Schlesisches Tor, Karte G12.

**Kuchenkaiser**, Oranienplatz 11–13, 10999 Berlin, Tel. 61402697, www.kuchenkaiser.de. Café-Restaurant mit Bar, Gartenlaube und Kuchen-Tradition seit 1866. Außer Süßem gibt es allerlei Bodenständiges. Großer Andrang herrscht beim sonntäglichen Brunch-Buffet, ohne Reservierung tendieren die Chancen, einen freien Tisch zu finden, in Spitzenzeiten gegen Null. ▶ U8 Moritzplatz, Karte G11.

**Little Tibet**, Gneisenaustr. 6a, 10961 Berlin, Tel. 69004747 Di–So 17–22h. Indisch-tibetische Küche, Reisgerichte und Momos frisch zubereitet, wie man es auch in Tibet nicht anders kennt. Das Lokal ist einfach eingerichtet, die Preise sind sehr moderat gehalten und die Bedienung ist immer freundlich. ▶ U7 Gneisenaustraße, Karte H9.

**Matzbach Hotel-Restaurant**, Marheinekeplatz 15, 10961 Berlin, Tel. 61202292, www.matzbach-berlin.de. Das nach dem Umbau der Markthalle aus dem Traditionslokal ›Dietrich Herz‹ entstandene Restaurant bietet bodenständige badisch-elsässische Küche zu einem fairen Preis. Innen kann es durch den Durchgangsverkehr zur Markthalle schon mal ungemütlich laut werden, doch die Tische vor der Halle ermöglichen vor allen Dingen im Frühjahr und Spätsommer einen entspannten Aufenthalt. Fünf nett eingerichtete Zimmer mit herrlicher Aussicht auf den Platz sind eigentlich ein Geheimtipp (DZ 65 Euro/Nacht). ▶ U7 Gneisenaustraße, Karte H9.

**Mutti Kreuzberg**, Gneisenaustr. 67, 10961 Berlin, Tel. 23905496, www.mutti-kreuzberg.de; Mo–Sa 12–22 Uhr. Die ›Muttis‹ sind drei Männer, die frisch zubereitete Speisen wie Käsespätzle, Maultaschen und zwei jeweils wechselnde Fleisch oder Fischgerichte auf der Pfanne haben. Es werden nur hochwertige Lebensmittel aus der Region verwendet und das zu moderaten Preisen. Nette Athmosphäre. ▶ U7 Südstern, Karte H10.

**Osteria N°1**, Kreuzbergstraße 71, 10965 Berlin, Tel. 7869162, www.osteria-uno.de. Traditionsreicher Italiener

*Fest verankert: das Restaurantschiff Van Loon am Urbanhafen in Kreuzberg*

der etwas gehobeneren Klasse direkt am Viktoriapark. ▶ U6, U7 Mehringdamm, Karte H9.
**Restaurantschiff Van Loon**, Urbanhafen, An der Baerwaldbrücke, Carl-Hertz-Ufer, 10961 Berlin. Tel. 6926293, www.vanloon.de. Im van Loon erwartet den Gast ein täglich wechselndes, marktfrisches Angebot von Küste und Binnenland auf schwankenden Planken oder auf der Terrasse vor dem Schiff. Morgens zum Frühstück oder abends vor Sonnenuntergang sehr zu empfehlen. ▶ U1 Prinzenstraße, Karte G10.
**Salon Schmück**, Skalitzer Straße 80, 10997 Berlin. Gleich am U-Bahnhof Schlesisches Tor; tgl. 9 bis mindestens 2 Uhr. Das kleine gemütliche Cafe mit Flohmarktcharme, bietet ein leckeres Frühstück sowie täglich wechselnde, günstige und mit Liebe gekochten Speisen. Genug Platz an den Gartentischen im Sommer. ▶ U1 Schlesisches Tor, Karte G12.
**Schlesisch Blau**, Köpenicker Straße 1a, 10997 Berlin, Tel. 69814538, Mo-Fr ab 12 Uhr, Sa ab 18 Uhr. Originelles kleines Lokal mit südwestdeutscher und französischer Küche direkt am Schlesischen Tor, in dem mittags verschiedene Speisen und abends ein bis zwei Abendmenüs mit Suppe und Salat serviert werden. Wenn es voll ist (und das ist es meistens), ist es sehr unruhig und laut, aber auch sehr gemütlich. Reservierung unbedingt empfohlen. ▶ U1 Schlesisches Tor, Karte G12.
**Weltrestaurant Markthalle**, Pücklerstraße 34, 10997 Berlin, Tel. 6175502, www.weltrestaurant-markthalle.de. Der angenehm schlicht möblierte Laden hat holzgetäfelte Wände und wirkt damit noch ein wenig wie ein Restaurant zu Kaiserzeiten. Auf den Tisch kommt hier richtig gute, phantasievolle Saisonküche – ein deutsch-österreichisch-französisch-italienischer Mix. Genauso erfreulich wie die Gaumenkitzel sind die ausgesprochen zivilen Preise, deswegen herrscht meist großer Andrang. ▶ U1 Görlitzer Bahnhof, Karte G11.
**Tipp**: jeden Donnerstag gibt es ab 17 Uhr in und um die Markthalle 9 **Streetfood** aus aller Herren Länder in sehr lebhafter Atmosphäre; www.markthalleneun.de
**Wirtshaus Max und Moritz**, Oranienstraße 162, 10969 Berlin, Tel. 69515911. Das Traditionshaus in Kreuzberg, 1902 eröffnet, bietet sehr leckere Berliner Küche zu angemessenen Preisen. Eine tolle Atmosphäre, beliebt bei Touristen und Kreuzbergern, die den Freunden aus der süddeutschen Heimat ›Eisbein‹ oder ›Hoppel-Poppel‹ näherbringen möchten. ▶ U8 Moritzplatz, Karte F10.
**Restaurant Z**, Friesenstraße 12, 10965 Berlin, Tel. 6922716, www.restaurant-z.de Angenehmes griechisches Restaurant mit leichter, frischer Küche zu zivilen Preisen. ▶ U7 Gneisenaustraße, U6 Platz der Luftbrücke, Karte H9.

## Neukölln

**Blaue Tische**, Friedelstraße 56, 12047 Berlin, ab 18 Uhr außer Dienstag. Ein schlichtes kleines griechisches Lokal, wenige, aber dafür kreative Gerichte, sehr lecker, auch der Retsina. ▶ U7, U8 Hermannplatz, Karte H11.
**Broschek**, Weichselstraße 6, 12043 Berlin. www.broschek-berlin.de; tägl. ab 18 Uhr. Café-Bar, es gibt Biobier und kleine Snacks, Käsefondue auf Vorbestellung. ▶ J7 Rathaus Neukölln, Karte H12.
**Café im Körnerpark**, Schierker Straße 8, 12051 Berlin, Tel. 89752523, www.cafe-im-koernerpark.de. Eis, Getränke, Kuchen und kleine Snacks im Körnerpark. ▶ U- und S-Bahn Neukölln, U8 Hermannstraße, Karte J12.

**Café Jacques**, Maybachufer 14, 12047 Berlin, Tel. 6941048, tgl. ab 18 Uhr. Gute mediterrane Küche, leckere Weine, im Sommer sitzt man draußen auf der Straße. Oft voll, deswegen Reservierung ratsam. ▸ U8 Schönleinstraße, Karte G11.
**Föllerei**, Weichselstraße 30, 12045 Berlin, Tel. 60930276, www.foellerei.de; Mo–Sa ab 18 Uhr. Bio-Hausmannskost und badische Weine kommen in dem kleinen, schlichten Restaurant auf den Tisch. ▸ U7 Rathaus Neukölln, Karte H12.
**Lavanderia Vecchia**, Flughafenstraße 46, Zweiter Hof, 12053 Berlin, Tel. 62722152, www.lavanderiavecchia.de. Eine ehemalige Wäscherei wurde etwas bemüht zur italienischen Erlebnisküche umgestaltet. Das Konzept folgt abends dem Motto: ein gemeinsames Menü für alle um 19.30 Uhr (58 Euro pro Person, inkl. 1/2 l Wein oder 1 Bier, Reservierung notwendig). Von 12–14 Uhr gibt es Speisen von einer kleinen Tageskarte. ▸ U8 Boddinstraße, Karte H11.
**Madame Zucker**, Wildenbruchplatz 5, 12045 Berlin, Tel. 75548493, www.madame-zucker.de, tägl. 10–20 Uhr. Handgefertigte, sehr leckere Torten und Kuchen, Frühstück; wechselnde Ausstellungen lokaler Künstler. ▸ U7 Rathaus Neukölln, dann Bus 104, 166. Karte H12.
**Richardsdorper Krug**, Richardplatz 16, 12055 Berlin, Tel. 76765576. Kiezkneipe mit kleinen Speisen zu soliden Preisen. Außerdem Dart, Flipper, Sonntagsfrühstück und im Sommer ein netter Biergarten. ▸ U7 Karl-Marx-Straße, Karte J12.
**Tabibito**, Karl-Marx-Straße 56, 12043 Berlin, Tel. 6241345. Winziges Restaurant mit feiner, etwas teurerer japanischer Küche: Nicht nur Sushi, aber auch das gibt es in bester Qualität vom Sushimeister. Reservierung empfohlen; tgl. 12–23 Uhr. ▸ U7 Rathaus Neukölln, Karte H11.
**Café Restaurant Villa Rixdorf**, Richardplatz 6, 12055 Berlin, Tel. 68086000, www.villa-rixdorf.com. Gutbürgerliches mitten im Neuköllner Kiez – bekannt für seine Riesenpizza. Schöner, teilweise überdachter Biergarten, bei gutem Wetter So Flohmarkt ab 14 Uhr. ▸ U7 Karl-Marx-Straße, Karte J12.

### Schöneberg

**Café Aroma**, Hochkirchstraße 8, 10829 Berlin, Tel. 7825821, www.cafe-aroma.de; Mo–Fr ab 18 Uhr, Sa ab 14 Uhr, So Ab 11 Uhr Brunch. Nettes italienisches Ristorante mit echter Hausmannskost und trubeliger Atmosphäre, im Sommer auch Tische draußen. Oft voll, deswegen ist eine Reservierung ratsam. ▸ S1 Yorckstraße/Großgörschstraße, U7 Yorckstraße, Karte H8.
**Café Bilderbuch**, Akazienstraße 28, 10777 Berlin, Tel. 78706057, www.cafe-bilderbuch.de. Nettes Plüschsofa-Ambiente fürs Frühstück oder den späten Snack, samstags Livemusik bei freiem Eintritt – und jede Menge Literatur für alle, die vor dem Essen, danach oder dabei gern ein bisschen schmökern. ▸ U7 Eisenacher Straße, Karte H7.
**Café Einstein**, Kurfürstenstraße 58, 10785 Berlin, Tel. 26391918, tgl. 8–1 Uhr. Das Wiener Kaffeehaus in Berlin hat inzwischen ein paar Ableger bekommen, unerreicht ist aber das Stammhaus in einer schmucken Villa. Hier kann man den Tag mit einem starken Braunen und ausgiebiger Zeitungslektüre beginnen, mittags servieren die schwarzbefrackten Kellner Spezialitäten der Wiener Küche, gehobenes Preisniveau. ▸ U1 Kurfürstenstraße, Karte G7.
**Gottlob**, Akazienstraße 17, 10827 Berlin, Tel. 78708095. Das Café gehört zu

den Institutionen im Kiez – auch weil man im kleinen Vorgarten so gut die Nachmittagssonne auskosten kann, neben Frühstücksvariationen und Kuchen gibt es kleine Tagesgerichte – neudeutsch und mediterran. ▸ U7 Eisenacher Straße, Karte H7.

**Habibi**, Winterfeldplatz 2, 10781 Berlin. Dieser Orient-Imbiss ist Kult, seit mehr als 20 Jahren gibt es das Stammhaus am Winterfeldplatz, inzwischen aber auch etliche Filialen in diversen Berliner Szenebezirken (u.a. Akazienstraße). Beliebter Klassiker: die knusprigen Falafel (Bouletten aus Kichererbsenmehl), wahlweise auf dem Teller oder in der ›to go‹-Variante im Brot auf die Hand, den Tee zum Dessert gibt es gratis. ▸ U1, U2, U3, U4 Nollendorfplatz, Karte G7.

**La Cocotte**, Vorbergstraße 10, 10823 Berlin, Tel. 78957658, www.lacocotte.de. Kleines, feines französisches Lokal mit lauschigem Vorgärtchen und einem erfreulichen Preis-Leistungs-Verhältnis. ▸ U7 Eisenacher Straße, Karte H7.

**Lula**, Hedwigstraße 1, 12159 Berlin, Tel. 85105789, www.lula-berlin.de. Frühlingsfrisches Ambiente, gute Frühstücksadresse, später am Tage locken hausgemachte Tartes und Torten und asiatische und mediterrane Speisen, die mit marktfrischen Bio-Zutaten zubereitet werden. Eine Filiale gibt es neuerdings auch direkt am Rathaus Friedenau. ▸ S-1 Friedenau, Karte J6.

**Marcello**, Lauterstraße 14, direkt am Rathaus Friedenau, 12159 Berlin, Tel. 85103323, www.marcello-berlin.de. Marcello hat mit einem Lebensmittelwagen auf dem Wochenmarkt angefangen, inzwischen hat er einen festen Standort und ist der Kiez- und Kultitaliener von Friedenau, hier kann man den Tag mit Panini beginnen und mit Antipasti und Steinofenpizza zu moderaten Preisen

*Habibi am Winterfeldplatz*

ausklingen lassen. Italienische Lebensmittel werden gleich nebenan verkauft. ▸ S1 Friedenau oder Ringbahn Innsbrucker Platz, Karte J6.

**Montevideo**, Viktoria-Luise-Platz 6, 10777 Berlin, Tel. 2131020, www.restaurant-montevideo.de. Mit seinen Frühstücksspezialitäten – von amerikanisch über mediterran bis russisch – hat sich das ›Monte‹ in 1a-Lage am lauschigen Viktoria-Luise-Platz einen Namen gemacht. Zwischen 12 und 16 Uhr Businesslunch mit kreativen Saisongerichten. Abends Steak, Fisch, Pasta, Kostproben aus der indischen Küche – und eine große Cocktailauswahl. ▸ U4 Viktoria-Luise-Platz, U1, U2 Wittenbergplatz, Karte G6.

**Osteria Ribaltone**, Motzstraße 54, 10777 Berlin, Tel. 2143655. Gemütlicher kleiner Italiener mit karierten Tischdecken, hausgemachter Pasta und richtig guter Fischküche. Wer an schönen Sommerabenden einen der wenigen Tische draußen ergattern will, sollte reservieren. ▸ U4 Viktoria-Luise-Platz, U1, U2 Wittenbergplatz, Karte G7.

**Ousies**, Grunewaldstraße 16, Schöneberg, 10823 Berlin, Tel. 2167957, www.taverna-ousies.de; tgl. ab 17 Uhr. Beliebter Kiezgrieche mit guter traditioneller Küche auch jenseits von Souvlaki. ▸ U7 Eisenacher Straße, Karte H7.

**Papaya**, Hauptstraße 159, 10827 Berlin, Tel. 81494254, www.papaya-service.de Kleines, sehr schlichtes thailändisches Restaurant mit ausgezeichneter, preiswerter Küche. Das Fleisch stammt aus artgerechter Tierhaltung und am Herd stehen vertrauenswürdige thailändische Mamas. Das Restaurant hat mehrere Filialen, unter anderem am Winterfeldtplatz, in der Kantstraße 122 sowie am am Boxhagener Platz in Friedrichshain. ▸ U7 Kleistpark, Karte H7.

**Trattoria a' Muntagnola**, Fuggerstraße 27, 10777 Berlin, Tel. 2116642. Gute italienische Hausmannskost aus der süditalienischen Basilikata. Die etwas höheren Preise sind der Qualität im großen und ganzen angemessen. Reservierung ratsam. ▸ U4 Viktoria-Luise-Platz, U1, U2 Wittenbergplatz, Karte G7.

## Spandau

**Brauhaus in Spandau**, Neuendorfer Straße 1, 13585 Berlin, Tel. 3539070, www.brauhaus-spandau.de. Jeden Monat wird im Brauhaus ein ganz spezielles Bier gezapft, natürlich neben den Biersorten, die das ganze Jahr über im Angebot sind. Großer Biergarten, schöner Innenraum mit Kupferkesseln. ▸ U7 Altstadt Spandau.

**Kulturpark Café**, Neukladower Allee 12, 14089 Berlin, Tel. 65795240; Mi–So 12–20 Uhr. Wunderschön sitzt man im Gutspark Neukladow, schaut bei Kaffee und Kuchen auf die Villa Luise. Besonders schön ist ein Ausflug dorthin, wenn man mit der BVG-Fähre vom Bahnhof Wannsee (S1 und S7) anreist, es gilt das normale AB-Ticket.

**Zitadellenschänke**, Am Juliusturm 64, 13599 Berlin, Tel. 3342106, www.zitadellenschaenke.de. Wer es mittelalterlich-rustikal liebt und dabei auf gutes Essen wie einen deftigen Braten nicht verzichten möchte, ist in dem Gewölbe genau richtig. ▸ U7 Zitadelle.

## Reinickendorf

**Alter Dorfkrug Lübars**, Alt-Lübars 8, 13469 Berlin, Tel. 92210230, www.gasthof-alter-dorfkrug.de; Mo geschlossen. Historische Gaststätte mit Biergarten im alten Dorfkern. Internationale Speisekarte mit leicht gehobenen Preisen. ▸ U6 Alt-Tegel oder S1 Waidmannslust, dann Bus 222 bis Endhaltestelle.

**Landfleischerei Lübars**, Zabel-Krüger-Damm 237, 13469 Berlin, Tel. 4031716, www.landfleischerei-luebars.de. Wochentags kann man in der Fleischerei qualitativ hochwertig einkaufen, von Mittwoch bis Sonntag lädt der Biergarten zu einem Besuch ein. Auf der Speisekarte stehen deftige Braten und typische Berliner Gerichte zu günstigen Preisen. ▸ U6 Alt-Tegel oder S1 Waidmannslust, dann Bus 222 bis Endhaltestelle.

**Landhaus Hubertus**, Staehleweg, Invalidensiedlung 46, 13465 Berlin, Tel. 4011746, www.landhaushubertus.com; Mo, Di geschlossen. Backsteinhaus mitten im Wald mit Kaminzimmer, Hubertussaal und Gartenbereich. Ein Genuss ist der sonntägliche Brunch. ▸ S1 Frohnau, dann Bus 125 bis zur Endstation.

**Seepavillon am Tegeler See**, Schwarzer Weg 45, 13505 Berlin, Tel. 50006421, www.seepavillon-tegeler-see.de; März–Okt. geöffnet, Mo, Di geschlossen. Ausflugslokal direkt am Wasser, bei schönem Wetter ist die Terrasse mit Ausblick auf den See genial. ▸ U6 Alt-Tegel, vom Bahnhof aus ein halbstündiger Spaziergang am Ufer des Tegeler Sees.

**Alter Fritz**, Karolinenstraße 12, 13507 Berlin, Tel. 4335010, www.restaurant-alter-fritz.de. Neu gestyltes Traditionslokal mit großem Garten. Viel regionale und saisonale Gerichte, große Weinkarte. ▸ U6 Alt-Tegel, 2 Stationen mit Bus 124.

**Fisherman's**, Eisenhammerweg 20, 13507 Berlin, Tel. 43746470, www.fishermans-berlin.de. Restaurant für Fischliebhaber mit Garten am Tegeler See. ▸ U6 Alt-Tegel, von dort die Berliner Straße nach Süden, dann rechts in die Veitstraße bis zum See, zu Fuß ca. 15 min.

### Treptow/Köpenick

**Ratskeller Köpenick**, Alt-Köpenick 21, 12555 Berlin, Tel. 6555178, www.ratskellerkoepenick.de. Hier wird Deftiges aus der Region geboten. Eine besondere Empfehlung ist das Leibgericht des Wilhelm Voigt, dem Hauptmann von Köpenick – eine auf Buchenspänen geräucherte Schweinehaxe aus der Hausräucherei. ▸ S47 Spindlersfeld.

### Zehlendorf

**Loretta am Wannsee**, Kronprinzessinnenweg 260, 14109 Berlin, Tel. 80105333, www.loretta-berlin.de. Biergarten mit Seeblick und allem, was dazu gehört: Spielplatz, Brezeln, Deftiges vom Grill. Bei gutem Wetter tgl. ab 11 Uhr–open end, witterungsunabhängig läuft der Betrieb im kleinen Restaurant nebenan. ▸ S-Bahn Wannsee.

**Luise**, Königin-Luise-Straße 40–42, 14195 Berlin, Tel. 8418880, www.luise-dahlem.de. Café, Restaurant und Biergarten, hier erholt sich das überwiegend studentische Publikum von den Strapazen des Studierens, bei schönem Wetter unter alten Bäumen. Die Küche bietet Frühstücksvariationen und bis nach Mitternacht deftige Kleinigkeiten und Pizzer. Im Sommer wird im lauschigen Garten gegrillt. ▸ U-Bahn Dahlem-Dorf, Karte K4.

**Alte Fischerhütte am Schlachtensee**, Fischerhüttenstraße 136, 14163 Berlin, Tel 80498310, www.fischerhuette-berlin.de. Das gastronomische Angebot ist zweigeteilt: Direkt am Ufer liegt der riesengroße Biergarten mit Selbstbedienung, gediegener geht es im Restaurant und auf der Terrasse zu – wo Frühstück und feine deutsche und österreichische Küche mit mediterranen Anleihen serviert werden. Gehobenes Preisniveau, mit dem die Qualität nicht immer mithält. ▸ U-Bahn Krumme Lanke, Karte links neben L1.

**Wirtshaus Moorlake**, Moorlakeweg 6, 14109 Berlin, Tel. 8055809, www.moorlake.de. Ein idyllisches Ausflugsziel an der gleichnamigen Bucht am Wannsee gelegen. Herrlicher Biergarten, rustikale Küche, leider schwer mit öffentlichen Verkehrsmitteln erreichbar (Bus 316 im 30-Minuten-Takt ab Bahnhof Wannsee bis zur Pfaueninsel, dann 20 min. Fußweg).

*Restaurant am Schlachtensee*

# Clubs und Kneipen

Auch für diese Rubrik gilt: Zahlreiche weitere Tipps finden sich nach Bezirken sortiert im Kapitel ›Augehen‹ (→ S. 85) sowie auf den Seiten 253, 256 oder auch 263.

## Mitte

**b-flat**, Dircksenstr. 40, 10178 Berlin, Tel. 2833123, www.b-flat-berlin.de. In dieser Jazzkneipe wird fast täglich Livemusik geboten. Egal, ob lokale Musikgrößen oder internationale Stars, die Stimmung ist immer gut. Nach einem Umzug nun am Bahnhof Alexanderplatz. ▶ U-, S-Bahn Alexanderplatz, Karte E10.

**Clärchens Ballhaus**, Auguststraße 24, 10117 Berlin, Tel. 2829295, www.ballhaus.de. Samstagnacht kocht der Laden, zum Auftakt gibt's Livemusik, später 60er, 70er, 80er Hits aus der Konserve, und dazu steppt ein buntgemischtes Völkchen – ganz junge und ältere Semester – im Standardschritt oder Freestyle übers Parkett. Unter der Woche finden abends offene Tanzkurse statt. ▶ S1, S2, S25 Oranienburger Straße, Karte D10.

**Gorki Park**, Weinbergsweg 25, 10119 Berlin, Tel. 304487286, www.gorki-park.de. Nette, alteingesessene Café-Kneipen-Bar direkt am Rosenthaler Platz. Wohnzimmeratmosphäre, separater (schöner!) Raucherraum, kleine Speisen und russisches Bier. Im Sommer sitzt man draußen und genießt den Trubel. ▶ U8 Rosenthaler Platz, Karte D10.

**Hafenbar**, Karl-Liebknecht-Straße 11, 10178Berlin, www.hafenbar-berlin.de. Fr und Sa ab 21 Uhr Schlagerparty. Schon zu DDR-Zeiten in der Chausseestraße als Tanzgaststätte eine Institution, ist dies auch nach einem Umzug eine der für Berlin typischen Locations, bei deren Anblick man nicht genau weiß, ob man lachen oder weinen soll. Weil das viele spannend finden, stehen oft lange Schlangen vor der Tür. ▶ U6 Naturkundemuseum, S1, S2, S25 Nordbahnhof, Karte D9.

*Kleine Speisen, russisches Bier: das Gorki Park am Weinbergsweg in Mitte*

**Kaffee Burger**, Torstraße 60, 10119 Berlin, Tel. 28046495, www.kaffeeburger.de. Täglich wechselnde Veranstaltungen angefangen von Lesungen bis zum Datschadance, Finnenrock und zur Russendisko. Lange Zeit ein Insidertipp, wird das Burger inzwischen in Reiseführern in aller Welt erwähnt. Deswegen: viele Touristen. ▸ U2 Rosa-Luxemburg-Platz, Karte D10.

**Kunstfabrik Schlot**, Edisonhöfe, Invalidenstr. 117, Zugang auch über Schlegelstraße 26, 10115 Berlin, Tel. 4482160, www.kunstfabrik-schlot.de. Gemütliche Jazzkneipe im Souterrain, wechselnde Veranstaltungen, auch Kabarett und Lesungen. Sonntags um 13 Uhr findet hier der legendäre Frühschoppen der Berliner Lesebühnen statt (→ S. 84). ▸ U6 Naturkundemuseum, S1, S2, S25 Nordbahnhof, Karte D9.

**Muschi Obermaier**, Torstraße 151, 10119 Berlin, Tel. 0177/4360977, www.muschiobermaier.de. Hinter dem Stichwort ›Underground für Erwachsene‹ verbergen sich alte Sofas, schräge Tapeten, ein buntes Völkchen und alles, was man sonst noch für eine gelungene Jugendparty braucht. ▸ U2 Rosa-Luxemburg-Platz, Karte D10.

**Sage Club**, Köpenicker Straße 76, im U-Bhf. Heinrich-Heine-Straße, 10179 Berlin, Tel. 2789830, www.sage-club.de. Weitverzweigter legendärer Club in den Katakomben des U-Bahnhofs mit vielfältigem Programm in labyrinthartigen Räumen. Auch ein Restaurant und eine Strandbar (Köpenicker Straße 18–20, www.sage-restaurant.de) gehören dazu. ▸ U8 Heinrich-Heine-Straße, S-Bahn Jannowitzbrücke, Karte F11.

**Strandbar Mitte**, im Monbijou-Park direkt gegenüber dem Bode-Museum, ab 10 Uhr, nur im Sommer. Eigentlich eine unschlagbare Lage, leider hat der Ort durch die Sanierung der Uferpromenade vie von seinem Charme verloren, die lieblose Gastronomie tut das Ihrige, um das Ganze zur reinen Touristenangelegenheit zu machen. Eine Tanzdiele gibt es auch. ▸ U6 und S-Bahn Friedrichstraße, Karte E9.

**Tresor**, Köpenicker Strasse 70, 10179 Berlin, www.tresorberlin.com. Die Technolegende hat seit 2007 ihre Heimstatt in den Räumen eines ehemaligen Kraftwerks. ▸ U8 Heinrich-Heine-Straße, S-Bahn Jannowitzbrücke, Karte F11.

## Prenzlauer Berg

**August Fengler,** Lychener Straße 11, 10437 Berlin, Tel. 44356640, www.augustfengler.de. Kiezkneipe für alle, die sich selbst amüsieren können – bei guter Musik, einem Bier zum Festhalten, beim Kickern im Nebenraum und beim Kegeln im Keller. Häufig auch Livemusik. ▸ U2 Eberswalder Straße, Karte C11.

**Bassy Cowboy Club**, 10119 Berlin, Schönhauser Allee 176a (im Pfefferberg), www.bassy-club.de. Nomen est omen, hier gibt's gute alte Music von Hillbilly, Rock'n Roll über Swing und Blues bis Country – häufig auch live. ▸ U2 Senefeldplatz, Karte D10.

**Deck 5**, Schönhauser Allee 80, 10439 Berlin (Prenzlauer Berg), Parkdeck 5/ Zugang über die ›Schönhauser Allee Arcaden‹ (Fahrstuhl) oder über das Treppen-/Parkhaus Greifenhagener Strasse. Strandbar auf dem Dach eines Parkhauses. Beliebt beim etwas jüngeren Publikum. ▸ U2 Schönhauser Allee, Karte B11.

**Frannz Club**, Schönhauser Allee 36, 10435 Berlin (in der Kulturbrauerei), Tel. 726279333, www.frannz.com. Fast täglich Musikveranstaltungen, ein Restaurant gehört ebenfalls zum Club. ▸ U2 Eberswalder Straße, Karte C10.

**Gagarin**, Knaackstraße 24, 10405 Berlin, Tel. 4428807. Im Gagarin gibt's Wodka und russisches Bier, bequeme

## Clubs und Kneipen / Prenzlauer Berg

*Der Pfefferberg beherbergt unter anderem den Bassy Cowboy Club*

Sofas und viel Stimmung. ▸ U2 Senefelderplatz, Karte C11.

**Golden Gate**, Schicklerstraße 4, 10179 Berlin, www.goldengate-berlin.de; Do, Fr, Sa ab 23 Uhr. Eine Mischung aus verranztem Partykeller und 70er-Jahre-Jugendzimmer. Es ist immer ordentlich was los. U8 Jannowitzbrücke, Karte E11.

**Kookaburra**, Schönhauser Allee 184, 10119 Berlin, Tel. 48623186, www.comedyclub.de. Fast täglich treten in der ehemaligen Bankfiliale lokal bekannte Comedians auf, bei äußerst zivilen Eintrittspreisen. Dasselbe gilt auch für die Preise von Speisen und Getränken. ▸ U2 Rosa-Luxemburg-Platz oder Senefelderplatz, Karte D10.

**Kulturbrauerei**, Knaackstr. 97, 10435 Berlin, Tel. 44315151, www.kulturbrauerei.de. Der ehemalige Brauereikomplex ist heute ein Kulturzentrum mit Bühnen, Restaurants, Kneipen und Kinos. ▸ U2 Eberswalder Straße, Karte C10.

**Roadrunners Paradise**, Saarbrücker Straße 24, 10119 Berlin, www.roadrunners-paradise.de. Rock, Rockabilly und Country in einer ehemaligen Brauerei, viele Livekonzerte. ▸ U2 Rosa-Luxemburg-Platz oder Senefelderplatz, Karte D11.

**Seeblick**, Rykestraße 14, 10405 Berlin, Tel. 4429226, www.cafe-seeblick.com. Seit der Eröffnung 1993 eine gemütliche Kiezkneipe mit viel Stammpublikum und guter deutscher Küche. ▸ U2 Eberswalder Straße, Karte C11.

**Schwarz Sauer**, Kastanienallee 13, 10435 Berlin, Tel. 4485633. Typisches Szenelokal, in dem sich die Intellektuellen des Bezirks zum Diskutieren, Essen und Trinken treffen. Beliebt ist das Frühstück, das bis 17 Uhr serviert wird. ▸ U2 Eberswalder Straße, Karte C10.

**Überseebar**, Uferpromenade am Weißen See, 13088 Berlin (Pankow/Weißensee), Tel. 9253241, www.binbaden.com. Tolle Sommer-Location am Ufer des idyllischen Weißen Sees, guter Platz zum Chillen und zum Cocktailschlürfen bei Sonnenuntergang, Grill und Tapasbar halten bis Mitternacht kleine Stärkungen parat – und manchmal gibt's dazu auch Livemusik. ▸ U2 Eberswalder Straße, weiter mit Tram 12, Karte B13.

**Wohnzimmer,** Lettestrasse 6, 10437 Berlin, Tel. 4455458, www.wohnzimmer-bar.de. Kultige Bar in einer ehemaligen Mietwohnung am Helmholtzplatz. Man kauft sich sein Getränk am Eingang und sucht sich dann einen Platz in einem Sofa oder Sessel in einem der drei Zimmer. ▶ U2 Eberswalder Straße, Karte C11.

### Kreuzberg

**Club der Visionäre,** Am Flutgraben 1, 12435 Berlin, Tel. 69518942, www.clubdervisionaere.com. Hier tanzt die eher junge Szene zu Minimal-Tech-House-Klängen – im Sommer direkt am Ufer (eigentlich schon in Treptow gelegen). Ein Floß lädt in den Tanzpausen zum Sternschnuppengucken ein, gleich gegenüber liegt (ebenfalls auf Pontons) der **Freischwimmer,** in dem es sich die älteren Semester gemütlich machen. ▶ U1 Schlesisches Tor, Karte G12.

**Chalet,** Vor dem Schlesischen Tor 3, 10997 Berlin, www.chalet-berlin.de. Lauschiger Biergarten gleich ums Eck von ›Freischwimmer‹; ab 16 Uhr. ▶ U1 Schlesisches Tor, Karte G12.

**Golgatha,** im Viktoriapark, 10965 Berlin, Eingang über Katzbachstraße, Tel. 0152/01095722, www.golgatha-berlin.de. Der Biergarten am Hang des Kreuzbergs wird ab 22 Uhr zum Club, unterschiedliche Musikstile und altersgemischtes Publikum. ▶ S1, U7 Yorckstraße, Karte H8.

**Gretchen,** Obentrautstr. 19–21, 10963 Berlin, Tel. 25922702, www.gretchenclub.de. Vielseitiger Club von Electronic bis Jazz. ▶ U7 Mehringdamm, Karte G9.

**Junction Bar,** Gneisenaustraße 18, 10961 Berlin, Tel. 6946602, www.junction-bar.de. Oben Café, im Keller ein seit Jahren angesagter Club und eine gute Adresse für Livemusik – Black Music Brasil, Rap und Funk & Co. ▶ U7 Gneisenaustraße, Mehringdamm, Karte G9.

**Paloma Bar,** Skalitzer Straße 135, 10999 Berlin, Do, Fr, Sa ab 21 Uhr. Schräger kleiner Club direkt am Kottbusser Tor. Die Einrichtung ist eine Mischung aus Tante Käthes Wohnzimmer und Partykeller, gute Stimmung, junges Publikum, meist überfüllt. ▶ U1, U8 Kottbusser Tor, Karte G11.

**Solar,** Stresemannstraße 76, Eingang links, 10963 Berlin, Tel. 0163/7652700, www.solarberlin.com; ab 18 Uhr. Club in einem Hochhaus am Anhalter Bahnhof; in der 16. Etage ist ein gutes und nicht gerade preiswertes Restaurant, oben eine Bar, am Wochenende legt ein DJ auf. Abends und nachts hat man einen super Blick über die erleuchtete Stadt. Vorbestellen! ▶ S1, S2, S25 Anhalter Bahnhof, Karte F9.

**Zyankali Bar,** Gneisenaustraße 17, 10961 Berlin, www.zyankali.de; ab 20 Uhr. Das ›Institut für Unterhaltungschemie‹ (Eigenwerbung) vebreitet eine gediegene morbide Stimmung. Eher für

*Straßencafé am Helmholtzplatz*

jüngere Leute. ▸ U7 Gneisenaustraße, Karte G9.

## Friedrichshain

**ADS ehem. Maria am Ostbahnhof**, An der Schillingbrücke, 10243 Berlin, Tel. 21238190, www.club-ads.de. Beliebte Tanz- und Konzertlocation. Etwas für junge Leute, die auf Elektro stehen und sich abseits des Mainstream wohl fühlen. ▸ S-Bahn Ostbahnhof, Karte F11.

**Berghain,** Am Wriezener Bahnhof, 10243 Berlin (Friedrichshain), Tel. 29360210, www.berghain.de. Der angeblich beste Technoclub der Welt (→ S. 89). ▸ U-Bahn Weberwiese, S-Bahn Ostbahnhof, Karte F12.

**Cassiopeia**, Revaler Straße 99, Tor II, 10245 Berlin, Tel. 4738594, www.cassiopeia-berlin. Beliebter Club auf dem Gelände des ehemaligen DDR-Reichsbahnausbesserungswerkes (RAW). Abwechslungsreiches Programm, die Location ist eher malerisch-ruinös als schick, im Sommer tolle Atmosphäre draußen. Gleich nebenan gibt es einen Kletterturm, eine Skater-Halle sowie zahlreiche Initiativen und Kulturangebote auf dem riesigen restlichen Gelände (www.raw-tempel.de). Der Blick von der nahegelegenen Modersohnbrücke gilt als Geheimtipp. U1, S-Bahn Warschauer Straße, Karte F13.

**Himmelreich,** Simon-Dach-Straße 36, 10245 Berlin, Tel. 29369292, www.gay-friedrichshain.de/himmelreich. Kitschig eingerichtete Schwulenkneipe, in der auch Heteros willkommen sind. ▸ U1 und S-Bahn Warschauer Straße, U5 Frankfurter Tor, Karte F13.

**Kater Blau**, Holzmarktstraße 25, 10243 Berlin, www.katerblau.de. Als Kater Holzig ehemals schwer angesagter großer Techno-Club, der sein Gelände räumen musste und nun auf der anderen Seite der Spree sein neues Domizil mit Partyschiff gefunden hat. Junges internationales Partypublikum, lange Schlangen an der Tür. ▸ S3, S5, S7 Ostbahnhof, Karte F11

**Paules Metal Eck**, Krossener Straße 15/ Ecke Simon Dach Straße, 10245 Berlin (Friedrichshain), Tel. 2911624. Der Name ist Programm. Hier treffen sich Freunde härterer Musikrichtungen. ▸ U1 und S-Bahn Warschauer Straße, U5 Frankfurter Allee, Karte F13.

*Weitblick genießen auf der Modersohnbrücke*

*Eingang zum Rummelsburg Beachclub*

**Rummelsburg Beachclub**, Rummelsburger Landstraße 2–12, 12459 Berlin (Lichtenberg), rummelsburg-berlin.de. Nur im Sommer ab 16 Uhr, So ab 12 Uhr. Unter dem Motto ›Fauln, Feiern, Futtern‹ kann man es sich auf dem ausgedehnten Gelände gutgehen lassen. Liegt zwar nicht mehr in Friedrichshain, lohnt aber trotzdem einen Besuch. ▸ Tram 21 bis Köpenicker Chaussee/Blockdammweg.

**Salon Zur wilden Renate**, Alt Stralau 70, 10245 Berlin, www.renate.cc. Noch ein alteingesessener Club, in dem man im Halbabruchambiente die Nächte durchfeiern kann, der Club hat Fr, Sa ab 24 Uhr geöffnet, die Bar Mi–Sa von 18–24 Uhr. ▸ S-Bahn Treptower Park, Karte G13.

**Yaam**, An der Schillingbrücke 3, 10243 Berlin, Tel. 6151354, www.yaam.de. Sicher der entspannteste und am wenigsten elitäre Beachclub der Stadt mit karibischem Flair, ebensolcher Musik und vielfältigem Angebot an Aktivitäten. Nachmittags fühlen sich Familien hier wohl, abends gibt es Konzerte, Filme und Party. Musste 2013 einem Neubauprojekt weichen und hierher umziehen – die Berliner Politik scheint immer noch nicht begriffen zu haben, was die Clubszene für die Stadt bedeutet (→ S. 285). ▸ S-Bahn Ostbahnhof, Karte F12.

### Neukölln

In den Kiezen rund um den Reuterplatz, die Weserstraße oder die Schillerpromenade muss man bis zur nächsten Kneipe nie weit laufen; hier ein paar Tipps für ›alteingesessene‹ Kneipen.

**Ä**, Weserstraße 40, 12045 Berlin (Neukölln), Tel. 30648751, www.ae-neukoelln.de. Sympathische und unprätentiöse (Raucher-)Kneipe an der Partymeile Weserstraße, häufig Lesungen und Konzerte. ▸ U7 Rathaus Neukölln, Karte H‑2.

**Ankerklause**, Kottbusser Damm 104, 10967 Berlin, www.ankerklause.de. Ziemlich coole Kneipe mit gutem Leute-Mix, im Sommer sind die wenigen Terrassenplätze direkt über dem Landwehrkanal gefragt. Donnerstags legt ein DJ auf – das Spektrum reicht von Indie, Pop

*Die Ankerklause, genau auf der Grenze zwischen Kreuzberg und Neukölln*

und Retro bis zur Disko-Mucke. ▸ U8 Schönleinstraße, Karte G11.

**Klunkerkranich**, Karl-Marx-Straße 66, 12043 Berlin (Neukölln), www.klunkerkranich.de, im Sommer Mo–Sa 10–1.30, So 12–1.30 Uhr. Das begrünte ehemalige Parkdeck der ›Neukölln Arkaden‹ bietet nicht nur eine grandiose Aussicht, sondern auch Frühstück, DJ-Sets, Konzerte und andere Veranstaltungen. ▸ U7 Rathaus Neukölln. Karte H12.

**Schwuz**, Rollbergstr. 26, 12053 Berlin, Tel. 57702270, www.schwuz.de. Seit fast 40 Jahren ein schwules Kulturzentrum, nun in der alten Kindl-Brauerei zu Hause. Partys, Konzerte, Filme und vieles mehr. ▸ U8 Boddinstraße, Karte J11.

## Schöneberg

**Café M**, Goltzstraße 33, 10781 Berlin, Tel. 2167092, www.cafe-m.de. Vor dem Mauerfall hatte der Laden Kultstatus, der sich darauf begründet, dass einst David Bowie hier Gast war und Wim Wenders in der Gegend nach neuen Gesichtern für die Leinwand Ausschau gehalten hat. ▸ U1, U2 Nollendorfplatz, U7 Eisenacher Straße, Karte G7.

**Goya,** Nollendorfplatz 5, 10777 Berlin, Tel. 419939000, www.goya-berlin.com. Superschicke Location in einem ehemaligen Theater. Am Wochenende locken Themenpartys unterschiedliches Publikum ins denkmalgeschützte Haus. ▸ U1, U2, U3 Nollendorfplatz, Karte G7.

**Kumpelnest 3000**, Lützowstraße 23, 10785 Berlin, Tel. 2616918, http://kumpelnest3000.com. Skurril-kitschige kleine Kneipe in einem ehemaligen Puff, kleine Tanzfläche, seit Jahrzehnten eine Institution des Berliner Nachtlebens, sehr lange Öffnungszeiten. ▸ U1 Kurfürstenstraße, Karte F8.

**Victoriabar**, Potsdamer Straße 102, 10785 Berlin, Tel. 25759977, www.victoriabar.de. Sehr schöne Cocktailbar. ▸ U1 Kurfürstenstraße, Karte G8.

**Zoulou Bar**, Hauptstraße 4, 10827 Berlin, Tel. 0172/3140207, www.zouloubar.de. Eine seit Jahren gleichbleibend gute, klassische Cocktailbar. ▸ U7 Kleistpark, Karte H7.

**Trompete**, Lützowplatz 9, 10785 Berlin, Tel. 22357559, www.trompete-berlin.de. Schauspieler Ben Becker und ein paar Kollegen haben den Club vor einigen Jahren aus der Taufe gehoben. Zu sattsam bekannten Songs tanzt ein Durchschnittspublikum und baggert hemmungslos im überfüllten Raum, im Sommer auf dem ebenfalls überfüllten Trottoir. Geöffnet nur Do. ▸ U1, U2, U3 Nollendorfplatz, Karte F7.

## Tempelhof

**Ufa-Fabrik**, Viktoriastraße 10, 10105 Berlin (Tempelhof), Tel. 755030, www.ufafabrik.de. Ein alternatives Refugium mit Geschichte im biederen Tempelhof. Jeden ersten Montag im Monat bekommen Jazz-Fans im Café Olé Live-Klänge auf die Ohren, der Eintritt ist

*Chillen kann so schön sein: im Club der Visionäre in Treptow*

frei. Auf dem riesigen Gelände des alternativen Kulturzentrums wird meist noch allerhand mehr geboten – Wortakrobatik, Satire, das eine oder andere Festival – am besten schaut man sich den aktuellen Veranstaltungskalender der Ufa-Fabrik im Internet an. ▶ U-Bahn Ullsteinstraße, Karte L9.

### Charlottenburg-Wilmersdorf

**A-Trane**, Bleibtreustraße 1, 10625 Berlin, Tel. 3132550, www.a-trane.de. Alteingesessener Jazz-Club in der Nähe des Savignyplatzes. ▶ S7, S5 Savignyplatz, Karte F5.

**Paris Bar**, Kantstraße 152, 10623 Berlin Tel. 3132816. Die Paris Bar war schon zu Mauerzeiten eine Institution. Hier kehren Künstler, Filmschaffende und Kritiker zum Austern-Essen oder zumindest auf einen Absacker ein. Und Leute, die solche Leute gern mal aus der Nähe sehen wollen, zieht der Laden ebenfalls nach wie vor in seinen Bann. ▶ U1 Uhlandstraße, Karte F6.

**Quasimodo**, Kantstraße 12a, 10623 Berlin, Tel. 31804560, www.quasimodo.de. Top-Adresse für Live-Jazz und -Blues. ▶ S-und U-Bahn Zoologischer Garten, U9 Kurfürstendamm, Karte F6.

## Biergärten/Strandbars

Sobald im Frühjahr die ersten Sonnenstrahlen ein wenig Wärme bringen, stellen die Berliner Gastronomen Stühle und Tische vor die Tür. Neben belebten Straßencafés gibt es unzählige Biergärten und Strandbars, die lauschige Plätzchen am Wasser oder unter Bäumen mitten in der Großstadt bieten. Hier eine Auswahl:

**Badeschiff**, Treptow → S. 354.
**Biergarten Mauersegler**, Mitte (am Mauerpark) → S. 254.
**Brachvogel**, Kreuzberg → S. 406.
**Café am Neuen See**, Tiergarten → S. 404.
**Café im Körnerpark**, Neukölln → S. 409.
**Clärchens Ballhaus**, Mitte → S. 401.
**Club der Visionäre**, Treptow → S. 417.
**Deck5**, Prenzlauer Berg → S. 253.

## Biergärten/Strandbars

*Refugium im Sommer: der Freischwimmer in Kreuzberg*

**Fischerhütte am Schlachtensee**, Zehlendorf → S. 413.
**Freischwimmer**, Kreuzberg → S. 417.
**Giraffe**, Tiergarten → S. 404.
**Golgatha**, Kreuzberg → S. 417.
**Chalet**, Kreuzberg → S. 418.
**Literaturhaus**, Charlottenburg → S. 403.
**Loretta am Wannsee**, Zehlendorf → S. 413.
**Luise**, Zehlendorf → S. 413.
**Moorlake**, Wannsee → S. 371, 413.
**Nola's am Weinberg**, Mitte → S. 401.
**Pratergarten**, Prenzlauer Berg → S. 405.
**Radialsystem**, Mitte → S. 425.
**Richardsdorper Krug**, Neukölln → S. 410.
**Rummelsburg Beachclub**, Lichtenberg → S. 419.
**Schleusenkrug**, Charlottenburg → S. 404.
**Strandbar Mitte**, Mitte → S. 415.
**Teehaus im Englischen Garten**, Tiergarten → S. 404.
**Überseebar**, Pankow → S. 417.
**Yaam**, Friedrichshain → S. 419.

## Oper, Konzert und Theater

**Bar jeder Vernunft**, Schaperstraße 24, 10719 Berlin (City-West), Tel. 3906650, www.bar-jeder-vernunft.de. Theater, Cabaret und Musik – das Programm bietet seit Anfang der 1990er hochkarätige Unterhaltung. Meret Becker, die Geschwister Pfister, Otto Sander und die Diseuse Georgette Dee – viele namhafte Künstler bereichern den Spielplan regelmäßig. ▶ U9 Spichernstraße oder Zoologischer Garten, Karte G6.

**Berliner Ensemble,** Bertolt-Brecht-Platz 1, 10117 Berlin (Mitte), Tel. 28408155, www.berliner-ensemble.de. Traditionsbühne unter Leitung von Claus Peymann. ▶ U- und S-Bahn Friedrichstraße, Karte E9.

**BKA,** Mehringdamm 34, 10961 Berlin (Kreuzberg) Tel. 2022007, www.bka-luftschloss.de. Die ›Berliner Kabarettanstalt‹ bietet Comedy und Musik im Kreuzberger Szenerevier. ▶ U7 Mehringdamm, Karte G9.

## Oper, Konzert und Theater

**Bluemax Theater,** Marlene-Dietrich-Platz 4, 10785 Berlin (Mitte), www.stage-entertainment.de, Tel. 01805/4444. Die Blue Man Group am Potsdamer Platz. ▸ U2 und S-Bahn Potsdamer Platz, Karte F8.

**Deutsches Theater,** Schumannstraße 13a, 10117 Berlin (Mitte), Tel. 28441225, www.deutschestheater.de. Im Traditionshaus und ehemaligen Staatstheater der DDR werden vor allem bekannte Klassiker auf hohem Niveau aufgeführt. ▸ U- und S-Bahn Friedrichstraße, U6 Oranienburger Tor, Karte E9.

**Deutsche Oper,** Bismarckstraße 34–37, 10627 Berlin (City-West), Tel. 34384343, www.deutscheoperberlin.de. Ein Haus für Oper, aber auch für Musicals und Tanztheater. ▸ U2 Deutsche Oper, U7 Bismarckstraße, Karte F5.

**Dock 11,** Kastanienallee 79, 10435 Berlin (Prenzlauer Berg), Tel. 4481222, www.dock11-berlin.de. Wer sich für Tanz interessiert, landet früher oder später mal hier. In der alten Fabrik sind u.a. Tanzbühnen, -studios, und -schulen untergebracht. ▸ U2 Eberswalder Straße, Karte C10.

**EnglishTheatre Berlin,** Fidicinstraße 40, 10965 Berlin (Kreuzberg), Tel. 6911211, www.etberlin.de. Englisches Theater. ▸ U6 Platz der Luftbrücke, Karte H9.

**Festspielhaus Berlin,** Schaperstraße 24, 10719 Berlin (Wilmersdorf), www.berlinerfestspiele.de. Das denkmalgeschützte Gebäude von Fritz Bornemann aus den 1960er Jahren beherbergte einst die Freie Volksbühne, die nach dem Mauerbau als Gegenstück zur Ostberliner Volksbühne gegründet wurde. Nach dem Mauerfall wurde das Haus zum festen Domizil der Berliner Festspiele mit ihren zahlreichen Veranstaltungsreihen (u.a. Berlinale, Theatertreffen Foreign Affairs). 2011 wurde das Theater saniert und verfügt jetzt endlich über eine Bestuhlung, auf der man auch sitzen kann – wenn man nicht allzu groß ist. ▸ U9 Spichernstraße, Karte G6.

**Friedrichstadtpalast,** Friedrichstraße 107, 10117 Berlin (Mitte), Tel. 23262326, www.show-palace.eu. Shows mit viel Glamour und einem Großaufgebot an modernster Bühnentechnik. Das kitschige Äußere des Gebäudes setzt sich bis ins Foyer fort, der amphitheaterähnliche Zuschauerraum selbst ist angenehm schlicht. ▸ S- und U-Bahn Friedrichstraße, U6 Oranienburger Tor, Karte E9.

**Hebbel am Ufer: HAU 1,** Stresemannstraße 29, 10963 Berlin (Kreuzberg), Tel. 25900427, **HAU 2** Hallesches Ufer 32 **HAU 3** Tempelhofer Ufer 10, www.hebbel-am-ufer.de. Bekanntestes Berliner Off-Theater, entstanden aus der Fusion dreier unabhängiger Bühnen. ▸ U1, U6 Hallesches Tor, Karte G9.

**Heimathafen Neukölln,** im Saalbau Neukölln, Karl-Marx-Straße 141, 12043

*Klassiker auf hohem Niveau: das Deutsche Theater in Berlin-Mitte*

*Foyer-Bar im Radialsystem*

Berlin, www.heimathafen-neukoelln.de. Volkstheater mal im wörtlichen Sinne und regional inspiriert. Hier kann man so manche Entdeckung machen. ▸ U7 Karl-Marx-Straße, Karte J12.

**Komische Oper**, Behrenstraße 55–57, 10117 Berlin (Mitte), Tel. 47997400, www.komische-oper-berlin.de. Manchen irritiert der Name – hier wird beileibe nicht nur Lustiges geboten, sondern innovative Operndarbietungen auf Weltniveau. ▸ U6 Französische Straße, S1 Brandenburger Tor, Karte E9.

**Konzerthaus Berlin**, Gendarmenmarkt, 10117 Berlin (Mitte), Tel. 203092101, www.konzerthaus.de. Klassik in kleiner und großer Besetzung. ▸ U2 Stadtmitte, Karte F9.

**Maxim Gorki Theater**, Am Festungsgraben 2, 10117 Berlin (Mitte), Tel. 20221115, www.gorki.de. Topadresse für Theaterfans. Hier werden Klassikerinterpretationen und Neuentdeckungen gezeigt und ein vielfältiges Rahmenprogramm geboten. ▸ S7, S5 Hackescher Markt, S- und U-Bahn Friedrichstraße, Karte E9.

**Neuköllner Oper,** Karl-Marx-Straße 131–133, 12043 Berlin (Neukölln), Tel. 68690777, www.neukoellneroper.de. Eines der wichtigsten Häuser der freien Theaterszene. Opern werden auch gespielt, aber nicht nur – Musiktheater im weitesten Sinn steht auf dem Programm. ▸ U7 Karl-Marx-Straße, Karte J12.

**Philharmonie**, Herbert-von-Karajan-Str. 1, 10785 Berlin (Tiergarten), Tel. 254880, www.berliner-philharmoniker.de. Der wichtigste Konzertsaal der Stadt (→ S. 209). ▸ U6 und S-Bahn Potsdamer Platz, Karte F8.

**Piano Salon Christophori**, Uferstraße 8 (Uferhallen), 13357 Berlin (Wedding), www.konzertfluegel.com. Dem Berliner Neurologen und Klassikfan Christoph Schreiber ist die Existenz dieses außergewöhnlichen Ortes zu verdanken. In einer alten Fabrikhalle werden historische Flügel gesammelt und restauriert. Regelmäßig verwandelt sich die riesige Werkstatt in einen pittoresken Konzertsaal. ▸ U9 Nauener Platz, Karte B8.

**Prime Time Theater**, Müllerstraße 163, 13353 Berlin (Wedding), Tel. 49907958, www.primetimetheater.de. Das Stück ›Gutes Wedding, Schlechtes Wedding‹ ist ein echter Dauerläufer mit

Kultpotenzial. ▸ U6 und S-Bahn Wedding, Karte C8.
**Radialsystem V**, Holzmarktstraße 33, 10243 Berlin (Friedrichshain), Tel. 288788588, www.radialsystem.de. Die künstlerischen Protagonisten der Tanzkompanie Sasha Waltz & Guests haben zusammen mit der Akademie für Alte Musik in einem ehemaligen Abwasserpumpwerk am Spreeufer einen Ort geschaffen, an dem sich Musik und Tanz begegnen können. Zwei Bühnen und eine überdachte Agora auf der Dachterrassen bieten Raum für ein innovatives Programm aus Tanz, Performance und Musik. Das Café am Flussufer bietet auch außerhalb der Vorstellungszeiten ein lauschiges Refugium. ▸ S-Bahn Ostbahnhof, Karte F11.
**Ratibor Theater**, Cuvrystraße 20, 10997 Berlin (Kreuzberg), Tel. 6186199, www.ratibortheater.de. Bekannte Spielstätte für Improvisationstheater. ▸ U1 Schlesisches Tor, Karte G12.
**Renaissance Theater**, Knesebeckstraße/Ecke Hardenbergstraße (City West), 10623 Berlin, Tel. 3124202, www.renaissance-theater.de. Ausgezeichnete kleine Bühne mit Gastspielen bekannter Schauspieler. ▸ U2 Ernst-Reuter-Platz, Karte F6/7.
**Schaubühne,** Kurfürstendamm 153, 10709 Berlin (City-West), Tel. 890023, www.schaubuehne.de. Nach dem Krieg gegründet als Gegengewicht zu den erfolgreichen Bühnen Ostberlins. Bekannte Stücke in modernem Gewand sowie zeitgenössische Dramatik. ▸ U7 Adenauerplatz, Karte G4.
**Staatsoper im Schiller Theater,** Bismarckstraße 110 (City-West), 10625 Berlin, Tel. 20354555. www.staatsoper-berlin.org. Solange Unter den Linden gebaut wird liegt der Spielort der Staatsoper in Charlottenburg. Die Renovierung des Hauses Unter den Linden wird (be‑)unüblich) nicht nur deutlich teurer als geplant, sie soll auch bis mindestens 2015 dauern. ▸ U2 Ernst-Reuter-Platz, Karte F5.
**Stage Theater am Potsdamer Platz**, Marlene-Dietrich-Platz 1 (Tiergarten), 10785 Berlin, www.theaterampotsdamerplatz.de. 1700 Plätze, erbaut von Stararchitekt Renzo Piano, seit drei Jahren und bis auf weiteres Heimat des Udo-Lindenberg-Musicals ›Hinterm Horizont geht's weiter‹. ▸ U2, S1, S2, S25 Potsdamer Platz, Karte F8
**Theater am Kurfürstendamm**, Kurfürstendamm 206 (City-West), 10719 Berlin, Tel. 88591188, www.theater-am-kurfuerstendamm.de. Comedy und Boulevard, oft mit bekannten Schauspielern. ▸ U1 Uhlandstraße, Karte G5/6.
**Theater des Westens**, Kantstraße 12, 10525 Berlin (City-West), Tel. 01805/4414, www.stageholding.de. Musicalbühne mit Stücken für das Massenpublikum. ▸ U- und S-Bahn Zoologischer Garter, U1, U9 Kurfüstendamm, Karte F6.
**Theaterdiscounter,** Klosterstraße 44, 10179 Berlin (Mitte), Tel. 28093062, www.theaterdiscounter.de. Eine Gruppe freier Theaterschaffender hat diese Spielstätte gegründet und bietet zeitgenössisches Theater auf hohem Niveau und das zu einem günstigen Preis. ▸ U2 Klosterstraße, Karte E10.
**Tipi am Kanzleramt**, Große Querallee, 10557 Berlin (Mitte/Tiergarten), Tel. 39066550, www.tipi-am-kanzleramt.de. Die Zeltbühne am Kanzleramt bietet ganzjährig Varieté, Tanz, Chansons oder Musical-Comedy auf hohem Niveau, Stars aus der Politik-Szene sieht man hier öfter mal im Publikum. ▸ U-Bahn Bundestag, S1, S2, S25 Brandenburger Tor, Karte E8.
**Volksbühne,** Rosa-Luxemburg-Platz, 10119 Berlin (Mitte), Tel. 2476772,

www.volksbuehne-berlin.de. Die Volksbühne mit ihrem Intendanten Frank Castorf passt perfekt in den lebhaften Stadtteil Mitte. Legendär sind die Bearbeitungen von Dostojewski-Romanen. Häufig finden Cross-Over-Veranstaltungen im ganzen Haus statt. Doch ab Herbst 2017 ist Schluss damit, Frank Castorf muss dem Museumsmanager Chris Dercon weichen, die künstlerische Zukunft des Hauses ist ungewiss. ▸ U2 Rosa-Luxemburg-Platz, Karte D10.
**Wintergarten Varieté**, Potsdamer Str. 96, 10785 Berlin, Tel. 588433, www.wintergarten-berlin.de. Berlins bekannteste Varietébühne mit verschiedenen Programmen aus den Bereichen Artistik, Show, Musik; nachmittags Familienprogramm. ▸ U1 Kurfürstenstraße, Karte G8.

# Kino

In Berlin gibt es fast 100 Kinos mit gut 250 Sälen. Das aktuelle Kinoprogramm findet man unter www.berlin-online.de. Wer es genau wissen will, wird auf der Cineasten-Seite www.kinokompendium.de fündig. Im Folgenden eine kleine Auswahl an Multiplex-Kinos und an Kinos mit besonderem Profil.

**Arsenal**, im Sony Center am Potsdamer Platz, www.arsenal-berlin.de. Anspruchsvolle Filme für Cineasten; im selben Gebäude befindet sich das Filmmuseum und eine öffentliche Filmbibliothek. ▸ U2 und S-Bahn Potsdamer Platz, Karte F8.
**Astor Filmlounge**, Kurfürstendamm 225, 10719 Berlin, Tel. 8838551, www.berlin.astor-filmlounge.de. Klassisches Filmhaus der 50er Jahre, das mit viel Liebe zum Detail zu neuem luxuriösen Leben erweckt wurde. Extrabreite Sitze, Service am Platz u.v.m. ▸ U1, U9 Kurfürstendamm, Karte F6.
**Babylon Mitte**, Rosa-Luxemburg-Straße 30, 10178 Berlin (Mitte), www.babylonberlin.de. Schräges, Historisches, Ausgefallenes, Premieren von allem Möglichen sowie Lesungen und Konzerte. ▸ U2 Rosa-Luxemburg-Platz, Karte D10.
**Babylon Kreuzberg**, Dresdener Straße 126, 10999 Berlin, Tel. 61609693, www.yorck.de. Schönes altes Kino mit vielen Filmen in Originalfassung mit Untertiteln. Etwas versteckt hinter dem Neuen Kreuzberger Zentrum (→ S. 297). ▸ U1, U8 Kottbusser Tor oder Moritzplatz, Karte G11.
**Cinemaxx am Potsdamer Platz**, Eingang in der Voxstraße 2, 10785 Berlin (Tiergarten), www.cinemaxx.de. Klassisches Multiplex-Kino mit 19 Sälen, die nicht nur Platz für Blockbuster und 3-D-Technik bieten, sondern Raum für anspruchsvolle und fremdsprachige Filme. ▸ U2 und S-Bahn Potsdamer Platz, Karte F8.
**Colosseum**, Schönhauser Allee 123, 10437 Berlin, Tel. 44019200, www.uci-kinowelt.de. Schönes traditionelles Kino, das hauptsächlich Mainstream bietet. ▸ U2 Schönhauser Allee, Karte C10.
**Cubix am Alexanderplatz**, Rathausstraße 1, 10178 Berlin (Mitte), Tel. 257610, www.cinestar.de. Glaskasten mit neun Sälen, der besonders nachts von außen seinen Reiz hat. Aus dem Foyer im oberen Stockwerk hat man einen schönen Blick auf die Umgebung, das Programm besteht aus dem Üblichen. ▸ U-, S-Bahn und Tram Alexanderplatz, Karte E10.
**Delphi Filmpalast**, Kantstraße 12a, 10623 Berlin (Charlottenburg), Tel. 3121026, www.yorck.de. Der Name ist Programm: Das Delphi ist ein prachtvolles Traditionskino mit einem klassischen anspruchsvollen Programm. ▸ S- und U-Bahn Zoologischer Garten, Karte F6.
**Filmtheater Hackesche Höfe**, Rosenthaler Straße 40–41, 10178 Berlin (Mitte), Tel. 2834603, www.hoefekino.de. Am-

# Kino 427

bitioniertes Programmkino in den oberen Etagen des 1. Hofs, viele Filme in Originalversion mit Untertiteln. ▸ S7, S5 Hackescher Markt, Karte E10.

**fsk**, Segitzdamm 2, 10969 Berlin (Kreuzberg), Tel. 6142464, www.fsk-kino.de. Die ›Freiwillige Selbstkontrolle‹ ist ein kleines Programmkino, das etwas versteckt am Oranienplatz liegt. In den beiden Sälen wird vor allem europäischer Autorenfilm gezeigt. ▸ U1, U8 Kottbusser Tor, Moritzplatz, Karte G11.

**Il Kino**, Nansenstraße 22, 12047 Berlin (Neukölln), www.ilkino.de. Kleines Arthouse-Kino mit Bar. Nur Filme in Originalsprache, aber oft mit Untertiteln (meist engl./dt. oder dt./engl.). ▸ U7, U8 Herrmannstraße, Karte H11.

**International**, Karl-Marx Allee 33, 10178 Berlin (Mitte), Tel. 24756011, www.yorck.de (→ S. 280). ▸ U-, S-Bahn und Tram Alexanderplatz, Karte E11.

**Krokodil**, Greifenhagener Straße 32, 10437 Berlin (Prenzlauer Berg), Tel. 44031252, www.kino-krokodil.de. Das winzige Kino hat sich auf Filme aus Russland und Osteuropa spezialisiert. Hier lassen sich noch echte Entdeckungen machen! ▸ U2 Schönhauser Allee, Vinetastraße, Karte B11.

**Odeon**, Hauptstraße 116, 10827 Berlin (Schöneberg) Tel. 78704019, www.yorck.de. Klassischer Filmpalast, englischsprachige Filme in OF oder OmU. ▸ S-Bahn Schöneberg, Karte H7.

**Zoopalast**, Hardenbergstr. 29a, 10623 Berlin, www.zoopalast-berlin.de. Mit großem Tamtam Ende 2013 wiedereröffnet. Das Programm der ersten Wochen war jedoch eine Enttäuschung. ▸ U- und S-Bahn Zoologischer Garten.

### Fre lichtkino

jedes Jahr im Sommer verwandeln sich zahlreiche Parks, aber auch Hinterhöfe und sonstige Freiflächen in Kinos vor teilweise großartiger Kulisse (alle Orte unter www.berlin.de).

**Sommerkino Kulturforum Potsdamer Platz**, Matthaikirchplatz 2–6, 10785 Berlin (Tiergarten), Tel. 89371431 Draußen-Kino vor Pracht-Kulisse.

**Freilichtbühne am Weißen See**, Große Seestr. 9–10. 13086 Berlin (Pankow), Tel 24727801. Etwas ab vom Schuss, dafür sehr idyllisch.

**Freiluftkino Friedrichshain**, Im Volkspark Friedrichshain, 10249 Berlin (Friedrichshain), Tel. 29361629. Hier laufen Berlinale-Filme, oftmals bevor sie es in die deutschen Programmkinos geschafft haben.

**Freiluftkino Hasenheide**, Im Volkspark Hasenheide, 10967 Berlin (Kreuzberg), Tel. 2834603. Hier läuft eher Mainstream.

**Freiluftkino Mitte**, Rosenthaler Str. 39, 10178 Berlin (Mitte), Tel. 28599973. Kleines Hinterhof-Kino im Haus Schwarzenberg, erlesenes Programm.

**Filmrauschpalast**, Lehrter Straße 35. 10557 Berlin (Tiergarten), Tel. 3944344. Freude für den tristen Kiez: In den Sommermonaten findet seit über zehn Jahren Umsonst-&-Draußen-Kino statt.

## Veranstaltungen und Feste

In Berlin finden täglich Hunderte von Veranstaltungen statt. Informationen dazu findet man in den drei großen Tageszeitungen Berliner Zeitung, Tagesspiegel und Berliner Morgenpost sowie in den beiden 14-tägig erscheinenden Stadtmagazinen zitty und Tip sowie im Monatsheft Prinz. Das Magazin ›030‹ liegt kostenlos in Kneipen und Restaurants aus und informiert vor allem über

Veranstaltungen für das junge Publikum. Auch unter www.visitberlin.de oder www.berlin.de wird man fündig..

### Februar
**Berlinale**, in verschiedenen Kinos im Stadtgebiet, die Hauptspielstätten sind am Potsdamer Platz, www.berlinale.de. Größtes Publikumsfilmfestival der Welt. Eintrittskarten können jeweils drei bzw. für Wiederholungen vier Tage im Voraus an entweder an speziellen Ticket-Countern oder auch in jeder Theatervorverkaufskasse im Stadtgebiet erworben werden. Die zentrale Verkaufsstelle befindet sich in den Arkaden am Potsdamer Platz.

### März
**MaerzMusik**, Festival moderner Musik, Mitte bis Ende März. Die meisten Veranstaltungen finden im Haus der Berliner Festspiele (→ S. 423) statt, www.maerzmusik.de. ▶ U-Bahn Spichernstraße, Karte G6.

### Mai
**DFB-Pokalendspiel**, Olympiastadion, www.dfb.de. Seit 1985 findet das Deutsche Pokalendspiel im Fußball in der Hauptstadt statt. Tickets sollte man am besten sehr frühzeitig besorgen.
**Karneval der Kulturen**, Pfingsten, Straßenfest rund um den Blücherplatz. Höhepunkt ist der Umzug mit mehr als einer Million Zuschauern am Pfingstsonntag. Streckenverlauf: Hasenheide–Gneisenaustraße–Yorckstraße, www.karneval-der-kulturen.de.
**Theatertreffen**, jährliche Leistungsschau der Deutschen Bühnen im Rahmen der Berliner Festspiele. Für zwei Wochen verwandelt sich das Festspielhaus in der Schaperstraße (→ S. 423) in eine Pilgerstätte für Theaterfans. Karten zu ergattern ist schwierig, wer es dennoch versuchen möchte: www.berlinerfestspiele.de, Vorverkauf ab Anfang April.

### Juni
**Deutsch-Französisches Volksfest**, Mitte Juni bis Mitte Juli, auf dem Zentralen Festplatz am Kurt-Schumacher-Damm. Vive la France in Berlin – Rummel mit französischem Flair.
**Fête de la Musique**, 21. Juni den ganzen Tag, verschiedene Spielorte im Stadtgebiet, www.fetedelamusique.de. Die Idee der europaweiten Veranstaltung ist, dass Musiker kostenlos an so vielen Orten einer Stadt wie möglich auftreten. Von der Militärblaskapelle über Musikkabarett bis zur Punk-Band ist für jeden was dabei.
**Schwul-Lesbisches Stadtfest** (Motzstraßenfest) drittes Wochenende im Juni, rund um den Nollendorfplatz, Tel. 21473586, www.regenbogenfonds.de. Seit der Premiere 1993 hat sich das schwul-lesbische Stadtfest mit weit über 350000 Besuchern zum größten Event seiner Art in Europa entwickelt.

*Auf dem Karneval der Kulturen*

**Christopher Street Day**, vierter Samstag im Juni, Streckenverlauf: Kudamm–Wittenbergplatz-Nollendorfplatz–Potsdamer Platz–Brandenburger Tor–Siegessäule, www.csd-berlin.de. Schwul-lesbischer Straßenumzug. Jahr für Jahr jubelt eine halbe Million begeisterter Zuschauer den Teilnehmern auf ihren Partywagen zu. Wie kaum ein anderes Ereignis hat sich der CSD zu einem Aushängeschild für ein tolerantes Berlin entwickelt.

**Bergmannstraßenfest**, jedes Jahr am letzten Juniwochenende findet dieses legendäre Straßenfest unter dem Motto ›Kreuzberg jazzt‹ statt, www.kiez-und-kultur.de.

**Foreign Affairs**, Ende Juni bis Mitte Juli, internationale Theater- und Performanceveranstaltungen gastieren auf Einladung der Berliner Festspiele in der Stadt ( www.berlinerfestspiele.de).

**48 Stunden Neukölln**, ein Wochenende im Juni von Freitagabend bis Sonntagabend. Freies Kunstfestival mit Ausstellungen, Konzerten und Events an vielen Orten Neuköllns: Kneipen, Galerien, Ateliers und Hinterhöfe werden ebenso bespielt wie Straßen und Plätze. (www.48-stunden-neukoelln.de).

### Juli

**Deutsch-Amerikanisches Volksfest**, Ende Juli bis Mitte August, Festplatz Berlin-Tiergarten, Heidestraße 30, nahe Hauptbahnhof. Volksfest mit viel Popcorn und amerikanischem Eis.

### August

**Tanz im August**, internationales Tanzfest von Mitte bis Ende August, verschiedene Veranstaltungsorte in Berlin, www.tanzimaugust.de.

### September

**Berlin-Marathon**, Ende September, Start auf der Straße des 17. Juni, Ziel am Brandenburger Tor. Teilnehmer können sich unter www.real-berlin-marathon.com registrieren. 50 000 Läufer auf und eine Million Zuschauer neben der Strecke machen diesen Marathon zum größten Laufereignis in Deutschland.

**Berlin Music Week**, erste Septemberwoche Branchentreffen der Clubmusik mit zahlreichen Konzerten und Veranstaltungen (www.berlin-music-week).

**Berlin Festival**, Musikfestival auf dem Flughafen Tempelhof und in zahlreichen Berliner Clubs. Vorverkauf ab Mai.

**Internationales Literaturfestival**, Lesefest der Berliner Festspiele mit den besten und bekanntesten Schriftstellern der Welt an verschiedenen Veranstaltungsorten in Berlin, www.literaturfestival.com.

**Musikfest Berlin**, drei Wochen im September Festival der Orchestermusik (www.berlinerfestspiele.de).

**Pyronale**, Anfang September, zweitägiges Gipfeltreffen der besten Feuerwerker der Welt auf dem Maifeld neben dem Berliner Olympiastadion

### Oktober

**Festival of Lights**, jedes Jahr im Oktober, wenn die Tage kürzer werden, verwandeln Lichtkünstler zahlreiche Sehenswürdigkeiten in der ganzen Stadt für zwei Wochen in illuminierte Kunstwerke, www.festival-of-lights.de.

**Jazzfest Berlin**, Ende Oktober, Anfang November. Tickets unter www.berlinerfestspiele.de.

### Dezember

**Silvester am Brandenburger Tor**, 31.12., im Umkreis des Brandenburger Tores, von Kleinen Stern im Westen bis zur Friedrichstraße im Osten, Silvester in Berlin Veranstaltungen GmbH, Kurfürstendamm 71, Tel. 24603330, www.silvester-berlin.de. Angeblich die größte Silvesterparty der Welt.

# Einkaufen

## Mitte

**Absinth Depot Berlin**, Weinmeisterstraße 4, 10178 Berlin, Tel. 2816789, www.absinth-berlin.de. Liebhaber der ›grünen Fee‹, dem wieder in Mode gekommenen ›Künstlergetränk‹ Absinth, können hier nachtanken. Das fachkundige Personal berät auch Einsteiger geduldig und ausführlich. Neben Absinth sind auch andere Kräuterliköre und Alkoholika im Angebot. Wochentags bis Mitternacht geöffnet. ▶ U8 Weinmeisterstraße, Karte D10.

**Bonbonmacherei**, Oranienburger Straße 32, in den Heckmann-Höfen, 10117 Berlin, Tel. 44055243, www.bonbonmacherei.de. Hier werden süße Leckereien noch mit alten Maschinen hergestellt. Rund zwei Dutzend Sorten stehen zur Auswahl, Sommerpause im Juli und August. ▶ S7, S5 Hackescher Markt, Oranienburger Straße, Karte D9/E10.

**Buchhandlung Walther König**, mehrere Filialen in Berlin, u.a. Burgstraße 27, gegenüber der Museumsinsel, 10178 Berlin, Tel. 25760980, www.buchhandlung-walther-koenig.de. Hier finden Schöngeister eine riesige Lektüreauswahl zu den Themenschwerpunkten Philosophie, Kunst, Architektur, Film, Fotografie und Mode. ▶ S7, S5 Hackescher Markt, Karte E10.

**Dussmann – Das Kulturkaufhaus**, Friedrichstraße 90, 10117 Berlin, www.kulturkaufhaus.de Mo–Fr 9–24 Uhr, Sa 9–23.30 Uhr. Riesiges Angebot an Büchern, Musik, fremdsprachiger Literatur, Landkarten und Reiseführern, häufig Lesungen und andere Veranstaltungen. ▶ U6 und S-Bahn Friedrichstraße, Karte E9.

**Galeries Lafayette**, Friedrichstraße 76–78, 10117 Berlin, Tel. 209480, www.galerieslafayette.de; Mo–Sa 10–20 Uhr. Mode, Kosmetik, Feinkost und Literatur – hier gibt's edles aus Frankreich. ▶ U6 Französische Straße, Karte E9.

**Grober Unfug**, Weinmeisterstraße 9, Mitte, Tel. 2817331, www.groberunfug.de; Mo–Fr 11–19, Sa 11–18 Uhr. Ein Comicparadies, das Herzen höher schlagen lässt. ▶ U8 Weinmeisterstraße, Karte D10.

**Herr von Eden**, Alte Schönhauser Straße 14/15, 10119 Berlin, Tel. 24048682, www.herrvoneden.com; Mo–Sa 11–20 Uhr. Für den jungen Herrn mit Stil und Geld. Hier werden moderne Anzüge aus edlen Stoffen und hoher Qualität angeboten. Und damit sich die Begleiterinnen beim Shopping nicht allzu sehr langweilen, gibt es inzwischen auch Damenanzüge. Die gesamte Gegend um die Alte Schönhauser Straße ist übrigens ein gefährliches Pflaster für Fashion-Victims. ▶ U2 Rosa-Luxemburg-Patz, U8 Weinmeisterstraße, Karte D10.

**Quartier 206,** Friedrichstraße 71, 10117 Berlin, Tel. 20946800, www.

*Vive la France: die Galeries Lafayette in der Friedrichstraße*

quartier206.com. Hier gibt es internationale Design- und Trendlabels, edle Kleidung und Schuhe, Schmuck, Kosmetik und Accessoires, Möbel und Bücher. Auf 2500 Quadratmetern Einkaufsfläche findet man hier alles, was gut und teuer ist. Das Ambiente mit Art-Deco-Charme ist durchaus gelungen. Im Quartier 205 gleich nebenan bieten weitere 40 Läden preislich etwas günstigere Designerware an. ▶ U6 Französische Straße, Karte F9.
**Sterling Gold**, Oranienburger Straße 32, in den Heckmann-Höfen, 10117 Berlin, Tel. 28096500, www.sterlinggold.de. Stöberparadies für Modefreaks mit Faible für die Outfits vergangener Jahrzehnte. Dass es sich um Second Hand-Ware handelt, merkt man den sorgfältig gereinigten gebügelten Kleidern nicht an. ▶ S7, S5 Hackescher Markt, S1 Oranienburger Str., Karte D9/E10.

Mehr oder **weniger interessante** Shopping Malls gibt es in Mitte natürlich auch: **Mall of Berlin** (gigantomanisch, ▶ Karte F9) am Leipziger Platz; **Alexa** (manche sagen, es sei das hässlichste Gebäude der Stadt, ▶ Karte E11) südlich des Alexanderplatzes; **Potsdamer Platz Arcaden** (gegen die anderen fast schon gemütlich, ▶ Karte F8).

### Charlottenburg-Wilmersdorf

**Autorenbuchhandlung**, am S-Bahnhof Savignyplatz, Else-Ury-Bogen, 10623 Berlin, Tel. 3130151, www.autorenbuchhandlung.com; mit Literaturcafé. Anspruchsvolle Buchhandlung, die sich seit ihrer Gründung vor 40 Jahren der Pflege der deutschen Literatur verschrieben hat. ▶ S7, S5 Savignyplatz, Karte F5
**Bücherbogen**, Stadtbahnbogen 593, 10623 Berlin, Tel. 31869511, www.buecherbogen-shop.de; Mo–Fr 10–20 Uhr, Sa 10–19 Uhr. Buchhandlung für Architektur, Kunst, Foto, Film, Design und modernes Antiquariat. ▶ S7, S5 Savignyplatz, Karte F5.
**Asienhandel DA,** Kantstraße 143, 10625 Berlin, Tel. 54710733; Mo–Sa 10–20. Asiatische Möbelhandlung mit wunderschönen Schränken, Tischen und Betten aus China. Überraschend preisgünstig. ▶ S7, S5 Savignyplatz, Karte F5.
**Bikini Berlin**, Budapester Str. 38-50, 10787 Berlin, www.bikiniberlin.de. Außer eine denkmalgeschützte 60er Jahre Ikone, innen sehenswerte im Industriedesign gestaltete kleinere Mall mit hochwertigem Angebot. ▶ U- und S-Bahn Zoologischer Garten, Karte F6.
**Harry Lehmann**, Kantstraße 106, 10627 Berlin, Tel. 3243582, www.parfum-individual.de; Mo–Fr 9–18.30 Uhr, Sa bis 14 Uhr. Parfum nach Gewicht. ▶ S7, S5 Charlottenburg, U7 Wilmersdorfer Straße, Karte F4.
**KaDeWe**, Tauentzienstraße 21, 10789 Berlin, Tel. 21210, www.kadewe.de; Mo–Do 10–20, Fr bis 21, Sa 9.30–20 Uhr. Mit 60000 Quadratmetern Verkaufsfläche größtes Kaufhaus auf dem europäischen Kontinent, insgesamt sind über 380000 Artikel im Angebot. Mit den meisten Superlativen kann die Lebensmittelabteilung aufwarten. Dort wird Feinkost aus aller Welt angebote, u.a. unglaubliche 400 Brot-, 1200 Wurst- und 1300 Käsesorten. ▶ U1, U2, U3 Wittenbergplatz, Karte G6.
**Miss Marple**, Weimarer Straße 17, 10625 Berlin, Tel. 36412724, www.krimi-marple.de. In dieser Buchhandlung gibt es nur Kriminalromane. Dafür aber aus diesem Genre nahezu alles. Fließbandabfertigung ist hier unbekannt. Wer möchte, kann sich vor dem Kauf erst ein Tässchen Tee in der Leseecke genehmigen. ▶ U2 Deutsche Oper, Karte F5.
**Paint Your Style**, Bleibtreustraße 46, 10707 Berlin, Tel. 88552223, www.

*Wieder in Mode: Absinth*

paintyourstyle.de. Keramik kaufen und selbst bemalen. Egal ob Tassen, Teller, Vasen und wenn es sein muss, auch Gartenzwerge, hier bestimmt der Kunde selbst Motiv und Farbe. Das Brennen der bemalten Rohlinge dauert etwa zwei bis drei Tage. Weitere Filialen gibt's in der Bergmannstraße in Kreuzberg, in der Simplonstraße in Friedrichshain sowie in der Onkel-Tom-Straße in Zehlendorf. ▸ S7, S5 Savignyplatz, Karte F5.

**Perlenbar**, Uhlandstraße 156, 10719 Berlin, Tel. 8816496, www.perlenbar.com; Mo–Fr 10.30–19, Sa 10.30–16 Uhr. Perlen aus Glas, Metall, Edelstein und jedem anderen Material, das man sich vorstellen kann, natürlich auch in jeder erdenklichen Form. ▸ U9, U3 Spichernstraße, Karte G6.

**Revanche de la femme**, Uhlandstraße 50, 10719 Berlin, Tel. 85103878, www.rdlf.de. Weitere Filiale: Kurfürstendamm 177, U-Bahn Adenauerplatz. Auf die Haut gezauberte maßgefertigte Korsetts bietet Diplomdesignerin Elena Krebs in ihren beiden Boutiquen an. Kein billiger Schmuddel aus dem Erotikshop, sondern qualitativ hochwertige erotische Kleidung aus edlen Stoffen. Die werden teilweise exklusiv in Italien, Frankreich und England hergestellt. ▸ U9, U3 Spichernstraße, Karte G6.

**Stilwerk**, Kantstraße 17, 10623 Berlin, Tel. 315150, www.stilwerk.de/berlin; Geschäfte: Mo–Sa 10–19 Uhr. Ein Muss für Designfreaks. Auf fünf Etagen bieten mehr als 50 Geschäfte Designmöbel, Lampen und Wohnaccessoires an. Nicht billig, aber wie der Name nahelegt, mit Stil. Das architektonisch interessante Gebäude ist aber auch schon einen Besuch wert. ▸ U7 Wilmersdorfer Straße, Karte F6.

## Prenzlauer Berg

**Druckerey Martin Schröder**, Meyerbeerstraße 63, 13088 Berlin, Tel. 47004312, www.druckerey.de; Öffnung nach Vereinbarung. Martin Schröder fertigt in Berlins einziger Handsatzdruckerei edles Zubehör für die stilvolle Kontaktpflege, Visitenkarten, Briefbögen und Broschüren werden mit der historischen Druckmaschine gedruckt – ein Luxus, der sich natürlich auch auf die Preise niederschlägt. ▸ S-Bahn Greifswalder Straße Karte C13.

**Kochbuch-Antiquariat**, Zehdenicker Straße 14, 10119 Berlin, Tel. 47377570, www.bibliotheca-culinaria.de; Di–Fr 11–19, Sa bis 16 Uhr. Hier lädt eine regelrechte Schatzkammer des guten Geschmacks zum Stöbern und Staunen ein, rund 15 000 Kochbücher sind ständig auf Lager, etwa 1000 davon aus der Epoche zwischen 1750 und 1920, besonders gut bestückt ist die DDR-Abteilung – und Kochbücher in Blindenschrift sind auch im Sortiment. ▸ U8 Rosenthaler Platz, Karte D10.

**Ta(u)sche,** Raumerstraße 8, Prenzlauer Berg, Tel. 40301770, www.tausche.de. Hier werden Taschen verkauft, deren Look sich vielfach variieren lässt. Die jeweiligen Vorderseiten können nämlich – mittels Reisverschluss – gewechselt und so dem Outfit angepasst werden. Beim Kauf sind zwei Frontteile im Preis inbegriffen, wer öfters wechseln will, kann unter 50 unterschiedlichen Designs wählen. Originell, aber nicht ganz billig. ▸ U2 Eberswalder Straße, Schönhauser Allee, Karte C11.

**Ostkost,** Lychener Straße 54, 10437 Berlin, Tel. 44653623. Ostalgie mal kulinarisch – mit Spreewald-Gurken, Rotkäppchen-Sekt und anderen traditionellen Ost-Produkten. ▸ U2 Eberswalder Straße, Karte C11.

**Schönhauser Design,** Neue Schönhauser Straße 18, 10178 Berlin, Tel. 2811704, www.schoenhauser-design.de; Mo–Sa 11–20 Uhr. Schöner hausen: Wer auf Retrolook steht, der kann sich hier sein Jugendzimmer zurückkaufen. Second-Hand-Möbel und Design-Klassiker aus den Siebzigern, aber auch Nippes und Kitsch aus der Neuzeit. ▸ U8 Weinmeisterstraße, Karte D10.

### Friedrichshain

**Brcke und Schön,** Krossener Str. 9-10, 10245 Berlin, Tel. 77906534, www.brckeundschoen.de; Mo–Fr 11.30–19.30 Uhr. Angesagter Klamotten- und Accessoire-Laden für die hippe Großstädterin, Eigenwerbung: Alles, was das Mädchenherz begehrt. Zwei weitere Filialen in Berlin. Direkt am Boxhagener Patz. ▸ U5 Samariterstraße, Karte F13.

**Freak Butik,** Grünberger Straße 63, 10245 Berlin, Tel. 68963411, www.freakbutik.de; Mo–Sa 11–19 Uhr. Kleider, Mützen, Geschenke, Schnickschnack, Kokolores, Scherzartikel, Krimskrams, Souvenirs – unbeschreiblich. ▸ U5 Frankfurter Tor, Karte F13

**Schwesterherz,** Gärtnerstr. 28, 10245 Berlin, www.schwesterherz-berlin.de; Mo–Fr 11–20, Sa 10.30–19 Uhr. Gut sortierte Papeterie, von edel bis original. ▸ U5 Samariterstraße, Karte F13.

*Seifenladen in Prenzlauer Berg*

*Boutique in der Oranienburger Straße in Mitte*

## Kreuzberg

**Ararat**, Bergmannstraße 99a, Bergmannstraße 9, 10961 Berlin, Tel. 693 5080, www.ararat-berlin.de; Mo–Sa 10–20 Uhr. Papeterie, Kunstdrucke, Postkarten, Geschenkartikel von schön bis schräg. ▸ U7 Gneisenaustraße, Karte H9.

**Bürstenmanufaktur**, Oranienstraße 26, 10999 Berlin, Tel. 285030121, www.dim-berlin.de; Mo–Sa ab 10 Uhr. Hinter der Manufaktur steht ein gemeinnütziger Verein zur beruflichen Förderung von Menschen mit Behinderung, die Produkte (vor allem Haushaltswaren) sind praktisch und qualitativ hochwertig. ▸ U8 Moritzplatz, U1 Görlitzer Bahnhof, Karte G11.

**Grober Unfug**, Zossener Straße 32/33, Kreuzberg, Tel. 69401490; Mo-Fr 11–19, Sa 11–16 Uhr, (weitere Filiale: s. Mitte), Alles, was mit Comics zu tun hat, unzählige Hefte und Bücher, angefangen von Lucky Luke und den Simpsons bis zu japanischen Mangas – letztere sogar in der Originalausgabe. Daneben T-Shirts, DVDs, Figuren, Tassen, Bausätze, Trading Cards und Poster. ▸ U7 Gneisenaustraße, Karte H9.

**Kadó**, Graefestraße 20, 10967 Berlin, Tel. 69041638, www.kado.de; Di–Fr 9.30–18, Sa–15.30 Uhr. Im einzigen Lakritzfachgeschäft Deutschlands werden 235 unterschiedliche Sorten aus vielen Ländern Europas und in allen erdenklichen Geschmacksrichtungen und sogar Lakritzlimonade angeboten. ▸ U8 Schönleinstraße, Karte G11.

**PictureBooks**, Friedelstraße 26, 12047 Berlin, Tel. 62732543, www.picturebooksberlin.com; Mo–Sa 12–19 Uhr. Sehr gut sortierter Laden für Kunstbücher zu stark reduzierten Preisen: Kunst, Architektur, Design, Fotografie, illustrierte Kinderbücher, Kochen; wechselnde Ausstellungen. Zur Zeit noch ein Geheimtipp in Neukölln unweit des Maybachufers. ▸ U8 Schönleinstraße, Karte G11

## Schöneberg

**Anna Glücksstoff**, Sponholzstraße 27, 12159 Berlin, Tel. 47482334, www.annaglueckstoff.de; Mi–Fr 12–18, Di 12–16, Sa 11–14 Uhr. Kissen, Decken, Beutel und allerhand Schnickschnack, die Inhaberin fertigt Unikate aus historischen und neuen Stoffen nach eigenen, aber auch nach den Vorstellungen ihrer Kunden an. ▸ S1 Friedenau, Karte J6.

**Cremer & Cremer**, Handjerystraße 82, 12159 Berlin, Tel. 85964840, www.cremerundcremer.com; Di–Fr 10-18.30, Sa–14 Uhr. Gläser, Decken, Küchenutensilien – das Architektenpaar Cremer bietet neckisches Zubehör, das das Wohnen schöner macht und bietet auch maßgefertigte Möbel an. ▸ U9 Friedrich-Wilhelm-Platz, Karte J6.

**Das alte Bureau**, Goltzstraße 18, 10781 Berlin, Tel. 21005807, www.dasaltebureau.de; Di–Fr 15–18.30, Sa 12–16.

Hier gibt es antike Arbeits- und Studiermöbel, Schatullen und Truhen. ▸ U7 Eisenacher Straße, Karte G7.

**Kochen & Würzen,** Goltzstraße 51, 10781 Berlin, Tel. 21996669, www.kochenundwuerzen.de; Di–Fr 12–18, Sa 11–16 Uhr. Kochbücher, Kochwerkzeuge und sonstige Küchenaccessoires sowie weit über 100 Gewürze und Gewürzmischungen machen Lust auf die nächste Koch-Session. ▸ U7 Eisenacher Straße, Karte H7.

**Mimi – textile Antiquitäten,** Goltzstraße 5, 10781 Berlin, 23638438, www.mimi-berlin.de; Mo–Fr 12–19, Sa 11–16 Uhr. Mimi ist Ausstatterin für Film und Theater, fertigt aber auch für alle anderen Historienfans Kostüme nach historischen Vorlagen, antike Originale sind auch im Sortiment. ▸ U7 Eisenacher Straße, Karte H7.

**Mobilien,** Goltzstraße 13b, 10781 Berlin, Tel. 23624940, www.mobilien-berlin.de; Mo–Sa 11–18 Uhr. Kleinmöbel und abgefahrene Wohnaccessoires – alles, was man garantiert nicht braucht, was aber witzig aussieht und Spaß macht, bekommt man hier – z.B. den Reichstag als Kerze. ▸ U7 Eisenacher Str., Karte G7.

**Süßkramdealer,** Varziner Straße 4, 12159 Berlin, Tel. 85077797, www.suesskrammdealer.de; Mo–Fr. 7.30–20, Sa und So 10–18 Uhr. Charmantes kleines Kaffeehaus in einer ehemaligen Zigarrenhandlung; große Auswahl an feinen Schokoladen, Fondue-Zubehör und nette kleine Mitbringsel, z.B. Berliner Sehenswürdigkeiten als Plätzchenausstechform, feine Gewürze oder Frühstücksbrettchen aus geölter Akazie. ▸ U9 und S-Bahn Bundesplatz, Karte J6.

**Museum Goods,** Stubenrauchstraße 46, 12161 Berlin, Tel. 85405502, www.museumgoods.de. Öffnungszeiten unregelmäßig. Eine wahre Wunderkammer mit bunt zusammengewürfelten Designerutensilien aus Berlin, Tokio, Shanghai, Barcelona und New York. ▸ U9 Friedrich-Wilhelm-Platz, Karte J6.

*Mode von einst und historische Textilien gibt es bei Mimi in der Goltzstraße*

**Winterfeldt Schokoladen**, Goltzstraße 23, Ecke Pallasstraße, 10781 Berlin, Tel. 23623256, www.winterfeldt-schokoladen.de; Mo–Fr 9-20, Sa 9–18, So 12–19 Uhr. Schokolade und Schokoladenspezialitäten aus aller Welt in einer denkmalgeschützten ehemaligen Apotheke mit kleinem Cafébetrieb direkt am Winterfeldtplatz. ▸ U1, U2, U3 Nollendorfplatz, Karte G7.

## Steglitz

**Globetrotter**, Schloßstraße 78–82, 10165 Berlin, Tel. 8508920, www.globetrotter.de; Mo–Fr 10–20, Sa 9–20 Uhr. Die Rundumversorgung für Abenteurer! Auf 4300 Quadratmetern gibt es alles, was man für eine Weltreise braucht. Einmalig ist das Kanutestbecken, in dem man sein Traumboot vor dem Kauf zu Wasser lassen kann. Eine Kletterwand und eine Kühlkammer zum Testen von Schlafsäcken, Jacken und Zelten gibt es ebenfalls, und falls einen das Fernweh noch nicht gepackt haben sollte – die Reiseliteraturabteilung weckt es bestimmt. ▸ U9 und S1 Rathaus Steglitz, Karte L5.

**Naturkaufhaus** in der Galleria Steglitz, Schloßstraße 101, 12163 Berlin, Tel. 7973716, www.naturkaufhaus-gmbh.de; Mo–Sa 10–20 Uhr. Riesiges Naturwarenangebot auf fünf Etagen, Mode, Kosmetik, Schuhe und Gummistiefel, Taschen, Lebensmittel, Kinder- und Babybekleidung und noch viel mehr. ▸ U9 Schloßstraße, S1 Rathaus Steglitz, Karte K6.

## Wedding

**Marc Cain Factory Outlet**, Oudenarder Straße 16, 13347 Berlin, Tel. 4550090; Mo–Fr 10–20, Sa –18 Uhr. Das Marc Cain Factory Outlet liegt etwas versteckt in einem Hinterhof, trotzdem ist es bei den Damen der Hauptstadt sehr beliebt, die hier ihren Kleiderschrank mit bis zu 50 Prozent ermäßigter Markenware füllen können. ▸ U9 Nauener Platz, Karte B8.

## Märkte

### ■ Flohmärkte

**Flohmarkt an der Straße des 17. Juni,** Berlins größter, viele Touristen, eher hohe Preise. Sa, So 10–17 Uhr. ▸ S5, S7 Tiergarten, Karte E6.

**Flohmarkt an der Museumsinsel,** Souvenirs, Kunst und Krempel, ebenfalls recht touristisch. Sa, So 11–17 Uhr. ▸ S7, S5 Hackescher Markt, U2 Klosterstraße, Karte E10.

**Flohmarkt am Arkonaplatz,** Fundgrube für Plattensammler. So 10–16 Uhr. ▸ U8 Bernauer Straße, Karte C10.

**Flohmarkt am Nordbahnhof**, moderate Preise. Sa, So 10–18 Uhr. ▸ S1, S2, S25 Nordbahnhof, Karte D9.

**Flohmarkt am Boxhagener Platz,** So 10–18 Uhr. ▸ S-Bahn Warschauer Straße, U5 Samariterstraße, Karte F13.

**Antikmarkt am Ostbahnhof,** Erich-Steinfurth-Straße 1, So 9–17 Uhr. ▸ S-Bahn Ostbahnhof, Karte F12.

**Flohmarkt am Mauerpark,** So 9–18 Uhr. ▸ U2 Eberswalder Straße oder U8 Bernauer Straße, Karte C10.

**Flohmarkt am John-F.-Kennedy-Platz vor dem Rathaus Schöneberg.** Sa/So 8–17 Uhr. ▸ U4 Rathaus Schöneberg, Karte H7.

**Kunst- und Trödelmarkt Fehrbelliner Platz,** Sa, So 10–16 Uhr. ▸ U3, U7 Fehrbelliner Platz, Karte H5.

**Hallentrödelmarkt Treptow in der Eichenstraße,** Sa, So 10–16 Uhr. ▸ S-Bahn Treptower Park, Karte G13.

**Marktfeste auf der Domäne Dahlem,** www.domaene-dahlem.de. Rund ums Jahr lädt das Landgut, das früher vor den Toren der Stadt und heute im feinen Vorort Dahlem liegt, sporadisch zu

Marktfesten ein. Die Brandenburger Spezialitätentage bieten Gelegenheit zum Kaufen und Schlemmen. ▶ U3 Dahlem-Dorf, Karte K4.

### ■ Wochenmärkte

Eine kleine Auswahl an besonders schönen und lebhaften Wochenmärkten:

**Ökomarkt am Kollwitzplatz**, Prenzlauer Berg; Do 12–19, Sa 9–15 Uhr. ▶ U2 Senefelderplatz, Eberswalder Straße, Karte C11.

**Ökomarkt am Chamissoplatz**, Kreuzberg, www.oekomarkt-chamissoplatz.de; Sa 9–15 Uhr. ▶ U-Bahn Gneisenaustraße, Karte H9.

**Ökomarkt am Lausitzer Platz**, Kreuzberg; Fr 12–18 Uhr. ▶ U-Bahn Görlitzer Bahnhof, Karte G11.

**Ökomarkt der Domäne Dahlem**, Königin-Luise-Straße 49, Dahlem, www.domaene-dahlem.de; Sa 8–13 und Mi 12–17 Uhr. ▶ U-Bahn Dahlem-Dorf, Karte K4.

**Ökomarkt Leopoldplatz**, Wedding; Di und Fr 10–18 Uhr. ▶ U6, U9 Leopoldplatz, Karte C7/8.

**Wochenmarkt am Winterfeldtplatz**, Schöneberg; Mi 8–14 Uhr, Sa 8–16 Uhr. ▶ U1, U2, U3 Nollendorfplatz, Karte G7.

**Wochenmarkt Boxhagener Platz**, Friedrichshain; Sa 8–14.30 Uhr. ▶ U-Bahn Samariterstraße, Karte F13.

**Bauernmarkt Wittenbergplatz**, Schöneberg; Mi 10–13, Sa 8–16 Uhr. ▶ U-Bahn Wittenbergplatz, Karte G7.

**Markt am Hackeschen Markt**, Mitte; Do 9–18, Sa 10–18 Uhr. ▶ S7, S5 Hackescher Markt, Karte E10.

**Wochenmarkt Breslauer Platz**, Schöneberg/Friedenau; Mi 8–13, Do 12–17, Sa 8–13 Uhr. ▶ U-Bahn Friedrich-Wilhelm-Platz, Karte J6.

**Türkischer Markt am Maybachufer**. Hier werden Lebensmittel angeboten,

*Türkischer Gemüsestand am Kottbusser Tor*

aber auch Kunsthandwerk. Mit der Fahrt nach Kreuzberg spart man den Flug nach Istanbul. Di und Fr 12–18.30 Uhr, jeden 2. Sa im Monat Kiezflohmarkt Nowkölln (www.nowkoelln.de). ▶ U8 Schönleinstraße, Karte G11.

### ■ Internationale Lebensmittel

**Rossija**, Stuttgarter Platz 5, im Bahnhof Charlottenburg, rund um die Uhr geöffnet. Russische Lebensmittel und Getränke von Kaviar bis zu ›Roter-Oktober-Keksen‹, Obst und Gemüseabteilung; mit Imbiss – eine Institution. ▶ S3, S5, S7 Charlottenburg, Karte G4.

**Dong Xuan Center,** Herzbergstr. 128–139. Lichtenberg, www.dongxuan-berlin.de; tgl. außer Di 10–20 Uhr. In diesem riesigen Hallenkomplex, dem sogenannten Vietnamesenmarkt, findet man alles, was Asiens Märkte produzieren: Lebensmittel, Haushaltswaren, Elektronik und Kleidung. ▶ S75 Springpfuhl, weiter mit Tram 8 Herzbergstraße.

### ■ Weihnachtsmärkte

In Berlin gibt es eine Vielzahl von Weihnachtsmärkten, die meisten haben von Ende November bis 26. Dezember geöffnet. Eine Auswahl der wichtigsten:

# Einkaufen / Weihnachtsmärkte

**Berliner Weihnachtsmarkt**, am Platz um die Gedächtniskirche in Charlottenburg. 100 Kunsthandwerker und Händler präsentieren (nicht nur) Weihnachtliches. ▶ U9 Kurfürstendamm, Karte G6.

Auf dem **Schloßplatz** in Mitte (Karte E10) gibt es eher Rummel als Weihnachtsmarkt, das gleiche gilt für den **Weihnachtsjahrmarkt an der Jannowitzbrücke** (Karte E11).

Auf dem **Weihnachtsmarkt am Alexanderplatz** herrscht das Grauen: Frittenbuden, Kitsch soweit das Auge reicht und Bierzeltatmosphäre, alles im absurden Ambiente eines der unwirtlichsten Plätze der Stadt.

Am **Opernpalais** in Mitte geht es dagegen sehr stimmungsvoll und nostalgisch zu. ▶ U6 Französische Straße, Karte E9.

**Weihnachts- und Umweltmarkt** in der **Sophienstraße in Mitte**. Ein netter alternativer Weihnachtsmarkt, der nur an den Adventswochenenden geöffnet hat. ▶ U8 Weinmeisterstraße, Karte D10.

**Weihnachtsmarkt auf dem Gendarmenmarkt** in Mitte. Sehr stimmungsvoll und edel. Eine Besonderheit ist, dass hier ein – wenn auch nur moderater – Eintritt verlangt wird. ▶ U6 Französische Straße, Karte F9.

**Weihnachtsmarkt Potsdamer Platz** in Tiergarten. Sehr touristisch, sehr hässlich und mit Rummelplatz-Atmosphäre an der Rodelbahn. ▶ S1, S2, S25, U6 Potsdamer Platz, Karte F8.

**Domäne Dahlem**, der historische Gutshof wird an den Adventswochenenden zur stimmungsvollen Weihnachtsmarktkulisse, hier gibt's hochwertiges Kunsthandwerk und etliche Schlemmereien von Bio-Anbietern. Hier wird ebenfalls Eintritt verlangt. ▶ U3 Dahlem-Dorf, Karte K4.

**Lucia-Weihnachtsmarkt in der Kulturbrauerei** im Prenzlauer Berg. Kleiner Markt, auf dem auch Kulturprogramm geboten wird. Mit Eisbahn. ▶ U2 Eberswalder Straße, Karte C10.

**Advent-Künstlermarkt** am S-Bahnhof Mexikoplatz (S1), Zehlendorf. Kunsthandwerk, nur an den Adventssonntagen geöffnet.

*Der Weihnachtsmarkt am Gendarmenmarkt kostet merkwürdigerweise Eintritt*

# Sport und Aktivitäten

### Beachvolleyball
**BeachMitte**, Caroline-Michaelis-Straße 8, 10115 Berlin (Mitte), www.beach mitte.de. Größte Freiluftanlage in Berlin, einen **Hochseilgarten** gibt es gleich nebenan. Nur im Sommer geöffnet, die Schließzeiten werden je nach Witterung flexibel gehandhabt. ▶ S1, S2, S25 Nordbahnhof, Karte D9.
**Indoor BeachCenter**, Königshorster Straße 11–13, 13439 Berlin (Reinickendorf). Das Winterquartier von BeachMitte, leider nicht ganz so zentral. ▶ S1 und U8 Wittenau.
**Park am Gleisdreieck**, Westpark (Kreuzberg), Eingang Bülowstraße. Freier Zugang für alle im neugeschaffenen Bürgerpark. ▶ U2 Bülowstraße, U1 Gleisdreieck, Karte G8.

### Boule
Französisches Lebensgefühl in der deutschen Hauptstadt? Am Paul-Lincke-Ufer in Kreuzberg, bei der Hausnummer 8 direkt am Landwehrkanal, auf dem Mittelstreifen der Schloßstraße in Charlottenburg und bei schlechtem Wetter im **Boulodrome** in Reinickendorf (Rue Doret 8, Tel. 4138319) kann man die silbernen Boulekugeln werfen.

### Strandbäder
**Badeschiff**, an der Arena, Eichenstraße 4, 12435 Berlin, www.www.arena-berlin.de. Ein umgebauter Frachtkahn liegt als Pool in der Spree, im Winter wird er überdacht und dient als Wellness-Anstalt. Eigentlich ein toller Ort, aber leider völlig übernutzt. ▶ U1 Schlesisches Tor, Karte G13.
**Badestelle am Schlachtensee**, am S-Bahnhof Schlachtensee (S1). In 25 Minuten mit der S-Bahn direkt an den See, in welcher Großstadt hat man das schon? Ein empfehlenswerter Spaziergang führt in etwa einer Stunde einmal rund um den See, südlich der Badestelle gibt es zudem einen **Ruderbootverleih**, am nördlichen Ufer lockt ein Biergarten (→ S. 413).
**Freibad Lübars**, Am Freibad 9, 13469 Berlin, Tel. 4026050, www.berlinerbaederbetriebe.de; Mai–Aug. tgl. 8–19 Uhr. Kleines Freibad mit Sandstrand im Grünen. ▶ S-Bahn Waidmannslust, dann Bus 222 bis Am Vierrutenberg.
**Freibad Plötzensee**, Nordufer 26, 13351 Berlin, Tel. 45020533, www.berlinerbaederbetriebe.de; Juni–Aug. tgl 9–20 Uhr. Freibad mit Liegewiesen, Strandkörben und Sandstrand. ▶ S-Bahn Beusselstr., Tram 23, 24, Karte C6.
**Strandbad Wannsee**, Wannseebadweg 24 14129 Berlin, Tel. 8035612, www.strandbadwannsee.de; April–Ende Aug. – bei gutem Wetter auch bis Ende September. Pack die Badehose ein, und dann nix wie raus… Der Klassiker unter den Strandbädern! ▶ S1, S7 Nikolassee.
**Kinderfreibad Monbijou**, Oranienburger Straße 78, 10178 Berlin, Tel. 2828652; Juni–Ende Aug. 11–19 Uhr. Zutritt haben nur Kinder bis 15 Jahre und ihre erwachsenen Begleiter, bei maximaler Wasserhöhe von 1,30 Metern können die Kids plantschen und die Großen den Blick auf die Museumsinsel genießen. ▶ S1, S2, S25 Oranienburger Straße, Karte E10.
**Strandbad Weißensee**, Uferpromenade am Weißen See, 13088 Berlin, Tel. 95253241, www.binbaden.com; 9–19 Uhr, ab 19 Uhr Baden auf eigene Gefahr. Nach dem Bad im kleinen See kann man den Tag mit einem Cocktail in der ›Überseebar‹ ausklingen lassen (→ S. 417). ▶ S-Bahn Greifswalder Straße, dann Tram M4 oder U2 Eberswalder Straße, dann Tram 12, Karte B13.

*Die Berliner lieben es entspannt – wie hier am Urbanhafen in Kreuzberg*

## Bootsverleih

In Berlin und im Umland gibt es unzählige Kanuverleihstationen, viele liegen allerdings nicht direkt am Wasser, so dass man das Leihkanu erst aufs Auto verladen muss. Direkt vor der Tür das Boot zu Wasser lassen kann man bei ›Der Bootsladen‹ und ›Kanusport Erkner‹.

**Der Bootsladen**, Brandensteinweg 37, 13595 Berlin, Charlottenburg, Tel. 3625685, www.der-bootsladen.de. ▸ Bus M49 (fährt ab Zoologischer Garten über Kantstraße und Heerstraße), Haltestelle Pichelswerder.

**Kanusport Erkner**, Friedrichstraße 1, Erkner, Tel. 03362/502316, www.kanusport-erkner.de. Ganz nah dran an Berlin liegt Erkner, ein tolles Kanugebiet, mit dem Regionalexpress in nicht mal einer halben Stunde vom Bahnhof Friedrichstraße zu erreichen (→ S. 361). ▸ S3 Erkner.

**Kayak Berlin Tours**, Telefon 0151/43405758, www.kajakberlintours.de. Geführte Kayaktouren durch das Berliner Stadtgebiet. Kajakverleih und individuelle Führungen auf Anfrage. ▸ U-Bahn Prinzenstraße, Karte G10.

## Klettern

**Magic Mountain**, Böttgerstraße 20–26, 13357 Berlin, Tel. 88715790, www.magicmountain.de; Mo–Fr 13–23.30, Sa, So 10–22 Uhr. Wer unter fachkundiger Aufsicht klettern möchte, für den sind die ›Berge‹ von Magic Mountain das Richtige. ▸ S-und U-Bahn Gesundbrunnen, Karte B9.

**MountMitte**, Caroline-Michaelis-Straße 8, 10115 Berlin-Mitte, Tel. 555778922, www.beachberlin.de/mountmitte; Mo–Fr ab 14, Sa, So, Feiertage und Schulferien ab 10 Uhr. Sechs Parcours auf drei Etagen, Café und Beachvolleyballfelder direkt nebenan. ▸ S-Bahn Nordbahnhof, U6 Naturkundemuseum, Karte D9.

**Bright Side – berlin boulder projekt**, Wilhelm-Kabus-Str. 40, Naumannpark, Haus 10, 10829 Berlin, Tel. 49080707, www.boulder-projekt.de; Mo–So 10–23 Uhr. Bouldern, was das Zeug hält, in einer ehemaligen Fabrikhalle mit Ausblick in Schöneberg, nahe dem Bahnhof Südkreuz; Kinderhalle und Außengelände, viele Kurse, günstige Preise, tolle Atmosphäre. ▸ S2, S25, Ringbahn Berlin Südkreuz, Karte J8.

## Pferderennen

Karlshorst im Osten und Marienfelde im Westen sind die beiden Berliner Trabrennbahnen. Freunde des Galopprennsports können ihrer Leidenschaft im an Berlin angrenzenden Hoppegarten nachgehen.

**Pferdesportpark Karlshorst**, Treskowallee 129, Karlshorst, Tel. 500170, www.pferdesportpark-karlshorst.de.

**Trabrennbahn Marienfelde**, Mariendorfer Damm 222–298, Tempelhof, Tel. 740101, www.berlintrab.de.

**Galopprennbahn Hoppegarten**, Goetheallee 1, 15366 Hoppegarten, Tel. 03342/38930, www.galopprennbahn-hoppegarten.de.

## Wellness

**Hamam – das Türkische Bad für Frauen**, Mariannenstraße 6, 10997 Berlin, Tel. 6151464, www.hamamberlin.de; Mo 15–23, Di–So 12–23 Uhr. ▶ U1, U8 Kottbusser Tor, Karte G11.

**Kaminsauna**, Hübnerstraße 4, Friedrichshain, Tel. 42016476. Gemütliche und familienfreundliche Sauna mit günstigen Preisen; 400 qm, fünf Saunen, ein Tauchbecken, Solarium und ein Kaminzimmer. Massageangebot. ▶ U5 Frankfurther Tor, Karte E13.

**Liquidrom**, Möckernstraße 10, 10963 Berlin, Tel: 258007820, www.liquidrom-berlin.de; Stylischer Badetempel am Tempodrom mit umfangreichem Massageangebot. ▶ U1, U7 Möckernbücke.

**Meridian Spa**, Klosterstraße 3, 13581 Berlin, Tel. 3389060, Mo, Mi, Fr 9–23, Di, Do 7–23, Sa, So 9–22 Uhr. Großzügige, moderne und luxuriöse Wellnessoase über den Dächern von Spandau. ▶ S-Bahn Spandau, U-Bahn Rathaus Spandau.

**Thermen am Europacenter**, Nürnberger Straße 7, 10787 Berlin; Mo–Sa 10–24, im Sommer bis 23, So 10–21 Uhr. Berlins größte Sauna- und Wellnesslandschaft mit Dachgarten ▶ U-Bahn Wittenbergplatz, Karte F6.

## Zuschauersport

**Fußball:**

**Hertha BSC**, Olympiastadion, Olympischer Platz, 14053 Berlin, Tel. 3009280, www.herthabsc.de. ▶ U- und S-Bahn Olympiastadion, Karte E1.

**Union Berlin**, Alte Försterei, An der Wuhlheide 263, 12555 Berlin, Tel. 64397026, www.fc-union-berlin.de. ▶ S-Bahn Köpenick.

**Turbine Potsdam**, Karl-Liebknecht-Stadion Karl-Liebknecht-Straße 90, 14482 Potsdam/Babelsberg, Tel. 0331/9513841, www.ffc-turbine.de. ▶ S-Bahn Potsdam/Babelsberg.

**Eishockey:**

**Eisbären Berlin**, O2 World, Mühlenstraße 12–30, 10243 Berlin, Kartentelefon: 97184040, www.eisbaeren.de. ▶ S- und U-Bahn Warschauer Straße, S-Bahn Ostbahnhof, Karte F12.

**Basketball:**

**Alba Berlin**, O2 World, Mühlenstraße 12–30, 10243 Berlin, Tel. 39009050, www.albaberlin.de, S-Bahn Ostbahnhof. ▶ S- und U- Bahn Warschauer Straße Karte F12.

**Handball:**

**Füchse Berlin**, Max-Schmeling-Halle, Am Falkplatz, 10437 Berlin, www.fuechse-berlin.de, Tel. 4956009. ▶ U2 Eberswalder Straße, Karte C10.

**Volleyball:**

**SCC Berlin**, Max-Schmeling-Halle, siehe Füchse Berlin, Tel. 48825670 www.scc-volleyball.de, U-Bahn Mierendorffplatz, Karte ▶ E5.

## Das Union-Stadion in Köpenick

Spieltag an der Alten Försterei. Erst mal ein Bier an der Union-Tanke. Der erste Sprit des Tages fließt an einer ehemaligen Tankstelle. Fans des 1. FC Union Berlin trinken ihn hier, ein paar Schritte entfernt vom S-Bahnhof Köpenick. Manche tanken vor dem Anpfiff viel zu viel. Das sind die, die nicht mehr ganz gerade gehen können, wenn sie sich aufmachen Richtung Wald. Da steht das Stadion. Fußball im Grünen. »Wir aus dem Osten!« Nina Hagens Stimme schallt durchs Stadion, wenn die Spieler einlaufen. Die Hymne kann jeder

*Stadionschild des FC Union Berlin*

Anhänger mitgrölen. »Eisern Union!« schreien die Fans. Sie feuern die Mannschaft an. Und wenn sie schlecht spielt, was gar nicht mal so selten vorkommt, dann ist ihnen das egal. Dann singen sie etwas anders: »Alte, alte, alte Försterei!« Da kann auf dem Rasen spielen, wer will, für die echten Unioner ist das Stadion der absolute Star. Das steht seit 1920. Wie es damals ausgesehen hat, weiß beinahe jeder Stadionbesucher. Der Opa hat dem Papa erzählt, wie es war, als sein Vater zum Fußball gegangen ist. Deswegen weiß der Enkel alles. Union ist Familienangelegenheit. Die Anhängerschaft vererbt sich. Und der Enkel, ein junger Mann, vielleicht Mitte 20, freut sich schon auf den Tag, an dem er dem Nachwuchs seiner Kinder erzählen kann, wie es war, als er mit seinen Kumpels von der Stehtribüne höchstpersönlich den marode gewordenen Köpenicker Fußballtempel renoviert hat.

Geld für den Bau einer modernen Mehrzweckarena hatte der notorisch klamme 1. FC Union nicht. Wenn der seine Fans nicht hätte! Die haben das dann gemacht: 2300 Unioner haben über 140 000 Arbeitsstunden geleistet und ihr Stadion selber neu gebaut. Facharbeiter opferten ihren Urlaub, Arbeitslose zeigten höchste Leistungsbereitschaft, und wer nach Feierabend nur ein paar Minuten zupacken konnte, der wurde auch willkommen geheißen. Schlosserjungs aus Schöneweide – so wurden die Kicker früher genannt. Bis heute ist man stolz auf Unions Geschichte als Arbeiterverein. Stadionbauer von der Alten Försterei – Arbeiten kommt immer noch gut an. So mancher Fan kommt prinzipiell in Arbeitskleidung ins Stadion.

Als die Tribünen standen, wurde noch ein Dach draufgesetzt. Das kannten die Unioner bis dahin nicht. Jetzt hallt es so schön, wenn die Fans ihre Gesänge anstimmen. »Alte, alte, alte Försterei!« Sie hören sich gerne grölen, die Unioner. Sie mögen ihr Stadion auch deshalb, weil es im Vergleich zu mancher Neubauarena wie ein Fußballmuseum wirkt. Zwar gibt es seit der Wiedereröffnung des Stadions 2009 eine elektronische Anzeigetafel. Aber auf die ist keiner stolz in der Alten Försterei. Kultstatus genießt die alte Ergebnisanzeige. Wenn das erste Tor fällt, geht in dem Häuschen zwischen zwei Tribünen ein Fenster auf. Per Hand wird dann das Täfelchen mit der Null durch das Täfelchen mit der Eins ersetzt. »Eisern Union! Eisern Union!« Die Schlosserjungs führen. Das Stadion wackelt.

*Andreas Rüttenauer*

# Sehenswürdigkeiten und Museen

## Mitte

**Akademie der Künste,** Pariser Platz 4, Tel. 200570, www.adk.de. ▸ S- und U-Bahn Brandenburger Tor, Karte E8.

**Altes Museum,** Am Lustgarten, 10178 Berlin. Tel. 266424242, www.smb.spk-berlin.de; Mo–So 10–18, Do bis 20 Uhr. ▸ S7, S5 Hackescher Markt, Karte E10.

**Alte Nationalgalerie,** Bodestraße 1–3, 10178 Berlin, Tel. 266424242, www.smb.spk-berlin.de; Di–So 10–18, Do bis 20 Uhr. ▸ S7, S5 Hackescher Markt, Karte E10.

**Anne-Frank-Zentrum,** Rosenthaler Straße 39, 10178 Berlin, Tel. 288865610, www.annefrank.de; Di–So 10–18 Uhr. ▸ S7, S5 Hackescher Markt, Karte E10.

**AquaDom & SEA LIFE Berlin,** Spandauer Str. 3, 10178 Berlin, Tel. 992800, www.visitsealife.com (online gekaufte Tickets sind 35 % günstiger); tgl. 10–19 Uhr (letzter Einlass 18 Uhr). ▸ S7, S5 Hackescher Markt, Karte E10.

**ARD-Hauptstadtstudio,** Wilhelmstraße 67a, 10117 Berlin, www.ard-hauptstadtstudio.de, Tel. 22881110; Kundenzentrum Di–So 10–18 Uhr, kostenlose Führungen Mi und Sa 14 Uhr. ▸ S-Bahn Unter den Linden, Friedrichstraße, U-Bahn Friedrichstraße, Karte E9.

**Berliner Dom,** Am Lustgarten 1, Berlin, Tel. 209136, www.berliner-dom.de; April–Sept. Mo–Sa 9–20, So ab 12, Okt.–März bis 19 Uhr. ▸ S7, S5 Hackescher Markt, Karte E10.

**Berlin Museum,** Unter den Linden 40, 10117 Berlin, Tel. 51736307, www.historiale.de; tgl. 10–19 Uhr (letzter Einlass 19 Uhr). ▸ S-Bahn Unter den Linden, S- und U-Bahn Brandenburger Tor, Karte E10.

**Blindenwerkstatt Otto Weidt,** Rosenthaler Straße 39, 10178 Berlin, www.museum-blindenwerkstatt.de, Tel. 28599407; tgl. 10–20 Uhr. ▸ S7, S5 Hackescher Markt, Karte D10.

**Bode-Museum,** Am Kupfergraben 1, 10178 Berlin, Tel. 266424242, www.smb.spk-berlin.de; Mo–So 10–18, Do bis 20 Uhr. ▸ S7, S5 Hackescher Markt, Karte E9.

**Brecht-Weigel-Gedenkstätte,** Chausseestr. 125, 10115 Berlin, Tel. 283057044, www.adk.de; Besichtigung nur im Rahmen von Führungen möglich: Di 10, 10.30, 11, 11.30, 14, 14.30, 15, 15.30 Uhr. Mi, Fr 10, 10.30, 11, 11.30 Uhr. Do 10, 10.30, 11, 11.30, 17, 17.30, 18, 18.30 Uhr. Sa 10, 10.30, 11, 11.30, 12, 13, 13.30, 14, 14.30, 15, 15.30 Uhr. So 11, 12, 13, 14, 15, 16, 17, 18 Uhr. ▸ S-Bahn Nordbahnhof, U-Bahn Naturkundemuseum, Oranienburger Tor, Karte D9.

**Bundeskanzleramt,** Willy-Brandt-Straße 1, 10557 Berlin, Tel. 182720 (Presse- und Informationsamt der Bundesregierung), www.bundeskanzleramt.de. ▸ S-Bahn Hauptbahnhof, Karte E8.

**Daimler Contemporary,** Haus Huth, Alte Potsdamer Straße 5, 10785 Berlin, Tel. 25941420, www.sammlung.daimler.com; tgl. 11–18 Uhr. ▸ U2, S1, S2, S25 Potsdamer Platz, Karte F8.

**Dalí – Die Ausstellung am Potsdamer Platz,** Leipziger Platz 7, 10117 Berlin, Tel. 0700/325423756, www.daliberlin.de; Mo–Sa 12–20, So 10–20 Uhr. ▸ U2 und S1, S2, S25 Potsdamer Platz, Karte F8.

**DDR-Museum,** Karl-Liebknecht-Straße 1 (hinter dem Berliner Dom), 10178 Berlin, Tel. 847123730, www.ddr-museum.de; Mo–So 10–20, Sa bis 22 Uhr. ▸ S7, S5 Hackescher Markt, Karte E10.

**Denkmal für die ermordeten Juden Europas,** Cora-Berliner-Straße 1, 10117

Berlin, Tel. 2007660, www.stiftung-denkmal.de; Denkmal 24 Std. geöffnet, Ort der Information April–Sept. Di–So 10–20, sonst Di–So 10–19 Uhr. ▶ U2, S1, S2, S25 Potsdamer Platz, Karte E9.

**Deutscher Bundestag,** s. Reichstagsgebäude (→ S. 447).

**Deutsches Currywurst-Museum,** Schützenstraße 70, 10117 Berlin, www.currywurstmuseum.de; tgl. 10–20 Uhr. ▶ U-Bahn Stadtmitte, Karte F9.

**Deutscher Dom,** Dauerausstellung Wege, Irrwege, Umwege – die Entwicklung der parlamentarischen Demokratie in Deutschland, Gendarmenmarkt 1, 10117 Berlin, www. bundestag.de; April–Okt. Di–Do u. Feiertage 10–18, Mai–Sept. 10–19 Uhr, Eintritt frei. ▶ U2 Stadtmitte, U6 Französische Straße, Karte F9.

**Deutsche Bank Kunsthalle,** Unter den Linden 13–15, 10117 Berlin, Tel. 2020930, www.deutsche-bank-kunsthalle.de; tgl. 10–20 Uhr. Mo Eintritt frei. ▶ U6, S-Bahn Friedrichstr., U2 Stadtmitte, U6 Französische Straße, Karte E9.

*Das Currywurst-Museum in der Schützenstraße*

**Deutsches Historisches Museum,** Unter den Linden 2, 10117 Berlin, Tel. 203040, www.dhm.de; tgl. 10–18 Uhr. ▶ S7, S5 Hackescher Markt, Karte E10.

**Deutsche Kinemathek – Museum für Film und Fernsehen,** Potsdamer Straße 2 (im Sonycenter), 10785 Berlin, Tel. 3009030, www.deutsche-kinemathek.de; Di–So 10–18, Do bis 20 Uhr. ▶ U2, S1, S2, S25 Potsdamer Platz, Karte F8.

**Dorotheenstädtischer** und **Friedrichswerderscher Friedhof,** Chausseestraße 126, 10115 Berlin; tgl ab 8 Uhr bis Einbruch der Dunkelheit. ▶ S1, S2, S25 Nordbahnhof, U6 Naturkundemuseum, Oranienburger Tor, Karte D9.

**Ephraim-Palais,** Poststraße 16/Ecke Mühlendamm, 10178 Berlin, Tel. 24002162, www.stadtmuseum.de; Di und Do–So 10–18, Mi 12–20 Uhr. ▶ U2 Klosterstraße, Karte E10.

**Fernsehturm am Alexanderplatz,** Panoramastraße 1a, 10178 Berlin, keine Telefonauskunft, www.tv-turm.de; März–Okt. tgl. 9–24, sonst ab 10 Uhr. Erwachsene 11, Kinder 7 Euro. ▶ S- und U-Bahn Alexanderplatz, Karte E10.

**Forum Willy Brandt,** Unter den Linden 62–68, 10117 Berlin, Tel. 7877070; Di–So 10–18 Uhr, Eintritt frei, www.willy-brandt.de. ▶ S1, S2, S25 Brandenburger Tor, Karte E9.

**Französischer Dom,** Gendarmenmarkt 5, 10117 Berlin, Tel. 20674690, www.franzoesischer-dom.de; März–Dez tgl. 10–19 Uhr, Jan u. Feb. tgl. 10–18 Uhr, letzter Aufstieg zur Aussichtsplattform 1 Std. vor Schließung. ▶ U2 Stadtmitte, U6 Französische Straße, Karte E9.

**Friedrichswerdersche Kirche (Schinkelmuseum),** Werderscher Markt 1, 10117 Berlin, Tel. 2663666, ww.smb.museum; derzeit wegen Mauerschäden geschlossen. ▶ U2 Hausvogteiplatz, Spittelmarkt, Karte E10.

*Die Friedrichwerdersche Kirche ist derzeit nicht zugänglich*

**Gedenkstätte Stille Helden,** Rosenthaler Straße 39, 10178 Berlin, Tel. 26995020, www.gedenkstaette-stille-helden.de; tgl. 10–20 Uhr, Eintritt frei. ▶ S7, S5 Hackescher Markt, Karte E10.

**Hackesche Höfe,** Rosenthaler Straße 40/41, 10178 Berlin. ▶ S7, S5 Hackescher Markt, Karte E10.

**Hamburger Bahnhof,** Museum für Gegenwartskunst, Invalidenstraße 50, 10557 Berlin, Tel. 266424242, www.smb.museum; Di, Mi, Fr 10–18 Uhr, Do 10–20 Uhr, Sa, So 11–18 Uhr. ▶ S5, S7 Hauptbahnhof, U6 Naturkundemuseum, Karte D8.

**Hanf-Museum,** Mühlendamm 5, 10178 Berlin, Tel. 2424827, www.hanfmuseum.de; Do–Fr 10–20 Uhr, Sa und So 12–20 Uhr. ▶ S-und U-Bahn Alexanderplatz, U2 Klosterstraße, Karte E10.

**Haus Liebermann,** Pariser Platz 7, 10117 Berlin, Tel. 22633030, www.stiftung.brandenburgertor.de; tgl. außer Di 11–18 Uhr. ▶ S1, S2, S25, U55 Brandenburger Tor, Karte E8/9.

**St.-Hedwigs-Kathedrale,** Hinter der Katholischen Kirche 3, 10711 Berlin, Tel. 2034810, www.hedwigs-kathedrale.de; Mo–Mi 8–14 Uhr, So 11–17.30 Uhr. ▶ U2 Hausvogteiplatz, Karte E9.

**Heinrich-Zille-Museum,** Probststraße 11 (Nikolaiviertel), 10178 Berlin, Tel. 24632500, www.heinrich-zille-museum.de; tgl. 11–18, April–Okt. 11–19 Uhr. ▶ S-und U-Bahn Alexanderplatz, U2 Klosterstraße, Karte E10.

**Hugenottenmuseum,** Gendarmenmarkt 5, Französischer Dom, 10117 Berlin, Tel. 2291760, www.franzoesischer-dom.de; Di–Sa 12–17, So 11–17 Uhr. ▶ U2 Stadtmitte, U6 Französische Straße, Karte E9.

**Humboldt-Box,** Schloßplatz 5, 10178 Berlin, Tel. 2131224400, www.humboldtbox.com; April–Okt tgl. 10–20, Nov–März tgl. 10–18 Uhr. ▶ S- und U-Bahn Alexanderplatz, Karte E10.

**Jakob-Kaiser-Haus** (Abgeordnetenbüros), Dorotheenstraße, 10117 Berlin, www.bundestag.de; Kunst- und Archi-

*Seit dem Umbau durch David Chipperfield gehört das Neue Museum zu den Stars*

tekturführungen Sa und So 14 u. 16 Uhr, Anmeldung per Fax: 22730027 oder per E-Mail: besucherdienst@bundestag.de. ▸ S1, S2, S25 Brandenburger Tor, Karte E9.
**Kennedy-Museum**, Pariser Platz 4a, 10117 Berlin, www.thekennedys.de; Di–So 10–19 Uhr. ▸ S1, S2, S25 und U55 Brandenburger Tor, Karte E9.
**Knoblauchhaus**, Poststraße 23 (Nikolaiviertel), 10178 Berlin, Tel. 24001162; Di und Do–So 10–18, Mi 12–20 Uhr. ▸ S- und U-Bahn Alexanderplatz, U2 Klosterstraße, Karte E10.
**Madame Tussauds**, Unter den Linden 74, 10117 Berlin, Tel. 0180/5545800, www.madametussauds.com/berlin (Ticketkauf mit Preisnachlass im Internet); tgl. 10–19 Uhr (letzter Einlass 18 Uhr). ▸ S-Bahn Unter den Linden, S1, S2, S25 und U55 Brandenburger Tor, Karte E9.
**Marienkirche**, Karl-Liebknecht-Straße 8, 10178 Berlin, Tel. 2424467 (10–12 Uhr), www.marienkirche-berlin.de; tgl. 10–18 Uhr ▸ S-und U-Bahn Alexanderplatz, Karte E10.
**Märkisches Museum,** Am Köllnischen Park 5, 10179 Berlin, Tel. 24002162, www.stadtmuseum.de; Di–So 10–18 Uhr, jeden 1. Mittwoch im Monat ist der Eintritt frei. ▸ U2 Märkisches Museum, S-Bahn Jannowitzbrücke, Karte F11.
**Medizinhistorisches Museum**, Charitéplatz 1, 10117 Berlin, Tel. 450536122, www.bmm-charite.de; Di, Do, Fr und So 10–17, Mi und Sa 10–19 Uhr. ▸ S- und U-Bahn Hauptbahnhof, Karte D8.
**Museum für Kommunikation**, Leipziger Straße 16, 10117 Berlin, Tel. 202940, www.mfk-berlin.de; Di 9–20 Uhr, Mi–Fr 9–17 Uhr, Sa, So 10–18 Uhr. ▸ U2, U6 Stadtmitte, Karte F9.
**Naturkundemuseum**, Invalidenstraße 43, 10115 Berlin, Tel. 20938591, www.naturkundemuseum.berlin.de; Di–Fr 9.30–18 Uhr, Sa, So und feiertags 10–18 Uhr. ▸ U6 Naturkundemuseum, Karte D9.

**Neue Synagoge/Centrum Judaicum**, Oranienburger Straße 28–30, Tel. 88028300, www.cjudaicum.de, April–Sept. So und Mo 10–20, Di–Do 10–18, Fr 10–17 Uhr, März und Okt. Fr nur bis 14 Uhr, Nov.–Feb. So–Do 10–18, Fr 10–14 Uhr. ▸ S1, S2, S25 Oranienburger Straße, Karte D9.

**Neue Wache**, Unter den Linden 4, 10117 Berlin. ▸ U-Bahn Hausvogteiplatz, Karte E9/10.

**Neues Museum**, Bodestraße 1–3, 10178 Berlin, Tel. 266424242, www.smb.spk-berlin.de; Mo–So 10–18, Do bis 20 Uhr. ▸ S7, S5 Hackescher Markt, Karte E9/10.

**Nikolaikirche**, Nikolaikirchplatz, 10178 Berlin, Tel. 24002162; Mo–So 10–18 Uhr. ▸ S- und U-Bahn Alexanderplatz, U2 Klosterstraße, Karte E10.

**Paul-Löbe-Haus** (Abgeordnetenbüros), Konrad-Adenauer-Straße 1, 10557 Berlin, www.bundestag.de; Kunst- und Architekturführungen Sa, So 14 u. 16 Uhr, Anmeldung per Fax: 22730027 oder per E-Mail: besucherdienst@bundestag.de. ▸ U55 Bundestag, S-Bahn Hauptbahnhof, Karte E8.

**Pergamonmuseum**, Am Kupfergraben 5, 10178 Berlin, Tel. 266424242, www.smb.spk-berlin.de; Mo–So 10–18, Do bis 20 Uhr. Achtung: **Teilschließung bis 2019**, von der Pergamonaltar und Teile der hellenistischen Sammlung betroffen sind. ▸ S7, S5 Hackescher Markt, Karte E10.

**Reichstagsgebäude**/Sitz des Deutschen Bundestages, Platz der Republik 1, 11011, Tel. 22732152 (Besucherdienst), www.bundestag.de; Besichtigung von Dachgarten und Kuppel für angemeldete Besucher, tgl. 8–24 Uhr, letzter Einlass 22 Uhr, Hausführungen und Besuch von Debatten ebenfalls nach Anmeldung, sämtliche Angebote und Anmeldung unter www.bundestag.de Anfrage per Fax: 22736436. Kurzentschlossene können sich an der Außenstelle des Besucherdienstes (vor dem Gebäude an der Scheidemannstraße) für einen Termin am gleichen Tag anmelden. ▸ S1, S2, S25 Brandenburger Tor, U-Bahn Bundestag, Karte E8/9.

Reservierung im **Dachgartenrestaurant** (ermöglicht Kuppelbesichtigung), Tel. 2262990, berlin@feinkost-kaefer.de. ▸ S1 S2, S25 Brandenburger Tor, U-Bahn Bundestag, Karte E8.

**Reichstagspräsidentenpalais** (Sitz der Deutschen Parlamentarischen Gesellschaft), Friedrich-Ebert-Platz 2. ▸ S1, S2, S25 Brandenburger Tor, U-Bahn Bundestag, Karte E8/9.

**Rotes Rathaus**, Rathausstraße 15, 10178 Berlin, Tel. 90262032, www.berlin.de; Mo–Fr 9–18 Uhr. ▸ S- und U-Bahn Alexanderplatz, Karte E10.

**Sammlung Hoffmann**, Sophienstraße 21, Sophie-Gips-Höfe, Aufgang C, 10178 Berlin, Tel. 28499120, www.sammlung-hoffmann.de; Führungen für angemeldete Besucher samstags zwischen 11 und 16 Uhr. ▸ S7, S5 Hackescher Markt, U8 Weinmeisterstraße, Karte D10.

**Schinkelmuseum** s. Friedrichwerdersche Kirche (derzeit geschlossen).

**Sophienkirche**, Große Hamburger Straße 31, Tel. 3087920, www.sophien.de; tgl. 13–18 Uhr. ▸ S7, S5 Hackescher Markt, Karte D10.

**Spionagemuseum**, Leipziger Platz 9, Tel. 20620354, www.deutsches-spionagemuseum.de, tgl. 10–20 Uhr. ▸ S1, S2, S25, U2 Potsdamer Platz, Karte F9.

**Staatsbibliothek, Haus Unter den Linden**, Eingang: Dorotheenstraße 27, 10117 Berlin (Mitte), www.staatsbibliothek-berlin.de; kostenlose Besichtigungsführungen (60 min) Freitag 17 Uhr sowie jeden 1. Samstag im Monat 10.30 Uhr (Feiertage ausgenommen), Grup-

pen auf Anfrage. ▸ U6, S-Bahn Friedrichstraße, Karte E9.
**Tränenpalast,** am Bahnhof Friedrichstraße, www.hdg.de; Di–Fr 9–19, Sa, So 10 bis 18 Uhr. Eintritt frei. ▸ U6, S-Bahn Friedrichstraße, Karte E9.
**ZDF-Hauptstadtstudio,** Unter den Linden 36, 10117 Berlin, Tel. 20990; Führungen Mo–Mi und Fr vormittags, Treffpunkt im Zollernhof, Terminvereinbarung unter presse.berlin@zdf.de. ▸ S1, S2, S25 Brandenburger Tor, Karte E9.

## City-West (Wilmersdorf-Charlottenburg)

**Bröhan-Museum,** Schloßstraße 1a, 14059 Berlin, Tel. 32690600, www.broehan-museum.de; Di–So 10–18 Uhr. ▸ U7 Richard-Wagner-Platz, S-Bahn Westend, Karte E4.
**C/O Berlin,** Ausstellunghaus für Fotografie, Hardenbergstrße 22–24, Tel. 28444160, www.co-berlin.org; tgl. 11–20 Uhr. ▸ S- und U-Bahn Zoologischer Garten, Karte F6.
**Das Verborgene Museum,** Schlüterstraße 70, 10625 Berlin, Tel. 3133656, www.dasverborgenemuseum.de; Do und Fr 15–19, Sa/So 12–16 Uhr. Hier werden Künstlerinnen präsentiert, die in Vergessenheit geraten sind. ▸ S7, S5 Savignyplatz, Karte F5.
**Europacenter,** Einkaufscenter im Stil der Nachkriegsmoderne und etwas heruntergekommenes einstiges Wahrzeichen der City-West, Tauentzienstraße 9–12, 10789 Berlin, www.europa-center-berlin.de. ▸ U1, U2, U3 Wittenbergplatz, Karte F6.
**Funkturm,** Messedamm 22, 14055 Berlin; Aussichtsplattform Di–So 10–23 Uhr (witterungsabhängig), Restaurant Mi–So 11.30–23, Di ab 18 Uhr. ▸ S5 Messe Süd, Karte F3.
**Gedenkstätte Plötzensee,** Hüttigpfad, 13627 Berlin, www.gedenkstaette-ploetzensee.de; März-Okt. tgl. 9–17, sonst 9–16 Uhr. ▸ U7 Jakob-Kaiser-Platz, weiter mit Bus 123, Karte C5/6.
**Georg-Kolbe-Museum,** Sensburger Allee 25, 14055 Berlin, Tel. 3042144, www.georg-kolbe-museum.de; tgl. 10–18 Uhr. ▸ S5 Heerstraße, Karte F2.
**Gipsformerei,** Sophie-Charlotte-Straße 17, 14059 Berlin, Tel. 3267690, www.smb.museum/GF; Mo–Fr 9–16, Mi bis 18 Uhr. ▸ S-Bahn Westend, Karte E3.
**Käthe-Kollwitz-Museum,** Fasanenstraße 24, 10719 Berlin, Tel. 8825210, www.kaethe-kollwitz.de; tgl. 11–18 Uhr. ▸ U1 Uhlandstraße, Karte G6.
**Kaiser-Wilhelm-Gedächtniskirche,** Breitscheidplatz, 10789 Berlin, Tel. 2185023, www.gedaechtniskirche-berlin.de; tgl. 9–19 Uhr, Anmeldung zu Führungen unter fuehrungen@gedaechtniskirche-berlin.de. ▸ S- und U-Bahn Zoologischer Garten, Karte F6.
**Königliche Porzellan-Manufaktur,** Wegelystraße 1, 10623 Berlin, Tel. 390090, www.kpm.de; KPM-Welt und Verkaufsgalerie: Mo–Sa 10–18 Uhr, öffentliche Führungen Sa 15 Uhr. ▸ S-Bahn Tiergarten, Karte E6.
**Lippenstiftmuseum,** Helmstedter Straße 16, 10717 Berlin, Tel. 8542829, www.lippenstiftmuseum.de. Star-Visagist René Koch öffnet seine einzigartige Sammlung für angemeldete Besucher, zu sehen sind verführerische Rezepturen aus der Zeit des Barock bis heute und Kussabdrücke von 150 Diven. Außerdem gibt der Make-Up-Experte jede Menge Promi-Geschichten zum Besten. ▸ U9 Güntzelstraße, Karte H6.
**Museum Berggruen,** Schloßstraße 1, Tel. 3269580, www.smb.museum/mb; Di–Fr 10–18, Sa, So 11–18 Uhr. ▸ U7 Richard-Wagner-Platz, Karte E4.
**Museum für Fotografie,** Jebensstraße 2, 10623 Berlin, Tel. 31864825, www.smb.museum, Di–So 11–19, Do bis 20

*C/O Berlin: Fotoausstellungen im ehemaligen Amerikahaus am Bahnhof Zoo*

Uhr. ▶ U- und S-Bahn Zoologischer Garten, Karte F6.

**Olympiastadion**, Olympischer Platz, 14053 Berlin, Tel. 25002322, www.olympiastadion-berlin.de; Besichtigungen (außer an den Veranstaltungstagen) ab Haupteingang Osttor, Juni–Mitte Sept 9–20, Mitte Sept–Ende Okt. 9–19, sonst 9–16 Uhr, Audioguide-Führungen und diverse Themenführungen. ▶ U2, S5 Olympiastadion, Karte E1.

**Sammlung Scharf-Gerstenberg**, Schloßstraße 70, 14059 Berlin, Tel. 34357315, www.smb.museum/ssg; Di–So 11–18 Uhr. ▶ U-Bahn Richard-Wagner-Platz, S-Bahn Westend, Karte E4.

**Schloss Charlottenburg**, Spandauer Damm 20–24, 14059 Berlin, Tel. 320911, www.spsg.de; Altes Schloss Di–So April–Okt. 10–18, Nov.–März 10–17 Uhr, Neuer Flügel Mi–Mo April–Okt. 10–18, Nov.–März 10–17 Uhr, Belvedere im Schlosspark April–Okt. 10–18, Nov.–März Sa, So und feiertags 12–16 Uhr, Schlosspark tgl. ab 6 Uhr bis zum Einbruch der Dunkelheit. ▶ U7 Richard-Wagner-Platz, U2 Sophie-Charlotte-Platz, Karte E4.

**Story of Berlin**, Kurfürstendamm 207–208, 10719 Berlin, Tel. 88720100, www.story-of-berlin.de; tgl. 10–20 Uhr, letzter Einlass und letzte Führung durch den Atomschutzbunker um 18 Uhr. U1 Uhlandstraße, S5, S7 Savignyplatz, Karte G5.

**Zoo und Aquarium** → S. 450

### Tiergarten und Umgebung

**Bauhaus-Archiv**, Klingelhöferstraße 14, 10785 Berlin, Tel. 2540020, www.bauhaus.de; Mi–Mo 10–17 Uhr. ▶ U1, U2, U3 Nollendorfplatz, Karte F7.

**Classic Remise Berlin**, Oldtimerzentrum, Wiebestraße 36–37, 10553 Berlin, Tel. 3640780, www.remise.de; Mo–Sa 8–20, So 10–20 Uhr. ▶ S-Bahn Beusselstr., Karte D5.

**Gedenkstätte Deutscher Widerstand**, Stauffenbergstraße 13–14, 10785 Berlin, Tel. 26995000, www.gdw-berlin.de; Mo–Mi, Fr 9–18, Do 9–20, Sa/So 9–18 Uhr. ▶ U-Bahn Kurfürstenstraße, Potsdamer Platz, Karte F7.

**Gemäldegalerie**, Matthäikirchplatz, 10785 Berlin, Tel. 2662951, www.smb.spk-berlin.de; Di–Fr 10–18, Do bis 20,

*Picknickkoffer im Kunstgewerbemuseum*

Sa, So 11–18 Uhr. ▶ U2, S1, S2, S25 Potsdamer Platz, Karte F8.
**Haus der Kulturen der Welt**, John-Foster-Dulles-Allee 10, Tel. 397870, www.hkw.de; derzeit bis voraussichtlich Anfang 2017 wegen Umbau geschlossen. ▶ U-Bahn Bundestag, Karte E8.
**Kollhoff-Tower**, Aussichtsplattform Panoramapunkt, Potsdamer Platz 1, 10785 Berlin, Tel. 25937080, www.panoramapunkt.de; tgl. 10–20 Uhr, im Winter bis 18 Uhr, letzte Auffahrt 17.30 Uhr, Panoramacafé 11–17 Uhr. ▶ U2, S1, S2, S25 Potsdamer Platz, Karte F8.
**Kupferstichkabinett**, Matthäikirchplatz, 10785 Berlin, Tel. 2664242, www.smb.spk-berlin.de; Di–Fr 10–18, Sa, So 11–18 Uhr. ▶ U2, S1, S2, S25 Potsdamer Platz, Karte F8.
**Kunstgewerbemuseum**, Matthäikirchplatz, 10785 Berlin, Tel. 2664242, wwwww.smb.spk-berlin.de; Di–Fr 10–18, Sa, So 11–18 Uhr. ▶ U2, S1, S2, S25 Potsdamer Platz, Karte F8.
**Neue Nationalgalerie**, Potsdamer Straße 50, 10785 Berlin, Tel. 266424242, www.smb.spk-berlin.de; seit 2015 wegen Sanierung für mehrere Jahre geschlossen. ▶ U2, S1, S2, S25 Potsdamer Platz, Karte F8.
**Musikinstrumenten-Museum**, Tiergartenstraße 1, 10785 Berlin, Tel. 25481178, www.mim-berlin.de; Di, Mi, Fr 9–17, Do 9–20, Sa, So 10–17 Uhr. ▶ U2, S1, S2, S25 Potsdamer Platz, Karte F8.
**Philharmonie**, Herbert-von-Karajan-Straße 1, 10785 Berlin, Tel. 25488999, www.berliner-philharmoniker.de. ▶ U2, S1, S2, S25 Potsdamer Platz, Karte F8.
**Siegessäule**, Großer Stern/Straße des 17. Juni, 10557 Berlin, Tel. 3912961; April–Okt. Mo–Fr 9.30–18.30, Sa und So bis 19, sonst 10–17.30 Uhr. ▶ U9 Hansaplatz, S-Bahn Tiergarten, Karte E7.
**Staatsbibliothek**, Haus Potsdamer Straße, Potsdamer Straße 33, 10785 Berlin, www.staatsbibliothek-berlin.de; kostenlose Führungen (60 min) jeden dritten Samstag im Monat 10.30 Uhr. ▶ U2, S1, S2, S25 Potsdamer Platz, Karte F8.
**Schwules Museum**, Lützowstraße 73, 10785 Berlin, Tel. 69599050, www.schwulesmuseum.de; So, Mo, Mi, Fr 14–18, Do bis 20, So 14–19 Uhr, Sa 14–19 Uhr. ▶ U1 Kurfürstenstraße, Karte F7.
**Zoo und Aquarium**, Eingang Löwentor, Hardenbergplatz 8, 10787 Berlin, Eingang Elefantentor und Aquarium, Budapester Straße 34, Tel. 254010, www.zoo-berlin.de, www.aquarium-berlin.de, Zoo im Winter tgl. 9–17 Uhr, im Sommer bis 18 bzw. bis 16.30 Uhr. Aquarium tgl. 9–18 Uhr. ▶ S- und U-Bahn Zoologischer Garten, Karte F6.

### Prenzlauer Berg

**Zeiss-Großplanetarium**, Prenzlauer Allee 80, 10405 Berlin, Tel. 4218450, www.sdtb.de; Öffnungszeiten je nach Veran-

staltung, auch Programme für Kinder. ▸ S-Bahn Prenzlauer Allee, Karte C11.
**Gethsemanekirche**, Stargarder Straße 77, 10437 Berlin, www.gethsemanekirche.de. ▸ S- und U-Bahn Schönhauser Allee, Karte B11.
**Jüdischer Friedhof**, Schönhauser Allee 23, 10435 Berlin; April-Sept. Mo–Do 8–16, Fr 7.30–14.30 Uhr, Okt.–März Mo–Do 8–16, Fr 7.30–14.30 Uhr. ▸ U2 Senefeldeplatz, Karte D10.
**Synagoge Rykestraße**, Rykestraße 53, 10405 Berlin. ▸ U2 Senefelderplatz, Karte D11.

## Wedding

**Anti-Kriegs-Museum**, Brüsseler Straße 21, 13353 Berlin, Tel. 45490110, www.anti-kriegs-museum.de; tgl. 16–20 Uhr. ▸ U-Bahn Amrumer Straße, Karte C7.
**Gedenkstätte Berliner Mauer**, Besucherzentrum Bernauer Straße 111–119, 13355 Berlin, Tel. 467986666, www.berliner-mauer-gedenkstaette.de. ▸ U8 Bernauer Straße, S1, S2, S25 Nordbahnhof. Karte D9.
**Kunst in den Gerichtshöfen**, Gerichtstraße 12/13, 13347 Berlin, www.gerichtshoefe.de. ▸ S-Bahn Humboldthain, U-Bahn Wedding, Karte C8.
**Mitte-Museum**, Pankstraße 47, 13357 Berlin, Tel. 46060190, www.mittemuseum.de; Wegen Sanierung bis Mitte 2018 geschlossen, die interessanten Themenführungen und Workshops finden weiterhin statt. ▸ S-Bahn Gesundbrunnen, U-Bahn Pankstraße, Karte B9.

## Friedrichshain

**Computerspielemuseum**, Karl-Marx-Allee 93a, 10243 Berlin, Tel. 60988577, www.computerspielemuseum.de; tgl. außer Di 10–20 Uhr. ▸ S-Bahn Ostbahnhof, U-Bahn Weberwiese, Karte E12.
**Volkspark Friedrichshain**, Am Friedrichshain, 10249 Berlin. ▸ U-Bahn Schillingstraße, Strausberger Platz, Karte D11/12.

## Kreuzberg

**Berlinische Galerie**, Alte Jakobstraße 124, 10999 Berlin, Tel. 78902600, www.berlinischegalerie.de; tgl. außer Di 10–18 Uhr. Wechselnde Ausstellungen mit Schwerpunktthemen Kunst, Fotografie und Architektur. ▸ U-Bahn Hallesches Tor, Karte F10.
**Deutsches Technikmuseum**, Trebbiner Straße 10963 Berlin, Tel. 902540, www.sdtb.de; Di–Fr 9–17, Sa und So 10–18 Uhr. ▸ U-Bahn Gleisdreieck, Möckernbrücke, Karte G8.
**Jüdisches Museum**, Lindenstraße 9–14, 10969 Berlin, Tel. 25993300, www.jmberlin.de; Mo 10–22, Di–So 10–20 Uhr. ▸ U-Hallesches Tor, Karte G9.
**Kreuzbergmuseum**, Adalbertstraße 95a, 10999 Berlin, Tel. 50585233, www.kreuzbergmuseum.de; Mi–So 12–18 Uhr. Eines der interessantesten Bezirksmuseen Berlins. Ausstellung über die Entwicklung des Kiezes, dessen Einwanderungsgeschichte vor dem Zustrom türkischer Arbeitskräfte begonnen hat. ▸ U1, U8 Kottbusser Tor, Karte G11.
**Künstlerhaus Bethanien**, Kottbusser Straße 10, 10999 Berlin, Tel. 6169030, www.bethanien.de; Öffnung je nach Veranstaltung. Der italienisch inspirierte Krankenhausbau sollte in den 1970ern abgerissen werden, dann wurde er doch gerettet und dient heute als Künstlertreff und Ausstellungszentrum. Theodor Fontane war einst Apotheker in Bethanien – seine Wirkungsstätte kann man hier auch noch besichtigen. ▸ U1, U8 Kottbusser Tor, Karte F11.
**Martin-Gropius-Bau**, Niederkirchner Straße 7, 10963 Berlin, Tel. 254860, www.berlinerfestspiele.de; tgl. außer Di 10–20 Uhr. Wechselnde, oft hochkarä-

tige Ausstellungen. ▶ S-Bahn Anhalter Bahnhof, S- und U-Bahn Potsdamer Platz, Karte F9.

**Mauermuseum – Haus am Checkpoint Charlie**, Friedrichstraße 43–45, 10969 Berlin, Tel. 2537250, www.mauermuseum.de; tgl. 9–22 Uhr. ▶ U6 Kochstraße, Stadtmitte, Karte F9.

**Topographie des Terrors**, Niederkirchnerstraße 8, 10963 Berlin, www.topographie.de; tgl. von 10–20 Uhr geöffnet, Eintritt frei (→ S. 288). ▶ U2, S1, S2, S25 Potsdamer Platz, Karte F9.

### Lichtenberg

**Tierpark Berlin**, Am Tierpark 125, 10319 Berlin, Tel. 30515310, www.zoo-berlin.de/tierpark.html; Jan.–Mitte März tgl. 9–17, Mitte–Ende März 9–18, April–Mitte Sept. 9–19, Mitte–Sept.–Ende Okt. 9–18, Nov.–Dez. 9–17 Uhr, Kassenschluss jeweils eine Stunde vorher. ▶ U-Bahn Tierpark.

**Gedenkstätte Hohenschönhausen**, Genslerstraße 66, 13055 Berlin, Tel. 986082-30, Besucherzentrum Genslerstraße 13a, www.stiftung-hsh.de; Führungen für Einzelbesucher und Gruppen bis sechs Personen ohne Anmeldung Mo–Fr 11, 13 und 15 Uhr, Sa, So 10-16 Uhr stündlich. ▶ S-Bahn Landsberger Allee, Straßenbahn M5.

### Schöneberg

**Ceciliengärten**, Wohnanlage im Art-Déco-Stil, Eingang Semperstraße, 12159 Berlin. ▶ S-Bahn Friedenau, Karte J6.

**Goerz-Höfe**, Industriedenkmal, ehemalige Produktionsstätte für optische Geräte, Rheinstraße 44–46, 12161 Berlin. ▶ S-Bahn Friedenau, Karte J6.

**Museum der Unerhörten Dinge**, Crellestraße 5–6, 10827 Berlin, Tel. 7814932, www.museumderunerhoertendinge.de; Mi–Fr 15–19 Uhr. Sammlung von sonst nicht beachteten Gegenständen aus Kunst und Wissenschaft, z.B. Teile einer Schreibmaschine von Walter Benjamin. ▶ S-Bahn Julius-Leber-Brücke, U-Bahn Kleistpark, Karte H7.

*Eine Führung durch die Gebäude des ehemaligen Flughafens Tempelhof lohnt sich*

**Rathaus Schöneberg**, John-F.-Kennedy-Platz 1, 10825 Berlin, Tel. 75600. ▶ U-Bahn Rathaus Schöneberg, Bayerischer Platz, Karte H7.

**Uhrenmuseum**, (Juwelier Lorenz), Rheinstraße 59, 12161 Berlin, Tel. 8512020, www.berliner-friedensuhr.de; Mo–Fr 10–19, Sa–18 Uhr, Eintritt frei. ▶ S-Bahn Friedenau, Karte J6.

### Tempelhof

**Erinnerungsstätte Notaufnahmelager Marienfelde**, Marienfelder Allee 66–80, 12277 Berlin, Tel. 75008400, www.notaufnahmelager-berlin.de; Di–So 10–18 Uhr, Führungen Mi und So 15 Uhr. ▶ S-Bahn Marienfelde.

**Flughafen Tempelhof**, Platz der Luftbrücke 1, 12101 Berlin, Tel. 200037441, www.tempelhoferfreiheit.de, Führungen Mo–Do 16 Uhr, Fr 13 Uhr, Sa/So 11 und 14 Uhr, Treffpunkt am Tempelhofer Damm 1–7 (GAT-Bereich). ▶ U6 Paradestraße, Platz der Luftbrücke, Karte H9.

**Tempelhofer Feld**, Eingänge: Tempelhofer Damm, Columbiadamm, Oderstraße, Tel. 90251273, www.tempelhoferfreiheit.de, März bis Sept. ab 6 Uhr, Nov.–Feb. ab 7.30 Uhr bis zum Einbruch der Dunkelheit, Infos zu Führungen unter 28018162. ▶ U6 Paradestraße, U8 Boddinstraße, Leinestraße, S-Bahn Tempelhof, Karte J9/10/11.

### Spandau

**Gotisches Haus**, Breite Straße 32, 13597 Berlin, Tel. 3339388; Mo–Fr 10–18, Sa 10–17.30 Uhr. ▶ U7 Altstadt Spandau.

**Zitadelle**, Am Juliusturm 64, 13599 Berlin, Tel. 354944200, www.zitadelle-spandau.de; tgl. 10–17 Uhr. Infos zu Fledermausführungen: Tel. 36750061, www.berliner-artenschutz.de. ▶ U-Bahn Zitadelle.

**St. Nikolai-Kirche**, Reformationsplatz 1, 13597 Berlin, www.nikolai-spandau.de; Mo–Fr 12–16, Sa 11–15, So 14–16 Uhr, Turmführungen (April–Okt.) Sa 12.30, So 14.30 Uhr. ▶ U-Bahn Altstadt Spandau.

### Reinickendorf

**Buddhistisches Haus**, Edelhofdamm 54, 13465 Berlin, Tel. 4015580, www.buddhistisches-haus.de; tgl. 9–18 Uhr. ▶ S Bahn Frohnau.

**Hallen am Borsigturm**, Am Borsigturm 2, 13507 Berlin, Tel. 72626600, www.borsighallen.de. Shopping-Center mit Bowling-Bahn, kleinen Restaurants und Kinocenter. ▶ U-Bahn Borsigwerke.

**Humboldt-Schloss (Schloss Tegel)**, Adelheidstr.19, 13467 Berlin; Führungen Mai–Sept. Mo 10, 11, 15 und 16 Uhr, Bus 124, 125. ▶ U-Bahn Alt-Tegel.

### Steglitz

**Wilhelm-Foerster-Sternwarte** und **Planetarium Am Insulaner**, Munsterdamm 90 12169 Berlin, Tel. 7900930, www.planetarium-berlin.de. Diverse Veranstaltungen für Kinder und Erwachsene. ▶ S-Bahn Priesterweg, Karte K6.

### Pankow

**Schloss Schönhausen**, Tschaikowskistraße 1, 13156 Berlin, Tel. 0331/9694200, www.spsg.de; April–Sept. Di–So 10–18, sonst Sa, So 10–17 Uhr. ▶ S- und U-Bahn Pankow, Karte A10.

### Treptow-Köpenick

**Archenhold-Sternwarte**, Alt-Treptow 1, 12435 Berlin, Tel. 536063719, www.sdtb.de; Mi–So 14–16.30 Uhr, Führungen Do 20 Uhr, Sa und So 15 Uhr. ▶ S-Bahn Plänterwald, Karte H14.

**Müggelturm**, südlich des Müggelheimer Damms, 12559 Berlin; tgl. 10–18 Uhr (im Winter eingeschränkte Öffnungszeiten) ▸ S-Bahn Spindlersfeld, dann Bus X69 bis Chausseehaus.

**Museum für Kunstgewerbe im Schloss Köpenick**, Schloßinsel 1, 12557 Berlin, Tel. 266424242, www.smb.museum/kgm; Di–So 10–18 Uhr. ▸ S-Bahn Spindlersfeld.

**Wasserwerk Friedrichshagen**, Müggelseedamm 307, 12587 Berlin, Tel. 86447695, www.museum-im-wasserwerk.de; März–Okt. Di–Fr 10–16, So 10–17, Nov.–Feb. Di–Fr 10–15, So 10–16 Uhr. ▸ S-Bahn Friedrichshagen, Rahnsdorf.

## Zehlendorf

**Alliierten-Museum**, Clayallee 135, 14195 Berlin, Tel. 8181990, www.alliiertenmuseum.de; Di–So 10–18 Uhr, Eintritt frei. ▸ U-Bahn Oskar-Helene-Heim, Karte L3.

**Brücke-Museum**, Bussardsteig 9, 14195 Berlin, Tel. 8312029, www.bruecke-museum.de; tgl. außer Di 11–17 Uhr, Führung sonntags um 11.30 (im Eintrittspreis enthalten). ▸ U-Bahn Dahlem-Dorf, Karte K3.

**Domäne Dahlem** (Landgut und Museum für Agrargeschichte und Ernährungskultur), Königin-Luise-Straße 49, 14195 Berlin, Tel. 6663000, www.domaene-dahlem.de; Museum tgl. außer Di 10–18 Uhr, Hofladen Mo–Fr 10–18, Sa 10–13 Uhr, Mi und Sa Ökomarkt (→ S. 362). ▸ U-Bahn Dahlem-Dorf, Karte K4.

**Haus der Wannseekonferenz**, Gedenk- und Bildungsstätte, Am Großen Wannsee 56–58, 14109 Berlin, Tel. 8050010, www.ghwk.de; tgl. 10–18 Uhr, Eintritt kostenlos. ▸ S-Bahn Wannsee, weiter mit Bus 114.

**Liebermann-Villa**, Museum und Künstlerhaus, Colomierstraße 3, 14109 Berlin, Tel. 80585900, www.liebermann-villa.de; April–Sept. tgl. außer Di 10–18 Uhr, Do 10–20 Uhr, Okt.–März tgl. außer Di 11–17 Uhr. ▸ S-Bahn Wannsee, weiter mit Bus 114.

**Museen Dahlem**, Ethnologisches Museum, Museum Europäischer Kulturen, Museum für Asiatische Kunst, Lansstraße 8, 14195 Berlin, Tel. 266424242, www.smb.museum; die Sammlungen werden 2018 komplett ins neue Stadtschloss gegenüber der Museuminsel ziehen. Die weitere Nutzung der Gebäude in Dahlem ist noch unklar. Di–Fr 10–18 Uhr, Sa/So 11–18 Uhr. ▸ U-Bahn Dahlem-Dorf, Karte L4.

**Museumsdorf Düppel** (Entwicklungsgeschichte des mittelalterlichen Dorfes), Clauertstraße 11, 14163 Berlin, Tel. 8026671, www.dueppel.de; April–Okt. So und feiertags 10–17 Uhr, Do 15–19 Uhr, letzter Einlass jeweils eine Stunde vor Schluss, an Sonn- und Feiertagen Führung um 11 Uhr. ▸ S-Bahn Zehlendorf, weiter mit Bus 115 Richtung Neuruppiner Straße.

**Pfaueninsel**, Parklandschaft mit Schloss und Meierei, am Ende der Pfaueninselchaussee, 14109 Berlin, www.pfaueninsel.info; Nov.–Feb. 10–16, März–April und Sept.–Okt. 9–18, Mai–Aug. 8–21 Uhr. Hunde können nicht mitgenommen werden. ▸ S-Bahn Wannsee, weiter mit Bus 218 Richtung Pfaueninsel, die Fähre legt direkt an der Bushaltestelle ab und fährt nach Bedarf. Im **Wirtshaus zur Pfaueninsel** gegenüber der Anlegestelle gibt es Deftiges, im Sommer lockt ein Biergarten direkt an der Havel.

**Schloss Glienicke**, Königstraße 36, 14109 Berlin, Tel. 80586750, www.spsg.de; April–Okt. Di–So. 10–18, Nov.–März Sa, So und an Feiertagen 10–17 Uhr. Der weitläufige Schlosspark ist immer zugänglich. ▸ S-Bahn Wannsee, weiter Bus 316 Richtung Glienicker Brücke.

# Aktivitäten für Kinder

**Legoland Discovery Centre**, Potsdamer Straße 4, 10785 Berlin, Tel. 3010400, www.legolanddiscoverycentre.de; tgl. 10–19 Uhr. ▸ U2, S1, S2, S25 Potsdamer Platz, Karte F8.

**Machmit! Museum für Kinder**, Senefelder Straße 5/6, 10437 Berlin, Tel. 74778200, www.machmitmuseum.de, Das Museum versteht sich als Erinnerungsmaschine und stellt Kindern Alltagsdinge aus verschiedenen Epochen vor, darüber hinaus wollen Spiegelkabinett, Druckwerkstatt und Seifenladen erkundet sein. Das Monatsprogramm bietet Workshops, Theater und Filme für Kids. ▸ U2 Senefelderplatz, S-Bahn Prenzlauer Allee, Karte C11.

**Labyrinth-Kindermuseum**, Osloer Straße 12, 13359 Berlin, Tel. 800931150, www.kindermuseum-labyrinth.de; Fr und Sa 13–18 Uhr, So 11–18 Uhr, während der Berliner Schulferien tgl. Hier können Kinder unterschiedlichste Dinge sinnlich erforschen: Anfassen, basteln, klettern, hüpfen, toben sind hier nicht nur erlaubt, sondern museumspädagogisches Programm. ▸ U-Bahn Pankstraße, Osloer Straße, Karte B9.

**Kinderfreibad Monbijou** → S. 439.
**Museumsdorf Düppel** → S. 454.
**Zoo** → S. 215, 450.
**Tierpark** → S. 350, 452.
**Sea Life Center** → S. 127, 456.
**Deutsches Technikmuseum** → S. 291, 452.

**Jugendfarm Lübars**, Alte Fasanerie 10, 3459 Berlin, Tel. 21466735, www.jugendfarm-und-familienfarm-luebars.de, April–Okt. tgl. 10–18, sonst bis 17.30 Uhr. Auf dem Bauernhof bekommen Kinder und Jugendliche einen spielerischen Einblick in das Leben auf dem Land. ▸ Bus X21 bis Endhaltestelle Quickborner Straße.

**Freizeit- und Erholungszentrum FEZ**, An der Wuhlheide 197, 12459 Berlin, Tel. 53071-0, www.fez-berlin.de; tgl. ab 9 bzw. 10 Uhr (in den Ferien), am Wochenende nur nachmittags. In der Wuhlheide im Südosten Berlins liegt dieses riesige Freizeitzentrum mit Spielplätzen, Schwimmhallen, Werkstätten, Kinos, Theater, Museum und einer Kindereisenbahn. ▸ S-Bahn Wuhlheide.

**Biosphäre Potsdam** → S. 456.
**Filmpark Babelsberg** → S. 456.

*Spielplatz in der Hasenheide*

# Potsdam-Informationen

## Touristeninformation
Besucherzentrum, An der Orangerie 1, 14469 Potsdam, Tel. 0331/9694200; April–Okt. tgl. 8.30–18, Nov.–März 8.30–17 Uhr.

## Anreise
Ab Berlin – je nach Ziel in Potsdam – mit der S-Bahn (S7) bis Griebnitzsee, Babelsberg oder Potsdam Hauptbahnhof (Hbf). In Potsdam gelten die Tickets des Berliner ABC-Tarifs. Eine schöne Alternative ist auch die Anreise mit dem Ausflugsschiff, z.B. ab Berlin-Wannsee (www.sternundkreis.de).

## Unterwegs in Potsdam
**Öffentlicher Nahverkehr**, wie man in Potsdam mit Bus oder Tram von A nach B kommt, lässt sich mittels Internetportal ermitteln, www.vbb-fahrinfo.de.
**Ausflugsdampfer**, Anleger Lange Brücke, Tel. 0331/2759233, www.schifffahrt-in-potsdam.de. 90-minütige Schlösserrundfahrten und div. andere Touren, mehrmals tgl. ▶ S-Bahn Potsdam Hauptbahnhof.
**Potsdamer Wassertaxi**, Lange Brücke 6, 14467 Potsdam, Tel. 0331/2759210, www.potsdamer-wassertaxi.de. Die auffälligen gelb-schwarzen Schiffe verbinden durch 16 Haltestellen die wichtigsten Sehenswürdigkeiten.
**Fahrrad- und Bootsverleih**, Fahrradstation am Potsdamer Hauptbahnhof, Fahrräder und Kajaks am S-Bahnhof Griebnitzsee, Tel. 0331/7480057, www.potsdam-per-pedales.de. ▶ S-Bahn Griebnitzsee, Potsdam Hauptbahnhof.

## Sehenswertes
**Biosphäre Potsdam**, Georg-Hermann-Allee 99, 14469 Potsdam, Tel. 0331/550740, www.biosphaere-potsdam.de; Mo–Fr 9–17.30 Uhr, letzter Einlass 16.30 Uhr, Sa und So 10–18.30 Uhr, letzter Einlass 17.30 Uhr, aktuelles Veranstaltungsprogramm im Internet. ▶ S-Bahn Potsdam Hauptbahnhof, weiter mit Tram 96 bis Volkspark.
**Dampfmaschinenhaus**, Breite Straße 28, 14471 Potsdam, Telefon 0331/9694225, www.spsg.de; Mai–Okt. Sa, So und feiertags 10–18 Uhr. Das Haus beherbergt die Dampfmaschine, mit deren Hilfe früher die Fontäne von Schloss Sanssouci zum Sprudeln gebracht wurde, architektonisch verpackt wurde die Technik in einem orientalisch anmutenden Bauwerk im Stil einer Moschee. ▶ S-Bahn Potsdam Hauptbahnhof, weiter mit Tram 91 (Richtung Pirschheide) bis Feuerbachstraße.
**Filmmuseum Potsdam**, Breite Straße 1, 14467 Potsdam, Tel. 0331/271810, www.filmmuseum-potsdam.de; Cineastische Ausstellungen und Kino im einstigen Reitpferdestall der Preußenkönige. Wegen Renovierung bis Frühjahr 2014 geschlossen ▶ S-Bahn Potsdam Hauptbahnhof.
**Heilandskirche Sacrow**, Krampnitzer Straße, 14469 Berlin, Telefon 0331/293170, www.spsg.de; März, Aprl, Sept und Okt Di–So 10–15.30, Mai bis Aug 10–16 Uhr, Nov–Febr Sa u. So 10–15 Uhr. Bei Gottesdiensten, Trauungen u.a. sind Besichtigungen nicht möglich. ▶ S-Bahn Potsdam Hauptbahnhof, von dort Bus 639 bis Neu-Fahrland, weiter mit Bus 697 bis Schloss Sacrow.
**Jan-Bouman-Haus**, Mittelstraße 8, 14467 Potsdam, Tel. 0331/2803773; Mo–Fr 13–18 Uhr, Sa, So und feiertags 11–18 Uhr, Führungen nur nach Voranmeldung. ▶ S-Bahn Potsdam Hauptbahnhof, weiter mit Bus 605 bis Platz der Einheit.

**Filmpark Babelsberg**, Großbeerenstraße, 14482 Potsdam, Telefon 0331/7212750, www.filmpark-babelsberg.de; Ende März bis Anfang Nov 10–18 Uhr, Sept Di–So, sonst täglich. ▸ S-Bahn Babelsberg, weiter mit Bus 690.

**Schloss Babelsberg,** Park Babelsberg 10, 14482 Potsdam, Tel. 0331/9694250, www.spsg.de. Wegen Sanierungsmaßnahmen ist das Schloss derzeit nicht zugänglich. ▸ S-Bahn Babelsberg, weiter mit Bus 694.

**Schloss Cecilienhof,** Im Neuen Garten 11, 14469 Potsdam, Telefon 0331/9694200, www.spsg.de; April-Okt. Di–So 10–18, Nov.–März Di–So 10–17 Uhr. ▸ S-Bahn Potsdam Hauptbahnhof, weiter mit Bus 695 bis Rathaus, dann Bus 603 bis Cecilienhof.

**Schloss Sanssouci,** Maulbeerallee, 14469 Potsdam, Tel. 0331/9694200, www.spsg.de; April–Okt. Di–So 10–18 Uhr, Nov.–März Di–So 10–17 Uhr. ▸ S-Bahn Potsdam Hauptbahnhof, weiter mit Bus 606 oder 614 bis Schloss Sanssouci.

**Schlosspark Sanssouci,** der Park hat mehrere Eingänge mit Parkmöglichkeiten am Luisenplatz, in der Maulbeerallee, am Neuen Palais und an der Geschwister-Scholl-Straße, Infos zu den Sehenswürdigkeiten und Führungsterminer erteilt das Besucherzentrum an der Historischen Mühle, An der Orangerie 1, 14469 Potsdam, Tel. 0331/9694200, www.spsg.de. ▸ S-Bahn Potsdam Hauptbahnhof, weiter mit Bus bis Luisenplatz (605, 606, 631 oder X5).

**Sehenswürdigkeiten im Park** (letzter Einlass generell 30 min. vor Schließzeit): **Belvedere auf dem Klausberg,** An der Orangerie 1, 14469 Potsdam; Mai–Okt. Sa, So und feiertags 10–18 Uhr.

**Bildergalerie,** Im Park Sanssouci 4; Mai–Okt. Di–So 10–18 Uhr.

**Chinesisches Haus,** Am Grünen Gitter; Mai–Okt. Di–So 10–18 Uhr.

**Historische Mühle,** Maulbeerallee 5; April–Okt. tgl. 10–18, Nov. und Jan.–März Sa und So 10–16 Uhr.

**Neue Kammern**; April Sa, So und feiertags 10–18, Mai–Okt. Di–So 10–18, Nov.–März Mi–Mo 10–17 Uhr.

**Neues Palais,** Am Neuen Palais, 14469 Potsdam, Tel. 0331/9694361; April–

*Schloss Sanssouci ist ein Besuchermagnet*

Okt. Mi–Mo 10–18, Nov.–März Mi–Mo 10–17 Uhr, Achtung: Im Frühjahr 2012 wegen Vorbereitung einer Ausstellung geschlossen.
**Normannischer Turm** auf dem Ruinenberg, Mai–Okt. Sa, So und feiertags 10–18 Uhr.
**Orangerieschloss und Turm**, An der Orangerie 3–5; April Sa, So und feiertags 10–18, Mai–Okt. Di–So 10–18 Uhr.
**Römische Bäder**, Park Sanssouci, Mai–Okt. Di–So 10–18 Uhr.
**Schloss Charlottenhof**, Geschwister-Scholl-Straße 34 a, 14471 Potsdam, Tel. 0331/9694228; aus betriebstechnischen Gründen bis auf weiteres geschlossen.
**Studio Babelsberg**, August-Bebel-Straße 26, 14482 Potsdam, Telefon 0331/72122131, www.studiobabelsberg.com. Studio-Tour nur auf Anfrage für Gruppen ab 5 Personen, Mindestalter 18 Jahre, verbindliche Anmeldung mindestens 14 Tage im Voraus, auch online unter besucherdienst@studiobabelsberg.com. ▸ S-Bahn Griebnitzsee.

## Restaurants
**Alexandrowka Haus 1**, Russisches Restaurant und Teestube, Russische Kolonie 1, 14469 Potsdam, Telefon 0331/2006478, www.alexandrowka-haus1.de; Mo geschl. Kosakentopf, Pelmeni, Soljanka, Borschtsch und Bliny – hier wartet Russland mit seinen kulinarischen Highlights auf, außerdem gibt's wechselnde Tagesgerichte und selbstverständlich Tee aus dem Samowar, russisches Bier und Wein von der Krim – zu fairen Preisen. ▸ S-Bahn Potsdam Hauptbahnhof, weiter mit Tram 92 bis ›Am Schragen‹.
**Kades Restaurant Am Pfingstberg,** Große Weinmeisterstraße 43b, 14469 Potsdam, Tel. 0331/293533, www.restaurant-pfingstberg.de; Mo geschl. Beliebtes Ausflugsrestaurant mit guter regionaler Küche, Gartenterrasse mit schöner Aussicht über die Potsdamer Gartenlandschaft. ▸ S-Bahn, Regionalbahn Potsdam Hauptbahnhof, weiter Bus 638 bis ›Pfingstberg‹.
**Ristorante Cancello**, Nauener Tor (Westflügel), 14467 Potsdam, Tel. 0331/8170272, www.cancello.de. Guter Italiener am Rand des Holländischen Viertels. ▸ S-Bahn, Regionalbahn Potsdam Hauptbahnhof, Tram 92 bis ›Nauener Tor‹.
**Café Guam**, Mittelstraße 38, 14467 Potsdam, www.cafe-guam.de; tgl. ab 11 Uhr. Das gemütliche Lokal liegt im Holländischen Viertel und verwöhnt seine Gäste – hinter der adretten Backsteinfassade – mit köstlichen Käsekuchen. Bis zu 30 Variationen stellt der hauseigene Konditor täglich zur Wahl. ▸ S-Bahn, Regionalbahn Potsdam Hauptbahnhof, Tram 92 bis ›Nauener Tor‹
**Meierei Brauhaus**, Im Neuen Garten 10, 14469 Potsdam, Telefon 0331/7043211, www.meierei-potsdam.de. Zu selbstgebrauten Bieren gibt's Deftiges aus der Berlin-Brandenburgischen Regionalküche, und der Biergarten versüßt die Einkehr mit einem traumhaften Blick über den Jungfernsee. ▸ S-Bahn, Regionalbahn Potsdam Hauptbahnhof, weiter mit Bus 695 bis Rathaus, dann Bus 603 bis Cecilienhof.

## Ausgehen
**Hans Otto Theater**, Schiffbauergasse 11, 14467 Potsdam, Tel. 0331/98118, www.hansottotheater.de. Das wichtigste Theater Brandenburgs. ▸ S-Bahn Potsdam Hauptbahnhof und dann Tram 99.
**Waschhaus**, Schiffbauergasse 6, 14467 Potsdam, Tel. 0331/271560, www.waschhaus.de. Tanz, Film – im Sommer Freilichtkino. ▸ S-Bahn, Regionalbahn Potsdam Hauptbahnhof, weiter mit Tram 99 oder Bus N16.

## Feste/Festivals

### Ende April/Anfang Mai
**Sehsüchte,** Thalia Kino, Potsdam-Babelsberg, www.sehsuechte.de. Internationales Studentenfilmfest der Hochschule für Film und Fernsehen, Publikumsfestival und Treffpunkt des internationalen Filmnachwuchses mit Workshops und Partys im Begleitprogramm.

### Juni
**Musikfestspiele Potsdam Sanssouci,** Schloss und Schlosspark Sanssouci, www.musikfestspiele-potsdam.de. Konzerte, Oper, Tanz und Schauspiel.

### August
**Potsdamer Schlössernacht,** Mitte August im Schlosspark Sanssouci, www.schloessernacht.de. Eine magische Nacht mit historischen Kostümen, Konzerten und Feuerwerk. Der Vorverkauf beginnt im Oktober des Vorjahres, die Karten sind meist schnell vergriffen. Es gibt ein Zusatzkonzert am Vorabend.

### September
**Potsdamer Jazzfestival,** ein langes Wochenende im September, an verschiedenen Orten, www.potsdamer-dreiklang.de Das vielseitige Spektrum des Jazz.

# Die Autoren

**Susanne Kilimann,** Jahrgang 1963, lebt und arbeitet seit 1991 in Berlin. Den spannenden Alltag in der zusammenwachsenden Stadt lernte sie zunächst als Journalistin einer Nachrichtenagentur aus unterschiedlichsten Blickwinkeln kennen. Heute beschäftigt sie sich vornehmlich mit Wirtschafts- und Technikthemen. Nebenbei hat sich die freie Journalistin zur Stadtführerin ausbilden lassen und genießt es, wenn sie Berlin-Neulinge auf gemeinsamen Streifzügen mit der eigenen Begeisterung für die Stadt und ihre bunten Kieze anstecken kann.

**Rasso Knoller,** Jahrgang 1959, lebt und arbeitet als freier Reisejournalist seit 1999 in Berlin. Er hat bisher mehr als 50 Sachbücher verfasst; darüber hinaus schreibt er regelmäßig für deutsche und österreichische Zeitungen und Magazine. Berlin und seine Kulturszene durchstreift er nicht nur zu Recherchezwecken.

**Christian Nowak,** Jahrgang 1954, lebt und arbeitet als freier Reisejournalist und Fotograf in Berlin. Er ist Autor von mehr als drei Dutzend Reiseführern und Bildbänden, außerdem schreibt er für Magazine und Zeitungen. Als gebürtiger Berliner möchte er in keiner anderen Stadt leben.

Rasso Knoller und Christian Nowak gehören dem Büro ›Die Reisejournalisten‹ (www.die-reisejounalisten.de) an und betreiben das Internetreiseportal www.weltreisejournal.de.

# Literatur

Die Liste der Buchtitel zu Berlins Geschichte und Kultur ist mindestens ebenso lang wie die der Romane und Geschichten, in denen die Stadt eine Hauptrolle spielt. Hier nur eine kleine Auswahl.

## Geschichte

**Bienert, Michael**; Buchholz, Elke Linda: Die Zwanziger Jahre in Berlin. Ein Wegweiser durch die Stadt, Berlin Story, Berlin 2005

**Glatzer, Ruth**: Das Wilhelminische Berlin, Berlin 1997

**Hartmann, Rainer**: Berlin. Ein Rundgang vor und nach dem Mauerfall, Edition Braus, Berlin 2008

**Heinrich, Gert**: Kulturatlas Berlin. Ein Stadtschicksal in Karten und Texten. Berlin 2007

**Neugebauer, Wolfgang**: Die Geschichte Preußens. Von den Anfängen bis 1947. Piper, München 2006

**Oster, Uwe A.**: Preußen. Geschichte eines Königreichs. Piper, München 2010

**Rott, Wilfried**: Die Insel. Eine Geschichte West-Berlins 1948-1990, C.H. Beck, München 2009

**Stöver, Bernd**: Geschichte Berlins. C.H. Beck Wissen, München 2010

**Viergutz, Volker**: Die Berliner Mauer 1961–1989. Fotografien aus den Beständen des Landesarchivs Berlin, Berlin Story, Berlin 2011

**Winteroll, Michael**: Die Geschichte Berlins. Ein Stadtführer durch die Jahrhunderte, Nicolai, Berlin 2007

## Belletristik

**Bienert, Michael (Hrsg)**: Joseph Roth in Berlin. Ein Lesebuch für Spaziergänger, Kiepenheuer & Witsch, Köln 2010

**Bienert, Michael**: Wege durch den Text der Stadt, Klett-Cotta, München 2004

**Döblin, Alfred**: Berlin Alexanderplatz, dtv, München 1965

**Evers, Horst**: Wedding. 37 Geschichten über die Perle unter Berlins Stadtteilen, Fahner Verlag 2001

**Fontane, Theodor**: Frau Jenny Treibel, dtv, München 2007

**Gommel, Julia und Steffen (Hrsg.)**: Berlin. Eine Lese-Verführung, Fischer, Frankfurt a.M. 2009

**Hannemann, Uli**: Neulich in Neukölln. Notizen von der Talsohle des Lebens, Ullstein, Berlin 2008

**Ders.**: Hipster wird's nicht. Berlin Verlag, Berlin 2014. Der ultimative Roman zur Wandlung Neuköllns vom Problembezirk zum internationalen Hipster-Paradies.

**Gröschner, Annett**: Parzelle Paradies. Berliner Geschichten, Edition Nautilus, Hamburg 2008

**Hein, Jakob**: Gebrauchsanweisung für Berlin, Piper, München 2009

**Kaminer, Wladimir**: Ich bin kein Berliner. Ein Reiseführer für faule Touristen, Goldmann, München 2007

**Lenze, Nele (Hrsg.)**: Tucholsky in Berlin. Gesammelte Feuilletons 1912-1930, Berlin Story, Berlin 2007

**Sparschuh, Jens**: Ich dachte, sie finden uns nicht, Kiepenheuer & Witsch, Köln 1997

**Tergit, Gabriele**: Atem einer anderen Welt. Berliner Reportagen. Suhrkamp, Frankfurt a.M. 1994

**Dies.**: Käsebier erobert den Kurfürstendamm. Schöffling, Frankfurt am Main 2017

**Zimmer, Dieter**: Für'n Groschen Brause. Eine liebenswerte Familienchronik aus unliebsamen Zeiten. Bastei Lübbe, Köln 2003

## A

Abbado, Claudio  210
Admiralbrücke  298
Admiralspalast  174
Afrikanisches Viertel  265
Akademie der Künste  105, 443
Akademie der Künste am Hanseatenweg  220
Akazienstraße  97, 316
Alexa  431
Alexanderplatz  97, 130
Alliierten-Museum  364, 454
Alte Nationalgalerie  120, 443
Alter Garnisonfriedhof  28
Alter Marstall  139
Alter St. Matthäus-Kirchhof  28
Altes Museum  120, 443
Alte Synagoge  129
Amerikahaus  216
Anhalter Bahnhof  286
Ankerklause  93
Anlegestellen  390
Anne-Frank-Zentrum  159, 443
Anreise  16
Anreise mit dem Auto  384
Anreise mit dem Bus  385
Anreise mit dem Flugzeug  386
Anreise mit der Bahn  384
Antikensammlung  124
Anti-Kriegs-Museum  273, 451
AquaDom  127
Aquarium  217, 450
Archenhold-Sternwarte  355, 453
ARD-Hauptstadtstudio  194, 443
Arena  93, 354
Astra Kulturhaus  88
Auguststraße  83, 87, 160
Ausflugsdampfer  340, 390
Ausgehen  85
Außenministerium  144
Aussichtspunkte  392
Ausstellung ›Alltag in der DDR‹  82
Ausstellung Berliner Leben im Biedermeier  136
AVUS  368

## B

Badeschiff  93, 301, 353, 439
Bahnhof Friedrichstraße  172, 385
Bahnhof Gesundbrunnen  385
Bahnhof Potsdamer Platz  385
Bahnhof Spandau  385
Bahnhof Südkreuz  385
Bahnhof Wannsee  385
Bahnhof Zoologischer Garten  215, 385
Baluschek, Hans  321
Band des Bundes  186, 191
Bar jeder Vernunft  76
Bauhaus-Archiv  214, 449
Bayerisches Viertel  317
Beachvolleyball  439
Bebelplatz  113
Bendlerblock  212
Berggruen, Heinz  241
Berghain  88
Bergmannstraße  91, 296
Bergmannstraßenfest  296, 429
Berlinale  78, 428
Berlin-Blockade  324
Berliner Bär  140
Berliner Dom  117, 443
Berliner Ensemble  75, 171, 422
Berliner Festspiele  428
Berliner Mauer  190
Berliner Mauerweg  190, 393
Berliner Moderne  67
Berliner Philharmoniker  210
Berliner Stadtmuseum  137
Berliner Story Bunker  287
Berliner Unterwelten  270
Berlin Festival  429
Berlin-Informationen  383–456
Berlinische Galerie  293, 451
Berlin-Marathon  429
Berlin Museum  110, 443
Berlin Music Week  429
Berlin Story  110
Bernauer Straße  266
Berson, Arthur  329
Bezirke  61
Biedermann, Karl  258
Biergärten/Strandbars  421
Bikini Berlin (Bikinihaus)  97, 431
Bikini-Haus  225
Bilse, Benjamin  210
Bismarck, Otto von  228
Bismarckstraße  234
BKA (Berliner Kabarettanstalt)  422
Bleibtreustraße  94
Blue Man Group  76
Bluemax Theater  423
Bode-Museum  123, 443
Bode, Wilhelm von  124
Böhmisches Dorf  303
Bootsverleih  440
Borchard, Leo  210
Borofsky, Jonathan  354
Borsig, August  36, 342
Borsigwerke  342
Botanischer Garten  364
Botschaftsviertel  212
Bötzowviertel  263
Boule  439
Boxhagener Platz  88, 283
Brandenburger Tor  102
Brandlhuber, Arno  *163*

Brauhaus Spandau 334
Braunfels, Stephan 191, 192
Brecht, Bertolt 75, 169
Brecht-Weigel-Haus 169, 443
Breite Straße (Mitte) 138
Breslauer Platz 322
Britische Botschaft 107
Britzer Garten 310
Bröhan-Museum 241, 448
Brücke-Museum 364, 454
Buddhistisches Haus 348, 453
Bundeskanzleramt 188, 443
Bundespressekonferenz 192
Buslinie 100 215
Busoni, Ferruccio 322
Bus-Rundfahrten 389

## C

Café Einstein 110
Café Einstein Stammhaus 404
Café Kranzler 227
Calatrava, Santiago 284
Carillon 222
Ceciliengärten 321, 452
Celibidache, Sergiu 210
Chamäleon 76
Chamissoplatz 296
Charité 200
Charlottenburg 94, 223
Charlottenburger Tor 217
Chausseestraße 169
Checkpoint Charlie 48, 51, 291, 452
Chipperfield, David 121
Christopher Street Day 73, 429
Clärchens Ballhaus 87, 161, 401
Classic Remise 240, 449
Clay, Lucius 326
Club der Visionäre 93
Clubs und Kneipen 414

C/O Berlin 448
Comedian Harmonists 320
Comeniusgarten 305
Computerspielemuseum 281, 451
Corbusier, Le 67
Currywurst 257

## D

Dahlem 362
Dalí-Museum 183, 443
DDR-Museum 82, 125, 443
Delphi-Filmpalast 231
Denkmal für die ermordeten Juden Europas 183, 443
Denkmal für die im Nationalsozialismus ermordeten Sinti und Roma 185
Design 83
Deutsch-Amerikanisches Volksfest 429
Deutsche Bank Kunsthalle 444
Deutsche Kinemathek - Museum für Film und Fernsehen 444
Deutsche Oper 75, 236, 423
Deutscher Dom 148, 444
Deutsches Historisches Museum 82, 116, 444
Deutsches Spionagemuseum 183
Deutsches Technikmuseum 291, 451
Deutsches Theater 75, 423
Deutsch-Französisches Volksfest 428
DFB-Pokalendspiel 428
Dietrich, Marlene 322
Dock 11 423
Dokumentationszentrum Berliner Mauer 82, 268

Domäne Dahlem 362, 454
Dong Xuan Center 437
Dorotheenstädtischer Friedhof 170, 444
Dresen, Andreas 259
Dussmann 430
DZ-Bank 106

## E

East Side Gallery 284
Ehemaliges Staatsratsgebäude 143
Ehrenmal für die gefallenen sowjetischen Soldaten 355
Einkaufen 97, 430
Elisabeth Christine (Königin, Gattin Friedrichs II.) 349
Engelbecken 298
Englischer Garten 219
EnglishTheatre Berlin 423
Ephraim-Palais 137, 444
Erkner 361
Ernst-Reuter-Platz 234
Essen und Trinken 401
Ethnologisches Museum 454
Europa-Center 225

## F

Fähre F11 356
Fahrenkamp, Emil 66
Fahrradverleih 389
Fährschiffe der BVG 391
Falckensteinstraße 92
Fasanenstraße 229
Fechter, Peter 196
Fernsehturm 132, 444
Festival of Lights 429
Festspielhaus Berlin 423
Fête de la Musique 428
Film 77
Filmmuseum Berlin 180, 444
Flick, Friedrich Christian 200
Flohmärkte 98, 436

Flughäfen 21, 386
Flughafen Schönefeld 386
Flughafen Tegel 386
Flughafen Tempelhof 324, 453
Fontane, Theodor 70, 135
Forschungs- und Gedenkstätte Normannenstraße 281
Foster, Norman 68, 198, 363
Frank, Charlotte 186
Frankfurter Tor 278
Französische Botschaft 105
Französischer Dom 148, 444
Freibad Lübars 439
Freibad Plötzensee 439
Freie Universität Berlin 363
Freiheitsglocke 319
Freilichtkino 427
Freizeitpark Lübars 345
Friedenau 319
Friedenauer Künstlerfriedhof 322
Friedhof der Märzgefallen 277
Friedhöfe am Halleschen Tor 28
Friedrich, Ernst 273
Friedrich III. (Kurfürst) 64
Friedrich II. (König von Preußen, der ›Große‹) 34, 111
Friedrich I. (König von Preußen) 32
Friedrich-Ludwig-Jahn-Stadion 254
Friedrichshain 88, 276
Friedrichstadtpalast 76, 170, 423
Friedrichstraße 97, 150, 170
Friedrichswerdersche Kirche 145, 444
Friedrichswerderscher Friedhof 444
Friedrich VI. von Nürnberg (Kurfürst Friedrich II.) 30
Friedrich Wilhelm (der ›Große Kurfürst‹) 31
Friedrich Wilhelm III. (König von Preußen) 34
Friedrich Wilhelm I. (König von Preußen, der ›Soldatenkönig‹) 33
Friedrich Wilhelm IV. (König von Preußen) 37
Frisch, Max 320
Fritzclub 88
Froboess, Conny 341
Frohnau 347
Frommermann, Harry 319
Funkturm 234, 448
Furtwängler, Wilhelm 210

### G
Galerien 82
Galeries Lafayette 150, 430
Galeries Lafayettes 401
Gaslaternen-Museum 218
Gasometer 322
Gatow 336
Gedenkort Weiße Kreuze 195
Gedenkstätte Berliner Mauer 266, 451
Gedenkstätte der 3000 Interbrigadisten 278
Gedenkstätte Deutscher Widerstand 212, 449
Gedenkstätte Hohenschönhausen 351
Gedenkstätte Plötzensee 273, 448
Gedenkstätte Stille Helden 445
Gehry, Frank O. 68, 106
Gemäldegalerie 206, 449

Gendarmenmarkt 87, 146
Georg-Kolbe-Museum 243, 448
Gerichtshöfe 265, 451
Gerichtslaube 136
Gerkan, Meinhard von 187
Gerstenberg, Otto 241
Gesundbrunnen 268
Gethsemanekirche 258, 451
Gipsformerei 242, 448
Glienicker Brücke 371
Goerz-Höfe 452
Goltzstraße 316
Görlitzer Park 300
Göthe, Eosander von 64
Gotisches Haus 335, 453
Grass, Günter 320
Grassi, Giorgio 68
Greenwichpromenade 340
Grenz- und Geisterbahnhöfe im geteilten Berlin (Ausstellung) 268
Grips-Theater 221
Gropius, Martin 278, 288
Gropius, Walter 67
Große Hamburger Straße 166
Gründgens, Gustaf 75
Grunewald 365
Gruselkabinett 287
Gueffroy, Chris 195
Gutspark Britz 311

### H
Hackesche Höfe 157, 445
Hackescher Markt 86, 156
Hamburger Bahnhof 199, 445
Hanf-Museum 137, 445
Hansaviertel 220
Hardenberg, Karl August Fürst von 35

Hasenheide 307
Hasenhüttl, Gotthold 258
Hauptbahnhof 19, 186, 384
Hauptmann, Gerhart 135
Haus Cumberland 229
Haus der Kulturen der Welt 222, 450
Haus der Wannseekonferenz 369, 454
Haus Liebermann 105, 445
Haus Schwarzenberg 158
Haus Unter den Linden 447
Hausvogteiplatz 146
Havelchaussee 366
Hebbel am Ufer (HAU) 75, 423
Heckmann-Höfe 161
Heimathafen Neukölln 423
Heine, Heinrich 135
Heinrich-Zille-Museum 138, 445
Helmholtzplatz 85, 259
Hermannplatz 307
Herrmann-Neiße, Max 320
Historischer Hafen 138
Hoffmann, Ludwig 124, 277
Hohenzollerngruft 119
Holzmarkt Pampa 285
Hotel Adlon 107
Hubertussee 347
Hufeisensiedlung 311
Hugenottenmuseum 148, 445
Humboldt, Alexander von 340
Humboldt-Bibliothek 339
Humboldt-Box 143, 445
Humboldthöhe 269
Humboldtmühle 339
Humboldt-Universität 114
Humboldt, Wilhelm von 35, 340

Hunzinger, Ingeborg 129
Husemannstraße 260

**I**
IBM-Haus 234
Ibsen, Henrik 135
Ihne, Ernst von 123
Information 16
Insel der Jugend 355
Internationales Congress Centrum (ICC). 234
Internationales Literaturfestival 429
Invalidensiedlung 347

**J**
Jahndorf, Adolf 228
Jahn, Helmut 68, 227
Jakob-Kaiser-Haus 194, 445
Johnson, Uwe 320
Jüdischer Friedhof Schönhauser Allee 252, 451
Jüdischer Friedhof Weißensee 350
Jüdischer Gang 261
Jüdisches Museum 292, 451

**K**
Kabarett-Theater Distel 75
KaDeWe 224, 431
Kaffee Burger 96
Kaiser, Jakob 194
Kaiser-Wilhelm-Gedächtniskirche 224, 448
Kant-Dreieck 231
Kantstraße 230
Kapelle der Versöhnung 267
Karajan, Herbert von 210
Karl-Marx Allee 278
Karl-Marx-Straße 306
Karneval der Kulturen 428
Kastanienallee 86, 97, 254
Kästner, Erich 320

Kater Blau 285
Käthe-Kollwitz-Museum 229, 448
Kennedy, John F. 48, 105, 317
Kennedy-Museum 105, 446
Kinderfreibad Monbijou 439, 455
Kino International 280
Kinos 426
Kladow 336, 369
Kleihues, Josef Paul 231
Kleistgrab 369
Klettern 440
Klima 26
Knef, Hildegard 228
Knobelsdorff, Georg Wenzeslaus von 64, 204
Knoblauch, Eduard 165
Knoblauchhaus 136, 446
Koch, Robert 40
Kolbe, Georg 243
Kolk und Behnitz 334
Kollhoff-Tower 450
Kollwitz, Käthe 260
Kollwitzplatz 85, 260
Komische Oper 75, 110, 424
Kommandantur 116
Königliche Porzellanmanufaktur 218
Königliche Porzellan-Manufaktur 448
Konnopke 256
Konzert 75
Konzerthaus 148
Konzerthaus Berlin 424
Konzert und Theater 422
Köpenick 353, 357
Körnerpark 305
Kottbusser Tor 297, 298
Kreuzberg 91, 286, 294
Kreuzbergmuseum 300, 451
Kreuzkölln 308
Kronprinzenpalais 116
Kulturbrauerei 85, 252
Kulturforum 206

Kunstgewerbemuseum 209, 450
Künstlerhaus Bethanien 451
Kunstwerke 83
Kupferstichkabinett 208, 450
Kurfürstendamm 97, 227, 228

## L

Labyrinth–Kindermuseum 455
Landwehrkanal 214
Langhans, Carl Gotthard 64, 102
Lebensmittel 437
Legoland Discovery Centre 180, 455
Leibnitz, Robert 229
Leipziger Platz 182
Leise-Park 264
Lenné, Peter Joseph 37, 349, 351
Lesebühnen 84
Lesser, Ludwig 345
Libeskind, Daniel 68, 292
Liebermann, Max 40, 105, 369
Liebermann-Villa 369, 454
Liebknecht, Karl 41
Lietzensee 233
Lindwerder 338
Lippenstiftmuseum 448
Literarisches Colloquium 84
Literaturhaus 403
Literaturhaus Berlin 84, 229
Literaturkaufhaus Dussmann 84
Litfaß, Ernst 155
Litfin, Günther 195
Löbe, Paul 191
Lübars 346
Lüders, Marie Elisabeth 192
Ludolfingerplatz 347
Ludwig-Erhard-Haus 231
Luftbrücke 46, 326
Luisenstädtischer Kanal 298
Luxemburg, Rosa 41

## M

Machmit! Museum für Kinder 455
Madame Tussauds 446
MaerzMusik 428
Mall of Berlin 98, 183, 431
Märchenbrunnen 277
Mariannenplatz 300
Marie-Elisabeth-Lüders-Haus 192
Marienkirche 446
Märkisches Museum 138, 446
Märkisches Viertel 345
Markt am Maybachufer 309
Märkte 436
Markthalle 9 409
Martin-Gropius-Bau 287, 451
Marx-Engels-Forum 127
Mauerbau 47, 266
Mauergedenkstätte Bernauer Straße 266
Mauergedenkstätte Brandenburger Tor 104
Mauermuseum am Checkpoint Charlie 82, 291, 452
Mauerpark 254
Mauerweg 190
Mausoleum von Königin Luise 239
Maxim-Gorki-Theater 75, 115, 424
Max-Schmeling-Halle 254
Maybachufer 309
Medizinhistorisches Museum 201, 446
Mehringdamm 296
Memhardt, Johann Gregor 116
Mendelsohn, Erich 229
Mendelssohn, Moses 134
Mercedes-Benz Arena 285
Messegelände 234
Messel, Alfred 124, 317
Meyer-Dabisch, Volker 301
Mitte 86
Mitte-Museum 268, 451
Moabiter Werder 221
Möbel Olfe 91
Moessinger, Irene 286
Molecule Men 352, 354
Monbijoupark 86, 169
Moore, Charles 339
Moorlake 370
Moritzplatz 298
Mossehaus 289
Motzstraßenfest 428
Müggelsee 359
Müggelturm 360, 453
Müller, Herta 320
Müllerstraße 272, 273
Museen 82, 443
Museen Dahlem 363, 454
Museum Berggruen 241, 448
Museum der Unerhörten Dinge 452
Museum Europäischer Kulturen 454
Museum ›Flucht und Ausreise aus der DDR‹ 328
Museum für Fotografie 215, 448
Museum für Islamische Kunst 124
Museum für Kommunikation 446
Museum für Naturkunde 200
Museum für Stadtgeschichte 136
Museum Neukölln 311
Museumsdorf Düppel 454, 455

Museumsinsel 56, 82, 119
Musik 76
Musikfest Berlin 429
Musikhochschule Hanns Eisler 139
Musikinstrumenten-Museum 209, 450

## N
Napoleon 34
Naturkundemuseum 446
Nering, Johann Arnold 64
Neue Nationalgalerie 209, 450
Neuer Friedhof Wannsee 28
Neuer Marstall 139
Neuer See 214
Neue Schönhauser Straße 97
Neues Kranzler-Eck 227
Neues Museum 121, 447
Neue Synagoge 165, 447
Neue Wache 115, 447
Neuhaus, Gerd 242, 245
Neukölln 93, 303
Neuköllner Oper 75, 306, 424
Newton, Helmut 215, 322
Nicolaihaus 139
Niemeyer, Oscar 67
Nikolaikirche 135, 447
Nikolaikirche (Spandau) 335
Nikolaiviertel 133
Nikolskoe 370
Nofretete 122
Nollendorfplatz 314
Notaufnahmelager Marienfelde 453

## O
Oberbaumbrücke 91, 283
Oderberger Straße 86, 253
Öffentliche Verkehrsmittel 17, 387
Ohnesorg, Benno 50, 237
Ökomärkte 437
Olympiastadion 242, 449
Oper 75, 422
Oranienburger Straße 86, 164
Oranienplatz 298
Oranienstraße 300
Orth, August 258
Osram-Haus 234
Ostbahnhof 385
Ottmer, Karl Theodor 115
Otto-Suhr-Allee 242

## P
Palais am Festungsgraben 115
Palast der Republik 57, 142
Pankow 348
Pariser Platz 104
Pariser Straße 95
Paul-Lincke-Ufer 91, 308
Paul-Löbe-Haus 191, 447
Pei, I. M. 68, 117
Pergamonmuseum 124, 447
Persius, Ludwig 37, 369
Pfaueninsel 370, 454
Pfefferberg 251
Pferderennen 441
Philharmonie 209, 424
Piano, Renzo 68
Piano Salon Christophori 424
Planck, Max 40
Planetarium Am Insulaner 453
Plänterwald 356
Plötzensee 273
Postfuhramt 165
Potsdam 373
   *Biosphäre Potsdam 381*
   *Filmpark Babelsberg 381*
   *Holländisches Viertel 379*
   *Kolonie Alexandrowka 379*
   *Neuer Garten 377*
   *Pfingstberg 378*
   *Potsdam-Informationen 456*
   *Schloss Cecilienhof 378*
   *Schlosspark Babelsberg 381*
   *Schloss und Park Sanssouci 375*
   *Studio Babelsberg 380*
Potsdamer Abkommen 378
Potsdamer Platz 178
Potsdamer Platz Arcaden 431
Potsdamer Platz Arkaden 98
Potsdamer Straße 211
Prater 256, 405
Prenzlauer Berg 85, 248
Prime Time Theater 272, 424
Prinzessinnengärten 298, 302
Prinzessinnenpalais 116
Puppentheater-Museum 306
Pyronale 429

## Q
Quartier 206 151
Quartier Potsdamer Platz 178
Quasimodo 231
Quatsch Comedy Club 75, 171

## R
Radialsystem V 425
Radtouren 393
Raschdorff, Julius Carl 117

Rathaus Charlottenburg 242
Rathaus Köpenick 358
Rathaus Schöneberg 317, 453
Ratibor Theater 425
Rattle, Sir Simon 210
Rauch, Christian Daniel 149
RAW-Gelände 88
Rednerschule 193
Reederverband 391
Regierungsviertel 185
Regional- und Fernverkehr 19
Reichspogromnacht 44, 166
Reichstagsgebäude 56, 197, 447
Reichstagspräsidentenpalais 195, 447
Reinhardt, Max 40, 75
Reinickendorf 338
Renaissance Theater 425
Reuterkiez 93, 309
Rheinstraße 321
Richardplatz 304
Riehmers Hofgarten 295
Riehmer, Wilhelm 295
Ringbahn 20
Rixdorf 303
Rogers, Richard 68
Rohe, Mies van der 67
Rosenhöfe 158
Rosenstraße 129
Rosenthaler Platz 162
Rosinenbomber 291
Rossi, Aldo 68
Rote Insel 322
Rotes Rathaus 129, 447
Russische Botschaft 110
Russisch-orthodoxer Friedhof 344

## S

Saalbau Neukölln 306
Sacrower Heilandskirche 369
Sacrower See 369
Sagebiel, Ernst 324
Sammlung Hoffmann 160, 447
Sammlung Marx 200
Sammlung Scharf-Gerstenberg 241, 449
Savignyplatz 94, 232
S-Bahn 19
Schadow, Johann Gottfried 102
Scharf, Dieter 242
Scharoun, Hans 67, 332
Schaubühne am Lehniner Platz 75, 229, 425
Scheidemann, Philipp 41
Schering, Friedrich 36
Scheunenviertel 152
Schiffbauerdamm 171
Schiffstouren 390
Schillertheater 236
Schinkel, Karl Friedrich 64, 69, 120, 149, 294
Schinkelmuseum 447
Schinkelsche Bauakademie 144
Schlachtensee 366, 439
Schlesisches Tor 301
Schloss Bellevue 221
Schlossbrücke 117
Schloss Charlottenburg 238, 449
Schloss Glienicke 371, 454, 455
Schloss Köpenick 357, 454
Schloßplatz 141
Schloss Schönhausen 349, 453
Schloss Tegel 339, 453
Schmieden, Heino 278, 288
Schöneberg 94, 314
Schönhauser Allee 250
Schönhauser Allee Arkaden 98, 253
Schüler, Ralf 234
Schüler-Witte, Ursulina 234
Schultes, Axel 186

Schwarz, David 329
Schweizer Botschaft 189
Schwules Museum 214, 450
Schwul-Lesbisches Stadtfest 428
Science Center Spectrum 292
Sea Life Center 127, 455
Sechserbrücke 342
Seestraße 272, 273
Senefelder, Alois 250
Siedlung Schillerpark 272
Siedlung Schillerpromenade 344
Siegessäule 219, 450
Siemensstadt 332
Silvester am Brandenburger Tor 429
Simon-Dach-Straße 88, 283
SO 36 91
Soldiner Kiez 272
Sony Center 180
Sophie Charlotte 238
Sophie-Charlotte-Platz 237
Sophie-Gips-Höfe 160
Sophienhöfe 159
Sophienkirche 166, 447
Sophienstraße 159
Spandau 332
Spandauer Forst 335
Speer, Albert 44
Spionagemuseum 447
Spreedreieck 175
Staatsbibliothek 111, 211, 447, 450
Staatsoper Unter den Linden 75, 114, 425
Stadtbad Charlottenburg 232
Stadtbad Neukölln 307
Stadtführungen 393
Stadtmagazine 427
Stage Theater am Potsdamer Platz 425
Ständige Vertretung 172
Stasi-Museum 281

Stein, Heinrich Friedrich Freiherr vom und zum 34
Stein, Peter 230
St.-Hedwig-Krankenhaus 166
St.-Hedwigs-Kathedrale 113, 445
Stilwerk 232
St.-Marien-Kirche 127
Story of Berlin 449
Strandbäder 439
Strandbad Wannsee 369, 439
Strandbad Weißensee 439
Strandbars 88, 285
Straße des 17. Juni 217
Straßenbahn M10 88
Straßennamen 21
Streetart 80
Stüler, August 105
Stüler, Friedrich August 37, 64, 119, 120, 121
Stuttgarter Platz 95
Süring, Reinhard 329
Synagoge Rykestraße 261, 451

## T
Tacheles 164
Tanz im August 429
Tauentzienstraße 223
Taut, Bruno 67, 272, 311
Taxis 389
Technische Universität Berlin 217
Teehaus im Englischen Garten 404
Tegel 338
Tegeler Fließ 346
Tegeler See 342
Telefunkenhaus 234
Tempelhof 324
Tempelhofer Feld 326, 453
Tempelhofer Hafen 328
Tempodrom 286
Teufelsberg 367

Teufelsbruch 336
Thälmann-Park 263
Theater 75
Theater am Kurfürstendamm 229, 425
Theater am Potsdamer Platz 76
Theater des Westens 76, 231, 425
Theaterdiscounter 425
Theatertreffen 428
The Missing House 169
The Story of Berlin 229
Tiergarten 94, 204
Tierpark Friedrichsfelde 350, 452
Tipi am Kanzleramt 76, 425
Topographie des Terrors 288, 452
Tor 104
Touristeninfo 384
Trabrennbahn Mariendorf 328
Tränenpalast 173, 448
Treptow 93, 353
Treptower Park 354
Tucholsky, Kurt 320
Türkischer Markt am Maybachufer 437
Tussauds, Madame 109

## U
U-Bahn 19
Übernachten 394
Ufa-Fabrik 327, 420
Uhrenmuseum 453
Ullsteinhaus 328
Union-Stadion 442
Universität der Künste 217
Unter den Linden 109
US-Botschaft 107

## V
Velo-Taxis 389
Veranstaltungen 427
Verborgenes Museum 232, 448

Versunkene Bibliothek 113
Vietnamesenmarkt 437
Viktoria-Luise-Platz 316
Viktoriapark 294
Villa Borsig 342
Villa von der Heydt 214
Virchow, Rudolf 40
Voigt, Wilhelm 358
Volksbühne 75, 88, 425
Volkspark Friedrichshain 277, 451
Volkspark Humboldthain 269
Volkspark Rehberge 273
Vorderasiatische Museum 124
Vorstadt, Spandauer 152
Vostell, Wolf 230

## W
Waldbühne 243
Waldfriedhof Dahlem 28
Waldfriedhof Zehlendorf 28
Wannsee 369
Wannseekonferenz 369
Wasserturm 261
Wasserwerk Friedrichshagen 359, 454
Wedding 95, 265
Weigel, Helene 169
Weihnachtsmärkte 437
Weihnachtsmarkt Spandau 335
Weltfriedensglocke 278
Welthauptstadt Germania 186
Wessel, Horst 276
White Trash 354
Wiener, Sarah 200
Wilhelm-Foerster-Sternwarte 453
Wilhelm I. (Deutscher Kaiser) 38
Wilhelm II. (Deutscher Kaiser) 39
Wilmersdorf 95, 223

Wilmersdorfer Straße 233, 237
Winterfeldtplatz 94, 316
Wintergarten Varieté 211, 426
Wittenbergplatz 223
Wochenmärkte 99, 437
Wohnhaus von Rosa Luxemburg 320
Wölfert, Friedrich 329
Wrangelkiez 91, 301

**Y**
Yaam-Club 285

**Z**
ZDF-Hauptstadtstudio 110, 448
Zeiss-Großplanetarium 263, 450
Zeitungsviertel 289
Zeltinger Platz 347
Zentral- und Landesbibliothek Berlin 139
Zentrum Kreuzberg 297
Zille, Heinrich 135
Zitadelle Spandau 332, 333, 453
Zoobogen 225
Zoofenster 231
Zoologischer Garten 216, 450
Zuckmayer, Carl 359
Zuschauersport 441

## Bildnachweis

ArTo, Fotolia.com: 30.
Alexander Binder: 17, 18, 39, 57o., 102.
Blickfang, Fotolia.com: 149.
Philip Bird LRPS CPAGB/shutterstock.com:
chaya1, Fotolia.com: 235.
Bernd Chill/Annette Zidek: vordere Umschlagklappe, 16, 19, 20, 21, 29, 35, 46, 52, 73, 74, 78, 87, 88, 89, 96, 98, 106, 114o., 117, 118, 120o., 130, 150, 152, 154, 155, 156, 160, 161, 162, 163, 165, 167, 168, 172, 173, 174, 194, 199, 201, 202, 203, 230u., 246, 247, 249, 250, 251, 252, 256o., 257, 262, 264, 271, 274/275, 281, 285, 308, 324, 328, 338, 340, 349, 350, 351, 352, 384, 385, 386, 388u., 389, 390, 391, 394, 402, 405, 414, 416, 424, 426, 429, 443, 445, 446.
Eugen Chill: 132u.
Claudio Divizia/shutterstock.com: 11, 446
Detlef, Fotolia.com: 333.
Caro Eickhoff: 81.
elxeneize, Fotolia.com: Titel, 124, Buchrückseite.
Sabine Fach: 36, 41, 50, 57u., 83, 108, 110, 112, 123, 164, 170, 171o., 171u., 174, 215, 230, 236o., 236u., 237, 260, 261, 277, 362, 363, 365, 387, 388o., 395, 423, 425, 437, 450, 452.
flashpics, Fotolia.com: 187
fuxart, Fotolia.com: 334, 367.
GagliardiImages/shutterstock.com: 100/101
gipfelstuermer, Fotolia.com: 26.
Corinna Grulich: 69, 86, 142, 144, 196, 273, 307, 344, 355, 357, 359, 360, 366, 391, 393, 400, 413, 420, 421, 422, 440, 442, 455.
Volker Hagemann: 21/22, 51, 79, 85, 93, 97, 99, 158, 159, 207, 209, 211, 225, 226, 229, 231, 232, 233, 238, 239, 241, 296u., 312/313, 314, 315, 323, 390, 411, 418, 428, 432, 435, 449.
Increa, fotolia.com: 59.
Kristine Jaath: 370
Kiev.Victor/shutterstock.com: 145
Martin Kapp: 146
Johann Maria Just: 90, 301o., 301u., 400, 419.
Susanne Kilimann: 151, 330, 331, 337, 365, 371, 396, 430.
Rasso Knoller: 15, 60, 62, 63, 70, 71, 72, 76, 77, 82, 114u., 115, 116, 120u., 121, 125, 128, 140, 243, 253, 255, 256u., 258, 259, 276, 278, 358, 399, 406, 417, 433, 444.
Bernd Kröger, Fotolia.com: 65.

ludwig51, Fotolia.com: 438.
Tobias Machhaus, Fotolia.com: 12.
Anja Maier: 54, 55.
Luciano Mortula/Shutterstock.com: 290
naten, Fotolia.com: 113.
Ulla Nickl: 137.
Christian Nowak: 25, 38, 44, 49, 56, 66, 176/177, 181, 184, 205, 210, 213, 214, 218, 220, 223, 224, 240, 245, 267o., 267u., 268, 269, 286, 287, 288o., 288u., 292, 295, 296o., 305, 306, 336, 339, 343, 346, 347, 348, 382, 383, 407, 436o., 436u., 448, 450.
Detlev von Oppeln: 90, 138, 300, 403, 408, 451.
palomita0306, Fotolia.com: 311.
Mauro di Pietra: 135, 191, 316, 320, 434.
PlusONE/Shutterstock.com: 188.
Werner Popp: 14, 17, 40, 104, 131, 132o., 139, 147, 157, 166, 182, 216, 219, 222, 284, 318, 372, 376, 377, 379, 380, 381, 457.
Ben Saitenmacher: 303, 304, 327.
Nicole Scott: 58, 193, 198, 321
Violetta, Fotolia.com: 136.
Tanja Weber: 290.
360b/shutterstock.com: 238, 293

# BRANDENBURGER AUSFLUGSPLANER

*Entdeckungsreisen durch die ländliche Region*

**Selber machen**
*Quitten sammeln und einwecken*

**Probieren**
*Wie sicher ist rohe Milch direkt vom Bauern?*

**Staunen**
*Künstlerdörfer und Ateliers in Brandenburg*

SÜSSE FRÜCHTE
**Frisches Obst am Wegesrand**

BRANDENBURG
Das Weite liegt so nah.

*Entdeckungsreisen durch die ländlichen Regionen Brandenburgs zu jeder Jahreszeit.*

**Jetzt kostenlos downloaden oder bestellen**

*gefördert durch*

www.brandenburger-landpartie.de/kataloge-bestellen

**BADEN IN UND UM BERLIN**
152 Seiten,
9.95 Euro

**trescher-verlag.de**

**TRESCHER VERLAG**

# MEHR WISSEN. BESSER REISEN.
## REISEFÜHRER AUS DEM TRESCHER VERLAG

**BRANDENBURG**
416 Seiten,
**14.95 Euro**

**trescher-verlag.de**

**TRESCHER VERLAG**

## MEHR WISSEN. BESSER REISEN.
REISEFÜHRER AUS DEM TRESCHER VERLAG

**TRESCHER VERLAG**

# MEHR WISSEN. BESSER REISEN.
## REISEFÜHRER AUS DEM TRESCHER VERLAG

# MEHR WISSEN. BESSER REISEN.
## REISEFÜHRER AUS DEM TRESCHER VERLAG

- » Aktuellste Berlin-Karte
- » Top Preis - Leistungsverhältnis: 3.95 €
- » Fünfsprachige Legende
- » Alle Sehenswürdigkeiten, Clubs, Bars
- » Viele Szene-Tipps
- » S- und U-Bahnplan
- » Maßstab 1:12.000 und 1:25.000

# trescher-verlag.de

# TRESCHER VERLAG

Auf der **BERLIN COOL CITY MAP** für Berlin sind Orte markiert, die viele Besucher der deutschen Hauptstadt besonders interessieren, die aber auf herkömmlichen Stadtplänen fehlen: *Clubs, Bars, Trödelmärkte, chillige Orte* und vieles mehr. Selbstverständlich fehlen auch die klassischen *Sehenswürdigkeiten* nicht. In dieser Kombination ist die **BERLIN COOL CITY MAP** für junge und jung gebliebene Berlinbesucher besonders interessant. Der Stadtplan ist *fünfsprachig* angelegt und hat ein besonders *handliches Format*.

- 🎵 Club
- 🍺 Bar
- ❗ ▪ Berlin Top Highlight
- 😊 Chilliger Ort
  Chill spot
  Sitio chill
  Lieu chill out
  Posto di relax
- 🏛 Museum / Museum / Museo / Musée / Museo
- 🎭 Theater / Theatre / Teatro / Théâtre / Teatro
- 🎬 Kino / Cinema / Cine / Cinéma / Cinema
- 🎨 Kunst + Kultur / Arts + Culture / Arte + Cultura / Art + Culture / Arte + Cultura

# TRESCHER VERLAG

## MEHR WISSEN. BESSER REISEN.
### REISEFÜHRER AUS DEM TRESCHER VERLAG

**WIEN**
384 Seiten,
mit herausnehmbaren Stadtplan im Maßstab 1:10 500
**16.95 Euro**

# trescher-verlag.de